2018上海信息化年鉴

SHANGHAI INFORMATIZATION

《上海信息化年鉴》编纂委员会◎编

上海人民出版社

AZIA

天翼云
e Cloud

详询10000号

海纳百川

周杰董事长（左）、毛宇星首席信息执行官（右）参加公司2018年度科技工作会议

海通证券股份有限公司成立于1988年，是国内早期成立的证
产近1200亿元，自2007年以来公司总资产和净资产一直位居国内
综合性业务平台和成熟的海外业务平台，经营网点遍及全球14个
1000万名客户。

通向辉煌

瞿秋平总经理（前排左1）视察公司外高桥数据中心

末被更名、注资的大型证券公司。公司总资产超5000亿元、净资
前列。公司坚持集团化、国际化、信息化的发展战略，拥有卓越的
区；在境内拥有近340家证券及期货营业部，在境内外拥有逾

《2018上海信息化年鉴》编纂委员会

《2018 上海信息化年鉴》编辑部

主　　编：张晓莺

副 主 编：邵　娟

编　　辑：李　燕　李丹文　蔡晶静　殷晓磊
　　　　　魏百慧　王　婷

承办单位：上海市经济和信息化发展研究中心

2017 年 11 月 7 日至 9 日，2017 全球城市信息化论坛在上海举行。

2017 年 9 月 22 日，2017 年无线电创新发展高峰论坛在上海召开，上海无线电检测行业联盟成立。

2017 年 11 月 7 日至 11 日，第十九届中国国际工业博览会在上海举办。

特别荣誉奖——风云四号静止轨道气象卫星。

金奖——三代核电 AP1000 核岛主设备。

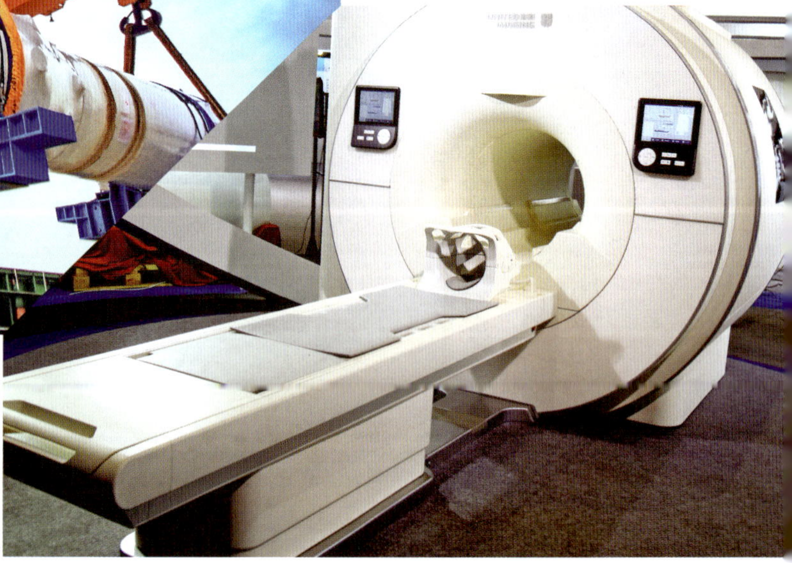

工业设计金奖——一体化全身正电子发射 / 磁共振成像装备。

2017 年 6 月 28 日至 7 月 1 日，世界移动大会在上海举办。

2017 年 11 月 20 日，第六届国际服务机器人技术及应用展览会在上海举办。

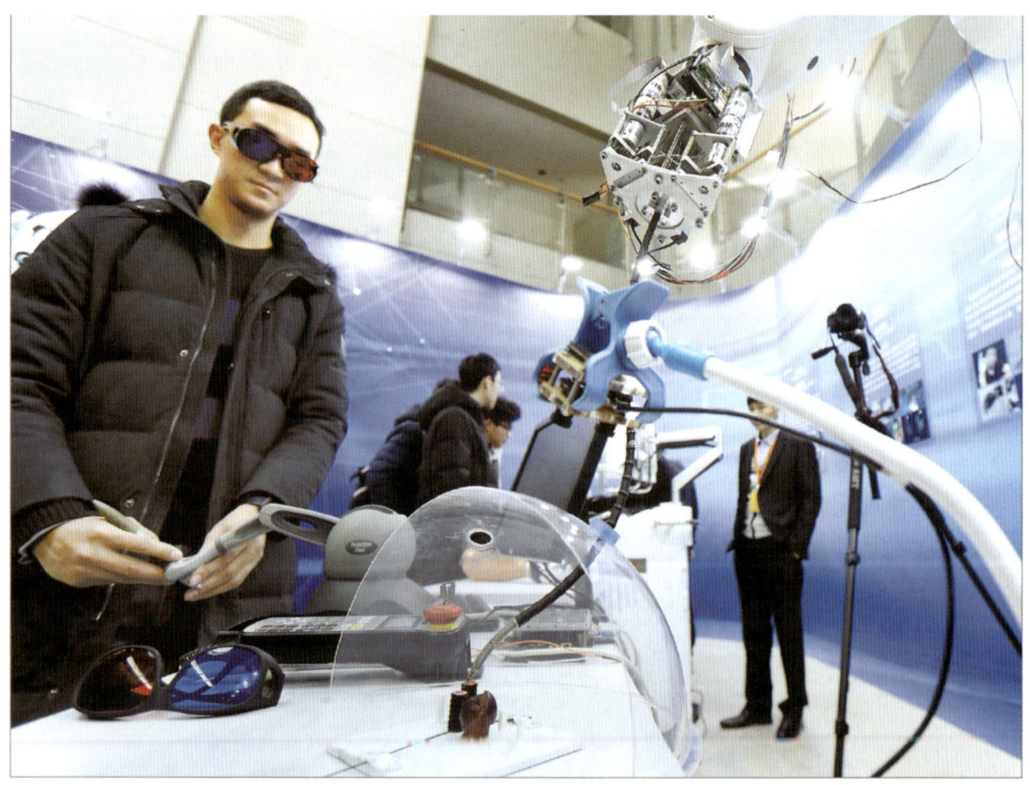

2017 年 12 月 21 日，上海交通大学医疗机器人研究院正式揭牌。图为研究人员展示腹腔微创手术机器人。

2017 年，上海积极推进公交信息化应用，改善用户候车体验。“上海公交”APP 查询车辆到站情况可精确到秒。

2017 年，上海移动公司推动构建下一代车联网智能出行服务系统，深挖大数据服务潜力，丰富人工智能出行服务应用。

2017 年 8 月 30 日，2017 全球（上海）人工智能创新峰会在徐汇区举办。

2017 年 11 月 28 日，AI · 杨浦智见未来——杨浦区新一代人工智能产业政策与重点项目发布会在上海举行。

2017 年 7 月，上海市黄浦区开展智慧社区宣传体验周活动。图为居民现场了解物联网和智能烟感系统相关知识。

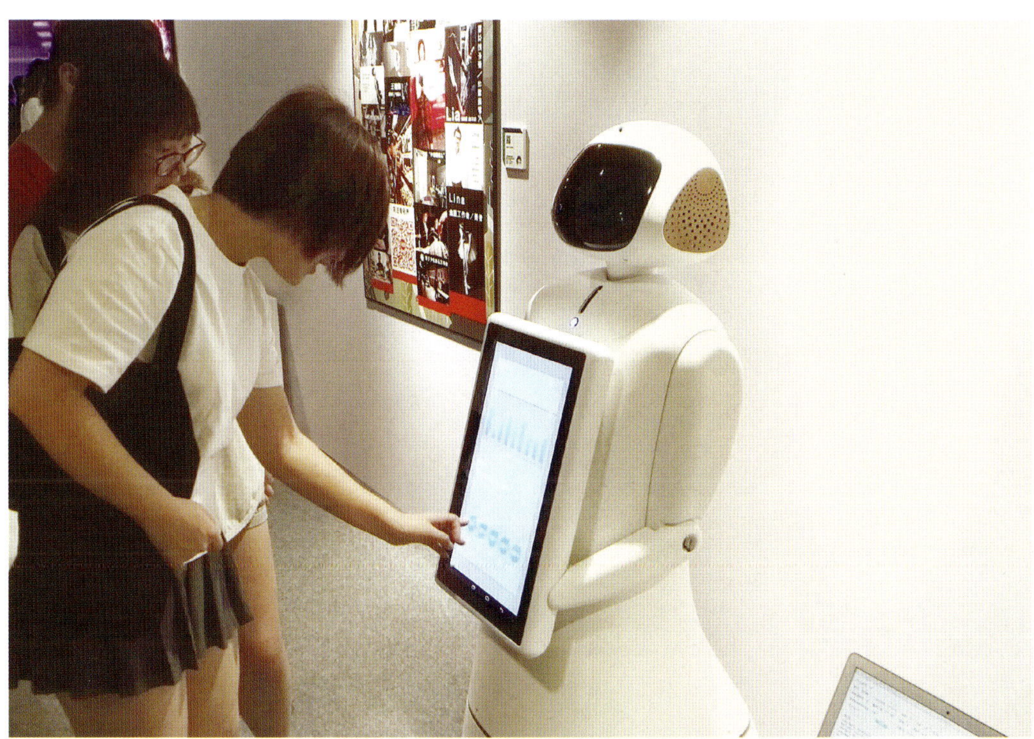

2017 年，上海中医药大学学生团队参与研发中医健康服务机器人。

2017 年，上海工程技术大学研发服装智能定制 1.0 技术，可借助大数据实现远程测量和个性化服装定制，仅需 5 秒就能完成数据采集，实现快速成衣定制。

2017 年，上海推广“明厨亮灶”工程，进行远程食品安全监控，现已推广到上海 2 000 多家餐饮服务单位。

2017 年 11 月，联影—嘉定区域影像中心获评“上海医改十大创新举措”。图为小学生走进上海联影医疗科技有限公司，了解远程医疗发展情况。

目　录

Contents

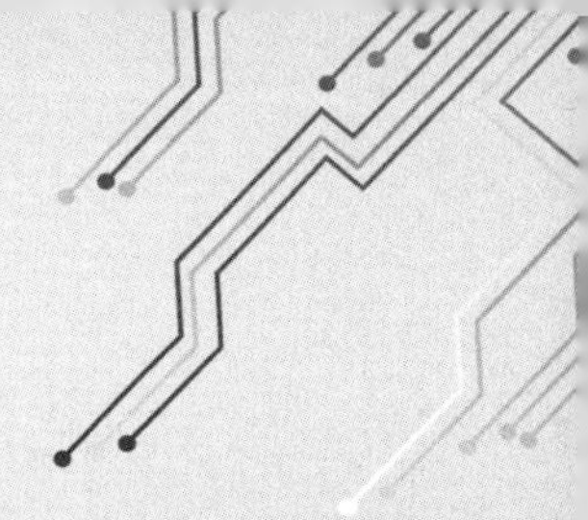

SHANGHAI INFORMATIZATION

特载

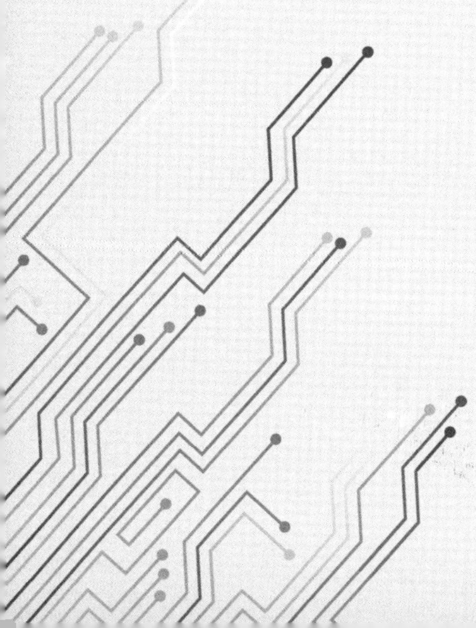

全力打造“上海制造”品牌　提升国际竞争力和影响力

——在上海市经济信息化系统 2018 年工作会议上的讲话摘要

2017 年上海市经济和信息化系统取得的成绩

2017 年上海市经济和信息化系统面临着一系列不确定性以及外部环境竞争加剧的挑战，在市委、市政府的坚强领导下，经济和信息化系统迎难而上，推动产业企稳回升，产业和信息化工作取得了新的成绩。

首先，在推动实体经济发展上做出了新贡献。产业转型升级持续推进，淘汰落后产能 1 436 项，汽车、电子、装备等支柱产业结构和能级逐步提升。机器人、汽车、高端医疗装备等重要新兴产业产值年均增长均超过 20%，一批重大投资项目顺利推进。全市工业增加值在连续五年下行之后，2017 年实现 6.4%的增速。规模以上工业增加值、工业利润增长创下七年来的新高。制造业投资增长率 5.3%，达到十年来最高水平。战略性新兴制造业总产值比 2017 年增长 5.7%。

其次，在创新驱动发展上培育新动能。上海在人工智能、工业互联网等重要领域谋篇布局，率先制定“人工智能发展 20 条意见”，推进了人工智能与实体经济的深度融合。持续保持 AI 发展的热度，切实运用 AI 推动制造业转型升级。同时，运用“智能上海”行动推动整个城市发展。互联网、大数据、云计算等新一代信息技术在城市建设、经济发展、社会管理、民生服务等各个方面的应用都得到拓展。

此外，在优化制度供给上取得了新突破。经济和信息化系统在转变政府职能、强化服务领域进行了很多探索,特别是在统筹谋划产业布局、招商、园区转型、企业服务等工作上,形成了实体经济发展的制度和机制保障,“实体经济 50 条”正在发挥作用,高端装备首台套、新材料首批次、软件首版次的创新性政策等,有效推动了制造业发展。

提高站位,把握好新时代产业和信息化工作脉搏

当前面临的发展形势依然严峻。从国际看,一方面国际产业竞争加剧。美国提出了再工业化,不仅发展先进制造业,而且矿山、机械、材料、钢铁等传统制造业也得到发展。可以说,我国在发展先进制造业过程中面临非常大的竞争,头号竞争对手就是全世界经济总量第一的美国。另一方面,国际上科技发展日新月异,特别是在人工智能、智能网联汽车等领域,过去从事软件服务的企业,也开始进行硬件制造。因此,国际上科技发展和先进制造现状,对我们而言不仅提供了发展借鉴,而且也构成挑战。我国与世界先进制造业大国的差距是逐步缩小、保持现状还是日益拉大,这跟现在的努力有很大关系。

从国内看,先进制造业发展面临良好的战略机遇期,特别是党的十九大提出建设现代化经济体系,针对着力发展实体经济,推动经济高质量发展,建设制造强国、网络强国等都做出了决策部署。从高速增长到高质量发展,这是一个重大转变,是经济发展上一个非常重大的战略性调整,也是顺势而为。从宏观层面看,高质量发展不是简单的经济增长,而是创新成为第一动力、协调成为内在特点、绿色成为普遍形态、开放成为必由之路、共享成为根本目的的发展,这样的发展才是高质量发展。中观层面,产业体系要较为完整,生产组织方式要实现网络化、智能化,创新力、竞争力、影响力要不断提升,劳动效率、资源效率、土地使用效率、环境效率以及科技进步贡献率要更高。微观层面,市场机制必须更加有效,全要素生产率进一步提升,更加重视提高微观主体活力。

全力打响“上海制造”品牌

上海根据中央要求,提出夯实战略性新兴产业作为引领、先进制造业为支撑、生产性服务业协同发展的产业体系,推动经济发展的质量变革、效益变革、动力变革。发展先进制造业,巩固提升实体经济的思路越来越清楚。

上海市委、市政府提出构筑上海发展的战略优势,打响四大品牌,这是上海推进高质量发展非常重要的抓手。四大品牌中与经济和信息化系统关系最密切的就是“上海制造”,“上海制造”是四大品牌的重要基石,也是上海品牌硬实力的集中体现。“上海制造”硬中也有软,比如信息化。信息化也有硬的方面,比如信息基础设施。目前软的条件和硬的设施都不够强。

第一,为什么提出打响“上海制造”?一是上海有制造业发展的传统、基础。上海一直以来就是工业城市。江南制造局是中国近代工业化的典型,设立在上海,是当时最先进的制造业代表。中华人民共和

国成立后及改革开放以来，上海更是奠定了坚实的工业基础。上海之所以被称作“大上海”，除了集聚了人才、资金以外，一个重要因素就是品牌影响力，而“上海制造”正是影响力的基础。二是上海有制造业发展的实力和潜力。比如说生物医药，全国最强的研发基地在上海，汽车生产也是上海最强，电子信息产业、高端装备制造上海都有很好的基础，必须大力发展。三是上海的科技和产业人才优势明显。上海高校、科研院所、企业的研发中心众多，实力雄厚，还有长三角重要的工业基础做配套。所以打响“上海制造”品牌，将进一步提升上海的影响力，其他品牌也会更加响亮。

第二，“上海制造”是什么样的制造？市经济信息化委调研起草的“上海制造”行动计划汇聚了大家智慧，还需要进一步完善、提升、做实，要依靠每一个企业、每一个研究小组、每一个车间、每一个班组、每一个工人，还要有一套管理机制。

“上海制造”首先是制造的“制”，要有能力生产、制造出来。第二个是质量的“质”，没有质量的制造上海不做，“中国制造”过去几十年在全世界影响力越来越大，最初被理解成质次价廉，甚至是山寨货，现在则成为物美价廉的代名词，将来一定会变成“价不廉物很美”，这是“上海制造”应有的追求，将来可以跟国家及上海质监联合制定“上海制造”的标准。第三个是智能的“智”，今天的“上海制造”一定要加上人工智能、互联网。只有与人工智能等联系在一起，制造才能实现更高精度、更加智慧。第四个“上海制造”还应该是“绿色制造”，今天“上海制造”的发展，一定要低排放，甚至零排放、清洁生产，先污染后治理的路行不通。

第三，“上海制造”要关注哪些领域？首先是“高大上”领域。“高”除了高质量，还要有高端装备、高端医疗器械等。“大”就是大数据、大健康。大数据有一些基础，但是应用、积累、管理还要继续加强。上海正在研究建立上海大数据中心，从政务数据开始，将来要逐步把整个大数据资源整合起来，服务上海发展。大健康未来具有巨大发展潜力，包括生物医药、高端医药、医疗装备及超出制造之外的相关产业。大项目包括中芯国际、华力二期、和辉光电，以及华为、海尔、华大、蔚来汽车等，还有一些国际性先进制造大项目也将落地上海。“上”就是上天、入地、下海，包括航天、航空、商用发动机等，上海在汽车及海洋工程、大型舰船等领域有一定产业基础，要继续提高整个装备制造水平，同时还要提升工业机床、检测等产业支撑配套能力。

其次是“小清新”领域。第一个“小”，一定要关注小微企业、创业企业，如果没有大量的小微企业、创业企业集聚发展，就不可能产生出新一轮的 BAT。BAT 都是从小企业开始，包括谷歌、苹果、微软、亚马逊等排名世界前列的大公司，都是最近几十年乃至十几年、从几个人的小团队成长起来。各区在支持大项目、大产业的同时，园区也要给小企业留有空间。长远来看，一千个小企业里面能够出一个“独角兽”企业，一万个小企业里面甚至于全上海能出一家类似 Facebook、谷歌的企业也很难得，但是没有小企业的量就不会有“独角兽”的质，因此必须给予小企业足够的关注支持、给予空间资源，这是上海未来经济的活力所在。第二个“清”，就是清洁资源、清洁生产、节能环保、绿色发展，生产性服务业、工业设计、软件以及一些与生产关联的领域，都要给予大力扶持。第三个“新”，主要指战略性新兴产业，新技术、新材料、新能源、新模式等,包括打造新的品牌。同时,也要完善机制,下功夫扶持老品牌振兴发展。有些老品牌历史悠久,既是“上海制造”的品牌,也是“上海文化”的品牌,成为上海的象征。老品牌改造升级后,估值会更高。资本市场的估值很重要,既看企业收入,也看市场流量,更看发展潜力,估值高说明资本市场看中企业发展的未来。今天最值钱企业跟30年前的对比变化,一定程度上就是产业发展的趋势方向。比如美国20世纪80年代最值钱的是能源、工业类上市公司,20世纪90年代是沃尔玛、可口可乐等消费品类企业,2000年前后是花旗银行等金融机构,近几年则是苹果、Facebook、谷歌等高科技企业。

国际科技的发展和发达国家企业演进的轨迹,对我们而言都有很大启示,比如产业发展的方向在哪里,今天的领头羊将来未必还是;要有危机感,要持续深入地思考,把企业发展的工作做好,把老企业与新技术、新模式等嫁接融合好。

加强机制创新和统筹协同,打造优质营商环境

一是要进一步突出创新驱动与机制改革,深化新型智慧城市建设,加强大数据深度运用,实现物联专网全市覆盖,实现千兆网络全覆盖。

二是大胆创新机制,构建资源要素高效使用体系。土地资源是制造业发展的重要资源,上海资源非常有限,目前开发强度已经很高,新增空间基本没有,这就要靠盘活存量来增加投入,必须大幅提升工业土地使用效能,下决心淘汰落后产能。

三是要进一步探索产融对接,硅谷今天之所以成为全世界的先进制造基地,除了有技术、有人才,很重要的是有资本,全美40%以上的创业资本、风险资本都集中在湾区、硅谷,因此要对接好资本市场,对接和运用好产业基金很重要。政府要创造环境,把产、融用市场化方式结合起来。

四是要深化融合发展,推进产业与互联网、AI结合;更好地融合第二产业、第三产业甚至第一产业;军、民要融合,特别是信息技术,仅仅在军口领域,不向民口辐射,就不能效率最大化;深化对外融合,更好地融入长三角,发挥各自优势,带动长江经济带发展,真正发挥“一带一路”“桥头堡”作用,提升制造领域在打造“一带一路”方面的功能地位。

五是要统筹产业规划布局,张江、临港、漕河泾等重点园区,徐汇、青浦、嘉定、奉贤、松江等区都各有特色,各区、各单位要找准特色定位,发挥体制优势,合理适度竞争,高效配置资源。市经济信息化委、市发展改革委要做好顶层设计和政策设计,基层要做好基础设施建设,中间用服务贯穿,经济和信息化系统要联合各区、各园区和企业提升服务功能,不断提高“上海制造”水平。

(上海市副市长　吴　清)

发展新一代人工智能　建设具有全球影响力的科技创新中心

——在上海市政府新闻发布会上的讲话

新一代人工智能是当前引领性的战略性技术和新一轮产业变革的核心驱动力。上海市委、市政府牢牢把握全市人工智能发展优势，努力打造国家人工智能发展高地。上海市经济和信息化委员会（以下简称“市经济信息化委”）同上海市科学技术委员会（以下简称“市科委”）、上海市发展和改革委员会（以下简称“市发展改革委”）等部门，制订了《关于本市推动新一代人工智能发展的实施意见》（以下简称《实施意见》）并正式发布。

《实施意见》制订的总体考虑

贯彻党的十九大部署要求，加快推进互联网、大数据、人工智能与实体经济深度融合。上海大数据资源丰富，智慧应用广泛，产业门类齐全，产学研用及人才集聚，这些都是上海发展人工智能的基础优势。把加快发展新一代人工智能作为服务国家创新驱动发展战略、建设具有全球影响力科创中心的优先布局方向，主要有以下几方面考虑。

第一，巩固提升实体经济能级，人工智能既是增长新动力，又体现基础生产力。从经济发展质量和效益看，人工智能是新型产业体系的重要组成部分，上海将加快形成以人工智能芯片及传感器、机器人及智能硬件、智能无人系统及软件等为重点的世界级新兴产业集群，到2020年实现人工智能重点产业规模超过1 000亿元，成为新增长点。上海还将大力推进人工智能促进实体经济降本增效，在智能制造、现代金融、商贸服务、现代物流、现代农业等领域深度应用，提升全员劳动生产率，实现经济能级优势提升。

第二，加快创新驱动引领发展，人工智能既是科技创新力，又体现社会创造力。当前人工智能正处于技术变革跨入创新应用的重要窗口期，上海将瞄准这一世界科技前沿，聚焦部分前沿引领、关键共性、颠覆性技术开展基础和应用研究。同时，人工智能新技术、新硬件、新算法将在各领域细分行业掀起应用热潮，上海将顺应市场趋势和发展需求，重点支持以人工智能为特征的各类创新创业活动，激发全社会的创造力。到2020年，基本建成人工智能人才高地，培育10家具有相当影响力的人工智能创新标杆企业。

第三，建设现代化国际大都市，人工智能既是满足美好生活需求的重要供给力，又体现城市竞争力。上海将着力打造6个人工智能创新应用示范区，形成60个深度应用场景，建设100个以上应用示范项目；促进人工智能在智慧政务、智慧交通、智能医疗、智能健康和养老等领域深化应用，局部领域形成示范效应。《实施意见》提出，要建设应用驱动、科技引领、产业协同、生态共融的新一代人工智能发展体系，以企业为主体、以人才为引领、以制度为支撑，大力培育开放、包容、多元的创新创业生态，进而优化城市综合环境、提升软实力。

《实施意见》主要内容

《实施意见》的主要内容共五个部分二十一条措施。主要突出三个"深度融合"。

首先，推动人工智能与实体经济深度融合，形成经济新增量。

一是推进产业智能化升级，提升质量效益。在高端装备、集成电路、生物医药、汽车等领域，支持企业应用人机协作、数据分析、智能感知等技术实施智能化升级改造；建设一批智能制造、工业互联网创新中心，引导企业在设计、生产、管理、服务等各环节应用人工智能技术，构建新型高效的企业组织和运营方式。

二是促进产业迈向价值链高端，提高能级水平。在金融商贸、交通物流、教育医疗、健康养老等行业，推动智能感知、智能决策、认知计算等人工智能技术融合创新，提高产品和服务附加值，改善供给体系质量。上海智能网联汽车已在全国率先起步发展，"全球首款量产互联网汽车"荣威RX5受到市场欢迎；部分三甲医院已经运用智能辅助诊疗、手术机器人等智能医疗技术，有效提升了服务能级。

三是培育具有国际竞争力的人工智能新兴产业集群。优化"一带一区多点联动"的产业布局。打造"徐汇滨江—漕河泾—闵行紫竹"人工智能创新带，建设华泾北杨等人工智能特色小镇。打造"张江—临港"人工智能创新承载区，打造人工智能科研高地和智能芯片/传感器、智能装备/部件产业化核心基地。支持各区基于大数据、云计算、车联网、机器人等基础优势，建设一批智能驾驶、智能机器人、智能软/硬件示范产业园。

其次，促进人工智能与创新创业深度融合，形成发展新动能。

一是加强基础科研创新。加快建设类脑智能科学研究基地等重大创新平台，开展脑智理论、量子计算、生物特征识别、新型人机交互等关键科学技术攻关；推进产学研用深度合作，支持人工智能科研专项，夯实原始创新和基础应用创新支撑。

二是建设创新人才高地。以更加开放的视野，吸引集聚海内外一流人才，为人工智能发展提供智力支持。实施人工智能人才高峰建设行动，制定针对领军人才、高端科研人才、创业团队的个性化政策，提供宜居宜业的生活环境和政策保障，吸引国内外优秀人才及团队来上海发展。建立人工智能战略专家咨询委员会，为全市人工智能中长期规划、重大战略决策提供咨询。

三是激发市场创新活力。充分发挥人工智能对创新创业的引领带动作用，助推人工智能企业做大做强。上海正在组建人工智能发展联盟，集聚了各领域近300家重点企业、投融资机构及科研院所。下一步将推动全球人工智能龙头企业在上海建立区域总部、创新中心；支持创新型企业加快发展，培育一批人工智能细分领域“隐形冠军”；依托各类“双创”基地、众创空间，扩大超算、智能云服务、测试数据集、安全应用认证等公共供给，形成一批人工智能“四新”企业集聚示范区。

最后，打造多元主体深度融合的智能生态圈，形成要素新供给。

一是加快数据资源共享开放。依托国家大数据综合试验区建设，分类推动重点领域数据开放，为人工智能发展提供丰富数据资源和应用场景。上海已编制政务数据资源共享目录1.7万多条，有26万个数据项，2017年年底前启动建设全市政务信息交换共享平台。同时，加快编制公共数据开放重点领域清单，推动气象、电力、燃气、通信等公共服务机构逐步开放数据资源，支持企业和公众充分挖掘海量数据的商业价值，促进人工智能应用商业模式创新。

二是创造优良的市场和政策环境。推动各级政府部门率先运用人工智能提升业务效率和管理服务水平，支持人工智能创新产品开拓市场应用。加强财政资金聚焦扶持，引导企业和社会资本投入。上海正在开展第一批人工智能产业基金和人工智能创新项目的组织遴选，选择其中技术先进、引领性强、带动面广的重点项目予以持续性支持。

（上海市经济和信息化委员会主任　陈鸣波）

2017 年上海市国民经济和社会信息化工作综述

2017 年，在市委、市政府领导下，上海相关部门和社会各界共同努力，大数据、人工智能、工业互联网等重点领域稳步前行。智慧惠民服务、经济转型发展、社会创新治理、新型政府服务等新型智慧城市重点工作及数据开放共享、网络安全保障等综合环境建设进一步深化推进。数据显示，2017 年上海市智慧城市发展水平指数达到 99.53，网络就绪度指数达到 99.03，智慧应用指数达到 105.74，发展环境指数达到 95.3，相较 2015 年、2016 年继续保持增长势头，总体水平继续保持国内领先。上海智慧城市建设在新型智慧城市理念引领下，信息基础设施服务能级进一步提升，智慧应用便民服务加速覆盖，信息产业成为各区发展重点，一系列智慧城市领域建设成果对完善城市功能、提升城市品质、营造优良人居环境、强化实施创新驱动发展战略具有重要意义。

着力推进宽带城市、无线城市建设，开拓信息基础设施发展新格局

宽带网络服务取得新突破。全面推进千兆光纤宽带接入网络改造，累计完成千兆覆盖 300 万户。全市家庭光纤宽带用户达 580 万户，家庭宽带用户平均接入带宽超过 100M。截至 2017 年年底，全市光纤到户覆盖家庭数超过 950 万，光网覆盖率超过 99%，千兆光网实现规模部署，覆盖率接近 50%。完成原有 1 400 处场所 i-Shanghai 从 2M 到 10M 的普遍提速，按新标准新增 600 处场所，全市 i-Shanghai 覆盖场所总数达到 2 000 处，浦东、虹口等区公益 WLAN 实现与 i-Shanghai 互联互通，虹口滨江试点部署 12 处

“超・爱上海”信息亭及立杆。

深入推进有线电视整体转换与NGB(Next Generation Broadcasting Network,下一代广播电视网)建设。全市有线电视用户总覆盖用户数738万户,数字化整转用户706万户,NGB网络完成覆盖678万户,达到全市有线电视用户总数的91.8%,为智慧城市建设提供了有力的基础保障。

城市公共信息基础设施建设成效显著。信息管线全年共开工新建303沟公里,其中中心城区和浦东新区为187沟公里,约占62%;郊区为116沟公里,约占38%。截至2017年年底,信息管道公司累计开工建设管道10 741沟公里,中心城区集约化信息管道平均覆盖率达到92%以上,信息管线累计接入商务楼宇、移动基站、企事业单位、居住小区等6 471栋(处),光缆建设达到6 100皮长公里(约65万芯公里),调度机房16个,DC(Data Center,数据中心)数据机房2个、光纤交接箱800多个。功能性服务设施建设稳步推进。在上海登陆的国际海光缆总容量超过16.08T,亚太直达海底光缆系统(Asia Pacific Gateway,简称APG)在南汇登陆站完成三期扩容,其中中国香港方向200G,日本志摩方向400G。新跨太平洋海缆系统(New Crossing-Pacific Cable System,简称NCP)为新的中美直达系统,设计容量太平洋段60T,亚洲环段24T,已完成基础配套工程。国际互联网出口带宽1.4T,省际间互联网出口带宽17.8T。超算中心主机“魔方2”使用率达到75%以上,提供7 055.27万核小时的计算资源,累计用户达到831个,积极为用户开展云计算服务。

信息基础设施管理体系持续完善。完成普陀、杨浦、奉贤、嘉定、宝山、闵行、松江、金山、崇明等区信息基础设施专项规划编制,同步启动虹口、静安等区的专项规划编制,实现与城乡规划的紧密衔接。全年共向453家经营单位发放462个许可项目,围绕基础通信网络反诈工作,完成与公安部门的对接联动,全年打击通信信息诈骗案件总计32 062起,案值总计100 649 822万元,基础通信网络管理机制进一步完善。无线电安全保障能力持续提升,全年共查处黑广播、伪基站等70例违法犯罪行为,完成重点台站布局和保护规划以及多个区域移动通信基站子规划编制。

智慧惠民服务应用持续深化,民生公共服务水平显著提升

智慧健康应用进一步深化。建成“1+17”(1个市平台、1个医联平台和16个区平台)的市、区两级卫生信息平台,实现上海所有公立医疗卫生机构的互联互通。建立基于市、区两级平台的公共卫生信息系统,初步实现医疗服务和公共卫生服务的数据共享。卫生大数据中心初具规模,市级数据中心已积累300多亿笔临床诊疗数据,1 000多万份出院病人记录,在卫生资源规划、行业管理、医改政策制定等方面发挥重要作用。“三个中心”(影像中心、心电中心和检验中心)建设在全市范围稳步推进,区域业务协同能力提升。建立社区卫生综合改革信息化支撑系统,提供“1+1+1”签约、预约转诊、“延伸处方”和费用管理等功能。

智慧教育与公共文化信息化建设深入推进。“一网三中心两平台”建设继续深化,教育城域网实现全

面覆盖，建成教育信息基础数据库，上海大规模智慧学习平台(上海微校)建立微校资源联盟并与上海教育认证中心等完成对接，探索多服务多平台多群体推广模式，上海资源中心开展资源汇聚整合及共享应用服务。上海市高中名校慕课平台学习参与率达到95%，教育资源开发能力提升。上海图书馆推出"上海图书馆少儿英文电子书馆"及OverDrive的"原版读物推荐"品牌7期，微信服务号使用量全年共计2 745 404人，年增长20%，微信粉丝关注数共223 893人，增长75 123人。上海文化产业创新融合发展成果明显，数字新媒体成为上海"文化+"新业态，数字出版与网络文学原创作品成果丰富。"文化嘉定云""宝山文化云"等区级文化云平台不断整合区内优秀社会文化资源，使得各类公共文化活动的市民知晓率、参与率和满意度大幅提高。

智慧旅游综合服务能力持续增强。上海国际旅游度假区客流数据与迪士尼乐园、星愿公园、生态园等舒适度信息汇入景区信息发布平台，为游客提供便捷的综合信息服务。对原有多媒体触摸屏系统实施升级改造，景区智能化与用户感知度明显提高。市旅游局、气象局联合发布的上海旅游观景指数覆盖沪上18个景点，旅游气象服务精细化水平提高。建立上海旅游信息管理与发布平台，基于大数据技术的旅游公共服务水平有效提升。在线旅游市场监管力度不断加强，旅游行业信息化建设持续深化，旅游电商企业平台不断发展壮大，基于人工智能技术的一站式、个性化旅游服务迅速发展。

智慧交通工程建设稳步推进。完成上海公交APP升级改造与交通综合出行APP安卓和iOS版研发，交通综合信息服务水平不断提升。相继完成候车站台、无外接电源站点以及车载显示屏等跨业态、营运状态信息发布试点工作，交通出行信息发布水平进一步提高。长三角区域机动车环保信息服务平台建成并投入使用，实现区域内机动车及环保信息互联互通，有效支撑长三角区域开展机动车大气污染防治的联防联控。完成《基于北斗的公共交通信息发布技术及应用示范》《上海交通大数据服务平台构建与应用关键技术研究》等课题研究。

公共服务信息化建设惠民便民效果显著。"市民云"平台有效整合了个人信息、医疗卫生、交通出行、社会保障、社区生活、旅游休闲六大类100多项公共服务资源，实名注册用户数已达760万人，成为汇聚全市智慧城市建设成果的"总入口"。付费通APP电子钱包支持线下商户"扫码支付"功能，公共事业费燃气IC卡网上充值产品"口袋充"为超过70万户上海居民提供网上充值服务。2017年8月全面完成了7.3万人异地结算社保卡发放。市民服务热线共受理市民诉求3 774 244件，同比增长762 760件，增幅为25.33%。

智慧经济应用稳步推进，全面支撑现代化经济体系建设

制造业信息化建设取得明显成果。数字化车间/智能工厂建设关键技术装备自主研制取得重大突破，打破了国外在智能制造装备和工业软件领域的技术垄断。电子信息、航空航天、船舶海工、装备制造等重点行业开展智能车间/工厂试点建设，重点培育离散型智能制造、流程型智能制造、网络协同制造、大

规模个性化定制、远程运维服务等智能制造新模式。传统制造企业向智能制造企业整体转型速度加快，在汽车、电子信息、能源装备、钢铁等领域培育了一批具有行业影响力的系统解决方案供应商，其中重点关注的智能制造系统集成产值达387.45亿元，同比增长33.1%。明确形成“1+1+10+X”两化融合管理体系贯标工作机制，全年共有643家企业参与两化融合管理体系自评估，151家企业启动两化融合管理体系贯标，36家企业通过评定，86家企业入选工信部两化融合贯标试点企业。

金融信息化建设稳步健康推进。银行、证券、期货、基金、保险等行业信息化建设稳步推进，全年互联网金融营业收入达到709.8亿元，比上年同期增长33.1%。截至2017年年末，上海地区金融IC卡发卡总量已超过9 172万张，借记IC卡7 085万张，贷记IC卡1 945万张，准贷记IC卡142万张。金融服务在便民领域得到推广应用，支付创新实现跨行业纵深发展。

智慧商贸全面促进上海产业转型升级。2017年全市实现电子商务交易额24 263.6亿元，同比增长21.0%，占全国比重11.6%，位列全国城市之首，其中B2B交易额16 923.4亿元，同比增长17.2%，网络购物(B2C/C2C)交易额7 340.2亿元，同比增长31.0%。钢铁、装备、汽车、化工等骨干企业主导的电子商务服务平台社会化应用推广进程加快，涉及工业品、医疗器械、互联网金融等的各行业垂直细分平台向集成创新服务方向发展。2017年跨境电商试点模式实现交易额42.6亿元，同比增长170%，增速在各试点城市中继续保持领先。重点监测跨境电商企业实现跨境电商交易额364.2亿元，同比增长22.6%。全年共遴选出14家电子商务“双推”服务平台，其中4家平台入选业内专业机构评选的2017全国B2B电商百强榜。建成上海国际贸易单一窗口3.0版，平台开户数2万多个，服务企业数超过27万家。

智慧农业服务“三农”效果明显。农业物联网区域试验工程建设继续推进，机器人、智能识别算法、GPS自动导航等技术的应用有效提高农作物管理效率。借助“市民云”平台推出“农业云”，整合市场价格、支农政策、农经档案、集体财务公开、涉农补贴查询、12316在线咨询、三农知识库、网上办事指南、涉农信息公开等涉农领域优质资源与特色服务，与“农民一点通”共同形成面向农民的服务终端载体。2017年，12316热线服务总量达1 388 667人次，同时开通“上海12316”手机APP和微信公众号，有效拓展“三农”移动互联网服务渠道。

智慧治理建设向纵深发展，城市管理精细化程度增强

城市综合治理信息化深入推进。网格化管理范围在街镇、居村社区等基层社会层面不断拓展。城市管理综合信息共享交换平台汇聚145个图层数据目录与元数据，发布128个图层数据服务，用户在线调用服务累计达51万次，跨行业、跨平台城市空间地理综合信息共享交换能力增强。成立城市空间地理信息共享交换联盟，着力推进行业数据资源共享。有效开展外环以外地下管线普查，预计2018年全面完成，实现全市综合地下管线数据全覆盖。初步建成道路照明管理信息平台，基本实现照明设施资产信息管理、建设管理、运维管理、应急指挥等信息化。全面完成上海市居民30万用户水、电、气“三表集抄”及

“三单合一”试点工作,城市生命线信息化建设集约化程度提升。

城市运行安全管理应用进一步深化。依托阿里云,推进上海智慧公安数据中心(计算中心)和上海智慧公安综合服务平台建设,初步建立警务物联网,布设感知终端,及时发现推送风险隐患,打造感知泛在、研判多维、指挥扁平、处置高效的精准警务模式。加快智慧电梯基础建设,完成上海市电梯应急处置公共服务平台建设并运行,推动电梯远程监测系统的建立,全面提升上海市电梯安全管理服务水平和应急救援处置能力。食品安全监管和信息服务平台汇集行政审批、监督抽样、应急处置等十多个业务系统近 500 万条数据,食品安全追溯平台汇集海量数据,有效实现了食品各业务系统的数据共享。完成建设上海市环境应急管理信息系统,有效提升环境应急管理规范化、信息化和智能化水平。完成上海市辐射管理信息系统机房改造,推动辐射监管向系统化、精细化转变。城乡中小河道综合整治工作深入推进,基本建成全覆盖、无遗漏、无重复的河湖边线和中心线地理数据库。完成防汛“一网四库”基础数据更新,智能防汛保障体系不断完善。建成“数字海洋”上海示范区(地方配套)项目,海洋信息化水平全面提升。

BIM(Building Information Model,建筑信息模型)技术继续深化推广应用。截至 2017 年年底,全市 BIM 技术应用项目数量达 615 个,占规模以上满足 BIM 技术应用条件项目的 88%,同比增长 134.7%。上海中心、国家会展中心、北横通道等重大项目通过应用 BIM 技术,实现项目建设过程中多专业协同、建设管理产业链信息共享。自 2017 年起,BIM 技术在市级保障房项目建设阶段得到普遍应用,全市 13 家设计和施工企业列入“BIM 转型示范企业”。

智慧政务体系趋于优化,推动完善政府管理与公共服务职能

深入推进电子政务一体化建设。基于政府系统的公文管理、会议服务、信息交互三类办公基础业务,建立上海市政府系统办公协同平台,有效提高了上海市政府系统跨部门和跨区域的办公业务协同能力。全面建成政务服务系统,门户网站与市网上政务大厅完成各部门审批事项数据 100%接入,数据质量评分达 98%,大部分事项实现统一登录及身份认证。市级政务云中心于 2017 年 6 月正式对外提供服务,进一步完善管理机制和操作方式,加快上云迁移进度,积极推动政府系统办公协同平台上线运行,加快各区、各部门现有办公系统与平台对接。市政府目标管理系统有效形成市政府目标过程管理、信息共享的闭环体系,全面提升政府管理效率。

围绕公共服务,稳步推进网上政务服务“单一窗口”建设、社区事务受理系统、网上政务大厅、市民服务热线、政务新媒体等建设,拓展和优化公共服务渠道。进行“政务服务便捷化”试点,进一步融合升级平台渠道,推进实体大厅智能化建设,对接网上政务大厅的统一预约平台、移动终端服务等功能,形成上海市全覆盖的市、区、街镇三级一体化线上线下联动预约服务模式,为公众提供便捷的政务服务。推进全市各部门接入网上政务大厅统一用户中心,实现公众网上办事“单点登录、全网通办”的全覆盖。落实“放管服”改革和“证照分离”改革试点,推进“互联网+政务服务”。企业市场准入领域“全网通办”服务正式发

布上线,共 104 个区级审批事项实现全网通办;协调“全区通办”多层级共享信息落地,针对 170 项个人社区事务事项,优化全区通办、网上服务流程,建设开发区级社区事务受理平台,实现网上高度协同的“受办分离”模式;积极协调市社区事务受理系统监管平台数据与社区实现共享,实现了社区事务数据落地、对接和分享。

区域社会信用体系不断完善。推动“互联网＋政务服务”与诚信体系建设融合。通过网上政务大厅与信用平台对接,建立面向相对人事前差异化服务、事中监测预警、事后联动奖惩的全过程信用管理模式,依托网上政务大厅,研究开展网上政务服务诚信评价,将群众对网上办事的满意度、政务信息公开、政务服务效率、信用监管预警、联合奖惩落实等情况纳入政务诚信体系。各区积极推进信用信息体系建设,例如,宝山区加强政务信用体制机制建设,制定发布了《2017 年宝山区社会信用体系建设工作要点》,建立了宝山社会信用体系工作绩效考核机制,发布了《宝山区公共信用信息“三清单”(2017 版)》;普陀区全年共向市信用平台报送公共信用信息 14 496 条,开展应用查询 5 000 余次,实现了对 149 项应用事项的全覆盖;松江区上线运行信用信息子平台,初步建立了由安监局、市场监管局等 10 家单位组成的每月“双公示”信息归集机制,完成了与市信用平台的互联互通,实现了“双公示”数据共享对接。

新技术创新应用活跃,产业生态系统蓬勃发展

人工智能产业发展初具规模。2017 年 11 月,市政府发布《关于本市推动新一代人工智能发展的实施意见》,推动人工智能全面赋能实体经济发展和新型智慧城市建设,形成应用驱动、科技引领、产业协同、生态培育、人才集聚的“6＋6＋3＋6”新一代人工智能发展体系。2017 年 8 月,上海首次召开全球性人工智能创新峰会,峰会集聚了 1 500 名海内外嘉宾,为上海市人工智能发展凝聚人气、构建了良好的发展氛围。2017 年年底,全市智能软件产业规模近 100 亿元,形成了较为成熟的产业技术和商业模式,并初步形成了创新活跃、开放协同的融合生态,在智能驾驶、智能机器人等领域达到全国领先水平,同时拥有一批技术领先的智能软件企业。打造“徐汇滨江—漕河泾—闵行紫竹”人工智能创新带,构筑“一核一极一带”空间格局,力争打造国家级人工智能产业集聚区和应用示范区;打造“张江—临港”人工智能创新承载区,临港地区积极推动人工智能产业发展,将人工智能列入“2＋3＋4”产业体系的两大先导产业之一。

云计算新技术应用蓬勃发展。2017 年,上海云计算相关软件和信息服务业产值为 910 亿元,同比增长 15.8%。其中,云计算基础设施平台服务商(IaaS/PaaS)实现收入 74.7 亿元,同比增长 25.4%,推出主要产品及服务 44 个,服务企事业用户(公有云)7 万家;云计算应用平台服务商(SaaS)实现收入 55.1 亿元,同比增长 47.5%,推出主要产品及服务 82 个,服务企事业用户 4.8 万家。全市拥有上海优刻得信息科技有限公司(以下简称“优刻得”)、上海浪潮云计算科技有限公司、万国数据服务有限公司等一批云计算龙头企业,其中优刻得(UCloud)已为 5 万余家企业级客户提供服务,间接服务用户数量超过 10 亿个,部

署在 UCloud 平台上的客户业务总产值逾千亿元。

大数据应用广度与深度不断提升。上海大数据核心产业规模快速增长，建设形成了大数据产业基地（静安市北高新）、大数据创新产业基地（杨浦云基地）等富有特色的大数据产业集聚区，2017 年度上海市静安区和杨浦区的大数据产业业务收入总计达到 659 亿元，基本形成了高端智能、新兴繁荣的大数据产业发展新生态和大众创业、万众创新的产业驱动新格局。上海拥有大数据企业近 700 家，其中技术型企业约 200 家，集中在基础软硬件、数据挖掘、数据安全、数据可视化等核心业务；应用类企业约 400 家，涉及制造、金融、旅游等诸多传统领域，形成了一批行业大数据示范应用；催生了一批提供大数据行业咨询、人力资源、教育培训等衍生类服务的企业。根据科技部火炬中心等机构发布的《2017 中国独角兽企业发展报告》，上海大数据独角兽企业为 19 家，已经达到全国大数据独角兽企业总量的 12%。大数据技术研发产业链基本形成，截至 2017 年年底，全市被授权的大数据国家发明专利达到 550 件，基本建成大数据关键技术专利池，形成了多层次的技术储备。

信息产业全面发力，新一代信息技术体系不断完善

电子信息制造业呈现加速发展态势。电子信息制造业实现工业总产值 6 505 亿元，同比增长 7.6%，实现利润 285 亿元，同比增长 31%。新一代信息技术制造业实现工业总产值 3 656 亿元，占战略性新兴产业产值三分之一。集成电路产业规模达到 1 180.62 亿元，同比增长 12.2%，其中 IC 设计业营收达到 437.45 亿元，同比增长 19.8%；芯片制造业营收 281.95 亿元，同比增长 7.6%；封装测试业营收 310.3 亿元，同比减少 0.8%；设备材料业营收 150.91 亿元，同比增长 34.1%。集成电路产业链结构更加合理先进，其中 IC 设计业占比约 37%，芯片制造业占比 23.90%，封装测试产业占比 26.30%，装备材料产业占比12.80%。2017 年，通信设备制造业工业总产值为 1 741.7 亿元，以第五代移动通信（5G）为核心开展从芯片、测试、核心元器件、网络设备到终端等方面的产业技术创新，成为全市通信行业优化结构、促进转型升级的重点。

软件和信息服务业稳健发展。软件和信息服务业实现营业收入 7 794.64 亿元，比上年同期增长 12.9%。软件产业和互联网信息服务业占信息服务业比重达 86.2%，比 2016 年提高 2.3 个百分点，呈持续增加态势，产业结构高端转型效果明显。全市软件服务收入在行业中的比重超过 25%，成为支撑行业发展的主要力量，全年软件出口额达到 36.9 亿美元，出口方式以信息技术外包为主，出口国家更为多元化。软件和信息服务业从业人员达到 71.7 万人，其中软件研发人员占软件从业人员的比重近 50%，人才增长趋缓，高层次人才比重有所提升，人才结构不断优化。

信息安全实现整体可控，智慧城市安全保障能力全面增强

信息安全保障体系不断完善。2017 年，上海继续做好隐患排查、公共信息系统安全测评、专项打击和

整治行动等网络空间综合治理行动，重点领域监管取得显著成效。完成了宝武钢铁、金山石化、上海烟草、申通地铁、上海电力、浦东威立雅6家涉及国计民生的重要企业现场评估检查以及工业控制领域关键信息基础设施安全抽查，工控系统信息安全管理能力稳步增强。国产密码算法在金融、物联网等行业领域得到推广应用，网络信任环境不断优化。相继开展以“网络安全为人民，网络安全靠人民”为主题的系列宣传活动，同时举办2017中国信息安全用户大会、2017优秀首席信息安全官和2017信息安全优秀服务案例评选以及2017信息安全技能竞赛(ISG)等活动，信息安全宣传教育取得良好效果。

信息安全服务水平稳步提升。2017年上海整体网络与信息安全态势良好，未发生大规模或高危害的网络与信息安全事件。在对全市253家重点网站运行安全监测中，共监测到397个网站安全风险，发现11站次黑客入侵、3站次后门文件、3站次木马后门，未发现信息泄露、域名劫持、断开链接等安全事件，超过86%的重点网站处于良好的运行安全状态。2017年上海信息安全事件的月平均发生率为36.79%，高于上年度17.58%的月平均发生率，发生各类信息安全问题较多、频度较高的单位依次分布于金融行业、政府机关、新闻媒体、通信网络、高校、工业企业。2017年上海累计完成产品检测、系统测评、评估服务等近1 800个测评服务项目，涉及电子政务、金融、电力、燃气、轨道交通、医疗卫生等关系国计民生的主要信息系统应用领域，为全市智慧城市建设提供了重要安全保障。2017年上海新增数字应用证书211万张，其中法人证书152万张，占72%；个人、安全站点及设备等证书59万张，占28%。

信息安全技术产业化发展进程加快。2017年上海信息安全产业经营收入达58亿元，成为上海新一代信息技术战略新型产业的重点发展领域。工业控制系统安全研发与转化功能平台、上海赛博网络安全产业创新研究院等平台的建立，为加强上海市网络安全建设和保障奠定了产业基础支撑。全年约有5 000个系统进行等级保护检测和整改，带动了近20亿元信息安全消费增长。通过校企联合、基地培训等方式培养网络安全人才，成为上海强化信息安全人才队伍建设的重要途径。

数据资源开放环境逐步优化，数据资源应用价值逐渐凸显

继续深化政务数据资源共享和融合应用。基本建立全市政务数据资源目录体系，通过建立政务数据资源目录编制与市本级信息化项目预算前置审核相挂钩的工作机制，基本建成了全市统一管理的政务数据资源目录体系。截至2017年年底，各部门运维信息系统编目覆盖率达到94.8%，新建信息系统编目覆盖率达到100%，编制数据资源目录共计1.96万条，数据项达29万个。各部门按照国家和上海市最新目录编制标准及时补充和调整数据资源目录，全市数据资源目录规范度达到88.9%。政务数据开放深度、广度进一步提升，采用政府购买服务的模式引入第三方机构的市场化力量，多方面提升数据管理和服务水平；优化升级“上海市政府数据服务网”，累计向社会开放数据资源逾1 600项，涵盖12个重点领域、11个应用场景，在第三方机构发布的《中国地方政府数据开放平台报告(2017)》中，“上海市政府数据服务网”连续两次位列全国第一。建立健全政务数据资源共享开放长效工作机制，开展“政务数据资源开放风

险及防范"等前瞻性课题研究,加强政府数据共享开放法制建设,开展年度政务数据资源共享和开放工作绩效评估,并将评估结果纳入市政务公开考核体系,建立专家会商机制,对各部门共享开放中存在异议的政务数据资源展开研究讨论。

公共数据资源开发利用。第三届上海开放数据创新应用大赛(SODA)聚焦"城市管理",共开放了 23 个政、企、事业单位数据集,以深化数据资源创新应用助力城市精细化管理,带动企业、个人、高校、科研院所、创投机构等各界力量利用开放数据破解社会瓶颈问题。推动以清华小青椒商业选址助手、仪电图灵空间食品安全监控系统等为代表的一大批优秀作品创新创业,融资金额超亿元;加强国际交流与合作,助力 1 家英国创业企业获得累计超过千万美元融资,实现开放数据、创新应用、落地孵化"三位一体"目标。截至 2017 年 11 月,上海数据交易中心商业数据交易总量突破 10 亿次,数据服务能力全面增强。

信息化环境持续优化,营造智慧城市发展良好氛围

信息化政策法规不断完善。2017 年上海发布了《上海市工业互联网创新发展专项支持实施细则》《上海市软件和集成电路产业发展专项支持实施细则》《上海市集成电路设计企业工程产品首轮流片专项支持办法》等规范性文件,指导全市智慧城市相关领域健康发展。相继开展产业项目审批流程简化、证照分离改革试点、政府效能建设评估等制度改革建设。

信息化人才队伍建设持续推进。2017 年,上海编制了《本市加快实施高峰工程行动方案》,同时对接上海人才新政 30 条,争取产业和信息化人才服务配套政策落实。围绕信息化发展人才需求,组织 2017 年度上海市领军人才选拔推荐、信息创意类高技能人才项目推荐申报等工作,开展第三届信息化优秀人才评选、2017 年智慧工匠评选等活动,信息化人才队伍建设持续加强。

智慧城市宣传推广内容逐步丰富。2017 年 11 月,以"智慧·创新·卓越"为主题的 2017 全球城市信息化论坛(GCIF2017)发布了《全球城市信息化报告 2017》《智慧之都指数报告 2017》《全球信息社会蓝皮书:全球信息社会发展报告(2017)》《网络空间安全蓝皮书:中国网络空间安全发展报告(2017)》《全球智慧城市案例集》等智库产品,从多个角度解读全球城市信息化现状与趋势,寻求智慧城市、创新城市和卓越城市的发展路径。2017 年上海智慧城市体验周活动以"智慧城市,让生活更温暖"(Smart city, Warm life)为主题,聚焦人工智能、工业互联网、物联网、大数据等重点领域,在全市开展了 50 余场评选、智慧体验、现场观摩、互动交流活动,为市民搭建了体验和感知上海智慧城市建设成果的平台。此外,以"共建世界级城市群"为目标,进一步加强智慧城市区域推广合作,长三角区域信息化合作进入新阶段。

上海产业发展和信息化建设2017年工作总结和2018年工作要点（摘要）

2017年工作总体情况

2017年，市经济信息化委认真贯彻市委、市政府决策部署要求，坚持稳中求进工作总基调，深化供给侧结构性改革，强化责任担当抓创新，推动产业企稳回升；破解瓶颈短板重统筹，加快经济转型升级；注重职能转变强服务，促进行政效能优化，圆满完成全年目标任务。

优化顶层设计，完善统筹机制，实体经济能级实现新提升

贯彻《关于创新驱动发展　巩固提升实体经济能级的若干意见》。建立市级部门协调机制，宣传落实"50条"举措；对接"中国制造2025"分省市指南，加强区域产业精准布局定位；全年规模以上工业增加值增长6.8%，工业总产值、利润等指标均创七年新高。推动资源要素向实体经济集聚。全市工业投资由负转正、增长5.3%，全年为企业降本减负超过440亿元；新设工业强基、工业互联网、人工智能专项资金，运作集成电路、产业转型升级投资基金，支持设立上海品牌发展基金。

聚集重点项目，注重创新转型，新兴动能培育取得新突破

着力抓项目推进。组织实施36个战略性新兴产业重大项目；实施智能网联汽车等产业创新工程，推进工业强基工程，建设智能传感器等制造业创新中心和集成电路、智能制造等研发与转化功能型平台；大飞机C919首飞，万吨级驱逐舰首舰下水，松江海尔智谷、青浦华为研发中心、徐汇AI产业生态联盟、重型燃机等项目落沪。实现调结构促转型。聚焦重点区域调整"三高一低"项目1 436项、腾出土地1.4万亩，推动绿色制造、规模以上工业增加值能耗下降8.3%左右；加快产业园区转型升级，全市开发区单位土地产值达到70亿元/平方公里。

突出应用推广，夯实基础支撑，智慧城市建设迈上新台阶

深化信息化应用。依托“市民云”平台提供百项公共服务，推动近200个政务信息系统上云迁移；开展国家大数据综合试验区建设，推动公共数据开放试点，政府数据累计开放1 500项；加快交通、健康、养老等领域信息化应用，支撑城市管理和社会治理科学化、精细化、智能化。加强基础能力建设。加快部署千兆宽带网络，全面推进百兆及以上宽带接入；优化城域网络，上海固定宽带、移动宽带用户平均下载速率均居全国第一；建成市网络与信息安全应急基础平台，形成智慧城市信息安全态势感知体系框架。

加强攻坚克难，持续精准发力，产业融合发展激发新活力

加快军民融合。推进重大军工项目落地，加强“绿色通道”建设，稳步推进国防科工管理；实施军民融合产业发展“十大举措”，军民融合产值4 280亿元、增长12.5%左右。深化两化融合。制定制造业与互联网融合、人工智能实施意见及工业互联网创新应用三年行动计划；建成全国首个工业互联网创新中心，创建首批3家市级创新实践基地。服务业重点领域加快发展。生产性服务业增加值占全市服务业增加值和生产总值比重分别超过60%、40%；软件和信息服务业营收增长13%，创意设计产业增加值增长10%左右。

加大改革力度，主动服务企业，政府职能转变体现新成效

优化企业服务。依托中小企业、央企、外资等服务机制，激发各类市场主体活力，市政府累计与25家央企签署战略合作协议；新建上海市企业服务统筹机制，加快全市企业服务平台建设、实现开通试运行。推动开放合作。成功举办第19届中国国际工业博览会，深化主宾国、部市合作机制创新；加强市、区联动，吸引全球创新企业及重要功能性平台落户。创新制度供给。制定实施高端装备首台套、软件首版次、新材料首批次政策；推动技改政策创新，制定技改专项实施细则。

2017年，市经济信息化委齐心协力、砥砺前行，指标任务超额完成：速度规模超预期，经济稳中向好；质量效益双突破，结构集约优化；智慧城市强覆盖，效能逐步提升。开拓创新、锐意进取，工作机制更加优化：项目协调有序有力，产融结合探索前行，数据共享开放，企业兜底服务开局推动。提振信心、奋发作为，干部能力明显增强：直面问题、拓宽视野，统筹协同格局逐步形成。

2018年总体工作考虑

首先，要把握大局、立足实际，明确发展定位

站在新时代新起点，必须抓住全面深化改革开放的重要窗口期，立足新方位、落实新部署、实现新作为。从今后五年看，要围绕制造业增加值占全市生产总值比重保持在25%左右的目标，聚焦重点区域、重点产业、重点项目，加快促进新旧动能接续。从中长期看，要把握产业和信息化发展规律，聚焦经济创新转型、聚力产业集聚集群、聚合智慧融通生态，加强科学谋划、精准引导，争做制造强国、网络强国先行者。

特别是要注重补短板破瓶颈，加强发展思路、组织体系、方式载体等创新突破。重点关注问题：一是产业发展不均衡，工业用地要加快盘活利用，新兴动能贡献度还不够。二是全市产业经济和信息化统筹联动机制亟需优化，产业投融资的活跃度不足，数据资源开放共享利用力度、城市信息化应用深度要进一步提升。三是上海民营经济发展生态环境有待完善，要加快培育国际化、创新型企业和领军型企业家。

下阶段，要紧紧围绕中心任务、加强贯彻落实

2018 年工作要抓住一条主线：全面贯彻落实党的十九大精神和市委、市政府决策部署，坚持稳中求进工作总基调，以实体经济作为经济发展的着力点，以提高产业供给体系质量作为主攻方向，着力打响“上海制造”品牌，加快推动互联网、大数据、人工智能与实体经济深度融合，夯实现代化经济体系基础支撑。优化战略定位：坚持需求导向、问题导向、效果导向，加强统筹协同，提高站位格局，“用担当求卓越”；深化改革开放，凝聚发展动能，“向存量要增量”；突出制度建设，做优生态环境，“以质量论高下”。聚焦重点突破：注重资源优配，加快产业布局、项目推进、土地二次开发有效衔接；注重动能接续，加快推进科技成果产业化、发展新兴产业；注重应用深化，加快数据共享开放；注重协同创新，加快探索军民融合新模式；注重机制完善，加快优化企业服务。

2018 年争取实现以下目标：规模以上工业增加值增长 3%～4%，战略性新兴制造业产值增长 5%～6%；生产性服务业、软件和信息服务业营收、创意设计产业增加值均实现两位数增长；工业投资增长5%，开发区单位土地产值 70 亿元/平方公里；实施产业结构调整项目 1 000 项，规模以上单位工业增加值能耗下降1.5%；家庭宽带平均接入带宽 150 兆比特/秒，固定宽带用户可用下载速率 23 兆比特/秒。

2018 年重点工作安排

强力推动实体经济，聚焦打响“上海制造”品牌

一是要聚焦高端化发展。瞄准价值链、创新链制高点，提升大飞机、重型燃机、机器人、高端医疗器械、高端船舶和海洋工程装备等整机自主化集成化能力；聚焦产业链重点环节，夯实智能传感、精密减速器、超导、石墨烯等零部件及原材料发展根基；推动优势产业高端化、关注高增加值率行业，深入实施“三品”战略。

二是谋划落实高质量项目。完善产业项目统筹机制，加快建设华力二期、中芯国际、华大半导体、海尔智谷、华为研发中心等重点项目；主动对接配置全球资源，加大统筹招商力度，建立与各区、园区、企业、机构等招商对接机制。

三是打造产业发展高地。深化各区特色产业精准布局，已经明确定位的抓紧细化推进，没有明确方向的加强市、区对接，支持浦东新区申报创建“中国制造 2025”国家示范区；加快构建集成电路、软件信息、G60、东方美谷、人工智能、节能环保、智能硬件等新兴产业高地，促进产业集聚集群发展。

加快产业创新步伐,培育新增长点形成新兴动能

一是实施产业创新工程。围绕产业链、创新链联动,实施智能网联汽车、人工智能等产业创新工程;要盯住有实力的企业、高校、科研院所,更好发挥创新主体作用,加强对接引导及成果转化。

二是打造产业创新平台。围绕智能传感器、集成电路、海工装备等优势领域,加快建设一批国家级、市级制造业创新中心;推动智能制造、工业互联网、工控安全等研发与转化功能型平台加快建设。

三是深化军民融合发展。落实军民深度融合发展战略,协调保障国家重大专项任务,深入推进军转民、民参军、军民协同创新和国防科技工业强基工程;依托军民融合产业发展促进中心及投资基金,加快培育军民两用技术成果孵化和产业化项目。

四是着力产业跨界融合。适应制造中有服务、硬件中有软件、传统中有新兴等融合趋势,加快推动总集成总承包等生产性服务业,培育工业软件、云服务、创意设计等新业态新模式,改造提升传统产能、发展壮大新兴动能。

建设新型智慧城市,全面增强智能融合应用效应

一是加强顶层设计。开展新型智慧城市框架系统设计,完善跨部门协同、纵深发展工作机制;推动智慧政务、经济、社会等领域数据共享开放利用,建设大数据平台,促进数据管理机构优化,完善标准规范、制度建设。

二是深化融合应用。推动实体经济和数字经济融合发展,引导培育一批企业级、行业级、生态级工业互联网云平台,多措并举鼓励企业上云,加快推广一批工业 APP 应用;深化城市运行管理、民生需求、社会治理等领域信息化应用,继续推进政务信息化项目上云迁移,启动政务云分中心建设。

三是夯实基础保障。推进新型城域物联专网布局,实现物联专网全市覆盖;优化宽带及无线城市服务能级,打造全球千兆宽带第一城,完成 4G 网络深度覆盖、全面布局 5G 发展;加强工业控制等领域信息安全保障,优化相关工作机制、支撑平台、服务网络建设。

加大改革开放力度,持续拓展转型升级增量空间

一是加快土地二次开发促进调转结合。借鉴浙江“亩产论英雄”经验,加快推动土地二次开发、低效用地提升;研究制定企业分类综合评价办法,实施市场、行政、法治等差别化工具;市级引导、以区为主,统筹产业结构调整专项资金、园区转型升级引导基金,加快“边拔边种”,推广松江“工业用地增减挂钩”经验,打造金山二工区“调整转型示范区域”。

二是创新产业投融资模式。加强与财政金融部门、各区、集团、开发区等对接,加快运作产业转型升级、集成电路、军民融合等基金,引导各路资金进入实体经济;依托浦东、嘉定国家产融合作试点城区,聚焦产业链集群项目,搭建资本与项目汇聚对接的云平台。

三是依托中国(上海)自由贸易试验区推动产业开放发展。推广集成电路全产业链保税监管模式,优化生物医药、材料设备等监管方式及检测维修服务模式;自由贸易港建设突出了制度创新、开放创新,市

经济信息化系统重点要打造先进制造业前沿产业集群、全球数字经济增值服务基地等。

优化工作推进体系，转变政府职能完善生态环境

一是建立高效率的内外联动机制。面向全球，要加强与顶尖创新企业等对接交流，引导设立地区总部、产业创新中心等；面向长三角，加强产业链分工合作及规划、招商对接，推动工业互联网、大数据、信息网络设施协同应用，共享平台服务资源，打造世界级产业集群生态；面向全市，要加强实体经济、智慧城市、军民融合、企业服务等领域市区两级、政企及社会各方合作。

二是建立标识性的企业服务生态。将全市企业服务平台打造成为优化营商环境的品牌亮点，摸清企业的“难点痛点堵点”，用好政策清单、服务清单等手段，提高企业办事便捷性和获得感；完善企业服务机制，优化民营经济发展生态，加快培育“隐形冠军”“独角兽”企业。

三是建立多层次的配套保障体系。要构建反映产业经济高质量发展的运行监测体系，制定工业生态文明建设实施意见，推动“技改政策包”“三首”等政策实施，落实资金、能源、人才等要素资源保障；加强对重点工作的督查督办，完善考核评估体系、奖惩联动机制。

2018 年工作任务非常艰巨繁重，市经济信息化委将围绕中心服务大局，务实奋进、攻坚克难、加强协作，推动产业经济和信息化改革开放新征程，为上海“五个中心”建设贡献力量。

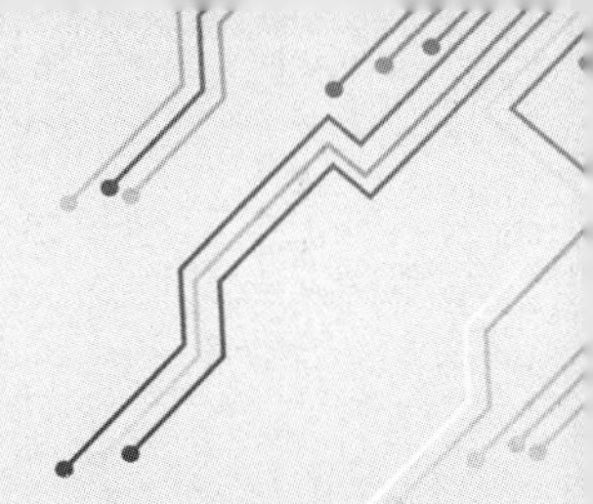

SHANGHAI INFORMATIZATION

第一编 信息基础设施

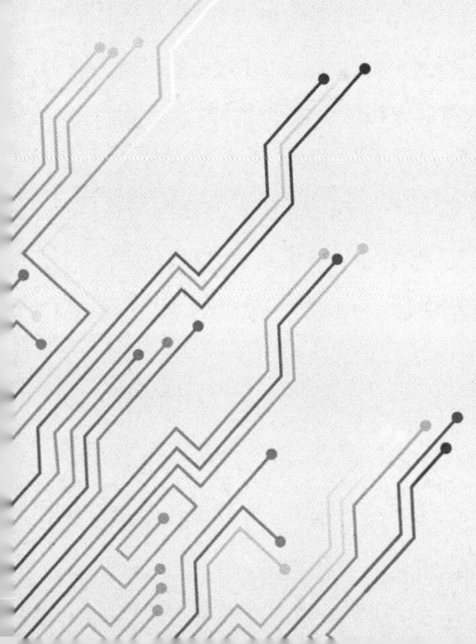

综　述

2017 年,上海信息基础设施建设以国家“宽带中国”战略和“提速降费”的总体要求为指导,围绕加快推进上海“四个中心”、具有全球影响力的科创中心和卓越的全球城市建设,以将上海打造成世界级信息基础设施标杆城市为目标,深入推进国际领先的宽带城市、无线城市建设。宽带网络设施能级和用户感知度持续提升,新一代信息基础设施加紧布局,基本形成“内涵不断深化、外延持续拓展”的城市信息基础设施发展新格局。

优化信息基础设施服务能级。加快部署千兆宽带网络,完成千兆覆盖 300 万户,全市家庭光纤宽带用户达 580 万,家庭宽带用户平均接入带宽超过 100M。持续优化 4G 网络,重点聚焦居民住宅区完成 300 处 4G 网络弱覆盖区域的优化建设,3G 和 4G 用户总数达到 2 806 万户。开展公益 WLAN 优化升级,完成原有 1 400 处场所从 2M 到 10M 的普遍提速,全市 i-Shanghai 覆盖场所达到 2 000处。启动 5G 关键技术研究和外场试验,年内已在浦东金桥、嘉定汽车城等区域开展 5G 外场实验。积极推进规模化、绿色环保的 IDC(Internet Data Center,互联网数据中心)建设,全市电信运营商自有和合作 IDC 机架总量近 5.7 万个。

推进信息基础设施转型发展。推进新型城域物联专网建设,通过对物联网、大数据、人工智能技术在城市管理和社区治理领域的探索,形成推进上海新型城域物联专网发展的总体方案。推进控江路街道“社区大脑”建设,结合街道网格化管理,融合公共安全、公共管理和公共服务的需求,部署 7 000余个传感器,开展 15 项社区物联服务。推进虹口极速北外滩示范区建设,实现区域基站设施与公共设施融合布局,推进区域商务楼宇万兆覆盖。

完善信息基础设施配套环境。在国内率先建立基于用户感知的网络监测机制。启动编制区域新一代信息基础设施建设行动方案,开展城域物联专网规划研究,启动崇明世界级生态岛、虹口极速北外滩等区域新型无线城市建设方案编制。搭建完善的信息基础设施规划体系,基本完成各区信息基础设施专项规划编制。推动上海超级计算中心(以下简称“超算中心”)转型发展,推进超算中心过渡期项目的落地。

(王慧婷)

第一章　基础信息网络

概　述

落实“提速降费”，提升城市信息基础设施水平。加快部署千兆宽带网络，在2016年国内率先开展千兆光纤网络技术论证、小区接入示范的基础上，2017年全面推进千兆光纤宽带接入网络改造，累计完成千兆覆盖300万户。着力提高光纤宽带实际使用用户数，全面推出100M及以上的宽带接入服务，全市家庭光纤宽带用户达580万，家庭宽带用户平均接入带宽超过100M。协同推进海底光缆建设，亚太直达海底光缆系统（Asia-Pacific Gateway，APG）已在崇明区、浦东新区登陆，登陆的海底光缆容量超过10T，通过上海的互联网国际出口总带宽超过1.7T。持续扩容、优化城域网络，推动运营商传输网升级及网间优化，进一步完善宽带网络结构，不断提升互联网业务能力与服务质量，电信运营商城域网出口总带宽超过11T。积极推进规模化、绿色环保的IDC建设，建设高端、自给、集聚的数据中心，推动绿色节能技术运用和已有IDC升级改造，全市电信运营商自有和合作IDC机架总量近5.7万个。服务企业降成本，聚焦用户感知提升和服务中小企业创新创业，组织实施园区宽带公平接入、宽带惠企等专项工作，促使企业降低网络服务成本。

（王慧婷）

一、数据通信网

2017年，上海电信业固定资产投资完成额134.8亿元，同比下降6.5%。年内，移动电话基站9.8万个，移动电话基站物理站址2.3万个，移动电话基站室内分布系统4.5万个。光缆线路长度57

万公里。国际互联网出口带宽1.4T,省际互联网出口带宽17.8T。光纤到户覆盖家庭数超过950万,光网覆盖率超过99%;千兆光网实现规模部署,覆盖率接近50%。

截至2017年年底,在上海登陆的国际海底光缆总容量超过16.08T。2017年,亚太直达海底光缆系统(APG)在南汇登陆站完成三期扩容,其中中国香港方向200G,日本志摩方向400G。跨太平洋直达海缆(New Cross Pacific, NCP)为新的中美直达系统,设计容量太平洋段60T,亚洲环段24T,完成基础配套工程。至2017年,上海国际海底光缆基本情况如表1-1所示。

表1-1 2017年上海国际海底光缆资源情况

管理方	光缆名称	光缆方向	登陆容量(bps)
中国电信	亚欧光缆3号(SWM3)	连接北非、南亚、澳大利亚、中东、西欧	27.5G
	亚太直达(APG)	连接北美、中东、北非、南欧、东南亚	5T
	亚太光缆2号(APCN2)	连接日本、韩国、中国香港、中国台湾、马来西亚、新加坡	6 020G
	跨太平洋(TPE)	连接美国大陆、分支与韩国连接	2 560G
中国联通	环球光缆(FLAG FEA)	连接北非、南亚、中东、西欧	20G
	C2C光缆	连接中国、韩国、日本、新加坡、菲律宾、马来西亚	880G
	亚太直达(APG)	连接北美、中东、北非、南欧、东南亚	1.78T

截至2017年年底,上海市互联网省际出入口带宽总规模约为13 700G,其中,中国电信股份有限公司上海分公司(以下简称"上海电信")7 820G,占57.08%;中国移动通信集团有限公司上海分公司(以下简称"上海移动")3 000G,占21.90%;中国联合网络通信有限公司上海市分公司(以下简称"上海联通")2 880G,占21.02%。国际出入口带宽总规模约为2 108.33G,其中,上海电信1 299G,占61.61%;上海移动170G,占8.06%;上海联通639.33G,占30.33%。

(胡永龙)

【国际通信网】 上海电信是中国电信行业最大的国际通信出入口局,建有国际海缆登陆站和国际卫星站,是APG、TPE(Trans-Pacific Express,跨太平洋直达)、APCN2(Asia-Pacific Cable Network 2,亚太2号)、SMW3(SEA-ME-WE 3,欧亚3号)、FLAG(Fiber-Optic Link Around the Globe,环球光缆)、C2C(City to City,城市间)等国际大容量海底光缆系统的登陆点和国际电路转接枢纽,也是"一带一路"概念中,欧亚、中俄、中哈、中吉、中蒙、中越、中老、中缅、中印等大容量国际陆地光缆系统的终端站。截至2017年年末,上海的国际电路已通达236个国家和地区,同时和中国电信国际公司各海外分公司(美洲、中国香港、欧洲)开通了众多多速率高带宽互联电路,并为中国联通、中国移动等提供国际传输通道。作为亚太互联网中心，上海电信负责汇接中国电信网络内华东、中南、西南各省的国际通信业务，建有7万多路端的国际程控/软交换机，具备完善的国际数据专线网，为客户提供各种方便快捷高质量的国际通信业务。

【基础数据专线网】 上海本地基础数据专线网是一种以ATM(Asynchronous Transfer Mode，异步传输模式)交换为核心，以多种业务接入设备为接入层的数据传输网。可提供点对点、一点对多点的业务，便于金融证券公司、科研教育系统、政府部门租用数据专线组建自己的专用网；提供帧中继业务；提供语音、G3传真、图像等通信。上海电信建成的本地最大数据网络基本覆盖全市。

【IP网络】 上海电信的IP承载网是世界上最大的IP承载网网络之一，承载着庞大的NGN(Next Generation Network，下一代网络)语音、宽带接入、IPTV(Interactive Personality TV，交互式网络电视)等业务，具备网络拥塞控制、流量控制和质量控制能力，具备ADSL(Asymmetric Digital Subscriber Line，非对称数字用户线路)、光纤、FTTB+LAN(光纤到楼宇局域网，Fiber to The Building+ Local Area Network，FTTB+ LAN)和PON(无源光纤网络 Passive Optical Network，PON)等丰富的综合接入手段。

(张　军)

二、有线电视网

【IPTV平台】 IPTV是以电信宽带网络为传输通道，以电视机为终端，集互联网、多媒体、通信等多种技术于一体，向家庭用户提供多种交互式服务的业务。自IPTV正式商用以来，业务量稳步增长，并逐步提供互联网电视、智能电视等新业务。

(张　军)

【东方有线】 近年来，东方有线网络有限公司(以下简称“东方有线”)持续推进市郊用户一体化运作，通过数字化整转和网络升级，逐步强化营销、运维等配套环节，加快形成与全业务运营相匹配的基础网络、产品业务、品牌营销和客服运维等体系，努力提升网络服务能力、用户认知度和用户体验价值，基本实现了上海市NGB(Next Generation Broadcasting Network，下一代广播电视网)网络全覆盖。截至2017年12月底，上海全市有线电视用户总覆盖用户数为738万，数字化整转用户706万。

2017年，东方有线信息基础设施及应用领域的项目建设主要包括机房、管道、光缆和网络设备(接入网、骨干网)的新建、改造和扩容，以及交互电视、个人宽带、政企数据等业务发展所需的各类应用系统的建设。

三、广电网

自2012年起，东方有线在NGB示范网建设的基础上，在上海开展大规模的NGB网络建设。截至2017年12月，全市NGB网络已完成覆盖678万户，达到全市有线电视用户总数的91.8%。

NGB网络的建成，实现T级骨干、千兆进楼，用户端实现百兆接入，极大释放网络资源，有效提升网络承载能力和传输质量，NGB网络的本质是DVB(Digital Video Broadcasting，数字视频广播)广播电视网和IP全光网的叠加，成为继上海电信后第二张全覆盖的城市光网。也是上海最为重要的城市网络基础设施之一，为智慧城市的建设提供有力基础保障。

东方有线构建的上海数字电视服务平台，全面提供广播电视业务和数字电视互动业务，快速推进家庭文化娱乐平台、家庭金融服务平台、互动教育、游戏平台、智慧家庭等各类增值服务，在NGB区域大力推广以“高清和实时交互”为主要特征的各类应用服务，各类互动电视新业务、新应用快速发展。

截至2017年12月，东方有线高清用户规模超过350万，宽带用户规模近110万。通过整体转换和NGB建设，上海有线电视网络已基本实现更新换代，网络承载能力得到大幅提升。

结合东方有线未来发展的要求，根据网络技术发展的趋势，2017年在认真做好网络改造方案的调研分析、试点论证等工作的基础上，研究并提出适合东方有线运营实际的接入网升级改造的实施方案。完成《东方有线光纤到户(FTTH)接入网设计规范》等技术规范修订和编制。

(曹　莹)

四、公共无线局域网

开展公益WLAN优化升级，启动i-Shanghai提速工程，完成原有1 400处场所从2M到10M的普遍提速，按新标准新增600处场所，全市i-Shanghai覆盖场所总数达到2 000处。推动浦东、虹口等区公益WLAN实现与i-Shanghai的互联互通。探索建设全球最快的公共WLAN网络，实现G比特级接入，在虹口滨江试点部署“超 · 爱上海”信息亭及立杆共12处，并服务于2017年全国“双创”活动周主会场。

(王慧婷)

第二章　网络传输设施

概　述

积极提升用户使用体验，促进基础电信运营商与CDN(Content Delivery Network，开展内容分发网络)运营商合作，将用户访问量大的宽带资源引入本地，有效提升市民宽带使用体验，上海同期固定宽带和移动宽带用户感知速率在国内双双率先突破18M，继续保持全国第一。启动5G关键技术研究和外场试验，三大运营商均选择上海作为首批开展5G试点的城市，2017年年内已在浦东金桥、嘉定汽车城等区域开展5G外场实验。

（王慧婷）

一、信息通信管线

2017年是上海市信息管线有限公司(以下简称“信息管线”)“十三五”战略发展规划打基础之年。信息管线抓住城市大脑、物联网、智慧路灯、云计算大数据服务等新业态发展机遇，同时加大力度清理不明光缆、整治无手续穿缆，进一步夯实国有资产，为实现信息管线“十三五”持续健康的发展奠定扎实的基础。

信息管线在保证完成市级重要活动运营维护工作的同时，继续投入力量参与杨浦滨江、产业区奉贤园区、南汇医学园等重点区域工程，完成如十六铺地区综合改造二期、徐汇滨江商务区、前滩国际商务区等重大市政工程配套集约化光缆工程的建设，将信息基础设施建设与信息化应用推进更好地结合，为上海的信息通信基础设施建设做出新的贡献。

【管线楼宇建设】　2017年，信息管线全年共开工新建管道303沟公里。其中,中心城区和新浦东为187沟公里,约占62%;郊区为116沟公里,约占38%。截至2017年年底,累计开工建设管道10 741沟公里以上,中心城区集约化信息管道平均覆盖率达到92%以上。

截至2017年年底,信息管线累计接入商务楼宇、移动基站、企事业单位、居住小区等6 471栋(处);光缆建设达到6 100皮长公里(约65万芯公里),调度机房16个,DC数据机房2个、光纤交接箱800多个。

【搬迁工程】 2017年,信息管线承接了北横通道,浦东东西通道,虹梅南路高架,嘉闵高架南延伸段,中山南路地下通道,G228公路,G320公路,S7公路,武宁路快速通道,万荣路南北通道,周家嘴路、沿江通道、江浦路隧道,轨道交通8、9、10、13、14、15、18号线等搬迁项目。上述项目中,虹梅南路高架、嘉闵高架南延伸段、中山南路地下通道和轨道交通9号线三期在2017年年内已顺利开通。

根据上海市重大工程建设办公室(以下简称"市重大办")和项目指挥部的要求,按时保质保量地完成了重大工程的搬迁工作,无安全事故。

【城市公共光纤网建设】 信息管线根据智慧城市建设发展的需要,继续积极推进上海城市公共光纤网建设,扩大网络覆盖范围,至2017年年底,建设总量已超过6 100皮长公里,努力优化网络路由,使上海城市公共光纤网真正成为上海智慧城市信息基础设施的重要组成部分,成为推动各类信息化应用的开放网络平台。

(王迪戎)

二、重大信息基础设施建设

上海超级计算中心

【概述】 超算中心坚持集约化建设和开放共享,在上海市经济和信息化委员会(以下简称"市经济信息化委")的领导下,围绕服务国家科学中心优先战略和公共服务平台能力提升战略的总体部署,不断拓宽视角,积极完善转型发展方案,着力提高研究创新能力,着力创新体制机制,认真贯彻国务院《促进大数据发展行动纲要》,为大数据联盟发展提供重要支撑,围绕"传播、智库、资本"三项功能开展工作,取得重要的阶段性成果。

【加强计算资源建设和平台管理服务】 按照超算中心资源发展"三步走"计划,第一步的过渡期升级改造项目得到上海市发展和改革委员会(以下简称"市发改委")同意的批复,项目正式立项。第二步E级预研机的研制工作按计划在进行中;第三步积极争取E级机落户上海开展各项准备工作,努力将有限的计算资源发挥最大效益。2017年,中心主机"魔方2"使用率达到75%以上,提供7 055.27万核小时的计算资源,累计用户达到831个。超算中心的资源服务也为用户带来了巨大的社会效益,2017年的用户中,有6名被评为中科院院士(占10%)。

【承担国家和地方重大科技计划项目】 2017 年，超算中心在研项目共 16 个，新承担国家和地方项目 8 个，其中国家科技部重点研发计划项目 2 个，市级项目 2 个。

【开拓大数据及云计算新业务】 云计算服务模式取得新成果。一是尝试服务器托管模式，如“质量所”；二是为用户提供基础私有云服务，如“科创 365 云服务平台”；三是为用户提供定制化的整体云解决方案服务，如“中浦院在线教育云服务平台”。

【大数据联盟工作成果】 超算中心作为上海大数据联盟的秘书长单位，通过联盟平台，连接大数据产业各个界层，逐步完善上海的大数据产业发展生态圈。围绕静安大数据创新加速器建设，探索超算中心园区服务模式。截至 2017 年年底，已有 8 家企业入驻，入驻率超过 70%。

【探索分中心模式】 2017 年，超算中心与中船动力研究院签订战略合作协议，成立上海超算中船海洋动力分中心；与上海海洋大学签订战略合作协议，成立上海超算海洋大数据中心；与多家超算中心、科研机构或企业签订战略合作协议，如德国斯图加特计算中心、甘肃省超算中心、上海核工程研究院、宝钢集团中央研究院、上海核工程研究设计院有限公司，从资本、项目、应用三个层面开展多类型合作。

（戴松筠）

第三章　信息基础设施管理

概　述

以《上海市信息基础设施布局专项规划(2010—2020)》《上海市公用移动通信基站站址布局专项规划(2010—2020)》为指导,搭建完善信息基础设施规划体系,完成普陀、杨浦、奉贤、嘉定、宝山、闵行、松江、金山、崇明等区信息基础设施专项规划编制,同步启动虹口、静安两区的专项规划编制,专项规划实现与城乡规划紧密衔接。全市公共信息基础设施综合服务能力进一步提升。新建住宅通信配套设施第三方专业维护小区达到1 555个,总维护面积为1.08亿平方米,覆盖用户143万户,实装61万户,确保用户对电信业务经营者的自由选择权。

一、信息基础设施专业规划

【上海市杨浦区信息基础设施专项规划(2015—2020)**】** 规划范围为杨浦区行政区域,规划面积约60.56平方公里,规划期限至2020年。在原有336个公用移动通信基站站址的基础上,新增121个规划站址,并优先采用新技术、新形态设置室外分布系统和室内分布系统。在原有21个核心机房和汇聚机房的基础上,根据重点建设区域落实接入机房的部署。在保留现有通信管道的基础上,按规划原则,在主次干道上加排或新建通信管道。优先推进杨浦滨江南段、NGB-W网络覆盖建设等重大工程建设。

【奉贤区公共移动通信宏基站布局规划(2015—2020)**】** 规划范围为奉贤区行政区域,规划面积约733.4平方公里,规划期限至2020年。在原有771个公用移动通信基站站址的基础上,新增465

个规划站址,公用移动通信网络建设应优先采用新技术、新形态方式设置室外分布系统和室内分布系统。探索创新建设机制和模式,优先推进南桥新城、奉城中心镇、海湾三单元等重点区域建设。

【嘉定区移动通信宏基站总体规划】 规划范围为嘉定区行政区域,规划面积约 463.9 平方公里,规划期限至 2020 年。在原有 902 个公用移动通信基站站址的基础上,新增 334 个规划站址,公用移动通信基站建设依照“遵循规划、集约建设、资源共享、规范管理”的原则进行。

【宝山区智慧城市信息基础设施专项规划(2016—2040)】 规划范围为宝山区行政区域,规划面积约 365.3 平方公里,规划期限至 2020 年。在原有 798 个公用移动通信基站站址的基础上,新增 194 个规划站址,并优先采用新技术、新形态设置室外分布系统和室内分布系统。新增 13 个汇聚机房,同时在各具体住宅地块和商业、办公等配套机构预留接入机房。保留现有通信管道的基础上,按规划原则在主次干道上加排或新建通信管道。结合将宝山区建设成“具有创新动力、人文魅力、水绿活力的现代化宜居新城区”的总体格局,以点带面推进专项规划落地建设。

【普陀区公用移动通信基站站址布局专项规划(2017—2020)】 规划范围为普陀区行政区域,规划面积约 56.53 平方公里,规划期限至 2020 年。在原有 323 个公用移动通信基站站址的基础上,新增 112 个规划站址。公用移动通信网络建设应优先采用新技术、新形态方式设置室外分布系统和室内分布系统。

【青浦区信息基础设施专业规划——公用移动通信基站站址布局规划(2014—2020)】 规划范围为青浦区行政区域,规划面积约 669.4 平方公里,规划期限至 2020 年。在原有 808 个公用移动通信基站站址的基础上,新增 478 个规划站址,优先推进西虹桥区域、赵巷商务区、朱家角新镇区等重点区域建设,以点带面推进专项规划落地建设。

【上海市闵行区公用移动通信基站专项规划(2016—2020)】 规划范围为闵行区行政区域,规划面积约 372.79 平方公里,规划期限至 2020 年。在原有 932 个公用移动通信基站站址的基础上,新增 458 个规划站址,优先推进南虹桥地区、浦锦路街道及浦江镇等重点区域建设。

【松江区信息基础设施总体规划修编(2016—2020)】 规划范围为松江区行政区域,规划面积约 604.64 平方公里,规划期限至 2020 年。在原有 854 个公用移动通信基站站址的基础上,新增 529 个规划站址,并优先采用新技术、新形态设置室外分布系统和室内分布系统;在保留现状通信管道的基础上,按规划原则在主次干道上加排或新建通信管道。优先推进 G60 上海科创走廊、松江南站大型居住社区等重点区域建设。

【上海市崇明区公用移动通信基站专项规划(2016—2020)】 规划范围为崇明区行政区域,规划面积约 1 411 平方公里,规划期限至 2020 年。在原有 777

个公用移动通信基站站址的基础上,新增721个规划站址,公用移动通信网络建设应优先采用新技术、新形态设置室外分布系统和室内分布系统。

【金山区公用移动通信基站专项规划】 规划范围为金山区行政区域,规划面积约607.6平方公里,规划期限至2020年。在原有704个公用移动通信基站站址的基础上,新增321个规划站址,公用移动通信网络建设应优先采用新技术、新形态设置室外分布系统和室内分布系统。

(王慧婷)

二、基础通信网络管理

【发放许可项目】 2017年,上海市通信管理局(以下简称"市通管局")共向453家经营单位发放462个许可项目。其中,信息服务尤其是互联网信息服务业务许可项目数量最多,共计发放389个信息服务业务(仅限互联网信息服务)。在申请的企业中,有314家企业经营网络游戏服务,占80.72%,说明上海网络游戏市场持续活跃。年内还发放50个在线数据处理与交易处理业务许可、15个互联网接入服务业务许可、4个呼叫中心业务许可、3个互联网数据中心业务许可和1个信息服务业务许可(不含互联网信息服务)。

【开展反诈工作】 2017年,市通管局在上年反诈工作的良好基础上,开展一系列系统升级完善工作,建立健全的相关投申诉处理机制,继续组织各电信企业以"一点对接,综合响应"的模式全力配合公安反诈中心做好各项防范打击配合工作,主动与公安反诈部门进行工作对接,建立联动机制,确保系统在实战中不断得到检验和完善,切实丰富和提升上海防范打击通讯信息诈骗工作的手段和能力。针对当前人工诈骗电话的防范难点,市通管局为公安反诈中心初步定制开发黑名单和话中阻断等防范功能,协调各电信企业与公安刑侦等部门共同研判新情况新问题,不断优化和升级完善系统功能,有效遏制电信网络诈骗势头。

据公安部门统计,2017年1—12月,上海打击通信信息诈骗案件案发数总计32 062起,案值总计10 064.98万元,发现钓鱼网站1 140个,关停号码5 279个,伪基站案件数共计36起,从受骗渠道上分为短信方式、微信/QQ、电话来话和其他方式。其中,短信1 795起,微信/QQ有5 663起,电话来话8 079起(电信用户5 840次,移动用户25 716次,联通用户8 687次),其他方式1 169起。在重点电信业务治理方面,2017年全年,上海信息通信行业共关停语音专线号码32 674个、"400"号码3 045个、一号通号码9 099个、商务总机号码1 049个,清理代理商982家;封堵境外非法透传1 332万次;处置非法诈骗链接62.27万次;骚扰电话整顿关停号码134 048个;处置不良信息举报37 108起、处置端口208个;通过市通管局首创的"一键退订"退订端口类短信39.64万起。

【网络安全监测】 2017年，市通管局着力健全网络安全监测处置机制，进一步完善监测发现、通报约谈和处置整改的闭环流程。并且，根据安全事件危害程度进行分级，细化各项流程操作规范，建立制度完善、流程严谨的网络安全事件处置机制。按照上述机制，市通管局一方面积极维护上海市公共互联网安全，先后处置10起重大网络安全事件，监测发现多个行业的系统平台安全问题，并通报相应单位及其主管部门；另一方面，切实强化对互联网行业安全问题的监测处置，全年累计对各互联网企业发出51期网络安全事件通报，并加强事中事后监管，强化对问题企业的约谈警告和督促整改工作，推动建设以互联网为中心的行业监管体系。

（胡永龙）

三、无线电管理

【频率使用评估和指配】 完成2017年度频谱使用评估。上海市无线电管理局(以下简称“市无管局”)完成《2017年上海市广播电视频谱使用评估报告》《2017年上海市卫星广播频谱使用评估报告》《2017年上海市公众移动通信频谱使用评估报告》和《上海市卫星广播数据表》四份评估报告的编制和上报。

支持5G研发测试。创新协调，在2016年开出全国首张高频段专网实验临时用频批复的基础上，2017年又进一步支持中兴通讯等研发企业的5G实验网建设；对上海移动等电信运营商提出的组网测试进行了快速协调支持。

创新推进1.8 GHz频段规划及建设。充分分析轨道交通、机场、铁路、化工区、港口等区域的需求，完成全市1.8 GHz频段(1 785 MHz～1 805 MHz)使用专项规划的编制工作，批准并指导建设两大国际机场的宽带数字集群专网、上海轨道交通无线通信的列车自动控制系统专网；批准建设的港口TD-LTE(Time Division Long Term Evolution，分时长期演进)专网有效支撑了上海国际港务(集团)股份有限公司的智慧港口及国际最先进的洋山四期全自动化码头建设。

开展航空无线电专用频率保护。组织协调民航华东地区管理局等六家单位，制定专项保护长效工作机制，组件快速响应工作小组，优化干扰排查快速联动响应工作流程，完成自查、抽查及整改并总结上报。

【探索创新优化台站管理模式】

基本完成《重点台站保护专项规划》编制。完成与市城乡规划重大建设工程的比对，并做相应调整完善，得到上海市规划和国土资源管理局、国家无线电管理部门的支持和肯定。

对接新条例开展《无线电台站分类分级管理规范》研究。厘清现有台站基本分类结构以及设置使用行业分布情况，提出无线电台站管理四级管理策略，形成管理规范和试行方案。

提升基站精细化管理，完成区域基站子规划

编制。完成普陀区等区域基站布局专项规划编制和嘉定区基站精细化管理工作,实现对市级基站布局专项规划的合理补充和有效衔接。

持续拓展无线电管理的内涵和外延。加强台站协同管理,指导各区完成基站站址认定预审。加强区无线电管理队伍建设,配发无线电监测以及基站预审辅助设备,培训区无线电管理人员。加强区域无线电宣传实效,各区结合自身特色,开展丰富多彩、形式多样的无线电宣传活动。

【完善规范制度,保障无线电安全】

完成重大活动无线电安全保障规范和无线电应急预案(送审稿)编制。对重大活动和应急事件进行分类分级,完善工作制度,制定工作流程,强化社会管理和安全服务职能。

保障重大活动赛事会议安全。完成中国共产党第十九次全国代表大会上海地区无线电安全保障工作;完成中共上海市第十一次代表大会无线电安全保障任务,确保会议期间通信平台的畅通无阻;确保国产大型客机C919首飞当天的现场直播、彩排,以及调试设备期间指挥调度、信号传输的顺畅进行;完成2017年中央电视台春节联欢晚会上海分会场无线电安全保障任务,现场查处干扰;协助完成国家"一带一路"国际合作高峰论坛外国政要代表团访沪临时频率的指配工作;完成世界一级方程式锦标赛(F1)等八项重大国际赛事的无线电安全保障。

做好考试保障。完成中考、高考、事业单位招录考试等重大考试的保障任务,并现场查获无线电考试作弊设备。

【加大"黑广播"伪基站专项打击力度】

开展跨部门联合执法。加强无线电发射设备生产流通环节监管,会同上海市质量技术监督部门和工商部门,初步建立无线电发射设备生产销售联合监管机制,为进一步打通全流程监管"链条"奠定制度基础;围绕"无人机"管控和高考保障等热点问题,会同工商部门对上海主要无线电设备销售市场进行联合检查执法。

严肃查处违法用频、设台。组织现场调查执法,开具责令整改通知书60份、行政处罚8起,没收考试作弊器、手机信号放大器等违法设备19台。

重力打击"黑广播"违法犯罪。巩固完善与公安、文广部门的协查机制,结合十九大无线电保障开展集中治理行动,共定位查处"黑广播"窝点70处;针对2017年"黑广播"多架设于住宅小区公用区域的新情况,主动与上海市住房和城乡建设管理委员会协调,借助物业力量加强"黑广播"宣传、预防。12月9日,仅用不到6小时,迅速排除一起给民航安全飞行带来巨大威胁的"黑广播"干扰。

【深化推进行政审批制度改革】

明确无线电领域审改发展路径。按照上海市统一部署,全面梳理总结过去五年审改和监管工作推进情况,向40个管理对象发放问卷调查59份。研究制定今后五年行政审批制度改革计划。

全面清理调整行政审批事项。主动协调沟通,对五项行政审批事项完成取消、归并、更名等调整;继续完善告知承诺,深化与物业管理行业协会的合作。

清理规范中介服务和评估评审。组织开展涉企经营服务性收费和行政审批评估评审的清理规范;取消两项行政审批前置中介服务收费项目,规范技术评估评审行为,进一步降低企业设台成本,规范行政审批流程。

持续推进行政审批标准化建设。对调整后的4项行政审批事项相关文书及时修订;实施行政权力目录管理制度;开展行政审批办事指南信息服务满意度调查,综合满意率96.9%。

【创新形式精心组织《条例》宣贯】

积极开展地方法规修订。依据新颁布实施的《中华人民共和国无线电管理条例》(以下简称"《条例》"),研究制定《上海市无线电管理办法》(草案),并征求相关部门意见,基本符合提交市法制部门审核的要求。同时,针对《条例》举行专题新闻通气会,新华社、《文汇报》、《解放日报》、上海人民广播电台、上海电视台等主流媒体到场采访,并进行重点报道。

举办高端论坛提升宣贯层级。结合"全国无线电管理宣传月",举办创新发展高峰论坛,汇集领导、专家、企业及行业人员500余人,共同探讨无线电管理助力科创中心建设,获广泛关注和好评。

服务经济社会发展组建检测联盟。探索检测公共服务平台运营机制,重点开展开放实验室、科普宣传和检测联盟三项主要内容。在宣传月中,举办联盟首次活动,向近40余家企业宣贯《条例》及无线电产品型号核准、入网许可和国际认证的相关政策。

扩大科普宣传社会影响力。上海无线电科普教育基地经工信部推荐,成功入选第一批"全国中小学生研学实践教育基地"名单。全年组织青少年参观25场次、4 200多人次。

日常宣传突出重点。组织策划"讲好频谱故事"专题报道活动,与《解放日报》合作《"空中卫士"为"智慧城市"建设保驾护航》新闻报道以及宣传月活动专刊;围绕中共上海市第十一次代表大会保障工作,与人民网上海频道合作完成系列采访报道。

夯实新媒体宣传阵地。打破传统的宣贯模式,设计完成《一张图看懂无线电管理条例》的电子海报,并通过"二微一端"等新媒体渠道发布。

【做好技术优化和基础设施建设】 监测能力进一步提升,新建的5个RS固定监测站已形成作业能力并成功融入整个监测测向平台;一期水上区域监测站同时具备民航、广电等专项监测功能;新建监测车性能良好成为主力移动监测系统。

检测功能进一步完备,开放实验室全年接待测试和咨询80次,通过市级CAL(China Accredited Laboratory,质量监督检验机构认证)分类监管评审,新增"电磁环境测试"扩项。

信息化建设初见成效,基本完成管理一体化系统建设一期和GIS(Geographic Information System,地理信息系统)共享系统并试运行;开展信息展示和移动办公系统的测试运行;完成应急指挥中心建设方案设计。

(黄雨清)

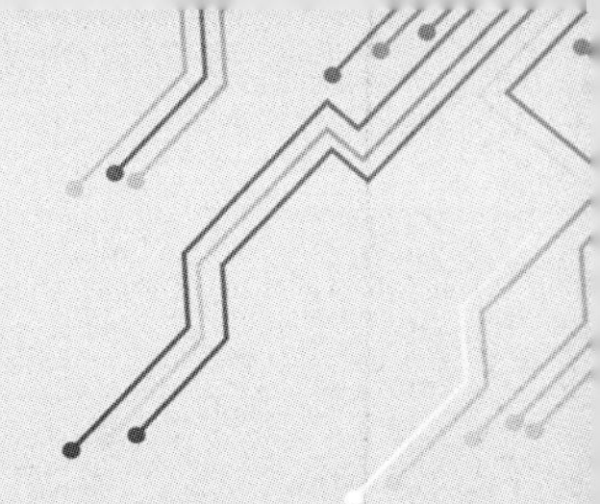

SHANGHAI INFORMATIZATION

第二编 信息产业

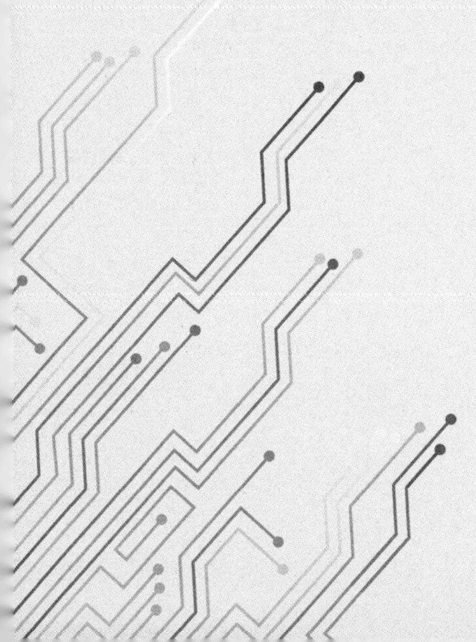

综　述

电子信息产业作为上海的支柱性产业，在全市经济发展中扮演着重要角色。近年来，上海电子信息产业逐步形成完整的产业链、先进的技术储备、良好的产业公共服务平台和国际合作经验，令上海在新一代信息技术和制造技术的融合发展领域具备得天独厚的优势。2017 年，伴随实体经济回暖，上海信息产业效益和结构整体向好。其中电子信息制造业发展提速，全年实现工业总产值 6 505 亿元，同比增长 7.6%，高于工业平均增速 0.8 个百分点。软件和信息服务业效益稳步提升，实现营业收入 7 794.64 亿元，同比增长 12.9%，占服务业比重提升至 10.5%，有力拉动全市服务业增长。

第一章　电子信息制造业

概　述

2017年，全市电子信息制造业呈现加速发展态势，新旧动能转换顺利，传统产业不断升级，新兴产业加速成长。

一是电子信息制造业深化供给侧结构性改革，规模、增速稳步提升。2017年，上海电子信息制造业实现工业总产值6 505亿元，同比增长7.6%，增速高于工业平均增速0.8个百分点，实现销售收入6 970亿元，实现利润285亿元。其中，以代工为主的电子计算机制造业利润大幅增长，电子组装加工业等传统产业提质增效效果显现。

二是新一代信息技术体系不断完善、产业加速向中高端迈进。新一代信息技术产业2017年实现工业总产值3 656亿元，占战略性新兴产业产值的三分之一，有力支撑战略性新兴产业制造业产值实现全市工业占比31%，向中国共产党上海市第十一次代表大会提出的35%目标加快迈进。

三是核心环节形成突破，促进产业链整体跃升。电子专用设备制造业实现爆发式增长，在前期培育积累下，2017年电子专用设备制造业完成工业总产值365亿元，同比增长26%。产业核心环节取得突破，中微半导体设备(上海)有限公司(以下简称“中微半导体”) MOCVD (Metal-organic Chemical Vapor Deposition，基于金属有机化合物化学气相沉淀的气相外延生长技术)设备进入大规模产业化，设备发货量占国内市场的60%。

一、集成电路产业

概况

在国内外集成电路市场引导及政策和资本双轮带动下，2017年上海集成电路产业规模达到1 180.62亿元，同比增长12.2%。其中，IC设计业销售规模达437.45亿元,同比增长19.8%;芯片制造业为281.95亿元,同比增长7.6%;封装测试业为310.3亿元,同比减少0.8%;设备材料业为150.91亿元,同比增长34.1%。

与全国集成电路产业发展增长率相比,虽然上海集成电路产业的增长率略偏低,但综合而言,上海仍是我国大陆集成电路产业最集中、产业链相对最完整、综合技术水平最高的产业基地。2017年上海集成电路产业及各行业销售收入、增长率见表2-1。

表2-1　2017年上海集成电路产业及各行业销售收入、增长率

行　业	2017年营业收入(亿元)	2016年营业收入(亿元)	2017/2016同比增长率(%)
IC设计业	437.45	365.24	19.8
芯片制造业	281.95	261.99	7.6
封装测试业	310.3	312.81	−0.8
设备材料业	150.91	112.56	34.1
集成电路产业合计	1 180.62	1 052.6	12.2

数据来源:上海集成电路行业统计网(SICS)

2017年,上海集成电路产业链结构向更加合理、先进的方向推进。设计业约占产业链的37%,芯片制造业比重基本保持在23.90%,封装测试业占26.30%,装备材料业占12.80%。

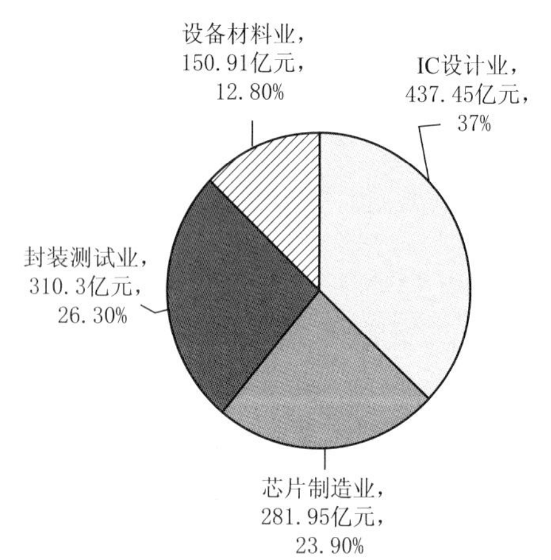

图2-1　2017年上海集成电路产业链结构

截至2017年年底,上海集成电路产业累计总投资额为337.94亿美元,其中2017年净增投资额为68.22亿美元;累计总注册资金额为194.84亿美元,其中2017年净增注册资金额为66.35亿美元。

截至2017年年底,上海从事研究开发、IC设计、制造生产、推广应用、配套服务和专业教育培训的企事业单位共有523家,比2016年增加49家。同期,上海集成电路产业的从业人员总数达156 114人,比2016年增加25 232人。在从业人员中,管理人员为6 776人,专业技术人员为59 584人,生产和其他人员为89 754人,各占从业人员总数的4.3%、38.2%和57.5%。

技术创新是推动集成电路产业发展的不竭动力。2017年上海集成电路产业的技术创新体现在:一是继续沿着摩尔定律(More Moore)推进,最先进的技术已经从28纳米推进到16/14纳米;二是继续扩展超摩尔定律(More than Moore)的技术内容,多种特色技术推陈出新。

集成电路设计业突破14纳米大关。2017年2月,展讯通信(上海)有限公司(以下简称“展讯通信”)推出英特尔架构的14纳米8核64位LTE SoC(Long Term Evolution System on Chip,长期演进系统级芯片)智能手机芯片SC9861G-IA,支持五模全频段通信,标志着上海集成电路设计业技术水平跨入世界领先行列,由跟随转变为部分引领。2017年1月,展讯通信牵头研发的“第四代移动通信系统(TD-LTE)关键技术与应用”项目获2016年度国家科学技术进步奖特等奖。上海兆芯集成电路有限公司(以下简称“兆芯”)致力于自主研发基于X86架构的核心处理器芯片,在中共十九大期间,基于兆芯国产处理器的计算机承担大会38个代表团和文件翻译的会务工作,保障会议相关工作有序开展。

集成电路制造业突破28纳米及以下制程技术。在国家科技重大专项及上海市高新技术产业化重点支持的基础上,中芯国际集成电路制造有限公司(以下简称“中芯国际”)28纳米先进制程产品在2017年第四季度的营收占比达到11.3%,14纳米成套工艺已达到PDK(Process Design Kit,制程设计套件)0.5阶段(1.0阶段为完成)。上海华虹(集团)有限公司(以下简称“华虹集团”)28纳米HPC(High Performance Computing,高性能计算)工艺开始客户验证流片,14纳米研发进展顺利。双方共同参与组建的国家集成电路制造业创新中心计划联合开展5~3纳米前瞻工艺技术的研发及产业化。

集成电路装备产业实现突破,关键产品形成规模量产。上海微电子装备有限公司的90纳米沉浸式光刻机2017年10月通过国家专项现场验收测试,实现国产高端光刻机“零的突破”;先进封装光刻机出货40余台,占国内先进封装光刻机80%的市场份额。中微半导体设备(上海)有限公司MOCVD(Metal-organic Chemical Vapor DePosition,金属有机化合物化学气相淀积)设备进入大规模产业化,2017年实现销售订单200台,设备发货106台,占据国内市场60%份额;其7纳米的介质刻蚀设备进入台积电7纳米刻蚀设备全球五大供应商之一。盛美半导体设备(上海)有限公司自主开发的12英寸单晶圆片清洗设备,在多个客户端45~22纳米技术的产线上大规模应用。

集成电路关键材料产业蓬勃发展。上海新昇半导体科技有限公司(以下简称“新昇半导体”)300毫米硅片优化外延片工艺,提升产品良率,获得中芯国际、上海华力微电子有限公司(以下简称“华力微电子”)及国外客户的测试片订单,单月最高出货量达2.7万片;外延片开展了客户验证。上海新阳半导体材料股份有限公司自主开发成功65~45~28纳米芯片铜互连超高纯电镀液及添加剂,国内市场占有率超过65%。安集微电子(上海)有限公司自主开发成功铜阻挡层抛光液、45~28纳米集成电路关键抛光材料,在国内市场占有率超过50%。上海新傲科技有限公司8英寸SOI(Silicon-On-Insulator,绝缘衬底上的硅)晶片月产能达10万片,2017年销售收入超过2.5亿元,计划2018年扩展SOI晶片产能至每月20万片,与法国Soitec、美国MEMC、日本SHE(信越)并列全球前四大SOI晶圆供应厂商。

IC设计业

【概况】 2017年,上海集成电路设计业(以下简称"IC设计业")销售收入为437.45亿元,比2016年的365.24亿元增长19.8%。其中,出口金额为24.1亿美元(折合人民币151.83亿元),比2016年的20.93亿美元(折合人民币131.86亿元)增长15.1%。

【企业状况】 2017年,上海拥有IC设计企业239家。营业收入超亿元的设计企业50家;其中营业收入超10亿元的有8家。

【技术水平及产品】 上海集成电路设计业的主流设计技术为40~28~16/14纳米,先进设计技术已进入10纳米领域,7纳米的设计技术正在研发之中。数模混合电路芯片的设计技术普遍采用0.18~0.13微米嵌入式存储器(eEEPROM/eFLASH)或嵌入式处理器(eCPU)SoC(System on Chip,系统级芯片)技术。模拟电路芯片普遍采用0.35~0.13微米BCD(Binary-Coded Decimal,二—十进制代码)技术。这些芯片设计技术在国内均处于领先地位。

上海设计企业较多,集成电路产品分布跨度大、涉及种类多,大致可以分成十几个大类,如移动智能终端、无线通信及互联网、智能卡、电源管理、显示驱动、电能计量及电力线载波通信、音视频多媒体、数字电视及机顶盒、微控制器(MCU)、存储器配套芯片、信息安全及安全防护、I/O接口及保护电路等各类芯片。此外,MEMS(Micro-Electro-Mechanical Systems,传感器)、汽车电子和高端通用芯片64位CPU和1 000万门的FPGA(Field-Programmable Gate Array,现场可编程门阵列芯片)是近几年研发生产的新兴领域产品。

芯片制造业

【概况】 2017年,上海芯片制造业实现销售收入281.95亿元,比2016年增长7.6%。

上海是我国大陆芯片制造企业最为集中、工艺技术相对最为先进的产业基地。上海集成电路芯片企业不断提升芯片制程技术、扩大高阶制程产能,以满足日益旺盛的晶圆制造需求。2017年,上海芯片制造业有两个重大项目开工建设。

中芯国际:12英寸生产线和试验线各一条,总投资675亿元,2016年10月开工建设,计划2018年年中投产。生产线产能规模为4万片/月,技术水平为28~14~10纳米;研发线3万片/月,技术水平14~10~7纳米(按国际上12英寸晶圆片每片2 500美元的均价核算,投产后,每月产值将增加10亿元人民币)。

上海华力:12英寸生产线,总投资55亿美元(376亿元人民币),2016年12月30日开工建设,计划2018年年底投产。月产能3.5万至4万片,技术水平28~14~10纳米。(按国际上12英寸晶圆片每片2 500美元的均价核算,投产后,每月产值将增加6.5亿元人民币)

截至2017年年底,上海拥有芯片制造企业7家、12英寸生产线2条、8英寸生产线8条、6英寸生产线0条及5英寸生产线1条。各生产线的工艺技术水平及计划产能见表2-2。

表 2-2 2017 年上海芯片制造业晶圆生产线的分布、工艺技术水平及计划产能

企业	生产线	晶圆尺寸（英寸）	工艺技术水平	计划产能（万片/月）
中芯国际集成电路制造（上海）有限公司		12	28 纳米	3.5，建设中
		12	28～14 纳米	3.5，建设中
	Fab8	12	65～40～28 纳米	1.5
	Fab1	8	0.35 微米～0.11 微米	12.0
	Fab2			
	Fab8B	8	CMOS-MEMS 芯片	5.0
	Fab3B	8	0.13～90 纳米铜互连	3.0
	Fab9	8	CMOS 图像传感器芯载彩色滤膜制作	1.0 与凸版合资
上海华力微电子有限公司		12	28 纳米	4.0，建设中
		12	65～55～40 纳米	3.5
台积电（中国）有限公司		8	0.35～0.13 微米	13.0
上海华虹宏力半导体制造有限公司	Fab1	8	0.35～0.11 微米	6.0
	Fab2	8	0.35～0.11 微米	4.0
	Fab3	8	0.35～0.09 微米	5.0
上海先进半导体制造有限公司	Fab1	8	0.50～0.25 微米数模混合	1.5
	Fab2	6	1.0～0.5 微米 BCD 及 IGBT	6.0
	Fab3	5	3.0～1.0 微米模拟	3.0
上海新进半导体制造有限公司（含上海新进芯电子有限公司）		6	3.0～0.5 微米数模混合	6.0
		6	0.6～0.35 微米数模混合	2.0

资料来源：根据 SICS 数据整理

【企业状况】 2017 年，上海华虹宏力半导体制造有限公司（以下简称“上海华虹宏力”）、台积电（中国）有限公司、上海华力微电子有限公司、上海先进半导体制造有限公司的销售收入均有较好增长。利润总额方面，台积电（中国）的增长率高达 77.1%，上海先进半导体制造有限公司高达 65.6%，上海华虹宏力半导体制造有限公司也达到了 13.5%。

【技术水平】 中芯国际是世界领先的集成电路晶圆代工企业之一，也是中国内地规模最大、技术最先进的集成电路晶圆代工企业。中芯国际向全球客户提供0.35微米到28纳米晶圆代工与技术服务，包括逻辑芯片、混合信号/CMOS(Complementary Metal Oxide Semiconductor，互补金属氧化物半导体)射频收发芯片、高压CMOS芯片、系统级芯片(SoC)、嵌入式闪存芯片和嵌入式EEPROM芯片、CMOS图像传感器芯片、电源管理和微型机电系统芯片(MEMS)等。

华力微电子可以提供广泛的工艺技术平台及配套IP解决方案，其全面应用于手机通信、消费类电子、智能卡、物联网、穿戴电子及汽车电子等终端产品。华力微电子力争自主研发先进工艺技术，工艺技术涵盖55～40～28纳米技术节点。专注于差异化技术的发展，重点布局射频、高压、嵌入式闪存、超低功耗和图像传感器等特色工艺平台。

上海华虹宏力按照超摩尔定律(More than Moore)发展规律，致力于扩展集成电路芯片功能为主要方向的多种特色工艺技术，发展成为国内特色工艺种类较多、产能规模最大的特色工艺晶圆生产基地。上海华虹宏力专注于嵌入式非易失性存储器、数模混合电路、模拟电路和新型功率器件工艺平台，推动适用于高端32位MCU(Micro Controller Unit，微控制器)的嵌入式闪存(eFlash)/嵌入式电可擦可编程只读存储器(eEEPROM)工艺平台，处于国内领先地位。2017年年初推出的95纳米单绝缘栅非易失性嵌入式存储器(95纳米5V SG eNVM)工艺平台解决方案等，有力推动了国内MCU应用市场发展。

封装测试业

【概况】 根据上海集成电路行业统计网(SICS)对上海30家主要封测企业的跟踪统计，2017年上海集成电路封测业的销售规模为310.3亿元，同比减少0.8%，占上海集成电路产业链的26.3%。2017年上海集成电路封测业的出口金额为31.83亿美元，同比增长39.1%，全行业实现利润总额17.42亿元，同比增长42.9%。

【企业状况】 与我国大陆半导体封装测试业进入黄金发展期不同，近年来上海集成电路封装测试企业有所流失。如江苏长电科技股份有限公司(以下简称“长电科技”)全面收购了新加坡STATS ChipPAC全部股权；星科金朋(上海)有限公司(以下简称“星科金朋”)上海厂外迁江苏省江阴市；上海纪元微科电子有限公司(以下简称“纪元微科”)被天水华天科技股份有限公司(以下简称“华天科技”)全面收购；2017年4月，优特半导体(上海)有限公司(以下简称“优特半导体”)因上海成本一再提升而选择关厂等；2017年9月，松下半导体(上海)有限公司在连续几年销售额下降的情况下宣布歇业。

上海集成电路封装测试企业以外资控股为主。从事集成电路封装测试的外资企业主要有：日月光封装测试(上海)有限公司、安靠封装测试(上海)有限公司、宏茂微电子(上海)有限公司、捷敏电子(上海)有限公司和葵和精密电子(上海)有限公司等。从事集成电路封装的中外合资企业主要有：上海松下半导体有限公司、上海纪元微科电子有限公司、上海芯哲微电子科技有限公司等。近年来，这些企业积极引进世界先进的封装形式和测试技术，推动企业从传统封装形式向先进封装形式快速转型，为上海集成电路封装测试业进入新一轮发展奠定了技术基础。

【技术水平】 上海集成电路封装技术除了穿堂的封装形式，如 SOP(Small Out-Line Package，小型封装)、SSOP(Shrink Small-Outline Package，超小型封装)、QFP(Quad Flat Package，四边引脚扁平封装)和 QFN(Quad Flat No-leadPackage，四边无引脚扁平封装)之外，先进封装形式也占相当比重，主要的先进封装形式有 BGA(Ball Grid Array，球形列阵结构)、PGA(Pin-Grid Array，针栅阵列封装)、PBGA(Plasric Ball Grid Array，塑料球栅阵列封装)、FC(Flip Chip，倒装焊封装)、CSP(Chip Scale Package，芯片级尺寸封装)、WLP(Wafer-Level Package，晶圆级封装)、MCP(Multi-Chip-Package，多芯片封装)、MCM(Multi-Chip Module，多芯片组装)等，这些封装形式已占主流地位，甚至更先进的 3D/2.5D 叠层式封装也进行了小批量试产。技术水平与国外先进封装厂商基本同步，处于国内第一梯队。传统的插入式封装，如 DIP(Dual Inline-pin Package，双列直插式封装)、SIP(Single In Line Package，单列直插式封装)以及传统的表面贴装式封装，如 SOP(Small Out-Line Package，小型封装)、SSOP(Shrink Small-Outline Package，超小型封装)、TSOP(Thin Small Outline Package，薄型小型封装)等也已大部分向世界先进封装形式转型。但 QFP(四边引脚扁平封装)和 QFN(四边无引脚扁平封装)两种传统封装形式仍有一定规模的量产。

设备材料业

【概况】 根据上海集成电路行业统计网(SICS)对上海 36 家主要半导体设备材料企业的跟踪统计，2017 年上海半导体设备材料制造业的销售规模为 150.91 亿元，同比增长 34.1%。

半导体设备和材料是集成电路产业发展的基础。近年来，由国家科技重大专项 02 专项以及由国家和上海市政府各主管部门支持的高端装备和关键配套材料研发项目连连突破，通过验收，并进入了国内甚至国外部分集成电路大生产线实际应用。市场和创新成为造就上海半导体设备材料制造业的两大主要动力，也是培育上海新型半导体设备材料企业不断成长壮大的源泉。

【企业状况】 截至 2017 年年底，上海共有半导体设备材料制造企业 36 家。其中，规模较大的本土(内资或内资控股)半导体设备制造企业共 10 家，世界著名半导体设备厂商在上海设立的分公司(或分支机构)也有 10 家。规模较大的本土(内资或内资控股)半导体材料制造企业共 7 家，世界著名半导体材料(或辅料)厂商在上海设立的分公司(或分支机构)主要有 8 家。

中微半导体开发并交付使用的各种先进介质刻蚀设备反应腔突破 500 台，在国内外 17 条晶圆生产线上正常运行，其 7 纳米工艺设备已纳入台积电供应商采购名单，以中微半导体为代表的上海半导体装备材料产业实现爆发式增长。上海微电子装备有限公司的先进封装光刻机大量出货，占据 80%国内市场份额。盛美半导体设备(上海)有限公司 2017 年 11 月 3 日在美国纳斯达克证券交易所正式挂牌上市，跻身美国资本市场，其自主研发生产的单晶圆兆声波清洗机进入国内外大生产线使用，产用结合效果进一步凸显。

上海硅材料生产企业共有 5 家，即上海新傲科技有限公司(简称“上海新傲”)、上海新昇半导体科技有限公司、上海申和热磁电子有限公司、上海晶盟硅材料有限公司和上海合晶硅有限公司。除此之外，上海还拥有数家制作和加工太阳能电池用硅材料的企业。

在上海新昇半导体科技有限公司成立以前，上海主要生产4～6英寸硅切、磨、抛光和外延片。上海新傲科技有限公司生产6～8英寸SOI(Silicon-On-Insulator，绝缘衬底上的硅)晶片和8英寸硅外延片。2015年7月，国家科技重大专项02专项"40纳米～28纳米集成电路制造用300毫米硅片"项目在上海新昇正式启动，对上海发展硅材料产业起到重要推动作用。2015年11月11日，上海成立上海硅产业投资有限公司，借助国家"大基金"和上海市"小基金"对产业发展的引领作用，通过投资、收购、创新发展和国际合作发挥上海硅材料产业的综合优势。这些重大举措进一步激发上海原有硅材料生产企业上马先进硅材料的积极性，形成比较完善的硅材料产业研发、生产的新布局，巩固了上海在全国硅材料研发、生产领域的领先地位。上海市5家硅材料企业的产品布局见表2-3。

表2-3　上海市5家硅材料企业产品布局

序号	企　　业	4～6英寸硅片	8英寸硅片	12英寸硅片	SOI晶片
1	上海新傲科技有限公司		8英寸硅外延片，2018年上马12英寸硅外延片		6～8英寸SOI晶片，2019年上马12英寸FD-SOI
2	上海新昇半导体科技有限公司			2017年量产12英寸硅抛光片和外延片，2018年为月产15万片，2020年为30万片	
3	上海申和热磁电子有限公司	4～6英寸硅切磨抛光片	2016年上马8英寸硅抛光片，2017年第一季度量产	2018年上马12英寸硅抛光片	
4	上海晶盟硅材料有限公司	4～6英寸硅外延片	8英寸硅外延片，投资7亿元，在郑州建立8英寸硅抛光片生产基地		
5	上海合晶硅有限公司	4～6英寸硅切、磨及抛光片			

资料来源：上海市集成电路行业协会设备材料企业调研组

上海新昇半导体科技有限公司继生产出第一根12英寸(300毫米)晶棒后，于2017年实现12英寸(300毫米)硅抛光片3万片/月产能，2017年年底实现5万片/月产能，计划2018年实现10万～15万片/月产能，初步打破我国大硅片完全依赖进口的局面。

鉴于上海集成电路产业和硅材料行业蓬勃发展形势，上海申和热磁电子有限公司的日本母公司Ferrotech于2016年将8英寸硅抛光片生产技术转移至上海申和热磁电子有限公司，为克服上海地区电力成本较高问题，该公司将8英寸硅单晶棒拉制和整形工艺置于国内宁夏地区完成，切片、倒角、磨片及关键抛光工艺在上海进行。2016年第四季度完成全线设备试车，2017年第一季度开始量产，2017年上半年实现5万片/月量产，下半年达10万片/月产能。上海申和热磁电子有限公司计划2018年在杭州筹建12英寸硅抛光片生产线建设，2020年投产。届时上海将拥有两个12英寸硅抛光片生产企业，即上海新昇半导体科技有限公司(30万片/月)和上海申和热磁电子有限公司(10万～15万片/月)，上海将成为国内最大的12英寸硅抛光片生产基地。

上海新傲科技有限公司在上海硅产业投资有限公司支持下进入新一轮发展高潮，主要表现在两方面：

一是继续提升8英寸RF-SOI(Radio Frequency-Silicon On Insulator，射频绝缘衬底上的硅)晶片的技术水平，扩大产能，形成世界级的SOI技术优势和产能优势。利用SOI芯片技术的低功耗、高速度、抗辐照、高可靠特点，发展其在智能手机前端频道开关芯片和汽车电子智能功率模块芯片制作领域的应用。2017年提升8英寸SOI晶片产能至10万片/月，全年销售收入超过2.5亿元，2018年继续扩展SOI晶片产能至20万片/月，与法国Soitec、美国MEMC、日本SHE(信越)并列为全球四大SOI晶圆供应厂商。

二是配合国内外FD-SOI(Fully-Depleted Silicon-On-Insulator，全耗尽绝缘体上单晶硅)技术的兴起，在“十三五”期间建设12英寸FD-SOI晶片生产线。

2017年，世界著名晶圆代工厂格罗方德(Global Foundries)进一步推出22FDX制程(22纳米FD-SOI)，计划2019年继续推出12FDX制程(12纳米 FD-SOI)。根据近年产业发展趋势，FD-SOI技术可能形成与3D FinFET(Fin Field-Effect Transistor，鳍式场效应晶体管)相辅相成、互相并行的先进技术路线。为适应FD-SOI技术发展的需要，上海新傲计划利用现有厂房及上海硅产业投资有限公司投资法国Soitec、成为法国Soitec并列第一大股东的有利条件，在“十三五”期间建成国内第一条12英寸FD-SOI晶片生产线，配合国内发展12英寸FD-SOI技术的市场需求。

(陈爱琳)

二、通信和网络设备制造业

概况

近年来，在人工智能、万物互联、大数据及智慧城市建设等相关产业热点引导下，上海通信产业整体呈现质量提升、结构优化态势，全行业持续深化结构调整、产业升级，为后续发展注入新动力。2017年，上海市通信设备制造业整体发展呈现回稳趋势，行业整体调结构、转型升级特征显著。上海市通信设备制造业1—12月发展情况见表2-4。

表 2-4　上海市通信设备制造业 1—12 月发展情况　　(单位:亿元)

通信设备制造业	工业总产值		销售收入		利润总额	
	1—12 月	同比	1—12 月	同比	1—12 月	同比
	1 741.7	3.9%	1 790.1	3.0%	38.2	11.7%

数据来源:上海市统计局

第五代移动通信技术(5G)

上海市通信行业以第五代移动通信技术(5G)为核心,开展芯片、测试、核心元器件、网络设备、终端等方面的产业技术创新工作。产业链上各企业积极支持配合5G国家战略,部分企业作为IMT-2020(5G)成员,积极参与工业和信息化部(以下简称"工信部")5G测试规范制定工作。这些企业均为掌握关键技术的核心企业,产业各环节间具有强大竞争力和互补协作性。特别在通信终端整机和芯片设计领域,上海占据重要市场份额。

上海诺基亚贝尔股份有限公司

上海诺基亚贝尔股份有限公司(以下简称"诺基亚贝尔")是国务院国有资产监督管理委员会(以下简称"国资委")直接监管的央企中唯一一家中外合资企业,也是诺基亚在华独家运营平台。作为由中央和国务院决策成立的我国通信信息和高科技领域第一家中外合资企业,上海贝尔股份有限公司(以下简称"上海贝尔")积极履行实现我国通信网络和技术跨越式发展的国家使命,有效带动中国通信产业整体崛起,通过引进、消化吸收、再创新,在技术创新和国际化发展方面走出中央企业独特发展道路。2017 年 7 月 1 日,上海贝尔与诺基亚在中国的业务完成整合后,组建成立上海诺基亚贝尔股份有限公司。

诺基亚贝尔拥有员工约 16 000 人,国内销售服务网络覆盖 31 个省区市,国际业务遍及 50 多个国家地区。拥有强大研发创新能力和深厚专业积淀,为电信运营商和各领域行业客户提供端到端的信息通信解决方案和高质量服务,在移动网络、固定网络、IP 网络、光网络、软件应用以及 5G、物联网、云计算等下一代网络技术等诸多领域成为中国创新动力引擎、市场领军企业。

诺基亚贝尔承诺在中国创新,同时也是诺基亚全球研发布局的重要组成部分。诺基亚贝尔研发人员超过 10 000 名,拥有 6 个产品研发中心和诺基亚贝尔实验室中国研创中心。为更进一步拓展世界一流的研发水平,诺基亚贝尔将重点专注在 5G、物联网及云等方向,充分利用中国的创新生态和全球资源优势来实现"Future X 网络"愿景,成为互联世界创新领导者。作为国家创新型企业和国家企业技术中心,诺基亚贝尔积极参与《国家中长期科学和技术发展规划纲要》实施,为信息通信领域的国家中长期科技重大专项做出贡献。

(林文琦)

上海大唐移动通信设备有限公司

【概况】 上海大唐移动通信设备有限公司(以下简称"上海大唐移动")是国资委中央企业大唐电信科技产业集团下属服务与解决方案专业提供商,在全国31个省区市设有分公司、办事处、技术支持中心,形成直接面向客户的一线技术支持队伍。上海大唐移动积极拓展TD-SCDMA/TD-LTE在物联网、三网融合及行业信息化等领域的应用,开发符合市场需要的测试优化系统,推出多个行业信息化应用解决方案和产品。

【主要产品】 截至2017年年底,上海大唐移动共提交商标注册申请商标22件,其中SPAN(第38类、第41类、42类)、EXPT(第38类、第42类)和DCNE(第41类)已注册成功。EXPT为网规网优品牌、SPAN为网规路测品牌。

在专利申请方面,上海大唐移动累积拥有有效授权专利172件,申请中专利95件(包括8件国外专利),所有已有专利中97%以上为发明专利。累计完成软件著作权登记65件、软件产品登记60件。

【公司荣誉】 上海大唐移动自主开发的软件产品获得多项重点奖项。2017年,获得"上海市科技小巨人企业"、中国电子学会颁发的"2017中国物联网特色企业"等荣誉称号。

(冯璟艳)

晨讯科技集团

晨讯科技集团(以下简称"晨讯科技")是国内领先的移动通讯和物联网企业,2005年6月在中国香港联交所主板上市,连续多年位居手机设计行业前列。晨讯科技立足于大力发展优质手机ODM业务,同时加速发展行业应用终端、物联网系统整体解决方案及系统运营等新业务。晨讯科技的研发和运营总部位于上海,拥有员工3 000余人,在上海市长宁临空经济园区拥有两座共三万多平方米的研发中心大楼,在北京、沈阳等地也建立了研发中心。

晨讯科技位于青浦工业园区的生产基地占地300余亩,拥有现代化生产车间数十万平方米,具备手机前道主板SMT(Surface Mount Technology,表面组装技术)以及后道组装能力,研发实力、制造工厂获得多家运营商、品牌商的严格认证。

晨讯科技掌握手机研发、移动通讯核心技术,拥有从3G到4G LTE的多平台设计经验,掌握各类移动终端的核心技术。除了高端差异化手机ODM外,近年来聚焦车联网、快递物流、金融支付、养老管理、智慧家居、警务、教育、医疗健康等各个行业的物联网终端产品,加上自主开发的大数据平台,可以为行业客户提供"云+端"系统解决方案。根据ABI调查报告,晨讯科技SIMcom品牌的2G、3G、4G物联网通讯模块从2016年开始,市场份额稳居前列,客户遍布全球130多个国家和地区。

(李 强)

上海博达数据通信有限公司

上海博达数据通信有限公司(以下简称"博达公司")是业界领先的网络数据通信设备提供商和整体网络解决方案供应商,主营路由器、交换机、无源光网络、无线网络和工业产品等网络数据通信产品,产品广泛使用于电信、金融、政务、军事、教育等领域，产品打入亚洲、美洲、欧洲等海外市场。2017年，博达公司多方位发展，在"一带一路"倡议引导下着重发展海外市场，在俄罗斯、新加坡、缅甸、孟加拉等国家举办一系列产品推广会，得到海外市场的一致好评。

【主要产品】 博达公司紧跟世界前沿技术步伐，结合市场需求，在人工智能、天线技术、自主可控、云平台技术领域进行大量探索和技术积累，推出一系列产品和解决方案。

博达公司主营网络数据通信设备的研发、生产、销售和服务，对产品核心技术拥有完整自主知识产权，包括博达网络操作系统平台(BDROS)、博达系列化以太网交换机、博达系列化路由器、博达无源光网络产品、博达云平台无线产品等。

【公司荣誉】 博达公司以发展民族网络科技产业为己任，深耕行业，助力智慧城市发展，力创专业品牌，获得"上海市高新技术企业""上海市级企业技术中心""上海市专精特新企业""上海市软件企业""上海市创新型企业"等荣誉称号。博达公司通过ISO9001质量管理体系认证、武器装备质量管理体系认证、ISO14001环境体系认证及OHSAS18000职业健康与安全管理体系认证，是国家级软件开发基地重点骨干企业，并多次获得上海市明星软件企业(经营型、创新型)荣誉，取得发明专利43项、软件著作权64项、商标21项。

(周慧颖)

上海汇珏网络通信设备股份有限公司

上海汇珏网络通信设备股份有限公司(以下简称"汇珏网络")成立于2002年，总部位于上海市奉贤区，注册资金10 008万元，是一家专注于为国内外通信运营商、ICT设备商、网络集成商提供有线与无线传输基础网络工程，集研发、生产、销售一体化服务的高新技术企业。汇珏网络秉承"技术求发展，与客户携手共进"的宗旨，经多年快速发展，形成以智能网络通信设备的设计与制造为核心、以计算机智能网络通信系统的集成应用为动力的两大业务板块，下设上海汇珏智能通讯科技有限公司、海安汇珏网络通信设备有限公司、海安光易通信设备有限公司、南通汇珏精密钣金制造有限公司4家子公司，形成以上海为中心、覆盖全国各地的营销服务网络体系。

(丁　玮)

上海斐讯数据通信技术有限公司

【概况】 上海斐讯数据通信技术有限公司(以下简称"斐讯")成立于2009年，是为用户提供智慧家庭领域智能产品和云服务的科技创新性企业，其全球双总部分别位于中国的上海、成都，在美国、德国设有区域总部，公司集研发、制造、销售于一体，研发产业基地遍布北京、上海、深圳、成都、重庆和海外。自成立以来，斐讯申请各项专利数位列上海前三名，以超过200%的年均增速，成长为销售额逾百亿元的中国电子信息百强企业。

【公司产品】 伴随"智慧生活，享你所想"的全球化品牌定位，斐讯确立"智慧家庭定义者和引领者"发展战略和"智慧家庭＋智慧大数据＋智慧生活"的业务发展战略布局。

"智慧家庭"在家庭网络、智能硬件、家庭自动化、关爱个人和家庭健康的个性化产品和云服务方面树立企业新名片。

“智慧大数据”承接斐讯大数据业务的执行与落地，基于北京、华东、华南、西南的数据中心布局，为政府、企业提供基于大数据的服务及解决方案，持续创造价值。

“智慧生活”是斐讯互联网战略板块，以智能网络设备、智能硬件、APP及互联网传播渠道为运营载体，开展“用户运营”“内容运营”“流量运营”三大核心业务，实现对斐讯用户的汇聚，为用户提供丰富的内容与服务。

【公司荣誉】 斐讯多次获得“上海企业100强”“行业年度优秀表现奖”等荣誉奖项。2017年4月，获得上海市通信制造业行业协会颁发的“2016—2017年度行业优秀表现奖”；7月，获得中国电子信息行业联合颁发的“2017年中国电子信息百强企业”；8月，获得上海市企业联合会、上海市企业家协会、上海市经济团体联合会联合颁发的“2017年上海企业100强”“2017年上海民营企业100强”“2017年上海制造业企业100强”“2017年上海民营制造业企业50强”等荣誉奖项。

（谢　军）

上海青橙实业有限公司

上海青橙实业有限公司（以下简称“青橙”）本着立足上海、服务全球的品牌宗旨，打造三大系列手机品牌：VOGA系列主打创新智趣，青橙U系列主打青春个性，青橙三好系列主打超质价比。2017年，青橙手机市场规模进一步扩大。

【主要产品】 2017年6月16日，青橙出品的VOGA系列品牌与国际冠军杯（The International Champions Cup，ICC）在上海市青浦区移动智地举行赞助签约仪式，双方达成深度合作关系，VOGA正式成为国际冠军杯中国赛高级赞助商及官方唯一指定手机。

2017年6月28日，MWC上海展开展首日，青橙VOGA V激光投影手机正式亮相，机器顶部嵌入采用MEMS激光投影技术的投影模块，可以达到无需对焦、智能梯形纠正的效果。MEMS激光投影技术可以将三色激光束投射于界面，形成清晰的影像，而且无需对焦就能时刻保持画面清晰，即便是斜放投影，也能通过智能梯形校正显示为标准画面。同时，MEMS能够实现5 000∶1的高对比度，超过150%的色彩饱和度，让画面更清晰，色彩更艳丽。VOGA V手机配备4 000毫安超大电池，可连续投影4小时，足以看完两部大片。

（徐丽安）

上海磐启微电子有限公司

上海磐启微电子有限公司（以下简称“磐启微”）是专注于射频和无线通信系统芯片设计、生产、销售的高新技术企业。公司成立以来，坚持稳健发展、持续创新，成功推出Sub-1 GHz、2.4 GHz、5.8 GHz等多频段的远距离、多种传输速率的射频芯片，广泛应用于局域物联网、消费级无人机、智能家居、智能三表等领域。

磐启微近年保持高速增长，销售收入平均增长率在45%左右，研发投入占公司整个销售收入的10%以上，相关产品在无人机、智能家居、物联网领域的应用取得长足进展，特别在无人机芯片和飞控系统领域,处于国内领先地位。2017年,公司自主研发的无人机芯片在市场上的出货量突破2 000万颗。

(龚俊波)

上海迅时通信设备有限公司

【概况】 上海迅时通信设备有限公司(以下简称“迅时”)是新一代企业融合通信解决方案提供商,于2003年7月在上海市浦东新区张江高科技园区注册成立,专注于新一代音视频通讯产品的创新设计和研发,为电信运营商、企业、家庭提供基于无线、光纤和网络的终端通讯产品,以及各种改进通信体验的解决方案。

迅时总部位于中国上海,在北京、山东设有分公司,在深圳、广州、杭州、成都、武汉等地设有办事处,在东南亚、北美、中东等国家/地区设有总代理,产品覆盖全球40多个国家,并在海内外拥有600多家活跃的渠道合作伙伴,包括微软、思科、华为、中兴等。迅时客户包括海内外电信运营商、系统集成商、分销商、应用软件开发商,覆盖政企办公、酒店、金融、物流、电力等行业领域。

【主要产品】 迅时为企业用户提供集语音通信、移动办公、分支组网、电话录音管理等于一体的办公室网络电话系统,主要产品包括IP-PBX、语音网关、数字中继网关、企业级SBC、软电话APP和电话管理软件等,为客户提供基于IP的网络语音通信设备和完整解决方案。

【公司荣誉】 迅时通过了高新技术企业认证、软件企业认证、ISO9001质量管理体系认证,并获得多项国家级软件著作权和软件产品登记证书。

(刘晓芳)

上海煜鹏通讯电子股份有限公司

上海煜鹏通讯电子股份有限公司(以下简称“煜鹏”)成立于2010年7月,为中外合资企业,是一家现代化的通讯电子产品制造商,经营范围包括研发、生产、销售无线通信终端天线产品。煜鹏拥有先进的仪器设备与高质量的管理团队,拥有员工400多名,分两班制生产。公司占地面积约6 000平方米,总部位于上海市闵行区,研发中心位于上海市浦东新区张江高科技园区,工厂位于上海闵行、江苏昆山和广东惠州;

研发方面:煜鹏具备丰富的4G智能化天线、全金属天线、解决方案、车载类天线开发经验,参与华为、联想、中兴、海康、索尼等企业项目的天线开发工作。煜鹏拥有1台ETS AMS-8947暗室(具备LTE MIMO测试功能)、2台Satimo SG-24L暗室,可帮助客户进行项目开发工作。

制造生产方面:煜鹏提供具有竞争力的机壳注塑、激光镭射天线一体化解决方案,拥有模具设计、模具制作、注塑、冲压、LDS(Laser Direct Structuring,激光直接成型)、组装的完整工艺和大规模制造能力,年产值约2亿支。公司配备20台德国原产LPKF Fusion镭射机、80台国产镭射机,占地约2 000平方米,极大地增强了LDS产能。组装车间占地1 200平方米,配备先进的测试仪器与经验丰富的组装线团队,能迅速、高效地完成各种精密零件与设备组装,实行24小时作业,天线制造工艺达到了行业领先水平。煜鹏注重产品质量管理，不断追求卓越品质，先后通过 ISO9001、ISO14001、TS16949 和 QC080000 认证。为进一步发展物联网终端及后台软件应用系统等新业务，公司加速发展物联网智能设备，开拓安防领域和汽车电子领域，并大力发展智能医疗。

（潘郁渝）

三、消费电子产业

概况

随着科技不断发展，消费电子涵盖的产业门类同步扩大，消费电子行业再次腾飞。上海始终坚持技术的前沿性、企业的集聚性、前景的潜在性，将 VR（Virtual Reality，虚拟现实）/ AR（Augmented Reality，增强现实）、AI（Artificial Intelligence，人工智能）等纳入新门类产业。

2017 年，上海着力推动消费电子产业发展。在 VR/AR 方面，上海有直接相关企业近 200 家，由于产业环境不断完善、资本市场多有青睐、各联盟积极推进、企业自身创新意识强，上海建立了 VR/AR 体验良好的丰富产品体系，多领域应用实现广度、深度拓展。在 AI 方面，随着 2017 年 7 月 20 日国务院发布《关于印发新一代人工智能发展规划的通知》，上海于 11 月 14 日发布《关于本市推动新一代人工智能发展的实施意见》，指出上海将加快形成以人工智能芯片及传感器、机器人及智能硬件、智能无人系统及软件等为重点的世界级新兴产业集群，到 2020 年实现人工智能重点产业规模超过 1 000 亿元，成为新增长点。

上海东方明珠新媒体股份有限公司

【百视通 VR 影院 APP】 2017 年，上海东方明珠新媒体股份有限公司（以下简称“东方明珠新媒体”）旗下百视通在创新领域发力，推出覆盖 VR 端、移动端、大屏端的 VR 影院 APP。该产品采用虚拟现实技术，同时结合前沿的专利下载技术、逼真的 3D 场景建模、身临其境的眼控操作及百视通的海量内容，为用户带来极致的 VR 体验。VR 端和移动端全面适配小米、暴风影音、大鹏看看等近 30 款主流 VR 设备，并支持 3D 沉浸式场景体验，包括私人影院、海景别墅、IMAX 超大巨幕等。大屏端适配市场上所有主流 OTT（Over-The-Top，通过互联网向用户提供各种应用服务）播放终端设备，使用户足不出户就能得到 VR 体验。百视通 VR 影院依靠百视通海量视频资源支撑，每天更新 360°VR 全景视频内容，并且支持大小屏互动，手机扫描二维码即可将电视视频投放在手机上，利用 VR 影院播放，使百视通 VR 影院成为国内最大的正版 VR 视频 APP，在多个安卓应用市场 VR 应用中排名第一，并长期占据 APP Store VR 应用第一。该产品获得 2017 年度长三角三网融合创新大赛第二名。

【双屏互动系统】 2017 年，东方明珠新媒体紧跟行业趋势、洞察行业动态、探索行业未来，继续在电视发展多元化方面发力，为适应移动互联网发展、智能手机和OTT智能终端迅速普及、“大屏幕观看+小屏幕互动”逐渐成为用户视频观看的延伸性体验的行业趋势，旗下百视通积极推出端对端的多终端产品——双屏互动系统。利用该系统，用户可以通过手机扫描二维码下载百视通APP，并绑定终端设备，实现跨屏互动。互动方式多样，支持一键甩屏，轻松推送节目到电视大屏上播放。手机端查找收藏节目，可在大屏端同步展现，并可实现手机与大屏端播放进度同步。系统一经推出，受到多方好评，在山东移动等多个项目落地商用，市场反响热烈。

数字电视国家工程研究中心

【新一代数字电视标准】 2017年，数字电视国家工程研究中心(以下简称“工程中心”)积极参与美国数字电视标准组织ATSC(Advanced Television Systems Committee，先进电视制式委员会)启动的新一代面向超高清晰度数字电视和融合媒体网络服务标准ATSC3.0的制定工作，以适应快速发展的超高清晰度数字电视技术以及广播与互联网、通信网络的融合趋势。2017年11月16日，美国联邦通信委员会(FCC)以3票赞成、2票反对正式通过该标准，批准全美广播商在自愿基础上启动新一代数字电视广播。经过多年努力，采用工程中心核心技术的美国下一代数字电视标准ATSC3.0及该体系其他技术标准于2017年正式颁布。除了美国、韩国外，该标准还可能应用于加拿大、波多黎各、多米尼加、萨尔瓦多、危地马拉、洪都拉斯、墨西哥等北美洲、拉丁美洲及加勒比地区、亚洲等地区。

【国际标准专利池】 在ATSC3.0标准制订同时，ATSC3.0标准必要专利管理运营机构MPEG-LA同步开展ATSC3.0专利池管理及运营工作。2017年8月，MPEG-LA宣布在全球范围开展ATSC3.0标准必要专利征集。2017年10月，首次在美国召开MPEG-LA专利池全球必要专利持有人会议，工程中心作为国内唯一一家应邀参加ATSC3.0 A/321：“System Discovery and Signaling”和A/322：“Physical Layer Protocol”标准专利入池会议的必要专利持有者，参加MPEG-LA专利许可工作研讨会议，围绕MPEG-LA专利许可工作开展国际专利分案、后续入池评估及许可跟进工作。工程中心的努力为中国在国际标准制定及专利入池工作赢得话语权。

上海文广互动电视有限公司

上海文广互动电视有限公司(以下简称“文广互动”)以提升企业技术竞争力为目标，在应用技术方面精益求精，以技术创新的专利拥有为重要方向，2017年，文广互动基于上海市科学技术委员会(以下简称“市科委”)“4K超高清互动播控关键技术研究及应用示范”课题研究成果，于2017年2月申请“4K超高清图像单激励、双激励融合的质量评价方法”“超高清视频的无参考质量评价方法”“基于场景掩模的视频质量评价方法”“基于视觉神经的4K超高清图像质量评价方法”4项国家发明专利。专利研发借鉴针对高清图片、图像的国际主流评价方法，同时结合超高清内容在电视台演播室环境下的技术、传输、播放等特点，对4K图像内容的主客观评价方法进行详细系统的研究，确定新一代4K演播室环境下的4K图像内容主客观评价方法，为4K内容管理、采购、播出提供了参考建议。

上海索广映像有限公司

【概况】 2017 年,上海索广映像有限公司(以下简称“索广映像”)以“突破”为口号,立足市场,拓展自身优势,提高自身价值,强化技术力、生产力、协作力在企业发展中的重要作用,完善成果连动机制,重视生产安全和产品品质,取得良好的业绩。2017 年全年销售台数超过 250 万台,其中液晶彩电及模组超过 200 万台,专业机及光机组件超过 30 万台,总销售收入超过 110 亿元,上缴税收超过 1 亿元。

【产品出新,量产突破】 2017 年,索广映像聚焦高端大屏市场,坚持“生产出品质优异,使用户放心享受的产品”,在行业整体态势低迷背景下逆势增长,实现 TV 超大型机种和投影机镭射机种的量产,日本市场持续扩大。其中,85 英寸 4K 超清 LED 电视机 KD-85X8500D 产量达 2 000 台,比 2016 年增加一个数量级。70 英寸以上型号总体产量较 2016 年增长 120%。专业机方面,LAPIN 镭射机 VPL-FHZ65/W SYQ 机型实现年产量 3 000台。与此同时,OLED 电视 A155、65 在中国市场上市,作为品牌沉淀十年的“诚意之作”,A1 系列电视凭借“音画合一”的视听体验与打破传统的美学设计,不仅让消费者重新认识了 OLED 电视,更在电视行业发展中引领高端产品消费升级。第三方调研公司数据显示,2017 年新推出的 4K HDR OLED 电视 A1 系列以占 OLED 电视市场超过 30%的份额成为第一品牌。

【专利技术创新与技改申报】 2017 年,索广映像为了提高企业国际市场竞争力,一方面继续积极研发创新专利技术,另一方面对已有生产制造技术进行针对性升级改造,以加快实现生产制造国际一流产品的目标。其中,申报并于 2017 年 3 月起实施的上海市重点技术改造项目“智能家电、新型显示产品及关键部件技术改造”,显著提升企业智能制造生产技术能力。世界一流生产技术为满足客户对产品日益增长的高品质需求提供保障。通过技术改造实现制造技术能力的提升,并能为企业自身产业升级和未来市场拓展带来巨大空间。2017 年,索广映像“一种防误操作系统”发明专利申请获得授权;“捆包管理系统 V1.0”“徽标自动检测软件 V1.0”“紧急事件报警系统 V1.0”“整机部品防错自动检测软件 V1.0”“投影机电源指示灯自动检测软件 V1.0”5 项软件著作权申请获得授权。

上海国茂数字技术有限公司

【知识产权信息化】 上海国茂数字技术有限公司(以下简称“上海国茂”)在 2017 年信息化建设中,重点加强知识产权管理功能,包括加入中国准授权发明专利数据库,并在其中建立“先进音视频编解码技术”“数字音视频相关产品和设备”两个专题数据库。这两个专题数据库可以对 AVS(Audio Video coding Standard,信息技术先进音视频编码)/AVS+领域的专利数据分类整理、解读标引、引证分析,监控竞争对手的专利法律状态,通过定期进行专利文献检索,向公司管理层、研发技术人员定期发布专利信息统计分析结果、专题检索分析报告等,使公司管理层和研发部门能够准确预测 AVS/AVS+领域的技术(产品)发展趋势、空白点,分析预测重点领域的技术开发路线,在短时间内高效掌握与公司相关的技术发展变化。合理运用数据库使企业能够掌握市场竞争的关键信息和竞争对手战略方向、市场营销、知识产权、人才等多方面信息,为增强企业竞争力奠定基础,也为企业继续健康有序发展提供保障。

【信息化管理水平】 上海国茂除了在技术上重视信息化应用,在企业生产与经营管理方面也尝到信息化的甜头。2017 年,企业采用办公自动化系统对公司的行政及产业化质量进行更有效的管理。一方面通过信息化管理平台保存并及时更新有关信息,供拥有相应权限的人员随时查询;另一方面,制定信息安全管理制度,保证公司信息安全,防止因偶发性事件、网络病毒等造成网络系统故障和数据损坏。上海国茂深知信息化建设与企业可持续化发展、市场竞争力提升息息相关,因此在企业管理信息化实践方面不断深入探讨,并有意融入全球信息化经济模式建设。2017 年,上海国茂"新一代自主音视频压缩技术"项目获"2016年度上海市科学技术发明奖二等奖"。

【标准制定话语权】 上海国茂在成立之初就把标准制定放在十分重要的位置,积极参与 AVS 系列标准及工业和信息化部、国家新闻出版广电总局相关标准的制定,参与完成 AVS/AVS+和 AVS2两代标准。除了 2016 年颁布实施的《信息技术先进音视频编码第 16 部分:广播电视视频》《高效音视频编码　第 1 部分:视频》及 2016 年颁布、2017年实施的《信息技术　高效多媒体编码　第 2 部分:视频》(简称 AVS2)等标准外,2017 年还参与由中关村视听产业技术创新联盟联合国家新闻出版广电总局规划院、广科院、中央电视台共同发起的《T/AVS105—2017 AVS2 超高清编码器技术要求和测量方法》团体标准的起草工作。该标准适用于广播电视专业用 AVS2 超高清编码器的开发、生产、应用、测试和运行维护。

上海仪电数字技术股份有限公司

【NGB 新一代超清智能机顶盒】 2017 年,上海仪电数字技术股份有限公司(以下简称"仪电数字")根据市场需求自主研发 4K 超高清智能机顶盒,其采用国产超高清芯片,可实时解码 H.265 视频,创造性地采取 EoC(Ethernet Over Cable,基于同轴电缆传输以太数据)、WiFi 一体化设计方案,不仅缩小产品体积,提升产品美感,而且实现家庭宽带上网及无线路由一体的新功能,极大丰富家庭用户的智能化生活需求。然而该方案在 WiFi 和 EoC 一致性方面出现问题,同时 EoC 在低温状态下数据出现异常,仪电数字研发团队在专家指导下经过数月探究及不间断的测试、验证,最终解决全部技术问题,产品顺利通过国家级测试,出货数十万台。基于这款智能机顶盒,仪电数字首次在大屏幕电视上实现家居控制、家政预约、在线订餐、健康问诊、一键报警、家庭安防等诸多应用,在上海金山、崇明等区率先试点,并逐步推广到全市。

【百视宝教育课堂】 2017 年,仪电数字与著名高校合作,研发针对 K12 中小学教育目标人群的"百视宝教育课堂",教育课程与中小学教材大纲保持一致,方便学生根据每天学习的课程、知识点,通过平台进行练习。该平台在东方有线上线运营,具有个性化评测和数据分析功能,可以真实地展现、测评学生在教材大纲重要知识点方面存在的弱点和不足,还能根据学生各学科知识点掌握情况,有针对性地推荐视频、习题等教学辅导,优化学习方案，提高学生的学习效率和积极性。丰富的名校名师资源，令百视宝教育课堂拥有2万多个教学视频，不仅与上海、全国中小学实际教学大纲相对应，而且针对每个知识点提供多位老师的课程讲解视频。

相舆科技(上海)有限公司

【创新技术应用】 2017年，相舆科技(上海)有限公司(以下简称“相舆科技”)将发展重点放在其独创的XPOWER室内电力通信接入技术应用拓展上，推出基于XPOWER底层技术的创新智能家居方案，并与商汤科技、亚马逊等人工智能巨头展开合作，部署基于XPOWER底层物理架构的分布式图像语音人工智能场景化应用开发，提升企业国际化形象。另一方面，相舆科技投入巨资加速布局XPOWER专利池建设，在PCT(Patent Cooperation Treaty，专利合作条约)架构基础上拥有上百项核心专利并在全球落地。2017年，相舆科技与西门子、博世、罗格朗等巨头在上下游业务领域达成战略合作，XPOWER室内电力通信接入技术标准有望成为新一代的国际电气标准。

【XPOWER智能电力系统】 为了加速XPOWER智能电力系统的推广应用，进一步开拓国内国际市场，2017年相舆科技投入巨资，在产业链上下游积极拓展应用，得到国内近50家一线精装修开发商，大型商业空间、万达、Costa、罗森等一线连锁商业的青睐，同时与震旦、诺凡、欧派、博洛尼、优客工场、裸心社等一线办公空间，办公家具、家居机构，红星美凯龙、金螳螂、海尔整装等一线建筑室内装修装饰集团企业达成业务合作。2017年，成功实施遍布全国的数千个案例。同时，国际市场开拓成果喜人，先后启动美国、欧洲、日本、印度、中东等地区市场，进入硅谷地产商、美国机场、迪拜豪华酒店等终端项目。XPOWER智能电力系统的发展潜力引起资本市场的高度关注，相舆科技计划通过B轮增资扩股实，加速向智能家居、智慧楼宇全行业、全方位布局。

上海乐蜗信息科技有限公司

【VR技术】 2017年，上海乐蜗信息科技有限公司(以下简称“微鲸VR”)在视频采集、图像处理、网络传输、终端优化等关键环节积极探索，攻克足球比赛VR直播难题，成功直播25场足球赛事，每场赛事平均配置15个VR摄影机位(包括三维索道系统、斯坦尼康等特殊机位)，通过自主研发的Whaley VR Live系统实时渲染、处理，并允许用户自由选择观看视角。流畅的4K高清VR直播观影体验赢得业内一致肯定和超过98%的用户满意度(据微鲸VR APP统计)。上述成果部分得益于微鲸VR自主研发、于2017年7月投入使用的全球首台VR转播车。转播车集成VR直播需要的关键硬件设备，搭载Whaley VR Live直播软件系统，能够在不同应用场景下，稳定地提供高品质VR直播支持。截至2017年12月，成功为20场VR直播提供了VR直播技术支持。

【VR内容】 2017年，微鲸VR除了不断完善VR硬件，还十分重视VR内容，始终坚持制作高品质内容，用心创造VR价值，积极推广VR在各领域的应用，在深耕内容方面取得重大进展。首先，承接中共中央宣传部大型外宣VR影片《本色中国》的拍摄制作任务，微鲸VR摄制组辗转全国各地，完成影像拍摄，进入后期制作，预计于2018年暑期上映。其次，在VR娱乐内容方面，微鲸VR首创VR互动剧，制作VR惊悚互动剧《永生》，由观众的不同选择引发不同的故事走向，全面升级VR内容沉浸感和用户体验，为行业摸索出VR影视剧发展新方向。截至2017年12月，微鲸VR APP已经拥有超过300万活跃用户，聚合近万条高品质VR内容，成为全球最大的VR内容平台之一。

（解　放）

移康智能科技（上海）股份有限公司

【概况】 移康智能科技（上海）股份有限公司（以下简称“移康智能”）2011年成立于上海，在深圳、美国硅谷建有产品研发中心。移康智能致力于为家庭提供坚不可摧的安防产品，紧跟“智慧城市”的发展需求，打造智能化、信息化的科技型安防产品。

【智能安防产品】 移康智能在国内率先推出智能可视门铃（又名“智能猫眼”），该设备可以围绕家庭入口进行信息采集、反馈从而实现主动防盗。随着信息采集传感器不断发展升级，移康智能不断升级其智能可视门铃产品，于2017年推出“战神”智能可视门铃套装。该产品基于高精度信息采集传感器，通过24小时不间断的采集、记录和智能化处理、识别家庭入口场景的环境信息，实现智能识别、筛选门外可能出现的各类威胁，并通过多渠道为用户反馈、存储报警信息，及时消除可能出现的安全威胁。移康智能着力打造“EQ-Tech”警备级安全科技产品，通过安全科技、智能而以人为本、可视化三大核心能力，瞄准可视化信息采集反馈。为了适应与打击不同时段、不同环境下可能发生的犯罪行为，移康智能持续不断地增强信息采集传感器自适应能力，包括在无光环境下记录家庭入口环境及大角度、高精度记录处理信息等。

【叮咚APP】 2017年，移康智能借“互联网+”与传统产业深度融合契机，打破传统安防设备体系，建立一套以信息智能化为核心的主动安防系统，成为安防行业的高科技创新领导者。复杂环境下，单一安防产品很难全方位完成守护家庭安全的重任，为满足国内外家庭安全需求，移康智能以物联网技术为纽带，积极打造智能家庭安防平台体系，推出能够联动智能猫眼、智能锁等一系列家庭安防系统的“叮咚”APP应用。“叮咚”APP能够联动家庭各类安防设备，帮助用户随时接收了解家庭入口信息、安全信息、警报信息。基于人工智能和互联网大数据的支持，“叮咚”APP可以令用户家中的出入人流信息、行为习惯信息形成庞大的云端数据库，海量视频、图片、文字信息汇聚于智能云端分析处理，同时为人工智能提供大量样本信息，帮助其更智能地服务家庭安防需求。

【海外市场】 移康智能于2017年年初在美国硅谷成立子公司。2017年4月17日，移康智能产品叮咚3（英文名VEIU）在知名众筹网站Kickstarter首发，不到半天时间就完成初设的3万美元众筹目标，最终以近乎预计成交额9倍的成绩结束首次众筹。此后，移康智能与智能硬件门店B8TA、亚马逊、沃尔玛等平台达成合作协议，成为海外热门智能家居安防产品。2017年年底，VEIU跻身美国科技杂志*Innovation & Tech Today*“50大创新产品”（The Top 50 Most Innovative Products）。

进入美国硅谷研发环境后，移康智能迅速结合当地消费者需求与先进信息技术，在信息采集、无线信息通讯、人工智能等技术领域取得诸多成果。

【参展CES】 2017年年初，移康智能亮相全球最大的电子消费品展拉斯维加斯CES，通过多维度的信息采集、处理技术赋能传统安防行业。移康智能结合震动信息、语音信息、声纹信息、光线感应信息、PIR(Passive Infared，被动式红外线)移动探测信息、射频雷达信息、霍尔传感器感应信息、6轴加速度传感器信号、图像运动侦测信息等，进行多维度运算，交叉验证，将预测和结果准确输出，让用户得到简单明了的信息：来者是家人、邻居、快递、陌生人、可疑人物、小偷，并能通过手机APP随时监控家门口的变化：邻居敲门、家人进出、小孩老人回家、快递送货、小偷撬门等安防信息。多方位、多维度的信息数据共同构成了一个庞大的用户家庭入口安全信息库，有助于警方分析出当地安全状况与作案率。通过进一步的数据采集与透析，还能了解当下入室盗窃最常用的手法、时间段、区域特征等情况，帮助全球各地区完善安防措施，维护社会安定。

(乔　彤)

微鲸科技有限公司

【概况】 微鲸科技有限公司(以下简称“微鲸科技”)是专注于家庭娱乐的互联网科技公司，创立于2015年，由华人文化(CMC)控股。微鲸科技专注智能家居行业，秉承“对未来上瘾”的品牌主张，通过智能化的终端和服务，为新一代中国家庭提供沉浸式娱乐体验。微鲸科技的主要经营范围包括智能电视、智能投影、内容服务、互联网软硬件及音响设备、电子商务等，第一代产品微鲸电视是面向中国新一代家庭的智能电视。

【AI战略】 2017年，微鲸科技发力微鲸电视AI(人工智能)，将“人工智能＋大屏”的探索重点聚焦在“智能互联”和“算法推荐”上，先后和微软、科大讯飞战略合作，在大数据、智能推荐、语音AI等方面走在互联网电视品牌的前列。在行业领先媒体IT耳朵联合权威数据机构IT桔子共同发布的《2018年人工智能行业创新企业Top100》中，微鲸科技位于百度、阿里云、美图秀秀、华大基因、科大讯飞之后，名列第六。2017年3月，微鲸科技与“白电”巨头美的智慧家居达成“黑白配”战略合作，在大屏幕上语音操控美的系列家居。在智能语音方面，微鲸科技与科大讯飞、出门问问等达成深度合作，实现0.98秒的反应速度和98%的识别率。微鲸科技在远场语音、无唤醒词提示等智能操控交互领域连续创新，截至2017年年底，超过100万台微鲸互联网电视进入年轻家庭的客厅和卧室，日均使用时长5.5小时，日开机率65%(3倍于传统电视)，用户好评高达98%。

【千人千屏】 借助大数据算法和服务　亿用户的WUI微鲸用户界面系统，微鲸科技可以为使用大屏的用户提供“千人千屏”个性化推荐，用户可以按需定制个人喜欢的频道、内容及明星。另外，由于WUI系统具有强大的学习能力，基于可观的用户观影大数据，进一步聚焦用户画像，能够通过人工智能算法将用户喜欢的内容推送到电视首页。为了更好地服务电视观众，微鲸科技在2017年将微鲸电视WUI2.0升级6次，新增功能310个，并实现不限系统、不限设备、真正无限的无线投屏，使千万家庭用户对支持普通话、四川话、粤语的语音操控等实用功能习以为常。为了进一步增强用户体验，微鲸科技还推出更多有趣且有爱的功能应用，如大屏视频通话“一键叫妈”、智能儿童锁，遥控器唱 K、智能积木……借助各种技术在具体家庭场景中的应用，让看电视变成了玩电视。智能算法的应用大大提升了微鲸电视的开机率，达 7 小时/天，大大超越消费者对传统电视品类的体验预期。

【娱乐＋科技】 微鲸科技自成立以来，十分注重品牌形象，品牌知名度和好口碑成倍提升。2017 年，微鲸科技联手肯德基，实现科技行业与快速消费品行业在应用场景领域的跨界营销，用户只需通过蓝牙语音遥控就可实现“一键订餐”，并有微鲸电视支持的多种点餐指令组合，用户只要说出“我饿了”“我要吃鸡”“KFC”等关键词，系统便能通过智能识别进入点餐页面，召唤 KFC 宅急送，深得餐饮业和广大消费者喜爱。微鲸科技还与百威、雪碧等品牌进行跨界合作，依托华人文化的内容资源，成为两届“中国新歌声”指定互联网电视、投影品牌。微鲸科技精准把握年轻人脉搏，做“最懂年轻人”的互联网电视，精心挑选年轻人喜欢的内容，不断创新家庭娱乐玩法，致力于打造新场景下的人性化交互体验和超预期的心理感受。在“跨界娱乐＋科技”的无边界营销中，微鲸科技坚持产品与服务双高品质，高达 98％的用户好评率得益于消费者对微鲸品牌的三大突出印象：第一，适合新一代年轻家庭；第二，与众不同；第三，互联网电视里名副其实的高端品牌。

【跨界合作】 2017 年，微鲸科技与 VICE 中国联合出品一部探索未来生活方式的纪录片《未来之家》，在这部由超过 60 位的前沿艺术家、创作者、科技先锋共同打造的作品中，微鲸科技付出很大心血。创作团队深入 7 国，从纽约超市屋顶农场到印度硅谷贫民窟改造现场，从北欧创意重镇到亚洲巨型城市，面会英国《黑镜》导演，听冰岛乐队表演，与中国创客玩真人版王者荣耀，和全世界的年轻人一起讨论“未来之家”的形态，最后的努力结果是：在豆瓣获得 8.9 高分。与此同时，微鲸科技还在北京白塔寺胡同打造线下实体“未来之家”，将“科技智能家庭”通过可见可感的方式与大众见面，让用户第一次零距离接触智能科技、生活方式融为一体的未来生活。微鲸科技精心打造的立体化生活空间美学，使一个破败的北京四合院变身为极具现代感的灵动生活空间，用户可以体验用遥控器控制光电和家具设备，轻松变化出大开间、一室一厅、一室两厅等多种生活空间，可以满足用户居住、办公、沙龙、聚会等多种生活场景的需要。作为家庭大屏互联网化“第一个吃螃蟹的人”的微鲸科技将继续坚持“硬件＋软件＋AI＋内容”的融合创新，继续保持开放、合作、跨界的心态，与上下游企业建立合作关系，以夯实与提升品牌形象和寻求更多的发展可能性。

上海聚力传媒技术有限公司

【概况】 上海聚力传媒技术有限公司(以下简称“聚力传媒”)于 2005 年 5 月创立，拥有丰富的优质内容、专业的媒体运营资质，以及智能电视、机顶盒等终端智能硬件产品的开发能力。聚力传媒的企业宗旨是全面聚合优质的体育、影视剧、综艺、娱乐及资讯等热点视频内容，并以视频直播为特色，向用户提供新鲜、及时、高清和互动的内容体验。旗下网络电视品牌“PPTV 网络电视”更名为“PP 视频”，品牌主张定为“一起玩出精彩”，企业形象、业绩快速提升。2017 年，PP 视频用户规模达 4 亿人；上线播放节目数量高达 521 万部，其中体育节目数量达到 34.8 万部，在视频行业中拔得头筹；PP 视频网络视听原创节目全年高达 15.9 万部。

【智能电视系统和旗舰产品】 聚力传媒旗下子公司上海通视铭泰数码科技有限公司专注 PPTV 智能硬件制造，依托苏宁体育集团、苏宁生态渠道资源与运营服务优势，凭借“智能硬件＋互联网”的先天优势，全面布局智能电视、机顶盒等终端智能硬件产品。2017 年 6 月，PPTV 智能硬件推出全新 Rubic 智能电视系统及搭载该系统的最新旗舰电视 N55。该产品走高端路线，推出后广受用户好评，获美国 IDEA 工业设计大奖，并在 7 月 18 日于北京召开的 2017 年度中国智能显示与创新应用产业大会暨 CRC 2017 年半年度彩电研究发布会上，斩获中国电子视像行业协会(CVIA)“2017 年创新产品奖”。2017 年 12 月，公司推出具备智能护眼功能的 PPTV 激光影院 MAX1，同样定位高端，搭配 Rubic UI 4.5 智能操作系统及 2GB＋32GB＋1T 内置硬盘的超大存储、支持 4K 硬解码和电动图像校正、亮度均匀度＞90％、可呈现 10.7 亿种缤纷色彩，距墙 21 厘米即可呈现百寸超清画面。PPTV 激光电视可从平台、内容、操控、服务等多维度为用户带来优质体验。在 2018 CES(International Consumer Electronics Show，国际消费类电子产品展览会)上，PPTV 激光影院 MAX1 广受赞誉，其创新设计一举斩获 2018 CES 中国创造高峰论坛“中国创造年度产品奖”，获得行业认可。随后，PPTV 激光电视又被中国电子视像行业协会授予“2018 年创新产品奖”。

上海蓝硕数码科技有限公司

【概况】 上海蓝硕数码科技有限公司(以下简称“蓝硕科技”)成立于 2005 年，是利亚德集团全资子公司、上海高新技术企业、意大利米兰世博会中国企业联合馆 LED 显示屏指定供应商。蓝硕科技专注于为客户提供创意 LED 显示系统产品，主要包括：高端创意 LED 显示、高端 LED 数字多媒体车、创意方案设计及数字内容服务。蓝硕科技拥有一套完整的设计、研发、制造、销售服务体系，具有 50 000 平方米的高端 LED 显示屏生产能力，产品获 40 多项国家专利、软件著作权及政府奖项。

【“数字化互动时光隧道”】 2017 年，蓝硕科技配合位于江苏邳州市港上镇的世界银杏博物馆打造“数字化互动时光隧道”，通过对我国唯一单树种国家级森林公园“银杏博览园”全长 3 000 余米的银杏树“时光隧道”进行 LED 灯光装点，运用最新的低亮高灰度、高刷新率、节能低功耗 LED 显示技术将银杏变化的细节展现得淋漓尽致，让观赏者更深入了解古老的银杏。参观者进入“时光隧道”，足迹也从鲜花漫步、萤火虫闪光变换到银杏叶飞舞、雪地留印，感受四季更迭、银杏与恐龙共存的鲜活场景。该方案中，低亮技术应用将亮度利用率大大提高，显著降低屏体能耗及发热量，提高显示稳定性，延长灯珠使用寿命。高灰度使画质更细腻、更真实，全部影像经过特殊 3D 处理，通过高对比度处理，使高清小间距的LED大屏呈现出超现实画面感。

【LED显示方案】 蓝硕科技秉承“技术品鉴艺术”理念，打破传统夜店的陈旧视觉，构建既融合现代当下音视频文化主流元素，又不失艺术文化经典的全新国际性顶级夜店空间。2017年，蓝硕科技的多种LED显示应用在各式夜店空间绽放。

（解　放）

四、光电子产业

【概况】 2017年，受益于经济形势回暖，上海市新型显示产业整体发展态势良好。上海新型显示产业重点聚焦AM-OLED（Active Matrix/Organic Light Emitting Diode，主动矩阵有机发光二极体面板）领域，上海和辉光电有限公司于国内率先量产，使上海成为国内AM-OLED产业高地，引领行业发展，打破国际巨头对该领域的绝对垄断地位，实现百万量级出货，上海天马微电子有限公司也实现小批量出货。

平板显示产业发展主流已经形成，AM-OLED势头强劲，超过预期，在中小尺寸领域迅速扩大市场份额，中高端手机纷纷采用AM-OLED显示屏，市场出现“一屏难求”局面，但受限于整体产能增长不足，未来很长一段时间LCD（Liquid Crystal Display，液晶显示器）不会消失，AM-OLED与LCD并存成为常态。AM-OLED加LCD占全部平板显示行业95%以上市场份额。国内企业在技术、成本、良率等各方面依然与国际龙头存在一定差距，各省区市纷纷加大AM-OLED领域投入，国际面板厂商逐渐将低世代的中小尺寸液晶产线关闭，对AM-OLED加大投资。

在此形势下，上海加大相关领域投入，陆续开工两个重大产业项目：和辉光电二期项目和天马扩产项目。其中，和辉光电二期总投资273亿元，建设一条月产3万片的第6代AM-OLED量产线，包括LTPS（Low Temperature Poly-silicon，低温多晶硅）阵列、OLED（Organic Light-Emitting Diode，有机发光二极管）有机蒸镀及模组等工序。上海天马总投资30亿元，新增两条5.5代AM-OLED蒸镀封装线，月加工AM-OLED玻璃基板（650毫米×750毫米）3万张。上海围绕AM-OLED上下游产业链，推动上游上海升翕光电科技有限公司、宇瑞（上海）化学有限公司、上海微电子装备（集团）股份有限公司、理想能源设备（上海）有限公司、上海凯世通半导体股份有限公司等关键材料、装备、芯片供应商和下游龙旗集团、上海与德通讯技术有限公司等终端、智能穿戴用户集聚发展，形成产业集群，打造产业生态圈，提升全市AM-OLED产业整体竞争实力。

【上海和辉光电有限公司】 上海和辉光电有限公司（以下简称“和辉光电”）成立于2012年10月，坐落于上海市金山区，专注于中小尺寸AM-OLED显示屏生产和下一代显示技术研发。

一期项目情况。和辉光电一期项目总投资为70.5亿元，总建筑面积13.6万平方米，建成国内首条第4.5代低温多晶硅AM-OLED量产线，玻璃基板尺寸为730毫米×920毫米，产能约为100万片中小尺寸显示面板/月。自2016年以来，和辉光电紧抓企业内部管理，产量和良率稳步提升，大批量应用于国内知名品牌旗舰手机。

二期项目情况。作为国内第一家量产AM-OLED显示屏的企业，和辉光电具备进一步扩大产能的条件。为了形成量产规模，和辉光电计划投资建设一条6代AM-OLED生产线。二期项目总投资272.78亿元，产品包括1—13英寸的中小尺寸显示屏及模组(部分柔性)，玻璃基板尺寸为1 500毫米×1 850毫米，产能可达3万片/月(包含柔性)。项目于2016年12月开工建设，计划2019年1月试生产。

和辉光电的产品主要包括：应用于4G手机的5.0英寸HD(窄边框)和5.5英寸FHD(窄边框)AM-OLED显示屏，应用于智能可穿戴产品的0.95/1.41英寸方形和1.2/1.4英寸圆形AM-OLED显示屏，应用于虚拟现实设备的2.95英寸AM-OLED显示屏，应用于车载设备的8英寸AM-OLED显示屏。

【映瑞光电科技(上海)有限公司】 映瑞光电科技(上海)有限公司(以下简称“映瑞光电”)成立于2010年8月，坐落于上海市临港产业区，是一家从事LED及相关产业设计、研发、制造的中外合作高新技术企业。2010年7月29日，映瑞光电与上海临港集团签约LED光电项目，项目规划在浦东临港产业区打造国家级LED产业化示范基地。2011年1月，映瑞光电LED产业化项目正式动工。2013年年初，项目开始量产芯片及外延片。2014年，项目相继研发成功垂直和倒装结构芯片；映瑞光电加快扩产步伐，通过并购江苏中谷光电股份有限公司，形成上海和南通两大生产基地。2015年，项目实现垂直和倒装结构芯片大规模量产销售，在产量提升的同时，加强产品制造过程管控，产品质量大幅提高。2016年，映瑞光电的核心产品、市场地位、销售规模及内部营运管理水平大幅提升，公司走上良性发展道路，成为国内唯一一家可以同时量产正装、倒装、垂直及白光芯片的LED公司。映瑞光电的产品包括L(正装)、EA(倒装)、V(垂直)、VF(垂直倒装)、HV(高压)、C(彩色)系列芯片，应用于背光照明、汽车照明、通用照明等行业领域。

【上海飞乐音响股份有限公司】 上海飞乐音响股份有限公司(以下简称“飞乐音响”)成立于1984年11月18日，是上海仪电控股(集团)公司控股的新中国第一家股份制上市公司(SH.600651)，公司发行的第一张股票由邓小平赠予美国纽交所珍藏。

飞乐音响拥有“亚牌”“Sylvania”两大百年品牌及“Concord”“Lumiance”两大国际品牌，拥有亚尔光源、喜万年、飞乐投资、飞乐智能、飞乐电商五家子公司，遍布美国、德国、比利时、英国、法国、突尼斯、哥伦比亚和哥斯达黎加等全球40余个国家的近50家境外公司、七大制造基地研发中心和1个超级物流中心，以及上海亚明、江苏亚明、北京申安、四川亚明、山东亚明、湖北申安亚明、江西申安亚明、河南亚明、辽宁申安亚明、黑龙江亚明十大研发生产基地和1个国家级技术中心。

飞乐音响以华北、华中、华东、华南、西北、西南、北方七大区域为销售平台，结合十大研发生产基地，以智慧照明为抓手，积极拓展智慧城市业务，主要从事照明产品、照明工程及以智能路灯网为主导的智慧城市总承包、总集成业务。主要照明应用案例有：北京天安门、上海中心、国家会展中心、首都机场、北京中华世纪坛、北京奥林匹克中心、八达岭长城、前门大街、北京火车站、北京地铁、上海地铁、赣江两岸、南京青奥会、上海世博园、王府井百货大楼、京开高速延线、北京西红门明珠广场、中国农业银行总行、上海徐汇滨江、上海苏州河、上海邮政等著名照明工程项目。其中，京开高速延线、北京西红门明珠广场两个项目分别获中国景观照明一等奖和工程优秀奖；国家会展中心、北京奥林匹克中心、上海中心大厦三个项目分获中国照明学会照明工程设计奖一、二、三等奖，并以产品齐全、技术雄厚、质量上乘、服务优质享誉海内外市场。

飞乐音响以“倡导绿色照明、写意智慧人生”为使命，积极推进“品牌、国际、资本”三大发展战略，发扬“创新求变、与时俱进”的企业精神，传承“Sylvania”“亚牌”百年品牌，致力成为国内优质、领先的智慧照明及智慧城市整体解决方案提供商、运营商，争创国际照明行业第一品牌。

【理想能源设备(上海)有限公司】 理想能源设备(上海)有限公司(以下简称“理想能源”)于 2010 年 9 月正式启动 MOCVD(Metal-organic Chemical Vapor Deposition，基于金属有机化合物化学气相沉淀的气相外延生长技术)项目。在国家和地方相关部门的产业引导和政策支持下，理想能源 MOCVD 设备从无到有，继而在国内率先发送 2 台设备至客户端验证，并最终于一家客户处投入试量产，取得长足进步。理想能源围绕 MOCVD 设备累计申请 28 项发明专利，其中 3 项已获授权，并获得 2 件软件著作权授权。

【中微半导体设备(上海)有限公司】 中微半导体设备(上海)有限公司(以下简称“中微半导体”)从事芯片制造和微观加工高端关键设备的研发和生产，三大产品包括介质刻蚀设备(芯片制造三大最关键设备之一)、TSV 设备(用于三维芯片制造和先进封装)和 MOCVD(发光二极管制造关键设备)。中微半导体研制的具有国际先进水平的 MOSVD 获得中国国际工博会银奖第一名。中微半导体的介质刻蚀设备占国内市场的 35%，TSV 占 58%，2017 年销售 MOCVD 机 106 台。

【上海三思科技发展公司】 上海三思科技发展公司(以下简称“上海三思”)在 LED 显示屏行业具有一定市场占有率，与国际先进技术水平差距不大。经过十几年发展，上海三思成为中国新型显示产业的代表企业，被授予“中国显示屏产业十大著名品牌”“年度中国电子用户满意产品”等荣誉。在“国家重点新产品”评选活动中，上海三思自主研发的室外全彩色显示屏榜上有名。

(桑　榆)

五、物联网产业

【概况】 物联网产业是继计算机、互联网和移动互联网之后的又一信息化浪潮。万物互联时代，通信元件从每个人拓展到每个物，大大小小各种物体只要嵌入一个微型感应芯片就能智能化，成为能够采集信息的终端。物联网产业发展蓄势待发，即将迎来大规模爆发。通信技术的突破和高速发展、行业巨头对于生态体系的大力投入、新技术的不断引入，成为物联网产业高速发展的内生动能。与此同时，物联网产业的发展迎来基础设施建设、基础性行业转型、消费模式升级三大历史机遇，产业发展获得外部资源推动。物联网的高速发展成为“新零售”从线上走向线下的基础，是解决共享经济信息不对称的关键，能有效解决垂直行业痛点，催生新的发展热点。

（桑　榆）

【上海市物联网联合开放实验室】 2017 年 5 月 17 日，上海市物联网联合开放实验室在宝山区高境镇临港新业坊揭牌，上海市经济和信息化委员会(以下简称“市经济信息化委”)副主任傅新华，宝山区区长范少军、副区长吕鸣，上海市物联网行业协会会长、仪电集团总裁蔡小庆，临港集团总裁袁国华、副总裁翁恺宁及上海市发展和改革委员会(简称“市发展改革委”)，市经济信息化委，宝山区高境镇与临港集团相关负责人，中国移动、微软、思科、瑞章科技等物联网行业领军企业代表出席仪式。

随着 NB-IoT(Narrow Band Internet of Things，基于蜂窝的窄带物联网)标准冻结，物联网产业驶入快车道，但产业化发展仍面临诸多挑战，如产业链结构复杂，涉及诸多环节；网络环境复杂，拥有多种制式和标准；细分市场零散，缺乏统一标准；需要与其他系统相结合才能最大程度地发挥价值等。

市经济信息化委副主任傅新华指出，在全球经济趋缓背景下，智能安防、智能制造、智能家居等市场快速发展，为物联网相关产业注入了强劲增长动力。上海市物联网企业数超过了 700 家，2016 年上海市物联网业务收入达 1 055 亿元，在规模化应用示范工程和产业化方面都有长足进步。宝山区、临港集团和上海市物联网行业协会联合产业链领军企业共同打造产业生态，开放赋能全产业发展，是值得尝试的创新之举。

结合现阶段中国物联网发展痛点，建立跨界、开放、共享的物联网联合开放实验室需求迫在眉睫。上海市物联网联合开放实验室由产业链相关企业组成，整合优势项目和实验设备，让成员企业公平享有资源、降低成本、快速发展。上海市物联网行业协会秘书长潘君才表示，物联网联合开放实验室能团结整合产业链，汇聚营造产业生态，推动行业应用标准研制，降低产业发展成本，是加速促进上海物联网产业发展的重要手段。

【物流服务师(RFID 应用)国家职业资格培训开班】 2017 年 7 月 15 日，上海市物联网技术高技能人才培养基地(RFID 应用)实训环境和上海物联网职业技能鉴定所授牌暨物流服务师(RFID 应用)三级国家职业资格培训开班仪式在上海交通大学举行。

物联网产业蓬勃发展对人才的需求十分迫切,但物联网人才教育培训体系存在严重的缺失和滞后,为解决这一矛盾,市经济信息化委和上海市人力资源和社会保障局联合批准上海市物联网行业协会联合宝信软件、晨讯希姆通、华虹计通、上海交大、中科院微系统研究所等单位共同建设上海市物联网技术高技能人才培养基地(以下简称"基地")。基地(RFID 应用)实训环境由上海交通大学会同晨讯希姆通共同建设,物流服务师(RFID 应用)国家职业资格考试项目由上海交通大学负责开发。

市经济信息化委人教处处长汪羽指出,RFID(Radio Frequency Identification,射频识别技术)技术是物联网最重要的感知技术之一,上海具有发展 RFID 产业的坚实基础。上海聚星科技有限公司主要从事 RFID 协议标准认证测试仪器的研发制造,占全国市场份额 50%以上;上海瑞章收购了全球排名前三的芯片企业意联科技,发展成集 RFID 芯片、系统、应用于一体的全产业链企业;上海英内 RFID 天线出货量全球第一。从应用端来看,上海拥有天臣酒类防伪、华虹身份证芯片、复旦微电子交通卡、博通 ETC 等诸多成熟且影响力巨大的应用,在 RFID 产业链各环节都有具备较强竞争力的企业。基地(RFID 应用)实训环境和物流服务师(RFID 应用)国家职业资格培训将为上海 RFID 和物联网产业提供有力的人才支撑。

【NB-IoT 行业应用规范指引】 2017 年 9 月 20 日,由华为技术有限公司(以下简称"华为")主办,上海市经济与信息化委员会、上海市无线电管理局指导,上海市物联网行业协会协办的"荟生态 会生态 绘未来"华为物联网产业合作峰会在上海举行。上海市物联网行业协会秘书长潘君才宣讲《NB-IOT 行业应用规范指引》第一版。《NB-IOT 行业应用规范指引》由上海市物联网联合开放实验室组织来自 NB-IoT 芯片、网络设备制造、模组和运营商的行业专家组成工作小组联合起草,获得了来自北京、上海、深圳、香港、台湾等地的 13 个物联网行业组织支持,对促进物联网规模化商用全面提速有重要意义。

【工业物联网应用开发组件规范】 2017 年 9 月 22 日,在上海市质量技术监督局(简称"市质监局")和市经济信息化委指导下,由上海市物联网行业协会发布了《工业物联网应用开发组件规范》。

根据《上海市标准化体系建设发展规划(2016—2020 年)》提出的鼓励依法成立且具备相应能力的学会、协会、商会、联合会等社会组织协调相关市场主体积极制定团体标准的要求,上海市物联网行业协会充分发挥自身优势,构建了立足上海、辐射长三角、影响全国的标准化工作思路。

工业物联网应用开发组件是工业物联网应用开发的共性技术平台,是物联网技术与行业应用之间的桥梁和纽带。该团体标准规范工业物联网应用开发的组件架构,推进智能制造互联互通。上海市物联网行业协会依托上海宝信软件股份有限公司,联合旋思科技、宏力达、蓝鸟机电、庆科信息、卓然(靖江)设备制造有限公司等几十家单位,在市经济信息化委的扶持和市质监局指导下,形成服务"一带一路"建设的中、英文版团体标准《工业物联网应用开发组件规范》,并取得年使用标准化组件产品700件以上、在十多个国家地区推广应用的佳绩。首个智能制造领域的英文版团体标准发布,为我国团体标准向海外推广提供良好示范。

《工业物联网应用开发组件规范》由模型和术语、系统间通信协议、设备接入与数据采集、监视与控制、实时数据存储与处理、信息管理与应用六个部分构成,相关企业将进一步完成相关部分的标准制定工作,以满足智能制造、工业物联网产业发展日益增长的迫切需求。

【全球物联网峰会】 2017年12月19日,上海市物联网行业协会联合多国驻沪领馆及20余家行业协会,举办以“物联未来,G不可失”为主题的全球物联网峰会(2017·上海)。峰会由中国通信研究院、上海市经济和信息化委员会、上海市信息化专家委员会联合指导,宝山区人民政府支持,上海临港经济发展集团资产管理有限公司(以下简称“临港资管”)、仪电集团承办。上海市物联网行业协会会长、仪电集团总裁蔡小庆、宝山区副区长吕鸣致辞,临港集团副总裁翁恺宁出席,上海市物联网行业协会秘书长潘君才主持,共吸引超过600位国内外行业人士参会,超50家媒体关注,近30家行业组织负责人、近10家驻沪领馆官员出席,第一财经、智装网对大会全程直播转播。

(董苏也)

【物联网技术支撑的上海自贸区跨境物流信息溯源体系建设】 2017年5月4日,由中华人民共和国上海出入境检验检疫局承担的“物联网技术支撑的上海自贸区跨境物流信息溯源体系建设”课题通过市科委专家验收。该课题通过2年多时间攻关,取得了一系列成果:申请2项专利,获得2项软件著作权登记证书,完成4项出入境检验检疫行业标准制定,发表1篇论文。课题研制基于自主知识产权、符合国家RFID标准的小型化电子封识产品以及通用RFID套件,在中国(上海)自由贸易试验区(以下简称“上海自贸区”)构建基于物联网技术的跨境物流信息溯源平台,包括海外综合业务管理系统、口岸综合执法系统等。系统实现在开放环境下,进出口货物检验检疫的跨地域、跨行业全程监控和信息共享;实现技术创新(云计算、RFID产品、电子标识应用技术规范)、应用创新(业务实时感知、跨国检验信息采集、商品溯源和认证)、模式创新(即检即放、装运前检验物流监控、货物检验信息共享),在技术、应用及应用模式上,处于国内领先。课题成果在上海自贸区进出口货物检验检疫业务中成功应用于进口玩具、服装、医疗器械、可再生利用资源等领域。

【面向智慧医疗的物联网关键技术攻关和集成示范】 2017年5月4日,由上海交通大学医学院附属新华医院承担和通过市科委专家验收。该课题通过2年多时间的攻关,取得了一系列成果,发表5篇论文。课题采用物联网、云计算、移动互联网等技术,建立一个全医院级别的、可扩展的医疗物联网及云平台和示范系统,合作研制称重和体温传感设备,组建ZigBee(短距离低功耗无线通信技术)和WiFi全覆盖网络,提供10类应用服务,如基于ZigBee传感网络的住院输液监测;基于专有医疗PDA(Personal Digital Assistant,掌上电脑)的住院移动护理。课题在医院临床病区试点推广应用,在全院投入530台专用PDA,形成普及应用，临床数据得到进一步集成，支持医院临床业务运转，提升临床工作效率。同时在医疗安全监管方面进行部分试点应用，如供应室消毒质量追溯。

（李言旭）

【上海市信息投资股份有限公司及下属企业】 上海市信息投资股份有限公司（以下简称“上海信投”）领导下属联数物联网公司、上海市信息管线有限公司和东方有线网络有限公司等，依据“物联—数联—智联”三位一体发展战略，积极推进城域物联专网及其示范应用建设，依据“1＋1＋1＋X”发展部署，在一个网络、一个平台、一个数据中心和若干重大应用建设等方面取得重要进展。

网络建设：按期实现对虹口地区的物联网接入服务全覆盖，城域规模物联专网建设试点取得突破性进展，静安区的北部区域完成网络建设，并以此为基础向全市核心区域及崇明智慧生态岛拓展网络建设，接入服务范围。

平台建设：初步建成网络管理、应用管理、业务管理、数据管理、应用支撑、用户使能六大功能板块，城域物联专网核心平台初具轮廓，核心平台的公开网站于2017年10月1日上线试运行。在此基础上，开始为静安区的城市精细化管理试点项目量身定做一个兼容各大运营商通信服务的新平台。

物联应用：截至2017年年底，初步完成虹口区新型无线城市建设试点、虹口高宝大厦物联网消防、虹口凉城街道、静安临汾街道物联网管理平台示范等项目，形成包含消防管理、安全管理、养老服务、卫生服务、停车管理、水务管理等十二大类应用的综合解决方案，在虹口区有近万个物联网终端接入城域物联专网，并通过统一平台支持提升各区域政府及网格化中心的公共安全、公共管理、公共服务能力。静安区精细化城市管理综合试验项目、基于物联网的新型消防管理项目启动，进一步扩大、深化了试点示范规模，并计划把新型物联网城市管理的服务产品推广到徐汇、普陀、浦东、金山、宝山、崇明等上海市其他区域。上海信投把打造城域物联专网及其核心平台作为全系统核心工作，力争成为“普适连接的提供者、物联数据的汇聚者、城市智能的运营者”。

（李　晶）

【上海果通通信科技股份有限公司】 上海果通通信科技股份有限公司（以下简称“果通”）是一家提供全球连接服务的通信高科技企业，是国内物联网和eSIM行业领先的服务提供商和方案解决商，在eSIM应用与安全领域处于国际领先的地位。果通拥有自主知识产权的物联网通信平台，与国际主流的通信运营商、移动设备生产商和物联网终端商已建立紧密合作关系，可以提供“云—管—端”的完整通信安全解决方案和连接服务，是国内多家主流车企和移动终端厂商的数据连接服务供应商。

果通是创业型企业，2017年业务主要以软件为主，第三季度合并一个硬件团队，第四季度开始涉足硬件开发。果通的三大业务方向是消费电子、车联网和大规模物联网。2017年销售额突破千万元量级，出货量达百万件，专利10余项，主要集中在软件。

【上海顺舟智能科技股份有限公司】 上海顺舟智能科技股份有限公司(以下简称“顺舟”)位于上海张江高科技园区,自2004年成立以来一直专注于ZigBee为核心的无线通信领域,同时拓展WiFi、GPRS、4G、LoRa(Long Range,超长距低功耗数据传输)、NB-IoT等其他通信技术,以专业的技术和卓越的服务为用户提供标准化及定制化产品。

顺舟可以提供智能家居、智能照明和智慧工业等不同领域的应用物联网解决方案,包括模块、网关、传感器、系统控制云平台等。顺舟联合产业链的上下游企业,形成强大的生态圈,为终端客户提供一站式服务。顺舟主推NB-IOT通讯模块、无线设备、智能网关,在应用方面,专注于智慧照明、灯杆、控制器,并拥有专业的智能家居控制和系统解决方案。

【上海天臣防伪技术股份有限公司】 上海天臣防伪技术股份有限公司(以下简称“天臣防伪”)成立于1999年,专注于高科技防伪追溯系统,部署“同心多元化”产业拓展战略,依托松江国家基地、上海防伪技术研究中心、复旦天臣实验室及天臣研究院,由数位海外归来的复旦大学教授、中科院研究院等高新技术人才共同创立,拥有一支70余人、稳定的高素质科研开发队伍,涉及材料化学、光学、动力与电气工程、物理、印刷、电子通讯、无线射频、计算机软件等多门专业,是一家专注于防伪产品及特种材料研发、生产、销售的高新技术信息化服务企业。

天臣防伪拥有现代化洁净厂房13 000平米,设备齐全的RFID产品研发生产基地,二维码及电子标签封装、覆合、检测的整套生产线,倒封装线4条,二次封装线8条,多个设备工艺具有独创性,年产能1.3亿枚。天臣防伪率先把RFID技术应用于防伪领域,2012年应邀参加国家商务部《酒类RFID防伪溯源系统标准》六大标准的起草,2016年,天臣防伪主导起草《射频识别技术仓储业务应用该指南》行业标准,标准规定射频识别技术用于仓储业务的相关术语,仓储用的电子标签和射频读写设备的物理特性、性能与功能、环境条件、标签安全要求等技术指标。

天臣防伪先后获得“上海市高新技术企业”“上海市科技小巨人企业”“知识产权优势企业”“中国质量信用AAA级企业”“福布斯中国潜力企业”“国家金卡工程金蚂蚁奖”“上海名牌”等称号。从投入仅100万元的小企业成长为注册资本5 100万元、总资产超过5亿元、年利税率达54%的科技新星,资产、收入、利润规模实现了数十倍的跨越式增长。

【芯讯通无线科技有限公司】 芯讯通无线科技有限公司(以下简称“芯讯通”)是领先的M2M(Machine to Machine,设备对设备)模块及解决方案供应商,自2002年成立以来,一直致力于提供GSM(Global System for Mobile communications,全球移动通信系统)/GPRS(General Packet Radio Service,通用分组无线服务技术)/EDGE(Enhanced Datarate for GSM Evolution,改进数据率GSM服务)、WCDMA(Wideband Code Division Multiple Access,宽带码分多址)/HSPA(High-Speed Packet Access,高速分组接入)/HSPA+(HSPA Evolution,演进式HSPA)、CDMA(Code Division Multiple Access,码分多址)1xRTT/EV-DO(电信3G网络)、FDD-LTE(Frequency Division Duplexin-Long Term Evolution,频分双工长期演进)/TDD-LTE(Time

Division Duplexing-Long Term Evolution，时分双工长期演进）无线蜂窝通信及GPS（Global Positioning System，全球定位系统）/伽利略/北斗卫星定位等多种技术平台的模块或终端级别解决方案。

芯讯通在无线通信领域潜心耕耘十余载，始终坚守“以市场为导向，以人才为根本，以创新为动力，以品质为基础”承诺，向全球源源不断输出高性价比的无线模块和通信终端产品。80％员工是具备丰富经验的工程师，拥有超过1 500项无线技术专利，得到全球通信行业广泛关注，并取得超过100项技术认证，通过30余个通信运营商的认证。

芯讯通总部位于上海，产品分销网络及现场技术支持网络覆盖全球六大洲，凭借卓越的研发、优质的产品、完善的渠道，向全球客户提供高性价比的创新无线解决方案，帮助客户加快产品上市速度。除了完整的无线模块产品，芯讯通还提供专业定制化的ODM（Original Design Manufacturer，原始设计制造）服务，覆盖车队管理、追踪溯源、远程监护、安全防护、工业监控等应用领域。

【上海物联网有限公司】 上海物联网有限公司由中国科学院上海微系统与信息技术研究所联合仪电集团等单位于2011年发起成立，是“上海物联网中心”的运营载体和产业化平台。上海物联网有限公司的成立是上海市推进国家战略新兴产业发展的重要举措，也是上海市和中科院院市合作的重要组成部分。上海物联网有限公司依托中科院上海微系统所等单位的研发力量和人才优势，与国家重大科技战略衔接，肩负“系统带器件、器件带材料”的龙头牵引使命，围绕南水北调、西气东输和高速铁路等重大工程，提供行业物联网系统级、设备级、芯片级产品和解决方案，先后被评定为上海物联网应用工程技术研究中心、上海市物联网专业技术服务平台，形成对外提供物联网技术研发、技术服务、产业咨询和产品研制的产学研一体化服务体系，可提供从技术研发、技术咨询到产品检测的一站式服务。

【上海燕归来健康科技有限公司】 上海燕归来健康科技有限公司（以下简称“燕归来”）坐落于松江区泰晤士小镇，公司创始人孙江燕打造了线上与线下相结合、传统与现代科技相结合、国内与国外优质资源相结合、会员制管理与开放式服务相结合的智慧化健康管理和居家养老社会服务平台。燕归来健康管理与居家养老社会服务平台线上服务包括五大系统模块。为了实现养老服务落地，燕归来在做好线上服务同时，还精心打造了线下“燕巢生活养生馆”，集中了国内外特色康复理疗设备，坚持“管慢病、治未病、倡健康”原则，开展运动康复、疼痛管理、呼吸及皮肤调理等服务项目。

（桑　榆）

第二章 信息服务业

概 述

2017 年，上海市信息服务业在市委、市政府领导下，聚焦科技创新中心建设，充分发挥企业的产业创新主力军作用、各区和基地园区的产业集聚主战场作用、社会组织的产业交流主桥梁作用，积极对接“一带一路”倡议发展要求，推动“互联网＋文化”出海，以软件名城建设为抓手，推进软件产业高端化发展，成功扭转开局不利的形势，各项经济指标运行稳健，总体发展稳中有进，向好趋势显现。

一、软件和信息服务业

【概况】 2017 年，上海软件和信息服务业实现营业收入 7 794.64 亿元，比上年同期增长12.9%，各经济指标运行稳健，主要指标完成情况见表 2-5。

表 2-5 软件和信息服务业主要指标完成情况

主要指标	单位	绝对值	增长(%)
营业收入	亿元	7 794.64	12.9
其中：软件产业	亿元	4 601.22	12.9
互联网信息服务业	亿元	2 120.02	23.2
电信传输服务业	亿元	737.8	3.8

续表

主要指标	单位	绝对值	增长(%)
增加值	亿元	2 179.02	15
占全市生产总值比重	亿元	7.2	—
占第三产业增加值比重	亿元	10.5	—
从业人员	万人	71.7	5.1
超亿元企业数	家	695	—
超100亿元企业数	家	6	—

园区积极拓展软件和信息服务业发展新空间，着力浦东软件园、市西软件信息园、紫竹高新科技产业开发区、市北高新技术服务园四大集聚区，形成浦东、市西、市北、市南“四方”新格局；以基地示范引领工程、产业生态系统构建工程、公共服务平台提升工程、基地协同创新工程、园区品牌联动工程“五大工程”为重点，全面推进基地建设；以全面推进市西软件信息园建设为着力点，优化上海信息服务产业布局，加快形成上海市信息服务产业新高地。经认定的市级信息服务产业基地有41个，上海市信息服务产业基地聚集了全市70%以上的软件和信息服务企业，65%以上的经营收入来自信息服务基地。

从各区域的软件和信息服务业规模看，浦东新区、长宁区、徐汇区位列前三强。上述三区无论在企业数量、上市公司还是创新成果、重点企业等产业综合实力指标方面，均居全市前列，产业基础较好。三个区的软件和信息服务业收入合计占到全市总收入的50%。但中心城区受区域空间制约，随着城市外围交通等商务配套设施不断完善，产业发展重心呈现出向外围扩散的趋势。从增长速度来看，普陀区、静安区、闵行区和奉贤区的软件及相关信息服务业经营收入增长速度较快，均达到18%以上，远高于全市平均增速。

【软件产业实力和效益稳步提升】 2017年，上海市软件产业规模稳步扩大，实现营业收入4 601.22亿元，比上年同期增长12.9%，发展步入稳定期。2017年，上海软件出口额达36.9亿美元，出口方式以信息技术外包为主，出口国家更为多元化。中国银联股份有限公司、上海华东电脑股份有限公司、上海宝信软件股份有限公司等8家软件企业入选2017年中国软件业务收入前百家企业，较2016年新增1家。截至2017年，上海共有478家软件企业通过系统集成企业资质认证，较2016年增长18.6%，整体数量位居全国第7。其中一级资质的有17家，二级资质的有69家，三级资质的有264家，四级资质的有128家。上海软件产业主要指标完成情况见表2-6，2017年上海入选中国软件业务收入百强企业名单见表2-7。

表 2-6 软件产业主要指标完成情况

主要指标	单位	绝对值	增长(%)
营业收入	亿元	4 601.22	12.9
利润总额	亿元	717.79	15.2
软件出口	亿美元	36.9	基本持平
从业人员	万人	51.1	11.8
超亿元企业数	家	498	—
超 10 亿元企业数	家	61	—

表 2-7 2017 年上海入选中国软件业务收入百强企业名单

序号	排名	企业名称
1	7	中国银联
2	26	华东电脑
3	37	华讯网络
4	39	宝信软件
5	58	携程网络
6	59	卡斯柯
7	73	万达信息
8	99	贝尔软件

【互联网信息服务业保持高速增长】 2017 年,上海互联网信息服务业实现营业收入 2 120.02 亿元,比上年同期增长 23.2%。上海共有 21 家互联网企业入选 2017 中国互联网百强,主要分布在数字内容领域,包括东方明珠等 9 家企业。上海的网信独角兽企业数量达到 18 家,占全国互联网信息服务独角兽企业比重为 23.4%,仅次于北京。互联网信息服务业主要指标完成情况见表 2-8,2017 年中国互联网百强见表 2-9。

表 2-8 互联网信息服务业主要指标完成情况

主要指标	单位	绝对值	增长(%)
营业收入	亿元	2 120.02	23.2
其中:网络游戏	亿元	613.1	20.2
网络视听	亿元	242.3	15.4
互联网金融	亿元	699.8	37.2

表 2-9 2017 年中国互联网百强(上海)

序号	企业简称	排名
1	携程旅行网	9
2	网宿科技	14
3	东方明珠新媒体	16
4	三七互娱	18
5	饿了么	19
6	二三四五	21
7	钢银电商	23
8	游族网络	30
9	找钢网	35
10	东方财富	36
11	东方网	43
12	连尚网络	44
13	咪咕公司	45
14	波克城市	57
15	米哈游	63
16	世纪佳缘	68
17	塑米信息	71
18	晨之科	77
19	沪江	87
20	心动网络	88
21	上海誉点	92

【电信运营商积极拓展新业务】 2017年，上海电信传输服务业实现营业收入737.8亿元，较上年同期增长3.8%。截至2017年年底，上海电话用户数达3 989.7万户，其中固定电话用户数691万户，较上年末减少40.6万户，固定电话普及率达28.6部/百人；移动电话用户数3 298.7万户，较上年末增加142.6万户，移动电话普及率达136.3部/百人。在微信等社交平台的冲击下，电信运营商开始布局物联网、云计算等领域，谋求新发展。

【产业运行稳中有进】 受春节提前影响，2017年上海市软件和信息服务业增速一度跌至10.4%。随着实体经济逐步回暖，全市软件和信息服务业增速随之趋稳向好。前三季度最高，达13.1%，全年增速回升至12.9%。从全市服务业发展来看，上海软件和信息服务业增加值增速最快，有力地拉动全市服务业增长，占服务业的比重也从2016年的10.1%提高至10.5%。2017年上海市软件和信息服务业发展情况见图2-2，2017年上海市软件和信息服务业与其他服务业的增加值对比情况见图2-3。

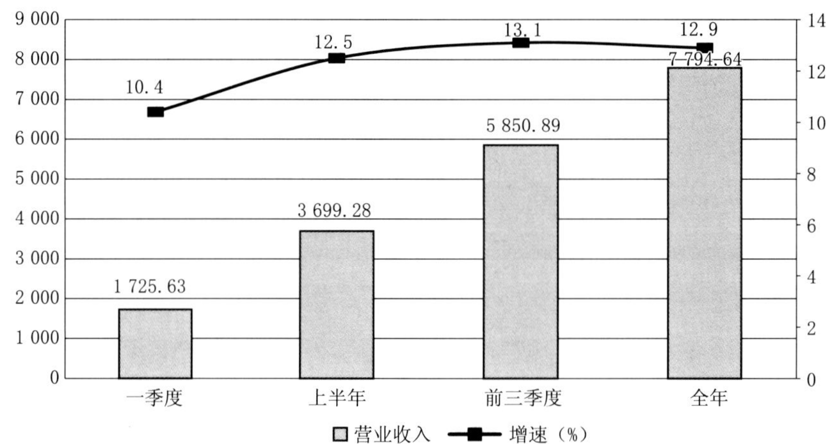

图2-2 2017年上海市软件和信息服务业发展情况

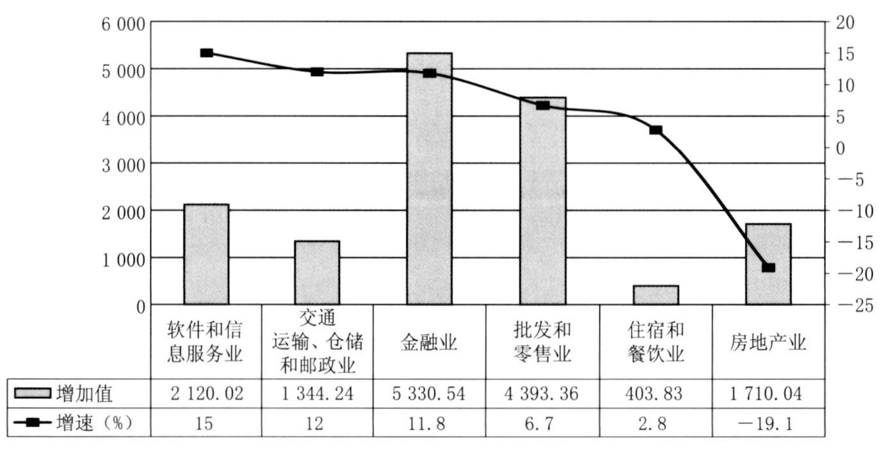

	软件和信息服务业	交通运输、仓储和邮政业	金融业	批发和零售业	住宿和餐饮业	房地产业
增加值	2 120.02	1 344.24	5 330.54	4 393.36	403.83	1 710.04
增速（%）	15	12	11.8	6.7	2.8	−19.1

图2-3 2017年上海市软件和信息服务业与其他服务业的增加值对比情况

【服务化趋势明显，产业结构向高端转型】 2017年，在信息服务业细分行业中，软件产业和互联网信息服务业占信息服务业比重达 86.2%，比 2016 年提高 2.3 个百分点，呈持续增长态势。细分行业中互联网信息服务业增速最快，达 23.2%。从互联网信息服务业内部构成看，互联网金融、电子商务平台技术服务占比不断提高，其中金融信息服务成为互联网信息服务业中占比最大的细分领域，2017 年互联网金融服务营收达 709.8 亿元，比上年同期增长 33.1%。从软件产业内部构成看，软件服务收入在行业中的比重超过 25%，成为支撑行业发展的主要力量。以云计算、大数据为代表的新型信息技术，迅速由概念兴起到蓬勃发展应用，软件产业占比超过 20%。上海市工业控制类软件和系统解决方案在轨道交通信号、钢铁等领域实现稳定增长，工业互联网、智能工厂解决方案等新兴应用快速崛起。2017 年上海市信息服务业收入构成见图 2-4。

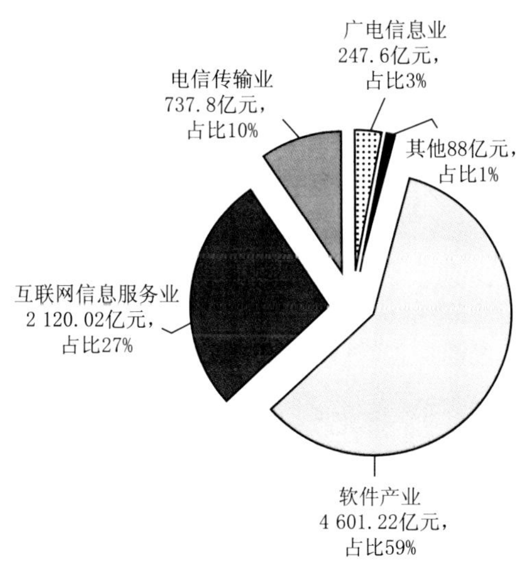

图 2-4　2017 年上海市信息服务业收入构成

【对接“一带一路”，助推企业走出去】 “一带一路”沿线有很多发展中国家和地区，软件和信息服务业基础相对较弱，而软件和信息技术的通用性和互联网的联通性为上海市软件和信息服务业企业走出去提供了可能。上海市软件和信息服务企业以此为契机，积极拓展海外市场，如上海软素科技股份有限公司、上海第九城市信息技术有限公司、上海凌巴迈信息科技有限公司等企业与罗马尼亚企业就新媒体行业合作、游戏行业合作及移动APP 本地化等项目达成合作意向。上海软素科技还与加拿大企业 Dream Practice 对接，就门户网站项目达成合作意向。上海炫踪网络股份有限公司和 Facebook、GoolePlay 等国际社交平台、游戏平台形成战略合作关系，产品覆盖美国、法国、俄罗斯等 18 个国家和地区。上海宝信软件股份有限公司的 EMS 系统出口印度。上海迪爱斯通信设备有限公司承建了肯尼亚国家应急指挥系统建设。

【人才增长趋缓，高层次人才比重提高】 软件和信息服务业是知识密集型产业，人才是产业创新发展的基础条件之一。2017 年上海市软件和信息服务业从业人员达到 71.7 万人。在上海市生活成本日益上涨，周边省市(如杭州、南京)推出更为优惠人才政策的双重影响下，上海市软件和信息服务业从业人员增幅自 2015 年开始出现明显下滑，由前 5 年 15%下跌到近两年的 7.5%，远低于行业增长速度。但上海市软件产业人才结构有所优化，软件研发人员占软件从业人员比重近 50%，本科及以上学历占软件从业人员的比重达到73.6%，其中研究生以上学历占软件从业人员的比重达到 14.1%，高学历人才成为行业的主力军。

【产业创新活跃，新业态快速发展】 VR 虚拟现实(包括 AR 增强现实)、人工智能、云计算等新技术的不断成熟,行业应用的逐步渗透,推动软件和信息服务业创新发展。

上海有从事 VR 虚拟现实(包括 AR 增强现实)的企业近 200 家,实现了全产业链覆盖,产生了一批创新性强、体验良好的虚拟现实产品和服务,并在航空、医疗、汽车等重点领域实现了示范应用,如中国商飞 C919 大飞机试飞模拟系统、中山医院 AR 医疗可视化辅助系统、上汽集团 AR 汽车智能制造解决方案等。

上海市智能软件产业规模达到 100 亿元,形成较成熟的产业技术和商业模式,初步形成创新活跃、开放协同的融合生态,在智能驾驶、智能机器人等领域达到全国领先水平。上海还拥有一批技术领先的智能软件企业,如上海依图网络科技有限公司、上海商汤智能科技有限公司、上海阅面网络科技有限公司、上海智臻智能网络科技股份有限公司、云知声(上海)智能科技有限公司、腾讯优图实验室、上海未来伙伴机器人有限公司、上海寒武纪信息科技有限公司、星环信息科技(上海)有限公司等。

2017 年,上海云计算相关软件和信息服务业产值为 910 亿元,同比增长 15.8%,其中,云计算基础设施平台服务商(IaaS、PaaS)实现收入 74.7 亿元,同比增长 25.4%,主要产品及服务 44 个,服务企事业用户(公有云)约 7 万家;云计算应用平台服务商(SaaS)实现收入 55.1 亿元,同比增长 47.5%,主要产品及服务 82 个,服务企事业用户约 4.8 万家。上海拥有上海优刻得信息科技有限公司、上海浪潮云计算服务有限公司、万国数据服务有限公司等云计算龙头企业,其中优刻得(UCloud)为 5 万余家企业级客户提供服务,间接服务用户数量超过 10 亿户,部署在 UCloud 平台上的客户业务总产值逾千亿元。

(叶月明)

二、电信传输服务业

概况

2017 年,上海市完成电信业务总量 694.7 亿元,同比增长 40.3%,增速与上年相当。电信业务收入 568.1 亿元,同比增长 5.5%。受提速降费等因素影响,电信业务总量与电信业务收入增速的剪刀差维持在 35 个百分点左右。非话音业务收入 469.4 亿元,占电信业务收入的比例为 82.6%,占比进一步提升 5.6 个百分点。在 3G、4G 发展带动下,移动手机上网业务消费大幅提升,移动数据及互联网业务继续保持行业收入首要驱动力地位,全年移动数据及互联网业务收入达 170.5 亿元,同比增长 26.92%;电信利润总额 110.8 亿元,同比增长 4.2%;电信增加值 286.1 亿元,同比增长 1.6%。

2017 年,上海增值电信业务收入继续保持较高增长姿态。截至 11 月,上海增值电信企业总收入 3 280.04 亿元,增值电信业务收入 1 715.49 亿元,较 2016 年同比增长 39.02%。其中,信息服务收入 1 627.78 亿元，同比增长 49.51%；呼叫中心收入 7.87 亿元，互联网接入服务收入 17.16 亿元。

截至 2017 年年底，上海市固定电话用户普及率为 28.6 部/百人，移动电话用户普及率为 136.3 部/百人。固定电话用户 691.0 万户，同比下降 5.6%。移动电话用户 3 298.7 万户，同比增长 4.5%，其中 3G 移动电话用户 419.5 万户，同比下降 18.1%，4G 移动电话用户 2 387.8 万户，同比增长 27.2%，占 72.4%；手机上网用户 2 492.1 万户，同比增长 9.8%。

固定互联网宽带接入用户 681.3 万户(加上非基础企业用户约为 856 万户)，同比增长 7.2%，其中 FTTH(Fiber To The Home，光纤到户)/O 用户为 561.7 万户，同比增长 11.9%，占 82.4%；速率在 100M 以上的用户为 297.4 万户，同比增长 90.0%，占 43.6%。固定宽带发展在全国领先的地位受到冲击，FTTH/0 用户占比全国排序下降到第 24 位，100M 以上用户占比全国排序也仅排在第 11 位。IPTV 用户 347.4 万户，同比增长 49.7%，增速大幅提升。

截至 2017 年年底，上海市共有 286 131 个网站主办者开办了 407 038 个网站。其中，25.54% 的主体将网站服务器放置在上海，74.46%的主体将网站服务器放在外省市；网站主办者中，85.62% 为单位主办者，14.38%为个人主办者。2017 年全年上海市实际新增网站 13 241 个，平均每月新增网站 1 103 个，增幅同比下降 20.3%。

在上海 16 个区中，开办网站最多的为浦东新区，共开办网站 50 322 个，同比增加 10 225 个网站。网站数少于 1 万个的区仅有虹口区和崇明区。其中，开办网站最少的是崇明区，网站数量为 4 413 个，也较上年实际增加 1 674 个网站。

截至 2017 年年底，全国共有 401.65 万个网站主办者开办 526.06 万个网站，其中上海主体开办的网站数排在广东、江苏、北京之后，位列全国第 4。上海主办者开办的网站数占全国网站总数的 7.74%，与 2016 年相比下降 0.5 个百分点。

截至 2017 年年底，上海共有 137 家接入商开展网站接入服务，为 249 813 个网站主办者的 315 704个网站提供专线、服务器托管、虚拟主机等各种形式的接入服务。其中，接入网站数量超过 1 万个的接入服务单位 5 家，接入网站总数达 210 422个，占上海接入服务单位接入网站总数的 66.65%。上海接入网站数量最多的接入服务单位为上海美橙科技信息发展有限公司，接入网站数达 101 199 个。

(胡永龙)

中国电信股份有限公司上海分公司

【全光网络运营商】 2017 年 12 月 21 日，中国电信股份有限公司(以下简称“中国电信”)最后一个 TDM(Time Division Multiplexer/Multiplexing，时分复用)程控交换端局下电退网，历时 4 年的 TDM 退网工作全部完成，中国电信成为全球最大的全光网络、全 IP 组网运营商，开启中国全光高速新时代。这也是全球最大规模的 TDM 交换网络用户迁移，堪称通信行业史上的壮举。

改革开放初期，中国公众电话网容量仅为 435 万户，电话用户仅有 214 万户，电话普及率不及世界平均水平的十分之一。为了快速改变这种落后局面，中国电信在电话交换技术应用上打破国际惯例，大胆引进并推广使用世界上刚刚开始商用的 TDM 程控交换机，“三步并成一步走，一步到位上程控”。1982年11月,中国第一部程控电话交换机F150在福州启用,中国通信业迈上高起点、大跨越征程。我国通信网规模容量、技术层次和服务水平迈入世界先进行列,电信业由改革开放初期国民经济发展的“瓶颈”转变为支撑经济发展、产业升级的“引擎”,推动我国运营商、设备商等产业链不断壮大。TDM程控交换机成为通信行业高速发展的一个缩影。

但随着时间推移、技术发展,30多年前属于世界上最先进通信设备的TDM程控交换机,逐渐跟不上时代步伐,设备老化,故障率高,无法向用户提供视频通话等多媒体类新型业务、能耗大。而基于IP技术的IMS(IP Multimedia Subsystem, IP多媒体系统)、软交换设备已经成熟,具备对TDM交换设备替代的能力。2014年,中国电信启动TDM端局退网计划。2016年,中国电信发布CTNet2025网络架构白皮书,全面启动网络智能化重构,构建简洁、敏捷、开放、集约的新型网络。

中国电信股份有限公司上海分公司(以下简称“上海电信”)克服TDM传统网络用户基数大、网络结构复杂等困难,成立专项工作组,以联合工作团队方式推进,采用“一局一案”方式,对每个端点设备量身定制退网方案,在确保用户业务不受影响前提下,有序推进端局程控交换机退网和家庭/政企客户的光网迁转工作,最终提前3个月完成TDM退网工作。

【应急通信保障】 2017年,上海电信以“最高标准、最好质量、最快速度、最实作风”要求,以高度的政治责任感和使命感,圆满完成工信部、集团公司和上海市通信管理局下达的各类应急通信保障任务150项,包括中共十九大、全国“两会”、金砖五国首脑会议(厦门)及部长会议(上海)、庆祝香港回归祖国20周年大会、全国大阅兵、商飞保障、国际车展应对大客流、F1、上海双创周、网络安全大会保障等重大通信保障,共计31项;九寨沟地震、内蒙古森林火灾、新疆地震、广东福建强台风天鸽、湖南瓦斯爆炸、茂县泥石流、海南光缆中断支撑等重大灾害跨区灾情支撑共计105项;2017年华东区应急通信联合演练、2017年度上海市通信行业应急通信演练、2017年度上海市水上救援应急联合演练、全市防空警报试鸣演练、跨区作战演练等重要基地演练保障及应急通信能力展示工作,共计14项。

【VoLTE网络建设】 中国电信借助VoLTE(Voice over LTE,基于IMS的语音业务)更好地融入国际主流产业链,践行转型和网络重构目标,推动CDMA网络向LTE网络演进,实现移动网络从纯数据网向综合型网络(数据、语音、物联)演进。2016年12月25日,上海电信成功接通VoLTE高清语音电话,随后成功接通VoLTE高清视频电话;2017年1月,配合浙江电信打通浙江省第一通VoLTE电话,使上海大区所辖所有节点全部打通;2017年2月,VoLTE核心网和固网IMS系统、短信平台实现对接,意味着上海电信完成4G板块的最后一块拼图,实现基于虚拟化技术部署VoLTE网络,使网络更灵活、开放性更强、业务上线时间更短,为之后业务发展打下良好基础。

【打击通讯犯罪】 上海电信运用大数据分析手段,建立基于账务计费话单覆盖本地与漫游的“移动欺诈用户识别模型”,选取主叫占比超高、长途漫游呼出比例超高、日活动基站数量超低、零次呼等特征，建立重点98个核心字段号码模型，排查高度疑似号码，极大提高了主动识别诈骗骚扰电话的准确率和及时率。在2017中国互联网大会期间，由工信部指导、中国互联网协会主办的防范打击通讯信息诈骗论坛上，上海电信申报的“运用‘欺诈骚扰识别模型’精确打击通讯诈骗骚扰犯罪”从全国66件申报案例中脱颖而出，获“具有推广价值的防范打击通讯信息诈骗创新实践案例”奖项，成为精确打击通讯诈骗骚扰犯罪的利器。

【上海电信宽带20年】 2017年8月25日，上海电信围绕“领先，是第一步，也是每一步”主题，在上海展览中心举行“上海电信宽带20年”庆典。回顾20年来，上海电信从ATM（Asynchronous Transfer Mode，异步传输模式）宽带通信实验网开通、启动城市信息高速公路建设，到2017年完成超过5 000个小区千兆宽带接入，全面进入“千兆”时代。宽带将上海与世界连在一起，将2 000多万市民连在一起，为上海加速发展和智慧城市建设提供保障。

【物联网开放平台】 2017年6月27日，中国电信在上海召开以“丝路添翼，物联世界”为主题的物联网开放平台全球发布会。中国电信携手爱立信等全球合作伙伴、10余家国际运营商及合作联盟、200余家天翼物联产业联盟成员单位和行业合作伙伴、200余家重要客户，共同见证物联网开放平台的发布。物联网开放平台由连接管理、应用使能、垂直服务三大板块构成，提供全球化、安全可信的端到端服务。中国电信依托开放平台，坚持“共生、共享、共赢”原则，联合全球产业合作伙伴，抓住“一带一路”发展契机，共同实现全球“产品大融合、渠道大联动、成果大共享”。中国电信与多家国际运营商、合作伙伴签订战略合作协议，在全球范围内加速物联网重点领域行业应用落地和项目推广。

【国家网络安全宣传周】 2017年9月16日，第四届“国家网络安全宣传周”在上海开幕，中国电信以“天翼安全可依赖”为主题亮相“国家网络安全宣传周”，展出了“网络安全为人民”“指尖上的信息安全”“打造可持续发展的信息安全生态圈”“未来安全向我们走来”四大板块、26项互联网安全领域的“黑科技”。上海市委副书记尹弘，原中央网络安全和信息化领导小组办公室（以下简称“中央网信办”）副主任杨小伟，上海市委常委、宣传部部长董云虎，上海市委宣传部副部长朱咏雷，中共上海市委网络安全和信息化领导小组办公室（以下简称“上海网信办”）主任姜迅等参观展台。

（张　军）

中国移动通信集团上海有限公司

【5G物联网试验网】 2017年，中国移动通信集团上海有限公司（以下简称“上海移动”）建成中国移动首张省级NB-IoT商用网络，率先在上海建设全球领先、面向5G应用的物联网试验网，构建5G物联网技术验证平台及公共测试平台，为物联网行业的生产型企业、开发者提供物联网产业发展各阶段所需的测试验证服务。作为上海智慧城市建设的主力军，上海移动把握新时代信息通信发展脉搏，主动谋求转型发展，提前布局云计算、大数据、人工智能、物联网等新型基础网络和平台设施，在全国率先启动了NB-IoT物联网络建设和大

规模无线网替换升级,积极培育网络能力、平台能力、大数据能力、团队能力、产业链能力、网络运维能力六大核心能力,提前储备未来网络演进能力,持续提升连接管理能力,探索大数据应用及合作模式,加强内部组织协同和配置,联合开展物联网产业链整合,全面推进物联网运维支撑,打造全方位的本地物联网业务保障体系,为全面贯彻落实"大连接"战略、有效提升区域市场竞争力做好布局。

【"大连接"战略】 上海移动全面贯彻实施中国移动"大连接"战略和"139 合作计划",依托网络、技术、平台优势,充分发挥基础电信运营商在经济转型升级中的基础性关键性支撑作用,大力开展工业互联网、物联网、云计算、大数据、公有云等规模应用,加快推动信息技术创新成果与上海地方经济社会各领域深度融合,带动经济发展质量变革、效率变革、动力变革,助力地方经济动能实现新的飞跃。上海移动推出了和易冲、电梯卫士、二次供水、云拍、智能停车、智慧消防栓、安全卫士、智慧公交站牌等相关应用,车联网发展始终走在全国前列,拥有大规模的 4G LTE 车联网用户、丰富的实践经验、全面的服务内容,与上海汽车集团股份有限公司、华为技术有限公司共同构建以 C-V2X(Cellular Vehicle-to-Everything,移动车联网)技术为核心的下一代车联网智能出行服务系统,深挖大数据服务潜力,丰富人工智能出行服务应用,加速技术成熟,推进应用创新,构建产业生态。

【提速降费】 2017 年,上海移动全面贯彻落实国家提速降费要求,推动"互联网+"发展,促进大众创业万众创新。上海移动通过流量不清零、取消国内通话长途漫游费、政企宽带全面提速、资费优惠最高达 60%等措施,促进用户流量、通话单价不断下降。上海移动大幅增加 4G 套餐全国流量资源,推出"4G 套餐流量翻番"活动且均为全国流量;打造全方位的流量无限量套餐体系,通过降低产品门槛,扩大用户受益面,推动流量服务正式进入"无限量"时代。上海移动积极推动家庭产品的提速降费,打破"高带宽、高价格"壁垒,跨前一步、主动让利。率先实现家庭固话"全国一价",办理 50 兆及以上宽带产品即享固话免月租、免国内长途费,拨打全国电话仅需 0.08 元/每分钟。2017 年,上海移动通信用户下载速率提升明显,移动通信用户感知度明显提升,移动网络实际平均下载速率达 25.06 Mbps,较上年增长 73.9%。

(骆远远)

中国联合网络通信有限公司上海市分公司

【概况】 2017 年是中共十九大召开之年,是实施"十三五"规划的重要一年,在上海市委、市政府和集团公司领导下,中国联合网络通信有限公司上海市分公司(以下简称"上海联通")以聚焦战略为指引,以党建和企业文化建设为统领,以"增收、有效、转型"为目标,整体保持高质量发展。2017 年,上海联通关键业绩指标全面趋优,全年累计实现主营业务收入 92.1 亿元。

【基础网络能力】 移动网络质量领先行业,根据中国社会科学院—上海市人民政府上海研究院、电信科学技术第一研究所联合发布的《上海市移动通信用户感知度测评报告(2017 年)》,上海联通用户感知综合评分连续两年保持领先,九大行业均领先行业评分，其中八大行业排名第 1，4G 网络平均下载速率达到 31.74 Mbps，大幅领先行业平均水平；政企网络率先全面部署商务楼宇 10 GPON，通过“万兆进楼”为客户提供 G 级宽带体验，持续保持固网技术领先、用户体验领先。

【新兴技术领域】 上海联通率先推出“云联网”，重构以 DC(Digital City，数字城市)为中心的网络架构，着力打造“网随云动”的网络能力，推出云专线、云宽带、云互联三大产品，形成一定规模的产品体系。率先建成全球规模最大的 NB-IoT 商用网络，实现上海全域覆盖。成立 NB-IoT 物联网联合开放实验室，研发 NB-IoT 智能烟感服务。打造大数据对外输出能力，成立“海眼”大数据开放实验室以及联通—复旦大数据城市发展研究中心，打造上海首个以人工智能产业为定位的创新基地“虹桥智谷”。聚焦智慧应用储备专业集成能力，打造青浦平安城市及扬尘监控标杆项目，成功中标长宁区政务云、长宁区妇幼保健院云医院、松江智慧水务等多个重大项目。持续提升平台支撑能力，重点打造物联网设备管理、“云数聚”大数据产品、行业云三大基础平台，聚合产业链能力，引入 40 个专业的 171 家合作伙伴。

【NB-IoT 网络】 2017 年 2 月，上海联通建成了全球最大规模的 NB-IoT 公用网络，成为中国第一家实现全域覆盖的省级运营商，并推出多个商用案例。5 月 15 日，中国联通 NB-IoT 网络试商用发布会暨物联网生态论坛在上海举行，在全国率先启动 NB-IoT 网络试商用并实现上海市全城覆盖。

在与合作伙伴的共同努力下，中国联通率先推出基于 NB-IoT 技术，面向智慧停车、智慧消防、智慧水务、智慧抄表、智慧家居、智能穿戴等行业的十余项商业化应用，为改善民生、缓解城市管理压力、提高城市管理效率起到良好的支撑作用。

2017 年，中国联通通过三项重要举措，推动物联网生态圈进一步加速成长：一是中国联通 NB-IoT 联合开放实验室(上海)正式挂牌成立，开放实验室以平台为依托，逐步构建凸显联通核心价值的物联网生态体系，对物联网客户、合作伙伴形成体系化服务，实现物联网应用创新和产品孵化，推进整个生态圈发展。二是联合华为共同打造并发布公共事业服务平台，平台落户上海联通，为表具终端厂商、水电气运营企业提供端到端整体解决方案，助力表具行业减少基础设施及新技术研发成本，快速实现表具行业智能化转型。三是成立中国联通 NB-IoT 终端产业联盟并启动生态链合作伙伴招募，联盟由中国联通与 ARM、英特尔、高通、MTK 等产业合作伙伴共同发起组建，聚焦公共事业、智能制造、消费电子、交通物流等行业，在创新孵化、产品研发、行业拓展等方面深入合作，推进产业发展。

【“云联网”】 2017 年 9 月 6 日，上海联通召开“未来·创变”为主题的云计算产品发布暨生态合作大会，发布“云连接”“云守护”“云数聚”三大全新云产品，并提出“云联网”概念。

云联网是上海联通面向政企客户打造的、以云为统一入口的、云网协同的创新型云业务解决方案，具有“一跳入云”“网随云动”“安全可靠”“专业服务”“云数一体”“能力开放”六大特点。云联网的目标是基于最懂云业务的弹性网络，令“企业与云”“云与云”之间自由联通，构建以行业云服务为核心的新商业模式和新业务体验。

2017 年，企业上云已进入大中型企业唱主角的“下半场”竞争，其复杂性及难度远胜以往的中小企业上云。上海联通推出的三大全新云计算产品属于行业云范畴，将自身对国家战略部署、产业发展趋势的理解和洞察融入产品之中，并集中网络资源、数据中心、云资源池等多个层面优势，能充分满足行业客户的云时代业务发展所需，是联通在创新业务实践方面的重要动作。

上海联通通过“开放、弹性、灵活、安全”的云平台、“云网协同、云数一体、安全可靠、合作开放”的云生态体系、与优质合作伙伴共同打造的卓越行业云解决方案，助力各行业用户进行云化实践。

上海联通通过自身在网络、IT、业务上的数字化转型和云化演进，扮演好企业上云推动者、行业云业务提供者、行业云生态建设者角色。作为企业上云推动者，上海联通帮助企业降低生产成本、提升客户体验、保证数据安全、灵活业务接入、平滑业务运营，提升企业面对未来竞争的生产力、竞争力、创新力；作为行业云业务提供者，上海联通提出“行业云＋云连接＋云守护＋云数聚”的行业云蓝图，为企业提供安全、灵活、智能、专业的优质云业务；作为行业云生态建设者，上海联通行业云平台以政要、金融、医疗、教育、制造 5 个行业为起点，立足自身优势，开放合作，利益共享，共同拓展行业市场、建立行业标准、共享行业经验、促进行业进步，建立资源丰富、利益均衡、持续发展的良好行业生态。

【重大通信保障】 2017 年，上海联通践行国有大型基础电信运营企业的社会责任，充分发挥工匠精神，确保各项重大活动通信安全。3 月 3—15 日，上海联通圆满完成全国“两会”通信保障任务，“两会”期间共投入保障值班人员 1 040 人次，网络运行整体平稳，无重大故障及投诉发生。4 月 19—28 日，第十七届上海国际汽车工业展览会在国家会展中心举行，上海联通组建现场保障团队，有力提升场馆内外的业务感知。5 月 5—15 日，上海联通圆满完成国产大飞机 C919 首飞、中共上海市第十一次代表大会及“一带一路”国际合作高峰论坛等多项网络重保任务。7 月 31 日—8 月 2 日，上海联通分别完成了第十五届中国国际数码互动娱乐展览会和金砖国家经贸部长会议的通信保障工作。10 月 18 日至 24 日，党的十九大召开，上海联通全力以赴完成网络通信保障和信息安全保障工作。

（叶一纬）

互联网接入服务（ISP）

【面向高效能数据中心的软件定义高速交换网】 2017 年 3 月 21 日，上海宽带技术及应用工程研究中心承担的市科委项目“面向高效能数据中心的软件定义高速交换网”通过了专家验收。该项目研制了模块化数据中心 TOR(The Onion Router，洋葱路由器)高速交换机，支持 Openflow1.3 协议，提供 40G 网络接口线速交换，整机交换容量达到 1.28T，交换机结构设计符合模块化服务器要求。开发基于 SFabric 技术的高效能 SDN(Software Defined Network，软件定义网络)控制器，可实现高效率的数据中心大二层交换。网络支持 1 000 个交换设备、10 000 个计算节点，实现高效率的二层交换，具备广播树建立、多个控制平台热备、流量工程、流量可视化、多用户虚拟组网等功能，支持面向云计算平台的 API(Application Programming Interface，应用程序编程接口)调用。开展数据中心虚拟资源调度平台研制，包括计算、存储、网络、安全等多种资源的虚拟化，实现统一监控、管理、调度，支持电信级数据中心 IaaS 服务运营。开展基于 SDN 高速交换网络的高效能数据中心方案设计，实现单机柜功率大于 10KW，模块化服务器单板定制，单板 CPU 密度大于 64 核。项目成果已在国家试验床完成 2 个机柜规模的技术试验和验证，在上海气候环境下平均 PUE（Power Usage Effectiveness，数据中心总设备能耗/IT 设备能耗）达到 1.4。完成面向上海电信 IDC 机房的规模示范。项目形成技术白皮书 2 份，申请专利 8 件，形成软件著作权 3 项，发表论文 2 篇，参与制定国家标准报批稿 1 项。

（李言旭）

三、广电信息业

【视频网站健康有序发展】 中国互联网络信息中心（CNNIC）在京发布的第四十一次《中国互联网络发展状况统计报告》显示，截至 2017 年 12 月，中国网民规模达 7.72 亿人，普及率达 55.8%。其中，手机网民占 97.5%，约为 7.53 亿人，较 2016 年年底增加 5 770 万人。土豆网、PPS、PPTV、哔哩哔哩 4 家网站开发的移动客户端 APP 内容类别众多，装机量、用户数达到一定的市场规模。上海市互联网音频服务凭借丰富的体验形式和内容存量，异军突起、全国领先。喜马拉雅手机 APP 激活用户数已超过 4.5 亿人，每天新增手机用户约 30 万—50 万人，活跃用户每天收听时长 128 分钟；蜻蜓手机 APP 下载用户总数已突破 3 亿人次，日活跃用户超过 1 200 万户，平台共有上线播出节目约 2 800 万条，总时长约 880 万小时。

（夏薇怡）

上海广播电视台、上海文化广播影视集团有限公司

【版权资产管理系统】 2017 年，上海广播电视台、上海文化广播影视集团有限公司（Shanghai Media Group, SMG）的信息化建设上又上新台阶：SMG 版权资产管理系统于 1 月正式上线。作为 SMG 版权资产集中统一管理的唯一平台，该系统旨在于通过信息化手段，改变人工管理方式手段不足、效率不高、信息不全的现状，从而固化业务规范，开展版权信息的同步收集，版权合同信息与节目内容信息印证、补充、关联、共享，实现节目资源信息及版权资产的全流程和全生命周期管理。该系统设有信息采集、合同报备、自动提醒、内部结算、版本关联、行为管理等功能，借助这些功能可以为平台、集团节目的生产播出、经营开发、版权资产保值、增值信息服务和管理提供支撑。系统不仅能够对已有的 55.6 万小时自主版权节目和 27.6 万小时自主版权素材进行版权梳理，还能支持日常磁带及无带化送播过程中的节目信息及版权信息管理，并能为节目交换交易提供详尽的版权信息描述，为节目的使用及定价提供更多参考信息。

【音乐云综合资讯信息汇聚平台】 2017 年，SMG

旗下的技术运营中心发挥自身在广播制播领域的技术优势和经验积累，自主开发打造了一款基于云构架、云服务进行生产分配的系统。该系统兼容支持多种形态多样性的媒体资源（音频、视频、图片、文字等多种格式），同时兼容能支持广播和互联网广播等媒体系统正常运作、从多种渠道发布音乐云的中心平台。作为综合资讯一体化信息汇聚平台的音乐云具有独特的上传处理方式，无论用户选择文件上传还是 CD 抓轨上传，平台都可以借助秒传、秒拆、秒合技术帮用户省去同个文件多次重新上传的时间。在上传文件的同时，音乐云会同步帮用户对上传文件进行整理、转码、拆分等一系列操作，使上传的文件素材达到多平台、跨平台使用的要求。对于已经在音乐云上的素材文件，用户可以借助云属编目功能对素材进行自己想要的操作，譬如给素材加上便于后期直接使用，并能跟进其他系统平台的各种属性信息。另外，为防止产生错误编目信息，音乐云还提供加强编目效果的审核功能。音乐云的另一作用是，相关素材内容可以根据用户需要和操作实现直送制播（将选定的内容直接送往制播网），并可随时查看直送状态和列表。

【集团 HR 系统】 集团开发的 HR（Human Resource，人力资源）系统经历 6 个月需求调研、蓝图设计、系统构建、用户测试，于 2017 年 1 月正式上线运行，该平台实现了人力资源管理的全集团覆盖。HR 系统可以在权限管理上进行异地、分层、分级管控，可以与统一门户、统一认证、集团 OA 协同办公平台等系统连通，同时，在内部形成业务流程闭环，实现数据互联互通，为集团人力资源管理工作提供信息服务和管理支撑，在管控方面实现人力资源的规划与内控、规章制定与发布，实现组织管理、人事管理、考勤管理、薪资管理等基础人事管理。鉴于集团人力资源信息化建设采取“总体规划，分步实施”策略，SMG 在深化上述管理基础上，逐步实现绩效管理、招聘管理、培训管理、员工发展等高阶人才管理，以完善人力资源管理的全面协同。通过领先的人力资源服务平台，支撑企业发展对人力资源管理的要求。

东方有线网络有限公司

【用户规模稳定扩大】 2017 年，东方有线网络有限公司（以下简称“东方有线”）在推进实施“十三五”规划过程中积极走好推进创新、转型发展的每一步，认真对待每一项工作。通过数字化整转和网络升级，逐步强化营销、运维等配套环节，加快形成与全业务运营相匹配的基础网络、产品业务、品牌营销、客服运维等体系，努力提升网络服务能力、用户认知度和用户体验价值。面对竞争，东方有线积极拓展业务，严控各项成本，2017 年业务收入保持稳定，利润稳步增长，并以高度的政治责任意识全力确保中共十九大安全保障任务圆满完成。截至 2017 年 12 月，上海全市有线电视用户总覆盖数达 738 万户，数字用户 706 万户。NGB（Next Generation Broadcasting Network，下一代广播电视网）网络完成覆盖 678 万户，高清用户规模超 350 万户，宽带用户规模近 110 万户。

【信息基础设施及应用领域项目建设】 东方有线重视各类增值服务开发，在上海数字电视服务平台上，除全面提供广播电视业务和数字电视互动业务外，2017 年进一步加速推进家庭文化娱乐平台、家庭金融服务平台、互动教育、游戏平台、智慧家庭等各类增值服务，同时在下一代广播电视网区域大力推广以“高清和实时交互”为主要特征的各类应用服务。随着各类新业务、新应用快速发展，原先的信息基础设施逐渐不能满足新的业务需要，因此2017年东方有线大力改造信息基础设施，建设项目主要包括机房、管道、光缆和网络设备(接入网、骨干网)的新建、改造、扩容，以及交互电视、个人宽带、政企数据等业务发展所需的各类应用系统建设。

【加速推进联盟工作，加快部署智能终端】 广电智能终端联盟涉及上下游诸多企业，关系到相关企业的健康发展。东方有线作为国家广电总局智能终端研发组牵头单位，认真对待，一丝不苟，联合行业力量，推动产业发展。通过有计划地逐步推广，有序稳步落实智能终端部署工作，包括联合相关公司制定NGB智能终端技术规范，推出基于TVOS操作系统的智能机顶盒。2017年，智能终端产业联盟积极开展活动，组织产业链上下游加强沟通交流，推动智能终端行业的进一步向纵深发展。截至2017年年底，全市部署智能终端近130万端，在丰富产品形态、构建全新广电+生态圈的同时，也增强了东方有线自身的对外服务能力，提升了企业形象。

上海聚力传媒技术有限公司

【内容为王】 2017年，上海聚力传媒技术有限公司(以下简称“聚力传媒”)以体育赛事为核心、泛娱乐内容为支撑，打造中国最大的互联网电视体育平台，平台汇集国内外90%的体育赛事(欧洲五大联赛、中超、亚冠、亚足联等热门足球赛事及WWE、UFC、乒乓球、斯诺克等品类丰富的综合性赛事)。聚力传媒遵循开放共享原则，将PPOS操作系统和价值超过百亿元的差异化内容向合作伙伴开放，其Rubic智能电视系统及体育内容已覆盖小米、康佳、飞利浦、夏普、创维、海尔、三星推出的联合品牌机型，智能电视终端覆盖超过8 000万个。助力小米、海信、酷开、康佳、飞利浦、夏普、极米等电视厂商开辟上线包含PPTV体育赛事的体育频道，形成并壮大PPTV智能电视家族。另一方面，聚力传媒从内容、硬件、平台等多个角度，为用户提供一体化的全方位家庭娱乐服务及移动娱乐社交体验，深化内容运营，强化内容策划、生产、分发、传播、销售的全产业链运作能力。同时，牢记媒体平台使命，结合智能大数据推荐技术，将聚合正能量的优质内容提供给消费者。2017年3月，PP视频独播大剧《人民的名义》播放量超过65亿次，社会反响强烈，极大提升PP视频的品牌知名度。

【生态赋能的O2O模式】 2017年，聚力传媒开创线上线下销售直播视频，作为苏宁六大产业中智能零售能力外延输出视频平台的PP视频，在2017年“双十一”期间承接了三档直播节目，开启了集团产业联动的新形式，通过多路直播，覆盖苏宁易购商品上百种，线上销售直播视频实现1.3亿次播放量，打造出线上线下生态O2O(Online To Offline，线上到线下)新模式。PP视频坚持以优质内容拉动苏宁集团六大产业生态，围绕“强体验，精内容”内核，为用户提供最优观看体验。PP视频、龙珠直播、苏宁影城、苏宁青创园的文化娱乐生态加上苏宁易购、苏宁金融的电子商务和支付生态，使“内容即店铺，屏幕即渠道”的概念离现实越来越近，由此带动用户消费新模式和内容营销新方式全面崛起。

（解　放）

四、大数据产业

上海大数据产业发展

【概况】 2017年度,上海市持续推进大数据资源统筹和应用,积极打造"交易机构+产业基地+创新基金+发展联盟+研究中心"五位一体大数据产业生态,国家大数据综合试验区建设各方面取得一系列进展。

【加快大数据产业集聚发展】 上海以市区联动为抓手,积极推动大数据产业基地(静安区市北高新)和大数据创新基地(杨浦区云基地)两个大数据产业集聚区建设。聚焦"云数联动",支持大数据产业基地申报并获批成为工信部首批大数据新型工业化基地;率先在静安区开展大数据企业认定试点,为全市各区未来推广积累经验;以市北高新为载体,吸引汇聚包括亚马逊AWS、浪潮云、金棕榈等30余家国内外大数据企业和近百家初创企业扎根落户。聚焦大数据创新应用和创业发展,支持杨浦区获批成为国家双创示范基地,依托高校优势资源加快大数据创新人才培养,支持大数据创新基地引进培育盛庞卡、博康智能、英语流利说等一批高速成长的优势企业。上海大数据产业集聚区的快速发展带来大数据产业能级的持续跃升,据统计,大数据产业基地和大数据创新基地的总产值已达659亿元。

【营造大数据产业创新生态】 加强产业重点项目的组织统筹,支持推荐本地优秀企业项目申报工信部2018大数据产业示范项目。积极筹建上海大数据应用创新中心,提升国家战略任务的承载能力,加快大数据应用成果转化。以上海大数据联盟为纽带,推动跨行业间企业协同创新和品牌建设,开展长三角地区大数据联盟战略合作,联盟全国注册会员已超过600家企业。支持复旦大学、上海交通大学、同济大学等十余所高校开设大数据学院或设立大数据专业,加强人才培养和技术研发。围绕产业政策法规的瓶颈问题,积极开展前瞻性研究,形成大数据地方立法框架建议、开放数据安全风险防范等一批前沿领域的研究成果。

【大数据产业呈现良好发展态势】 上海拥有大数据企业近700家,其中技术型企业约200家,集中在基础软硬件、数据挖掘、数据安全、数据可视化等核心业务,例如星环科技、爱数科技、天玑科技等,多家企业入选Gartner魔力象限;应用类企业约400家,涉及制造、金融、旅游等诸多传统领域,例如宝信软件、合合信息、金棕榈等,形成一批行业大数据示范应用;此外,还催生了例如尼尔森、艾瑞咨询、畅享网等一批提供大数据行业咨询、人力资源、教育培训等衍生类服务的企业。根据近期科技部火炬中心等机构发布的《2017中国独角兽企业发展报告》,上海大数据独角兽企业为19家,已经达到全国大数据独角兽企业总量的12%。

【探索商业数据资源有序交易流通】 作为国内第一个"去中心化"的在线数据流通平台,上海数据交易中心已基本形成标准化、规模化数据运营能力，正在为200多家成员单位提供数据流通服务。截至2017年12月，上海数据交易中心的商业数据交易总量已突破10亿条。此外，上海数据交易中心牵头承建大数据流通和交易技术国家工程实验室，开展标准、规范、技术、法律等多方面的基础研究，参与数据交易相关国家标准的制定，已累计获得国家发明专利18项。

（李　强）

重点领域数据公开

【概况】 2017年，上海作为国家大数据综合试验区，积极推动全市政务数据资源的共享开放，挖掘数据价值，促进应用协同。

【加强顶层设计和统筹协调】 探索建立了一系列制度规范和管理机制，先后出台《关于推进政府信息资源向社会开放利用工作的实施意见》和《上海市政务数据资源共享管理办法》《上海市大数据发展实施意见》等政策规范性文件。同时，加强对全市各部门政务数据资源共享和开放的绩效评估，并纳入市政务公开考核体系；建立专家会商机制，对各部门数据资源在共享或开放中存在异议的政务数据资源研究讨论。

【完善政务数据资源目录体系】 截至2017年12月，上海市政府数据资源目录管理系统共汇集各部门数据资源目录1.9万条、数据项29.6万个，2017年增长目录数4 400条、数据项8万项。

【提高数据服务质量】 通过全国首个政府数据服务网站——上海市政府数据服务网，已累计向社会开放数据资源逾1 500项，涵盖12个重点领域、11个应用场景。在由第三方机构发布的“开放数林”指数(《中国地方政府数据开放平台报告(2017)》)评估中，上海市连续两年位列第一。

【深化公共数据资源综合利用】 举办第三届“上海开放数据创新应用大赛(SODA)”及其系列赛事，聚焦城市管理和社会治理的热点、难点和痛点，不断提升公共数据开放的社会知晓度和参与度。三年来，大赛与30家政府机构和企业进行数据合作，共计产出852个数据创新应用，覆盖交通、金融、社会治安、食品等多个领域，汇聚近4 200人次数据创新人才，助力10家以上中国企业创业，融资金额超过亿元。同时，加强国际交流与合作，助力1家英国创业企业获得累计超过千万美元融资，实现开放数据、创新应用、落地孵化三位一体目标。

（徐　彬）

上海数据交易中心

上海数据交易中心于2016年4月成立，是上海市政府批准的专业数据流通交易机构，由上海市信息投资股份有限公司、中国联合网络通信集团有限公司、中国电子信息产业集团有限公司、申能(集团)有限公司、上海仪电控股(集团)公司、上海晶赞科技发展有限公司、万得信息技术股份有限公司、万达信息股份有限公司、上海联新投资管理有限公司等联合发起成立，注册资本2亿元，员工近100人，其中研发人员70%，市场及其他人员 30%。

作为上海市大数据发展“交易机构＋创新基地＋产业基金＋发展联盟＋研究中心”五位一体规划布局内的重要功能性机构，上海数据交易中心承担着促进商业数据流通、跨区域的机构合作和数据互联、政府数据与商业数据融合应用等重要职能。

上海数据交易中心秉承“数据互联，引领智慧未来”使命与愿景，作为“去中心化”的在线数据流通平台，联合运营商、SDK 服务商、金融征信服务商等各类机构，组织 CAP（中国受众画像库）、CEP（中国企业画像库）、CTP（中国物联网画像库）三个基础数据产品库，形成标准化、规模化数据运营能力，为 200 多家成员单位提供数据流通服务。其中，面向市场营销行业四大类 23 项数据，面向金融服务行业四大类 83 项数据。截至 2017 年 12 月，交易总量超过 10 亿次。

上海数据交易中心开展标准、规范、技术、法律方面的基础研究，参与数据交易相关国家标准的制定，自主创新“技术＋规则”双重架构的数据交易整体解决方案和实时在线的数据流通平台，形成数据流通领域的多个标准与专利技术 22 项。

2017 年，上海数据交易中心承担大数据流通与交易技术国家工程实验室、国家自然科学基金会大数据样本库平台、国家大数据交易标准化试点等建设工作。其中，国家工程实验室由杨善林、邬贺铨、梅宏三位院士领衔，联合复旦大学、华东政法大学、华东理工大学、浙江大学、中国科学院大学、北京邮电大学、哈尔滨工业大学以及美国加州大学伯克利分校、英国帝国理工大学在内的 16 家国内外高等院校开展战略合作，进行数据流通法律法规与技术标准的研究。

上海数据交易中心牵头筹备的上海大数据应用创新中心（以下简称“创新中心”）于 2017 年 9 月正式获得市经济信息化委批复，创新中心主要职能包括实施重大战略项目、推动政企数据融合、关键核心技术研发、产业技术成果转换等六个方面，全力助推国家大数据（上海）综合试验区建设。

在中央网信办、国家发展和改革委员会（以下简称“国家发展改革委”）、工信部指导，市经济信息化委推动下，上海数据交易中心承办了 2017 上海静安国际大数据论坛、2017 国家网络安全宣传周大数据安全与个人信息保护论坛等多个活动，对行业发展起到积极推进作用。

2017 年 3 月，经由市经济信息化委正式批复，上海数据交易中心牵头建设上海大数据应用展示中心，展厅面积接近 2 000 平方米，汇集 10 个行业 100 个应用，涉及覆盖城市管理、商业、双创、政府数据开放共享、环境保护、金融、旅游、交通、市场营销、公共安全等领域，展现上海大数据应用领域最前沿、最先进的创新成果。此外，展示中心还作为中国浦东干部学院的实训基地以及上海市的大数据科普基地全年组织开展专题讲座近 50 场。截至 2017 年 12 月，上海大数据应用展示中心共吸引来自政府、科研机构、院校、大型企业及港澳台参访团近 500 批次，总计接待人数近 1 万人。为上海市数字经济发展以及大数据创新创业人才培养作出积极贡献。

上海数据交易中心自成立以来，得到市经济信息化委、市发改委、市科委等主管部门的专项资金支持，开展上海大数据交易市场的平台模型建设、数据在线交易系统、数据流通市场体系建设等市科研项目。作为上海大数据流通龙头企业，开展国家大数据(上海)综合试验区应用创新项目等多个国家和上海的重大项目。国家发展改革委高技术产业司对 2018 年“互联网+”、人工智能创新发展和数字经济试点重大工程支持项目名单进行公示,上海数据交易中心“大数据应用创新项目”被列为国家数字经济试点重大工程项目。

数据流通与交易是新兴行业,需在政策法规、标准规范、关键技术等方面进行较大的基础投入。同时,在数字经济时代,由于大量的数据资源由政府及大型国企掌握,在打破“数据孤岛”过程中因法律法规在实际操作中具有不确定性,造成拥有数据资源方工作推进较为艰难。在推进政务数据共享与开放工作中,数据质量的参差不齐对应用实际落地造成较大挑战。

上海数据交易中心在国家有关部委和上海市人民政府的监督指导下,推动泛长三角地区乃至全国数据资源的互联互通和深度合作,形成健全规范的数据交易、共享、交换机制,促进政企数据融合应用,充分释放数据红利,为国家大数据应用和产业发展作出了积极贡献。

(李　潇)

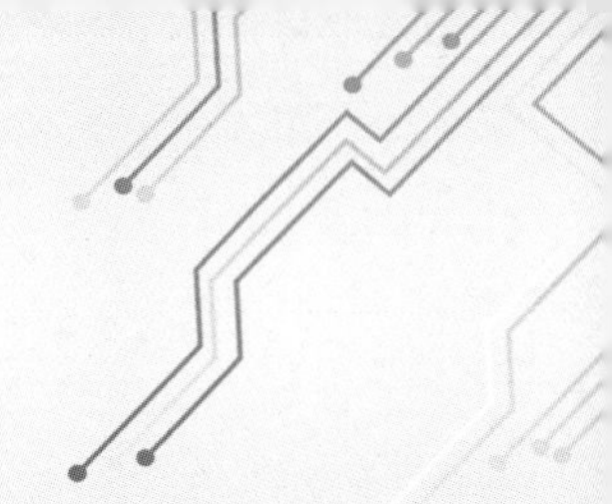

SHANGHAI INFORMATIZATION

第三编

政务领域信息化

综　述

2017年,上海继续深化改革开放、推进创新转型,各部门进一步加强部门业务系统信息化建设,不断健全体制机制,推动部门合作和部门联动,全面提高办事服务水平,接入市政府系统一体化办公应用平台,在框架构建、内容完善、功能创新方面取得新突破。

第一章　电子政务支撑系统

概　述

2017年，在上海市委、市政府的统一安排下，全市电子政务工作紧紧围绕中心工作，牢固树立“互联网＋政务服务”理念，以市政府系统一体化办公应用平台、事中事后综合监管平台建设等为抓手，不断加强制度创新、强化基础支撑、深化政务应用，在转变政府职能、提高服务水平、提升现代治理能力等方面发挥积极作用。

一、电子政务一体化

【全面推进市政府系统办公协同平台建设工作】 上海市政府办公厅为进一步拓展上海市政府部门的办公应用协同，构建全市政府系统一体化办公应用平台，畅通区和市政府各部门间数据共享交换渠道，完成全市政府系统办公协同平台建设。办公应用平台基于政府系统的公文管理、会议服务、信息交互三类办公基础业务，实现政府系统办公协同门户、政府系统办公应用协同和市政府办公厅移动应用等功能。办公应用平台采用政务内网和政务外网同构双平台架构，有效提高全市政府系统跨部门和跨区的办公业务协同能力和办公效率。

【全面推进市政府目标管理系统建设工作】 市政府目标管理系统建成市政府目标过程管理、信息共享的闭环体系。系统以高效便捷为宗旨，以责任清楚、进度明确、目标清晰、内容准确、滞后警示为原则，提供目标任务分发、进展上报、数据汇总、状态提醒、月度跟踪、分析汇总和督促推进等功能，实现市政府目标管理相关信息传递的短、平、快，提高目标管理效率。

（张　涛）

二、政务信息公开

【概况】 2017年,上海市政务公开工作深入贯彻中央办公厅、国务院办公厅《关于全面推进政务公开工作的意见》及实施细则,全面落实国务院办公厅《关于印发2017年政务公开工作要点的通知》,建立健全政务公开制度体系,全面推进决策、执行、管理、服务、结果公开。

【以标准化规范化为抓手推进重点工作】 根据国务院办公厅《开展基层政务公开标准化规范化试点工作方案》,印发《本市开展基层政务公开标准化规范化试点工作实施方案》,建立试点区主导、市级层面统筹推进的工作格局,明确上海市政务公开与"互联网+政务服务"领导小组负责统筹试点工作,市政府办公厅负责组织推进。

上海市在全国省级政府中率先将标准化理念和方法引入政务公开领域,于2016年开始在普陀区开展为期两年的政府信息主动公开标准化试点。普陀区27家部门和10个街镇围绕"涉及群众利益""社会普遍关注的领域""服务事项"等重点领域,按照权责清单、服务事项及群众关切的热点内容梳理了近60项重点领域政府信息主动公开清单,逐项开展标准编制工作。2017年普陀区率先发布全国首个基层政府信息主动公开系列标准,共包含152个标准,其中国标44个、行标1个、地标3个、区标104个。

【首创公文公开属性认定和发布审查工作制度】 严格贯彻国务院办公厅提出的将"五公开"落实到公文办理程序中的工作要求,制定了《上海市人民政府公文公开发布实施办法》,以现行公文公开属性源头认定和发布审查内部规范为基础,进一步完善了书面报送、前置审核等发布各环节具体措施,健全动态管理、考核评估等相关工作机制。

【重点领域政务公开工作取得显著成效】 行政权力运行信息公开深化。2017年,上海市建立行政权力清单动态调整机制,完善建议提案办理结果公开的运行机制,重大决策过程更加透明,部分单位还探索建立利益相关方列席政府有关会议的制度。

财政资金信息公开取得新进展。各级政府、各部门和单位及时公开机关运行经费安排,财政专项资金支出及政府采购、绩效评价、国有资产、政府购买服务等信息,各区政府还进一步加大政府债务情况的公开力度,推进预决算公开向乡镇一级的单位延伸。

保障性住房、房屋土地征收和补偿、环境保护、食品药品安全等涉及群众切身利益的领域公开透明要求得到全面落实,国资监管、安全生产、工程建设项目等公众普遍关心的领域信息公开得到大力加强。

【进一步完善依申请公开办理制度】 2017年,根据国务院办公厅近年来对信息公开工作的新要求和上海市工作实践,上海市组织修订市政府信息公开指南,增加主动公开渠道,规范申请接收渠道和申请材料的要求,细化办理说明。

(韩铖熹)

三、优化政务服务渠道

【概况】 2017年，上海市电子政务工作紧紧围绕党中央、国务院有关要求和市委、市政府决策部署，抓住“互联网+政务服务”工作这一主线，在转变政府职能、推动制度创新、提升行政效能、提高服务水平等方面发挥了重要作用。

【形成全市工作合力】

加强工作统筹。2017年，上海市成立政务公开与“互联网+政务服务”领导小组，加强对“互联网+政务服务”的统筹协调。上海市完善电子政务发展机制，强化职责分工，进一步明确年度各时间段的节点目标，加强政府系统与市委、人大、政协、法院、检察院等各大系统的统筹协调。

健全制度规范。根据国务院加快推进“互联网+政务服务”有关要求，编制《上海市落实〈国务院关于加快推进“互联网+政务服务”工作的指导意见〉工作方案》(沪府发〔2017〕5号)，对照国家要求，结合上海自身实际提出工作目标和细化任务表，成为全市相关工作的行动指导。编制出台《本市事中事后综合监管平台运行管理暂行办法》(沪府办〔2017〕11号)，为综合监管平台正式运行管理建立制度保障。

【推动政务服务创新】

打造上海市网上政务服务“单一窗口”。经过4年不断努力，2017年，上海市网上政务服务“单一窗口”基本形成，已实现网上政务大厅与区行政服务中心、街镇社区事务受理服务中心的三级业务线上线下一体化联动。网上政务大厅涵盖100%部门审批事项，其中市级共761项、16个区共6 300项。服务事项逐步向网上汇集，240余个市级事项以及近3 000个区级服务事项可在线办理。全市219家社区事务受理服务中心全部实现网上预约办事，195项事项中，88项实现全市通办。自2015年11月网上政务大厅上线以来，累计访问量3 000多万次，网上办理1 250多万件，切实方便了企业群众办事，“单一窗口”作用进一步显现。

线上线下政务大厅无缝衔接。按照国务院办公厅《“互联网+政务服务”技术体系建设指南》要求，上海市进一步融合升级平台渠道，推进实体大厅智能化建设，对接网上政务大厅的统一预约平台、移动终端服务等功能，形成线上线下无缝衔接、功能互补。依托网上政务大厅统一预约平台，汇集市级部门受理窗口、各区行政服务中心、街镇社区事务受理中心等实体窗口可预约事项，按照统一标准与网上政务大厅数据对接，实时展现实体大厅现场办事人数情况和网上预约功能，落实“网上预约，窗口优先办理”等措施，形成上海市全覆盖的市、区、街镇三级一体化的线上线下联动预约服务模式，为公众提供便捷的政务服务。

打造协同化发展的政务服务。推进全市各部门接入网上政务大厅统一用户中心，实现公众网上办事“单点登录、全网通办”的全覆盖。充分利用线上线下的现有资源，进一步完善网上政务大厅的用户体系；依托上海市法人与个人身份统一认证平台以及线下的实体办事窗口，实现网上政务大厅法人与个人用户线上线下的实名认证。

推动“互联网＋政务服务”与诚信体系建设互相融合。通过网上政务大厅与信用平台的对接合作，建立了面向相对人事前差异化服务、事中监测预警、事后联动奖惩的全过程信用管理模式。为公众提供法人信用报告以及行政许可、行政处罚“双公示”信息查询服务；根据市信用平台提供的信用状况，为网上政务大厅办事主体提供有差异的政务服务；通过接入网上政务大厅的联动奖惩子系统，对不同信用主体实行分类监管、审批、资质评定。

【提升政府治理能力】

开展事中事后综合监管平台建设与应用，支撑国家改革措施落地。2017年完成市级事中事后综合监管平台和16个区级子平台的主体功能建设，全市大力推动“双随机”抽查、“双告知”、信息归集、联合惩戒等在各单位的全面应用。市场监管部门共向40多个审批部门推送市场主体登记信息10.5万条；已归集工商部门产生的信息1 328万条和其他30多家政府部门产生的信息44万条；区级子平台已归集各类企业信息152万条。各有关部门深入研究协同监管模式和平台应用支撑，建立了对餐饮行业“双随机、一公开”联合抽查工作机制。通过各成员单位对事中事后综合监管平台的共建共用和市、区两级平台联动，有效推动跨部门监管协同，发挥了监管合力，提升了监管效能。

构建电子政务云平台，提升全市电子政务集约化水平。根据《上海市电子政务云建设工作方案》(沪府办发〔2016〕47号)任务要求，推进市级政务云中心建设，于2017年6月正式对外提供服务。推进各单位新建项目依托电子政务云开展集约化建设。16个区政府自主建设区级云，已有12个区建成区级云，2018年将与市级云对接，形成“1＋16”市、区两级云体系。按照国家信息安全主管部门发布的标准规范要求，上海市推进电子政务云平台网络安全审查和信息安全等级保护三级评测工作，进一步强化安全措施，确保“云网合一”条件下各类业务安全、稳定、可靠运行。

开展办公协同平台建设，增强跨区、跨部门业务协同能力。推动政府系统办公协同平台上线运行。该平台面向全市政府系统公务人员，提供各种网络下的办公应用。平台利用全市公务员统一身份认证，实现与各区、各部门现有办公系统的对接，形成政府系统办公协同大平台，以提高跨区和部门的办公协同和效率。

开展经济社会发展综合数据平台顶层设计，为市领导精确决策和管理提供科学依据。2017年上海市完成《上海市经济社会发展综合数据平台建设工作方案》，平台建设工作旨在通过建立长效管理制度，整合上海市经济工作领域已取得的电子政务成果，对一些涉及面广、应用广泛、有关联需求的主要数据资源实现汇集共享，形成上海市宏观经济与社会发展数据库。同时，以部门业务和协同应用为重点，针对不同的业务主题开展大数据分析应用，为市委、市政府提供一站式、全方位的综合数据平台服务。

【深化服务渠道建设】

政府门户网站群建设管理不断加强。2017年，“中国上海”门户网站建设管理水平继续提升：

完善优化政府信息公开，及时权威做好解读回应，积极开展政民互动交流，做细做实专题专栏建设。“中国上海”首页访问量达 3 371.17 万页次、页面访问量 3.94 亿页次。网站群首页总访问量 3.62 亿页次，页面总访问量 60.54 亿页次。同时，上海市政府网站群积极回应网民提交的纠错信息，3 个工作日内处理完毕，按时办结率 100%，在全国各省级行政单位中排名第一。

新媒体影响力继续提升。“上海发布”微信粉丝超过 361 万，2017 年度总阅读量达 4.2 亿次，日均阅读量达 115 万次，单条阅读量“10 万＋”的微信累计超过 1200 条，影响力位居全国政务微信榜首。“上海发布”微博粉丝超过 630 万，影响力位居全国政务微博前列，省区市第一。此外，“上海发布”微信还集公积金查询、公交实时到站查询、实时路况查询等 20 项民生服务功能，为市民指尖办事带来便利。2017 年，“上海发布”政务微信“市政大厅”便民查询功能页面访问量突破 8 亿次，日均访问量超百万次。

“12345”市民热线服务水平进一步提升。2017 年在政务服务内容、智能化水平和市民感受度提升方面不断突破，提供政府办事机构地址、办事指南的短信推送服务，拓展服务方式；将热线“网上受理”的受理端口由“链接跳转”改为“直接嵌入”方式，免去市民重复登录，方便市民使用；开发智能热线派单提示系统。“12345”市民服务热线在第三方咨询公司对省级政府服务热线评估中排名第一，在马来西亚亚太地区最佳呼叫中心评选中获得金奖。

【加大政务数据共享开放】 上海市积极推动政务数据资源共享开放工作，通过建立各部门信息化项目验收和预算资金拨付联动机制，已基本建成上海市政务数据资源目录体系，已实现编目 1.7 万条，数据项达 26 万项。建立了政务数据资源共享开放工作绩效评估体系，并将评估结果纳入市政府信息公开年度考核。

推进政务数据开放，已累计向社会开放数据资源逾 1 200 项，基本覆盖各市级部门的主要业务领域，举办上海开放数据创新应用大赛（SODA），激发社会对政务数据资源的深度开发。

推进面向市民的一站式“互联网+”公共服务平台建设，现有应用达到 76 项，实名注册用户数达到 724 万人，建立了市民实名身份认证体系和政府部门移动互联网公众服务规范体系，正逐步解决 APP 过多、认证过多、APP 以单位分类的难题。

（韩铖熹）

上海政府网站建设

【概况】 2017 年，各区政府、市政府各部门、各管委会紧紧围绕市委、市政府重点工作，强化目标导向，抓好政府网站各项工作的推动落实，在推进政府网站规范建设、加强政府网站核心内容和功能应用优化、实现政府网站集约化整合、提升政府网站安全保障能力等方面，取得良好成效。

“中国上海”门户网站

【概况】 上海市政府门户网站管理中心（以下简称“门户网站管理中心”）认真贯彻落实国务院办公厅、原中央网络安全和信息化领导小组办公室和国家有关部委的要求，继续提升“中国上海”门户网站(以下简称"'中国上海'")建设管理水平,推进"信息发布、解读回应、办事服务、互动交流"等核心内容建设,切实加强网站安全防护能力,持续加强全市政府网站统筹管理,不断提高政府网站服务意识和能力,推动政府网站建设深入完善、创新发展。

2017年度,"中国上海"在由中国信息化研究与促进网联合中国日报网、太昊国际互联网评级(北京)有限公司等单位共同主办的中国优秀政务平台推荐及综合影响力评估中,排名全国省级政府网站第一,同时获得"2016年度中国最具影响力党务政务网站"称号和"2016年度中国政务网站领先奖";在由中国电子信息产业发展研究院指导,中国软件评测中心主办,北京大学电子政务研究院、人民网协办的中国政府网站绩效评估中,与广东省政府门户网站并列全国省级政府网站第二;在中国社会科学院信息化研究中心、北京国脉互联信息顾问有限公司联合主办的"2017互联网+智慧中国年会"上,获得"2017中国政府网站绩效评估创新发展领先奖"。

【完善优化政府信息公开】 "中国上海"继续完善政府信息公开平台建设,优化栏目设置,做好重大政策文件按时、规范公开,推动财政预决算、保障性住房、社保信息等重点领域信息集中公开。

增设"财政数据"栏目。按照"搭建一个平台、展示全部预算、补齐工作短板、实施有效监督"要求,会同上海市财政局优化补充公共资金栏目内容,新增"财政数据"专栏,集中发布政府预决算、预算报告解读、地方财政收支、预算绩效管理、市级部门预决算、专项资金和政府采购等内容。

做好规范性文件集中公开工作。门户网站管理中心完成与市政府法制办公示的协同对接,按照"一个来源,同步发布,上下联动,集中公开"原则,构建行政规范性文件发布平台,"中国上海"集中向社会公开2017年1月1日后市政府、市政府工作部门、市政府派出机构制定的规范性文件,并建立联动机制,加强工作监管。

"建议提案办理工作"网站改版。配合市政府建议提案处对"人大代表建议和政协委员提案办理工作"网站全面升级改版,优化栏目内容、丰富页面形式。新改版的"学习贯彻党的十九大做好人大代表建议和政协提案办理工作"网站,通过"办、查、看、评、问"实现建议提案的直观展示、便捷使用、精确查询,并配合做好微信端的功能内容支撑。

【做好权威解读回应】 通过"中国上海"及时回应社会热点及群众关心的问题,如网约车新政、共享单车新政、携程亲子园事件等,让公众第一时间获悉政府权威态度,了解事实真相。配合关乎民生经济和社会发展的重大政策措施实施落地,及市政府重点工作,做好文件发布和解读工作,实现政策文件和解读材料同步发布、关联呈现。根据国家相关部委要求,权威发布上海市在环境保护督察整改、国家海洋督察组进驻上海市开展海洋督察等方面的工作情况和进展。

【强化互动交流栏目】 继续配合市政府信访办公室做好委办局领导信箱接入统一信访平台工作,上海市经济和信息化委员会、上海市教育委员会等13家单位领导信箱首批接入平台,按照统一时限、程序、要求进行转送、受理、答复告知,实现自上而下、分责办理的工作机制。邀请黄浦区政府主要领导，及上海市教育委员会、上海市水务局、上海市人力资源和社会保障局等部门主要领导参加"中国上海"在线访谈，就"推进教育综合改革""世界技能大赛申办""推进滨江公共岸线贯通"等公众关注热点和政府工作重点与市民在线互动，解读政策、推动工作、听取民意。

【做细做实专题专栏建设】 围绕市政府重点工作及重大政策措施推进实施，2017 年门户网站管理中心制作多个专题专栏，加强工作宣传，及时答疑解惑。如围绕上海市双创工作开设"大众创业 万众创新——上海在行动"专题，及时发布政策文件、做好政策解读、提供办事服务；配合上海市第十四届人民代表大会第五次会议召开开设"政府工作报告 2017"专题，全面回顾上海市 2016 年工作情况，并对 2017 年主要任务做详细介绍；开设"国家基层政务公开标准化、规范化试点"专题，全面介绍上海市政务公开标准化、规范化试点工作进展，凸显试点工作成效。

【落实查询类便民服务资源接入工作】 配合国务院办公厅做好查询类便民服务资源接入中国政府网、国务院客户端工作。成立以分管厅领导为责任人，门户网站管理中心负责人为联系人，中心技术运行部为实施部门的工作小组，经过全面调研分析，制定工作方案，明确时间节点。召集上海市教育委员会、上海久事(集团)有限公司等 11 家单位共同做好相关查询类便民服务资源的整理、开发、对接等工作，全部 19 项服务资源全部按照国务院办公厅要求，以定制开发或开放数据接口方式接入中国政府网和国务院客户端。

【协同推广"我向总理说句话"网民建言征集活动】 根据中国政府网运行中心关于做好"我向总理说句话"网民建言征集活动协同推广工作的统一部署，门户网站管理中心会同"上海发布"办公室严格按照工作要求，充分发挥"中国上海"门户网站、"中国上海"微门户和"上海发布"新媒体的渠道优势和社会影响力，共同做好协同推广工作。同时，协调上海申通地铁集团有限公司做好相关宣传视频播放工作。截至 2017 年 3 月 16 日，公众通过"中国上海"门户网站链接进入中国政府网"我向总理说句话"网民建言征集活动专栏12 034人次；通过"中国上海"微门户宣传横幅进入专栏5 392人次。"上海发布"微博、微信共发布 10 条相关内容，征集到网友建言 225 条，阅读量逾 70 万次，分享转发 7 000 多次，点赞近 1 200 次，留言 209 条。

【协调做好"问题地图"清理工作】 按照《全覆盖排查整治"问题地图"专项行动工作方案》要求，会同上海市规划和国土资源管理局，组织市政府各部门、各区政府办公室开展政府网站"问题地图"专项清理工作，共对全市 1 100 家政府网站及相关网站进行全面清理，共检查各类地图信息 6 795条，涉及 299 张地图(地图图片和互联网地图)，共发现"问题地图"22 张，对 15 张"问题地图"更正后重新发布，对 7 张"问题地图"进行撤除。

【开展专项信息清理工作】 按照市委网络安全和信息化领导小组办公室(以下简称"市网信办")统一部署，组织市政府各部门、各区政府网站开展专项内容信息清理工作。"中国上海"共查出涉及信息 190 条，对其中 24 条进行删除处理，其余 166 条信息修改后重新发布。77 个市政府各部门及其下属单位政府网站，共发现涉及信息 281 条，其中 238 条进行删除，43 条信息修改后重新发布。

【建立政府网站普查工作长效机制】 门户网站管理中心做好全市政府网站季度抽查工作，公开抽查结果。对重要网站做到每次必查；对不合格网站纳入下季度检查范围，持续监督整改成效；对连续两次检查均不合格的网站，要求主管单位办公室约谈相关责任人。下发《关于开展本市政府网站普查季度抽查工作的通知》，指导各区政府、市政府各部门办公室按照主管主办和属地管理原则，牢固树立主体意识和责任意识，按照一级抓一级、层层抓落实的工作要求，对所属政府网站开展季度抽查，抽查比例不低于 30%，主动公开抽查结果，公布存在严重问题的政府网站名单。不断加强监督考核，将全国普查抽查、上海市季度检查情况全部纳入上海市政府网站测评考核指标。

【规范政府网站开办整合工作】 按照“政府网站发展指引”要求，结合工作实际，制定《本市政府网站开办和整合工作规范》，对上海市各级政府网站开办、临时关停、下线等工作进行全面规范，明确工作流程和相关手续，实现对政府网站从开办到下线的全生命周期管理。

【开展政府网站年度测评工作】 2017 年 4 月召开“2016 年度上海政府网站测评总结会暨 2017 年政府网站工作会议”，系统总结上海市政府网站工作情况，表彰先进、交流经验、查找不足、提升政府网站工作水平。11 月启动 2017 年度上海市政府网站测评工作，下发《上海市人民政府办公厅关于开展 2017 年度本市政府网站测评工作的通知》（沪府办〔2017〕65 号），围绕网站普查、内容保障、专项工作制定测评指标，搭建测评平台，并召开工作会议部署相关工作。

【完善信息发布流程】 一是规范市领导信息上网流程。与市委组织部建立工作机制，确定专人负责，根据市委组织部提供的领导标准简历，做好市领导信息的发布、更新工作，确保相关工作规范有序。二是健全文件信息发布审核流程。严格依据政务公开办的信息发布审查单发布政府文件及解读材料，加强内部工作流程审核，确保信息发布的正确性、时效性。三是与市政府新闻办公室做好在线访谈联动工作，加强沟通交流，就新闻宣传重点和口径把握，做好在线访谈议题选择，加强访谈过程中的文字、视频监控工作。四是建立门户网站管理中心工作公共台账，对重要工作进程和时间节点予以记录，工作中相互提醒、共同协作。

【完善信息发布审核登记工作】 按照上海市保密局工作要求，完善“中国上海”信息发布登记工作。加强各部门、各区报送信息的形式要件审查，确保信息在流程规范性方面符合相关要求。明确文件类信息必须提交该文件的保密审查单；新闻等动态类信息必须提供本单位网站发布网址，并确认该信息不涉及保密和敏感信息。

【提升信息安全等级】 加强“中国上海”总体安全

防御和应急响应能力，在做好信息安全等级保护工作的基础上，进一步强化对网站系统、管理、应用软件的安全配置管理，及时消除安全隐患，定期开展网站安全检查，提高网站信息安全应急处置能力。在国家网络安全宣传周和十九大等重要时间节点，实行7×24小时的专人现场值班制度，通过预防监控和恢复控制相结合的方式，保证网站运转的安全性和连续性。

【微门户APP改版升级】 根据《本市落实〈国务院关于加快推进“互联网＋政务服务”工作的指导意见〉工作方案》要求，以实现数据和服务互联互通、共享共用为目标，将网上政务大厅的相关办事服务接入微门户APP，实现移动端的办事预约、查询等功能；与12345市民服务热线对接，实现用户统一登录，接入市民热线“诉求提交”和“办理查询”服务，切实提升政府网站服务能力和效能。

【落实网站上云迁移工作】 根据《上海市电子政务云建设工作方案》统一部署，会同云服务商及网站服务提供商，对网站系统域名解析、网络安全、主机平台、应用系统等各个层面进行梳理评估，制定工作计划、优化迁移方式、形成上云迁移方案。截至2017年年底，已完成主体数据和应用的迁移部署工作。

【深化无障碍改造工作】 根据《上海市残疾人事业“十三五”发展规划》中提出的“十三五”期间要实现90%政府网站全网无障碍改造的目标，门户网站管理中心制定《上海市政府网站无障碍建设“十三五”工作方案》，分批分步骤推动上海市各区政府、市政府各部门、各管委会政府网站开展全网无障碍改造，全面加强上海市政府网站无障碍服务能力建设。2017年完成首批35个政府网站信息无障碍评估工作，无障碍全网改造率达到50%，保障残疾人平等、便捷地通过政府网站获取政府信息、使用政务服务、参与政民互动。

【规范“中国上海”页面布局与标签标记】 根据《政府网站发展指引》要求，门户网站管理中心对“中国上海”全网页面进行梳理，重点是规范页面展现布局和网页标签。网站内容发布时间格式更为精确，文章页面标明信息来源，同时具备转载分享功能。网页标签的设计书写更为规范，对网站标签、栏目标签、内容标签等关键要素均进行补充标记。做好公安机关备案，底部功能区列明党政机关网站标识等重要内容，设置站点地图。

【网站建设数据】 2017年，“中国上海”首页总访问量3 665.60万次(日均9.12万次)，页面总访问量4.43亿次(日均121.37万次)。自开通至2017年年底，累计首页总访问量3.65亿次，页面总访问量61.03亿次。

英文版发布新闻3 579条，图片592篇，“市长之窗”新增信息20条；公务信箱开户数13 716个，企业信箱用户数1 631个；电子邮件订阅服务用户数51 079个。微信公众号累计关注人数19 515人，微门户APP下载次数76 328次。

“中国上海”全年集中发布市政府文件、市政府新闻发布会、各部门公开信息(文件、通知等)2 604条，其中市政府文件252个，市政府常务会议

20次,市政府新闻发布会43期,政府公报23期,市政府法规(草案)征求意见稿7个,市政府各部门文件等2 297条。"政府信息公开"栏目全年页面总访问量4 794.33万页(次)。

"要闻动态"栏目(含上海要闻、国务院信息、部门信息、各区动态、行业信息、视频与图片、消息速递)全年发布信息242 480条,日均664条(以日历日计),其中选用市政府部门、区报送信息72 364条;图片新闻1 217幅,日均3.3幅。"要闻动态"全年页面总访问量1.17亿页(次),位居"中国上海"网站主要栏目访问量首位。

"网上政务大厅"页面访问总量突破757.09万页(次)。"公众服务"栏目全年页面总访问量1 852.93万页(次)。其中,"便民提示"(含当日提醒、政策新规、道路交通、消费警示、食品安全等)全年发布信息3 902条,页面访问总量1 819.302万页(次);查询类信息(含实用信息查询、生活地图查询、服务热线查询、公共设施查询)270条,页面访问总量33.62万页(次)。

"市委领导信箱"和"市长之窗"累计收到各类市民来信52 000余封,按市民意愿公开答复25 000余封。

全年开展《上海市残疾人就业办法(草案)》《上海市人民政府关于修改〈上海市实有人口服务和管理若干规定〉的决定(草案)》《上海市崇明禁猎区管理规定(草案)》等7项规章草案民意征询;2017年市政府实事项目评议、2018年市政府实事项目继续在网上向公众征集意见建议;联合各部门、区县网站开展网上征询(征集、公示、评议)519次;举办在线访谈9期,累计最高峰同时在线人数13.27万人次;发布区县政府、市政府部门"在线访谈预告"144次。新推出的"白玉兰助手"整合上海市政府网站群服务资源和"12345"市民服务热线知识库数据121.51万余条,以智能交互的方式为公众提供更准确、具有针对性的在线咨询。政民互动栏目(市委领导信箱、市长之窗、互动平台、在线访谈、征询平台)全年页面总访问7 691.78万页(次)。

区政府网站与市政府部门网站

【概况】 2017年上海市各区政府网站和市政府部门网站(以下简称"政府子网站")继续推动落实全国政府网站普查工作各项要求,紧密围绕政府重点工作完善核心内容和应用功能,按照网上政务大厅统一部署进行办事服务建设;深化政府信息公开,第一时间回应关切;推进本级政府网站及所属部门和街道乡镇网站建设集约化管理;完善安全管理和制度规范建设,全面实现政府网站首页无障碍改造,部分网站实现全网无障碍改造;积极探索互动形式,利用政府网站、微门户、政务微信三位一体,实现多终端、多级回应体系,有效提升用户使用体验。

2017年全市66个政府子网站全年首页总访问量约5.55亿次(日均157.04万次),页面总访问量99.20亿次(日均2 728.67万次),首页访问量与页面访问量比值约1∶17.87。

【政府信息公开】 全市政府子网站主动公开的各类政府信息(文件、通知、公告)37.7万余条,其中区政府网站107 440条,市政府部门网站270 013条;通过政府子网站受理的政府依申请公开信息17 845件(次),其中区政府网站11 178件,市政府部门网站6 667件。

徐汇区开设政务公开标准化规范化试点专

题，初步构建工作动态、政策速递、试点范围3个栏目，动态发布徐汇区政务公开标准化规范化试点工作进展。每季度对各部门政府信息公开的及时性和准确性进行检查，进一步加大日常工作监督和指导。松江区根据政务公开工作要求，两次改版门户网站政务公开专栏。以“五公开”为导向，重新梳理公开栏目分类，突出“决策公开、执行公开、结果公开”的时间维度，做细“管理公开、服务公开”两块民生关切。

上海市科学技术委员会网站对信息公开版块进行调整优化，有效利用空间为用户展示最新政务信息，同时精准把握内容和公开力度，稳步拓展“五公开”范围。如构建“1＋N”政务公开工作体系；公开部门重点领域信息；通过“上海科技”微终端发布信息，拓展信息发布渠道。上海市民政局牵头“推进养老服务和社会救助信息公开”重点领域的工作，专门制定工作方案，明确公开内容与形式、途径、时限、主体等内容。

浦东新区祝桥江镇社区一小型超市发生局部坍塌事故，根据“快报事实、慎报原因”的舆情应对原则，主动通过“浦东发布”“航空祝桥”等官方新媒体平台滚动发布最新情况，迅速平息网络上对于事故原因、伤亡情况、救援进展的各种猜疑，有效回应媒体和公众关切，妥善处置相关舆情。静安区巨鹿路888号历史保护建设被拆除事件一度为舆情关注热点，静安区在做好事实调查的基础上，及时公布事件处置进展，第一时间在区门户网站、微博平台同步公布“静安区严肃处理巨鹿路888号建筑被违法拆除事件”，确保重大舆情事件回应及时、处置平稳。

上海市教育委员会的“上海教育”门户网站和政务新媒体紧密对接，联合新闻、广播等多种渠道，公开回应民生关切和热点舆情，内容涵盖小学汉语拼音教学、民办招生、幼儿园规范办园等多个方面，并将内容在多平台同步推出，加强舆论引导，取得积极成效。市政府新闻办公室的“感知上海”公布并更新全市采访线最新采访点情况和国际文化交流基地情况，公开上海民生、环保、创意产业、智慧城市等9条采访线共计87个采访点的相关情况，公开并更新18家上海国际文化交流基地相关情况（联系方式、地理位置及简介）。

【办事服务】 根据市委、市政府统一部署，上海市网上政务大厅打造的网上政务“单一窗口”，于2015年11月正式上线。截至2017年年底，上海市网上政务大厅对接全市40余个市级部门、16个区以及6个管委会，各部门审批事项100%接入网上政务大厅，服务事项也逐步向网上汇集。市级部门接入753项审批事项和240余个服务事项，16个区共接入6 000余项区级审批事项以及近3 000个区级服务事项。同时，网上政务服务能级不断提升。网上办理深度不断深化。市、区两级网上政务大厅有近1 200个审批事项实现“全程网上办理”（零上门），近1 400个审批事项实现统一网上受理（跑一次）。

长宁区政务服务事项已全面接入网厅，并通过微信、门户网站等多重渠道全面开通网上预约、预审、预受理等多层次服务，开通网厅移动端服务功能。奉贤区开发“人工智能问答”平台，率先将语音识别技术引入网厅“智能问答”；开发“建设工程施工许可”材料上报辅助平台，实现区“建设工程施工许可"事项的全程网上办理。

上海市环境保护局网上办事大厅具有网上申报、流转办理、跟踪监督、数据实时交换、表单填报、外网公示、查询统计等功能。有效规范办事流程,提高办事效率,提升服务公众能力。上海市工商行政管理局网站以办事事项为核心,集成"在线受理""状态查询""结果反馈""表格下载""网上咨询""我要投诉""办理机构""便民问答"等办事、查询要素,方便用户网上办事。截至2017年年底,上海市工商行政管理局所有审批类事项已全部上网,并与市级平台完成对接。

【政民互动】 2017年,区网站接受网上咨询月平均5 771人次;接受网上投诉月平均903人次;网上公示评议、征集"政府工作规划(草案)、决议、意见"和政府工作调查、民意测评意见669项,共有69万余人次参与;部门网站开展"在线访谈"节目70期。

宝山区在发布政务信息的同时,还开展多种多样的互动活动,全年开展"爱申活、品年味""樱花节网友汉服游园""八一秀军装"等24场线上活动,网友积极参与,共增加政务微信粉丝8万余名。闵行区以网站、微博、微信为平台,多方位、多渠道、多形式开展各类互动,包括"调查、评选、评议、公示""区长网上办公""领导访谈""帮侬忙"等互动。

上海市质量技术监督局围绕打造"法治信访",围绕网上信访栏目建设,汇集梳理所有面向市民的咨询、申诉、求决、举报、意见、建议的网站入口,实现统一入口、源头引导、分类处置。上海市安全生产监督管理局政民互动增强便民服务属性,完善后台支撑系统,亮灯督办,确保答复时限和办理质量。建立归口工作机制,安排专人及时回复社会咨询。

【外文版建设】 截至2017年年底,上海市有16个区政府网站开设英文版,30个市政府部门网站开设英文专栏或英文版;7个区和6个部门网站还开设其他语种版本(日语、韩语、法语、德语、西班牙语、俄语、阿拉伯语)。

2017年区政府网站英文版发布热点专题18个,部门网站英文版发布热点专题41个,6个区政府网站和5个部门英文版网站实现每日更新。16个区政府网站和40个部门网站提供办事指南服务;16个区政府网站和46个部门网站提供咨询、投诉等互动渠道。

普陀区分别开设"2017年苏州河文化艺术节"和"上海国际十公里精英赛"专栏,展现普陀区的人文风貌,提高普陀城区影响力。崇明区在女子国际公路自行车赛期间开设"Tour of Chongming Island 2017"热点专题,与中文网站同步发布有关车赛的各类信息。

上海市教育委员会"留学上海"包含法语、西班牙语、俄语、阿拉伯语四个语种,与APP保持同步更新,90%以上内容为原创。上海市旅游局有繁体中文、英文、日文、韩文、法文、德文六版网站,内容每日更新,为在沪的外籍人士提供旅游、生活、休闲娱乐等多种服务指引。

(杨　蕾)

"12345"市民服务热线

【运行基本情况】 2017年,市民服务热线共受理市民诉求3 774 244件,同比增长762 760件,增幅为25.33%。其中,电话受理诉求3 540 093件,占

93.80%;手机客户端受理诉求 177 397 件,占 4.70%;网站受理诉求 41 358 件,占 1.10%;传真、网上政务大厅、手语视频等其他渠道共受理诉求 15 396 件,占 0.40%。

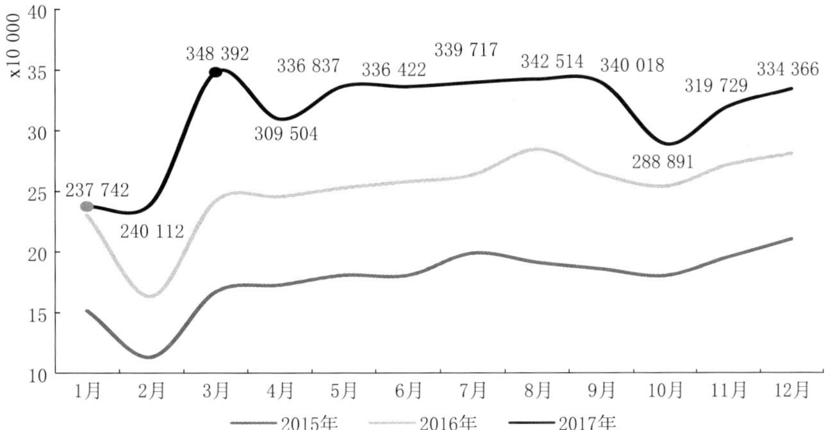

图 3-1 2015 年、2016 年与 2017 年受理市民诉求情况

从市民诉求类型看,咨询类 1 384 245 件,占 36.68%,同比增长 4.88%;投诉举报类 1 214 996 件,占 32.19%,同比增长 23.88%;求助类 974 246 件,占 25.81%,同比增长 82.89%;意见建议类 63 384件,占 1.68%,同比增长 18.21%;其他类 137 373 件,占 3.64%,同比增长 10.22%。

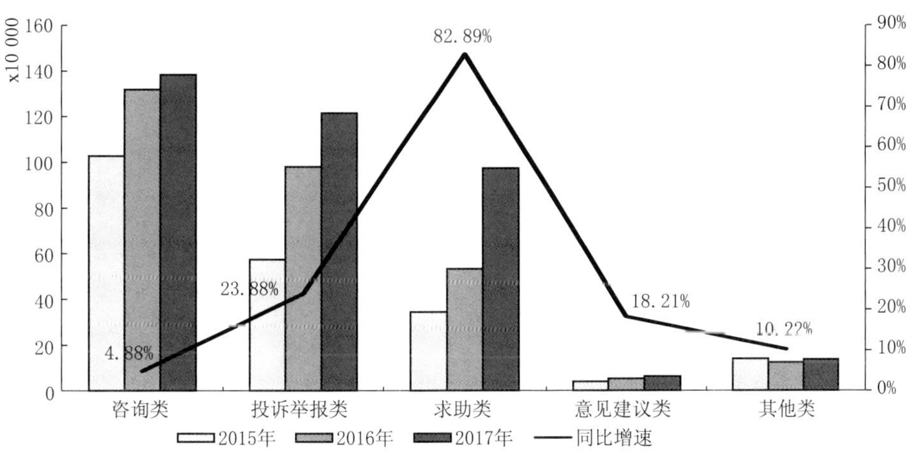

图 3-2 2017 年市民诉求类型数量变化情况

【诉求分类情况】 从市民诉求涉及领域看,建设交通类 1 269 345 件,占 33.63%,同比增长39.72%;公安政法类 982 219 件,占 26.02%,同比增长7.72%;社会管理类 610 592 件,占 16.18%,同比增长 43.33%;科教文卫类、公用事业类、经济综合类、安全监管类、社会团体类和其他类共912 088件,占 24.17%。

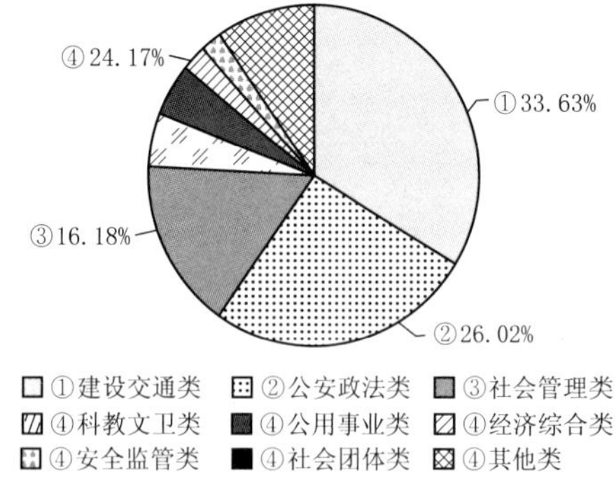

图 3-3　2017 年市民投诉一级分类占比

市民诉求领域变化情况为：建设交通类、社会管理类和科教文卫类增幅居前。主要是 2017 年《上海市道路交通管理条例》《上海市公共场所控制吸烟条例》实施以及医保政策调整，导致交通管理、医院医疗信息、用药规范和禁烟控烟等方面诉求增幅较大。此外，随着网络购物的发展，市民对网上购物售后服务问题越来越关注。

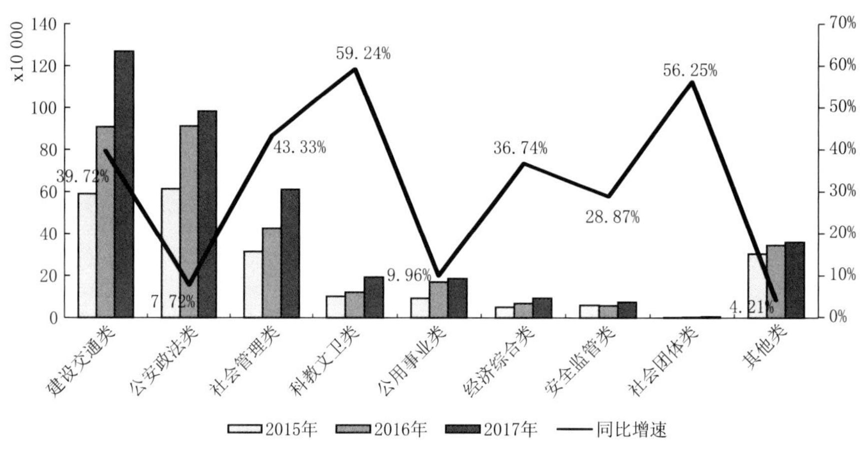

图 3-4　2017 年市民诉求领域占比变化

【诉求内容】　诉求内容主要集中在治安交通、住房保障、工商消保、人力保障、城乡建设、交通港口、绿化市容、环境保护、卫生计生、邮政通信等方面。

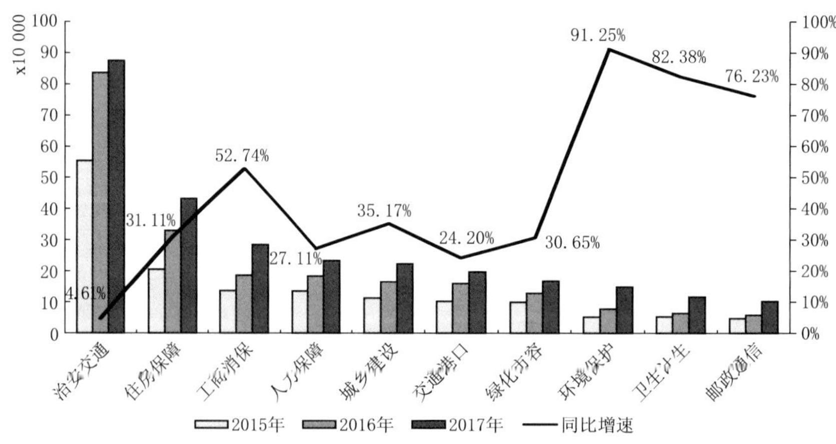

图 3-5　2017 年市民诉求主要内容

市民关注的具体问题主要有交通违章、违法建筑、物业维修、身份证管理、驾驶员审验、售后服务、过户上牌、噪声污染、纠纷协调、服务规范、居住证、物业安保、无证设摊、机关事务信息、限流限行等方面。其中,售后服务、噪声污染、纠纷协调、服务规范及物业安保方面诉求量增幅较大;机关事务信息相对 2016 年诉求量下降较快,同时驾驶员审验、过户上牌、及限流限行方面诉求相对 2016 年也有小幅度降低。

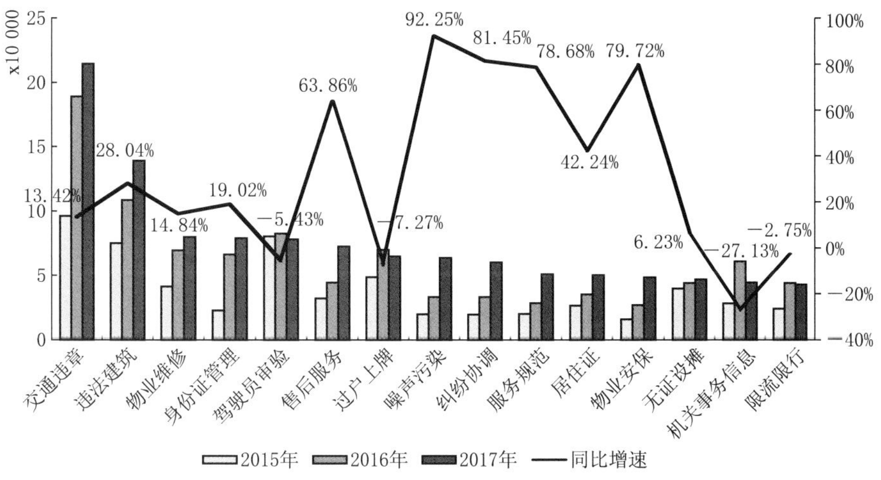

图 3-6 2017 年市民诉求最多的具体问题

【市民咨询事项】 市民咨询事项主要涉及治安交通、人力保障、住房保障、工商消保、交通港口、机关事务管理、民政、卫生计生、司法行政、出入境、教育、质量技术监督、税务、金融、邮政通信等方面。

具体问题主要是交通违章、身份证管理、驾驶员审验、过户上牌、机关事务信息、居住证、限流限

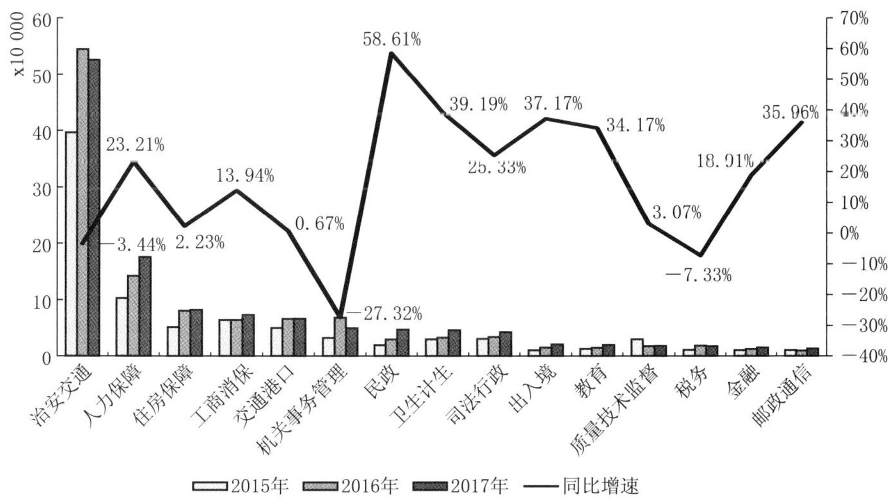

图 3-7 咨询类市民来电主要问题

行、社区服务网点、车辆年检、医保政策咨询、法律援助、医院医疗信息、户籍政策咨询、售后服务、公安信息查询等方面。

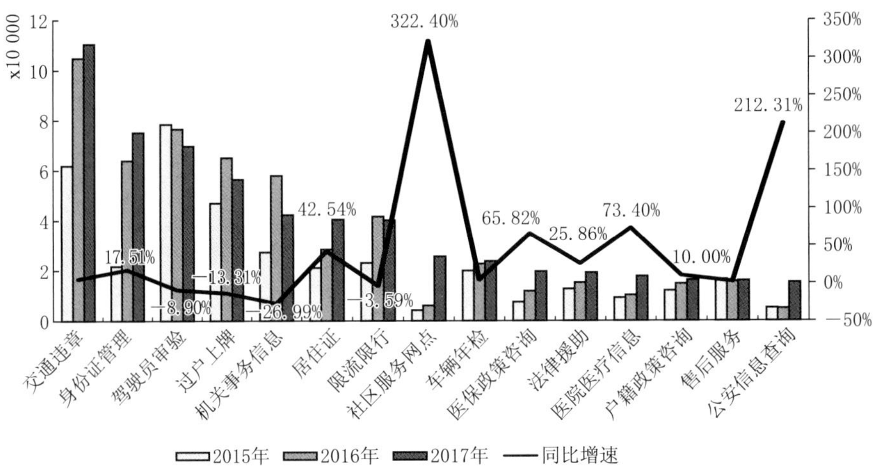

图 3-8　2017 年咨询类最多的具体问题

【市民求助、投诉举报事项】 市民求助及投诉举报类事项主要涉及住房保障、治安交通、工商消保、城乡建设、绿化市容、环境保护、交通港口、邮政通信、卫生计生、人力保障、食品药品安全、纪检监察、机关事务管理、电力、供水等方面。

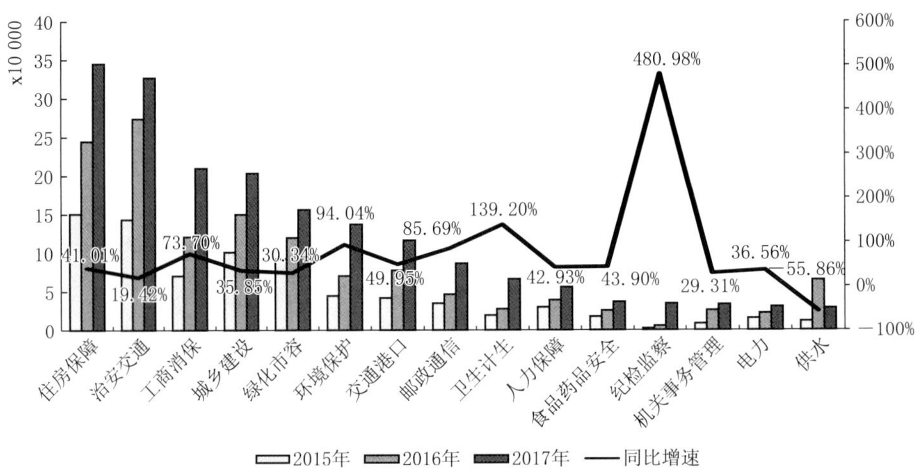

图 3-9　2017 年市民求助和投诉主要问题

市民关注的具体问题主要有违法建筑、交通违章、物业维修、噪声污染、纠纷协调、售后服务、无证设摊、服务规范、物业安保、服务态度、垃圾清理、机关事务工作、网上购物、空气污染、食品安全等方面。

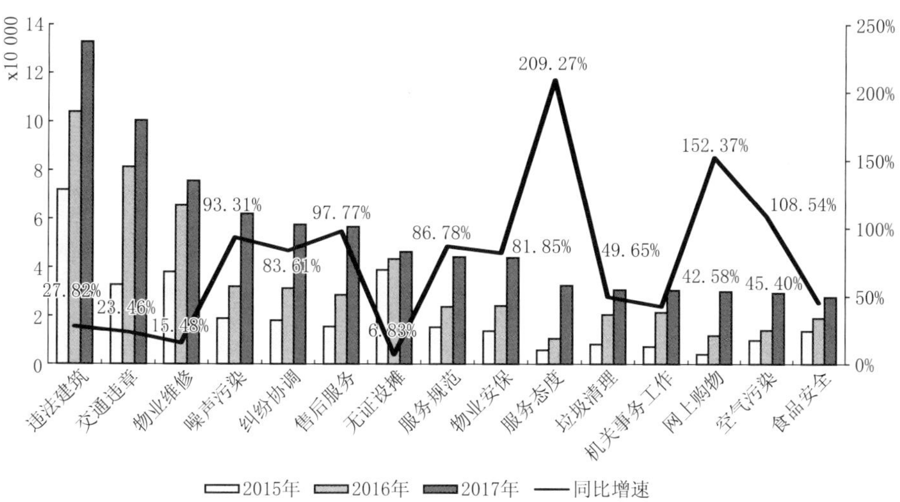

图 3-10　2017 年市民求助和投诉量最多的具体问题

【意见建议事项】　市民对政府提出的意见建议主要集中在交通设施、公交线路设置、交通违章、排堵保畅、服务规范、地铁建设、机关事务工作、公共停车场、路状路况、路标路牌等方面。从市民意见建议变化趋势看，随着《上海市道路交通管理条例》实施，市民对交通基础设施及交通法规方面的问题非常关注。

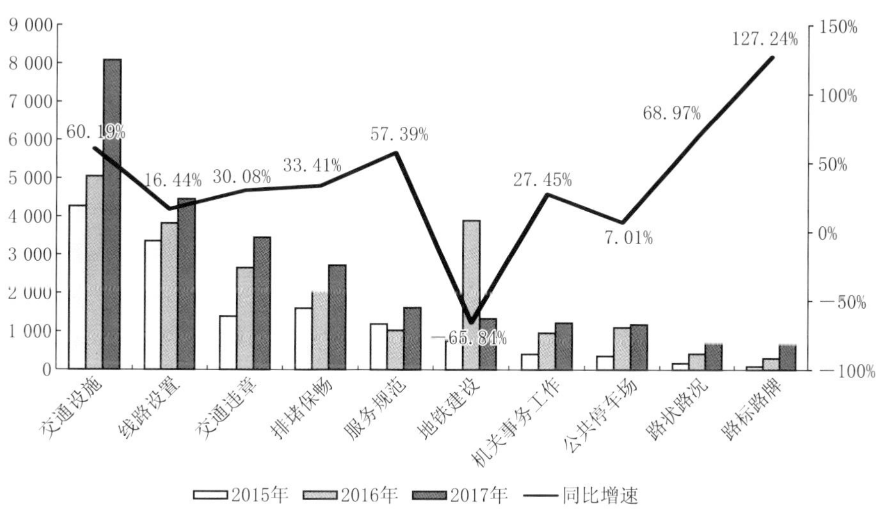

图 3-11　2017 年市民意见建议量最多的问题

（银　峰）

第二章　机关信息化

概　述

2017年上海市各部门进一步推进信息化建设，各部门的重点业务及机关信息化系统各司其职，发挥信息化工作的创新支撑作用，不断提高政府经济管理、社会管理和公共服务的效率和水平。

一、上海市人民代表大会常务委员会

【概述】 2017年，上海市人民代表大会常务委员会(以下简称“市人大常委会”)办公厅全力做好全市重大政务会议的信息化保障工作，完成上海市重大政务会议电子会议系统、上海人代会智能秘书信息服务系统的建设、调试和运行保障工作。通过建设上海市人大机关大数据平台，整合、发掘、利用日常工作数据的潜在价值。上海人大公众网和“上海人大”微信公众号紧扣市人大常委会年度工作要点、遵循新闻规律、贴近民众生活，获得上级主管部门和读者好评。

【上海市重大政务会议电子会议系统】 上海市重大政务会议电子会议系统(以下简称“电子会议系统”)主要为中共上海市代会大会和上海“两会”提供会议保障服务。电子会议系统着力增强上海市重大政务会议的信息化支撑能力，运用先进技术手段提升党员代表、人大代表和政协委员的履职效率，使其能更好地履行宪法和法律赋予的各项职责，推进全面依法治国和民主法治进程。

电子会议系统主要覆盖上海世博中心的红厅和致远厅两个区域，其中主会场红厅面积约3 000平方米，分为主席台、代表(委员)席和列席区域，共有表决席位1 300个。致远厅面积约400平方米，共有148个席位，主要用于会议期间的主席团会议。

电子会议系统是上海市重大政务会议配套的信息化支撑项目,主要由六个子系统构建而成。

电子会务管理系统,主要包括电子会务主控、会务议程管理、会务发言管理、会务摄像跟踪、会务设备集中控制、投票通讯、签到通讯、表决通讯、会务报表统计、会务权限管理、会务日志和状态监控等模块。该系统通过整合会务管理系统平台、服务器、工作站、交换机等,实现电子投票、电子签到、电子表决、大屏幕显示和无线表决数据的互联互通,为会议各项议程提供整合后的系统信息。

电子投票系统,主要包括电子投票子系统及便携式备用子系统两部分,分别实现常规投票流程和应急投票流程。该系统通过整合电子票箱、配套软件、服务器、工作站、交换机等,实现按照会议要求对人事、议程、议案等进行投票,并按需提交投票数据,备用点票器用于系统临时应急与备份使用。

电子签到系统,主要由远距离报到机和显示一体机构成,远距离报到机采用 RFID 自动识别技术,显示一体机实时显示报到进程。该系统通过整合电子签到门、显示一体机、配套软件、服务器、工作站、交换机等,统计汇总与会人数,具备补签功能。电子签到系统每套远距离报到机和显示一体机既可以独立工作,也可以联网组成各种规模的报到实时处理子系统。

电子表决系统,通过整合电子表决器、表决主机、配套软件、服务器、工作站、交换机等,实现按照会议要求对人事、议程、议案等进行表决,并提交表决数据。该系统自上而下分为三层,表决服务器向各个表决控制器发出控制命令,表决控制器将命令发送到本分区的所有表决器,表决器按命令要求进入相应的工作状态。

大屏幕显示系统,以高清数字矩阵为核心,通过各类格式转换器,将电子投票、电子签到、电子表决等系统产生的结果转换为高清数字信号,由信号收发器无损传输至大屏幕。也可将各系统实时数据和会议流程中所需的发言自动跟踪等图像信息推送给与会代表和委员。

电子无线表决系统。由于“两会”期间政治协商会议上海市委员会会议无固定会场,因此配置一套便于部署的电子无线表决系统。无线表决系统可以提供多种表决回答模式,具备成熟性、兼容性、易维护性、抗干扰性、高安全性等特点。

电子会议系统,以会务管理系统为各子系统的统筹管理平台,负责各系统之间投票、签到、表决等数据的通信和统计汇总。

电子会议系统服务于上海市重大政务会议,在筹建阶段就将“全天候”“零故障”运行作为系统建设首要目标。该系统核心设备选型参照中共十八大和全国“两会”会议系统所采用的相应设备,功能建设参考同类党政机关会场建设经验,遵循安全、适用、经济、美观的设计原则,具备高可靠性和适度先进性。

该系统利用上海世博中心原有机房,在规划设计和维护管理中充分考虑上海世博中心场馆区域的安全性,网络环境与外部物理隔离,主控服务器、工作站、交换机、打印机等均采用主、备模式。会议进行过程中,主控和备用设备均同时开机运行,且保持各类数据同步,当主控设备发生故障时,可自动或人工切换至备用设备,实现系统实时热备份。

电子会议系统的建设工作分阶段展开:2017 年 3 月建成电子投票和签到系统,并完成 2017 年 5 月召开的中共上海市第十一次代表大会的各项会务任务;2017 年 12 月完成电子表决、大屏幕显示、无线表决和会务管理系统的建设、整合工作。

【大数据平台】 截至 2017 年年底,市人大常委会已建成人大立法系统、人大监督工作系统、人事任免信息管理系统、信访管理系统、人大机关网等多个业务系统和管理平台,历年积累人大公报、人大简报、法律法规、立法资料、监督资料、议案资料、书面意见资料、信访数据等各方面海量数据。如何从这些海量数据中高效遴选出符合人大领导和各部门使用需求的资料,是信息技术部门亟待解决的问题。

2017 年 11 月建成的上海市人大大数据平台(以下简称“大数据平台”)汇聚、整合市人大常委会现有十几个工作系统所产生的海量信息数据,结合相关法律法规信息,以大数据管理模式,对数据进行集中采集、存储、加工。平台基于聚类分析、词意分析、行为分析等逻辑处理模式,运用于市人大常委会各类业务应用场景,实现“数据整合、综合利用、服务领导”的建设目标。

大数据平台主要由大数据综合信息库、大数据交互功能、大数据分析服务、大数据共享服务、大数据业务应用和 GIS(Geographic Information System,地理信息系统)系统交互接口六个部分内容组成。

大数据综合信息库,实现从全国、市人大常委会业务系统信息库中获取业务信息,并按照分类进行沉淀、存储,为大数据整合应用提供数据基础。其中包括信息来源库、信息加工库、信息公开库和信息交互库。

大数据交互功能,实现针对各个数据源系统分别建立数据接口,按需采集各类业务数据信息,并对采集过程和接口运行情况进行监控,确保数据采集的准确性与持续性,同时对所采集数据进行加工处理、归类存放。其中包括数据交互接口、交互监控、加工处理。

大数据分析服务,基于专业的数据分析模型,对采集、加工、沉淀后的海量数据信息,进行模型化分析,并在业务应用时进行基于数据分析的智能提醒。其中包括数据分析、业务分析和智能提醒。

大数据共享服务,汇聚整合不同数据源的业务数据信息,在对数据进行分析的基础上,可向市人大常委会各业务系统以接口方式反向提供数据服务,实现大数据应用与共享。其中包括机关网共享服务、业务系统共享服务和管理系统共享服务。

大数据业务应用,以市人大常委会大数据为基础,叠加市人大常委会业务应用与管理需求,分别将所采集、沉淀、建模分析后的各类大数据服务信息,应用于市人大代表的选举、议案、履职、立法、监督等业务与管理方面,同时可在机关进行内外领导接待时,提供准确的数据应用分析服务,从而提高接待服务工作质量。其中包括议案与法律关联、联名提案的合并与关联、人大代表履职、人大代表选举、人大立法业务、人大监督业务、人大机关宾客接待、人大机关经费耗用等管理应用。

GIS 交互接口,实现与 GIS 系统进行大数据对接,能够向 GIS 系统提供人大代表选举时投票的分布情况及投票人数分布情况,使代表或领导能够从 GIS 地图上清晰地了解选民的选举情况,以及分别为选举管理提供数据和图层支持。

大数据平台基于 Struts 的 MVC(Model View Controller,模型-视图-控制器)框架,可以分为呈现层、业务逻辑层、储存组件层和数据库层，采用J2EE架构开发，降低开发多层应用的费用和复杂性，同时对现有应用程序集成提供强有力的技术支持。由于平台所涉及数据内容具有一定的敏感性和涉密性，因此在数据、平台部署时，从网络、架构、信息、应用等方面采取相应保护措施，确保数据安全。平台整体与外部互联网络物理隔绝，在与市人大数据平台出口连接处配置防火墙，为防止平台接入网系统的信息在传输过程中被窃取、篡改和伪造，在涉密接入网的出口处统一配置链路加密机，对上传至平台的涉密信息进行加密，在数据交换过程中自动创建还原点，如果出现异常情况，可以进行整库还原。

【上海人代会智能秘书信息服务系统】 上海市第十五届人民代表大会第一次会议(以下简称“市人代会”)期间，市人大常委会办公厅推出上海人代会智能秘书信息服务系统(以下简称“‘上海人代会手机’APP”)，以手机APP为主要承载形式，结合布置在会场的智能交互终端设备，为与会代表提供信息丰富、交互便捷、应用高效的大会智能信息服务。

人大代表可以通过输入代表号及密码或面部图像识别，登录“上海人代会手机”APP，人大代表首次登录时需要验证代表证后的二维码进行账号激活。

“上海人代会手机”APP涵盖会议议程安排和实时提醒、会议文件和参阅材料的推送、代表互动专区、会场引导、大会交通路线查询、智能语音服务、大会智能通讯录、语音备忘录、履职情况查询、外部数据接口等内容。

会议文件和参阅资料支持pdf、doc、txt等多种格式，代表可以在阅读文件和资料时即时加盖电子水印，并标注阅读状态；可以在互动专区中发文字、图片帖，上传pdf文件，也可以按主题跟帖回复，并定制发帖和留言的可阅读范围；大会交通路线查询为代表提供班车路线、公交路线查询功能，并通过电子地图直观展示路线和车辆停靠点；智能语音服务能够准确地进行语音识别，代表只要说出和大会相关需求，即可智能查询出对应结果，并对文字结果信息进行语音播报；语音备忘录可以自动调用“讯飞录音宝”APP，为代表提供录音服务，并对录音进行识别，直接转化成文字备忘录；外部数据接口能够与代表议案系统、代表建议系统进行对接，让代表可以通过手机随时查看议案和代表意见。

【上海人大公众网】 2017年，上海人大公众网注重新闻品质、推动信息公开、强化平台交互、精耕站点内容、拓展栏目功能，不断提升人大门户网站的社会影响力和公众认可度。2017年全年紧扣市人大常委会年度工作要点进行策划，围绕代表工作、道路交通管理、食品安全、消费者权益保护等重点工作展开报道采访。

2017年，上海人大公众网发力“代表连线”等品牌专栏，抓住共享单车停放、生活垃圾分类、老年保健品监管、小餐饮备案、预付卡监管等民生热点，开展每周一期的人大代表连线采访，共视频采访100余位代表；协助人事代表工作委员会，在网上公开代表建议信息600多条，开设“代表联系群众窗口”专栏，网民可直接给代表留言；根据市人大财政经济委员会要求对《上海市消费者权益保护条例》执法检查进行全程专题报道，并制作电视专题片，成为执法检查提请市人大常委会会议审议时的一份特别“报告”。

在市人代会及全国人代会召开期间，上海人大公众网开设大型专题报道，共发布稿件 4 382 篇，原创图片 575 张，对上海代表团代表与网民交流活动进行网络直播。

2017 年 11 月，上海人大公众网推出网站手机版，适配 iOS、安卓等手机平台，更加贴近移动阅读习惯。在第二十七届中国人大新闻奖评选中，上海人大公众网两篇作品分别获得一等奖和三等奖。2017 年全年网站网页浏览量和用户数较 2016 年同比增长 10％和 8％，在全国各省市人大网站建设中继续名列前茅。

【“上海人大”微信公众号】 2017 年，“上海人大”微信公众号注重结合人大工作、遵循新闻规律、贴近民众关切，制作发布具有“新、快、活”特点的推送文章，获得较好宣传效果和社会反响。

“上海人大”微信公众号在新闻报道中形式丰富，善于运用图解、视频、音频、小程序等进行新媒体传播，增强传播感染力。例如在报道市人大常委会主任殷一璀做市人大常委会工作报告时，使用系列图解模式，让读者更清晰明了地“看懂”人大工作；在全国人代会报道期间，通过履职图片集锦、代表感言音频、多重剪辑视频等媒体手段回顾展现代表五年的履职历程，生动形象。在日常活动策划中整合各类资源，通过举办寄送首日封、读书送书、送《一路平安》滑稽戏票等多场线上活动，让“粉丝”体验到有温度的微信推送，增强品牌凝聚力。

2017 年，“上海人大”微信公众号在做好内容建设的同时，通过强化搜索引擎、开发评奖程序、定制关注榜单等功能升级，促进“粉丝”数量增长，提升公众号社会影响力。在上海政务新媒体工作会议上，“上海人大”微信公众号被评为“2016 年上海政务新媒体工作先进单位”，并获得“上海政务新媒体最具潜力奖”。

（宋　兵）

二、上海市经济和信息化委员会

【网上政务大厅建设】 上海市经济和信息化委员会（以下简称“市经济信息化委”）通过数据对接方式将审批事项统一接入上海市网上政务大厅，实现用户统一登录，出台网上预约、窗口优先办理等措施，培育网上办事服务理念和习惯，研究建设网上支付系统，逐步建成全市统一的网上政务“单窗口”，对外实现审批事项的“一口办理、一码查询、一站反馈、亲民提醒、公众监督”，对内实现数据实时交换和信息共享。基于市经济信息化委内现有业务数据内容，管理各类分析报告和数据报表，积累数据内容，并通过各种分类、企业、业务等维度的标签管理，建立各类企业行为和业态发展分析体系，为企业决策分析提供主动推送服务。基于网上办事服务、企业决策分析、主动服务推送等业务，向移动平台的微信公众号和 APP 端进行推广，通过移动媒体渠道向企业提供服务，并将主要服务内容扩展至英文版平台。网上政务大厅的持续推进建设旨在对接市网上政务大厅建设要求，进一步提升市经信体系对行政审批的服务能力和管理效能，规范市经济信息化委内行政审批和事务流转管理，同时建设开放数据平台，提供政务资源数据的开放服务能力。

【上海市产业发展服务云平台】 为落实国家战略，改造提升传统产业，进一步优化产业结构，提升产业能级，实现经济转型升级，培育发展“四新”经济(新技术、新产业、新业态、新模式)，配合上海市产业结构调整、装备产业机电设备管理等要求，市经济信息化委建设上海市产业发展服务云平台，依托云平台，实现统一数据、标准、服务、接口等产业相关业务的统一化管理。

【重点督查工作系统】 按照市委、市政府对督查工作的新要求，市经济信息化委坚持问题、目标导向，以提速、提质、提效为重点，积极探索和深化“互联网＋督办”工作模式，进一步拓展督查工作广度和深度，全方位、立体化、多层次推进督查工作，并借助信息化手段，进一步围绕中心工作梳理重点，优化流程，形成督查管理全覆盖；进一步加强信息化应用，更准确定位督查督办责任；进一步通过督考结合提高效能，奖惩量化彰显公平；以信息化为保障，加强并完善服务机制，紧抓队伍建设和管理。以市经济信息化委网上督查督办工作模式为业务导向；以重点督查工作系统为信息化技术保障；以督查考核管理机制为有效激励手段；围绕市委、市府对督查工作的管理要求，通过系统对市委、市政府下发的年度重点督查工作和重点工作、市经济信息化委重点布置及委内相关重点督查督办工作，从督办事项的立督与审核、目标的制定与分解、督办任务的分配与接收、任务节点的设定与执行、重点任务的考核与执行统计分析等多方面、多维度切入，进行深层次、全方位、立体化的信息化管理和应用，实现督查工作的全过程、透明化、准确、公平的科学管理，更好地履行政府机构职能，彰显“公平、公正、公开”原则，进一步提升服务与管理质量。

(朱铭杰)

三、上海市人民检察院

【概况】 2017 年，上海市人民检察院(以下简称“市检察院”)党组高度重视信息化工作，围绕最高人民检察院(以下简称“高检院”)关于电子检务工程建设的统一部署要求，提出“建设上海智慧检察院”目标，全面推进信息化与深化改革、司法办案、行政管理的深度融合，着力打造智慧检务，保质保量完成电子检务工程各项建设任务。

【编制《2017—2020 年上海检察信息化建设发展规划纲要》】 为深入贯彻中央和高检院关于深化司法体制和检察改革的部署要求，更好地推动上海检察工作创新发展，打造以信息化与检察业务发展深度融合的"智慧检察院",正式发布《2017—2020年上海检察信息化建设发展规划纲要》,明确建设上海智慧检务应用体系、创新服务体系、技术支撑保障体系三大体系。

【成立网信办、大数据中心两个融合机构】 为更好完成上海智慧检察院建设任务,市检察院党组会议研究决定,成立网信办、大数据中心两个融合机构,明确建立以业务为主体、以技术为支撑的信息化项目推进机制,建立专责数据管理的业务岗位,整合全市力量,超常态推进智慧检务建设。

【融入全国电子检务工程建设大局】 先后承办检察大数据沙龙第五场"智慧检务4.0畅想"、组织高检院副检察长张雪樵华东地区检察信息化专题调研会、举办以智慧检务为主题的"75号咖啡·法律沙龙"、参加智慧检务建设主题展览等多场活动,加强沟通交流,研讨智慧检务建设方向,融入全国电子检务工程建设大局。

【推进电子检务工程建设】 紧跟高检院电子检务工程建设要求,对接六大平台建设任务,主动承接侦查活动监督平台、网上信访、队伍管理、检委会子系统、智慧公诉5项软件试点任务。深入推进统一业务软件司改版升级,全面应用统计、执检、网上信访等子系统新办案功能;积极应用全国统一的检务保障、队伍管理等统一软件;主动研究办公OA、档案、数据交换等全国统一系统在上海的应用。

【推进数据治理与应用】 从上海创新引领的区位特点出发,围绕数据积累、治理、价值发现,开展多层次数据治理与应用。引进大数据运行基础架构,实现跨系统数据资源整合管理,为数据清洗、挖掘提供系列工具,搭建能为检察工作战略决策和运行分析提供科学和精细数据支持的大数据平台。不断推进对队伍建设软件、OA、AJ03、门户网站、案件管理系统、统一业务软件等10多个主要应用系统进行数据整合。

【建立检察业务大数据分析平台】 引进数据可视化分析技术,助力智慧检务建设。建立检察业务大数据分析平台,对检察业务54个核心指标、189个辅助指标,从绩效、案件、时间、人员四个维度进行可视化分析,为业务管理提供实时业务视图。

【推进上海市涉罪人员综合信息系统建设】 按照市委政法委员会要求,推进公、检、法、司信息跨单位共享,建立刑案侦查、看守所执行、检察监督、司法裁判、社区矫正、监狱执行、安置帮教7个环节常态数据交换机制,案件信息和文书网上随案移送13.2万条,庭审资源视频12.8万件。

【开展"两法衔接"平台升级改造】 实施上海市行政执法与刑事司法相衔接信息共享平台升级改造工作,实现统一平台集中式改造,以市法人库行政处罚信息为纽带,实现与32家市级行政执法机关监管信息和移送司法案件的双向对接。

【推进上海刑事案件智能辅助办案系统建设】 积极推进上海刑事案件智能辅助办案系统(以下简称"206工程")建设,探索利用机器深度学习、图文识别等人工智能技术,实现刑事案件办理证据规则智能指引、办案要素化分析、智能检索、类案推送、智能量刑建议等功能建设。

【探索智能语音识别技术应用】 引进“讯飞听见”智能会议系统，提高办公效率。其语音转为文字实现最快400字/分钟的速度，在检委会、教育培训、专题会议等场景应用中，极大提高会议效率，提升会议可回溯性。

【探索基于云服务的移动办公应用】 基于微信企业号，充分利用成熟云服务，建立上海检信移动办公平台，提供通讯录、通知公告、审批请示、会议助手、问卷投票、工作群聊、工作日志、任务分派等17项功能，为全市检察人员提供移动办公服务。

【实施网络安全加固项目】 实施网络安全加固项目，根据分保、等保等测评要求，业务网核心交换能力从千兆级提升到万兆级，部署下一代智能防火墙，加强核心数据安全防护能力。部署应用卫士通龙信使Ⅱ安全邮件系统、网神堡垒机B5.0，对邮件、业务数据进行安全保护。

【建设综合日志管控平台】 以信息安全“事前态势监测预警、事中风险可控、事后举证可信”为目标，建设覆盖市、区两级的一体化集约综合日志管控平台，研究和应用基于大数据的信息系统日志安全采集、安全传输、安全存储、智能分析和智慧应用等功能。

【组织智慧检务主题展览】 全面总结上海电子检务工程建设成果，完成展馆布设，拍摄专题片2部，设计手势体感互动、360度全息影像各1套，制作HTML5新媒体材料、演示PPT、演示汇报系统、演示汇报讲稿等材料若干。展馆向全国各地检察机关代表展示上海智慧检务建设的探索与创新，有效宣传上海检察信息化建设，加强与兄弟省市院的沟通交流。

【举办“拥抱科技革命，创新智慧沪检”75号咖啡·法律沙龙】 组织50余名干警与高检院副主任刘品新及上海交通大学凯原法学院副院长、上海市大数据社会应用研究会会长杨力教授面对面探讨智慧沪检的发展路径、方向和未来，营造广泛参与探讨智慧检务建设的良好氛围。

【组织智慧检务汇报会】 邀请40名在沪全国人大代表、市人大代表赴市检察院视察“智慧检务”工作。会议组织代表观看上海检察《敢立潮头迎新风》专题片，现场观摩审查逮捕常见罪名可视化数据分析模型演示，听取上海检察信息化建设工作情况介绍，并请代表就利用创新技术提高工作效率、规范检察官绩效考核、构建罪名数据模型分析等工作提出建议。

【开展岗位练兵活动】 在完善上海检察信息技术人才库建设基础上，制定《上海检察机关信息技术人才选拔与实训活动方案》，组织开展实训人才选拔活动，通过材料审核、理论考试、面试等环节，从29名候选干警中，选拔8名干警作为2017年度实训人才，集中开展16次实训活动，通过技术培训、项目研讨、业务讲座等多种形式，让实训小组成员熟悉情况、开拓视野、提高能力。

【开展“审查逮捕常见罪名可视化分析”竞赛】 把运用信息化、培养“业务＋技术”复合型人才作为工作重点予以推进，各参赛单位信息技术人员、侦监业务人员联合组队报名，经过前期培训、创作、设计、实现、演示等多个准备环节后，市检察院侦监处与信息中心联合进行评审，全市 19 个参赛团队运用数据分析平台制作了 19 个“审查逮捕常见罪名可视化分析”作品。经过初选，共有 18 个作品入围，最终评选出 10 个优秀“审查逮捕常见罪名可视化分析”作品进行表彰。

【组织现代信息技术应用专题培训】 举办 OA 常用办公软件、云计算与数据安全、信息技术实务基础等专题培训班，邀请高检院领导、贵州省检察院专家等来市检察院讲授人工智能、大数据等相关技术应用讲座 10 余次。举办统一软件司改版、执检子系统、统计子系统、网上信访平台、全国检察机关检务保障系统、上海检信、“两法衔接”(即行政执法与刑事司法相衔接)信息共享平台、全国检察机关队伍软件等部署应用全员培训。普及现代科技应用，提升广大干警信息化应用水平。

(陈亚兵)

四、上海市高级人民法院

【概况】 2017 年，上海市高级人民法院(以下简称“市高院”)坚持“科技强院”方针，准确把握现代科技发展的战略态势，全力推进“数据法院”“智慧法院”建设，走出一条具有上海法院特色的现代科技应用与司法实践紧密结合之路，信息化建设成效显著。2017 年共完成 29 项与信息化相关的重点工作任务，累计开发完善应用软件 67 个，研发上海刑事案件智能辅助办案系统、12368 诉讼服务智能平台、上海大数据分析平台等在全国法院有较大影响的系统，完成 25 项与最高法院之间的对接开发任务，确保全市 80.4 万案件、近 10 万信访件的信息化支持。

【推进“数据法院”“智慧法院”建设】 2017 年是推进《上海市高级人民法院“数据法院”建设规划(2017—2019)》的开局之年。为按期完成“数据法院”规划的首年建设任务，各法院落实项目建设资金，明确具体责任部门与完成期限。市高院建立“一周一报，院长签署”督导机制，确保规划项目如期推进。截至 2017 年年底，全年 28 项“数据法院”建设任务已完成 26 项，完成 92.86%；建成智慧决策的智能分析平台。按照市高院下发的《上海法院司法大数据分析专题任务表》，上海市法院完成 29 项大数据分析系统建设，初步建成司法大数据智能分析平台，为审判执行管理、诉讼服务、信访管理、资源配置、适法统一、经济社会服务等提供决策支持；构建司法大数据库战略资源。根据各法院对大数据分类和应用需求，市高院完善司法大数据标准，补齐审判执行系统中缺少的信息点，提升数据质量。通过整合扩充中心数据库资源，完善司法智库大数据库，发挥司法智库在法院管理、司法改革、社会治理等方面不可或缺的服务决策作用；加强大数据管理与信息安全。市高院完善审判执行系统的数据输入检校功能，增加信息输入节点，采用人工智能技术实现数据自动采集、自动生成，减少人工输入，做到数量足、要素全、质量高。同时，树立数据信息安全和源头保密意识，强化网站定级备案、测评整改等相关措施，提升网络信息安全。

【狠抓人工智能在审判执行工作中的深度应用】为主动拥抱现代科技，推进人工智能在司法领域的深度应用，上海市法院进行一系列实践与探索，研发上海刑事案件智能辅助办案系统(以下简称“206 工程”)。市高院将大数据、人工智能等现代科技融入刑事诉讼活动，研发“上海刑事案件智能辅助办案系统(1.0 版)”，着力解决刑事案件办案中存在的证据标准适用不统一、办案程序不规范等问题，确保无罪的人不受刑事追究，有罪的人受到公正惩罚，大大提升司法质量、效率和公信力；研发上海民商事、行政案件智能辅助办案系统，探索将智能辅助办案系统向民商事案件、行政案件扩展途径。截至 2017 年年底制定完成六大类 8 个案由的办案要件指引、证据规则指引，并建立完成 12 个大数据资源库，14 项设计功能，实现 3 个案由案件要素抓取的高度智能化；升级完善 C2J 法官办案智能辅助系统，建成具有案件信息智能推送、司法资源智能搜索、裁判文书智能纠错、裁判文书辅助制作、审判经验智能分享等多项功能的智能系统，系统将分散、有限的信息变为整合、海量的信息，为法官提供一个触手可及的大数据智能辅助办案平台，提高办案效率。进一步完善执行大数据管理系统，开发执行跨院委托模块，优化执行指挥平台，完善执行指挥中心实战化功能，拓展执行“点对点”查控平台、移动执行及执行“E 号通”功能，特别加强与公安、税务、规土等单位的数据交互，强化失信联合惩戒；推进人工智能技术在庭审中的深度应用。完成庭审系统与科大讯飞语音识别接口对接，实现庭审语音识别功能。大力推进智能语音识别系统在庭审、合议庭评议、审委会讨论、会议交流等审判活动中的应用，实现全程记录留痕，提高审判效率。

【加强科技创新 提升诉讼服务水平】上海市法院始终坚持“司法为民”宗旨，不断运用科技创新改善群众诉讼体验，通过升级诉讼服务中心软件，推广自助立案、扫码立案、配置诉讼机器人等智能化创新服务模式，全面提升诉讼服务中心智能化水平，让人民群众有更多改革获得感。推出上海法院诉讼服务机器人，该机器人可提供法律问题咨询的语音解答或办理事项引导，为群众提供便捷高效、惠而不贵的司法服务；开通上海法院 12368 诉讼服务智能平台，该平台运用语音识别、自然语言理解、语音合成等人工智能技术，可以为人民群众提供全天候诉讼服务；拓展律师服务平台功能，优化平台界面及网上办理流程，开发与律协的接口，消除外地律师使用障碍，提升外地律师使用频率；完善在线调解平台，优化在线调解和司法确认流程，实现裁判规则引导、纠纷案例预判、在线调解、在线司法确认等功能，方便及时地化解群众纠纷；推进庭审直播公开平台建设，在首批 8 家法院庭审直播法庭建设基础上，加快推进其余法院庭审直播法庭建设，逐步实现庭审公开覆盖全部法院、法官、案件类型。

【推进司法体制改革内容落地】 全市法院坚持运用信息化手段破解法院工作面临的现实问题和发展难题，将各项司法改革任务落实到位。为大力推进电子卷宗随案同步生成及深度应用，研发电子卷宗随案同步生成系统，具备 OCR（Optical Character Recognition，光学字符识别）、信息自动提取、材料自动识别归类、卷宗编辑处理、文书智能生成、智能搜索等功能，实现全流程网上办案、全方位智能服务，做到执法办案“全程留痕、全程可视、全程监督、全程公开”；完善人员分类考核评价分析系统，根据法官、法官助理等岗位考核管理办法及细化考核评价指标，落实办案过程全程记录、跟踪问效，开发法官入额考试系统，实现人员分类绩效考核的规范化、数据化、可视化，初步解决人员分类改革后人员考核评价问题；完善执行大数据综合管理系统，加强对执行案件、执行节点、财产查控等方面数据的深度采集，建立完善与全国法院执行大数据的资源共享机制，充分运用全国法院执行大数据追查被执行人财产线索，全方位掌握被执行人财产，建立被执行人履行能力评估模型，预测执行工作态势，为执行工作科学决策服务，初步实现执行指挥管理的统一、高效、透明、便捷、规范；完善司法行政管理系统，贯彻落实司法改革要求，按照统一标准、平台、管理原则，强化以案为中心的人、财、物等资源的配置与调度，整合资源数据，大力推进司法行政管理项目化、数据化、流程化、移动化等方面应用，提高司法行政工作效率。

【加强信息化应用】 上海市法院以提升法院管理能力为目标，全面整合提升应用软件功能，切实提高信息化应用水平。开发新办公信息化平台，优化院长办公室拟办单流程和督办流程，具备印章管理、车辆管理、会务管理、公文流转收发、首页优化等功能；后台数据与移动 APP、12368 平台、审判管理等系统整合同步，实现实时提醒、即查即办、全程留痕、一体化办公，大大提高办公质量、效率；大力推广移动办公办案 APP 应用，将办公和办案系统进一步向移动端拓展，为干警提供移动办公办案平台；开发媒资管理系统，完成界面优化、人脸识别、产品验证、文件上传等功能，进一步加强法院对新闻媒体资源的管理；建立健全大数据应用成效评价体系，截至 2017 年年底，根据智慧法院评估指标，已利用大数据初步建立 13 项应用的评估通报机制，做到让“用与不用、用好用差”看得见、可评价。

【加强基础设施建设】 为更好地满足审判工作和司法管理需要，上海市法院加快基础设施建设力度。全市法院政务外网线路全部施工到位，政务外网扩展到所有派出法庭，并开展视频应用。移动专网实现 WiFi、3G、4G 网络全覆盖。上海市法院加强法院内网安全建设，完成身份认证系统升级、公务网接入网风险评估、防水墙安装等事项；加快高清数字法庭建设，截至 2017 年年底已基本完成全市法院法庭的高清化改造，完成上海各看守所和监狱远程审判或提讯专门法庭建设，市高院完成科技法庭庭审数据处理系统、刑场及囚车高清监控系统一期、警车监控和应急指挥调度、高院执行指挥中心搬迁等任务；市高院加强对基层法院信息化工作的统筹规划、指导协调和监督管理，建立运行有效的应用成效评估通报机制，有效解决“重建设、轻应用”的信息化发展老问题。2017 年先后召开全市法院信息化工作会议、信息化项目预算协调会议，并举办全市法院信息技术培训班，制定下发关于信息化运行维护、网络与信息安全保密、信息化预算等的指导性文件。

（杨　敏）

五、上海市商务委员会

【市商务委网上政务大厅】 2017 年，上海市商务委员会(以下简称“市商务委”)按照“加强政府办事服务事项网上办理的广度、深度，在市政府网上政务大厅实现数据对接。梳理公共服务事项目录清单，编制办事指南，优化公共服务流程，推进公共服务制度化、标准化、规范化，进一步汇聚各类便民服务”的要求，共梳理出可接入市政府网上政务大厅的服务事项 8 项，新增的审批类事项 2 项，以及部分已接入市级网上政务大厅但应商务部要求需调整审批流程(权限)的事项。通过此次网上办事服务大厅的建设，将更好地推进市政府关于办事服务、审批类事项与市政府网上政务大厅数据对接的工作。

【上海市单用途预付卡协同监管平台】 加强单用途商业预付卡管理，建立相关部门齐抓共管、各司其职的工作机制，各部门及与银行保险之间加强协调配合和工作联动，形成工作合力。维护消费者合法权益，防范资金风险，促进和引导单用途商业预付卡市场规范发展，建设单用途商业预付卡信息管理系统。主要包括：健全发卡企业备案、预收资金监督、信息、风险预警等管理业务系统；对发卡企业进行监管信息共享和执法联动；与企业发卡业务处理系统实现实时对接，准确、完整传送预付卡发行和兑付明细，以及预收资金余额等信息；统计分析应用，对发卡企业信息统计、汇总分析；对社会公众提供备案发卡企业查询、预付卡验证、风险预警、消费警示等信息服务。

【推动示范企业和示范园区创建】 积极指导企业申报创建国家电子商务示范企业，20 家企业被评为国家电子商务示范企业，涵盖大宗商品、网络零售、电商服务等上海各个优势领域，上海宝尊电子商务有限公司作为具有一定知名度的电子商务服务企业，为消费品商业企业提供电子商务技术、营销等专业服务，首次入围国家示范企业。根据推进全市电子商务示范园区创建工作的安排，认定松江 1560 园区、静安市北园区为市级电子商务示范园区，并实施动态管理。

【营造良好电商发展环境】 2017 年年初，市商务委召开电子商务发展联席会议，形成 2016 年工作总结和 2017 年工作思路，结合全市电子商务中心城市建设梳理形成 40 项 2017 年度电子商务问题清单，并形成问题清单更新完善机制，推动全市电子商务问题逐步解决，营造良好的发展环境。截至 2017 年年底，已经解决末端配送电动车、一照多址、电商冷链等各类问题。

【推进智慧商圈建设】 确定豫园商城、大华虎城、金山嘴渔村、赵巷、环球港 5 个第二批智慧商圈创建试点并授牌，开展第一批智慧商圈创建试点中期检查；进一步完善智慧商圈建设评估标准，编制并发布《上海市智慧商圈建设指南 1.0 版》，对不同类型的商圈进行建设内容、实施步骤、关键技术应用指导；推动支持成立智慧商圈联盟。

【电子商务专业服务业发展】 制定完成上海市电子商务专业服务业发展目录，利用全市电子商务专业服务业集聚优势，建立上海市电子商务服务业联盟，优化电子商务创新创业环境。同时，积极推动“中美互联网＋商务协同创新开放共享平台”功能完善，建立“中美互联网＋商务人才库”。进一步推进商务领域政务信息资源开放共享。

【推动农产品电子商务发展】 支持上海农产品中心批发市场（以下简称“上农批”）电商孵化基地建设，整合农产品产地、电商平台、经营户，以及物流、金融、营销等服务商，集成上农批农产品进出口交易平台和“上农鲜品”，促进与云南、新疆等地的特色农产品对接合作。形成以“本来生活”“易果生鲜”等传统生鲜电商为代表的总仓库配送模式，以“盒马鲜生”、RISO 为代表的区域实体电商直配模式，以“淘菜猫”“京东到家”为代表的菜场门店电商配送模式，以“饿了么有菜”“众美联”为代表的生鲜供应链平台为体系的四级生鲜电商系统。

【以国际合作促进企业集聚】 吸引全球电子商务总部在上海集聚。积极协调全球电商总部落户上海，协助亚马逊在上海市开展实体书店项目选址，推动 Facebook 中国在上海投资落地。成功协调天猫“双十一”活动落户上海，以“双十一”活动平台为契机，进一步吸引国内外电商龙头落户上海。

【推动电子商务国际化发展】 编制《本市电子商务服务“一带一路”工作方案》；推动上海电子商务企业与“中国国际进口博览会”服务对接工作；会同美中贸易全国委员会等组织，开展在沪外资电商发展对接会等服务。

【推动电子商务末端配送建设】 推动末端配送综合服务站建设工作，联合上海市邮政管理局制定快递末端配送综合服务示范站工作方案，修订完善快递末端配送综合服务站建设标准，推动开展快递揽投专用两轮电动车试点工作。推动零公里、递易、联报万象、金山快递超市等末端配送新主体新业态发展，推动快递柜建设，2017 年上半年全市快递柜总数已超过 2 万组。推动京东配送站点的“一照多址”登记管理工作。

【创新电子商务服务监管模式】 开展电子商务服务平台—信息安全标准规范的编制研究，指导电商企业积极参与电子商务服务标准化示范试点；深入宣贯《电子商务服务平台入驻商户管理规范》《电子商务服务平台售后服务规范》等地方性标准。

（杨　珞）

六、上海市教育委员会

【推动服务事项接入网上政务大厅】 2017年,上海市教育委员会(以下简称“市教委”)聚焦市民普遍关心、量大面广的服务事项,进一步精简环节、精简材料、优化流程。市教委将“上海市义务教育入学报名系统”作为公共服务事项接入市政府网上政务大厅,研究制定《上海市义务教育入学报名系统上网接入实施方案》,明确细化接入模式、实施计划及设备配置等事项,实现审批数据准确、及时整合共享,确保无缝对接。

【加强政务数据共享开放】 根据市经济信息化委通知要求,认真推进政务数据资源共享开放工作,积极开展信息资源目录编制和注册。市教委以现有公开数据资源为基础,开发12项数据服务产品,涉及上海高等学历继续教育校外学习站点、上海高职高专院校市级精品课程名单等信息。

【健全机构设置和安全管理制度】 2017年,市教委调整信息化领导小组及办公室组成人员,梳理信息化办公室职责和架构,确立网络安全和信息化工作在教育发展中的重要地位。上海市教育卫生工作党委、市教委内部各处室和直属单位明确网络安全责任人和安全员。

【开展教育系统关键信息基础设施网络安全检查】 研究制定《2017年上海教育系统关键信息基础设施网络安全检查工作实施方案》,根据《关键信息基础设施确定指南》评定出60家单位共计71个关键基础设施。

【做好重要时期网络安全保障工作】 印发《市教卫工作党委、市教委关于做好服务保障党的十九大网络安全工作的通知》,要求教育行业各单位开展信息系统(网站)普查等工作。市教委信息办公室和信息中心组织技术人员对市教委本部信息系统进行自查,下发《加强网络信息系统安全管理工作的紧急通知》。组织专业技术团队对市教委各处室、直属事业单位、高校、区教育局、中职校的390个信息系统(网站)进行安全扫描。

(李　曼)

七、上海市公安局

【谋划上海“智慧公安”建设】 2017年7月,上海市公安局(以下简称“市公安局”)成立深化科技信息化工作领导小组,下设办公室,推进“智慧公安”规划和建设。编制完成《上海公安深化科技信息化工作建设规划(2018—2022)》,明确“一中心、一平台、多模型、多系统、泛感知、泛应用”的总体框架设计，充实各项目建设方案和近中远期目标，作为上海公安未来五年科技信息化建设发展的纲领性文件。

【加强互联网时代政务服务能力】 2017年，市公安局开通全新“阳光警务”网上大厅，实现公安政务“一窗式公开、一网式办事、一站式服务”，并对部分服务项目推出银联在线、微信、支付宝等电子支付方式。官方微信公众号推出办事指南查询、办证点地图导航、办证状态消息主动推送、在线预约办理等功能，增强公安工作的亲和力与公信力。

（方黎珺）

八、上海市司法局

【概况】 2017年，上海市司法行政科技信息化工作认真贯彻上海市司法局党委工作要求，突出技术牵引、狠抓需求导向，重塑顶层设计，工作基础不断夯实、工作愿景有力凝聚，较好地完成全年工作任务。

一是以构筑信息保障功能性支撑为根本，推动夯实工作基础。基础数据归集工作不断夯实；探索建立数据中间库，探索研制数据核心交换标准。全系统视频监控统一调度程度、司法行政系统网络保障不断夯实，网络安全保障水平进一步提升。

二是以启动重大工程立项为契机，推进顶层设计更加科学完善。重塑顶层设计，提升顶层设计理念，编制《上海市司法行政科技信息化建设十三五规划暨统筹建设司法行政大数据平台的实施方案》。以实施“公共法律服务体系信息化工程”为总抓手，统筹推进“司法行政智能语音云平台工程”“上海刑事案件智能辅助办案系统二期配套工程”“智慧公证工程”等信息化重点工程，全面建成“一个真正意义的司法行政大数据平台”。

三是以围绕中心重点发力为突破，促进服务大局更加有为。司法考试考务安全和管理保障到位；“智慧公证”专项行动初见成效；高起点、严标准推动12348上海法网上线。

【完成市政府行政审批标准化管理系统对接工作】 2016年以来，上海市司法局（以下简称“市司法局”）加强与上海市行政审批制度改革工作领导小组办公室沟通衔接，启动并推进市司法局行政审批系统与市政府行政审批标准化管理系统的对接。经过一段时间协调磨合与技术对接，截至2017年年底，市司法局已按要求将17大项、92子项行政许可审批事项全部接入市行政审批标准化管理系统，并通过市审改办验收，实时同步推送审批流程、审批文书、相关证件等要素的行政许可审批事项数据约123 937项。

【专题研究大数据工作】 2017年2月27日，市司法局召开大数据工作专题会议。会议听取信息化“十三五”基本框架及大数据建设等情况汇报，观看社区矫正数据分析实例演示。市司法局局长郑善和部署重点工作内容。一是大数据工作的顶层设计要在工作探索和推进中不断动态丰富和完善。二是大数据的功能作用发挥要服从于司法行政工作。着力发挥好大数据标尺作用,应用于人民调解工作,做到同案同调;着力做好大数据预警功能,形成分析研判报告,为市司法局党委政府提供决策参考;着力发挥大数据对业务工作的倒逼作用,促进基础性、管理性工作做好做实。三是大数据工作要聚焦“一个基础、两个领域”,使传统统计体系在大数据工作中取得新提升;使法律服务人数据作为工作主战场;使执行矫正大数据作用于创新社会治理,服务于和谐社会建设。四是要问题导向、需求导向,注重课题研究。要求各部门形成合力,跨前一步,加强大数据需求供给。五是要以典型实例为突破,谋取突破性进展,在人民调解业务上深度融合大数据技术创新。

【**召开中心组(扩大)学习会暨上海市司法行政系统大数据工作推进会**】 2017年3月15日,市司法局党委召开中心组(扩大)学习会暨上海市司法行政系统大数据工作推进会。会议邀请大数据领域的专家车品觉,重点围绕大数据的未来趋势、战略意义、内涵外延及应用模式等内容,做专题辅导报告。会前,市司法局局长郑善和代表市司法局向车品觉颁发证书,聘任其为“上海司法行政大数据实验室专家”。会议采取视频形式,全系统司法行政干部共计6 000余人参会。

【**司法部调研全国司法行政信息化工程需求**】 2017年4月20日至21日,司法部办公厅副主任刘晔等一行来市司法局开展全国司法行政信息化工程需求调研。调研组先后至市司法局行政服务中心、文化长廊、指挥中心、大数据实验室等开展实地考察,观摩信息化有关系统演示,听取信息化工作总体汇报,并召集有关业务部门开展需求调研座谈。调研中,刘晔肯定上海司法行政系统信息化工作取得的成绩,指出上海市司法行政信息化工作围绕中心、服务大局,坚持问题、需求导向,思路清晰,战略战术明确,较短时间内在夯实基础、顶层设计、重点突破、统分结合、带动发展等方面全面推进、卓有成效,走出一条科学化、规范化、标准化,具有自身特色的创新之路,具有不少可总结可提炼、复制、推广的经验做法,整体工作处于全国领先位置。调研中,刘晔传达了司法部党组、司法部对信息化工作的指示、要求,分析当前信息化工作面临的形势任务,通报司法部信息化工作的整体进展情况,要求市司法局要切实树立使命意识、担当意识,上下一心,齐抓共管,善做善成,积极向司法部建言献策。

【**市司法局局机关试点开展移动办公**】 市司法局信息技术处在原即时通讯软件“Weplus”基础上,升级打造移动政务云平台“司政通”,并于2017年5月8日在市司法局局机关正式试用。“司政通”可实现手机和电脑同步登录,包含“即时通讯”“工作台”“办公”“我”四大模块功能。其中,“即时通讯”功能主要包括消息、通讯录、组织架构、群组架构、联系人及视频语音(暂未实现)等功能;“工作台”功能主要包括实时考勤、记事本、论坛、微门户、工作提醒、网上报修、我的任务等功能;“办公”功能计划将市司法局OA非敏感信息移动化,通过加密证书和CA身份认证证书,通过VPN(Virtual Private Network,虚拟专用网络)拨号方式进行访问(安全保障),可结合电子签章等功能,从而实现不限时间不限地点真正移动办公;"我"功能参照微信中的"我",包括个人信息及系统详细设置。在试运行一段实现后,将根据软件功能完善和实际应用情况,适时启动在全系统铺开,覆盖系统内每个工作人员。

【推进网络整合和信息共享工作】 近年来,市司法局信息化建设领导小组办公室着力推动全系统网络整合和信息共享工作,先后实现监狱管理局、戒毒管理局、社区矫正管理局、各局属单位以及各区局的网络贯通、信息共享。各单位可以通过浏览器登录市司法局电子政务平台(http://192.168.1.142)、上海监狱信息网(http://10.101.8.11)、上海戒毒信息综合网(http://18.100.100.80)等进行信息浏览、业务交流。

【召开信息化建设领导小组会议】 2017 年 6 月 11 日,市司法局召开信息化建设领导小组会议,审议市司法局系统 2018 年信息化拟报建项目情况。市司法局信息化建设领导小组组长、副组长及全体成员参加会议。市司法局党委书记、局长、信息化建设小组组长陆卫东出席会议并讲话,指出一是进一步强化对信息化工作的组织领导,进一步提升市司法局信息化领导小组设置规格,完善领导小组办公室工作职能,切实发挥好对全系统信息化工作的统筹管理作用;二是把握重点,进一步做好当前信息化各项任务,建设一个真正意义的大数据平台是司法行政工作在形势、趋势和要求倒逼下呼之欲出的重大课题,是全系统每名同志共同的事情,是市司法局党委的中心工作;三是进一步统一思想、提升认识水平,把全系统各单位、部门的数据共享工作作为一项重大政治任务,全系统所有数据都要无条件汇聚到大数据平台,并设置必要权限,按权限使用平台。

【信息化大数据工作交流】 为贯彻落实市司法局党委关于对标一流、高起点推进大数据工作的指示精神,进一步提升市司法局大数据平台方案设计的科学性、可行性、实用性,2017 年 7 月 4 日,市司法局信息技术处赴市高院调研交流信息化大数据工作。市高院信息化部门负责人向信息技术处讲解市高院信息化大数据工作的概况、应用成效及规划。重点介绍市高院大数据管理系统、C2J 智能辅助系统、执法大数据系统、队伍业绩管理系统,以及当前正在打造的 206 工程的核心功能。双方还围绕大数据工作的建设、管理、应用等问题展开交流。此次调研,为市司法局正在推进的大数据平台建设提供有益借鉴,增强双方了解,为司法、法院信息共享、业务协同打下基础。

【市委政法委办公室调研信息化工作】 2017 年 6 月 21 日,市委政法委员会(以下简称"市委政法委")办公室一行 4 人,调研市司法局司法行政信息化工作。调研组一行听取近年来司法行政信息化工作总体情况,以及需要市委政法委协调解决的数据共享等难点重点意见建议。市委政法委办公室负责人对司法行政信息化工作的进步表示肯定,介绍推动政法各家数据共享协同工作的主要想法,并重点交流市委政法委落实中央政法委员会关于构建政法协同共享平台的总体设想。

【召开区司法局信息化建设座谈会】 2017 年 9 月 18 日,市司法局信息技术处召开区司法局信息化建设座谈会，专题向各区司法局信息化分管领导和信息化部门负责人传达“上海公共法律服务体系信息化工程建设行动计划”(以下简称“‘行动计划’”)及“上海司法行政大数据平台建设愿景”(以下简称“‘建设愿景’”)，明确区司法局指挥中心建设任务。同时，会议听取各区司法局对“行动计划”及“建设愿景”的意见和建议，围绕如何推进区司法局指挥中心建设展开讨论。各区纷纷表示“行动计划”及“建设愿景”总体体现大数据、人工智能等现代科技与司法行政的深度融合，有相当的预见性、前瞻性和科学性，希望通过“上海市司法行政大数据平台”，发挥信息化对司法行政改革发展的重要引擎作用。同时，希望市司法局在信息化人才、技术方面加大对区司法局的支持力度，帮助区司法局提高信息化发展水平。信息技术处负责人对各区司法局提出的意见和建议表示感谢，并表示市司法局信息技术将加大对区司法局的信息化建设指导，进一步发挥信息化在区司法行政工作中的作用。

【调研市人民检察院信息中心】 2017 年 7 月 13 日，市司法局信息技术处一行赴市检察院信息中心调研交流，市检察院信息中心主任陈军标及中心有关人员接待并陪同调研。市检察院信息中心介绍 2017 年来全市检察系统信息化建设的有关情况，重点对检察办案、检务保障、检察办公、队伍管理、检务公开、决策支撑六大平台进行介绍，并交流下阶段检察信息化工作的规划设想。双方就信息化工作中面临的共性问题进行经验交流，就检察、司法数据共享、业务协同达成初步意向。

【召开“智慧公证”专项推进会】 2017 年 9 月 22 日，市司法局信息技术处组织召开“智慧公证”专项工作推进会，市司法局公证管理处、上海市东方公证处(以下简称“市东方公证处”)及各参与公司负责人参加会议。会议明确“智慧公证”在市东方公证处全面试点的具体工作安排、时间表、任务表，就下步工作重点方向进行研讨。会上，信息技术处负责人对“智慧公证”专项试点工作提出三点要求：一是确保一周内设备、数据、人员三个到位；二是确保赋码监管、监控全覆盖、在线办证三项任务必须在市东方公证处实现试点；三是确保辅助公证员办证、服务人民群众、行政监管三方面要加快速度加大力度。

【司法部调研公共法律服务体系信息化工程暨大数据平台工作情况】 2017 年 10 月 17 日，司法部科技与信息化领导小组办公室、信息中心一行 3 人，赴市司法局调研公共法律服务体系信息化工程暨市司法局大数据平台工作，调研采取集中座谈和实地考察的形式。调研组赴市司法局指挥中心、市司法局公共法律服务中心、闵行区公共法律服务中心等实地调研，并在市司法局机关召开座谈会。调研组听取市司法局关于公共法律服务体系信息化工程暨大数据平台的总体汇报、12348 上海法网功能演示、智慧公证工程愿景汇报，观看司法行政大数据平台建设汇报片，并围绕“网络平台、实体平台、热线平台的融合情况、三支队伍建设情况、机制体制配套情况及大数据分析应用情况”等工作进行座谈。

(于湘人)

九、上海市财政局

【概况】 2017年,上海财政信息化建设以服务财政管理和改革为根本,以稳定运行、深化应用、提高效率为抓手,突出重点,分步实施,从四个方面推进工作:一是聚焦财政改革发展,落实上海市财政局(以下简称"市财政局")重点工作;二是助力财政业务拓展,提升系统功能性能;三是优化财政信息服务,推进数据贯通共享;四是强化系统性能保障,构建安全服务机制。

【推进政府购买服务管理平台的试运行工作】 根据《上海市人民政府关于进一步建立健全本市政府购买服务制度的实施意见》《上海市政府购买服务管理平台工作规程(试行)》《上海市财政局关于政府购买服务管理平台内部工作规程(试行)》等规定,2017年,市财政局着重优化政府购买服务管理平台功能和深化推进平台试运行工作。系统实现审批流程天数控制及预警,增加批量处理功能,完成非政府采购项目购买服务业务环节功能开发,新建项目运行情况表和项目实时状态统计表,保证购买服务项目管理更实时、更便捷、更全面。项目公开范围从2016年的2个区推广到16个区,项目公开数量从2016年的50多个扩大到500多个,公开力度加强。

【完善预算管理系统的功能】 根据《上海市市本级项目支出预算管理办法》(沪财预〔2017〕76号)要求,为进一步规范和加强市本级项目支出预算管理,市财政局信息处组织力量开发设计部门预算项目库,提高财政资金使用效益,提高项目支出预算的科学性、合理性。此外,在预算管理系统中,新增市与区财力结算模块,建立财力结算项目库,实现财力结算预算编制、提前告知、正式下达、预算调整、查询及对账等功能,提高市与区财力结算工作效率。根据2018年部门预算编审要求,积极调整财政性资金和非财政性资金预算编制和审核流程,调整信息化项目编报规则,增加细化挑选政府购买服务目录等功能。根据《财政部关于印发〈支出经济分类科目改革方案〉的通知》(财预〔2017〕98号)要求,对预算编制、指标管理、预算执行等系统进行改造,增设政府预算支出经济分类,设置部门预算支出经济分类与政府预算支出经济分类的对应关系,补充按照经济分类进行调整和支付控制功能。

【升级改造非税收入管理信息系统】 2017年非税收入管理信息系统完成全市推广应用,全市用户上线后,新系统运行平稳。为保障新老系统平稳过渡,按照"成熟一批,上线一批"的原则,采取市、区两级用户分多批上线的方案,并同步对老系统的历史信息进行全面清理,累计共清理垃圾数据1 200余条,确保迁移到新系统的历史信息的完整性和准确性。新系统对原平台架构进行彻底升级改造,统一非税收入收缴业务流程,对罚没收入、法院诉讼费收入等特殊收缴流程进行优化再造,增强业务节点间的校验,杜绝老系统资金流和信息流不匹配导致的各种问题;创新代开票据业务模式,解决部分执收主体收缴合规性问题,保障资金和信息流转的及时性、准确性;增加缴款警示功能，及时发送执收单位各类不及时缴款的信息，以便管理部门据此采取措施落实催缴工作。

【完成区镇支付电子化管理的试点工作】 根据财政部关于支付电子化的相关规定，结合上海市电子政务建设的实际情况，以及市级推行支付电子化经验，市财政局信息处积极做好区级国库集中支付电子化平台硬件基础设施在市局的集中部署建设，稳步推进上海市区级(镇)国库集中支付电子化管理工作。以徐汇、金山两区及金山两镇为试点，制定实施方案，指导试点区财政局做好培训及相关准备工作，完成试点区镇的上线应用，为下一阶段全面推进区级、乡镇支付电子化管理进程奠定基础。

【完成全市政府财务报告管理系统的应用工作】 根据《财政部关于开展 2016 年度政府财务报告编制试点工作的通知》(财库〔2016〕112 号)及《关于开展政府财务报告管理系统建设应用的通知》(财信办〔2016〕25 号)的安排和要求，市财政局信息处完成政府财务报告管理系统在全局的集中部署应用工作，为市、区、乡镇各级预算单位、主管部门、财政用户编制和上报 2016 年政府财务报告提供技术支持，并按时于 2017 年 8 月底完成全部填报汇总工作，于 2017 年 9 月初通过应用支撑平台上下贯通通道上报财政部政府财务报告管理系统。

【优化政府采购系统功能】 政府采购平台积极创新，设计开发应急评标功能，实现在系统遇到突发状况时，代理机构经政府采购主管部门允许，可通过事先下载的加密文件进行线下评标，事后再将评审结果补录回系统。为满足用户多样化的采购需要，系统增加“采购人自行采购”“一招三年”“入围采购”等功能，增加“竞争性磋商”的采购方式。通过完善平台监控功能，采购人、代理机构和财政主管部门可以查询自己职能下采购项目的流程信息和基本统计信息，掌握项目进展情况，方便开展工作。

【优化财政专项资金管理平台功能】 2017 年，将市对区转移支付的专项资金拨付情况纳入市级专项资金管理平台进行统一管理。市财政部门在原有市级财政专项资金管理平台的基础上进行功能扩展，各区共同参与，运用“制度加科技”管理方式，优化市级专项资金管理平台，从业务上实现对市级专项资金的事前、事中、事后监管，从技术上丰富财政专项资金管理手段。

【优化行政事业单位国有资产管理系统功能】 根据市级行政事业单位房屋核查工作要求，市财政局信息处组织开发定义房屋核查报表，为数据填报和汇总分析工作提供技术支持。根据 2016 年修订的资产管理办法，组织人员调整开发财政资产管理系统、预算单位版资产管理系统的数据交换接口软件功能，同时新增开发行政单位对外投资登记、对外投资处置等功能，完善资产清查、卡片管理、事业单位资产处置等功能，并优化系统的整体运行性能。

【优化预算绩效项目在线评价功能】 预算绩效中介机构及专家在线应用平台，经过前期开发建设，2017 年实现 13 个重点项目的项目评价任务接收、中介在线评价、专家在线评审等功能。通过中介机构及专家在线参与绩效评价，有效提高预算绩效项目的评价效率，实现预算绩效信息管理系统使用对象和绩效管理流程的全覆盖。

【优化各业务系统性能】 2017年，市财政信息部门以降低数据库开销值为目标，各系统分主次、缓急、步骤，有计划地优化系统程序。此外，政府采购平台利用国庆假期中的两天暂停平台服务，完成平台2015年以前数据的迁移工作，缓解生产环境存储压力；非税收入管理系统通过分离动态数据和静态数据的方式提高系统的运行效率。

【提升财政门户网站服务能力】 市财政局门户网站作为财政的对外窗口，以用户需求为导向，不断提升服务能力。通过数据交互，系统实现中国上海政务大厅用户的统一登录以及财政网上办事事项的“一口办理、一码查询、一站反馈”；初步完成全站无障碍改造，为视障人士访问财政网站扫除障碍；配合开发2017年小微企业财会知识竞赛网络系统，提高公众对小微企业财会知识的认知度；建设高级会计师论文申报系统，提高论文审核效率。在中国优秀政务平台推荐及综合影响力评估中，市财政局门户网站获得“2017年度中国政务网站领先奖”。

【提升财政综合一体化办公能力】 2017年，在综合办公系统在稳定运行的基础上，市财政局重点关注新功能拓展和政府采购审批事项的一体化设计。在综合办公系统中新增工资查询系统，实现工资条电子化，便于本人查询工资明细和合计汇总信息；开发“信用信息”功能，优化原有信用信息报送流程，实现信用信息从采集输入、审批流转、上报法人库等全过程数字化处理，减少人工操作；完善上海财政党建网，在中共十九大召开之际，按照市财政局机关党委要求，新增相关专栏专页，为宣传和贯彻十九大精神提供支撑；通过升级邮件系统，增加新邮件提醒功能并扩增邮箱容量。此外，市财政局信息处配合预算处和采购处，开发政府采购审批事项一体化功能，支出处室对预算单位来文和从财政业务信息处理平台自动导入OA的信息进行审核，系统将审核意见自动反馈到财政业务信息处理平台。此模块实现采购事项审批业务流程和OA行政办公流程的整合优化，提升政府采购审批效率。

【提升财税库银横联数据共享水平】 通过建立市财政局与中国人民银行(以下简称“人行”)间的电子数据传输安全通道，实现从人行、国库代理行接收全市税收电子数据等信息。利用横联系统中接收到的税票信息实现纳税人信息获取；通过与市经济信息化委法人库建立数据接口，实现纳税人的法人信息获取。利用市、区数据交换通道将税收数据及法人信息下发到各区，实现横联系统的建设目标。依托系统，开展相关数据分析利用，为进一步提高税收分析水平提供数据基础。

【提升预算管理系统一体化统建统管水平】 根据财政部关于应用系统纵向集中化建设管理要求，市财政信息部门着力促进财政核心业务系统的全市规范统一，实现市与区财政局间系统的紧密对接。在对统一版本的预算管理一体化系统加强支持、深化应用的基础上，进一步推动尚未使用市财政局统一软件的单位换版升级，截至2017年年底完成浦东和闵行两个区的推广工作，升级工作平稳推进。通过逐步推进上海市、区二级财政的信息化统建统管，各级财政的业务系统有望进一步实现有效衔接和信息共享。

【提升全市公务卡使用监管力度】 为落实市委关于进一步加强反腐倡廉制度建设的工作要求，进一步完善上海市公务卡制度建设，市财政局信息处积极推进公务卡及现金使用管理考核系统全面应用，将全市公务卡及现金使用管理考核纳入信息系统，有力保障全市数据上报汇总工作完成。此外，完善监督检查功能，通过对现金提取情况的动态监控，从公务卡强制结算目录执行率、现金使用率、检查监督情况三个方面，实现对全市相关部门的全面考核，进一步推进全市财政数据贯通和集中，加强对财政资金使用情况的监督管理。

【做好业务应用系统运维保障工作】 市财政信息部门继续深化财政信息系统服务理念，做好日常业务应用系统运维保障工作。2017年全年共处理各处室的业务需求单618份，后台数据修改共计528条，电话接线达到109 315通，在线咨询52 800通，上门解决问题99次，通过各类培训服务而获益的有1 730人。此外，为提高全市各级财政信息系统管理员的云计算平台技术知识，举办为期四天的云计算技术培训；为进一步推进财政内外数据资源的有效利用，组织各区财政局信息系统管理员开展"全市财税库银横向联网系统专题培训班"。市财政信息部门通过多种信息技术渠道优化信息系统，提升财政业务处理效率，满足财政多样化业务需求，使财政信息系统不断加快、系统功能日益完善，从而更好地精准服务对象、通畅服务流程、集成服务信息、提高服务效率。

【做好基础设施运维保障工作】 坚持做好信息化基础设施运维服务、网络与信息安全服务，不断提高服务保障水平，提升信息安全防护能级。结合2017年网络信息安全工作计划，以实施等级保护测评为抓手，促进安全责任落实。为检验应对信息系统重大灾难事件的处置能力，确保信息系统安全稳定运行，结合应用级灾备系统运维工作，开展两次信息系统应急演练，查缺补漏，取得良好效果。通过抓好信息化基础设施的日常巡查、定期巡检、故障处理、应急响应等运维服务工作，及近1 000套桌面信息化终端设备的故障处理、技术服务工作，为市财政局各大业务应用系统的安全、稳定运行提供保障。2017年，市财政局获得"上海市网络安全等级保护工作先进单位"称号。

【做好上海财政门户网站上云迁移工作】 上海财政门户网站作为2017年第一批上云项目，采取整体迁移的方式实现由市财政局机房到政务云的迁移部署。由于系统关联度极高，此次上云共包含7个应用系统，同时涉及5个内联系统，以及3个外联系统的相关调整。面对迁移工作时间紧、任务重、平台新、经验少的实际情况，信息处迅速确立"平稳衔接、影响最小"的迁移原则，坚持每天记录问题、按周汇报进度、及时沟通需求、配合落实方案，共计完成政务云端50台服务器的数据迁移及应用部署，配置网络策略340余条，同时对负载均衡和存储资源也进行相应的部署和优化。为在最短时间内完成上海财政门户网站的上云切割任务，市财政信息部门制定详尽的上云切割方案、上云切割失败的应急预案和回退方案，确保将对各业务部门的工作影响降到最低。上海财政门户网站经过12小时的上云切割，所有系统迁移部署顺利，运行平稳。

【做好重点课题研究工作】 针对市财政局课题“基于‘上海政务云’的政府采购系统服务机制若干问题的研究”开展调研工作，详细分析政府采购信息化服务现状和主要问题，并与国内外部分地区的政府采购信息化发展趋势和创新模式进行比较。在此基础上，通过分析云服务模式选择、功能设计、建设运营模式选择、安全保障等诸多问题，提出政府采购信息化应用云服务的基本观点。以此课题为契机，积极主动探索云平台的应用优势，研究云安全的应对策略和适应智能化服务的新要求。

（李　政）

十、上海市交通委员会

【智能交通宣传片发布】 2017年，上海市交通委员会(以下简称“市交通委”)积极开展上海市智能交通宣传片拍摄工作。宣传片从轨道、公交、出租、停车等与居民出行息息相关的行业切入，展现近年来上海交通智能化的发展成果。一分钟的宣传短片于10月17日在微信公众号推出，并在市内相关车辆、楼宇等移动视频端滚动播放。

【门户网站运行平稳、测评优秀】 在2016年度网站评比中，市交通委门户网站连续第6年获得“中国上海优秀政府网站”称号，中华人民共和国交通运输部网站评比中排名第9。市交通委科技信息中心每月对网站服务器进行升级、检测和巡检。在两会及十九大期间，建立24小时人员值班和应急保障预案，开启防篡改程序，每天全量数据备份，增加网站自动化监控平台的扫描频率，第一时间发现问题并进行短信报警。2017年5月，勒索蠕虫病毒大面积爆发，网站维护部门作出有效响应。针对全国普查5大指标体系、15项重大指标，每季度出一次报告，基本达到普查要求。

【网上政务大厅深化应用、全面建成】 根据市政务网网上政务大厅的要求，市交通委对门户网站原有的办事指南要素进行全面梳理。规范填写、统一格式，按要求完善各要素，做到基本要素及详细要素不缺失。门户网站与市网政务大厅完成各部门审批事项数据100%接入，数据质量评价达到98%，大部分事项实现统一登录及身份认证。按照上海市人民政府办公厅“一事一码”的要求，市交通委科技信息中心还对市级62大项、435小项编目进行对应关系确认，做到政务服务事项名称、类型、依据、编码等要素相对统一。

（俞婷莉）

十一、上海市文化广播影视管理局

【概况】 2017年,上海市文化广播影视管理局(以下简称"市文广影视局")紧紧围绕上海市政府电子政务重点工作安排,牢固树立"互联网+政务服务"理念,以网上政务大厅、事中事后综合监管平台、电子政务云建设为抓手,不断加强制度创新、强化基础支撑、深化政务应用,在转变政府职能、提高服务水平、提升现代治理能力等方面发挥积极作用。

(符慧君)

【加强平台建设】 2017年,市文广影视局官方微博"文化上海"在新浪网、腾讯网、东方网三个平台运行平稳。截至2017年12月31日,"文化上海"在三个平台上累计发布微博3 643条,转评量占全部转评的75%左右,粉丝数总计225 153名。2017年,市文广影视局官方微信"文化上海"全年发布演出、展览、公共文化、政府公告等相关资讯2 450条,拥有粉丝数量90 179名。2017年,"文化上海"在全市委办局政务微信、微博中的影响力排行榜中名列前茅,获"上海发布"颁发的"2017年上海政务新媒体优秀奖"。

(严佳文)

【"互联网+公共文化"新模式】 "文化上海云"综合运用云计算、云存储等技术,将各级各类公共文化服务纳入一个门户平台,并与国家数字支撑平台对接,市民通过电脑、手机、移动终端和电视接入,只需在门户上点击相应服务模块,就能快捷享受文化服务内容,满足"我要知道、我要参与、我要互动、我要评论"的参与需求,不受时间和地域限制。2017年5月,李克强总理肯定上海利用"互联网+公共文化"的创新模式,推动公共文化服务机构效能提升的经验。6月,文化部在上海专门召开提升公共文化服务效能全国现场会。

2017年,"文化上海云"总计发布有效活动信息78 059条,其中演出16 932场,培训19 666场,展览2 522场,亲子3 955场,公益电影15 746场,聚会11 650场,讲座5 120场,赛事1 542场,其他926场。另外,可通过云平台预约参与的活动26 642场,可通过云平台进行预订的活动室766个。截至2017年年底,"文化上海云"已覆盖全市16个区546家文化场馆,已有注册用户190多万人,日均平台浏览量达40万,累计用户评论54 430条。"文化上海云"已成为市民享受公共文化的重要途径和平台。

(杨燕娜)

【上海公共文化服务信息平台项目启动】 上海公共文化服务信息平台项目是推动上海智慧城市建设的重要组成部分。该平台将实现对各种公共文化资源的层级化汇聚和管理,主要包括对市级重大文化活动和资源采集,并与已有的市属公共文化场馆信息资源平台、社区文化活动中心及文化馆、图书馆,其他开放数据接口的公共文化场馆,以及区文化云的信息资源在索引、管理、接口、对外服务、监管等方面进行有效整合,构建公共文化四大服务入口(即Web门户、微信、市民云及本地化服务节点),实现全市文化资源的接入和整合。

(毛占刚)

【上海市广播电视安全播出值守系统项目建成】 上海市文化广播影视监测中心(以下简称"文广影视监测中心")根据对于安全播出方面的相关文件要求和精神,结合文广影视监测中心"十三五"信息化发展规划和实际业务需求,于2017年建设上海市广播电视安全播出值守系统。该系统将文广影视监测中心现有分散的各监测业务子系统资源聚合,形成统一的信息数据中心,对各类的监测数据及预警信息进行智能筛选和分析汇总,对事件事故进行接报、处置、反馈跟踪、展示及发布,针对特定的监测业务进行实时分析。信息数据中心运用监测信息科学化、信息化的管理手段,实现信息聚合、快速响应、精确定位和灵活推送的监管目标,巩固提升广播电视安全播出水平和应急保障能力。

【上海市文化广播影视监测中心监测监管私有云项目建成】 针对文广影视监测中心信息化现状和发展要求,综合考虑广播电视科技发展、广播电视数字化进程和网络媒体业务的发展,文广影视监测中心于2017年实现中心机房IT资源虚拟化,及相应的监测监管私有云管理平台建设,并分批次完成文广影视监测中心各监测监管业务系统的云迁移工作。项目以虚拟化为手段,整合机房各监测监管硬件系统,提高机房使用率,提升系统稳定性,统一数据接口、通信协议和数据格式,统一运维管理,加强信息安全管理力度。私有云平台在建设过程中遵照信息系统等级保护二级建设规范要求,形成相应的网络安全防护体系,加强信息安全管理力度,保障云平台本身及云上各业务系统的安全运行,并同步推进运维工作向规范化、制度化的方向发展,做到安全透明、有迹可循。

(卢南琼)

【博物馆数字中心建立】 随着博物馆数字资源的日益增长,以及各项应用的不断开发,数字资源已成为博物馆最重要、不可或缺的资产之一。与此同时,博物馆信息系统大数据的分析和处理也吸引越来越多的关注。因此,充分利用数据资源、分析、展示产生新效益,是博物馆重视与努力的方向。2017年,上海博物馆开始建立对应用系统与数据资源进行集中管理、科学分析、调度监控及可视化展示为目的的数字中心,以初步实现博物馆资源的核心汇集与发布。它既是一个统一的数字资源管理平台,也是一个统一的数字资源展示平台,涵盖展馆、展览、藏品、观众等核心指标,描述博物馆信息资源及其载体,构建、挖掘、分析呈现信息资源及核心指标之间的相互联系,为上海博物馆开展精准化管理、大数据挖掘以及可视化展示工作打下良好基础。

(翁昌欣)

【建成基于BIM技术的智慧博物馆】 上海世博会博物馆是上海首个市财力投资的BIM(Building

Information Modeling，建筑信息化模型）试点项目，是上海市实施BIM技术管理试点样板示范工程项目。该项目先后获得“创新杯”BIM大赛一等奖，第五届“龙图杯”BIM大赛综合组一等奖，第二届中国建设工程BIM大赛“卓越工程项目一等奖”等全国性奖项。上海世博会博物馆于2016年完成BIM设计和施工阶段应用，于2017年逐步过渡到场馆运维阶段，并新建场馆运维期全过程管理系统，即“运维平台”与“协同管理平台”，以满足场馆日常运维使用。

（陈晓波）

十二、上海市卫生和计划生育委员会

【概况】 2017年是“十三五”改革发展深入推进之年。在市委、市政府的领导下，按照国务院医改领导小组和国家卫生计生委的统筹安排，上海市卫生和计划生育委员会(以下简称“市卫计委”)积极推进上海市、区两级人口健康信息平台建设，不断完善全员人口数据库，促进互联互通、业务协同，研究探索健康医疗大数据应用发展试点示范工作。运用信息化手段，努力推进健康上海建设，提高群众获得感。

【完成上海市健康信息网二期项目】 基于市民电子健康档案的卫生信息化工程全市拓展项目(即“上海市健康信息网二期”)于2017年11月通过专项验收。完善市级数据中心、区级数据共享交换平台、公共卫生基础系统、235家社区卫生服务中心系统、公众服务网等信息系统，实现高血压、糖尿病等已有公共卫生系统在11个区的推广，新建统一的数据交换区域，实现全市卫生系统工作协同。

【推进人口计划生育信息系统建设】 继续做好国家流动人口PADIS(Population Administration Decision Information System，人口宏观管理与决策信息系统)平台上海子系统建设工作，2017年年内跨省共享交换数据1 305万余笔。完成互联互通数据上报接口第二版开发工作，新增“计划免疫信息上报接口”“共享数据交换平台情况监控系统”等内容。

【完善数据采集和质控机制】 把卫生信息平台的个案数据采集标准纳入《上海市卫生计生统计制度》，有效保证源头数据质量。2017年5月依法完成相关统计调查制度的备案工作，8月完成针对全市各级各类医疗机构培训工作，并在上海申康医院发展中心的配合下开展全市推广新代码应用和信息系统对接工作。

【推进卫生信息化应用测评工作】 2017年针对上海市医院互联互通数据标准、管理平台建设规范，以及医务人员身份认证等信息化建设要求，对电子病历应用水平测评指标进行优化。在全市范围开展测评培训，召开 6 场培训会，有针对性地解读、解答、指导电子健康档案应用水平等级评审。

【探索医疗卫生大数据开发利用】 加强大数据对政府决策和行业监管的支撑，围绕公立医院服务产出评价的指标体系，为医疗费用控制等政策的贯彻执行提供全面数据支持。开展重点技术临床应用现状监测、健康保险数据服务探索等各类支持科研和健康服务的工作。

【优化行政事务处理信息系统】 推进卫生计生部门网上政务大厅建设工作。2017 年市卫计委接入网上政务大厅的事项中，市级审批事项 30 项，市级服务事项 1 项，使用市级统一系统的区级审批事项 24 项，区级服务事项 14 项。其中，“食品安全企业标准备案”事项率先完成“全程网办”，减少相对人办理难度，提高行政办理效率。

【积极推进“双公示”工作】 2017 年市卫计委卫生计生行政许可、行政处罚信息“双公示”数据归集报送 103 991 条，完成“上海卫生监督”网站改造，实现网上公示，保障信息的准确性、完整性，提高信息公示频率。

【推进政府数据资源共享】 2017 年，市卫计委所有使用市财政资金并已建设完成的信息化项目数据资源编目和注册率达到 100%，总目录数量达到 735 条，数据项共 17 583 条。在上海市政府数据资源服务平台上发布的数据产品增加到 69 条，新增“人口”“前十位死因”等 5 类统计数据信息向社会公众开放。

【推进事中事后综合监管平台建设】 市卫计委与上海市事中事后综合监管平台已实现平稳数据对接和工作协同，并与相关部门沟通，提出解决数据冗余性问题的工作方案，形成保障交换数据一致性、准确性、及时性的工作机制。

【拓展指挥医疗服务】 积极配合市经济信息化委建设“面向市民的一站式‘互联网+’公共服务平台”项目。2017 年完成在线预约挂号等全部 8 项工作在平台上线，为市民提供优质客户端便民服务，提高市民群众的获得感和对智慧城市建设的感受度。

【做好卫生计生行业网络安全与信息化保障工作】 多次召开全行业网络安全专项会议，对行业内 6 家单位开展关键信息基础设施网络安全抽查、28 家单位开展互联网信息系统专项抽查。组织开展全行业《网络安全法》解读培训会，举办 2017 年上海卫生计生行业网络安全知识竞赛，参与人数达 14 万余人。调整上海市卫生计生行业信息系统等级保护定义为三级的重要信息系统范围。搭建全行业网络与信息安全管理系统。部署全行业态势感知平台。与市网信办联合表彰 2017 年度上海市卫生计生行业 29 家网络安全工作先进单位。

（唐怡雯）

十三、上海市审计局

【概况】 2017年,上海市审计局(以下简称“市审计局”)按照市委、市政府审计署的工作要求,结合年度审计重点任务,积极探索大数据服务精准审计的新路径,努力推进审计信息化建设和应用保障工作,较好地促进上海审计工作提效增质,向纵深拓展。

【推进“上海数字化智能审计工程”建设】 2017年是“上海数字化智能审计工程”建设的关键之年,各项工作按计划有序推进。一是组织召开工程项目协调会。协调工程项目推进有关事项,明确工作任务。二是完成数据中心、审计数据采集交换平台等七大应用系统的开发,对系统3 000余个功能点逐项进行测试、修改、完善。三是初步完成相关单位数据采集和审计方法制作的实施工作。年内,已实施审计方法3 800余个。四是抓好项目进度管理和质量管控。强化安全保密管理,做到重要敏感数据脱敏和“五严格”,即严格设备管理、人员管理、现场管理、用数管理、过程管理。

【探索大数据技术在服务精准审计中的应用】 要实现“有重点、有步骤、有深度、有成效”的审计全覆盖,大数据审计是必由之路。市审计局制定2017年大数据综合分析团队年度工作计划,积极探索“审计未动、数据先行、贯穿始终”的大数据审计工作模式,在审计实战中取得较好的效果。一是聚焦规划引领、工程带动,“五个一”布局实施路径;二是聚焦技术创新、实践融合,“四平台”服务精准审计;三是聚焦人才培养、思维转变,“两团队”成为攻坚主力。市审计局分别运用Tableau工具构建财政数据分析平台,总体分析,由点及面;运用图数据库、弹性搜索等技术构建审计内容综合管理平台,打通数据环节,形成数据价值链;以GIS数据为基础构建图层数据分析平台,空间数据,三维展示;复用金审联网审计平台构建数字化审计分析平台,固化模型,批量筛查疑点。市审计局大数据审计工作得到审计署认可,两篇大数据审计论文入选审计署大数据审计研讨论文集,市审计局分别在全国大数据审计研讨班和全国审计机关工作会议上做经验交流。

【发挥门户网站信息公开平台的作用】 市审计局重视门户网站的管理与信息更新,在市政府办公厅组织的市政府网站测评中,被评为优秀网站。一是推进政务公开工作。主动公开政府信息58项。通过“上海数据服务网”新增6项43条数据资源开放,其中5项数据资源的总体评价为五星级。二是信息宣传工作取得新进展。2017年度共被审计署网站、微信公众号、中国审计报等载体采用信息20多篇。三是网站管理工作取得新成效。完成“上海审计”及公务网网站信息、图片等的发布、更新,受理网站各类信箱、举报咨询等120件留言,加强网站日常监测和季度抽查,组织做好发现问题的整改及季度抽查情况公开。四是做好政务微博的管理,开展网络舆情日常跟踪,起草审计工作报告、审计整改报告舆情分析。五是完成市政府办公厅要求的“互联网+

政务服务”自查整改及报告,“互联网＋政务服务”落实情况报告、电子政务和“互联网＋政务服务”工作情况报告。

【强化软件正版化管理和保密检查工作】 市审计局进一步加强安全保密工作和软件正版化管理工作,2017 年市审计局被上海市保密局评定为 2017 年度保密工作考核优秀单位。一是认真抓好保密管理工作。每年定期开展保密检查和自查,确保对工作使用的便携机逐一检查,对网络终端的设备在线核查,对市审计局专网数据库采用专门工具进行查找,不断提高整体安全风险防范能力。通过审计署和上海市国家保密局对市审计局的保密检查和年度等保三级的测评工作。二是认真抓好软件正版化管理工作。2017 年市审计局在完善相关制度的基础上,与全局员工签订使用正版软件承诺书,并开展正版化软件知识学习教育与小测试,组织开展对市审计局使用正版化软件的检查和相关信息设备的登记工作,2017 年年底通过上海市版权局组织对市审计局软件正版化的检查工作。

【开展大数据技术培训和课题研究攻关】 结合审计工作需要,组织开展系列信息化培训工作。一是开展信息技术培训。面向全市审计机关组织开展审计大数据解读及审计思路培训班、大数据审计技术与应用培训班、数据库应用技术专题培训班,培训内容紧密结合审计需求,共有百余人参加培训。二是组织市审计局大数据综合分析团队赴上海大数据交易中心参观学习,了解相关信息,拓展工作思路。三是开展相关课题研究。全年对“大数据分析技术在精准审计中的应用研究”“大数据背景下数据挖掘技术在审计中的研究和应用”“省以下审计机关管理改革背景下审计信息化建设研究”3 个信息化方面的课题开展研究攻关。

(张云天)

十四、上海市国有资产监督管理委员会

【概况】 2017 年,上海市国有资产监督管理委(以下简称“市国资委”)认真贯彻中央和市委、市政府有关深化国资国企改革发展的新部署、新要求,牢固树立“四个意识”,围绕市国资委重点工作,坚持以“十三五”信息化专项规划为统领,以加强国资监管信息化为主体,以推进企业信息化和机关信息化发展为两翼,扎实做好国资监管数据平台三年建设的收官之作,充分发挥推进企业两化融合发展的四项机制,全力保障电子政务和机关工作信息化建设,努力实现以信息化为支撑带动企业核心竞争力和各项业务工作的全面提升。

【推进国资监管业务信息化】 2017 年,初步完成“新国资监管数据平台”三年规划建设,形成纵向上覆盖市国资委与一级企业的 VPN 专网建设,横向上打通各业务系统的一体化采集平台。通过分

步完成“监管数据集中采集”“监管业务协同联动”和“监管信息全景展示”三个子平台建设工作，实现对2004年以来历史数据的清洗集中、业务协同和全景展示功能，变过去监管条线信息化为监管数据互通的集成信息化。同时，市国资委探索以购买服务的方式获得系统外专业数据和信息服务，通过内外数据的交叉验证，实现对国有资产全方位监管，为后续数据的深度挖掘和分析提供依据。此外，市国资委产权管理处与工商部门商讨建立商事登记与国资产权管理联动机制，完成市国资委5个处室信息化需求对接整理工作，组织下属企业集团460多人在国资监管信息平台进行操作培训，会同金融企业评价处完成国资系统VPN网向金融企业延伸工作，并实地调研6家金融企业集团。

【推进国资监管平台建设和应用】

以国资监管平台为中心，着力建设各业务系统。经过三年规划实施，2017年，完成国资监管平台建设，初步形成横向覆盖一级企业，纵向打通各业务系统的网格化数据采集平台，通过不断完善各业务系统模块功能，逐步发挥国资监管平台综合分析、研判、决策效能。在平台内部自有数据方面，稳步推动综合处“63号文”系统、业绩考核模块、内部审计模块的平稳上线，全周期跟进收入分配模块的使用情况，通过对2004年以来历史数据的迁移存储、清洗集中、业务协同和全景展示，实现财务、内审和收入分配数据的图形展现，变过去监管各业务条线信息化为监管数据互通的平台信息化。协助业务处室开展信息化专项培训5场，中心主办国资监管信息平台培训2场，培训范围覆盖所有一级集团，培训累计超过500人次。在平台外部信息服务方面，积极探索以购买服务的方式获得系统外专业数据，通过内外数据的交叉验证，实现对国有资产的全方位监管，为后续数据的深度挖掘分析提供依据。

以项目管理规定为准绳，严格落实全周期治理。认真贯彻上海市信息化项目管理办法精神，紧盯项目管理各关键环节，确保信息化项目全周期治理合法合规。在项目评价方面，严格落实市经济信息化委信息化项目支出预算的有关要求，对照评价指标，查找存在的差距和不足，会同合作厂商集中力量弥补短板弱项，在时间紧、经费有限的情况下，顺利通过市国资委“国资经营预(决)算软件(运维)”“国资监管信息系统(运维)”项目的综合绩效后评价，以及“国资委业务应用信息系统(运维)”“内、外网网站(运维)”“国资监管风控大数据信息系统”综合绩效前评价工作，为新年度的项目申报工作打下良好基础。在项目申报方面，加强与业务处室沟通交流，收集统计各处室信息化建设项目需求，并与个别业务处室召开专题会议细化完善项目需求方案，着力寻求信息化手段解决业务痛点的方法路径。在招标采购方面，按照政府招标和委内相关规定，严格将项目前期第三方服务纳入项目管理范畴，对11个信息化项目进行公开招投标和公示采购，并由公开招标的专职机构进行招标代理、监理，确保项目招标采购的规范、透明。在建设验收方面，前移项目风险，将项目验收时可能造成的质量偏差风险，前移至项目建设全过程管理，在建设过程中对照验收标准，在验收时查阅建设记录，邀请第三方专家进行专业评审，通过整体方案设计、需求文件评审、流程需求确认、阅览方案策划等工作，顺利完成2017年度新建信息化项目建设和验收工作。

以推动业务提升为目标，充分发挥信息化效能。紧紧围绕业务处室工作需求，充分发挥信息化在数据资源整合、信息快速处理方面的优势，着力在提升业务效率、简化工作流程、优化业绩展示等方面下功夫，为市国资委机关运行提供技术保障和技能支撑。

【推动产业信息化发展】

立足现有条件，推动大数据应用融合。为进一步深化大数据资产认知，推动国资系统企业大数据应用，在上海数据交易中心举办“数据互联引领未来”主题沙龙，研讨大数据产业链供需对接和应用创新。同时，聚焦大数据应用及治理的总体目标，举办“国资系统数据资产化技术及金融行业应用沙龙”，并启动国资大数据课题。通过访谈市国资委下属企业、调研行业生态、调研外部标杆企业等方式，开展大数据领域应用前期分析、治理体系建设、应用框架研究课题研究。

紧盯困难瓶颈，夯实信息化工作基础。着眼企业系统运维工作中的痛点、难点及正版化问题，开展信息化系统运维专场沙龙和“自主可控技术及应用”主题活动，推动企业经验交流，提升企业运维工作效率和自主可控能力。为进一步提升国资系统信息安全整体防护水平，以学习贯彻《网络安全法》为契机，落实市国资委系统企业信息化工作会议要求，举办国资委安全培训班，超过160人接受培训。

着眼发展方向，注重信息化示范引领。推动新技术发展，加强创新技术基础研发和前沿布局，把握人工智能的重要机遇，借鉴优秀企业的领先技术，举办走进“上汽—安吉人工智能实验室流”主题活动，与市商务委、上海市邮政管理局一起举办“开放创新，共建智慧供应链”主题活动。为加快推进上海市具有全球影响力的科技创新中心建设，促进工业互联网发展和推动企业转型升级，组织召开《2017年度上海市工业互联网创新发展专项资金项目指南》的专题解读会，帮助国资企业进行项目申报，同时还举办“工业互联、驱动未来”工业互联网主题沙龙。

【保障电子政务和机关工作信息化】

完善机关信息化主体建设。推进机关信息化制度建设，拟制《市国资委信息化管理办法》和《市国资委国资监管信息服务项目管理办法》。围绕业务处室工作需求，充分发挥信息化在数据资源整合、信息快速处理方面的优势，着力在提升业务效率、简化工作流程、优化业绩展示等方面下功夫。为市国资委机关电子政务系统运行提供技术保障和技能支撑。完成无纸化办公系统签报模块优化，配合办公室推进机关档案电子化。加强政务内网计算机管理，完成政务内网国产化替代工程工作实施方案。配合相关处室做好市国资委门户网站测评工作。加强网站内容维护，核实新旧网站数据，同时加强与政府公众信息网管理中心对接，为市国资委外网网站迁移至政务云做好技术支撑，顺利完成系统资源的申请和实施部署登录账号的开设，为新网站的上云迁移做好准备工作。

加强机关信息化运维保障。继续整合市国资委数据中心托管后软硬件资源，截至2017年年底市国资委宝山云数据中心已将59家企业纳入一级企业的VPN专网，并且线路已经归入BTIM监控平台的监控范围，通过监控平台实时监测VPN

专网线路、网络设备、安全设备、服务器及服务器上中间件等设备的运行状况，有力保证国资监管系统的正常运行。强化运维体系建设，通过建立运维热线和运维团队，年内共受理涉及浏览器、用户操作、权限、系统问题等运维故障 2 936 起，大大减少故障影响程度、缩短技术处理时间、提升服务满意度。配合各处室优化市国资委内外网发文功能，对网站内容进行核查，提升网站信息准确性，保障信息时效性。年内市国资委门户网站共编发各栏目信息 1 332 条，内网网站编发信息 510 多条，主动公开信息 36 条。上报中国上海门户网站信息 440 条，被录用 311 条，上报国务院国有资产监督管理委员会网站信息 437 条，被录用 95 条。

筑牢机关信息化安全基础。继续完善国资监管系统，对国资监管平台系统等保测评，针对测评机构明确的整改意见，拉单列表，明确责任单位和整改完成时限，积极进行系统完善，努力推动等保二级测评工作。搭建网站日志服务器，对网站数据进行备份，对门户网站、产权登记、资产评估 3 个系统进行域名防护，定期巡检，实时监控网站，进一步提升网站防攻击能力，保障网站信息安全。中共十九大期间，通过完善应急预案、加强训练演练、强化备勤值班等有力措施，确保会议期间市国资委网站信息安全。

（赵　泉）

十五、上海市地税局

【应用系统平稳有序】 2017 年，上海市地税局加强技术与业务融合，做好应用系统的开发推广工作。一是完成国家税务总局离境退税信息管理系统第一批切换，实现省际互通。二是构建出口退税管理服务平台，在全国范围实现“二率先”突破。三是全力支撑上海有奖发票试点工作。四是推广采用二维码便捷纳税人开具增值税发票工作，发票网上办理＋专业配送。五是推进个人网上办税服务厅优化升级，做好所得税汇算清缴网上电子申报工作。六是继续推进电子税务局项目。

【保障金税三期工程系统优化升级】 全市推广金税工程运维服务管理平台，实现“监、管、控”一体化。一是全面夯实基础工作，着力增强系统运维的高效性。严控版本升级，精准问题处理，规范系统配置，把控调整需求、测试验证，2017 年共完成生产环境升级 45 次。二是持续推进数据工作，着力发挥数据应用的支撑性，及时处理问题数据，处理率和准确率均处于全国前列。

【民星路数据中心建设】 为做好民星路数据中心机房移交接收工作，反复走访现场，切实掌握数据中心大楼的基础建设、区域功能设置、设备采购安装，以及配电分本等多方面相关数据，取得大量第一手资料，形成多份工作报告及设想，为日后对数据中心大楼的接收及运维管理提供有力保障。同时参与民星路机房搬迁方案规划，以及上海市政务云税务分中心方案讨论。负责网络、计算存储等相关技术方向选择、架构描述、设备选型、预算制定工作。

【网络与信息安全保障工作】 为落实加快构建关键信息基础设施安全保障体系，积极开展网络安全检查，成立工作领导小组，推进等保测评工作完善管理制度。建立健全网络安全事件应急工作机制，组织开展全市税务系统网络安全事件应急演练，参与单位34家，参与人员达847人。积极开展网络安全宣传周活动，组织3支队伍参加中国信息安全技能竞赛，并获得三等奖。

（刘　汀　周冠婷）

十六、上海市工商行政管理局

【推进国家企业信用信息公示系统建设】 按照国家工商行政管理总局(以下简称“国家工商总局”)“全国一张网”工作要求，上海市工商行政管理局(以下简称“市工商局”)进一步完善国家企业信用信息公示系统相关功能，包括完成企业公示信息数据对外服务子系统的功能设计与开发工作，完善业务专网举报处理和信息比对等功能。加强系统运维，提升系统访问性能，做好年报高峰期的技术保障与支持；推进各类业务数据汇总并上报国家工商总局，实现上报数据监控、对账与追溯功能，做好数据上报日常维护工作。

【推进事中事后综合监管系统建设】 在2016年基本完成上海市事中事后综合监管系统平台框架的基础上，进一步完善“双告知”“双随机”、联合惩戒、监管预警、日常监管等相关应用功能，增加业务统计功能，完成统计报表开发，完善信息归集功能。完成事中事后综合监管系统与法人库系统数据对接，以及综合监管区级子系统与区法人库的数据对接；同时，完成综合监管区级子系统与市级各相关委办局业务对接与系统联调。按计划完成事中事后综合监管系统向市电子政务云的迁移。

【完成“多证合一、一照一码”系统建设】 根据国务院办公厅关于加快推进“多证合一”改革的工作要求，完成对市商务委、上海海关、上海出入境检验检疫局、上海市旅游委、上海市公安局等单位的需求调研工作，根据业务需求确定基于上海市法人库系统的数据对接方案，完成现有企业登记系统应用功能调整，并按计划实现系统上线。

【完成企业登记全程电子化相关工作】 根据国家工商总局相关工作要求，实现全部企业类型(有限责任公司、股份有限公司、合伙企业、个人独资企业及其分支机构等)和全部业务类型(设立、变更、备案、注销等)网上办理功能的应用开发和上线运行。积极推进全程电子化登记和经营范围代码化相关工作。

【完成企业简易注销和开放名称库查询功能】 根

据国家工商总局相关指导意见，制定企业简易注销登记和企业（含农民专业合作社和个体工商户）名称库面向社会开放查询功能的技术实施方案，依据技术方案完成内资企业登记系统、外资企业登记系统和面向互联网的名称查询等应用的功能改造和上线服务。

【推进市场监管统一执法平台系统建设】 配合市场监管体制改革，做好市场监管信息化整合相关工作。根据《上海市市场监督管理行政处罚程序规定》，在2016年年底完成统一执法平台主体功能开发的基础上，结合区市场监管局的执法办案流程需求，以及市工商局对于流程的相关管理要求和业务口径，进行优化调整，按计划完成功能开发和多部门系统联调，于2017年8月31日正式实现系统上线运行。

【推进上海工商数据应用中心系统建设】 探索基于大数据技术的数据资源体系、分析指标体系和分析应用体系建设，以市场主体登记信息为基础，整合主体准入、监管、处罚、经营等全方位信息，形成市场主体的全景视图；面向宏观决策和市场监管应用主题，针对工商行政管理业务的具体实践和经济运行需求，对现有工商数据资源进行深度价值挖掘。完善应用功能，优化可视化展现，提升用户体验，分批做好市工商局和区市场监管局试运行的用户授权与培训工作。

【推进上海商标审查协作中心信息基础设施建设】 完成信息化机房、网络与综合布线、信息系统应用接入、信息安全建设、信息化终端设备安装调试等信息化建设任务，完成受理大厅叫号排队系统、自助查询及信息录入系统部署，完成门禁、视频监控、楼宇广播系统、程控电话交换系统等楼宇智能管理设施建设，为2017年9月29日商标审查协作中心上海中心的挂牌运营提供信息化保障。同时，承担运营后的信息系统、楼宇智能管理设施日常运维，完成信息化建设的移交资料整理、编写、核对工作。

【做好市法人库运维】 做好市法人信息共享与应用系统的资产接收和系统运维工作；加强数据质量检查和分析，根据月度和季度数据检查情况提交数据质量报告，以促进和规范信息归集，提升数据质量，推进政府部门信息共享应用。

【推进数据服务工作】 推进面向政府部门和社会公共机构的数据共享与应用工作，完成与中国电信股份有限公司上海分公司的数据对接方案，实现市场主体身份核对与信息查询功能，提供企业公示信息；完成与市国资委的数据对接方案，实现与市国资委所属企业（含直接控股和间接控股企业）数据的双向共享，及在工商企业登记系统中的业务控制。

【加强网络与信息安全工作】 完成信息系统安全接入平台的部署实施，进一步增强公众服务网和业务专网各区域的信息安全控制。做好业务专网准入控制系统维护和移动存储介质使用管理，全面执行入网强制规范。做好操作系统安全补丁的审核与发布、防病毒服务器病毒特征库更新等日常维护工作。

做好市网信办2017年度关键信息基础设施网络安全检查。按照信息系统安全等级保护管理要求，加强安全技术防护，切实做好安全检查、等级测评和风险评估工作，对发现的问题及时进行整改。

做好《网络安全法》的宣传普及工作，组织开展2017年度网络与信息安全主题教育培训活动和网络与信息安全事件应急演练，提升全员网络安全意识。

【做好工商信息系统运维保障】 组织开展上海工商信息系统在线运行设备、网络链路、数据库、中间件、业务应用系统梳理，完成在线信息化资源清理，并建立对信息化资源库的动态更新、维护工作机制。部署《运维管理规程》试运行，开展由市工商局信息中心全体人员、运维服务商相关人员参加的制度培训，做好系统故障排除、现场技术支持、信息系统资源调配，及基础环境日常巡查、巡查异常情况处置等工作，组织开展系统停机维护，组织中间件厂商、系统集成商优化中间件运行，完成机房门禁改造。

（付学敬）

十七、上海市质量技术监督局

【协同推进市级系统建设】

深入推进“网上政务大厅”对接等电子政务工作。 2017年，上海市质量技术监督局（以下简称“市质量技监局”）持续保障网上政务大厅接入事项稳定运行，按照市政府数据对账的要求，逐步提升数据质量，确保数据及时、准确。按照《国务院关于加快推进“互联网＋政务服务”工作的指导意见》和市政府有关要求，结合市质量技监局信息化工作实际，研究制定《上海市质量技术监督局“互联网＋政务服务”工作方案》，构建网络安全可靠、信息资源共享、应用功能完备、服务便捷高效、辅助决策有力的“互联网＋质监政务服务”体系。按照市政府办公厅要求，开展政务服务协同化试点，进一步完善网上政务大厅统一用户及身份认证体系建设，推动公众网上办事“单点登录、全网通办”，组织开展网上政务服务平台接入事项的全面自查，对照《全国互联网政务服务平台检查指标》，梳理、完善相关政务服务事项。

推进事中事后综合监管平台建设。 按照《上海市事中事后综合监管平台建设工作方案》，加紧推进监管系统与市级综合监管平台对接，截至2017年年底，市质量技监局完成“产品质量监督抽查”“质监移动监管”等6个事项全面系统对接，实现监管数据向上海市事中事后综合监管系统平台定期推送。积极开展上海市事中事后综合监管平台先行先试，组织相关业务部门运用该平台开展相关业务事项全流程测试，汇总测试中发现的问题，与平台开发方进行沟通，并提请平台方协助开展相关事项试运行工作。

【强化系统安全保障】

持续强化网络及信息安全防护。 为了确保重要信息系统的网络与信息安全，2017年市质量技监局对两个重要信息系统开展信息系统等保定级升级、备案更新工作,截至年底,完成前期自查和现场测评,并提交申请材料。根据市网信办《关于开展2017年上海市关键信息基础设施网络安全检查的通知》的检查要求,开展关键信息基础设施网络安全自查工作,遵循以查促建、以查促管、以查促改、以查促防的方针,组织市质量技监局局属单位召开关键信息基础设施网络安全检查工作推进会,部署检查主要工作任务,对工作开展和信息填报进行培训,并按照时间节点要求,完成关键信息基础设施情况表的填报审查和汇总报送。开展以"网络安全为人民,网络安全靠人民"为主题的信息安全日活动,通过培训讲座的形式,对《网络安全法》、大数据安全、安全态势感知三个方面进行宣贯。

有效防范网络信息安全突发事件。Windows操作系统勒索病毒(Wannacry)爆发后,市质量技监局立即行动,第一时间组织成立由市质量技监局科信处、信息中心,以及信息安全单位和专家组成的应急队伍,制定相关应急措施,按照市网信办、国家质量监督检验检疫总局网络安全与信息化领导小组办公室的工作要求,落实网络边界阻断策略、升级入侵检测特征库和病毒库,筑牢安全防护城墙。为确保工作资料不受感染,采用离线漏洞修复策略,实施拉网式防护,全面完成所有服务器和终端电脑的升级修复工作,及时、妥善地防范勒索病毒可能造成的大规模信息安全事件。在中共十九大召开前,市质量技监局信息化部门提前编制《党的十九大期间网络信息安全防护工作手册》,认真部署落实十九大期间的网络信息安全防护工作。

着力推进重点信息化项目建设。发挥信息化技术支撑作用,服务质监系统"放管服"和"质量提升"工作。加紧推进金质工程综合改造项目建设,基本完成质量技监信息资源管理中心子系统建设,完成基础平台接口规范制定,加紧推进质量信用等级管理、检测认证机构监督管理、重点计量器具档案监督管理、行政审批改革与区县数据落地共享支撑子系统建设。全面完成2017年度信息化新建和运维项目招投标,有序推进质监信息化项目管理系统等3个信息化新建项目建设。组织开展信息化项目验收工作,截至2017年年底电子签章服务系统等5个信息化项目通过专家组验收。推进行政审批标准化系统对接项目建设,根据上海市行政审批制度改革工作领导小组办公室的对接要求,实现市质量技监局涉及交换的17项行政审批办理事项数据信息,准确报送至上海市行政审批标准化管理系统,为行政审批实时监督检查、促进提高审批效能提供技术保障。

促进数据资源共享开放。依托上海市政府数据资源服务平台,市质量技监局组织开展信息化项目中已编目数据资源和已开发数据接口的全面清理,及时归并重合数据项,进一步明确数据资源的指向和范围,提高数据共享的辨识度和匹配性,完成2017年度部门新增向社会开放数据资源计划。在深入推进法人库数据资源开放和共享方面,市质量技监局重点把握业务系统数据抽取、数据入库问题反馈和入库质量改进等关键环节,实现数据质量稳步提升。市质量技监局推进市、区两级综合监管平台与金质工程系统的数据对接,更好地服务跨部门协同应用。

完成年度信息化预算申报。为规范信息化需求立项,按照《上海市质量技术监督局信息化项目立项申报管理办法》,结合市经济信息化委关于电子政务云、大数据应用项目、信息化项目综合绩效评价等新要求，组织开展面向市质量技监局局属各单位的预算申报培训，及时传达、详细解读信息化工作新动向；组织开展市质量技监局信息化需求征集和立项评审，针对项目与有关规划符合度、建设依据充分性、目标清晰度以及信息化可行性等进行全面评估，经过筛选和统筹整合，完成 2018 年度信息化预算项目申报。

【加强信息化技术服务指导】 按照《上海市质量技术监督局信息化项目立申报管理办法》，市质量技监局组织各处室开展年度信息化项目需求申报工作，经专家评审，确定 2018 年度申报的信息化项目。对于各处室提出的未列入年度财政预算、但确有工作需要的信息化新建、改造、运维需求，及时组织相关部门进行综合评估，确保各信息化需求得到妥善处理。按照市质量技监局保密委员会安排，每季度配合检查市质量技监局机关管辖的保密终端和信息化设备，保证市质量技监局保密制度落实到位、终端管理切实有效、信息存储合法合规。加强对市质量技监局属单位信息化工作指导，定期召开市质量技监局系统信息化工作会议，宣贯信息化工作要求，督促各单位做好信息化项目建设验收工作。加强对信息化设备和协同办公系统账号管理，及时为新进人员配置信息化设备和协同办公系统账号，更新过期或无法使用的信息化设备，并配合市质量技监局资产管理部门做好信息化设备的报废处理。

【加强局系统网站管理工作】 按照市政府门户网站管理中心的要求，进一步推进市质量技监局网站无障碍建设，完成静态信息发布和互动栏目的无障碍改造；开展网站“问题地图”专题清理工作，全面排查、梳理市质量技监局网站地图使用情况，并按要求完成反馈；每季度在市质量技监局网站发布网站的季度抽查及整改情况，加强网站抽查情况公示。启动市质量技监局网站管理办法修订工作，广泛征求各处室意见建设，组织市质量技监局信息中心对网站栏目进行排摸，确定信息维护责任部门，通过完善制度落实责任、补齐短板。针对市质量技监局机关各处室提出的网站信息展示需求，及时调整网站栏目或信息展示方式。加强市质量技监局属各单位的网站管理，开展市质量技监局属单位网站安全扫描，对于错字、无效链接等问题，督促相关单位及时进行整改。

【提升网站便民服务工作】 为了更好做好上海质量技监网上服务，2017 年市质量技监局重点调整优化网上政务大厅的人机信息交互界面，实现申报界面、功能操作、界面风格的改造和升级。同时，根据不同的服务群体，个性化定制专业版网站，为网站增设政务版、企业版、市民版、科创版，以满足不同访问者的需求；优化网站检索，扩大信息检索范围，并在信息发布检索基础上，增加业务信息项目关键字搜索功能，方便公众在网站检索窗口中同时获得所需的业务信息查询入口。优化“智能知识库”咨询服务平台界面，抓取公众关注度高的专栏做直观展示，提高网站友好度和关联度；增设网站英文版面，更好地为外籍人士服务。网站英文页面设置六大栏目、20 多个子栏目，包括机构概况、新闻中心、政策法规、服务项目等。内容上侧重新闻性和服务性，版面设计上借鉴国外优秀网站经验、贴近海外读者的阅读习惯，主体色调采用蓝色，页面风格与中文主页保持一致。2017 年共编译发布 95 条主要新闻，达 3.7 万英文字;部署企业数字证书统一认证公共服务平台,实现统一身份单独登录。基于全市企业"一证通"基础设施提供的数字证书,达到市政府网上大厅、市质量技监局网上办事系统的身份认证和单点登录要求,并对信息系统与平台间传输的数据进行加密保护。

【推出质监掌上平台】 运用"互联网+质监政务服务"思维,推进质监政务信息接入公共服务平台("市民云"和"企业云"),探索推动质监业务与公共服务平台的深度融合。2017 年,市质量技监局在"上海质监发布"微信公众号上,推出"市民查询""办事中心"和"我们信息"3 个栏目,让企业和市民可通过智能手机的"办事中心"栏目,查询各类业务办理状态、办理结果情况和办事指南;通过"市民查询"栏目,实现品质、电梯检验信息、游乐设施检验信息、强制国标全文等质量技监业务信息查询。市质量技监局还在 2017 年第三季度例行新闻发布会上引入直播模式,在新浪上海以微博图文直播的方式现场报道,并通过"@上海质监发布"同步推送。借助微信和微博两个掌上服务平台,让企业和市民在手机上就可以实现质监政务信息查询,了解质量技监各相关业务信息。2017 年全年,市质量技监局在"@上海质监发布"政务微博上推出原创信息 5 376 条;在"上海质监发布"政务微信上推送信息 593 条,粉丝超 20 471 人,相继 6 次进入"上海政务微信影响力"月度排行榜前十名。

(夏星洲)

十八、上海市统计局

【组织完成第三次农业普查数据处理工作】 农业普查是全面了解"三农"发展变化情况的重大国情国力调查。根据《第三次全国农业普查数据处理工作方案》的要求,第三次农业普查的数据处理工作按照"统一标准、分级负责、规范管理、安全高效"的原则进行。上海市统计局(以下简称"市统计局")组织全市相关人员通过移动终端、联网直报、无人机遥感等方式完成采集数据工作,通过国家统计局统一规定的"采集中心、交换中心、处理中心"三中心环境,完成数据审核、数据改错、重码排除、数据补录、验收上报、数据汇总以及事后质量抽查等处理工作。全市数据净化锁定后,统一整理成标准格式,按照上海市农业普查领导小组办公室要求分区反馈数据和汇总程序,进行后期开发利用,生产农业普查汇编资料。

【加强信息安全管理】 严格按照国家统计局等单位的工作要求,对各信息系统进行全面的安全等级保护测评,落实安全整改措施,完成机房核心区域的信息安全加固,完善信息安全制度建设;每季度定期检查各处室个人计算机的密码复杂度设置、审计策略设置、木马病毒感染、涉密文件处理等情况,并做好涉密机和非涉密机的台账管理。密切关注国内外信息安全报道和有关部门要求,

2017年针对“永恒之蓝”“坏兔子”“零日漏洞”等多个重要安全漏洞，及时采取防护措施，未发生重大安全事件。

针对信息安全敏感时期，建立24小时信息安全通报制度、突发事件应急处置预案和应急响应管理制度，协调运维单位应急联系人，密切监控网络系统和服务器。

【完成信息化综合改造项目的各项工作】 市统计局信息化综合改造项目完成包括视频会议系统、灾备系统、移动调查、办公自动化在内的全部应用系统的开发工作，并进行系统功能测试和安全测试，根据测试结果进行系统完善、安全整改。市统计局通过视频会议系统已多次组织收看国家局视频会议并转播至区统计局，多次召开市至区的视频会议，取得良好效果。在上海市电子政务灾难备份中心和上海市政府公众信息网管理中心的支持下，通过技术攻关，调试成功市统计局机房与灾备中心政务网链路，完成灾备中心统计“一套表”系统的应用部署。

（赵冬晖）

十九、上海市新闻出版局

【概况】 2017年，上海市新闻出版局（以下简称“市新闻出版局”）信息化项目建设主要完成上海市新闻出版行业监管及服务平台项目建议书编制并上报上海市发展和改革委员会申请上海市市级建设财力支持。完成网上政务大厅、行政执法总队接口系统验收，行政审批标准化接入项目建设，上海市出版物进口备案管理系统建设，上海市印刷业统计分析系统升级。“书香上海”微博微信内容更加深度化。直属单位韬奋纪念馆的数字虚拟导览系统上线，上海新闻出版职业技术学校（上海新闻出版教育培训中心）的出版职业资格考前移动学习管理平台和“新闻出版知识在线”网络继续教育学习平台改版上线。年内上海市新闻出版专项资金在报刊出版产业发展扶持方面，聚焦传统报刊转型，重点支持能较大提升刊物在国内外专业、学术地位或影响力的学术期刊项目。

【上海市新闻出版行业监管及服务平台项目建议书编制工作】 2017年2月14日启动上海市新闻出版行业监管及服务平台项目建议书项目（以下简称“项目建议书”）编制工作，根据市新闻出版局“十三五”信息化规划和三年行动计划，建设行业综合数据中心、行业监管平台、行业服务平台和基础设施平台。召开由新闻报刊管理处、印刷管理处、科技与数字出版处、上海市“扫黄”“打非”工作办公室、发行管理处、出版管理处、版权管理执法处参加的监管和审读的需求讨论会。4月，完成项目建议书初稿，召开多次会议对初稿进行讨论和修改；7月完成项目建议书征求意见稿；征求各处室意见后，8月形成项目建议书优化稿；9月，上海市密码管理局将项目列入商用密码应用试点，又对项目建议书优化稿进行修改，项目作为固定资产投资项目申请市级建设财力。

【网上政务大厅、行政执法总队接口系统完成验收】 根据上海市政府统一部署,2016 年上海完成网上政务大厅建设,市新闻出版局实施现有行政审批系统和网上办事系统的改造,21 大项 42 小项行政审批事项与上海市政府网上政务大厅实现对接,在取消一部分行政审批事项后,仍有 27 个小项实现对接。2017 年实现上海市印刷、复制、发行企业基本信息、设备信息、变更信息和股东信息对接,每 15 分钟发送至上海市文化执法总队执法系统,并接收执法系统发来的处罚、立案和检查信息,实现各信息查询统计、日常管理,截至 2017 年年底,该项目已完成验收。

【行政审批标准化接入项目建设】 完成行政审批标准化管理系统招投标工作。按照已编制的行政审批业务手册和办事指南的具体内容,调整完善现有的行政审批业务系统,依据《上海市行政审批标准化管理信息系统接入数据标准_V3》,全流程梳理行政审批业务数据,做到审批办理和审批后监管等各业务环节数据项完整,通过数据对接方式实时报送至“上海市行政审批标准化管理系统”。同时完成 35 个小项的行政审批办理业务环节标准化接入。

(梁国奋)

【上海市出版物进口备案管理系统建设】 为贯彻实施原国家新闻出版广电总局、海关总署联合颁布的《出版物进口备案管理办法》,市新闻出版局开发“上海市出版物进口备案管理系统”,于 2017 年 3 月 15 日正式上线运行。系统实现拟进口出版物备案、实际进口出版物备案和出版物报关备案功能,申请单位在线提交备案申请,主管部门在线审读、在线反馈审读结果、在线出具“通关函”,企业只需要“走一次”就能完成进口备案手续。系统还建立审读书目的数据库,汇总各出版物进口经营单位在长期工作中积累起来的审读资源,实现共享,系统对各单位提交的备案书目用汇总以后的审读数据库进行比对,向出版物进口经营单位申请备案的每一条进口书目反馈“提醒注意”“暂缓进口”“不得进口”或者“已备案”的信息,明显提高备案审读的质量和效率。截至 2017 年年底,上海市出版物进口备案管理系统共办理拟进口出版物备案 1 752 批、涉及拟进口图书 895 546 种(次),实际进口出版物备案 1 373 批、涉及实际进口图书 618 480 种(次),报关备案 1 489 批、涉及进口图书 807 795 种(次),系统运行顺畅。原国家新闻出版广电总局领导来沪调研检查《出版物进口备案管理办法》实施情况,对上海市出版物进口备案管理系统给予高度评价。

(武幼章)

【上海市印刷业统计分析系统升级】 随着印刷业管理法规的调整和行政审批改革的推进,2017 年对上海市印刷业统计分析系统进行升级。根据原国家新闻出版广电总局要求,将原来的“年度核验系统”改为“年度报告系统”,增加相应的报告内容。同时,全面对接原国家新闻出版广电总局的“新闻出版统计信息管理系统”,根据最新的指标要求,对系统的指标项进行调整:现有数据表与最新指标一致的,作沿用处理;现有数据表缺少的最新指标项,作添加处理;对于意义相同、名称不一致的,按最新指标名称重命名。系统升级中更加重视数据收集的质量，指标的逻辑关系和约束条件实现与原国家新闻出版广电总局的要求统一，并在数据审核完成后，提供导出功能，将上海市印刷业的数据完整导入原国家新闻出版广电总局的“新闻出版统计信息管理系统”。

（李善亮）

【“书香上海”政务微博、微信】 2017 年，“书香上海”微信、微博内容在保持全年每日不间断发布、平稳运行的基础上尝试拓展深度。先后邀请上海辞书出版社、同济大学出版社等单位组织好书在“书香上海”上连载，保持微博、微信内容品质的连续一贯。8 月，与“上海发布”一起，于 2017 年上海书展期间组织开展“区县主宾日”活动，邀请上海市黄浦区、静安区、长宁区、徐汇区、虹口区、杨浦区 6 个区的区级发布平台以及区文化广播影视管理局主要负责人轮流做客“上海发布”驻书展现场直播室，就各区全民阅读推进和书香城市建设情况接受访谈。包含书展前已开展的宝山区、青浦区的访谈，2017 年上海书展共组织完成 8 场区级文化广播影视管理局负责人访谈。访谈和主宾日活动旨在展示各区在全民阅读活动推进、书香城市建设方面所取得的成绩、独特的做法和经验，以助力形成阅读示范“一区一特色”品牌，进一步扩大上海书展的影响力。围绕上海出台新一轮实体书店扶持政策进行重点宣传报道，积极组织参与 ChinaJoy、中国上海国际童书展以及“4.23”世界读书日、思南读书会的报道工作，有力彰显有关政策和市新闻出版局主办活动的社会效果。“书香上海”自身还着力打造青年编辑元旦荐书、出版社掌门人贺岁书单、一地一书味等品牌活动栏目，使这些活动栏目成为吸引年轻粉丝的有效途径。此外，组织参与“科技期刊国际化”培训项目报道工作，尝试借助业内有影响力的活动拓展微信微博内容深度，取得一定效果。

（张　翼）

【韬奋纪念馆数字虚拟导览系统上线】 2017 年 8 月，韬奋纪念馆数字虚拟导览系统正式在韬奋纪念馆微信公众号和韬奋纪念馆官网（www.zoutaofen.cn）上线。系统采用 360 度虚拟全景技术将实体纪念馆和韬奋故居实景呈现于网络上，让观众足不出户便能感受身临其境的参观体验。实现纪念馆与观众之间文字、图片、语音、视频等全方位的沟通和互动，为观众带来更新、更全面的移动导览体验。通过多媒体展示方式，加强藏品展示和教育功能的深度和广度，使观众更深入了解藏品背后的丰富信息。微信平台为青少年观众开设互动竞赛答题活动，增加参观趣味性，激发青少年的学习热情，满足数字传播环境下弘扬韬奋精神、推动青少年爱国主义教育的需求。利用馆藏，深入挖掘馆藏内容，制作拍摄韬奋系列微视频，在微信公众平台上播出。

（王　晨）

【出版职业资格考前移动学习管理平台上线】 由上海新闻出版职业技术学校（上海新闻出版教育培训中心）工作人员研发的出版职业资格考前移动学习管理平台（已获得计算机软件著作权）于 2017 年 8 月上线。平台为每年参加全国出版职业资格考试的上海学员提供方便易用的辅导学习工具。软件包括注册管理、教材管理、考纲管理、信息发布管理、专家答疑管理、在线课件发布管理、在线答题管理、总复习管理、历届考题管理、移动支付等多种移动应用的功能，学员通过使用移动设备可以做到随时随地上网复习。2017 年首次采用移动学习，拓展学员学习方式方法，提高学习兴趣，方便学员利用碎片化时间复习迎考。

【"新闻出版知识在线"网络继续教育学习平台】 上海新闻出版职业技术学校（上海新闻出版教育培训中心）为配合原国家新闻出版广电总局、市新闻出版局开展出版专业技术人员职业资格登记注册及续展登记注册、做好出版专业技术人员知识更新继续教育工作，2017 年 6 月"新闻出版知识在线"网络继续教育学习平台（www.xwcb.gov.cn）上线。改版采用新的架构，加强平台的安全性和可靠性，课件重制提高在新一代浏览器和移动设备上的适应性。平台集教、学、考、管等多种功能于一体，为广大出版专业技术人员继续教育提供个性化的网络学习平台。以"新颖、前沿、实用、海量"为目标，坚持专业性、实用性、知识性、广泛性相结合，努力形成具有时代特征、网络特色、出版专业特点的课程体系，推动继续教育事业又好又快发展。

（刘　翔）

【上海报刊数字化项目建设】 2017 年，上海市新闻出版专项资金资助上海报刊数字化项目建设：复旦大学附属眼耳鼻喉科医院申报的"临床医学期刊扩展临床病例单病种报道库建设项目"，完成基于学术期刊网站发布的临床病例单病种报道平台建设，完成基于学术期刊网站发布的临床病例单病种报道数据库结构及格式规范，制定基于学术期刊网站发布的临床病例单病种报道标准和管理规范，建成基于学术期刊网站发布的中耳胆脂瘤单病种临床病例报道库，并对外发布；中国科学院上海生命科学研究院申报的"提升《植物生理学报》的学术影响力项目"，打造兼具学术质量和影响力的科技期刊品牌；中国科学院上海生命科学研究院申报的"提高《生命科学》学术地位和影响力项目"，加强约稿和组织学术专辑；上海材料研究所申报的"材料检验检测类科技期刊的新媒体多元化传播项目"，依托已初步建成的材料检验检测领域技术资源数据库、数据采集分析系统资源，通过音频、视频等多媒体手段，移动端、线下交流等多样化的实践形式，完善移动互联网布局，建立多元化的科技期刊新媒体传播体系；上海报业集团申报的"新媒体环境下《新闻记者》杂志提高学术影响力及融合转型项目"，通过开展优秀作品奖励，施行专家匿名评审、青年学人成长行动、新媒体实验以及学术研讨进一步提高《新闻记者》学术影响力，开展融合转型创新实践；上海大学申报的"学术期刊融合出版实验室建设工程（一期）项目"，经过实验室创新研究，形成可复制、可推广的期刊集群化智能管理系统（出版流程管理系统、财务管理系统、发行管理系统）和多元融合富媒体主题出版（视频、动画、刊上 AR/VR），提升学术期刊集群化管理效率和传播能力，推动学术期刊传统出版与新媒体、新技术的融合发展；《组织人事报》报社申报的"'互联网+'融合发展项目"，细分为组织人事工作资源数据库（全国）、《组织人事报》电子报及全媒体采编系统、"组织人事报"微信公众号工作模块，通过建设进一步提升《组织人事报》

的社会效应。

2017年上海高水平高校学术期刊支持计划(文教结合项目),继续支持上海市高校学术期刊专业化、数字化、国际化发展。涉及的项目有:上海交通大学《纳微快报》申报的期刊数字出版及出版平台四期建设项目;第二军医大学《亚洲泌尿外科杂志(英文)》杂志申报的创国际一流、亚洲特色泌尿外科期刊项目;上海财经大学《财经研究》申报的期刊数字化平台优化建设与质量提升项目,在2016年工作的基础上,以数字出版、双语出版、集群建设为抓手,通过深化期刊大数据分析、优化期刊内部管理系统、加强作者队伍和审稿人队伍建设、举办和参加学术会议、优化期刊XML(Extensible Markup Language,可扩展标记语言)排版和移动阅读、提升发行速度、推动国际化探索和注重编辑的业务能力培养等举措,推动中国经济学研究理论创新,为构建中国特色哲学社会科学服务;上海财经大学《外国经济管理》申报的数字化运营机制创新项目,在2016年工作的基础上,优化提升网络学术沙龙的互动体验,提升网络Workshop、网络Seminar的读者参与度,建立一个平台、三种机制;华东师范大学《生物学教学》申报的教育资源数据库的建设项目,整合数据库相关的电子资源,拟推出几大"主题资源包",如不同版本初高中生物教材的优秀教学设计、实验改进、生物学科高考备考建议、科技活动集锦、生物知识疑难解答、生物教师入职必读等;上海交通大学《医用生物力学》申报的网络化办刊探索项目,将借助媒体融合技术,通过开展网络化办刊的探索,不断完善面向移动终端的微信公众平台以及网站的开发和维护,实现学术期刊的网络化出版,进一步扩大杂志在国内外的学术影响力,促进杂志的可持续发展;上海外国语大学《外语界》申报的数字化服务质量提升计划,主要围绕现有期刊品牌资源,通过参与国际和国内会议提升期刊内容和在线服务品质,通过保持和提高期刊在国际和国内同类期刊的引用率和影响因子,最终达到提升期刊总体影响力和知名度的目标;上海音乐学院《音乐艺术》申报的音乐图谱声像电子期刊建设项目,实施声像电子期刊的制作与出版,电子期刊文字及主体合成、电子期刊的图谱/音频/视频制作,电子期刊的宣传等内容;上海大学《应用科学学报》申报的运用数据挖掘和精确匹配技术有效提升学术期刊影响力项目,以增强学术影响力为切入点,运用数据挖掘和精确匹配技术,研发论文精准推介系统,用于精准定位刊物受众,及时而准确地进行内容推介、专家聘请、信息反馈,以达到提升期刊质量的目的。

(周尚科)

二十、上海市知识产权局

【概述】 2017年,上海市知识产权局(以下简称"市知识产权局")信息化工作平稳开展,主要包括推进网上政务大厅建设、完成事中事后综合监管平台对接、参与上海市电子政务云建设工作、完善各业务系统的应用和管理。

【推进网上政务大厅接入建设】 2017 年,按照市政府统一部署,市知识产权局进一步推进网上政务大厅建设,完成所有审批事项网上政务大厅的接入和改造工作,并按要求梳理网上服务事项,逐步将服务事项纳入市政府网上政务大厅。

【完成事中事后综合监管平台对接】 根据 2016 年年底市政府办公厅关于事中事后综合监管平台建设推进工作视频会议要求,市知识产权局主动与上海市工商局市场监管处进行沟通,安排后续推进计划。经协调,市知识产权局现有 3 项事中事后综合监管事项均已纳入法人库数据采集范围。该数据库与事中事后综合监管平台共享数据,因此市知识产权局的事中事后综合监管事项在数据录入及更新时,能同时提供上海市法人信息共享与应用系统(法人库)与事中事后综合监管平台使用。

【参与电子政务云建设工作】 根据上海市电子政务云建设年度计划,市知识产权局的市知识产权局网站、上海市知识产权局网上政务大厅联动平台和市知识产权服务中心网站三个信息化项目于 2017 年第一批迁移至政务云平台,所有系统测试及试运行均已完成。另有若干建设年份较早的信息化项目也将逐步启动改造,分批迁入市电子政务云平台。

【推进上海知识产权(专利信息)公共服务平台管理工作】 上海知识产权(专利信息)公共服务平台是上海市专利信息传播利用的重要载体,同时肩负着国家知识产权局区域专利信息服务(上海)中心和专利信息传播利用(上海)基地(以下简称“上海基地”)的职责。2017 年,除正常的系统软硬件维护、数据更新、用户管理等工作外,还结合市财政预算,根据平台的需求完成上海市知识产权(专利信息)公共服务平台流量控制设备以及服务器的招标采购工作。采取加强系统巡查、增加电话及短信告警等多种措施,以及时发现系统可能发生的故障,通过加强维保及时排除硬件及系统故障,多维度保证设备安全运行。在信息安全方面,还有防止外来攻击和内部控制的信息安全措施,并有一系列日常安全管理要求。为确保各项安全工作落实,平台还建立安全工作领导小组、工作小组,以及各种完善和规范的管理制度。通过加强基础建设,完善各种制度,保障平台工作规范运行。截至 2017 年 10 月底,上海基地平台网站累计访问量为 148 万余人次;截至 2017 年年底,平台有注册用户 9 494 家,集团用户 90 个,用户分布遍及包括香港、澳门、台湾在内的全国所有地区;企业自主建立的专题数据库约 1 266 个。在 2016 年工作的基础上,还增设中国(上海)自由贸易试验区服务工作站,通过和中国(上海)自贸区知识产权综合服务平台的对接和联动,发挥平台的人才和数据优势,加大中国(上海)自贸区平台专利信息资源建设和功能建设。继续为江苏南通、昆山、江阴,浙江义乌的知识产权子平台和专题数据库提供服务和维护工作。继续开展园区和行业的专利信息服务工作,通过行业和园区带动企业专利信息工作。2017 年,上海基地继续为漕河泾开发区提供 3D 打印专利数据库的更新及维护,每半年提供 3D 打印专利分析报告。不断探索专利信息服务的新模式,开展专利布局分析工作。

与上海分布信息技术公司(ON CHAIN)合作,运用区块链技术对国内外专利布局进行分析,并进行专利挖掘,探索多方协作的信息服务的新模式。结合强市建设和上海市重点产业,通过专利导航、重大经济科技活动知识产权评议和布局推动上海市产业发展。

(丁文洁)

二十一、上海市绿化和市容管理局

【概况】 2017 年是信息化发展的重要时期,新一代人工智能技术已上升成为国家战略,市委、市政府对于加强电子政务建设也提出明确意见,信息化的功能地位进一步提升。2017 年,上海市绿化和市容管理局(以下简称“市绿化市容局”)深入推进“互联网+政务服务”,依据顶层设计,强化应用服务支撑功能,突出信息共享功能,拓展网络云端集约功能,有力推进信息化与核心业务的融合发展,各项工作顺利推进,取得较好成效。

【上海市林业三防项目启动】 2016 年 12 月 23 日,上海市发展和改革委员会正式批复《关于报送〈上海市林业“三防”综合信息数据库管理指挥系统及森林防火预警系统建设可行性研究报告〉的函》(沪发改投〔2016〕291 号),项目总投资 1 167 万元。2017 年,在深化设计的基础上,通过现场踏勘、设备比对、技术审查等,市绿化市容局选定 12 个智能防火监控点,开展软件需求调研及“三防”管理流程的梳理,同时根据上海市发展和改革委员会的批复内容,对比原有的工可报告,细化技术指标,并顺利完成项目一期的招标工作。项目于 2017 年 12 月 27 日正式启动。

【推进行业“智慧公园”设计示范工作】 颁布《智慧公园建设导则》,在行业内选取动物园、辰山植物园、滨江森林公园、共青森林公园、炮台湾森林公园、闵行体育公园、静安雕塑公园和南园 8 家公园作为智慧公园建设示范点,开展实地调研。完成《上海市智慧公园综合管理信息平台与示范公园信息平台建设项目》设计方案,配合各相关公园完善智慧公园单体公园的设计,打造应用于市区两级管理部门的智慧公园管理平台。

【强化政务数据资源共享与开放】 根据市委、市政府《关于推进政府信息资源向社会开放利用工作实施意见》的要求,以建立政府信息资源目录体系为基础,以构建服务平台为支撑,完成数据资源编目调研工作和信息资源政府数据编目平台的建设。近年来,市绿化市容局积极推进行业政府数据资源开放共享工作,根据 2016 年度全市考评结果,市绿化市容局的政务数据资源共享与开放工作的综合考评得分为 88.54 分,全市排名第 2。2017 年,市绿化市容局完成 20 类数据产品更新,更新数据 5 万多条、新增 5 个数据接口产品,完成接口转换 4 个,总计对外开放数据项目 37 类,其中数据产品 20 个、数据接口 17 个。通过问卷调查、座谈、实地调研等形式，对市绿化市容局已经建成的50套业务系统进行逐个梳理、编目，共梳理主要业务数据表961个，共计基础字段约15 090个，其中电子政务约6 025个、绿化约995个、林业约3 565个、环卫约2 822个、市容约1 683个，形成《2017年度绿化市容信息资源编目报告》。

【科创中心信息共享平台建设】 积极响应国家“科技成果转化”和“互联网+”行动计划，打造以“资源共享、能力协同、互利共赢”为目标的科创中心信息共享平台，提供基于“互联网＋科研”的云科研、创新库、指导等服务，通过行业科研成果共享、标准数据、产品数据、供需互动4个子平台的建设，促进科研成果和标准信息共享及科研成果转化，实现网上科研机构、教育机构、企业资源的充分共享、科研能力(成果)的高度协同、全产业链各环节的业务协同，促进传统科研转型升级，以丰富的行业内相关资源和科研能力云池为依托，构建开放公平的互联网科创平台与配套服务体系，推动“大众创业、万众创新，互联共享，行业智囊”。平台以现有相关科研单位的科研核心能力为支撑，运用云计算、互联网、大数据等技术，促进新一代信息技术与科研服务等的融合创新，改造传统科研模式、打造新产业竞争力、发展新兴业态，创造新经济增长点。该平台还应用微信小程序平台进行开发。项目于2017年10月上线试运行，并于11月完成项目验收。

【野生动植物资源数字化管理平台建设】 上海市野生动植物资源数字化管理平台建设，以上海市野生动植物物种信息库为基础，将相对独立的业务系统进行统一集成，实现资源数字化管理和集中展示，为管理部门提供管理方案和技术支持。该平台以野生动植物信息管理和共享功能为主，综合管理野生动植物、湿地等信息，并可为社会大众提供查询服务。具体包括：构建野生动植物资源“一张图”展示系统，满足各业务部门对地理信息的需求；多库间的数据调用；构建互联网野生动植物数字博物馆，通过调用基础野生动植物数据库，以丰富生动的图文展示形式，对普通民众开放野生动植物查询检索功能，普及基础理论知识、提高民众保护野生动植物意识。该平台包含野生动植物基础数据、野生动物资源调查、资源普查管理、资源保护管理、人工种群监管、疫源疫病监测、野生动物GIS一张图展示、数字博物馆展示以及系统权限管理九大模块。

【上海市公共绿地建设事务中心信息化综合管理系统平台建设】 依托绿化专网网络，对接“一张图”应用，对绿化养护管理、建设管理、综合管理等业务流程进行通盘梳理，实现及时跟踪工程进度，发现、解决现场存在问题，提高工作效率、降低管理成本。同时，结合绿带调整改造示范点建设工作，在已建绿带丰翔路示范段内建设远程智能安全监控系统，系统同时具备绿带远程视频监控、动态影像捕捉、语音广播示警及人流量统计功能，市绿化市容局先后在闵行体育公园、黎安公园开展推广建设，共计安装监控探头120余处，并开通语音广播、人流量统计等功能，实现绿带智能监管先行试点。

【信息化项目科学管理】 出台《上海市绿化和市容管理局信息化项目建设管理办法》，对从业人员进行宣贯解读，确保信息化项目建设全流程的标准统一、绩效导向、统筹规划、安全有序。注重标准化建设，开展上海市绿化市容信息化标准体系课题研究，梳理已有的信息化建设的标准规范，研究国内外相关标准及其他行业的标准体系，构建包括基础、通用和专用三大类组成的标准体系。上海绿化市容信息化标准体系包括2 785项标准及相关项目(已发布2 327项、在编48项、待编377项)，其中基础标准11项、相关法规33项、通用标准743项、专用标准1 998项；已发布的2 327项标准中，国际标准2项、国家标准756项、行业标准1 517项、上海市地方标准52项。其中专用标准1 998项(已经发布1 573项，待编377项，在编48项)，包括绿化专用标准450项、林业专用标准1 122项、市容专用标准40项、环卫专用标准386项。标准体系研究将进一步规范上海市绿化、林业、市容、环卫等行业信息化建设、维护与保障管理，为今后的信息化系统建设、维护、升级、发展以及数据共享等提供标准依据。

【推进市电子政务云试点工作】 配合上海市电子政务云平台搭建，市绿化市容局根据自身应用系统的情况，为平滑稳定迁移到云平台，整个业务迁移过程按照“整体规划、先易后难、分步实施”的原则开展。2017年上云计划涉及三个预算项目中的六个应用系统。互联网区包括上海市绿化和市容科研管理系统、上海市绿化养护管理信息系统、崇明东滩鸟类自然保护区管理信息系统前置机；政务外网区包括上海市绿化病虫害管理系统、上海市绿化网格化共享管理平台、野生动植物资源管理系统、崇明东滩鸟类自然保护区管理信息系统。市绿化市容局于2017年7月底完成应用和数据库平稳迁移至新服务器，保证业务系统、数据交换等均能正常运行。

【绿化林业数据遥感更新解译工作有序开展】 上海市绿化林业数据遥感更新解译工作开展近十年来，遥感影像分辨率从1米逐渐提高至0.1米。该项工作通过遥感技术手段，调查更新全市建成区绿化资源、郊区林地资源的现状和变化情况，形成相应的矢量数据；统计分析绿地面积、绿化资源覆盖面积、林地资源覆盖面积、绿地率、绿化资源覆盖程度、林地资源覆盖程度等各项指标；制作绿化林地资源分布专题地图、绿化与林地增减变化专题图。2017年，市绿化市容局通过全市的航片影像制作工作和遥感解译数据分析处理工作，对比分析年度绿化林业新增、减少等图层，制作并打印以镇为单位的绿化林业年度变化专题图、以区为单位的绿化林业分布专题图，并于2017年12月完成年度各区绿化、林地数据统计工作，在此基础上分析各区及上海全市年度绿化林业现状和变化情况分析，编辑形成年度绿林遥感解译分析报告。

【推进绿化市容网上政务大厅建设】 2017年，市绿化市容局已全面实现审批类事项100%上网，围绕“放管服”要求，清理规范涉行政审批事项22项、行政审批中介服务事项3项，下放行政审批事项26项，承接国家林业局下放事项5项。完成6项工商“先照后证”事项清理；聚焦“从事城市生活垃圾经营性清扫、收集、运输服务审批”“户外广告设施设置审批”事项，开展“证照分离”改革试点。同时，实现“上海市花园单位评定”“上海市绿化合格单位评定”“上海市文明公园评选”“绿容局文明单位评选”和“上海市文明公厕评选”5项公共服务事项的网上办理。有序推进事中事后综合监管。在建设事中事后综合监管平台过程中，市绿化市容局立足行业特点，结合行政审批制度改革，坚持以信息归集为基础，不断优化平台，提升服务，深入挖掘数据改善管理，在明确权力清单和责任清单的基础上，全面梳理绿化、林业、市容和环卫四大条线的审批监管情况，涉及数据近10万条，其中审批数据达5.6万条。

【重构核心办公系统】 按照“以人为本”的原则，重设整合BIZSHARE、OA、公文辅助和短信通知四大分散系统，不断优化办文办事流程，进一步提高在线办公效率。截至2017年年底，该系统已包含200个功能模块、1 400个功能点，迁移整合历史数据15万条，实际用户数达4 000多人。

【信息安全稳中有升】 不断加强网络安全管理与建设，评估和排摸市绿化市容局所有信息系统，确定门户网站和“绿化账户”信息系统为关键信息基础设施，定时对机关公务网涉密点进行季度巡检，对250余台计算机进行保密检查，及时处理违规事项和违规涉密设备，针对安全等级测评提出的七大风险问题，设计网络安全加固建设方案，制定中共7×24安全保障方案，确保中共十九大召开期间无重大安全隐患，“永恒之蓝”网络病毒在行业内无一感染案例。

【深化“绿色上海”便民服务功能】 “绿色上海”门户网站近年来一直致力于打造服务型政府的网站平台。2017年，为响应国务院办公厅关于政府网站发展指引的文件要求，市绿化市容局以网上政务大厅为主线，通过切换版面、优化栏目结构及人性化显示，全面改版门户网站，进一步凸显网站强办事强服务的定位。在升级与网站相关的5台服务器的同时，制定《网站安全防护总体计划》，强化应急保障响应机制、网站及网站群日常的日志监控机制以及节假日值班等应急保障措施，对下属16个子网站也提出二级等保要求。在信息发布上，不断加强网站信息发布的三级审核，严格做到上网不涉密、涉密不上网。同时，通过与16家直属单位子网站集群的整合和无障碍改造，上海已连续7年被评为全国林业系统“十佳省级网站”和“上海市优秀政府网站”。“两微一站”通过将主题活动、原创推文与权威发布深度融合，推送市民喜闻乐见的文章，做到一周7天宣传无盲区，通过线上微活动和线下推广，在引导网络舆论、推进服务型政府建设等方面发挥积极作用。

【2017年度上海绿化市容行业信息化工作会议】 2017年12月27日，市绿化市容局召开2017年度上海绿化市容行业信息化工作会议。会议总结2017年度行业信息化工作，部署2018年工作任务，并对“上海绿化市容科技创新共享平台”进行介绍与培训。会上，上海市环境学校、普陀区绿化和市容管理局、闵行区林业站、上海市公共绿地建设事务中心、长宁区绿化和市容管理局5家单位分别从网络安全、政务信息建设、业务管理信息化建设等方面，结合本单位工作特点、自身体会进行经验分享。会议对2017年度绿化市容行业信息化工作成效给予肯定，同时对2018年工作提出意见：一是把握大势，乘势而上，切实推进“互联网＋AI＋业务提升”；二是夯实基础，发挥实效，加快推动行业智慧化管理。要做到行业信息化与业务管理现代化的两化融合，要重视数据建设和人才队伍建设，同时也要抓好网络信息安全。

（王　平）

二十二、上海市民防办公室

【完成9.16警报试鸣演练和各项技术保障工作】 根据警报试鸣技术保障工作要求，上海市民防办公室(以下简称“市民防办”)在全民国防教育日(2017年9月16日)组织全市范围的防空警报试鸣工作。完成警报试鸣的各项技术保障准备工作，完成全市警报终端设备的巡检工作；完成市级试鸣指挥部的各项技术保障工作，确保各项系统的稳定运行，圆满完成此次试鸣各项保障任务。在此期间积极依托市应急信息发布平台、上海民防网站、上海民防官方微博、微信公众号等多种途径发布警报试鸣演练信息。

【推进自贸区人防行政审批改革试点系统配套改造】 做好推进中国(上海)自贸区审改工作的相关技术保障工作，对民防行政审批系统进行对应改造。根据人防工程配建规则简化的业务要求，按照新的配建面积计算准则对区级行政审批系统相应的流程进行改造；配合人民防空工程设计乙级以下资质认定、人防工程建设监理单位资质审批(乙丙级)两项资质审批实行“证照分离”，在区级行政审批系统内对这两项下放的审批流程进行开发。在系统内对浦东新区的账号进行权限设置，仅浦东用户可选择新的标准进行审批，其他区级用户仍使用原有标准。完善网上政务大厅建设，对此次新增的两个区级资质审批流程也一并做接口改造和数据统一接入。

【完成“地下空间专业网格化管理信息系统”项目验收】 2017年年初，市经济信息化委按照上海市发展和改革委员会审批信息化专项的验收要求，组织专人对上海市地下空间专业网格化管理信息系统项目建设中的硬件设备进行清点验收、对系统功能进行验证和测试、对系统的试用数据进行初步评估。按照市经济信息化委提出的要求，对项目建设的相关建设内容进行修改完善，于5月向市经济信息化委发出《关于申请上海市地下空间专业网格化管理系统项目专项验收的函》。6月和7月分别对网格化管理信息系统验收的相关资料进行预审，对系统功能进行演示，12月26日项目通过专家组验收。

【推进“互联网+”政务服务工作】 完成互联网政务服务平台全面自查整改工作。依据《政务服务事项实施清单要素》提出的36项要素名称、《关于进一步推进网上政务大厅审批事项梳理工作的通知》附件《审批事项办事指南要素清单及说明》及《关于进一步推进政务服务事项梳理工作的通知》附件《行政权力事项要素清单及说明》，对市民防办涉及的办事指南要素进行查漏补缺，根据梳理的要素重新填报系统。

梳理市民防办“互联网＋政务服务”工作相关需求和现状。根据2017年度市政府办公厅要求，梳理“互联网＋政务服务”工作相关需求和现状，并对行政许可(行政审批)事项办理深度情况及数据共享需求进行网上填报。

完成政务大厅单点登录改造工作。对网上政务大厅统一身份认证接口进行改造，改造后满足CA法人一证通登录及网上填单的需要。

【做好市民防电子政务和网站的日常维护管理】 2017年，上海市民防办公室网站共发布动态类、信息公开类、通知公告类等各类政府信息1 300余条；处理主任信箱、网上咨询等互动信息102条；做好网站中国上海门户网站管理中心平台的信息报送和信箱反馈工作；在首页设置“5.12”防灾减灾日民防系列宣传活动、中学生民防知识竞赛等图标，通过网站加强相关宣传工作。

根据《国务院办公厅秘书局关于做好政府网站季度抽查工作的通知》，每季度对上海市民防办公室网站进行扫描监测，并出具网站普查季度报告。在日常工作中注意普查指标，在信息更新率上及时整改，确保普查指标达标。同时对于第三方出具的检测报告中发现的问题，进行及时改进，确保在测评中获得较好成绩。上海民防网站获得2016年度和2017年度“上海市政府优秀网站”称号。

完成行政审批业务手册和办事指南具体执行情况实施监督检查数据网页填报和光盘报送工作。根据上海市行政审批制度改革工作领导小组办公室要求，做好行政审批系统的接口开发工作，结合民用建筑修建防空地下室审核（方案阶段）、结合民用建筑修建防空地下室审核（初步设计阶段）、民防建设工程竣工验收备案、民防工程拆除审批、乙级/丙级人防工程监理资质审批、人民防空工程设计乙级以下资质认定6个行政审批事项通过实时数据对接方式将数据接入“上海市行政审批标准化管理系统”。

（陈奕平）

二十三、上海市国家保密局

【概况】 2017年，上海市国家保密局（以下简称“市保密局”）继续强化网络保密管理，做好涉密信息系统测评审批和风险评估，推进重要保密技术项目建设，开展保密监督检查和保密技术监管，加强保密技术交流研讨，为全市党政机关和涉密单位的信息安全保密提供坚实保障。

【完成保密教育实训平台建设工作】 市保密局充分利用现代信息化手段，完成上海市保密教育实训平台建设并投入使用。在市委保密委员会的重视支持下，市保密局依托保密教育实训平台，通过观看专题片和实地观展等方式，落实完成对在沪中管干部、上海市管干部和十九大代表及工作人员、媒体人员的教育轮训工作。

【推动保密技术服务机构和保密科技测评机构建设】 根据国家保密局文件精神，上海市保密技术服务机构功能定位进一步完善，保密科技测评机构正式纳入上海市保密行政管理部门管理，经上海市机构编制委员会办公室批复，成立上海市保密技术服务中心(保密科技测评中心)。2017 年,市保密局启动保密科技测评中心、保密技术监管中心筹建工作,完成首批专业技术人员的培训。

【加大保密科研和自主创新力度】 2017 年,市保密局加大研制先进可靠实用的保密技术产品的工作力度,提高全市涉密信息系统保密技术防护和监管水平,完善科研项目管理流程,完成 2015 年、2016 年上海市科学技术委员会 6 个立项项目的验收工作。完成上海市信息安全保密科学技术专家委员会委员管理办法的修订及成员的增补工作。

【发挥保密技术监管作用】 2017 年,市保密局利用各类保密技术监管平台,为保密技术防护工作提供有力支撑保障。通过各类监管平台,发现并及时处理全市各机关、单位涉密计算机违规外联行为。

(赵星星)

二十四、上海市人民政府法制办公室

【概况】 为积极利用互联网技术,推进上海市人民政府法制办公室(以下简称"市政府法制办")网上政务服务,2017 年,市政府法制办成立以办主任为组长的政务公开和"互联网+政务服务"领导小组,全面领导市政府法制办信息化建设工作。2017 年,市政府法制办着力推进建设"上海市法治政府信息平台",包括"政府立法信息平台""行政执法管理信息平台""法律顾问信息平台""行政规范性文件管理平台"和"行政复议和应诉信息平台"等子平台,实现政府立法全过程留痕、规范性文件一库收纳检索、行政复议应诉信息智能查询与动态统计等多种功能,并强化对区政府、市政府委办局法治政府建设工作的业务指导和监督推进。

【政府立法信息平台】 2017 年,市政府法制办依托市政府系统办公协同平台,秉承"智慧立法"的理念,推进政府立法信息平台的建设。立法信息平台的使用对象覆盖全市包括党政机关、国有企业、科研单位、高等院校等在内的 412 家单位。这些单位可以通过立法平台,向市政府报送上海市地方性法规草案、市政府规章草案。自立法信息平台开始试运行至 2017 年 10 月,共有 26 家市级机关和区政府报送 2018 年市政府规章立法计划项目 44 个。平台体现了多个特点:一是流程控制不遗漏。通过立法平台,将所有立法步骤、环节全部清晰地呈现在工作界面上,帮助经办人"不会遗漏",同时通过程序设计进一步实现"无法遗漏",即前一环节未经过,则无法启动下一环节;二是上报材料有门槛。针对起草部门平时立法任务少,对具体要求不太了解,提交的材料不齐全、质量不高等问题,通过平台明确起草部门应当提供的相关材料种类、要求,为起草单位法制机构提供"指南",有利于提高规章立项申报、草案上报时的工作效果；三是一键发送不延时。通过立法平台与办公厅公文系统相关联，不仅彻底改变以往草案征求意见时“复印、装订、邮寄”的繁杂，而且可以保证部门在第一时间收到材料，避免邮寄时间延迟，政府部门还可以通过平台，直接上传规章立项申报材料和立法起草材料；四是史料留存有传承。通过平台进一步规范立法各个环节需要保留的材料，体现档案管理的高标准、严要求；五是深度学习不求人。平台建成后，新进人员可以随时进行“场景式”学习，既可以参考每个环节设置的“范文”，也可以查阅其他立法项目的电子档案，可以更快融入立法工作。

【行政执法管理信息平台】 行政执法管理信息平台突出“执法管理”的理念，以推动行政执法规范化为目标，寓监督于执法管理之中。该平台主要架构分为行政执法主体管理、行政执法人员资格管理、行政执法行为监测、行政执法监督管理、指导服务5个系统。各系统又由相应的承担一定功能的子系统组合而成。2017年，市政府法制办开发新建“上海市行政罚没款代收代缴业务机构代码管理系统”“上海市行政执法主体账户信息管理系统”“上海市行政执法证件查询系统”“上海市在线执法考试系统”等子系统，并对上海市行政执法证件管理系统和上海市行政行为统计系统等进行优化升级。在平台开发建设的过程中，各系统建设体现多方面特点。一是制度先行，规则引领。根据系统不同特点，分别制定《上海市行政罚没款代收代缴业务机构代码办理规则（草案）》《在线执法考试考点设立规定（试行）》《新上岗人员在线执法考试包括规则（试行）》《在线执法考试监考规则（试行）》等制度规则，补齐部分业务办理缺乏制度规范的短板，进一步推动各系统规范化操作。二是全程在线，实时留痕。平台各系统基本实现全程信息化，全程留痕，既减少各部门的沟通成本，又积累业务过程信息，为数据分析打下基础。三是系统联动，有机协同。平台中各系统既相对独立，又有机统一。截至2017年年底，已实现抽查考试系统与行政执法证件管理系统、在线执法考试系统的“三联通”，执法主体账户管理系统与机构代码办理系统、执法证件管理系统的“三联动”。四是服务基层，高效便捷。平台充分体现服务基层、为基层减负的价值取向，如在线执法考试系统中的执法证照片拍摄，将原来执法证申办单位的自行拍照上传流程，优化为考试时考点统一拍照并直接上传等。

【政府法律顾问信息平台】 根据全市各级政府法律顾问工作开展的需要，建立“上海政府法律顾问”手机APP，优化对各级政府法律顾问的服务和管理。通过应用终端使用APP应用对应安卓手机（苹果系统可通过微信小程序搭建共享），让各级政府法制机构管理人员可通过手机APP登录进行相关功能查询、使用。让公众可以通过APP浏览到政府法律顾问平台发布的信息公告等。“上海政府法律顾问”手机APP的六大特点和优势。一是信息精准。通过管理平台，可全面精准掌握法律顾问人员个人信息、职位专长、履历案例情况等状况的相关信息。二是动态精准。通过管理平台，可实时掌握法律顾问人员工作情况、考评情况，利用数据指标的筛选定位所需的法律顾问人员。三是管控精准。利用管理平台，通过大数据技术的应用，可达到对法律顾问人员分级分类管控，工作分配安排是否有效开展的管控等。四是分级架构。结合政府分级管理的实际，在平台中按照市、区、镇进行层级的区分，上级建立下级组织和管理员，各级自行维护自有档案和动态数据，外部人员根据权限以及注册信息控制其所查询和使用的功能。五是稳定安全。借助政府云，享有全面的云安全防护以及稳定的网络架构，保障信息平台的数据和应用全天候稳定容灾和简单维护。六是接口开放。在平台设计中考虑到政府信息的整合需要，在静态和动态各模块数据上预留接口，方便以后整合信息数据以及实现单点登录。

【行政规范性文件管理平台】 为进一步加强行政规范性文件信息化管理，结合"互联网＋政务服务"的总体要求，2017年上海市着力构建规范性文件管理平台，以大数据方式实现对规范性文件的标准化、精细化、动态化管理。一是数据留痕，突出程序规范，保障文件质量。通过对规范性文件制定、公布、清理、备案等各个环节电子化的流程再造，全面实现无纸化的数据留痕。通过进阶式的程序化操作，有效督促各制定机关严格按照《上海市行政规范性文件制定和备案管理规定》要求履行文件征求意见、合法性审查、文件"三统一"、文件即时清理等要求，确保文件制定的规范有序，文件备案的审查有据，文件清理的及时有效。二是数据整合，突出便民检索，实现共享共用。通过搭建规范性文件管理平台，将原先分散在各行政管理领域的规范性文件整合到全市统一的规范性文件数据库，全面反映上海市规范性文件的制定、公布、运行情况；进一步运用大数据思维，统一数据格式，提升政务服务能级，通过设立规范性文件管理领域、关键词、有效期等检索模块，方便行政机关、社会公众准确高效地查询到所需的文件，加快实现数据共享共用。

【行政复议和应诉信息平台】 2017年，市政府法制办积极推进建设行政复议、行政应诉案件信息管理平台，对行政复议及行政应诉案件进行全流程管理，实现在办案件的办理进度查询及办理时限提醒，已办结案件的结果查询分析并可生成各类统计报表。该平台服务于全市各行政复议机关及各市政府委办局、区级人民政府及其所属街道办事处、镇政府，可实现全市行政复议、行政应诉案件的联网查询和监督管理。

（俞四海）

二十五、上海市监狱管理局

【概况】 2017年上海市监狱管理局(以下简称"市监狱管理局")信息化工作紧紧围绕"提升监狱管理能级，坚定走内涵式发展道路"工作主题，严格落实"标准化、信息化双轮驱动"的工作要求，坚持以改革创新为统领，全力围绕市监狱管理局中心工作，做好信息化支撑和保障，积极助力上海监狱制度改革，较好地完成各项工作任务和目标。

【推进信息化工作规范化建设】 一是完善市监狱管理局信息化建设规划。修订市监狱管理局信息化建设“十三五”规划，制定信息化建设三年行动计划。二是加强基本管理制度建设。修订市监狱管理局信息化运维管理制度和非密业务网使用管理办法，进一步加强制度体系建设，促进全局科技和信息化管理工作的标准化、规范化。三是推进预算绩效评审工作。严格落实项目库管理机制，加强预算绩效评审。完成信息化项目预算前评价46个，获批43个；完成安防技术项目预算前评价47个；完成预算执行过程跟踪评价项目2个；完成预算执行后评价项目8个。四是细化工作推进管理规范。建立监所信息化建设周报机制，加强对口联系和服务，有序推进年度信息化建设工作；贯彻“标准先行”，制定移动监控、物流中心软件等技术标准，规范相关工作推进方式；细化UPS(Uninterruptible Power System，即不间断电源)系统巡检、监控系统“零报告”等工作要求，进一步规范相关管理工作。

【加强移动执法技术平台建设】 2017年，根据“十三五”全国司法行政科技创新规划，结合上海监狱工作实际，以“司法警务通升级改造”项目为抓手，以“司法警务通深化研究”课题为牵引，推进上海监狱制度改革重点项目——“移动执法技术平台”落实落地。一是初步搭建移动执法平台框架。发放司法警务通终端6 779部，完成管理平台建设，实现对终端和移动执法APP的管控，初步搭建移动执法平台框架。二是有序推进移动执法APP建设。完成移动门户、工作“微信”、网络通讯录等基础APP建设；试制监管改造具体业务APP建设，尝试移动执法技术的运用。三是探索移动执法网建设。经广泛调研和论证，在有序推进应用深化的基础上，结合移动网络与信息安全特点，初步确定移动执法网的建设路径。四是总结成果形成建设标准。充分总结梳理项目成果，形成市监狱管理局《移动执法APP建设标准》和《警务移动智能终端设备标准》初稿。

【推进信息化系统项目建设】 一是完成智能钥匙箱系统建设。2017年，市监狱管理局共安装智能钥匙箱154台，突破利用司法警务通验证人员信息的技术难点，并配合相关部门梳理业务规则，为下一步深度融合，提升智能化水平奠定基础。二是完成市监狱管理局警务管理与评估系统建设。改造局人力资源管理系统，完成警务(人事)管理和民警绩效评估两大模块建设，增加流程化管理、权限自助服务、自定义报表等功能，为落实市监狱管理局党委一号文提供技术支持。三是完成监管安全通用评估系统建设。立足通用化、产品化，完成监管安全通用评估系统，满足监狱对罪犯、设施设备、管理制度评估的流程化、标准化，为加强罪犯评估、提高罪犯教育改造质量提供技术工具。四是完成执法证据保全系统建设。积极探索数据结构化，完成执法证据保全系统建设，实现涵盖罪犯个体服刑期内相关执法证据(含电子数据)的收集、固定、保存需求，并为下一步运用相关技术深度挖掘数据关联提供基础支撑。五是积极配合市监狱管理局劳动管理处开展“劳动看板”宝山监狱试点工作、重启劳动管理软件建设工作；配合市监狱管理局生活卫生处、计划财务处开展罪犯大账计息结算工作；配合市监狱管理局办公室开展行政管理平台(OA)试制工作；配合市监狱管理局生活卫生处开展生活卫生系统试制工作。

【召开罪犯暂离监所管控技术测评会】 2017 年 3 月 8 日，市监狱管理局在提篮桥监狱召开罪犯暂离监所管控技术测评会。会上，三家信息技术公司分别汇报各自的罪犯暂离监所管控技术方案，并演示产品实物和系统功能。提篮桥和青浦监狱分别汇报罪犯暂离监所管控技术试点情况。与会人员实地观摩提篮桥监狱指挥中心罪犯暂离监所管理平台的实际使用效果，并就相关技术、管理细节进行研讨。会议要求，一是由业务部门会同科技处先行出台罪犯暂离监所移动监控的技术标准；二是在标准统一的基础上，尽快推动项目建设；三是要加强拓展性思考，深入研究司法警务通、车载监控、电子脚铐等技术和平台与罪犯暂离监所管控技术的整合应用，形成完善的技术体系。

【开展应对“Wanna Cry”病毒相关工作】 2017 年 5 月 12 日，全球爆发大规模 Wanna Cry 病毒感染事件。5 月 15 日，市监狱管理局科技处下发“关于防范‘Wanna Cry’勒索蠕虫病毒感染的通知”。市监狱管理局属各监狱加强防范工作，在网络边界处切断病毒传染的入口，防止由外部网络导致的感染；检查关键数据备份情况，对部分服务器安装补丁，无法安装补丁的服务器配置防火墙切断病毒传播端口，发动各部门信息员，积极开展终端计算机补丁安装及安全检查工作。

【召开 2018 年度信息化项目预算评审会】 2017 年 6 月 15 日，市监狱管理局信息化工作领导小组召开 2018 年度信息化项目预算评审会。会议对市监狱管理局 2018 年度十个申报建设的信息化项目逐一进行评审，并提出评审意见。会议强调，信息化建设关键在顶层设计，基础在数据互通，核心在可行性分析。会议要求，要将大数据思维融入顶层设计，搭建好市监狱管理局罪犯改造管理、民警管理、后勤保障、综合业务、局指挥中心安全五大平台。

【推进移动执法 APP 建设】 2017 年 7 月 13 日，市监狱管理局召开移动执法 APP 建设标准推进会。会议指出，移动执法 APP 建设标准是司法警务通深化设计课题的重要组成部分，确定标准制定参与单位和移动执法 APP 建设标准的内容框架，明确时间节点。与会人员针对数据接口标准、应用商店准入标准、加密存储和传输方式、身份认证方式、多媒体取证及 UI 标准等进行讨论。市监狱管理局科技处、青浦监狱、司法警务通升级改造承建商有关人员参加会议。7 月 21 日，市监狱管理局召开移动执法平台建设推进会。会议就移动执法平台基本框架的搭建进行讨论，明确网络通讯录、移动门户、即时通讯、白名单审核、罪犯押解等 APP 的建设内容和 UI（User Interface，用户界面）风格。同时，对移动执法网建设、移动执法数据与固网数据共享交互、移动执法数据安全保障提出具体要求。

【举办司法警务通管理平台及 APP 操作使用培训班】 2017 年 9 月 19 日，市监狱管理局科技处会同公安处，举办司法警务通管理平台及 APP 操作使用培训班。市监狱管理局公安处解读《上海市监狱管理局司法警务通管理使用规定》（征求意见稿）；软件开发公司人员讲解软件功能和使用方法；受训民警通过测试系统进行上机实训。此次培训，旨在强化各基层单位对新版司法警务通管理平台和 APP 功能的理解和掌握，规范日常操作使用。市监狱管理局公安处、科技处，各监狱指挥中心和信息技术科近40名民警参加培训。

【召开安防警戒设施项目预算绩效专家评审会】 2017年10月18—20日，市监狱管理局会同第三方专业预算绩效评估机构，邀请有关专家对全局16家预算单位年内上报市财政的48个安防警戒设施项目预算进行评审。参与此次评审的专家组由来自政府机关技术部门、知名高校和科研机构的副巡视员、教授和高级会计师5名成员组成。评审采用现场答辩模式，即各单位代表首先围绕每个项目的预算申报文本和绩效目标对项目预算展开介绍和描述，经专家提问，由各单位就问题进行解释，最后由专家现场罗列出具体评审意见。经过三天评审，所有参评项目均通过立项测评。

【召开“司法警务通深化研究”课题研讨会】 2017年12月8日，市监狱管理局召开“司法警务通深化设计”课题研讨会。会议听取局科技处关于“司法警务通深化设计”课题建设背景、思路和成果的汇报，观看青浦、宝山、女子监狱试制的移动执法APP的演示，并就课题的深入推进做出部署。市监狱管理局局长吴琦指出，一是要进一步完善移动执法APP，广泛听取用户意见，根据反馈意见进一步完善系统；二是加强信息技术课题项目管理，在完善系统的基础上开展应用培训，进行试点，做好回顾总结，先试点后推广。

【召开“智慧监狱”建设研讨会】 2017年12月14日，市监狱管理局召开“智慧监狱”建设研讨会。会议听取有关技术单位关于“智慧监狱”建设设想和技术创新应用的汇报。与会人员围绕智能感知、动态互联、深度应用和持续创新开展讨论。市监狱管理局副局长李勇出席会议并提出要求：一是市监狱管理局科技处要认真消化吸收各单位介绍的先进理念和技术，为局重大工程建设提前做好技术储备；二是要保持技术交流常态化，进一步掌握先进理念和前沿技术。

（龚爱英）

二十六、上海市食品药品监督管理局

【上海药品审评核查中心生物制品试点品种档案信息化管理系统】 2017年7月，上海药品审评核查中心结合新时代的药品监管模式探索工作，设计并建立生物制品试点品种档案信息化管理系统。试点的药品生命周期信息化档案又称为“一品一档”，力求能够在信息化管理系统中全面整合品种数据、监管信息和知识库。该系统的建设，是以具体品种为主线，贯穿研发、临床、注册、生产、流通、不良反应监测和退市各个阶段的安全信息和风险管控，将品种监管和体系监管相融合，实现药品“一品一档”的构建和管理，并通过品种档案形成药品监管的大数据平台，为新的监管模式提供技术储备和信息支持，成为药品监管知识库的一个重要组分。系统需要达到的目标包括覆盖各条块，衔接平稳、兼容过渡，可推广，便于改进，多重数据安全，表单关系清晰，窗口化、信息化，促进沟通、提高效能。该“一品一档”系统由仅30余个子数据库、50余个界面窗口组成，7月下旬投入运行，并通过持续收集整合新的使用需求，不断改进版本、完善升级。

（葛渊源）

二十七、上海市社会团体管理局

【概况】 2017年，按照国家民政部和市委、市政府的总体要求，上海市社会团体管理局（以下简称“市社团管理局”）积极推进社会组织信息化建设，探索以“互联网＋政务”新模式打造“上海社会组织”网上政务服务平台，促进政府职能转变，实现社会组织网上并联审批、辅助决策、社会监督、公众服务、信息共享、综合监管六大功能。

【持续推进网上政务大厅建设】 2017年，按照市政府办公厅的要求，市社团管理局全面梳理社会组织9项行政审批事项和3项行政服务事项，制定《单部门审批事项上网方案》，规范内部工作流程，改造信息系统，开发网上受理平台，与网上政务大厅实时交换数据，实现与网上政务大厅100％对接。

【积极推进社会组织统一社会信用代码制度改革】 市社团管理局加强与市经济信息化委、市税务局、市质量技监局等相关职能部门协作，就统一社会信用代码涉及的信息采集、数据交换、信息回传、互联共享等工作商定对接机制，开发共享平台。完成上海社会组织业务信息管理系统的改造，建立起组织机构代码证、原登记证号、机构代码的映射关系，建立民政、经济和信息化、税务、质监等部门信息采集、数据交换、互联共享等机制，实现社会组织登记机关、税务、质监三部门的法人登记证、税务登记证、组织机构代码证的“三证合一”。截至2017年年底，全市社会组织实际换证率已达97.7％。

【推进社会组织（慈善组织）信息网上公开】 依据《上海市社会组织信息公开办法（试行）》，在“上海社会组织”网建立统一的社会组织（慈善组织）信息公开平台。登记管理机关公示信息包括社会组织登记、备案、举办者、年检、行政许可、行政处罚、评优评奖和规范化评估等信息；社会组织公示信息包括社会组织年报、核准章程、人员信息和重大活动信息；社会组织信用信息包括社会组织信用记录信息，共14类41小项的内容。慈善组织信息公开平台上增加公开慈善组织认定情况、慈善活动领域等内容。

【推进社会组织信用体系建设】 细化完善社会组织信用评价指标体系，归集法人库相关委办局数据信息，丰富信用信息的数据选项，记录社会组织日常检查、第三方财务审计等信用信息。同时，结合社会组织统一社会信用代码制度建设，推动与“信用中国”平台对接。探索社会组织官网进行百度认证，通过年检信息网上数据汇集核实，梳理600多家市级社会组织的官网地址，并完成在百度搜索页面的官网认证标识工作。

【建立社会组织网上“异常名录”】 建立社会组织异常名录，并与登记、年检、执法系统联动。列入异常名录社会组织的法定代表人、负责人(会长)、秘书长等人员，如再次拟任其他社会组织法定代表人时，网上办事系统将自动提出警示。2017年度，上海民政部门在对登记注册的14 914家社会组织数据核查摸底的基础上，依照法定程序对348家常年未开展活动“名存实亡”的社会组织实施分类清理处置。

【推进社会组织网上年检系统优化】 结合《慈善法》实施后新要求，对年检各类指标、年检系统、操作流程、公示内容方式方法等进行优化和完善，发布网上年检指南、年检报告样本，开发提醒辅助和手动录入功能，提高年检结论的精准性；设置社会组织信息公开必选项，进一步推进年检与年报公示并行、主动披露与自主公开并行，提高年检效能。全市社会组织通过网站完成网上申报，完成率为99.7%。

(方四青)

二十八、上海市公务员局

【概况】 2017年，上海市公务员局(以下简称“市公务员局”)紧紧围绕国家公务员局和市委、市政府重点工作，拓展公务员管理方式，稳步推进“两网一库一平台”建设，整合公务员管理信息系统、办公信息系统，推进公务员管理各环节的信息化、便捷化、系统化，初步实现上海市公务员管理“一站式”服务、“痕迹化”管理。

【启动公务员管理系统升级改造工作】 一是完成升级改造需求书梳理工作，会同各处室、市公务员局信息中心和万达信息股份有限公司重新梳理公务员管理22个工作事项和办理流程图，形成完整的升级改造需求书；二是统一系统建设指标和代码，了解国家公务员局系统指标标准和吸取兄弟省市系统建设经验，并结合上海实际情况制定系统建设标准和规范；三是完成系统整体架构、界面及部分业务模块升级改造及与OA系统对接工作。

【完成门户网站项目建设】

门户网站改版工作。在老版网站基础上，市公务员局结合上海市公务员管理工作的实际情况，并借鉴国家及兄弟省市同类网站的建设经验，从网站功能、版面设计和栏目设置等几方面升级改版网站：一是设计风格上，新版网站紧跟现代政府网站设计趋势，结合当前政府网站管理和政务公开的新要求，坚持以“方便用户”为中心缩短页面高度，首页使用大菜单、导航栏，减少显示的信息数量和类别，着重加强搜索功能；二是栏目设置上，按照国务院办公厅、市政府办公厅关于网站普查栏目更新的有关要求，并结合现代政府网站发展趋势，将老版网站的11个一级栏目整合成动态简讯、政务公开、公务员专栏、互动交流4个栏目；三是网站功能上，着重加强网站搜索、信息发布、报名服务、在线投稿、短信平台等六方面功能建设。

微门户建设工作。微门户主要是在网站基础上，进行数据整合，实现网站与手机访问数据同步，进行交流互动的新型传播形态，具体表现为移动平台用户在访问网站时系统会根据手机或Pad版式自动识别后转到微门户访问。

【完成OA办公系统二期建设】 2017年，市公务员局完成OA办公系统二期建设：一是基本建成会议管理、督查督办、信访办理、建议提案等日常行政版块；二是建成机要管理、档案管理、车辆租用、请休假等后勤管理版块；三是建设完成以法律、制度、文件及会议资料为主的资源库；四是完善系统管理机制，开发通讯录、代授权、办文统计、系统管理、待办等办公便利模块；五是建设完成门户网站OA流程，主要将局长信箱、信息公开、信息发布等网站审核流程纳入办公系统；六是对公文管理模块问题进行优化和修正。

（谢卫军）

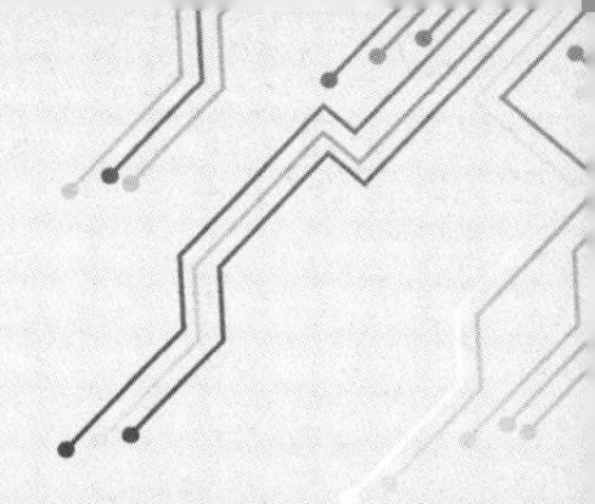

第四编

公共服务信息化

SHANGHAI INFORMATIZATION

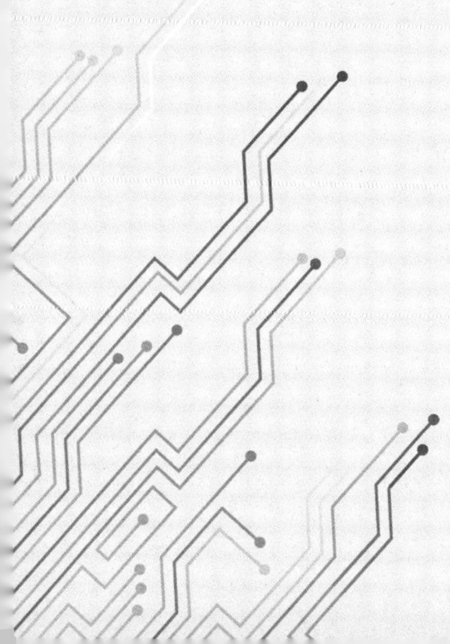

综 述

2017年,上海公共服务信息化稳步发展,在智慧交通、智慧健康、智慧教育、智慧生活、智慧文化、智慧旅游、邮政信息化等领域卓有成效。

智能交通领域,完成“交通综合出行”APP研发,交通出行信息发布工作取得试点效果,提高了城市交通管理能力。

智慧健康领域,着力建设“1+17”的市区两级卫生信息平台,实现健康档案数据共享,并加快健康大数据应用探索。

智慧教育领域,推进“一网、三中心、两平台”“上海市义务教育入学报名系统”“上海市普通高中综合素质评价信息管理系统”等平台建设。同时,各高校继续深化基础设施建设,优化公共服务平台应用,着力提升师生体验,打造“智慧校园”。

智慧生活领域,探索民政业务数据海建设,开展业务应用系统升级改造。社区服务网、社会保障卡、付费通等重要项目持续深入推进。年内制发(包括补换)各类社保卡、居住证件、新版敬老卡225.89万张,其中社保卡(红、蓝、金卡)88.27万张、儿童卡0.41万张,居住证43.78万张、临时居住证61.26万张,新版敬老卡32.17万张。

智慧文化领域,上海在数字新媒体、数字出版方面,在全国名列前茅。上海图书馆、上海博物馆作为智慧文化的重要载体,不断加强信息化建设。

智慧旅游领域,上海市旅游局为了全面提升旅游信息化工作和旅游公共服务的品质,制作“黄浦江导览”APP、提升触摸屏系统上云和网络环境、建立旅游信息管理与发布平台、加强在线旅游市场监管力度、优化962020上海旅游热线。

邮政信息化领域,中国邮政集团公司上海市分公司依托“互联网+”思维,对接新媒体,打造上海邮政线上服务平台,推出“全码付”聚合支付、拓展微信订报功能。

第一章　智慧交通

概　述

2017年,上海智慧交通建设继续稳步推进。上海市交通委员会(以下简称“市交通委”)在推进网络安全保障、交通出行信息发布工作,研发“交通综合出行”APP,深化网上政务大厅应用等方面,取得实绩,提高了交通管理能力。

一、体系构建

【加强十九大期间网络安全保障工作】 2017年,市交通委认真梳理行业网络安全现状,结合国家及上海市对网络安全的要求,找出行业网络安全的薄弱环节,并落实一系列措施,如与各单位签订网络安全协议书,落实安全责任,并与年底的各单位考评结果挂钩;明确只有通过等保与安全测试的系统才可上线;明确网络日常运行的管理要求,特别是要做好网页防篡改工作;落实应急预案与应急联系人;通过随机网络安全抽检,时刻提醒各单位保持警惕,确保十九大期间的网络安全。

【完成“交通综合出行”APP研发】 2017年10月20日,市交通委科技信息中心完成“交通综合出行”APP安卓和iOS版的研发工作。“交通综合出行”APP秉承方便用户出行的宗旨,提供公交实时到站查询、地铁线路及换乘查询、出行规划、路况快照、充电桩、轮渡、公交卡余额、机场大巴、长途客运、铁路、航班查询。“交通综合出行APP”集公交、轨道、铁路、轮渡、路况于一身,市民能查询到公共交通的现状,从而规划并选择一条最便捷的出行线路。

【交通出行信息发布工作取得试点效果】 为进一步提高交通出行信息发布工作水平,市交通委积极协调推进跨业态、营运动态信息发布,取得试点效果。一是候车站台信息发布升级,71路站台显示屏在原有天气预报、途经线路、轨交换乘信息及车辆到站时间预告的基础上,在华山路站试点发布舒适度指标。二是持续推进无外接电源站点的公交实时到站信息提示工作,浦东公交在2 000根太阳能站杆基础上,到2017年年底新增700根太阳能站杆;做好巴士集团OLED(Organic Light Emitting Diode,有机发光二极体面板)站杆推广工作,在已布设100根的基础上,继续新增200根OLED站杆。三是探索完善车载显示屏的出行信息发布。督促相关单位研究利用车载显示屏,提示下一站公交站点换乘线路的实时到站信息、换乘轨交线路的实时运行情况,同时对新版车载显示屏做可行性调试。

【开展交通行业数据资源目录清理工作】 经统计,在上海市政府数据资源服务平台中,市交通委及下属单位有32个在用信息系统,编目和注册政务数据资源373条,包含6 890个数据项,系统覆盖率94%,数据产品75条,数据接口2个,向市政府数据服务网提供的数据集总量排名第3。2017年,市交通委资源目录申请和接口服务申请正式对外开放,单位和个人可通过市资源服务平台向科技信息中心申请相关资料。

【"上海公交"APP发布新版本】 2017年,市交通委科技信息中心对"上海公交"APP进行升级改造,于4月20日发布安卓系统3.1版、iOS系统2.4.1版。新版本主要解决四个方面问题:一是安卓系统兼容性问题。通过对多款安卓手机的实测和第三方云测试平台,很好地解决安卓操作系统版本更新频繁,以及多种类芯片造成的兼容性问题。二是提升服务平台的并发访问能力。把各企业的信息发布集中在科技信息中心,通过增加中心节点服务能力,减轻对企业平台的访问压力。科技信息中心还对服务节点的网络服务框架、数据格式和数据传输进行升级,在并发访问能力和数据传输上进行大量改进,极大提升系统效率。三是降低因软件升级对用户的影响。集中服务节点后,新增郊区线路接入只需通过后台配置就可完成,无需频繁更新手机端,从而降低软件更新对用户的影响。四是引入高德地图数据丰富地图内容。引入高德地图,增加POI(Point of Interest,兴趣点)数据,解决POI信息的维护问题,丰富地图展示内容。

【《中心城区交通拥堵节点仿真诊断决策系统与联动控制示范》项目建设】 2017年,按照《中心城区交通拥堵节点仿真诊断决策系统与联动控制示范》任务书要求,完成中期成果,并全面推进下阶段研究工作。为实现对城市交通拥堵的有效管理,分别针对全路网交通运行状况采集与推算技术、多种随机因素作用下的中心城区路网交通运行状况仿真再现技术、拥堵源诊断与考虑网络效应的多拥堵节点联动控制方法评估技术等多项技术开展突破和研究。面向全市外环以内中心城区,进行系统初步设计、选定典型区域,完成检测系统建设,并初步给出多拥堵节点联动控制技术方案和拥堵改善的配套措施。

【启动研究《内河信息化三年实施方案》】 为对

接现有交通运输部、市交通委以及其他市级顶层规划设计，以为各区信息化建设提供指导依据和建设标准为落脚点，《内河信息化三年实施方案》为“一网、一库、两平台、两体系”建设任务的落实提供建设方案和行动计划。方案主要涵盖以下内容：一是确定《内河信息化三年实施方案》的整体功能设计框架，明确三年实施方案要实现的信息化任务；二是细化“一网”动态监测监控网建设方案，为市/区级分头、分步建设实施提出技术和产品上的标准或指标性建议，包括网络、视频、RFID(Radio Frequency Identification，射频识别技术)、VHF(Very high frequency，甚高频无线电波)通信等技术标准和设备参数标准；三是制定“一库”综合业务数据库设计方案和建设要求，厘清交通运输部海事一级数据中心、全市海事二级数据中心、各区海事所本地数据库的业务逻辑关系，明确二级海事数据中心数据库数据字典和逻辑设计；四是明确“两平台”：航务(海事)现场业务整合平台和内河交通管理与应急联动平台功能模块、共享交换体制、网络拓扑设计等框架体系；五是制定“两体系”：信息化安全保障体系和管理保障体系标准规范；六是确定新技术试点应用内容及机制；七是三年内分阶段建设具体内容。

(俞婷莉)

二、示范应用

【“基于北斗的公共交通信息发布技术及应用示范”通过验收】 2016年12月8日，由上海产业技术研究院承担的“基于北斗的公共交通信息发布技术及应用示范”课题通过市科委专家验收。该课题通过2年多攻关，取得一系列成果：获得2项软件著作权，与公交企业签订成果转化协议，推广产品和服务的产业化应用。课题提供从车载端到站牌端的产品研制方案，并建立拥有自主知识产权的公共交通实时信息发布服务平台，实现对公交车辆动态信息的实时采集、通信传输、分析处理和信息发布服务；课题研制的太阳能公交电子站牌采用太阳能进行供电，解决大多数站牌无市电供应的问题，实时准确显示公交车辆到站信息，同时通过平台建立了站牌从安装、运行、监测、维护全过程管理，保障太阳能公交电子站牌长效运行。该产品和公交实时信息发布服务平台已在浦东新区应用站点达到1 000个以上，实时发布信息覆盖车辆2 000台。

【“上海交通大数据服务平台构建与应用关键技术研究”通过验收】 2017年3月31日，上海市城乡建设和交通发展研究院承担的市科委项目“上海交通大数据服务平台构建与应用关键技术研究”通过专家验收。该项目突破了多源交通大数据汇聚接入技术与不同平台间数据交互技术，打通政企之间不同IDC(Internet Data Center，互联网数据中心)、不同平台之间数据互通互补的通道，实现政府交通信息数据与企业数据之间的交互、融合，互为补充，为交通大数据研究与应用提供数据支撑。该项目基于对交通大数据应用服务模式的研究，提出综合1个数据魔方、3种服务模式与1个交易中心的"1+3+1"的新的服务模式。同时，建设完成1套交通大数据分析挖掘基础算法库及对应的服务接口，实现包括聚类算法、分类算法、关联分析、模式分析和特异群组分析在内的5类共20个算法。为交通大数据的应用服务、数据共享提供模式与技术支持，对体现交通大数据的应用价值具有重要意义。该项目建设完成的"上海交通大数据服务平台"，突破实时流式分析与基于Yearn的分布式数据分析处理技术，完成实时交通信息服务系统、城市交通指数对比分析系统、长三角城际交通信息服务与分析系统、电动车安全行驶范围预警系统、交通出行量时空分布分析系统以及基于经验路径库的新一代路径规划系统等应用示范工程，为管理部门实现精细化管理、公众交通出行信息服务提供支持。

（李言旭）

【"城市快速通道交通协同控制诱导关键技术研究和应用示范"项目建设】 2017年，上海市科学技术委员会(以下简称"市科委")立项的《城市快速通道交通协同控制诱导关键技术研究和应用示范》按照任务书要求，完成中期成果，并全面推进下阶段研究工作。针对上海城市快速路网交通态势研判和常发性拥堵路段判别，分别开展专项研究，进行多个常发性拥堵匝道的可行性分析和工程方案设计，细化快速路拥堵成因分析和解决方案，形成快速通道交通协同控制与诱导工程方案，并开展试点区域的实地踏勘和细化分析，进一步深化工程实施方案的可行性，继而全面开展试点工程的示范实施，确保工程有效落地，对均衡快速路复合通道路网流量，缓解中心城区快速通道、越江桥隧以及高速公路入城段的交通拥堵具有指导意义。

【长三角区域机动车环保信息服务平台投入使用】 根据《大气污染防治行动计划》和《长三角区域落实大气污染防治行动计划实施细则》要求，为进一步强化长三角区域联防联控，协同推进区域内高污染车辆的环保治理工作，由市交通委牵头，市交通委科技信息中心建设的"长三角区域机动车环保信息服务平台"于2017年4月启动，11月建成并投入使用。该平台的运行和使用，将汇集长三角区域三省一市的机动车和环保相关数据，实现区域内机动车及环保信息互联互通，支撑长三角区域开展机动车大气污染防治的联防联控。在信息共享的基础上，实现区域内高污染车异地执法的业务需求，为大气污染防治的工作提供更全面的基础数据服务及更好的决策支持。

【《"两客一危"业务跨省协同应用研究》通过预验收】 由市交通委科技信息中心、上海中安电子信息科技有限公司共同承担的《"两客一危"业务跨省协同应用研究》(以下简称《应用研究》)于2017年5月18日在北京通过交通运输部信息化技术研究项目研究成果专题预验收。《应用研究》是《区域交通运输信息资源一体化服务PAAS层关键技术及应用研究项目》专题研究之一，是与交通运输部重点项目"长三角综合交通运输信息共享应用与服务示范工程"配套的科技项目应用研究。《应用研究》在分析苏浙沪两省一市重点营运车辆监管要求、信息化系统建设现状及存在问题的基础上，提出长三角“两客一危”跨区域业务协同的目标、管理流程及机制建设，重点研究长三角运政基础数据、电子路单、执法数据等数据交换的内容、格式、数据运维机制，与区域交通信息一体化PaaS(Platform-as-a-Service，平台即服务)平台整合集成的技术路径，重点监管的指标体系、功能模块、机制建设等内容，形成《区域“两客一危”重点监管研究报告》《区域“两客一危”业务协同需求分析报告》《区域重点车辆基础数据共享技术规范(试用)》《区域重点车辆电子路单(电子运单)数据共享技术规范(试用)》等研究成果。课题研究成果从平台功能、技术路径等方面支撑外省市入沪重点营运车辆监管系统的建设，监管系统的应用丰富完善课题研究成果，也为全国重点营运车辆跨区域协同监管提供可借鉴、可推广的经验。

【全国海运集装箱运输备案综合服务平台优化开发】 全国海运集装箱运输备案综合服务平台是由上海航运交易所承担、上海市经济和信息化委员会(以下简称“市经济信息化委”)资金支持的项目。经过两年左右的开发建设，项目于 2017 年第一季度整体通过由市经济信息化委组织的专家组验收。该平台建设的目标是以全国海运集装箱运输备案综合信息服务为核心，建设上海国际航运信息中心基础数据库，基于互联网探索创新行业监管新模式，面向市场打造服务企业的智慧型航运政务平台。随着“全国海运集装箱运输备案综合服务平台”数据量的增加、以及查询条件的多样化，原有系统的查询功能不仅遇到极大的性能瓶颈，也对日常业务处理功能产生了影响，因而实施备案平台运价查询性能优化的工作。原系统后台使用传统关系数据库，技术上不能适应海量数据存储，对数据索引的优化也无法完全匹配查询条件，只能通过升级后端集中存储硬件性能提升系统处理能力。为此，引入较为成熟的分布式搜索引擎系统。该系统是一个多节点的分布式系统，可以进行结构化搜索和全文搜索。系统后台不再使用集中存储，而是使用节点服务器本身的存储，可以通过升级节点服务器硬件性能或增加节点服务器数量，提升整个系统的处理能力。在具体实现中，通过数据同步程序，实时将关系数据库中的数据导入该引擎中，并以此技术开发新的运价查询系统。新查询系统的上线运行，使得平台的运价查询功能中一些条件复杂的查询从原来的小时级响应跨步到秒级响应，显著提升系统性能，从而使“全国海运集装箱运输备案综合服务平台”更为优化和完善。

(俞婷莉)

第二章　智慧健康

概　述

按照国家和上海市政府的工作要求，上海于2011年正式启动“基于市民健康档案的卫生信息化工程”（又称“健康信息网”）的建设，在支撑医改深化、提高管理效率、提升服务水平、改善患者体验等方面发挥了很好的作用，信息化成效逐步显现。2017年，上海市卫生和计划生育委员会（以下简称“市卫计委”）着力建设“1＋17”的市区两级卫生信息平台，实现健康档案数据共享，并加快健康大数据应用探索。

一、体系构建

【打造市、区两级卫生信息平台】　建成“1＋17”（1个市平台、1个医联平台和16个区平台）的市、区两级卫生信息平台，依托市、区两级政务外网，实现上海所有公立医疗卫生机构的互联互通。平台为数据汇聚共享、资源注册、业务协同提供基础服务，成为“健康信息网”的核心支撑平台，为上海区域卫生信息化的深化和医改各项政策的落地提供保障。

【两次汇聚诊疗数据】　通过市、区两级平台，实现诊疗数据个案每天从机构到医联平台和各区平台，再到市级平台的两次汇聚，市级数据中心已积累300多亿笔临床诊疗数据、1 000多万份出院病人记录，数据质量稳步提升，在卫生资源规划、行业管理、医改政策制定、临床辅助诊断、医疗科研等方面发挥重要作用。

【推进区域“三个中心”建设强化业务协同】　在全市范围推进区域“三个中心”（影像中心、心电中心和检验中心）建设，强化区域业务协同，提高卫生资源利用效率和基层医疗服务水平，为服务下沉、分级诊疗等医改政策落地提供有效支撑。

【健康大数据应用探索】 基于健康大数据，探索建立公立医院服务产出的病种指数，建立医院评价的“度量衡”和标准，为资源规划、医院评价、费用控制、政府资金拨付等提供了有效的管理工具，推进政府管理模式由粗放向精细、由结果向过程的转变。同时，大数据为医疗服务价格调整、社区综合改革方案等决策及健康期望寿命测算、重点监测疾病相关分析、重点技术的临床应用现状监测等应用提供有效数据支撑。

（唐怡雯）

【智慧健康养老产业发展大会】 2017 年 12 月 28 日，以“智慧养老 · 健康中国”为主题的智慧健康养老产业发展大会在北京召开。会议由工信部、民政部、国家卫生和计划生育委员会联合主办，围绕信息技术与健康养老产业融合创新发展，搭建行业交流合作平台，表彰入围智慧健康养老应用试点示范的企业、街道(乡镇)和基地，交流应用试点示范建设经验。会议公布全国首批 53 家智慧健康养老示范企业、82 家示范街道(乡镇)及 19 家示范基地名单。上海有 3 家智慧健康养老示范企业、8 家示范街道及 1 家示范基地获奖，分别是：上海恩谷信息科技有限公司，万达信息股份有限公司，上海安康通健康管理有限公司，静安区共和新路街道，黄浦区老西门街道、南京东路街道，闵行区古美路街道、江川路街道，长宁区周家桥街道、新华路街道、江苏路街道和长宁区。上海恩谷信息科技有限公司董事长徐志广作为示范企业代表，发表了名为《“新时代”——新型智慧健康养老》的主题演讲，阐述了在新机遇新环境下，如何运用新技术，建立新格局，履行新时代赋予企业的新使命。市经济信息化委、上海市民政局、上海市卫生和计划生育委员会相关负责人出席会议并对获奖企业表示祝贺，希望企业再接再厉，做好上海的智慧健康养老工作，多出成果。

（董苏也）

二、应用平台

【综合管理平台建设】 基于统一标准的管理指标体系，推进市、区两级综合管理平台建设，实现以数据为支撑的政府管理决策，促进行业管理从粗放型向精细化、科学化、数字化转变，极大地推进了政府管理模式的转变。

【社区卫生综合改革支撑系统】 基于市、区两级平台，建立了完善的社区卫生综合改革信息化支撑系统，主要功能包括“1＋1＋1”签约、预约转诊、延伸处方和费用管理。至 2018 年 2 月底，“1＋1＋1”医疗机构组合签约 368 万人，其中 60 岁以上老人签约率达 68%。2017 年签约居民在组合内就诊率达 74%，在签约社区就诊率为 53%。完成延伸处方超过 110 万个，减少居民因配药而去三级医院就诊的数量接近 300 万人次。信息化为上海社区综合改革提供有效支撑。

【健康档案共享智能提示系统】 通过市、区两级平台，上海所有公立医疗卫生机构实现健康档案数据的共享，实现“两个任何”（即任何一个患者的健康档案在上海任何一家公立医院都可以被安全地访问）。基于“两个任何”建立的智能提示系统，对重复检验检查和重复配药自动给出警示，在提高诊断正确率的同时大大降低医疗费用。

（唐怡雯）

第三章　智慧教育

概　述

2017年,上海智慧教育建设不断深化。在应用平台方面,推进"一网、三中心、两平台""上海市义务教育入学报名系统""上海市普通高中综合素质评价信息管理系统"等平台建设;教育资源开发方面,推出"上海市高中名校慕课平台";各高校深化基础设施建设,优化公共服务平台应用,着力提升师生体验,打造"智慧校园"。

一、网络与应用建设

【"一网、三中心、两平台"建设】　一是对上海教育城域网进行管理优化和持续维护,上海教育城域网已实现全面覆盖。二是上海教育数据中心完善运行机制,建成教育信息基础数据库;完善外包服务运行机制;完成基础环境和带宽扩容升级。三是上海教育认证中心围绕顶层设计初步形成组织架构,在标准研制培训等方面稳步推进。支持教育系统的统一认证和单点登录;生成教育服务号,支持建立终身学习档案。四是上海大规模智慧学习平台"上海微校"探索多服务、多平台、多群体推广。2017年,建立上海微校资源联盟,并与上海教育认证中心等完成对接。五是上海教育综合管理决策平台建设取得新进展,基础平台搭建完成,并开展数据分析和决策支持服务。六是上海资源中心加强标准体系完善及信息化平台优化,开展资源汇聚整合及共享应用服务。完善资源分类等机制,优化版权设置等功能。

【"上海市义务教育入学报名系统"建设】　2017年,"上海市义务教育入学报名系统"为全市小学一年级近20万入学适龄儿童(包括特殊儿童)和近15万初中招生入学提供在线、公平、公开的入学报名环境。新增民办学生报名照片上传功能,加大对民办招生的监控。新增举报投诉栏目,加强对招生工作的管理与监控。与"上海教育"微信门户、市政大厅对接,为民众提供了解信息的多元渠道。

【"上海市普通高中综合素质评价信息管理系统"建设】 "上海市普通高中综合素质评价信息管理系统"的建设和应用,有利于解决当前育人导向中的评价和招生录入"两张皮"现象。已成功服务于2017年上海市春季高考、专科自主招生、高校高水平自主招生、综合素质招生和秋季高考,保障上海市普通高校招生改革成功实施。

【中等职业学校教育信息化环境建设】 已完成全市所有中职校(包括分校区)与城域网项目建设公司的对接工作,接网进校工作已经完成。近70%的学校建成千兆主干、百兆桌面、无线网络全覆盖的高效能校园网;建成3个智慧教室和5个创新实验实训中心,并投入使用;近75%的学校建设完成本校教育资源应用平台,建立数字化资源建设、发布、共享和管理系统,网络学习支持服务系统,以及教学支持服务系统等各项子系统。

【上海市中小学(幼儿园)教师信息技术应用能力提升工程】 该工程于2015年5月启动,至2017年年底,全市中小幼教师基本完成50学时的信息技术应用能力提升培训。工程实施过程中,建设了中、小、幼教师信息技术应用能力培训的学习与管理平台,实现了统一身份认证,实现了从教师选课、课程学习、学习评价到学分认定的全网络化管理。

(李　曼)

二、教育资源开发

【"上海市高中名校慕课平台"建设】 "上海市高中名校慕课平台"(以下简称"慕课平台")是一个面向上海所有初高中学生,分享优质、特色拓展型和研究型课程资源的网络学习平台,旨在提升中学生信息化环境下的学习能力,推进高中学校特色多样发展培养,推进信息技术与教育教学融合的师资队伍。该平台由上海市实验性、示范性高中和市特色高中提供课程,上海市电化教育馆负责平台建设和技术服务。该平台于2016年2月17日正式上线试运行,并于3月5号首次开课。课程涵盖语言文学、数学、社会科学、自然科学、技术、艺术、综合实践等多个领域。上海市所有初中和高中学生,每逢双休日和寒暑假,均可凭学籍号或身份证号登录慕课平台注册、浏览课程信息和选择感兴趣的课程学习。截至2018年1月11日,学生注册人数28 620名,其中有25 794名学生进行选课和学习,学习参与率达95%。其中,初中学生15 274名,占59%;高中学生12 017名,占41%。涵盖669所初高中学校。

(李　曼)

三、高校信息化

复旦大学

【概况】 2017年,复旦大学信息化建设重点工作包括:完成年度重点任务,切实推进多项实事工程;及时配合学校重大建设工程,校园网升级改造工作稳步推进;重点加强网络信息安全工作,及时落实校园网络安全技术和管理措施等。

【拓展网上办事大厅服务内容】 2017年,网上办事大厅有力推进用户服务信息化。在复旦大学办公室的总体协调下,网上办事大厅进一步梳理和增加包括宣传部、学工部、研工部、人事处、教务处、研究生院、总务处、人事处、保卫处、团委、继续教育学院等在内的业务部门的服务流程。截至2017年12月,网上办事大厅共计对外提供175项服务,年内新增服务49项,其中依托“一表通”平台新建或优化服务22个,进一步扩大一站式服务覆盖的师生范围。

【有序推进校园网升级改造工作】 校园网出口带宽扩容增加60%,有效改善师生上网体验。2017年8月,复旦大学初步完成校园网出口带宽升级,带宽总量从6.5 Gbps扩容至10.5 Gbps,国际出口带宽质量有较大提升,师生整体上网体验有较大改善,满意度亦有提高。

校园无线网(5 GHz频段)覆盖率大幅提高,无线网络可靠性显著提升。按照下一代校园无线网络规划,初步完成无线专网主干网建设,完成近6 000台AP部署,涉及4个校区48栋楼宇及室外区域,为历年之最。教学科研区域(5 GHz频段)无线网络覆盖范围增至62处区域,占教学科研区的42.2%,完成了2017年年底达到40%的目标。

【加快网络基础设施建设】 根据学校修缮进度,完成邯郸本部5号楼、邯郸北区三角地区域(5栋楼),枫林校区复星楼、医科图书馆、学生书院、综合游泳馆,江湾校区物理楼、化学楼、环科楼、数学中心和专家楼的网络建设工作。此外,根据张江药学院实际需求,对药学院科研楼、化学楼、动物楼和教学楼进行了网络改造。总计完成19栋楼宇的网络接入建设工程。

2017年7月,完成枫林校区图书馆大楼8楼校园网核心机房建设施工。配合校区改扩建总体规划,完成枫林校区地下信息管线规划,配合4 000多名学生回迁的时间表,顺利完成核心机房设备搬迁与校园网主干光纤割接。完成上海教育城域网医学院节点、上海教育城域网运行管理数据中心医学院节点、上海科技网医学院节点搬迁。

【信息系统和移动终端应用建设成果显著】 2017年6月30日,智慧点餐系统在枫林校区书院楼新食堂上线运行。该系统在枫林校区清真食堂明厨亮灶改造工程、江湾校区食堂三楼招待餐厅改造中也成功推广应用。根据学校规划以及教学发展要求,落实本科生和研究生系统改造试点任务,于9月27日上线本科生、研究生课程互选功能并平稳运行,为14个试点院系的1 001名大四本科生和 6 300 余名一年级硕士研究生提供本科生、研究生课程的互选服务。

【OA 系统移动端 APP 上线】 2017 年,校园电子公务系统功能优化完善,推出 OA 移动 APP,为系统用户的公务办理提供了便利。用户无需在电脑前,只要手机上安装 APP,配合 VPN(Virtual Private Networks,虚拟专用网)客户端,无论在校内还是校外,都可以及时处理工作。

【党费网上查询与交费服务上线】 教职工党员党费网上查询服务上线,便于教职工党员查询各月党费应交、实交情况。借助复旦大学现有的网上支付平台,党员可通过信息办微信公众号自助支付党费。该功能从 2017 年 9 月开始试点,截至 12 月 27 日,已成功缴纳党费 5 918 人次。

【网络安全检查和整改工作】 2017 年 6 月,复旦大学配合上海市信息安全测评认证中心,对复旦大学关键信息基础设施进行网络安全检查,梳理网络与信息安全相关规章制度十余项,梳理信息资产清单,修订并落实复旦大学网络安全责任制、网络安全日常管理制度和应急预案,明确域名和业务系统安全清查制度等,完成系列安全整改工作。

【网络信息安全宣传】 2017 年 9 月 17—23 日“国家网络安全宣传周”期间,围绕“网络安全为人民,网络安全靠人民”的主题,校园信息化办公室联合宣传部、保卫处,开展“校园网络安全增强现实技术展”“网络安全桌面行”等系列信息安全科普服务活动,并通过新媒体,以 H5 动画、专题片等形式进行网络信息安全宣传与普及。

【网络信息安全工作会议召开】 2017 年 9 月底,校园信息化办公室组织召开了复旦大学网络信息安全工作会议,学校意识形态与信息安全工作组成员、各单位网络安全负责人、网络安全联络人、网络安全学生团队及信息化建设有关团队代表 160 余人参加会议,校党委副书记刘承功出席会议并做出网络安全工作部署,有效提升校园网络安全意识,全面落实校园网络安全责任,为中共十九大等重大活动的校园网络信息安全环境做好保障。

【信息化办公室成立安全中心】 2017 年 10 月,校园信息化办公室筹备成立实体机构安全中心,重点进行安全基础设施建设部署,安全制度建设和执行,安全监督、检查,安全监测和漏洞处置,安全应急响应,安全技术开发,安全素养教育等方面的工作。此外,复旦大学在全国高校中,较早完成学校主页、招生网、支付平台的等级保护三级测评工作。

(张　凯)

上海交通大学

【概况】 2017 年,上海交通大学信息化工作主要包括持续、全面地推进网络基础设施和管理信息系统建设,促进信息服务能力稳步提升。

【基础设施建设】 校园网出口带宽持续扩容。

2017年新增教育网出口带宽10G，达20G，校园网出口带宽总额超过23.6G。校园无线网质量不断提升。年内建设完成70栋教学行政楼宇的无线密集覆盖，新增4 000个接入点，全校无线接入点数量达8 030个，有效提升用户端信号强度和连接质量。

【管理信息系统建设】 持续推进管理信息系统建设。根据"统筹融合、开放共享"的工作原则，全面推进教学、科研、人事、财务、学生事务、校园管理等多个版块的管理信息系统建设，进一步提高学校的治理能力和管理水平。

【一门式服务平台建设】 一门式服务平台实现多语言支持，推出英文版一门式服务网站。实现一门式APP对公文流转的支持，覆盖公文系统中15个流转环节。实现自助打印系统和境外人士来访申请、因公出国(境)申请业务对接，方便申请人在自助打印终端就近领取外宾来访预报表、因公出国(境)任务校内批件，已提供3 094份文档自助领取，促进一门式服务线上线下一体化融合。2017年新增44个接入jAccount认证的信息系统、移动应用或网站，新建、升级各类线上服务流程59项，总计运行流程127项。流程平台启动流程实例68 498个，同比增长43%；服务人次325 191次，同比增长24%；处理服务事项、待办任务、办理进度等查询247万多次。

【交大云盘服务】 2017年6月，正式发布jBox个人云盘服务，为教师提供100G、为学生提供20G存储空间，支持Windows、Mac、iPhone、Android客户端，支持个人数据备份、科研和办公协作中的文档分享。至年底，开通jBox服务的账户超过6万个，累积上传文件超过16TB。

【正版软件服务】 开通VMware学术计划网站，为师生提供虚拟化软件，累计通过该网站提供VMware的Workstation、Fusion、vSphere、vCenter等虚拟化软件850余套。上线Office 365服务，校园网用户通过jAccount可以注册成为Office 365用户，获得由Office 365提供的50G邮件空间、1T的OneDrive云存储空间、Skype for Business即时通信功能等，为541名教工和112名学生提供服务。

【学生VPN服务】 2017年8月，开通学生专属VPN服务，便于学生在校外访问校内资源，为4 300名学生提供服务，累计使用3.5万人次。

【校园一卡通应用】 2017年4月，正式发行校友卡，全年累计发行五批校友卡，共5 364张。修订《上海交通大学"校园一卡通"校园卡管理细则》，根据学校各类人员变化情况，从原有的33类校园卡身份类别合并归类为19种。

【教育系统安全顶层设计】 为教育部提供教育行业安全态势感知方案设计和安全应急响应技术支持，落实教育部《教育行业网络安全综合治理行动方案》，推进信息安全等级保护工作，完成13个校内信息系统定级备案。

【重大活动网络安全保障】 为中共十九大等全国性重大活动做网络安全保障，确立以信息系统资产为核心的安全管理模式，变被动应急响应为主动安全防护，开发和上线"漏洞监测系统"及"信息系统安全漏洞处理”流程，实现信息安全态势可知可控，将校园网安全隐患的发现与处理形成闭环，全年累计督办修复安全漏洞 1 600 个。

【网站安全管理办法】 出台《上海交通大学网站建设与安全管理办法》，部署各院系单位网站普查，全面掌握校内网站 1 950 个，跟踪安全漏洞 2 033个。配合《中华人民共和国网络安全法》实施，完成部署 51 个网站安全证书。

【网络安全人才培养】 指导学生团队参加国内外信息安全竞赛，和腾讯合作举办代表中国大陆最高水平的全球安全竞赛 OCTF(Oops Capture The Flag，信息安全技术挑战赛)，2017 年度安全竞赛国际排名居国内高校第一。

【数据交换服务】 新建数据交换流程 13 项，更新调整 12 项，优化 24 项，为分析测试中心、教学发展中心、党建系统等 6 个部门或管理信息系统提供数据交换服务。

【云计算平台建设】 截至 2017 年年底，交大云(jCloud)平台已有注册用户 400 余人，服务 40 个院系及部门，通过及时更新系统镜像和模板，为平台用户提供技术及策略支持，继续为校内用户提供安全、稳定可靠的云计算服务。年内开始启动建设先进云计算平台，建设目标量满足 60%的校内科研计算需求。

【大数据平台服务】 大数据平台稳定运行，服务 10 个不同院系部门的课题组，数据存储近 65TB。交大—耶鲁生物统计中心利用大数据集群测试基因组变异分析，用 15 分钟完成一个 30 倍人类全基因组数据的变异识别计算过程，刷新世界上通用计算集群最快分析速度的纪录，比原纪录提速 50%。与环境学院合作，成功申请“上海市环境保护环境大数据与智能决策重点实验室”。运维中国城市治理研究院“嘉华大数据中心”的计算和存储平台，助力中国城市治理研究院的研究者使用城市数据，对智慧城市建设献计献策。利用大数据平台分析上海市浦东新区的网格数据，在“2017 全球城市论坛”上分享成果，被人民网报道。支撑智能网联创新中心的建设工作，负责上汽通用五菱大数据构建的顶层设计，促成大数据分析成为《上汽通用五菱—上海交通大学“再创造”工程(2017—2019)产学研合作协议》的两个核心部分之一。

【高性能计算】 代表中国高校参加国际顶级高性能计算大会 Supercomputing 17 和 2017 年全国高性能计算学术年会 HPC China 17。与普林斯顿、沙特 KAUST(King Abdullah University of Science & Technology，阿卜杜拉国王科技大学)、美国 UCSD(University of California, San Diego，加州大学圣迭戈分校)等多所大学和科研机构建立合作关系，完成与普林斯顿大学联合申请的美国 NSF(National Science Foundation，国家科学基金会)的 SAVI(源地址验证改进)项目，并成功获得第二期资助。获得 Intel 全球并行计算中心的资助，在国内高校属首家。指导学生团队参加教育部和中国计算机学会共同主办的 PAC(Parallel Application Challenge，全国并行应用挑战赛)获得银奖，并在超算高速互联网络比赛中获得一等奖。

【大数据党建平台】 自主研发基于大数据技术的党建平台，覆盖校内58 756名师生员工信息，服务全校14 934名党员，完成636个校内党支部的架构和数据梳理，可适配各类终端设备，从PC、一门式服务APP、手机微信、手机浏览器等多渠道进行快捷访问，为校党委、基层支部、党员提供不同层次的党建技术服务。

【国家标准制定】 牵头研制《信息技术学习、教育和培训教育管理基础代码》标准，被正式发布为国家标准，国家标准号为GB/T 33782-2017。

（张　瑞）

上海财经大学

【概况】 2017年，上海财经大学围绕学校"十三五"规划、综合改革和"双一流"建设方案的推进落实，在信息化方面，重点推进校园网改造与公共平台建设；升级系统应用，支撑学校人才培养、科学研究、精细化管理和百年校庆；完善网络安全组织机制，积极开展信息系统等级保护，顺利完成各项网络安全保障任务。

【校园网络改造】 调整现有无线网络体系架构，有效解决用户漫游问题，配合学校百年校庆，优化室外无线网络信号覆盖，增强覆盖国定路校区、武川路校区及武东路校区室外活动区域，室外立杆敷设AP（Wireless Access Point，无线接入点）63处，全部采用地下管线。完成武川路校区图书馆无线网整体覆盖优化，AP数从原来的94颗增加到146颗。完成国定路6、8、9、10、18号宿舍楼2.4G单频无线网全面改造。学生端无线网络流量增加30%以上，用户网络使用体验提升。无线网络认证由Portal改为802.1x认证。

引入中国移动股份有限公司上海分公司（以下简称"上海移动"）的运营，实现三大运营商宿舍网络全接入，学生根据自身条件和需求，自由选择运营商产品。与上海移动对接开户流程，解决管理、技术等诸多问题。

采用最新一代宽带无源光综合接入标准GPON（Gigabit-Capable Passive Optical Network，吉比特无源光网络）技术建成上海高校首个GPON光网络，具有带宽高、效率高、范围广、用户接口丰富等特点。完成全校范围内光缆敷设、改道迁移、维修割接工程20余项。

【公共基础平台建设】

上海财经大学门户与上海财经大学认证。认证数据扩充留学生、继续教育学院学生和校友数据，招标系统、教学评估系统、导师微平台等新建系统实现与门户的集成；优化门户消息中心、应用中心、权限申请、日历等功能，实现门户通知、提醒与微信服务号的集成。

数据仓库与数据中心。完成研究生招生、学生健康、教师健康和教室占用率等统计报表开发。实现本科教学基本状态数据库与数据中心对接；完成编制外用工模块、财务科研报销、科研二期、导师微平台等业务接口调整。完成以教学、科研类等数据资源整合与共享服务为核心的数据平台搭建，面向教学与科研提供专业和主题数据二次开发服务。推动学校内部财经数据共建共享，助力学校学术影响力提升。

移动工作流平台搭建。为提高上海财经大学微信企业号平台应用场景搭建效率，部署泛微工作流平台，快速生成用户移动端 UI（User Interface，用户界面），支持通过 Web Service 接口或数据源对接方式引入现有业务平台数据，从而方便日常业务流程快速构建。

云平台建设。完成上海财经大学云平台建设，利用该平台创建的虚拟机进行学术研究和计算的人数达 35 人，创建的虚拟主机总量达 40 台，块存储使用总量为 363.56G，本地存储使用总量为 2 892.56G。依托平台发表高水平论文 12 篇。

文档云网盘建设。2017 年 12 月，上线“上财文档云”网盘系统，向全校教师提供了一个文件存储与共享协作平台，以实现资料的移动访问，数据的存储与共享传输，提供科研协作、教学共享服务，实现学校非结构化数据资产的有效存储、管理和价值挖掘。

网络视频直播平台改进。完善微信客户端功能，优化直播页面，在直播前端采用新版直播编码器和高清变焦摄像头；陆续在国定路新体育馆、艺术中心和 369 校区礼堂等 5 处部署网络高清直播终端，顺利完成 29 次直播和转播，如毕业典礼和百年校庆海内外直播等系列活动。

智慧化公共机房建设。完成国定路第四机房智慧化升级改造项目，在传统教学机房增加教师学生多屏互动、高清录播直播功能，建设智能化教学环境，促进课堂交互开展，有效支撑“翻转课堂”等教学过程，提升教学基础设施水平。

网站群升级。完成网站群平台整体升级改造，完成全校 31 个网站原样迁移和 15 个网站改版迁移，同时完成校园网主页挂标。

【业务应用系统建设】

支撑人才培养。采用微服务架构，利用工作流引擎，在原有教学管理系统基础上，重构自主转专业模块、学业规划系统、学分认定模块等，实现了人才培养信息化全过程管理。学校向教育部提交题为《上海财经大学将信息化融入教学改革发展，为卓越财经人才培养提供动力》总结材料。建设并上线新版教学网，重新调整栏目内容和规划，扩容升级 Blackboard 网络教学平台，实现新版教学网和平台无缝对接，从而改善学校在线教学平台环境。

支撑精细化管理。上线人事编制外用工模块、科研管理系统（二期）、招标管理系统、餐饮供应链系统，完善人才计划、职称申报等功能，深化场所资源管理系统应用。

服务百年校庆。上线校友综合服务系统，实现校友线上交流、活动过程管理、预约返校、在线捐赠等功能。校庆期间，校友信息资源超过 10 万条，超过 1 万名校友进行预约登记，3 000 多位校友踊跃报名 31 门课。开通百年校庆专题网站，为校庆宣传和校友返校服务提供信息发布平台。开发校庆返校助手和校庆来宾接待助手等移动端应用。面向全校师生发行百年校庆版纪念卡，共有 3 700多名学生和近 1 000 名教师领取。

拓展微信服务平台。微信服务平台新增 10 多项服务内容，包括新生助手、门户通知、科研项目和余额查询、校园卡状态变更提醒、就业服务等；推出 2017 届毕业生回忆录。平台关注用户人数超过 7 万人，日均接口调用量 4 万余次，高峰时超过 10 万次。

升级数字图书馆。完成图书馆业务数据平台一期、媒资系统、主页改版一期验收，启动业务数据平台二期、主页改版二期和读者活动管理平台建设。完成呼叫中心、IC 空间管理平台扩充。完成研究生学位论文系统建设、信息共享空间C区建设、中山北一路分馆全面改造及主馆门厅及闸机改造工程等。

推行电子校园卡。启动电子校园卡建设,共发卡8 600余张,并应用于图书馆门禁、校园入口门禁、机房上机、智慧食堂就餐等场景,日均刷卡400次以上,充分发挥电子校园卡鉴权、支付等功能。

【网络安全保障】

组织保障。2017年10月,上海财经大学成立网络安全与信息化领导小组,校党委书记、校长任组长,分管宣传工作的校党委副书记、分管信息化工作的副校长任副组长,领导小组办公室挂靠党委宣传部,成员包括信息化办公室和教育技术中心主要负责人。同时撤销原上海财经大学信息化领导小组和上海财经大学网络文化工作领导小组。

技术防护。完成信息系统IT基础设施整体升级,实现管理系统服务器、存储之间万兆互通互联,提高核心交换机可用性,优化服务器负载均衡方式,提升应用交付自动化能力,完善应用安全防护策略,提升网络威胁防护能力。上线Tenable网络扫描、流量监控工具,每月定时发布安全报告。排除短信网关明文认证、网页存在恶意信息、SSL(Secure Sockets Layer,安全套接层)版本过低等多种网络安全隐患,圆满完成网络安全保障工作,成功应对由“struts 2”漏洞和勒索病毒等引发的安全突发事件。

等级保护测评。配合《中华人民共和国网络安全法》实施,完成上海财经大学门户、NETID(Network Identifier,网络标识符)认证平台、OA系统、教学系统、研究生招生等12个信息系统等级保护备案与测评和29个系统等级保护备案,同步开展安全隐患整改、安全管理制度修订及安全防护策略调整。

(上 财)

上海外国语大学

【概况】 2017年,上海外国语大学积极推进信息化建设,着力完善信息化工作制度、夯实校园信息化基础,有效支持和保障学校各项工作。年内完成的主要工作有:制定信息化工作和信息技术安全工作的规章制度,加快各网络基础设施项目的建设,提高校园网络安全运维管理服务能力,保障一卡通、身份认证系统等公共服务平台的可靠稳定,推进网上办事服务大厅和公共数据平台的建设,完成教室实验室的管理服务、多媒体技术服务的各项工作。

【完善各项规章制度】 2017年,制定或修订多个学校信息化建设管理及信息技术安全工作规范性文件,包括:制定《上海外国语大学信息技术安全工作管理办法》《上海外国语大学网络综合布线系统技术规范》《上海外国语大学校园网4G上网卡管理办法》,修订《上海外国语大学网络与信息安全事件应急响应预案》《上海外国语大学松江校区多媒体教室管理协调小组管理办法》。

【完成各类信息化项目建设】 2017年,学校加大对信息化建设的投入,重点加强校园网络基础设施的建设和保障,完成的主要项目包括:虹口校区数据中心机房改造及机房承重加固、专家楼光缆铺设及无线网络覆盖、兴华小区光缆铺设、松江校区国际教育中心无线网络覆盖、虹口生活区10号楼无线网络覆盖、信息系统安全等级保护定级测评及备案、上网认证管理系统、电子邮件云服务系统、SSL VPN系统、校园云存储系统、数据中心防火墙和Web应用防火墙、网络出口防火墙、校园无线网络增补(一期)综合布线及设备、华为服务器及存储设备维保、DELL光纤交换机维保服务、惠普服务器及存储设备维保服务等。开通eduroam(education roaming,教育漫游)服务,接入全球教育无线网漫游联盟。

【保障校园网络运维、服务和安全】 运维管理12台路由器、327台交换机、2 128个无线访问接入点;运维管理9个校园网出口;处置校园网出口线路中断及各类网络攻击等事件12起;保障高考网上阅卷工作。按照教育部、上海市教育委员会(以下简称"市教委")和学校的要求,完成信息技术安全相关的各项工作,主要包括:完成对"永恒之蓝"勒索病毒、S2-045漏洞等网络安全事件的应急响应并及时对师生用户和信息系统进行修复处置;完成十九大期间校园网络与信息安全保障工作,做到会议期间7×24小时在岗值班,清理排查学校270个信息系统(网站)的域名、IP地址、业务内容、主管部门和系统管理员信息,全面关停58个"僵尸""双非"和高风险的信息系统(网站)。9月30日—10月27日间,限制全校信息系统互联网访问权限,仅保留少量必须开放的信息系统。

【完成公共服务平台的运维管理服务工作】 完成统一身份认证系统、信息平台、短信平台、邮箱、网站群等公共服务平台的运维管理、用户服务工作;完成身份认证系统二期项目,实现用户管理、应用管理和数据统计的升级;完成一卡通系统的运维管理、卡务办理和用户服务工作;推广Moodle教学管理平台,完成相关课程建设和用户培训、服务工作;协助和支持各职能部门业务系统的建设和应用。

【推进网上办事服务和数据共享平台建设】 2017年2月,通过招标方式委托上海树维信息科技有限公司建设"上海外国语大学网上服务大厅"一期项目,主要目标是实现利用流程引擎实现服务事项的统一在线办理、利用公共数据平台和数据交换平台实现基础数据的集中共享,实现基础数据的简单分析。至2017年年底,共完成30余项服务流程的上线使用,初步实现一卡通数据、本科生教务数据、研究生数据、科研管理数据和教职工基础数据的集中和共享。

【完成多媒体技术服务工作】 为学校各部门的重要会议、论坛讲座、校际交流、外事来访、精品课程等活动提供摄影摄像保障,完成各项拍摄工作264次,完成精品课程制作50多课时;加大新媒体宣传力度,"上外电视台""上外广播电台""影像上外"三个微信公众号共计发布推文170多篇;对校内重要会议、讲座报告、文艺演出、庆典典礼等活动进行网络直播,完成各类直播61场;完成学校卫星和有线电视前端系统、两校区有线电视网络、模拟和数字广播网络的运行维护工作,维修各类前端设备故障30台次,维修调整和更换卫星专用接收天线16付,维修较大光缆和网络故障5起,维修和处理两校区有线电视网络各类故障30余次;制作和播出上外新闻21期,播出各类广播节目 6 000 多小时，两套高清自办频道累计播出约电视节目 9 600 多小时。

（赵 衍 何秀全）

上海海事大学

【概况】 2017 年，上海海事大学信息化建设的工作要点是以《中华人民共和国网络安全法》为依据，以信息安全建设与管理为抓手，进一步做好学校网站管理、电子邮箱管理和信息安全工作；进一步优化“智慧校园”平台和工作流引擎建设，为师生提供便捷的网上办事大厅信息化服务；确保 30 多个应用系统及其他弱电、“一卡通”系统正常运行；完善信息化相关制度建设，做到信息化工作有据可依、按章办事。

【完善规章制度建设与质量管理体系】 完善网络安全与系统管理相关制度建设，对相关制度建设进行了修订和制定，发布《上海海事大学信息技术安全管理办法》《上海海事大学电子邮件管理办法》《上海海事大学互联网网站系统管理办法》《上海海事大学信息系统建设与运行维护管理办法》《上海海事大学基础数据库建设与使用管理暂行办法》等相关规章制度。根据上海海事大学质量管理体系转版工作要求，修订《信息化办公室岗位职责》《上海海事大学校园一卡通管理办法》，新增《互联网网站系统管理》《信息技术安全管理》《信息系统建设与管理》程序文件，并对相关支持性文件、质量记录进行新增或修订。

【推广一站式服务平台】 进一步在全校范围内推广一站式服务平台，完成 OA 系统中的签报、发文流程，新增质量管理体系文件、会议室预订等共计 26 个流程；结合签报和发文的流程，对科级以上干部进行工作流引擎的概念和管理模式的培训；优化网上办事大厅服务平台，完成微信企业号的相关工作；全面开展流程运行维护工作，从管理上理顺条理，从技术和人员上多进行角度保障，做好工作流程运维工作，逐步扩大一站式服务平台在全校范围内的应用。

【网络升级改造】 完成有线网络升级改造项目，校园网出口设备带宽处理能力超过 2 Gbps。校园网出口带宽升级至 1.8 Gbps，有效改善师生访问互联网的速率和使用体验。完成中心机房 UPS（Uninterruptible Power System，不间断电源）系统改造，学校中心机房 UPS 供电可以承载 200 kVA 的用电需求。完成中心机房网络调整，从核心架构、IP 地址段规划等方面进行调整，确保数据中心的正常稳定运转。

【云桌面建设】 完成教学云桌面项目一期建设，为电教中心和图书馆提供基于云桌面的教学实验环境，实现普通云桌面 297 个点、三维云桌面 71 个。

【数据中心】 机构调整，成立以数据为核心的数据中心部，进一步完善数据中心部团队建设。解决各类系统数据同步问题，同时开展数据中心、用户中心的建设工作，积极开展数据治理的调研、文档编写与资料收集工作。

【服务师生】 优化教师邮箱系统的安全策略和服务质量，降低垃圾邮件对教师使用的影响。为新生开通学生电子邮箱，提高学生邮箱的服务和管理水平。加强网络安全教育宣传，通过校园网络，对全校师生进行网络安全法相关宣传，增加师生的安全意识。同时，对信息化办公室内部工作人员、系统管理员和数据管理员等重要信息安全岗位人员，进行“信息安全与网络安全法律法规解读”的专题培训，增强信息安全意识。

【对外交流】 接待哈尔滨工业大学、上海市教育科学研究院对信息化工作的参观调研。调研复旦大学信息化办公室数据中心工作，并形成调研报告。参加北京师范大学数据治理会议。承担第三届“全国高校好声音”现场直播与上海大学生电子竞技大赛的网络服务与技术支持工作。

【管理校园“一卡通”】 全面负责校园“一卡通”的运行管理。完成部分学生公寓水控项目整改。推广校园卡业务的网上工作流，实现移动考勤、“一卡通”微信公众号照片上传、下载等功能。进一步完善“一卡通”运维管理体系，形成围绕自助现金充值、银行卡充值、支付宝充值、自助拍照、自助补办校园卡、自助购电、洗衣、复印等的全方位自助服务模式理论与实践。

【系统维护与管理】 完成数字平台、教师邮箱、综合移动服务平台，以及所有老系统（包括科研系统、人事系统、OA系统、党务公开、校务公开、档案系统、干部测评、迎新系统、班车预订系统等32个职能业务子系统）的运行维护工作。

运维学校的单点登录系统。运维学校的Oracle数据库RAC（Real Application Clusters，实时应用集群）双机。配合人事处完成管理信息系统、资产处完成资产管理系统、科研系统的技术方案和虚拟化资源等工作。

完成学校主页的日常维护和管理工作。管理上海海事大学主页和各学院及部门共130多个网站，部署网络应用防火墙，完成70多个网站的防护和迁移工作。联合党委办公室和校长办公室开展校内网站系统安全自查及备案工作，通过备案管理清理信息系统（网站）系统6个，限制校外访问系统20个，清理不必要的域名29个，已备案信息系统（网站）224个。协助校长办公室完成信息公开年度检查评比工作，做好信息公开网的运行保障和技术支持。完成虚拟化及中心机房的日常维护和管理工作。完成中心机房废弃设备（服务器、存储和交换机等）清理及资产报废工作。多次配合公安机关在校内开展安全管理及安全技术工作。

（吴慧韫）

上海师范大学

【概况】 积极落实网络信息安全的各类通知、要求及规定，不断提升网络与信息安全管理水平。

以深化“智慧校园”建设为统领，提升信息技术服务水平。学校加快建设基于一站式服务平台的服务业务建设。重点推动和完成合同审批系统建设，根据《上海师范大学合同管理办法（暂行）》要求，优化、整合、重构合同管理流程。

加强“上海师大智慧校园”微信APP应用建设力度，为师生提供丰富的功能体验。完成基层党建、国际交流、研究生教育、成长有约、图书信息发布等栏目及应用的建设，为师生提供党建动态、党费查询、出国交流项目、学生活动、图书信息、学生成绩、学费缴纳等方面的信息推送和个性化查询;完善用户自助重置口令、网络续费等移动端用户服务功能;完成移动终端的补卡预约、充值、实时余额、实时提醒等应用服务,并覆盖全用户,提升校园卡移动端服务能力。在微信 APP 中增加第三方应用融合,将"腾讯企业邮箱""问卷投票""会议助手""企业活动""问卷星"五个第三方应用融入其中,提升师生用户的服务体验。

推进多项云服务建设和应用,为师生教学科研服务。为教职工推送云服务,为教职工开展科研、教学、管理提供计算和存储支持;为校内各单位开通"问卷星"云服务,使有在线调查、投票、测试、报名等问卷类服务需求的单位体验良好的企业级服务;为师生开通"云邮箱"服务,为教师提供"微软 staff 云邮箱",为学生提供"腾讯云邮箱"。

新建和升级相关应用,为师生提供便捷的系统服务。升级教职工体检选择系统;升级支付平台,满足相关部门学生缴费需求;向各学院推广使用教师个人主页;升级学校 CMS(Content Management System,内容管理系统)网站群,完成多个学院和部门的主页改版和专题网站建设。

规范校园网建设标准和协调机制,努力提升校园有线和无线网络的管理服务效能。根据上海师范大学网络基础建设目标,完成校园网升级改造方案的设计。完成两校区所有交换机的满配工作,为下一步推行"即插可用"的有线网络管理新模式,有效严格实施实名制上网管理奠定基础。

规范数据采集标准,从业务系统中整合各类数据,丰富数据资源,依据学校数据标准进行数据清洗和梳理,提升数据质量,激发数据潜力。注重数据的分析使用和共享,以服务的方式把统一、完整、准确、具有权威性的数据,按规划和管理规定,分发给相关业务系统、决策支持系统,特别是在 2017 年教务系统建设中,有效支持教学管理及评估分析的业务需求。

(顾益明 李若宝)

【教师个人主页上线】 2017 年 3 月,为更好地服务教师群体,打造教师专属的精彩网上名片,提升学校宣传形象,"上海师范大学教师个人主页"系统正式上线运行。该系统针对教师免费服务,为教师提供一个可自主维护、规范美观、便于查询和传播的个人学术研究与教学工作的网上展示平台,为教师、学院和学校在教学科研、招生宣传及对外交流(国际化)等方面提供有效服务支撑。教师通过校园统一身份认证系统登录,自愿申请开通,开通后可生成与教师个人主页名称一致的固定网络地址和专属的个人主页网址微信二维码,方便教师宣传推广。

【合同审批系统上线运行】 2017 年 6 月,为创新服务管理模式,进一步提升学校合同管理水平,合同审批系统正式登陆上海师范大学一站式服务管理平台,面向全体教职员工开放运行。该系统在上海师范大学办公室牵头下,梳理校内各类合同业务的类型,并结合《上海师范大学合同管理办法(暂行)》的相关要求,优化、整合、重构合同管理流程,覆盖合同审批申请、授权委托书申请、二级单位及归口职能部门审核、相关部门流转、分管校领导审批等合同管理全过程。合同审批系统具备以下特色:风险防控,根据学校合同管理要求,实现合同管理流程自动校验流转;协同创新,与原有行政用印流程实现无缝对接,使办事过程更精简、更合理；公开透明，每位申请人和办理人员都可以查看到事务处理的具体环节、下一步办理人员、以及操作办理时间等信息；绩效管理，通过查询和统计分析模块为决策提供有力支撑和保障。

【强化网络信息安全管理】 强化网络信息安全管理，提升学校网络与信息安全管理水平。首先是严格制度。从《上海师范大学校园网信息系统安全管理办法》着手，严格执行管理办法中相关管理要求，进一步修订《上海师范大学网络与信息安全应急预案》。制定24小时值班制度，进一步优化信息系统安全突发事件的快速响应流程，通过物理断网和系统一键断网双保险机制，来应对信息系统安全问题。其次是严格管理。采取一系列管理措施，既考虑重大活动期间的网络信息安全，又考虑长效管理机制。落实好各类应用系统的梳理、分类及等保备案工作，落实好关键信息基础设施全面自查，落实好三类重要应用系统的二级等保测评实施工作。最后是推行责任制。召开具有自建自管应用系统的二级单位安全管理落实会议，明确“谁运行谁负责、谁管理谁负责、谁使用谁负责”的原则，强调二级单位自建自管应用系统责任制。

【召开二级单位网络信息系统管理会议】 为贯彻落实上级部门有关网络信息安全工作文件的要求，进一步提升校园网络与应用系统的安全性，落实网络安全责任，确保各部门信息系统（网站）的安全稳定，2017年10月17日，上海师范大学召开二级单位网络信息系统管理工作会议，各二级单位分管信息安全工作的负责人参加会议，副校长高建华出席会议并讲话。会议通报当前网络信息安全形势及网络信息安全管理要求，采取的信息安全管理措施及网络信息安全存在的问题，并部署二级单位自建自管系统（网站）和网站信息等排查梳理工作。

【召开网络信息员工作会议】 以“网络信息安全”为主题的上海师范大学2017年度网络信息员工作会议于11月30日举行。各二级单位网络信息员参加工作会议，副校长高建华强调要把网络信息安全作为信息化建设与发展的“生命线”，明确职责、狠抓落实，切实加大网络信息安全工作的力度，全力保障学校信息化的健康发展，共同为推动学校事业发展做出新的贡献。会上，上海师范大学信息化办公室从学校信息化基础设施建设情况、网络安全的责任和意识、网络信息安全管理制度、信息安全管理措施、当前网络信息安全存在的问题、推进落实网络信息安全管理的要求六个方面，向网络信息员通报2017年学校网络安全工作情况，并提出具体工作要求。会议还邀请上海交通大学网络信息中心信息安全主管姜开达做了题为《高校信息安全之路》的专题报告。

（李若宝）

上海体育学院

【概况】 2017年是上海体育学院信息化建设的工作重点主要在加强学校网络安全保障体系建设上，并在保障校园网络安全和各个信息系统平稳运行的前提下，结合年度工作要点，积极开展信息化建设相关工作。

【校园网络安全建设】 根据2017年6月1日施行

的《中华人民共和国网络安全法》的要求，调整软硬件网络架构，部署安全管理日志审计系统，将相关网络日志由原来保存 2 个月统一调整为保存 6 个月。规范整理信息系统安全技术要求，并在全校信息系统的建设中实行。对于学校的重要信息系统，根据规定每季度开展检测及风险评估工作，提前防范存在的风险和漏洞。

完成关键信息基础设施网络安全检查与整改、网络信息安全自查及整改、网络安全宣传周和中共十九大期间网络安全保障工作等，排除多项隐患，有效提升学校网络安全保障水平。完成关键信息基础设施情况、网络安全的全面自查和整治工作；开展校内各单位（部门）网站及信息系统的全面排查工作，落实各单位（部门）网络安全领导责任和管理员责任，并签订网络安全责任承诺书；梳理存量网站及对信息系统进行归口管理，严控网站信息发布的权限分配；开展较大范围的网络安全培训和宣传工作，普及网络安全基础知识，并建立联络群组，定期推送重要网络安全风险提醒。更新网络防火墙并实现双机热备。

加强远程运维管理，全面启用堡垒机进行安全访问。所有系统运维实施人员经由堡垒机开展运维操作，对系统设备的操作行为进行严格的授权及审计。

积极应对互联网上出现的大规模安全风险。积极应对并及时处理"Struts 2"导致远程代码执行漏洞、"永恒之蓝"勒索蠕虫漏洞、"暗云"木马、"Windows LNK 文件与搜索服务"存在远程代码执行漏洞等传播广泛且产生高危影响的安全隐患。

【校园数据中心建设和管理】 加强数据中心管理，完成多项数据梳理与集成工作。对上级部门要求学校使用的系统、要求上报的数据进行全面调研与梳理，对数字迎新和数字离校涉及的各部门数据流转的流程进行梳理、协调和优化。完成多项数据集成工作，包括电控系统、房产系统、移动校园平台、学工系统、教务系统、场馆系统和中心数据平台的集成，以及财务和科研系统对接中，双方数据的集成和交互等。

【数字媒体资料共享管理】 完成数字媒体资料共享管理系统的建设，并通过专家组验收。该系统整合了上海体育学院多个部门的存量资料，为校内组织机构和各类团队提供安全高效的教学、科研资料共享平台，为网络直播、视频网站提供支撑，并用于 2017 年校庆的网络直播。

【综合移动信息平台试运行】 完成综合信息移动平台的建设，并于 2017 年 11 月 9 日上线试运行。该项目除了移动应用管理平台、应用 APP 和企业微信之外，还包括若干支撑子系统，如评价系统、活动报名管理、报修管理等。其中评价系统可灵活地用于各种打分评价的场合，已用于年度干部考评工作；"我要报修"子系统实现了拍照和文字报修、工作分配、工人工单全程数字化，上线一个半月就被应用 600 多次；"我的活动"模块成功用于 2017 年教职工乒乓球技能比赛和教职工疗休养等活动；"告别校园""新生报到""研究生迎新" APP 在 2017 年数字离校和数字迎新中受到学生欢迎；"移动校园"平台为师生提供大量信息查询服务。

【校园网上办事大厅平台建设】 启动校园网上办

事大厅平台的建设，完成硬件采购、平台的部署及部分工作流程的梳理确认，并开始进行流程开发。

【信息化项目库建设】 为了加强信息化项目建设的计划性，并使技术管理和指导能够提早介入，上海体育学院建成信息化建设项目库。协调、指导学校各部门进行信息化项目建设方案的制定，组织信息化建设项目的审核入库（学校的信息化建设项目库）工作。2017年度，有27个信息化建设项目入库。在项目库建设的基础上，组织和指导各部门完成2018年的信息化建设项目申报工作，共向市经济信息化委申报8个项目。

【优化数字离校和数字迎新工作】 数字离校不仅使学生清楚离校需要办理哪些环节的手续，还使学生大大减少了需办理手续的节点数，方便了学生。2017年的数字离校系统增加的功能有：实现移动APP离校，学生办理离校手续时，可以通过手机了解需要到哪些地点办理；完成财务数据、图书馆数据与数字离校系统的同步；增加研究生延长毕业等流程。

数字迎新增加供学生使用的迎新APP。新生在到学校报到之前，可以通过APP查询到个人相关信息，包括录取号、姓名、学号、班级、专业、院系、学费缴纳情况等，还能事先查到同城的同学及同寝室同学。

【校园网络工程建设】 校园网络主干改造优化工程及体教武术楼、经管休闲楼、学生活动中心等楼宇网络改造方案设计，并通过专家论证；完成设备采购，进行施工和系统集成招标准备工作。制定绿瓦大楼网络改建方案及相关光缆改道方案。

【校园网络出口带宽提升】 拓宽校园网带宽资源。经与运营商协调，将校园网中国电信出口带宽升至450M。

（罗海林）

上海应用技术大学

【概况】 2017年，上海应用技术大学继续围绕“十三五”发展规划目标，以学校教育教学改革发展为主线，突出信息化技术为学校教学科研服务的工作理念，稳步推进各项信息化建设工作。

【基础设施建设】 校园网出口总带宽1.8G，无线网AP数1 438个，有线网络信息点32 027个。托管虚拟服务器主机24台、虚拟服务器86台、虚拟桌面274台、瘦客户机100台。按照网络信息系统安全保护的工作要求，完成3个信息系统的定级备案和等保测评工作。清理僵尸网站12个，双非网站11个。受理办公网络故障电话报修2 450次，上门服务1 200次。

完成特教大楼综合布线工程、室内无线覆盖工程、校园广播系统工程、有线电视系统工程、校园“一卡通”及消防门禁系统工程、安防监控系统工程、楼宇自动化（BA系统）工程、报告厅视音频系统工程。

完成安防更新改造项目一期工程。其主要包括：安防监控中心装修和气体消防工程、24块高清拼接屏、1 200T监控数据存储、10个机柜、安防监控统一平台软件、2.5D校园监控地图，图书馆区域76路数字高清摄像机更新改造，体育场、体育馆、25号楼、26号楼、特教大楼安装117路数字高清摄像机设备接入集成。

完成101间多媒体教室的电脑更换瘦客户机,对34间多媒体教室的电脑进行升级,更新158间多媒体教室的教师机显示屏。对130间教室的中控机进行更换和升级,对56间教室投影进行更新。多媒体教室承担全校共计约3 320门次课、18万课时数,为方便学生直观了解教务信息和课程信息,在三个教学楼安装部署20块教务信息大屏,为学生提供便捷的信息获取通道。

【网站和平台建设】 新建网站9个,开发应用系统2个。完成移动校园平台(二期)项目开发,实现业务模块分布式部署。新增二维码考勤、食堂实时客流、表决器、移动图书馆等12个应用功能,累计实现22个应用功能。截至2017年11月底,移动校园平台累计访问量达88 097人次。

【承担上机考试保障工作】 2017年,共承担约133万人时数的各类教学上机、上课任务。承担国家普通话水平计算机测试、全国计算机等级考试、注册会计师考试、上海市高校计算机等级考试、全国卫生资格考试、全国护士职业资格、心理测试等各类上机考试任务约19 076人次。承担数模竞赛、"第一届全国人力资源管理技能知识(踏瑞杯)"、上海市"晨光计划"结题答辩等比赛、全国研究生入学考试、上海市本科春季招生、专升本考试、中本贯通招生考试等比赛和招生考试的设备网络保障服务工作。

(陈佳庚　秦　凤)

上海第二工业大学

【概况】 2017年,上海第二工业大学信息化办公室、信息技术中心围绕职业导向的高等教育,继续提升教学、科研、管理服务的信息化水平,打造"数字校园"。

【校园网络基础设施建设】 全校有线网络点位达13 700个左右,2017年新增无线信息点约400个,全面完成全校室内全覆盖、体育场等室外重点区域无线覆盖的工作目标。

【校园网络安全与校园安全能力提升】 全面启用虚拟专用网络服务与公共网络地址白名单制度,提高校园网络信息系统的安全性。进行校园安保视频监控建设和整合,顺利完成教学巡考与安防监控的对接,共590个左右数字高清视频监控纳入保卫监控平台,将多媒体教室监控系统接入学校安保视频监控平台,实现一体化技术防护功能,完成新建工程训练中心250个摄像头、安防模改数视频监控改造73个摄像头两个安防工程项目。

【业务流程梳理】 信息部门配合学校各部门,初步完成相关业务流程的梳理。业务流程由校级会议多次讨论并最终校内发文加以固化,为信息化流程化平台上线提供必要的结构化业务领域知识。

【完善业务信息系统建设与应用】 信息部门与教务部门配合,拟定网络在线教学平台技术要求,并进行候选产品选型。2017年9月,网络在线教学平台正式投用,学生能够在课前、课中、课后有机地结合网络在线学习,逐步实现课堂教学与网络教学相结合的混合式教学模式探索。将人事系统的在职教师(含挂职、外聘、人事代理)数据、资产系统基础数据、财务系统的学费缴纳数据纳入公共数据平台，消除信息孤岛。另外，建设完成的就业数据分析平台为毕业生就业提供便利，为学校决策提供数据支持。

【完善“智慧校园”建设】 校园微信企业号是涵盖校内办公和校内服务的综合性移动门户，主要服务对象是教职工和学生，产品定位是为广大师生提供获取校内信息的移动门户，同时提供一个移动办公及学习的协作平台。功能包括：新闻动态、个人中心、公共服务、教职工服务、人员通讯录、机构通讯录、学生教务、学生事务等。另外，还开发一些特色功能，例如管理员可群发微信消息给校内人员，校内人员不加微信好友也可进行微信聊天，可便捷查看与操作会议安排、上班考勤、干部值班，信息化、后勤、图书馆等公共服务，学生课表、成绩、考试信息可随时查看等。

（王　见）

上海健康医学院

【概况】 2017年，上海健康医学院推进系统聚合、数据统一和移动应用，实现信息互联和协作，加强“智慧校园”的基础保障建设，切实提升面向师生的个性化服务质量。

【规章制度建设】 制定并完善信息化管理相关制度，规划信息化资源统一管理。建立信息化建设专家库和“智慧校园”建设项目库，探索实践IT监理制度。

【网络安全建设】 2017年5月，学院成立网络安全管理领导小组和工作小组，在领导小组的部署和工作小组的配合下，完成各项网络安全保障工作。根据市教委统一部署，完成重要基础信息系统登记工作，完成学校网站中文域名申请、登记以及学校门户网站挂标工作。推进网站群系统、银校通项目等级保护申报工作。制定网络安全事件应急预案，健全网络安全事件应急响应机制，开展网站群系统安全应急演练。

【完善基础设施建设】 2017年1月，模块化数据中心核心机房建成并启用，3月完成各校区间光纤直联，实现学校内网畅通。采用敏捷网络解决方案，CSS(Cascading Style Sheet，层叠样式表)网络虚拟化技术，实现三个校区多核心设备横向虚拟化。多核心设备之间通过40G光纤链路直连，简化网络拓扑，提高了网络性能。完成核心与部分汇聚网络的全面升级改造和调整工作。4月，申请IPv6(Internet Protocol Version 6，第六版互联网协议)，获批后于暑期完成基本部署，10月开通试用。6月，全校核心业务系统全部从原分散的三个校区机房统一迁移至核心机房，所有校级系统集中部署服务器集群内，并建有容灾备份系统进行数据备份保障，各类服务应用依托私有云平台进行实施和推广。9月，全校宽带出口集中统一完成，出口带宽升至2.5Gbps。

【统一无线网络建设】 完成浦东校区北苑和徐汇校区的无线网络覆盖建设项目，对原有一期网络进行整改，增补AP300多个，重点覆盖浦东校区(南苑、北苑、新南苑)和徐汇校区等办公、学习区域，同时覆盖部分人流量较大广场、操场等室外环境。2017年4月，完成跨校区无线网络统一认证,统一各校区的 SSID(Service Set Identifier,服务集标识),开通无线无感知认证,各校区间不用反复登陆无线网络。7 月,完成跨校认证系统,实现上海高校间的无线账号漫游。2017 年 9 月,申请加入“全球漫游 eduroam”无线上网认证,11 月进入试用运行期。

【推进基础平台建设】 2017 年 4 月,上海健康医学院智慧门户和统一身份认证系统正式上线,规范身份统一管理和认证方式,实现全校各类用户身份的统一集中管理,集成基本应用,实现单点登录。总接入用户超过 33 000 人,包含教师、学生、外聘等人员类型,接入办公、学工、科研、宿管、资产、教务、人事等应用系统,每日活跃用户 400 人。

【“智慧校园”一站式服务】 2017 年 12 月,智慧门户改造升级版上线,以“互联网+微服务”为核心,致力于为各类用户提供便捷的“一站式、个性化、精准化服务”。改版以“让用户获取服务更便捷”为目标,分析、整合校内外分散的服务资源,全新推出“e 办事”“e 查询”,以易获取的轻应用方式提供,改善服务模式,实现个性化、精准化、便捷化服务推送。

【大数据交换中心建设】 2017 年 4 月,大数据开放交换中心上线,在数据标准统一规划的基础上,实现部门学院、教职工、学生等基础数据的接入和应用系统的数据同步,数据量接近 30 000 条,完成用户角色管理的功能设计,启动统一管理。

【微信企业号上线】 2017 年 2 月,上海健康医学院微信企业号上线,包括活动管理、账号管理、校园信息同步、待办事宜、校内公告、投票模块、互动模块、校车校报等功能,微信企业号与办公系统和网站群系统实现数据对接,和统一身份认证实现账号对接,已关注用户近 800 人。

【业务系统建设】 推进各部门应用系统建设,包括办公、人事、教务和财务数据分析系统,学工系统、宿管系统、继续教育学院教务系统、保卫系统、科研系统建设等。教务软件和财务分析软件获得以上海健康医学院为主体的软件著作权。

【“一卡通”系统建设】 2017 年 9 月,完成校园“一卡通”建设项目,各类“一卡通”自助设备在各校区上线使用,为学生提供 7×24 小时自助服务。10 月,电子校园卡上线,为师生提供查询消费记录、图书借阅、移动支付等校内消费一体化的便捷服务。12 月,“一卡通”数据分析平台上线,致力于挖掘其中有用的信息和知识,助力全校管理工作的高效运行,实现校园信息和资源的集中和融合。

【推进智能服务应用】 2017 年 9 月迎新季,学院首次启用移动端迎新,新生在家用手机客户端就能提前完成 80%的报到事项。现场只需出示迎新二维码,扫一扫即可完成报到。依托大数据集合和展示系统,通过大数据可视化平台,将新生报到的实时数据反馈到学校电子屏幕上,为校园管理提供实时准确数据。10 月,校园管理驾驶舱平台上线。驾驶舱平台通过详尽的指标体系,实时反映学校的基本运行状态。一期建设的五个模块将采集的数据形象化、直观化、具体化进行展示,校情分析及时呈现。

【基础医学互动学习与实训中心】 2017年3月，基础医学互动学习与实训中心启用，利用AR(Augmented Reality，增强现实技术)、VR(Virtual Reality，虚拟现实)、3D(Three Dimensional，三维)、4K(4096×3112分辨率)技术，建立"数字人体"解剖中心。利用信息化技术手段，以人体器官系统的标本为主线，通过实物与虚拟的结合、自主学习与过程评价的统一、情景教学与互动游戏的融合，把解剖结构、生理功能、病理改变、用药指导和健康宣教紧密结合，医学生戴上VR眼镜，可以将心脏或大脑等"拖放"到真实的心脑标本前。

【"健康课栈"开栈】 2017年4月，在线课程学术交流中心"健康课栈"顺利开栈。"健康课栈"为老师建设慕课提供专业场地和设备，一对一的课程顾问，以及全面技术支持。"健康课栈"致力于解放老师的生产力，帮助老师积极拥抱新技术，适应教学新形势。在提升教学效果的同时，助力教学方式不断创新，推动教学方式方法改革。

【教育信息化优秀试点】 上海健康医学院凭借试点项目"信息化环境下实验实训教学与实践模式创新探索"，获评教育部信息化优秀试点单位。该项目聚焦口腔医学技术专业信息化教学改革，将口腔医学技术虚拟实训系统软件和口腔互动实训室硬件有机整合。"理论—虚拟—实操"三元实践教学模式在维持实训耗材成本不变、保证实训安全的前提下，使学生通过反复虚拟训练，做到针对性学习，教师通过网络视频技术能同时兼顾所有学生的操作，及时给予个性化指导，师生互动高效，教学效率显著提升。

【信息化服务】 开展以"健康网络·智慧校园·优化服务"为主题的第二届网络信息服务月活动，向师生推广校园移动应用，推送网络安全信息、提供技术服务、开展专项学习、进行问卷调查，以服务月为载体，提高全校师生网络安全意识，提升校园信息化技术服务的专业化、规范化水平，为"智慧校园"建设奠定基础。

（肖　璐）

上海工艺美术职业学院

2017年，上海工艺美术职业学院信息管理处以云平台、大数据、网络安全为建设方向，努力提高信息化工作质量和服务水平，进一步梳理并优化学院教学和管理各业务流程和数据的规范，推进全校软件、硬件和网络的建设步伐，重点加强信息化网络安全防范措施，信息化水平得到显著提升。

【成立网络安全领导小组】 为进一步加强网络与信息安全工作的领导和管理，落实网络安全工作中的有关要求，健全网络安全响应机制，有效预防、及时控制和最大限度地消除各类突发网络事件的危害和影响，2017年6月19日，在学院主要领导的带领下，成立网络安全与信息化领导小组，并下设办公室在信息管理处，以保障关键信息基础设施和重要信息系统的安全、顺畅运行。

【通过二级等保项目测评】 依照国家信息系统等级保护工作的有关规定和要求，对网络和信息系统进行等级保护定级。完成关键信息基础设施的整改工作，并通过等级保护二级测评。另外，经过排摸，将所有信息系统分为外网发布区、内网服务器区、“一卡通”区域三类，不同区域采取不同策略防护。将关键信息基础设施迁移至外网发布区，关闭所有非必要端口映射和远程端口访问。同时，利用 VPN、堡垒机、防火墙等设备进行防护、分析和预警。对于内网服务器区域，为了加强基础网络的防护能力，在服务器区域防火墙上增加策略，关闭所有从非机房运维区域直接访问服务器区域的流量。

【完成教学云平台建设】 教学云平台在 2016 年完成一期建设。在此基础上，2017 年主要完成教学云平台资源管理系统以及在线教学空间相关功能的建设和完善，并完成与第三方系统的对接，完成整体测试、教师培训并进行 28 门课程的上线试用。教学云平台完成了校外专家评审，项目通过验收并正式推行上线使用。

【实训大楼综合弱电系统建设】 实训大楼综合弱电系统建设经过前期准备和多次需求调研，完成系统设计，其智能化系统建设内容主要包括：综合布线系统、计算机网络系统、电话通信系统、视频监控系统、入侵报警系统、电子巡更系统、门禁一卡通系统、停车场管理系统、公共广播系统、信息发布系统、多媒体会议系统、能耗监控系统、中心机房系统、多媒体教学系统、大报告厅音视频 15 个方面。

【建设人才培养工作状态数据库】 为建立学院人才培养工作状态数据库，并为下一步教学诊断与改进打基础，后期与市教委人才培养工作状态数据库系统打通，进行实时同步，启动高等职业教育人才培养工作状态数据库管理系统建设，完成高等职业教育人才培养工作状态数据库管理系统的前期调研、选型、需求分析等工作。

【完成信息化项目申报工作】 根据 2017 年信息化项目申报要求，在往年信息化申报的基础上，进行申报项目研究、项目申报资料准备以及申报项目方案编制，在申报系统中进行填报，最后将材料打印盖章和送审。完成信息化项目申报项目 7 个，分别为：大学生教务教学管理系统、实验室资源可视化运营服务平台建设项目、人才培养质量状态及教学诊断管理平台、办公系统建设、硬件基础平台扩容、资产管理系统建设项目、项目管理系统，批复预算，合计 327.2 万元。

【完成校园有线网络规划扩容】 由于各信息化项目的数据访问量日益增长和频繁，同时由于嘉定校区和徐汇校区的数据交换和网络管理的需求，使得校园主干网络出口带宽扩容以及两校区间的专线建设需求愈加迫切。2017 年，在往年基础上增加嘉定移动带宽 1G、嘉定—徐汇移动专线 300M，使得校园网络出口总带宽达 3 100M、嘉定—徐汇双链路专线总带宽 800M。该项目建设完成后，校园有线网络运行稳定，效果良好，上网速度显著改善。

【启动统一数据中心项目建设】 由于校园信息管理各个子系统易形成数据孤岛，与“一卡通”、无线、邮箱等系统对接时，产生一定的问题，因此需要对数据进行整体梳理。通过前期选型和调研，初步实现统一数据中心的基础建设，如：全部完成校园基础数据信息标准的梳理、校园标准代码的梳理与确认工作等，主要包括校园基础数据，如学校组织机构代码、人事、党务、办公、教务、学工、后勤等多类基础代码的梳理，后期将继续进行系统内数据的梳理工作；完成数据中心文档的整理，包括数据梳理咨询、编辑及修改，所有有关数据中心管理平台相关文档的整理和归档。

【数字化校园管理信息系统的优化改造】 2017年，数字化校园管理信息系统在原有基础上，对人事系统、财务OA、教务系统及办公系统进行了局部优化及改造。具体有：完成人事系统建设，包括系统的模块功能调研及需求确认，完成人事系统的流程、入职、招聘、合同、考勤等多个模块的建设与测试；完成系统中办公管理功能优化建设，办公系统包括请示、用印、发文、用车、会议室申请、周会表等多个流程的功能优化；完成采购系统中新采购申请、项目管理流程的功能修改及优化；完成教务系统包括成绩、评教、考勤等内容的功能优化。

【完善机房服务器硬件建设】 随着数字化校园系统、教学云平台等应用的上线，服务器存储压力越来越大。为满足系统基础功能运行需求、加强学院基础硬件环境保障，提升服务器存储能力，完善机房服务器硬件建设，主要对中心机房服务器/存储等硬件进行规划设计、建设扩容，具体包括：增加2个服务器刀框，包括10台左右的刀片服务器；增加共计50T左右的存储空间；原有虚拟服务器搬迁工作。该项目硬件设备已经全部安装部署到位，“智慧校园”系统虚拟服务器搬迁至新硬件环境上运行。

【做好机房空调改造项目】 为满足机房服务器、交换机等设备日益增加后的温度要求，进行空调改造项目，具体包括：在中心机房原有2台精密空调的基础上，完成再扩容2台37kW水平送风式精密空调，以提高机房精密空调容灾可靠性和夏季稳定性；建设8个6kW机柜配置ADU(Air Distribution Unit，配风单元)辅助送风模块，增加送风量，解决局部热点问题。

【完成多个等子网站建设】 学院相关子网站，如创新创业网站、人事网站、多媒体网站等，在学生处、采购中心、人事处等校级部门和职能处室的大力配合下，经过前期需求分析与网站模板设计确认，完成网站的测试、部署和上线，并完成后期验收、维护工作。

【完成“一卡通”监控系统建设】 上海工艺美术职业学院“一卡通”系统自建成以来，偶尔出现断网、脱机的现象。为保障“一卡通”系统的稳定运行，对“一卡通”网络监控系统进行建设，对全校“一卡通”进行实时监控和错误预警，减少“一卡通”各类问题发生。实时监控“一卡通”各节点和设备的运行情况，及时发现并处理问题，避免因各种脱机消费造成恶劣影响的问题。

【完善交换机建设项目】 由于学校网络交换机之前存在设备老化、网络复杂、建设不规范等问题，为改善校园网络环境，开展交换机设备建设项目，包括：更换老化交换机，同时改造所有接入网络，完成包括行政楼、图书馆、原创楼、中职楼、实训楼、高职楼、报告厅、食堂、体育馆、宿舍等多个地方的调研，重新规划网络结构，更换整个学校所有接入层交换机，调整所有接入层网络；在改造接入层网络的同时，重新规划各网络区域和IP地址的分配；更换学院交换机设备，并完成核心交换机备份。

【启动数字化校园系统平台建设】 上海工艺美术职业学院门户网站和移动平台均存在功能简单、界面单一等问题，为提高全校师生的用户体验，保障系统的运行稳定，信息管理处多次进行统一门户平台建设及移动门户平台建设的前期选型和调研评估，完成统一门户基础平台和移动校园APP应用的建设。同时，完成新门户中的校园信息系统统一身份认证建设，包括统一身份管理、认证服务反向代理、集群部署、审计管理、分级密码管理、监控管理、OAuth(Open Authorization，开放授权)服务。

（高秋燕）

上海开放大学

【概况】 校园信息化建设不断提升。完成新学习平台的用户体验优化和功能提升，重构校园门户和网上办公系统。优化网络架构，推进云平台全面应用，完成中原校区以及电视中专无线网络更新改造。完善学校网络安全管控体系，成立网络安全与信息化领导小组、资源建设工作领导小组，颁布《上海开放大学网络与信息安全管理办法(试行)》，做好“国家网络安全宣传周”及中共十九大召开前期总校范围的信息系统梳理和报备工作，落实网络和信息安全责任制，以及重要时期信息安全值班制度等，保证学校校园网络健康、稳定、高效地运行。

上海市电化教育馆在市教委的领导和指导下，开发并运行上海市普通高中综合素质评价信息管理系统，助力上海新高考政策全面落地。完成普通高中综评项目核心功能开发、上线运行管理和高中各年级16万高中生数据填报工作。“上海市义务教育入学报名系统”完成平台升级，有效保障2017年全市义务教育阶段入学报名工作顺利进行。“上海市高中名校慕课平台”上线课程量扩容到70所学校192门课程，学习人数2.63万名。探索开发7个教育大数据领域前瞻性项目，为建设上海基础教育数据中心工作打下坚实基础。

【上海学习网】 上海学习网积极服务于学习型社会的建设工作，为推动上海市终身教育而努力。2017年，上海学习网除了继续主办终身教育学习周、读书节等大型活动外，还陆续主办了第七届鲁迅青少年文学奖海外征文活动，获得华侨学院领导的好评；为上海开放大学华侨学院完成“走进金山——第五届海派中国画家作品展”网上展示活动；承办上海开放大学2017年“悦读悦美·书香伴成长”师生读书征文活动；配合上海开放大学完成秋季开学典礼前期筹备及网上开学典礼专题建设等工作；完成2017年上海开放大学时尚街拍摄影大赛网络宣传及平台支持服务工作；完成上海开放大学2017年第二届运动会微信报名等支持服务工作。此外，上海学习网还为上海开放大学承接援疆项目，捐赠教学设备，支援西部教育。到2017年年底，上海学习网点击量突破2.1亿次，注册人数达300万名。同时，上海学习网与各级教育机构合作引入终身学习资源，共拓展课程资源13 000门；引进在线图书14 000册、有声图书6 000

册、画报10 000册；引进试卷15 000套，各类试题15 600册。

【加强开放远程教育技术研究应用】 上海开放远程教育工程技术研究中心(以下简称“工程中心”)不断加强开放远程教育技术的研究与应用，工程中心牵头研制的《基础教育教学资源元数据实践指南》经教育部发文(《关于发布〈基础教育教学资源元数据〉系列教育行业标准的通知》(教技〔2017〕5号))，确立为教育行业标准。工程中心研发的智慧学习测试评估系统获得2017年教育部在线教育研究中心在线教育奖励基金(全通教育)优秀项目奖。工程中心还正式获批“体验式数字化多屏无缝跨媒体互动开放教学实验室”。围绕教育大数据分析应用，完成“基于教学设计的学习数据分析研究”和“基于教育大数据的个性化学习服务研究”两项博士后研究课题。组织教师完成28项开放课题(教学实验专项)研究工作，涵盖在线课程用户体验测试、混合式教学实验研究、在线课程设计、教学实验测试研究等多个研究内容。在国际合作方面，工程中心与荷兰开放大学合作，开展多模态学习分析、移动学习等研究内容；与英国、挪威、南非等国际专家合作，开展开放教育学习分析架构研究，组织在线学习新技术应用与合作国际研讨会，举办两次以混合学习为主题的国际远程培训讲座。

【推进新学习平台功能优化与提升】 新学习平台的优化包括功能优化、性能优化、用户操作体验优化等，全面提升平台使用体验。通过信息提醒，包括网页、微信、短信等形式，向教师、学生自动发送涉及教学、教研活动、课程作业的短信提醒信息60万余条，使学习者获得更好的学习体验。不断探索各类新技术在教学中应用，提供基于微信的教研、教学活动形式；建设基于音视频的直播课堂系统，丰富网上教学手段。教师组织直播课堂66次，总时长230小时，学生对直播课堂满意度超过93%。试点微信微信与学习平台整合，共设置微信活动104次，累计发言4 000多条，发言参与性和质量明显高于传统BBS(Bulletin Board System，电子公告牌系统)；整站实现电信CDN(Content Delivery Network，内容分发网络)加速，保证全市学生访问视频等课程资源的流畅。打造课程开放学习平台，实现全在线教、学、考、管功能，为下一步6门在线开放课程对外开放学习奠定基础。初步完成分校SaaS(Software-as-a-Service，软件即服务)平台建设，面向各分校、特色学院等专业学校，以适应非学历教育模式的业务流程，支持多机构、多学习组织的教学模式。截至2017年12月底，该平台已开设817门课程；涉及师生6万余名；课程资源2万份，容量超过3T；完成230万次形成性作业和在线自测；14 600余名学生进行网上毕业指导过程，上传论文13 070篇，教师网上指导140 000次；进行2 155次网上教研活动，交互总数12 983条。

【高中研究性学习智能支持系统建设】 从2000学年起，《上海市普通中小学课程方案(试行稿)》明确规定高一、高二每学年68课时，高三每学年60课时的课程安排要求。经过十几年的研究型课程建设和实施，不仅促进学生转变原有的学习方式，通过亲身体验进行学习，积累和丰富直接经验，培养创新精神、实践能力、主动学习和终身学习的能力，实现上海市创新型人才培养的目标；而且促进教师教学观念和教学行为方式的改变，建立新型的师生关系，在组织、参与、指导学生开展研究性学习活动中，促进教师自身综合素质的提升和实施素质教育能力的提高。

高中研究性学习智能支持系统又称研究型课程自适应学习系统(Massive Open Online Research, MOOR)，以“互联网＋教育”的理念，为上海市普通高中生搭建一个自主探索、智能学习的环境。围绕学生的研究兴趣和个性特长，系统采用人工智能和大数据学习分析技术，解决研究性学习的自适应教学、管理问题和评价方式。系统2016年7月底上线试运行，有近万个课题组在线上开展研究，学生自发建立千余个讨论组，进行共同交流、学习。参与学校既有复旦大学附属中学、交通大学附属中学、上海中学、格致中学、七宝中学、进才中学、上海大学附属中学、吴淞中学、育才中学、回民中学、风华中学等一线重点高中，也有帕丁顿双语学校、奉贤区奉城高级中学、行知实验中学等普通高中，已有400多所高、初中学校参与，为不同层次的学校提供一个良好的研究性学习平台，得到使用学校的高度认可，学校对项目使用情况整体满意度高达95%以上。

【推进“双证融通”工作】 学分银行管理中心在全市范围实施“学分认可型双证融通”试点，形成“学分认可型双证融通”评审标准和实施办法，召开针对全市高职高专院校、中职院校的“学分认可型双证融通”工作研讨会，积极组织院校申报相关项目。2017年，共收到26个项目申请，最终有25个申报项目通过专家评审并进入实施阶段。申报的院校既有以同济大学为代表的全日制本科院校，也有以上海中侨职业技术学院为代表的高职高专院校，还有以上海工商职业技术学校为代表的中职院校，涵盖本科、高职高专和中职三个教育层次。截至2017年12月20日，“学分认可型双证融通”项目已有720名学生的1 050条成绩数据存入学分银行数据库。开展春、秋两季的社区(老年)教育课程申报评审工作，学分银行累计评审通过6 445门社区(老年)教育课程，累计存入成绩的学员数达266 832人，存入课程成绩数达858 067条。

【推进学分转换工作】 学分银行管理中心积极与上海市各高校联系沟通，组织推进高校学生成绩集中存入工作。截至2017年12月20日，已有60个普通高校、56个成人高校(普通高校继续教育学院)累计存入高校学历教育学生成绩信息55 643 059条。组织各高校网点开展学历教育不同高校之间、学历教育与职业培训等非学历证书之间的学分转换。共有6.75万人进行了学分转换，转换为学历教育学分52.8万。落实上级要求，将上海市人力资源与社会保障局(以下简称“市人社局”)2012—2017年证书全量数据共计160余万条记录导入学分银行数据库。

【拓展“学分银行”平台功能】 建成“上海市百万在岗人员学力提升行动计划”学习网站，并完成网站与“学分银行”信息化服务平台的数据接口，增加“学分银行”信息化服务平台的相关功能模块。完成“学分银行”在线学习平台的开发与测试，首批上线27门课程，并组织相关区开展“学分银行”在线课程的学习活动，取得良好成效，扩大了“学分银行”在市民中的影响力。

(韩　玲　王会姣)

第四章　智慧生活

概　述

2017年，上海继续优化智慧民政、智慧社区、智慧气象建设。智慧民政方面，上海市民政局(以下简称“市民政局”)围绕上海民政信息化工作目标，提升民政信息化水平，强化信息化技术对民政业务的支撑引领作用，提升百姓获得感和满意度；智慧社区方面，社会保障卡、付费通等重要项目持续深入推进；智慧气象方面，以气象信息化为基础，重点开展智慧气象云平台、智能气象业务、普惠气象服务三大核心能力建设。

一、智慧民政

【概况】　2017年，市民政局以党的十九大精神为指引，牢固树立“民政为民、民政爱民”工作理念，围绕民政“十三五”规划的总体要求和年度目标任务，加快创新驱动，强化科技引领，各项信息化重点工作得到有效落实，有力支持上海民政事业的发展，不断提升百姓获得感和满意度，为增添上海城市温度、推进城市高质量发展贡献力量。

【组织民政业务数据海建设】　为促进民政各条线工作信息共享、业务协同，打破信息壁垒，组织开展民政业务数据海建设，完成数据全景、全息查询、数据应用、运行监控四大系统功能模块开发和数据抽取、清洗工作，制定《上海民政业务数据海使用管理暂行办法》，开展使用培训，并于2017年11月上旬正式投入试运行。纳入数据海的业务数据覆盖社会救助、社会福利、社会治理、社会组织、社会服务、国防保障六大民政业务体系，涉及自然人对象852万人，法人组织1.6万多家，数据量达1.4多亿条。数据海的建成使用，有力促进民政业务数据整合、共享与应用，推动民政决策科学化、管理精细化、服务精良化。

【推进“互联网+政务服务”工作】 进一步推进网上办事服务工作，对民政条线相应业务系统、社区事务受理系统以及市民政局网上政务大厅进行改造，完成社区事务受理系统与市网上政务大厅联动对接工作，实现网上政务大厅与社区事务受理系统使用统一事项编码和统一网上预约功能。群众可以在网上查阅办事指南、下载相关表格和材料、预约办事项目，可以通过在办事窗口获得的办事项目受理号，在网上查询、跟踪事项办理进度，从而切实感受到网上办事带来的便利。同时，将社区事务受理中心排队系统接入市网上政务大厅，提高政务服务便捷化；完成市民政局网上办事平台接入统一用户社身份认证的改造，提高政务服务协调化。

配合完成市政府实事项目“市民云”建设。2017年，市政府将“市民云”建设列入实事项目，通过“市民云”平台为市民提供六大类100多项公共服务。市民政局积极配合开展相关系统改造，完成涉及民政的婚姻预约、社区事务网上预约等6项信息接入任务，为市政府实事项目的顺利完成做出贡献。

【网站改版、普查和运维】 优化网站可见性和适应性。将民政办事服务项目，按自然人、法人等进行分类，在市民政局门户网站首页设置办事入口，方便服务对象得到迅捷有效的服务；积极推进办事材料目录化、标准化，使群众在办事过程中“上网一看，一目了然”，方便市民和企业办事。认真组织开展上海民政系统网站普查工作，针对问题积极督促落实整改，顺利通过市门户网站管理中心开展的4次季度检查和全国政府网站普查。利用网站监督员等常态化外部力量，查找网站存在的问题，督促做好网站维护管理。“上海民政”门户网站全年发布政务新闻748条，各类通知、公告340条。

【电子政务云基础设施层应用和数据迁移】 根据市政府统一部署，市民政局在前期进行迁移需求梳理、云平台网络测试、确认迁移方案工作的基础上，实施门户网站的平稳迁移、调试以及上线运行工作。

【召开信息化工作推进会议】 2017年7月中旬，组织召开上海市民政信息化工作推进会议。此次会议是首次以视频形式召开的全市民政系统大会。会议总结近一年多来，上海民政信息化建设取得的进展，部署下阶段民政信息化工作，为下一阶段上海民政信息化建设指明方向。

【项目验收和绩效评价管理】 组织高校、科研院所及相关委办的信息化专家，对市民政局局系统9个信息化项目进行验收。委托第三方专业机构，对“统一老年照护需求评估管理系统”“上海市救助管理受助人员图像甄别比对系统”等5个信息化项目实施绩效评价工作，督促建设单位提升信息化项目应用实效。组织开展机关办公局域网网络安全检测工作。

【重点信息化项目建设】 开展社区事务受理信息系统升级改造，建设完善市区两级信息平台，新增全市通办、电子档案留存、交换督办跟踪等功能模块，通过该项目建设，实现社区事务受理事项全市通办，方便居民就近办事，增强居民群众满意度和获得感。组织救助系统升级改造，对农村低收入家庭危旧房改造、困难职工项目帮扶、就业困难人员专项救助引入核对机制，并根据医疗相关救助政策调整，改造救助系统功能，确保救助系统功能与现有政策有效匹配和衔接。开展基础设施平台升级改造，替换现有基础设施平台老化设备，根据新业务需求新增必要的计算、存储、网络、安全等软硬件设备和产品，从而将设备老化带来的风险降到最低，保证民政基础设施平台高效稳定运行。组织综合为老服务平台升级改造，建设养老服务包、敬老卡联盟、供需匹配、行业监管等功能模块，打造服务于政府部门、老年人、服务机构、敬老卡加盟商的养老服务管理一体化平台。

【数据资源共享开放】 按照《上海市政务数据资源共享管理办法》要求，持续推进政务数据资源梳理和目录编制工作，完成全部指标任务，共组织22个业务系统的编目工作，发布1 014个数据资源目录，注册数据产品资源35个。积极推进跨部门资源应用和业务协同，与市人口、法人、空间地理三大基础库数据平台有效对接，完善更新维护机制，与各区政府、市人社局、市公安局、市工商局、市公积金管理中心等近百家政府部门、企事业单位实现数据共享。

【开展政务微信运维管理】 积极运维“上海民政”政务微信，及时推送民政重点工作、重要政策和政策解读信息，积极回应民生关注热点，具有较强的政策性、权威性、时效性和实效性，为公众了解上海民政工作、媒体发现新闻线索提供方便。2017年，“上海民政”微信公众号共推送信息127次、284条，同时积极上报“上海发布”“中国上海”和民政部微信。“上海发布”微信多次转发“上海民政”微信相关信息，每次阅读量均超过10万。

【组织开展信息化工作培训】 组织举办民政信息化工作培训班，邀请有关专家讲解大数据运用、网络安全管理等方面的知识，并对信息化项目预算申报等进行培训和问题解答，进一步增强市民政局系统信息化工作人员业务知识技能，着力提升信息化工作队伍能力素质。

（费文东）

二、智慧社区

社会保障卡

【异地结算社保卡发放】 2017年，根据国家人力资源和社会保障部(以下简称“人社部”)“9月底完成基本实现跨省异地就医住院费用直接结算任务”总体要求，会同市人社局明确“特事特办”工作原则，对该批人群新卡制发采用有别于新版社保卡的简化模式，先后完成注册测试、制卡数据核对、告知书起草等工作，于8月底全面完成7.3万人异地结算社保卡发放工作。8月31日，人社部来上海开展异地就医专项督查，对上海提前1个月完成任务表示肯定。为确保及早覆盖所有满足条件人群，与医保部门无缝衔接，及时做好新增人员及地址更新人员制发卡工作，2017年度共制发异地结算社保卡8.7万张。

【居住证新政配套工作】 新版《上海市居住证管理办法》于2018年1月1日正式施行，配套新政落地，主要做好以下三方面工作：一是调整居住证卡样。根据办法及实施细则相关规定，卡面不再印“签发机关”信息，据此调整卡面，并提前预备卡基，确保新版居住证制发工作平稳有序开展。二是改造居住证系统。多次研究新版管理办法相关需求及新老管理办法过渡方案，并做好技术准备；完成系统改造一期开发，制定操作手册并录制培训视频，完成相关人员培训；新系统于新版管理办法正式发布后上线。三是稳妥实施临时居住证押金及物料处理。针对新政明确将停止办理全市临时居住证的情况，考虑到此项工作时间跨度较长，且涉及押金金额总量较大，及时组织梳理各区押金管理基本情况，预估各区押金总额，确保满足退证业务需要；要求各区开展押金、票据、卡基、废退卡阶段性清理，做到账实相符。

【深化规范化建设及便民利民服务】 规范化建设方面，2017年第二季度开展全市社保卡业务规范化检查。第三季度“回头看”，抽查11个区23个网点，确保相关问题得到及时有效整改。便民利民方面，要求各区保持思想高度一致，及时了解群众所思、所忧、所盼，2017年，分别在徐汇、普陀、浦东3个区选定1家医院提供现场补换卡服务，践行方便群众的工作宗旨。

【做好卡证制发工作与声讯服务】 2017年，共制发（包括补换）各类社保卡、居住证件、新版敬老卡225.89万张，其中社保卡（红、蓝、金卡）88.27万张、儿童卡0.41万张，居住证43.78万张、临时居住证61.26万张、新版敬老卡32.17万张。“962222”热线全年接听来电咨询53.05万人次，接待来访1 945人次，处理来信1 925封。

（王晓炜）

付费通

【概况】 上海付费通信息服务有限公司（以下简称“付费通”）以家庭公用事业电子账单管理为核心，账单支付为支撑，通过互联网、移动终端、POS机等方式为终端用户提供一站式家庭电子账单管理支付服务。围绕个人住房房产税、少儿住院互助基金、交通罚没款、物业费、诉讼费等政府税费开展多元化增值服务，打造全市“智慧账单、智慧生活”新模式。

【电子钱包支持“扫码支付”】 2017年2月，“付费通”APP发力电子钱包领域，将“我要付款”线下扫码支付功能纳入APP新版本，并开通快客、来伊份、三林熟食等约3 000个线下门店的“付费通”APP扫码付。用户在线下消费时，只需向商家展示条码或二维码，商家使用扫码设备扫描后即可完成交易。

【组织大型公益骑行活动】 2017 年 3 月 12 日，“付费通”与崇明区旅游局合作，发起“电子账单的‘骑’迹”大型公益骑行活动，组织百名上海市民志愿者，参与环保公益骑行挑战，传递电子账单低碳环保的精神。“付费通”自 2012 年起承建市政府便民实事项目“电子账单公共服务平台”，统一受理水电煤通讯机构的电子账单申请，取消纸质账单，以微信、短信、电邮的方式接收每月账单，及时了解账单信息，推动市民从日常点滴减少自然资源的浪费，营造低碳环保的社会环境。截至 2017 年年底，电子账单公共服务平台共申请 342 万份电子账单，节省约 8 945 万张纸，相当于保护 3 万棵 10 年生大树免于被砍伐。

【通过“上海市著名商标”评审】 2017 年 6 月，经上海市著名商标评审委员会审议通过，市工商局审定，“付费通”商标再次荣获“上海市著名商标”称号，并获得授牌。这也是继 2013 年之后，“付费通”延续认定成功。上海市“著名商标”由市工商局专业评审，褒奖在产品质量和品牌推广中取得一定成就的商标品牌，每 3 年评审一次，具有商标品牌领域的权威性。

【2017 年度“上海名牌”】 2018 年 1 月 5 日，“上海名牌”榜单最终揭晓，共有 399 项产品、195 项服务、14 项明日之星上榜。“付费通”作为服务行业的典型代表，在本次评选中榜上有名，获得 2017 年度“上海名牌”称号。“上海名牌”始于 1994 年，由上海市名牌推荐委员会根据申报产品的知名度、质量水准、企业质量体系、市场占有率等各项指标，采用科学的评估方法和严苛的评估标准进行综合考评而最终产生。自 2015—2017 年，“付费通”连续 3 年获得“上海名牌”称号。

【上海燃气 IC 卡实现网上充值】 2017 年 7 月，“付费通”发布首款公共事业费燃气 IC 卡网上充值产品“口袋充”，首期与南汇燃气、松江燃气、奉贤燃气等机构合作，为超过 70 万户上海居民提供公共事业费 IC 卡网上充值服务。居民用户只需下载登录“付费通”APP，通过手机蓝牙连接 APP 和“口袋充”设备，即可使用个人银行卡、付费通卡、微信支付等多种网上支付方式，足不出户快速完成燃气 IC 卡的余额查询和实时充值。该产品投入使用，意味着真正实现公共事业费账单查询和支付的电子化，更方便居民管理家庭各类账单。

【网上缴纳少儿住院互助基金】 2017 年 9 月，“付费通”作为第三方缴费平台，与上海市少儿住院互助基金管理办公室合作，参与网上缴费参保工作。在前两年试点运行少儿基金网上缴费基础上，2017 年线上缴费不仅实现全市覆盖，且提前 10 天开放，还新增微信公众号缴费渠道。全市各区的各社区卫生服务中心所属的 0—3 岁沪籍儿童都可在“付费通”网站、“付费通”APP 以及“付费通账单查缴”微信服务号中直接进行费用查缴。

【缴纳房产税新增微信公众号渠道】 2017 年 11 月，作为上海市地方税务局唯一指定的房产税网络缴税渠道，“付费通”网站开通个人住房房产税的查询与支付业务，纳税人只需登录上海“付费通”网站或“付费通”APP，即可查缴 2017 年度个人房产税税额，同时支持 2016 年度以前逾期房产税补缴业务。此外，为便利市民进行房产税查缴，除以上缴费渠道外，2017 年还新增"付费通"微信端查缴方式。用户只需关注"付费通"官方微信服务号"付费通账单查缴"，选择公众号菜单栏"查缴账单"中的"房产税"缴税入口，输入房地产权证号或不动产权证号，即可进行应税查缴。这一缴费方式也是智慧城市建设成果在电子政务和民生交叉领域的体现。

【发布 2017 年度账单】 2018 年 1 月，"付费通"正式发布 2017 年度账单，以"2017，我的低碳生活"为主题，通过环保游戏的形式，展开用户个人消费数据全年梳理与回顾，并利用大数据挖掘和深度数据分析，解读上年全市居民家庭账单缴费情况背后的社会意义，为优化能源配给、倡导低碳节能和加快智慧城市建设贡献力量。2017 年全市居民生活缴费总额为 1 046 亿元，较上年降低 0.5%，月均缴费金额较上年降低 6 元，这是全民践行绿色低碳生活的体现。

【获上海创意产业博览会银奖】 2018 年 2 月 6 日，2017 第七届上海创意产业博览会表彰大会举行。大会对在 2017 年上海创意产业博览会(以下简称"创博会")上表现优异、勇于创新的企业进行颁奖。"付费通"在本次评选中荣获银奖。在本届创博会上，"付费通"携网上缴纳房产税、燃气 IC 卡"口袋充"等特色项目亮相展会，重点展示智慧账单在家庭支付生活中的运用，治理打造智慧生活场景，提供优质创新服务。

(张蓉蓉)

三、智慧气象

【概况】 上海智慧气象先行先试，聚焦气象科技能力现代化和社会服务现代化两条主线，面向需求、对标国际，深化气象改革，强化业务集约运行、科技协同创新和人才优先发展，明确到 2020 年年底，基本建成以"业务智能、服务普惠、制度创新"为主要特征的上海超大城市智慧气象体系，全面融入"宜居、创新、可靠、高效"的上海智慧城市建设。

结合上海以数字化、网络化、智能化为主要特征的智慧城市建设保障需求，充分应用大数据、物联网、云计算、人工智能、数据模拟仿真等现代信息技术，发展智能气象业务，开展普惠气象服务，探索体制机制创新，以气象信息化为基础，重点开展智慧气象云平台、智能气象业务、普惠气象服务三大核心能力建设。

【深耕数据分析，搭建云平台】 以"气象大数据+"为发展思路，充分应用大数据、云计算、人工智能、数据模拟仿真等现代信息技术，构建以数据为中心的现代气象业务布局，以信息化带动现代化，搭建统一标准、开放服务、持续发展的智慧气象云平台。

扩容基础设施资源池。 建成 500 多个计算核心、海量存储资源的大数据分析、云桌面及安全运维管理平台。依托上海超级计算中心和国家气象应急备份中心能力建设,新增150T的高性能计算机租用项目完成设备安装和联调。

启动气象数据开放应用平台建设。初步形成总体思路,建设内容纳入上海气象数据中心项目整体设计。实施互联网带宽扩容工程,建立云产品数据共享平台。

数值预报云平台业务化运行。依托国家级气象业务应急备份中心建设背景和基础,以集约化、标准化为发展目标,通过租用公共云资源,建立统一标准、统一数据和统一管理的集约化众创型数值预报专业云平台,实现我国数值预报模式产品的"云上备份",为全国气象部门提供包括国家级和各区域中心的稳定、丰富的数值预报产品。

开发大数据挖掘分析工具。深入与香港科技大学、复旦大学、浙江师范大学、IBM中国研究院等多家高校,彩云科技有限公司等互联网公司对接和调研,积极开展人工智能技术调研,探讨计算机技术与气象预报的结合方向,在短临机器学习外推预报、机器学习数值预报订正等方面开展合作研究。VR开发方面,针对航空危险天气,开发危险天气航线模拟VR软件(演示版),具备航线飞行基本展示功能;针对天气预报电视节目,初步建立气象虚拟感知体验系统。

【依托数值预报,构建智能气象业务】 上海区域高分辨率数值预报坚持对标国际先进水平,瞄准关键技术突破,云初始化、对流尺度物理过程、资料应用分析等多项核心技术得到国际专家咨询委员会高度认可。坚持"数值预报+"发展理念,在智能网格预报、城市综合气象观测、影响预报和风险预警等领域逐步构建智能气象业务体系。

有序推进智能网格气象预报业务。组织研发智能网格预报技术,加快开发智能网格预报编辑工具和适应于智能网格预报业务的新一代检验系统;建立降水粒子相态识别算法,利用长三角地区10部天气雷达资料,结合自动目标识别检验方法,改进0—6小时短临精细化客观预报定量降水融合产品。

组织实施超大城市综合气象观测试验。积极开展宝山超大城市综合气象观测站(超级站)、多波段雷达网络化观测、城市环境气象观测(雾霾垂直观测)和观测网布局优化等系列试验,完成各类观测试验数据共享平台搭建,推进城市综合观测站网布局和设计。

拓展影响预报和风险预警业务。研发航空气象影响预报业务平台,2017年4月为ARJ21-700飞机地面大侧风扩展试验开展保障服务,抓风概率100%,获取的地面正侧风值和试验效率刷新国内纪录;5月5日,成功保障国产大飞机C919在上海浦东机场首飞。建立拥有自主知识产权的远洋气象导航系统,已完成巴基斯坦、南非等航线的全程保障。建立城市暴雨内涝评估模型,积涝风险预警直达社区。与水务部门联合,基于全市暴雨内涝隐患点风险普查,完善隐患点数据库,建立耦合高分辨率模式的城市暴雨内涝评估模型,在试点社区服务成效显著。

【践行"互联网+",开展普惠气象服务】 坚持"互联网+"发展思维,不断深化部门合作,利用部门资源和力量积极融入城市网格化管理,对接交通、旅游、医疗等公共事业,开展智慧气象众创工作,打造普惠气象服务新格局。

加强部门合作,提升智慧气象服务能力。与中国电信股份有限公司上海分公司签署联合推进智慧气象战略合作协议，联合加强“互联网+”与气象服务的融合应用，共同推进基于用户行为习惯的大数据分析，积极探索气象服务自我学习、自我改进的业务模型。与市经济信息化委签署战略合作协议，在加快智慧气象服务与智慧交通、智慧旅游、智慧医疗等对接，以及建设气象公共数据社会服务云平台等方面深入合作。融入智慧城市建设，参与共建全市300多个“东方智慧屋”，在杨浦区新江湾城街道开展气象智慧社区试点。与上海旅游部门合作共建上海市旅游气象中心，联合成立旅游气象大数据实验室，开展精细化景区天气预报和花期预报的常态化业务，在旅游气象大数据公共服务、智能旅游气象科研、大数据应用创新孵化等方向开展探索，并启动导游“随身气象站”试点工作，导游可通过手机查阅所在位置的温、压、湿等气象要素，并与其他导游联网共享信息。

推动气象信息融入城市网格化管理。2017年7月，上海市气象局(以下简称“市气象局”)与徐汇区网格化管理部门达成合作意向，双方联合打造与徐汇区城市运行指挥平台高度融合的气象灾害风险预警平台，实现气象灾害早发现和快速响应。通过合作，气象灾害风险预警可直通徐汇区63个网格管理单元，网格化联动响应更加精准、高效。

开展智慧气象众创工作。上海智慧气象众创空间设在上海市气象博物馆内，采取有形孵化和无形孵化相结合的方法，集聚全国各地的气象爱好者和创业人才，形成网络交流、线下创业等氛围，打造专业化的气象众创交流集聚地。众创空间共有孵化面积1 000平方米，引进创业企业7家，并聘请创业导师5名，前期支持研发的穿戴式气象要素感知装备涉水市场，计划3年内吸引到50个创业团队入驻，注册企业30家。上海智慧气象众创空间已列入全市第一批众创空间名单，并被纳入全市创新创业载体统一支持管理。

(丁　杨)

第五章 智慧文化

概 述

2017年,上海在数字新媒体、数字出版方面取得的成果名列全国前茅。数字新媒体方面,盛大网络游戏有限公司(以下简称"盛大游戏")、上海巨人网络科技有限公司(以下简称"巨人网络")入选"2017年度中国十大品牌游戏企业"。数字出版方面,来自上海的《材料帝国》《夜天子》《一世之尊》3部文学作品入选"优秀网络文学原创作品"。上海图书馆、上海博物馆作为智慧文化的重要载体,不断加强信息化建设。

一、数字新媒体

【中国游戏产业年会召开】 2017年12月19日,由国家新闻出版广电总局主管,中国音像与数字出版协会主办的2017年度中国游戏产业年会在海南召开。年会以"匠心筑梦"为主题,旨在鼓励游戏研发、扶持自主品牌、提倡平等竞争、繁荣民族产业。国家新闻出版广电总局副局长张宏森出席会议并讲话。他指出,2017年国内游戏市场总营收达到2 036.1亿元,同比增长23%。其中,国产网络游戏收入1 397.4亿元,同比增长18.2%;移动游戏保持超高速增长,收入1 161.2亿元,同比增长41.7%。同时,国产游戏"走出去"继续保持稳定增长,全年海外市场营销收入82.8亿美元,同比增长14.5%。2017年,经国家新闻出版广电总局批准出版运营的各类游戏作品高达9 800款,其中95%以上为国产游戏作品;游戏消费者数量达到5.83亿人,同比增长3.1%,占我国网民总数的75%以上。此外,全行业上市企业185家,新三板挂牌企业158家,充分反映了社会资本对游戏产业的发展充满信心与期待。

【2017年中国“游戏十强”企业揭晓】 2017年度中国游戏产业年会上，揭晓了中国“游戏十强”，来自上海的盛大游戏、巨人网络入选“2017年度中国十大品牌游戏企业”。米哈游科技(上海)有限公司、上海益玩网络科技有限公司入选“2017年度中国十大新锐游戏企业”。盛大游戏首席执行官谢斐、上海波克城市网络科技股份有限公司首席执行官徐仁彬获“2017年度中国游戏产业十大影响力人物”。此外，还有多家上海企业的产品获得“2017年度十大最受欢迎IP游戏”等多项奖项。上海市新闻出版局获评“2017年度中国游戏产业支持奖”。

【“优势课程数字化开发与应用”项目完成】 文教结合“优势课程数字化开发与应用项目”试点工作与四期建设，启动“拓展型数字课程设计与开发规范”研究课题。项目前期成果完成在上海市20家中小学校的试用，参加试用的课程有少年儿童出版社的“多样的生命世界”、上海音乐出版社的“文明在校园”、上海教育出版社的“小学心理健康”、上海教育出版社基础教育第二分社的“中华节气与饮食文化”以及华东师范大学出版社的“中华传统文化节日”等，试用学校设立一学期的课时进行数字课程教学，出版社为每个试点配置合适的网络环境和移动设备。在试用过程中，出版社与试点学校保持良好互动，根据师生提出的意见和建议，逐步完善数字课程。有些学校直接购买出版社的数字课程产品，有些学校与出版社继续合作开发新的数字课程。试点工作为推动项目后续发展提供宝贵经验和用户体验资料。

二、数字出版

【上海3部作品入选优秀网络文学原创作品】 由国家新闻出版广电总局组织开展的2016年优秀网络文学原创作品推介活动，于2017年1月12日公布推介作品名单。经初审、复评、终审等程序，最终遴选出《南方有乔木》《大荒洼》等18部作品。上海地区3部作品入选，分别是《材料帝国》《夜天子》《一世之尊》。

【国际文化产业博览交易会举行】 2017年5月11日，第十三届中国(深圳)国际文化产业博览交易会在深圳举行，深圳会展中心主会场各展馆以不同方式全面展示“文化+”新业态。1号馆上海展区展现上海文化产业的创新融合发展，上海阅文信息技术有限公司(以下简称“阅文集团”)、亮风台(上海)信息科技有限公司、上海狂龙数字科技股份有限公司等数字出版企业，重点展示文化与科技融合发展的最新成果。

由国家新闻出版广电总局主办，国家新闻出版广电总局数字出版司、国家财政部文化司(文资办)和中国新闻出版研究院联合承办的第十三届中国(深圳)国际文化产业博览交易会数字出版展示交易会在4号馆新闻出版馆展出，全国5家出版集团、中央及地方24家出版社等39家单位参展。华东师范大学出版社、上海故事会文化传媒有限公司、上海第一财经传媒有限公司作为全国首批转型示范单位，代表上海传统出版数字化转型成果参展。

【中国国际数码互动娱乐展览会举办】 2017 年 7 月 27—30 日，第十五届中国国际数码互动娱乐展览会(ChinaJoy)在上海新国际博览中心举办。展会合计入场达到 34.27 万人次，比上年增加 1.72 万人次。展会规模再创历史新高，展馆总面积达到 17 万平方米，参展游戏企业 900 余家，展出游戏产品约 4 000 款，现场体验机 5 000 台以上。作为中外商务交流洽谈的重要平台，B2B(Business-to-Business，企业对企业)展区面积达 4 万平方米，汇聚中外游戏企业 600 余家，其中近 240 多家企业来自海外，展会期间商务洽谈交易金额超过4.75 亿美元。展会期间，还举办中国国际数字娱乐产业大会、国际智能娱乐硬件大会、中国游戏开发者大会等一系列重要论坛和峰会。展会还新增 ChinaJoy电子竞技大赛、ChinaJoy 官网视频栏目 CJTV 等活动。

展会的服务管理人性化、专业化、精细化。拓宽 B2C(Business-to-Customer，企业对消费者)展馆之间的人流通道，在每个展馆内设立安保督查小组和内容审核组，全程督查安保工作落实。观展环境更加优化，主办方专设支付宝购票用户的专属入场通道，观众入场更加方便快捷，场馆间的免费摆渡车让观众观展更为轻松。展会深刻演绎“共享泛娱乐”的主题，充分展示游戏产业新技术、新发展的同时，体现了游戏产业与动漫、电竞、直播、互联网影视与音乐、网络文学、VR/AR 等热点领域的融合共进。

【网络原创文学现实主义题材征文大赛结果揭晓】 2018 年 1 月 15 日，由上海市新闻出版局支持、阅文集团主办的“第二届网络原创文学现实主义题材征文大赛颁奖仪式”举行，上海市新闻出版局局长徐炯、副局长彭卫国出席颁奖仪式。大赛共有 14 部优秀作品获奖，其中《大国重工》获特等奖，《明月度关山》获一等奖，《朝阳警事》《宝妈万岁》获二等奖，《写给鼹鼠先生的情书》等 10 部作品获优胜奖。本次大赛于 2016 年 12 月 6 日启动，共收到中长篇作品 8 300 余部，比第一届增长 38%，参赛作品题材涵盖范围更广，参赛作者涉及 20 多个行业，《大国重工》订阅量达 330 万人次。大赛对选拔模式进行创新，参赛平台从阅文集团旗下的四大平台扩展至阅文集团旗下所有九大文学平台，作品选拔方式从原先的作者自愿投稿，转变为编辑人员推荐作者加入比赛，有效挖掘大批极具价值的优秀作品，进一步提升大赛的参与度和影响力。颁奖仪式上，同时启动“第三届网络文学现实主义题材征文大赛”。徐炯在致辞中表示，上海依然保持着网络文学产业发展的优势，据初步统计，2017 年上海网络文学产业营业收入 40 亿元，比 2016 年增长 74%。

【阅文集团上市】 2017 年 11 月 8 日，上海网络文学企业阅文集团在中国香港上市。发行价每股 55 港元，当日下午收盘，报 101.1 港元，市值 909.29 亿港元，涨幅达 82.18%。阅文集团总部落户上海，旗下拥有 QQ 阅读、创世中文网、起点中文网等业界知名品牌，签约 640 万名作家，占中国全部网络作家的九成以上。

（王一行）

三、重点文化机构信息化

上海图书馆(上海科学技术情报研究所)

【概况】 2017年是实施“十三五”规划的重要一年,上海图书馆(上海科学技术情报研究所)(以下简称“馆所”)遵循新时代中国特色社会主义思想,坚持创新、协调、绿色、开放、共享的发展理念,围绕“固基础、补短板、提能级”的工作主线,有序推进上海图书馆(以下简称“上图”)东馆项目,注重文化部公共文化研究基地及博士后工作站建设;顺利完成第六次全国图书馆评估定级工作,强化履行公共文化服务职能,不断提升阅读推广服务效能;以助力科技创新中心建设为目标,强化情报服务功能,进一步提升决策咨询影响力;在保障馆所主要信息系统稳定运行、相关信息服务顺利开展的情况下,启动“上海图书馆第三代图书馆集成管理系统”中期项目,力推信息化工作再上新台阶。

【数字阅读服务】 以“微阅读”为抓手,加强社会化应用合作,扎实推进全民阅读。2017年,推出“微阅读”新版本,读者可以使用智能终端设备在线阅读万余本优质图书、500种热门期刊。新版本优化页面设计,提供诸如分类浏览、图书检索、每周推荐回顾等功能,大大提高资源利用率,年服务读者约15万人次,较上年度大幅增长。在资源方面,新增可以听书的“听书馆”和直接观看学术视频的“悦视频”,完善立体化阅读体验方式,上线以来已有16余万次的点击量。开展“上图杯”阅读马拉松秋季赛首次线上赛,有近400位读者报名参赛。继续扩大与社会应用的合作,上图微站已嵌入“市民云”APP、“上汽工会”微信、“上海金融办”APP,在已对接微信城市服务、支付宝城市服务的基础上,又与“诚信上海”APP、“市民云信箱”合作,将上图微站接入其中,方便读者从各个入口使用上图服务,提高上图“微阅读”的影响力。

电子书“微阅读”和电子期刊“微文堂”两个移动阅读品牌,因其使用方便、适应用户轻量化便捷阅读的需求,受到读者广泛好评。在此基础上,上图又推出“上海图书馆少儿英文电子书馆”及OverDrive的“原版读物推荐”品牌7期,平台访问量年度同比大幅增长,资源外借率357%,独立借阅用户数达4 000余人。同时,还尝试开拓社会合作,与阅读推广类新媒体账号建立联系,推广少儿英语阅读电子资源,使得少儿英文电子书馆的使用率产生井喷效果。

【数字人文服务】 “基于关联数据的家谱知识服务平台”入围LODLAM summit(图书馆、档案馆、博物馆的关联开放数据高峰论坛,是一个跨领域的国际性学术论坛)案例挑战赛。在全球各国提交的21个案例中,该项目是中国大陆地区唯一入围前五的案例,并受邀做大会报告宣讲,体现了该项目在前沿技术应用上的国际先进性。

“中文古籍联合目录与循证平台”上线使用。该平台面向数字人文,定义古籍循证,实现基于互联网、全球范围内、超越时空限制的古籍书目控制,探索在版本学研究、校勘学研究、分类学研究以及人文历史等特定领域研究中,引入大数据时代的数字人文方法和技术。平台数据超越单馆馆藏,是中文古籍的联合目录;既有现存古籍书目,也包括12种在历代史志目录、官修目录、藏书楼目录、私家目录、现代古籍联合目录中记载过,但已散佚的古籍书目;不是零散的格式各异的数据,而是来源不同又融为一体的语义数据。在循证服务方面,该平台可实现同一古籍的多维度源流探索和聚类统计分析。

"上海图书馆馆藏手稿及档案库平台"上线使用。该平台旨在为广大读者、兴趣爱好者、专业研究人士提供各种研究支持。平台收录共计7万余件近现代名人手稿档案,馆藏类型涵盖信函、创作手稿、照片等10余种,涉及名人包括茅盾、夏衍、巴金等各领域代表人物2万余人。

"上海图书馆人名规范库平台"上线使用,基于互联网提供人名规范控制服务。随着上图文献知识库的开发与逐步建设,数据主要来源于文献知识库中的责任者或其他少量与文献资源相关的重要人物,并以网络百科、人名辞典以及CBDB(China Biographical Database,中国历代人物传记资料库)等开放数据集作为人物个人信息的补充。为上图所有的文献知识库提供人名规范控制服务,也在互联网上提供开放数据服务。

【新媒体服务】 为打造新媒体服务矩阵,提升社交媒体传播能力,开展诸多服务。微信服务号方面,上海图书馆微信服务号的用户使用量、读者关注量及咨询量都有大幅增长。其中,微信功能使用量全年共计2 745 404次,比上年增长20%;微信粉丝关注数共223 893人,增加75 123人;微信参考咨询量累计153 796次,较上年增长79.7%。上海图书馆微信服务号全年共推送48次、384条图文信息,成功应对各类网络舆情,使得微阅读、听书馆、悦视频按钮点击数增加5倍。微信订阅号方面,上海图书馆信使订阅号进入常态化运营。粉丝关注数也有所提高,累计关注15 433人,比上年增加7 234人。订阅号累计推送253次322条图文信息。"头条号"服务方面,在"今日头条"平台上开通"头条号",共发文328篇,累计阅读量2 047 016次,取得良好宣传效果。微博方面,"上海图书馆"新浪微博继续作为上图对外宣传重要窗口,全年推送原创微博1 329条、粉丝163 013人、私信556人、与读者互动7 321次、博文累计阅读数5 057 419次。网络直播方面,为了让更多读者了解图书馆服务,2016年10月,开始尝试网络直播读者培训、读书会活动这种线上直播服务模式。累计进行线上直播22场,讲座到场人数424人,在线收看直播人数:36 684人,在线人数是到场人数的86.5倍。

此外,上图成功开设"阿基米德上海图书馆社区",增强基于声音的社交服务和阅读推广平台,提升馆所全媒体服务能力。2017年3月,借助央视"朗读者"栏目到上图设立"朗读亭"的契机,充分利用新媒体渠道宣传馆所的全民阅读服务,从而使当月馆所微信服务号、订阅号阅读量比上月增长200.5%,互动数增长750.7%,关注粉丝量当月新增约7 000人,馆所信使微博阅读量翻番,受到社会的极大关注和读者的热烈响应。随着各类网络新媒体和传统媒体的宣传报道,参与"朗读亭"的读者人数大大超标,活动期间排队至深夜不止,使整个活动的社会效益凸显,形成馆所全民阅读推广的叠加倍增效应。

【数字资源长期保存与开放服务】 数字资源长期

保存平台稳定运行，长期保存工作有序推进。2017 年，进入长期保存的自建资源共 20 项，存储总量达 333.22T。用于支持数字资产管理和长期保存的 Rosetta 系统顺利升级。

进一步推进自建数字资源向社会开放服务，一方面增加现代报刊索引等内容，拓展开放广度；另一方面丰富上图讲座和上图展览等板块的内容和表现形式，馆藏特色家谱全文的在线开放量也达到 6 000 余种，极大地提升开放深度，取得良好的效果。

举办上海图书馆第二届开放数据应用开发竞赛。2017 年，选取的开放资源是名人手稿档案。开放数据的数量和接口调用量均远高于上年。首次通过微信平台对参赛作品进行了线上票选活动，取得很好的宣传效果。该项活动申报并获第 14 届 IFLA BibLibre 国际营销奖第二名。

【公共图情服务体系】 2017 年，上海市中心图书馆“一卡通”三级服务体系服务效能持续增长，“一卡通”市、区、街镇以及其他基层服务点总节点数已达 324 个，另有图书分拣中心节点 1 个，服务用微机总量达 1 144 台。读者办证数和书刊保有量持续稳定增长，有效读者证数量达 4 355 258 张，同比增长 10.39%；书目记录总数达 3 926 947 条，总馆藏量达 29 542 927 册。图书借阅方面，总流通量为 6 619.87 万次，其中，中心图书馆“一卡通”流通量 6 510.24 万次，成人流通量 4 305.37 万次，少儿流通量 2 204.88 万次。

【强化数据资源管理与服务平台】 总结过去几年相关实践经验，整合分散的应用系统，架构完善的数据管理应用服务层。数据管理应用服务层主要对馆所各类资源、应用服务以及购买的资源服务的元数据与服务数据建立统一的数据资源管理平台，并对这些数据进行统一的转换、清理、抽取和集成，形成数据仓库。数据管理应用服务层不仅为馆所各类资源与服务的绩效评估工作提供支持，也可通过数据分析进行个性化服务推广或其他各类创新型数据服务。同时，数据管理应用服务层也通过开放主要业务数据，实现馆所或中心图书馆跨单位跨部门的数据共享，成为良好的业务管理平台的支撑。

【应用服务移动化改造】 重构主页门户，使用轻量便捷的数据接口、通用的 HTML5 规范，进行全面的功能梳理、设计与开发，注重移动端应用，通过适用技术保证主页具有良好的移动化体验。

升级“城市公共文化移动服务平台”，着力解决各类接口的管理、维护、更新问题，并通过总线平台，进一步完善原移动平台的架构和功能。充分利用最新的成熟技术构架高可靠性服务，改造原有接口，提升效率，支持快速响应，完善安全机制，为未来各类服务和应用的发展提供重要基础。

自主研发，把握微信小程序开发的整体流程和特点，推出上图小程序、上图微信卡包等服务形式，利用微信新媒体平台扩大服务的触达范围，让上图的服务触手可及。采用 iBeacon 技术，构建室内导航 APP，实现定点推送、室内定位、室内导航、用户信息采集，并可关联智能书架，为读者提供推荐找书一站式服务。

【信息基础设施优化与升级】 完成馆所互联网带

宽扩容至1 050M(电信1 000M+科技网50M),实现带宽翻番,使得馆所互联网出口带宽达到千兆级,大幅度提升了馆所的网络服务能力,更好地满足各项业务工作的带宽需求。同时,在2016年完成馆所局域网核心层、汇聚层及主要区域桌面层网络设备升级改造的基础上,2017年又对馆所部分外围附属楼宇的交换机及路由器进行调整和更新,使馆所主要外围区域的桌面层网络速率达到千兆接入,较原先有大幅度的提高。

无线网络服务进一步优化。继续对部分人流密集区域增加AP数量、更换新型号AP或优化部署位置,提升网络连接的稳定性;完成视听阅览区、徐家汇藏书楼2楼阅览室等地的无线信号覆盖,进一步扩大馆所无线网络的覆盖范围。

虚拟服务器的应用规模进一步增大,已形成60台虚拟机宿主服务器、343台各类虚拟机的虚拟化应用环境,支持包括实体机迁移整合、新应用部署运用、系统测试等在内的多种应用场景,进一步提升物理计算资源的利用率及可靠性。此外,还对现有存储资源进行了整合与扩容,新增净存储容量超过200T,并实现存储资源的分类化,提高资源的整合度和利用率。

对现有应用虚拟化系统进行调优,在确保现有系统运行稳定的基础上,继续对应用虚拟化系统的开启速度、高可用性、应急响应措施等进行优化完善,在进一步满足业务需求的基础上,降低管理成本、提升系统健壮性。

继续尝试租赁公有云服务,通过对不同服务商提供的云服务进行使用与对比,一方面提升相关信息系统对外服务的稳定性,降低对馆所网络带宽与硬件资源占用的压力;另一方面进一步积累经验,方便未来更多信息系统采用公有云服务。

【办公自动化系统】 2017年,根据相关业务处室的需求,新增"馆所自有资金""劳务费""无形资产"等功能模块;对现有OA系统模块进行功能扩充和完善,增加计算机、打印机、服务器申报,结算费用的核销、查阅、统计等功能;完善物资领用的库存管理和类别管理模块、公用经费模块等,对电话费、邮资费、报刊订阅、物资领用的列支渠道进行细化,明确经费的使用规范,简化流程,方便经费使用。

建立馆所OA微信企业号平台,为馆所OA用户提供移动化服务,整合单位内部相关应用,实现单位内部办公信息的互联互通,提高管理水平和竞争力。馆所OA微信企业号平台上已实现一周日程、会展讲座、总值班安排、会议通知、公告栏、规章制度、待办工作、项目管理等模块的发布。

【公共数字文化工程】 2017年,在文化部全国公共文化发展中心、上海市文化广播影视管理局的支持下,全市各级图书馆密切协作,积极落实并不断推动全国文化信息资源共享工程、数字图书馆推广工程、公共电子阅览室建设等重大公共数字文化工程建设,并在地方资源建设方面取得显著成效。在公共数字文化工程督查方面,组织开展2016年度上海市公共数字文化工程考核工作,协同文化部考核组开展上海市公共数字文化工程现场考核,并以督查为动力,健全完善制度,制定《全国文化信息资源共享工程上海市分中心资源建设管理办法》,修订上海公共数字文化工程考核指标。在共享工程地方特色资源建设方面,着力加强制度建设与监督检查，强化项目管理，规范专项经费使用，2017 年完成项目申报 10 项，经专家评审有 2 个项目获得立项。同时，原有地方资源建设项目稳步推进，年内完成 18 个项目的验收工作，还完成 2 个公共数字文化创新服务案例的申报及共享工程讲座资源征集的签约。此外，对全市数字图书馆推广工程的数字资源整合情况及“一带一路”的数字资源情况进行调研，并加强公共数字文化工程的培训力度，参加各类培训班和相关会议 6 次，举办或转播网络培训 7 次，参加人次达 5 000 以上。

（夏　海）

上海博物馆

【逐步建立移动导览系统】　在移动网络已成趋势的情况下，上海博物馆信息中心（以下简称“信息中心”）逐步进行移动端数字导览系统的开发。完成移动导览的一、二期工程，并在 2017 年年底正式推出青铜器馆、陶瓷馆、绘画馆、书法馆、雕塑馆和家具馆的手机导览。该系统采用移动互联网、无线定位、蓝牙定位等先进技术，融合线上和现场服务，在移动终端 APP 上实现导览、定位、交流等多种功能，主要提供展馆的定位导览、展品信息、经典展品信息、服务信息等内容，加强观众与博物馆的交流互动，最终达成服务观众、文化共享、高效沟通的目标。

【升级改造触摸式多媒体系统】　上海博物馆陈列室的多媒体触摸屏系统建设较早，很多都是 10 多年前的产品。根据陈列内容变动和目前多媒体技术发展的要求，信息中心从 2015 年年底起，对该系统进行升级改造。2017 年年底，完成青铜器、陶瓷、雕塑、书法、玺印陈列室的改造任务。改进后的触摸屏多媒体系统运用最新的多媒体技术，为观众提供更舒适的数字化体验。该项目还将与移动导览系统以及网站相互结合，通过资源的整合运用以及功能上的差异性，构成完整的博物馆导览体系。

【初步建立博物馆数字中心】　随着博物馆数字资源的日益增长，以及各项应用的不断开发，数字资源已成为博物馆不可或缺的重要资产。与此同时，博物馆信息系统内大数据的分析和处理也吸引越来越多的关注，充分利用数据资源、数据分析、数据展示产生新的效益，是博物馆重视与努力的方向。为此，上海博物馆建立以对应用系统与数据资源进行集中管理、科学分析、调度监控及可视化展示为目的的数字中心，以初步实现博物馆资源的核心汇集与发布。数字中心既是一个统一的数字资源管理平台，也是一个统一的数字资源展示平台，涵盖展馆、展览、藏品、观众等核心指标，描述博物馆信息资源及其载体，构建、挖掘、分析呈现信息资源及核心指标之间的相互联系，为上海博物馆开展精准化管理、大数据挖掘以及可视化展示工作打下良好基础。

【建设文保中心信息化系统】　随着上海博物馆文物保护科技中心（以下简称“文保中心”）的建成使用，为保证大楼建成后各项信息化基础设施建设和相关应用工作的开展，信息中心配合文保中心继续开展“上海博物馆文物保护科技中心信息系统建设（后续）项目”的推进工作，该项目于 2017 年顺利完成。该项目上线后，对文保中心科技楼的无线信号实现全覆盖,并建立国内第一个文物修复系统,建立和本馆之间的网络连接,对文物保护科技中心后续工作开展起到推动作用。

【推进网站工作】 作为博物馆主要对外传播途径,上海博物馆网站在保证及时发布新闻、展览、活动等信息,对藏品信息以及陈列大观、推荐路线等相关数据等进行例行更新的基础上,还根据自身定位和受众特点,持续进行品牌栏目建设。网站组推出“每月一珍”“网上展览”等中英文网站专题。“每月一珍”中的《高逸图》《清雍正景德镇窑粉彩蝠桃纹橄榄瓶》等内容,在文博爱好者中赢得很高的评价,被认为是国内博物馆中对于单件器物解读最专业、全面、易读的数字化读物之一。“网上展览”则推出“新春特辑”“王谢堂燕——吴湖帆书画鉴藏特展”“大英博物馆百物展”“明代文人书札展”等。网上展览不只简单做实体展的翻版,而是通过不同的视角观照、更多的内容解读,给予观看者不同于实体展的感受。上海博物馆网站还不断增强自身反应能力,在山西壁画展连续报道中起到很好的宣传作用,得到众多媒体的转载。尤其在网上出现对壁画安全担忧的声音时,上海博物馆的现场报道及时传递了布展科学严谨的信息,并通过与山西省博物院微博的联动,起到很好的澄清作用。通过努力,上海博物馆网站 2017 年的点击率比上年提升 70%。

【开设网上远程教育课程】 和教育部合作,进行网上教育课程的建设,通过线上线下的良性互动,使博物馆的学习并不仅限于展厅,而是借助网络自主、多元化、互动性高的特性,将博物馆社会学习中心的特性扩充到最大。该项目的第一门课程——“碑帖”于 2017 年年底完成开发制作。

【实施多项网络基础设施工程】 作为移动导览系统和其他基于网络公共服务应用的支撑和基础,信息中心 2017 年基本完成展示区域的无线布建工作并开始试运行,与之相配合的有线网络拓宽工作已结束,为上海博物馆的无线网络应用打下基础,基本保证博物馆内、外网络的正常运行。

【拍摄博物馆宣传片】 2017 年,信息中心在保证博物馆各项活动视频记录的同时,还连续拍摄了有关博物馆历史和博物馆藏品的宣传片。影片根据上海博物馆目前的放映条件,采用 4K 拍摄技术,并运用多种手段和特殊效果,使影片既有知识性,又有观赏性和感染力。另外,配合展览制作了多部宣传专题片,获得观众好评。

【建设局域网应用系统统一门户】 随着博物馆数字化建设的发展,各类内网的应用系统纷纷建立。各系统开发的时间和开发手段的不同,为用户带来不小的麻烦。为此,信息中心进行统一门户建设,让用户用一个用户名和密码登录局域网内的所有系统。该门户初步建设完成,并与局域网内的主要系统形成链接,试运行效果良好。

【进行各类数据采集基础工作】 信息中心持续开展各类数据采集工作。其中,采集三维数据近 200 件,配合图书资料室进行碑帖采集数据量近 60T,古籍数据采集近 25 万页。在采集过程中,不断采取措施,调整完善采集手段和方法,以保证工作顺利进行。

【以数字化手段保障各项工作】 信息中心做好各类服务保障工作,如:为各类展览制作动画,提供视频及播放设备,为中国博物馆及相关产品与技术博览会制作虚拟现实作品,为艺术品公司制作专题片,为图书资料室安装《中国基本古籍库》等。

(张 毅)

上海科技馆

【概况】 2017 年,上海科技馆以智慧场馆总体规划为指导方向,在基础设施、公众服务、智慧办公方面稳步推进项目建设,进一步提高服务和管理水平。对基础设施进行升级改造,以适应不断增长的应用需求。通过移动互联网技术提升用户体验,促进信息公开透明。梳理并优化办公流程,提高工作效率,为风险防控和廉政建设插上智慧的翅膀,实现"制度+科技+阳光"。

【开通微信网售】 2017 年 7 月,上海科技馆推出微信网上实名制售票,并开通网售快速入馆通道,游客到现场可通过手机快速购买门票,走快速通道入馆,并直接刷身份证检票。"十一黄金周"期间,网售额度每天抢购一空,网售比例最高达 23.5%。9 月底又推出巨幕和球幕影院的网上售票功能,提前 7 天预售,游客可自主选择座位,影片开映 25 分钟前可以自助退票。"十一黄金周"期间网售比例最高达 20.6%,影院上座率提升 20%—30%。微信网售功能贴合游客的日常使用习惯,不仅有效缓解现场排队购票的不便,还通过提升游客参观体验,为场馆稳定高效运行提供有力支撑。

【无线覆盖提速】 无线覆盖提速是上海科技馆打造智慧办公的一个基础网络建设项目。2017 年,为改善办公区域的无线网络环境,做好移动办公 APP 上线支持工作,上海科技馆对办公区域进行无线网络升级改造。通过安装 90 个 AP,实现办公区域网络全覆盖,上网速度明显提速,为移动办公创造良好的无线上网环境,提升工作效率。

【跨平台协同办公系统一期上线】 2017 年 5 月 2 日,上海科技馆跨平台协同办公系统一期上线,内容包括 12 个部门及模块的纸质流程、预算管理模块(申报、登记、变更及报销登记等)、全新办公空间及新闻空间、与企业邮箱的对接、电子签章审批等。同时,还推出手机移动办公 APP,包括安卓系统及苹果系统,实现异地实时办公,极大提升工作效率,改变原先完全依靠电脑进行流程及业务审批的情况。截至 2017 年年底,协同办公平台上已发起各类流程 4 171 条。

【采购及合同管理平台上线】 作为跨平台协同办公系统的一个重要模块,2017 年,采购及合同管理平台建成上线,实现采购全流程网络化、公开化、透明化。按照不同业务分类,共包含 8 个采购流程、2 个合同管理流程,基本实现预算控制、过程透明、痕迹保留、角色明晰、责任担当的阳光采购模式。年底,该平台已发起采购及合同流程 62 条。随着后续业务的不断完善,还将对流程、表单及触发条件等持续跟进和优化,为风险防控、廉政建设插上智慧的翅膀,实现"制度+科技+阳光"。

【上海科技馆官网微信改版】 2017 年 9 月 10 日,

上海科技馆官网与微信全新升级亮相。新版官网与微信立足公众需求,借助互联网思维,为游客提供全方位场馆资讯与服务,搭建科普资源共享的在线学习平台。多入口应用、一门式服务、交互型设计、共享化资源是网站的四大特色。用户可以通过网站和微信在线购票、预约教育活动、查看馆内最新展览和电影等,提前安排参观计划。还能在线学习有趣的科普知识,上传个人作品和评论,共享科普资源。截至 2017 年年底,新改版的官网浏览量已达 1 172 265 人次,注册用户 52 364 人,发布各类科普资源 378 项,1 313 人通过网站和微信预约教育活动。

【上海科技馆行政网上线】 2017 年 3 月 31 日,上海科技馆行政网全新上线。行政网是上海科技馆的事业单位官方党政网站,其中包括两个分馆——上海自然博物馆和在建的上海天文馆的相关工作。网站定位于三馆的行政党务信息公开与馆文化和对外形象展示,内容涵盖三馆各项工作动态、党务与群团新闻、采购信息公开、优秀人物事迹报道等,为各级单位了解馆情动态、同行之间合作交流、相关单位业务联系提供专项平台,也是公众进一步了解三馆工作业务信息的一个重要窗口。至 2017 年年底,已发布信息 809 条,浏览量 9 万人次。

【上海自然博物馆优化综合布线系统】 上海自然博物馆经过 2 年的开放运行,对综合布线系统的需求不断增加。2017 年,自然博物馆综合布线系统进行优化改造,实现两方面的需求:一是完成三楼小办公室和档案室的综合布线改造,以适应办公室功能转换,满足办公需求。二是增加各弱电间楼层光纤和大对数,优化和弥补建设期的不足,为扩充运行功能打下基础。

(曹　敏)

第六章　智慧旅游

概　述

在“十三五”规划旅游公共服务供给侧结构性改革的深化之年，上海市旅游局(以下简称“市旅游局”)坚持以信息技术为手段，全面提升旅游信息化工作和旅游公共服务的品质，为上海建成具有全球影响力的世界著名旅游城市夯实基础。

一、体系构建

【国际旅游度假区景区实时信息发布】 通过对接上海国际旅游度假区管理委员会和市气象局，协调各信息发布平台的开发单位，将上海国际旅游度假区的客流数据和度假区内迪士尼乐园、星愿公园、生态园、香草园和奕欧来购物村的舒适度信息汇入景区信息发布平台，并通过“上海发布”微信号等渠道向公众发布。接入度假区内气象信息，以便游客出行时查阅。

【旅游多媒体触摸屏升级改造】 对原有多媒体触摸屏系统实施升级改造。新版系统在界面上更加注重图片和视频的布局，提升用户关注度，并加入二维码，触摸屏上的信息可在用户移动终端上面打开，提升实用性。在后台增强远程监控和数据传输功能，提升整个项目的维护性能。硬件提升方面，先后采购 180 台 43 寸多媒体触摸屏，全面替代原有 17 寸和 19 寸触摸屏，在设备硬件配置上也有大幅提升，能够完全满足新改版以后的触摸屏系统运行要求。

【制作“黄浦江导览”APP】 “黄浦江导览”APP 制作完成，市民、游客可以通过该 APP 一键查询黄浦江两岸的景区(点)、休憩服务点、交通信息等,还可以在线收听或收看金牌导游的精彩讲解。该APP呈现黄浦江两岸16个知名景点,不仅有外滩万国建筑博览群,还有上海中心、龙美术馆、上港邮轮城等新景点;在“浦江游船”一栏,展示黄浦江上最热门的9条游船及游览线路介绍。

【完成触摸屏系统上云和网络环境提升】 根据市政府的统一部署要求,市旅游局的触摸屏系统将迁移至全市统一部署的电子政务云机房。为做好此项工作,市旅游局先后会同系统开发单位对接市公众信息网管理中心,做好上云迁移的各项准备工作,包括数据备份、平台测试、系统割接等内容,最终完成此项工作要求。同时,会同上海联通将原来使用在触摸屏的无线3G网卡提升为4G网卡,在网络信号强度上得到提升,改善终端数据同步效率,降低终端故障率。

【建设旅游专项资金申报系统】 市旅游局专项资金申报系统项目的主要建设内容是:通过以专项资金申报综合数据库为中心,后台管理子系统,实现网上申报、资源共享、内外结合、协同办理一体化的专项资金申报工作平台。系统向不同用户人群提供信息服务功能,涵盖旅游发展专项资金申报单位、申报材料、区主管部门初审、市级评审等全面的信息内容。

【完成旅游企业管理系统升级改造】 为提升上海旅游企业管理系统运行实际功能和旅游市场监管水平,市旅游局对原有系统实施升级改造,主要内容包括:增加旅行社管理模块内的营业网点和旅游责任险等数据内容;扩充星级饭店符合信息、节能减排信息等数据;增加市区两级数据填报入口;对接962020上海旅游热线、上海市文化市场行政执法总队、上海市公共信用信息服务中心等外部数据;与市旅游局旅游统计系统中的企业统计数据进行对接,最终完成系统升级改造。

【962020热线运行情况】 2017年,962020上海旅游热线全年接听旅游热线电话4.2万通。上海旅游热线新系统根据实际运营中的情况,持续不断地对系统设计提出新的优化方案,与开发单位沟通优化互动式语音应答(Interactive Voice Response, IVR)系统流程及统计数据报表等模块。为响应上海市旅游质量监督所(以下简称“市旅游质监所”)热线与上海旅游热线整合并线,草拟整合方案,并按市旅游质监所投诉热线的标准及要求,调整热线业务后台工作流程与工作时间,重新部署部分话务线路与终端,为两个热线正式对接做好准备工作,同时也为热线知识库提供信息采编支撑、信息数据运维等。

【推进景区大数据建设】 市旅游局、市气象局联合成立旅游气象大数据实验室,旨在结合旅游、气象领域数据和业务资源,在旅游气象大数据公共服务、智能旅游气象科研、大数据应用创新孵化等方面开展探索。同时,两单位共同发布“上海旅游观景指数”。该指数覆盖沪上18个景点,是精细化旅游气象信息的升级版,针对不同景区的特色,综合考虑天气和环境要素对游客视觉体验和生理舒适度的影响,为游客出游提供参考和提示服务。市民和旅游者将能从“上海市天气”“乐游上海”微博等平台查阅该指数。

导游“随身气象站”试点工作启动,该产品通过徽章大小的气象硬件，与“棒导游”APP对接后，提供所在位置温度、气压、湿度等精细化信息，帮助导游更好地照顾所带团队，特别是团队中的老弱游客，还能与其他导游联网共享气象信息，帮助同行们提前做好行程规划。这些信息都将纳入旅游气象大数据实验室，进一步挖掘利用。

开展A级景区最大承载量核定和实时信息发布工作。2017年，通过走访黄浦、松江、青浦、徐汇、闵行、嘉定、浦东、杨浦各区景点，完成上海49家景区的人流量视频对接工作。通过节前筛选、值班督促、电话沟通、节后数据分析等手段，进一步落实和完善节假日景区客流监控的值班工作。以“上海发布”“乐游上海”微信公众号、东方网等媒介为载体，向公众发布在园游客数、景区舒适度，发挥引导出行、削峰填谷的作用，积极探索大数据时代旅游公共服务的新路径。

【建立旅游信息管理与发布平台】 随着大众旅游时代的到来，安全、舒适、便捷的旅游基本环境已经成为人民群众的基本民生需求。市旅游局积极运用大数据技术，提升全市旅游公共服务水平，规划筹建“上海旅游信息管理与发布平台”，进一步汇集全市旅游行业内、外部信息，把握全市旅游产业要素的整体分布情况和旅游行业的整体运行态势。平台实时展示全市主要A级景区的运行情况，包括景区重点部位的监控视频、客流情况和天气状况等。市旅游局的监管人员足不出户，便可知晓各景区的运行状况。平台还将汇集旅游行业外电信、交通、金融等多个数据源的数据，以不同维度展现全市旅游业的及时动态，监管人员可以非常直观地通过各类迁徙图、热力图，了解到当天上海出沪客流走向及入沪客源分布，当天出沪、入沪游客的持卡消费情况，全市52个4A级以上景区游客停留的时长。

另外，为了广泛采集上海城市涉旅数据，市旅游局还与上海移动和上海联通签署战略合作框架协议。市旅游局与上海移动、上海联通的携手合作，标志着上海将不断完善旅游行业信息基础设施建设，积极推进市、区两级智慧旅游信息服务平台建设，进一步提升旅游行业整体信息化水平。

二、旅游电子商务发展

【加强在线旅游市场监管力度】 市旅游局会同文化执法、网信、通管、工商等职能部门，通过联合约谈、联合执法、联合培训等方式，整治在线旅游市场上存在的信息欺诈、侵犯隐私、虚假宣传、低俗广告、非法经营等违规失信行为，督促在线旅游企业落实诚信建设主体责任，大力践行“游客为本，服务至诚”的旅游行业核心价值观，严格遵守法律法规，真实、准确地发布旅游经营信息，规范履约行为，加强各类供应商资质审核，不断提高旅游服务质量。

同时，针对近年来在线旅游企业投诉大量增加的问题，为进一步督促在线旅游企业健全完善快速、有效的旅游投诉处理工作机制，保障旅游消费者合法权益，市旅游局联合市旅游质监所，组织召开在线旅游企业旅游投诉处理专题座谈会，要求各在线旅游企业加强旅游投诉应急处置能力建设，强化各项完善制度标准，注重供应商资质审核和质量管理，坚持依法依规处理旅游投诉，努力为旅游者提供良好的消费体验。

【旅游电商平台不断壮大，个性化服务层出不穷】

随着我国旅游市场的快速增长，上海的携程旅行网(以下简称“携程”)、驴妈妈旅游网(以下简称“驴妈妈”)等在线旅游服务平台也在不断发展壮大。携程不断扩大酒店、交通、当地玩乐、美食点评、购物和导游的服务产品覆盖，加强一站式消费体验，更好服务跟团游和自由行的客人，推出国际版网站和 APP，用汉语、英语、德语、法语等 12 种语言服务全球游客。携程拥有的注册会员数量已经超过 3 亿，其中外籍会员数量已超过 2 500 万。“驴妈妈”为旅游者提供景区门票、自由行、度假酒店、机票、国内游、出境游、邮轮等一站式旅游服务，丰富的产品线为游客出行提供多样的选择方案。

另外，多样化的智慧旅游服务企业不断涌现，致力于推进人工智能技术在旅游服务领域的发展，在智能客服、可穿戴设备、VR、AR 等技术渠道上发掘新的服务内容，为上海旅游咨询服务体系注入新的服务模式。

(刘　昊)

第七章　邮政信息化

概　述

2017 年，中国邮政集团公司上海市分公司（以下简称“上海邮政”）进一步落实科技兴邮战略，充分发挥信息科技引领作用，增强企业核心竞争力。依托“互联网+”思维，对接新媒体，打造“上海邮政线上服务平台”，提升邮政传统业务的技术含量和服务能力，实现传统业务效能提升，开拓新的业务领域，满足用户需求。依靠信息技术和现代管理方法、经营方式和组织形式，创新服务领域、服务模式。通过信息化建设，减少冗余流程，提高运行效率和效益，进一步解放生产力。密切关注信息技术发展趋势，了解借鉴国内外企业信息化建设的先进经验。

一、邮政平台

【推出“全码付”聚合支付】　由于移动支付业务迅猛发展，受到越来越多商户和消费者的欢迎。为迎合首单市场发展趋势，抢占移动支付市场，2017 年 8 月，上海邮政正式推出“全码付”聚合支付业务。至 12 月，全市“全码付”商户入网 22 349 户，形成中小商户活期资金沉淀 1.57 亿元，为聚合支付业务发展奠定基础。

二、邮政服务信息化

【拓展微信订报功能】　2017 年 9 月，上海邮政 2018 年度报刊大收订工作启动。继 2016 年推出报刊专用单微信激活功能后,2017年上海邮政进一步拓宽微信订报功能,推出全国首创的订阅服务创新载体——订阅通知单,方便用户了解当年订过的各类报刊,并提供扫码支付、一键续订,免去重复填单等繁琐流程。全市订阅通知单投放量约200万张左右,借助其实现报刊收订模式转型。

【浦东邮件处理中心工艺改造】 浦东邮件处理中心(北楼)工艺改造工程于2016年7月8日进场施工,10月15日投入试生产,2017年4月27日通过初步验收,10月26日通过中国邮政集团公司组织的竣工验收。该工程包括1套环形双层包件分拣机、1套胶带传输系统、41台伸缩胶带机等工艺设备,同时配套安排现场管理系统等信息化改造。工程总投资7 421.07万元,试生产期间,单日最高分拣量38.2万件,平均识别率为95%。工程投入使用后,浦东邮件处理中心实现全流水化作业,并通过散件卸车、直连发运等形式,实现出口、转口包裹邮件“不落地”,加快邮件处理速度。

【AGV信息化分拣设备投入应用】 2017年11月10日,邮政速递物流邮件处理中心洞泾处理分部一期工艺设备安装工程完成,并投产运行。自动导引运输车(Automated Guided Vehicle, AGV)分拣系统包含350台智能机器人,适合分拣10公斤以内、40厘米以下邮件,具备高效、低能耗、易搬迁、易维护、落格准确率高的特点,最高分拣效率达到1.3万件/小时,“双十一”期间峰值处理量达到13.5万件/天。

(陆怡琼)

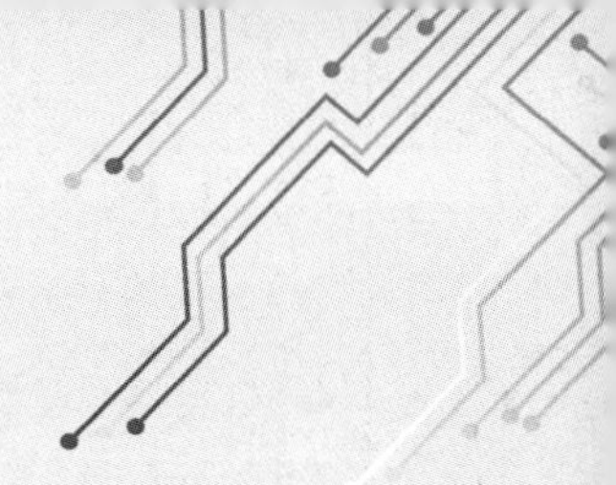

SHANGHAI INFORMATIZATION

第五编 经济领域信息化

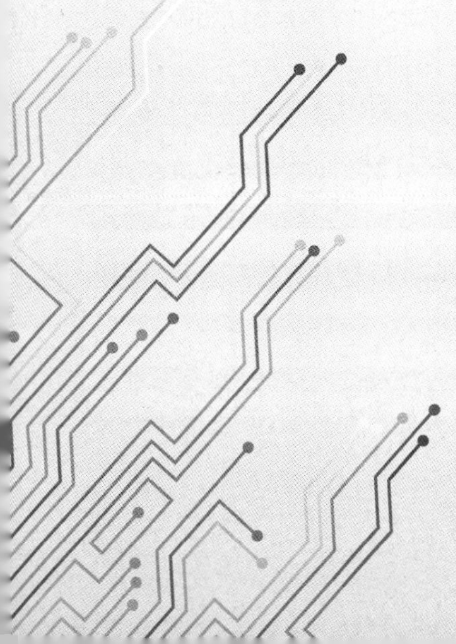

综　述

上海继续推进“两化”深度融合，推动电子商务、工业、农业、金融业等领域信息化建设，增强产业创新动力、推进产业转型发展。

电子商务方面，持续推进电子商务示范基地建设，全面推进具有全球影响力的电子商务中心城市建设，积极开展大调研工作解决行业发展瓶颈问题，推动全市电子商务发展工作取得较好的成效。

制造业信息化方面，加快和深化工业互联网创新步伐，积极培育新模式新业态，打造新型制造体系，促进制造业转型升级，推进供给侧结构性改革，提升上海产业整体竞争力。

2017年，上海农业信息化持续推进农业大数据建设、农业物联网应用、政务资源共享公开、农产品价格监测预警、上海12316“三农”服务等。

2017年，上海金融行业各类资本市场主体继续加强集聚态势，证券、期货、基金、保险业交易量持续上升，信息化水平进一步增强，积极应对信息安全挑战，拥抱移动互联网、大数据等技术，为互联网金融发展做出贡献。

2017年，上海电子口岸办公室根据市委、市政府口岸工作总体安排，继续深入上海国际贸易单一窗口等建设，推进亚太示范电子口岸建设，取得积极成果。

第一章　智慧商务

概　述

【概况】 2017年,上海电子商务发展紧紧围绕国际经济、金融、贸易、航运、科技创新“五个中心”建设,瞄准国际消费城市建设和打响“上海服务”“上海制造”“上海购物”“上海文化”四个品牌,全面推进具有全球影响力的电子商务中心城市建设,积极开展大调研工作解决行业发展瓶颈问题,推动全市电子商务发展工作取得较好的成效。

2017年,全市实现电子商务交易额24 263.6亿元,同比增长超过20%。其中,B2B交易额16 923.4亿元,同比增长17.2%,占交易总额的69.75%;网络购物(B2C/C2C)交易额7 340.2亿元,同比增长30.25%。上海市电子商务联席会议办公室印发《上海市电子商务发展“十三五”规划》,电子商务作为“互联网+”国家战略的重要组成内容,与上海国民经济各领域加快融合渗透,已成为促进上海产业转型升级,提升上海产业辐射力、竞争力及城市综合服务能力的重要支撑力量。

【电子商务整体规模全国领先】 2017年,全市实现电子商务交易额24 263.6亿元,同比增长21.0%。其中,B2B交易额16 923.4亿元,同比增长17.2%;网络购物(B2C/C2C)交易额7 340.2亿元,同比增长31.0%,商品类网络购物交易额3 674.3亿元,同比增长22.8%,服务类网络购物交易额3 665.9亿元,同比增长40.4%。根据国家统计局公布数据,上海电子商务交易额占全国的比重为11.6%,位列全国城市之首。

【B2B电商生态圈逐渐完善】 钢铁B2B持续保持全国领先,全国B2B百强企业中钢铁平台15家,其中上海6家,钢铁电商前三名“找钢网”、欧冶云商股份有限公司、上海钢联电子商务股份有限公司年交易量合计约7 000万吨,占全国钢铁生产流通量总和的15%,“找钢网”B2B孵化基地投资孵化20余家B2B创业团队,包括“找五金”、汇灯网、“好运虎”等。B2B优势领域不断扩大,在工业品、化工塑料、智能设备、油气、纺织品等行业电商领域,涌现出上海爱姆意机电设备连锁有限公司、震坤行工业超市(上海)有限公司等全国龙头企业。

【业态模式创新融合特色显著】 人才、技术、消费市场等优势催生上海市成为全国业态创新的发源地。“盒马鲜生”的创新消费模式领跑全国“新零售”业态,截至2017年年底已开出30家门店;无人售货柜 CityBox,无人零售店“缤果盒子”、苏宁BIU店、“猩便利”等均首创自上海;“高端超市+生鲜餐饮”的百联 RISO、“超级物种”真正为实体零售重新赋能,推动上海成为全国乃至全球上消费新模式的试验点和孵化场。

【促进生活服务水平进一步提升】 “饿了么”、大众点评网占全国在线餐饮外卖用户份额三分之二以上,“驴妈妈”在全国5A景区覆盖率居在线旅行社第一。生鲜电商发展迅速,上海市生鲜电商交易全年同比增长200%,第三方统计的全国生鲜类电子商务企业排名前20名中上海企业有9家;“食行生鲜”、强丰、“厨艺时代”等自动售菜模式已覆盖1 500余家智慧微菜场;“易果生鲜”自建安鲜达冷链物流业务量全国领先;“众美联”生鲜供应链平台全国领先。

【市场主体活力不断增强】 有20家企业获评2017—2018年国家级电子商务示范企业,在全国省区市中并列第一;B2B龙头企业云集,2017年中国互联网企业100强榜单中,上海有20家企业入选,占总数的五分之一。2017年上海市电子商务交易额千亿级企业已达4家,百亿级企业17家,包含大宗商品、旅游服务、网络零售、跨境电商等多个领域,百亿级以上平台规模比上年增加3个。

【跨境电子商务保持较快增长】 上海跨境公共平台基于国际贸易“单一窗口”提供监管数据对接和统计监测服务,已对接天猫国际、亚马逊、“洋码头”、“小红书”等各类企业1 179家。中国(上海)自由贸易试验区保税区域实现交易额3.4亿元,占全市保税业务总量的13%;国内最大的外贸综合服务企业“一达通”在上海设立子公司,2017年出口累计增长18倍。

(杨　珞)

【平台经济的引领和带动作用持续增强】 为满足实体企业互联网化发展需要,上海电子商务平台服务领域新模式、新业态发展活跃,加速构建与产业互联网发展相适应的上海电子商务产业服务基础。在电子商务“双推”工程(即“推动电子商务企业创新发展、推动中小企业应用电子商务”)的示范带动下,钢铁、装备、汽车、化工等骨干企业主导的电子商务服务平台加快社会化应用推广;工业品、钢铁、化塑、油气、纺织、建筑工程、医疗器械、家居建材、产品追溯、检测认证、物流与供应链管理、文化创意、互联网金融等各行业垂直细分平台,加速对接产业链,向集成创新服务方向发展;适应实体企业互联网化运营发展需求,催生一批围绕中小企业生命周期经营各环节实际需求,提供市场调研、人力资源、在线培训、网络营销、信息技术、征信融资等服务的功能型、支撑性创新服务平台;互联网教育、商旅、餐饮娱乐、生鲜电商、网络零售、团购、跨境进口等大众消费领域发展日新月异,促进跨界融合、模式创新,带动大批实体企业特别是中小企业的互联网和电子商务应用。

【跨境电商服务创新活跃】 面向跨境出口服务的电商海外营销服务平台不断创新服务模式，从早期单纯利用海关大数据，发展到多语建站、海外多语搜索引擎、海外社媒推广、视频营销、大数据画像、海外P2P(Person to Person，个人对个人)邀约等精准智能营销方式，带动上海乃至全国中小企业特别是制造型外贸企业加强海外品牌营销推广，加快"走出去"发展步伐；作为国家跨境电商综合试验区之一，上海跨境进口电商仍保持稳步增长，2017年跨境电商试点模式实现交易额42.6亿元，同比增长170%，增速在各试点城市中保持领先。重点监测跨境电商企业实现跨境电商交易额364.2亿元，同比增长22.6%；建成上海浦东国际机场、中国(上海)自由贸易试验区保税区片区等跨境电商示范园区，截至2017年年底全市已有8个跨境示范园区。

【电商发展支撑环境不断优化】 上海新型无线城市建设加速发展，持续优化4G网络，启动"爱上海"全面提速工程，布局"超・爱上海"，建设高速WiFi公共服务网络，同时提升国际出口能力，优化互联网数据中心(Internet Data Center, IDC)布局，全市累计完成千兆覆盖300万户；电子商务网络安全服务设施不断优化，电子数据可信保全平台推广应用，使用已达40万人次，上海市数字证书认证中心电子合同云平台向电子政务、电子商务等各类在线应用提供更加方便安全的合同签署模式；信用服务休系建设不断深化，建设上海市公共信用信息服务平台，并推动公共信用信息和市场信用信息对接、共享、交互。

【电子商务"双推"工程深化推进】 2017年上海市经济和信息化委员会(以下简称"市经济信息化委")推动实施的电子商务"双推"工程共遴选电子商务"双推"服务平台(以下简称"'双推'平台")14家，涉及工业品采购、产品追溯、化工品交易、检验检测、物流供应链、跨境营销、金融综合服务、网络营销与信息技术服务等专业服务领域(其中4家平台入选业内专业机构评选的2017全国B2B电商百强榜)。为进一步扩大"双推"工程社会宣传，加强"双推"工程与产业园区的服务对接，指导行业组织在上海市北生产性服务业功能区举办2017"双推"工程启动暨走进生产性服务业功能区对接交流活动。

根据第三方监测审验结果，2017年度"双推"工程实施期间，14家"双推"平台企业累计新签约中小企业客户近1 300家，其中全市受益中小企业近千家，同时"双推"平台企业拓展全国市场趋势增强，加快"走出去"步伐。

【政策宣贯与区域间交流合作有序开展】 工业和信息化部(以下简称"工信部")于2017年11月底在沪召开工业电子商务发展三年行动计划宣贯暨全国工业电子商务典型经验现场交流会，欧冶云商股份有限公司、"找钢网"作为上海工业电商企业代表在会上分享发展经验并组织现场参观，上海市70余家骨干制造、产业电商服务企业参会。2017年7月"上海台北城市论坛"及电子商务相关分论坛在沪举办，9月初由中国台北市政府产业发展局、财政局、资讯局等部门负责人带队的中国台北市政府代表团来沪考察，深入交流两地电子商务、跨境电商、智慧城市等领域发展情况，调研上海市相关跨境电商企业。

(张璐璐)

一、电子商务监管和服务

【建立上海跨境电子商务“单一窗口”】 在上海市发展和改革委员会、上海市商务委员会(以下简称“市商务委”)等政府部门及海关检验检疫监管部门为首的上海跨境电商领导小组的大力支持下,上海跨境电子商务公共服务有限公司充分依托上海电子口岸的硬件资源和技术能力优势,建设跨境电子商务“单一窗口”,旨在积极探索新型综合监管服务模式,在跨境电商快速通关、出口退税、收结汇等公共服务领域实现重大突破,不断完善功能建设,为保障产业群健康高效发展提供基础。2017年实现上海跨境电子商务“单一窗口”与上海国际贸易“单一窗口”货物申报、出口退税功能贯通,形成“平台统一接入、后台分别审核、结果统一反馈”的格局,为企业提供“关、检、税、汇”等多部门一站式服务,进一步发挥多部门数据共享机制。并根据2017年9月《商务部等14部门关于复制推广跨境电子商务综合试验区成熟经验做法的函》中要求复制推广的综试区建设经验,进一步丰富完善上海跨境电子商务“单一窗口”线上线下一体化,为广大参与跨境电子商务的各市场主体提供更加便利快捷的服务。

【强化统计监测分析】 《商务部等14部门关于复制推广跨境电子商务综合试验区成熟经验做法的函》提出,建立统计监测分析体系,是复制推广的建设经验之一,是跨境电子商务发展的重要保障之一。针对日益增长的跨境电子商务业务,以及各级政府、监管单位、物流园区、跨境企业对数据的准确性和及时性需求,上海跨境电子商务公共服务有限公司利用数据资源开发统计监测分析功能,以实现向所有数据需求方提供统计查询功能,以便达到准确查询、全面监控、有效掌控的目的,为参与跨境电子商务的相关部门提供更加便利快捷的数据统计监测服务;利用数据资源分析跨境电子商务进出口贸易形态,结合实际跨境B2B出口现状,建立与上海口岸相关统计部门的协调机制,联合调研企业操作模式及跨境电子商务的业务进展,研讨将此类业务统一纳入跨境电商业务范畴的可操作性,在业务统计上切实体现该业务状态。

【海关进口统一版应用】 根据海关总署2016年第57号公告要求,要求跨境电子商务各口岸在2017年2月15日完成从跨境电子商务本地申报系统到跨境电子商务进口统一版信息化系统的全面切换。2017年2月15日,上海跨境电子商务公共服务有限公司顺利完成系统无缝切换,确保参与跨境电子商务的各市场主体业务平稳过渡。切换后,根据实际情况和客户需求,针对各个系统功能持续改进,如在海关总署没有提供2万元额度查询的基础上,平台根据清单的退单信息,维护2万元额度黑名单;入库单由“一对一”的发送模式,改进为“一对多”的发送方式,一定程度上减少运抵概率;完善系统补偿机制,健全海关异常回执解析、回执补偿以及税单补偿机制;完成一笔由系统申请的直邮实货退单,线下海关进行人工审核退货流程,进一步完善系统功能。在此基础上,平台经历了京东618、天猫“双十一”及“黑色星期五”等跨境电子商务大型促销活动考验。

【搭建跨境外汇服务系统1.0版】 2017年,在上海外汇管理局指导下,上海跨境电子商务公共服务有限公司根据相关外汇管理政策要求,为跨境进出口卖家搭建实现跨境外汇结算的系统服务平台。系统通过对接境外收款机构、境内第三方支付等线上系统,为用户提供跨境外汇收付款业务全线上合规、阳光、便捷的服务通道。同时通过技术手段,分析监控数据,有效控制业务中可能发生的风险。截至2017年年底,1.0版系统具备四项相关功能:一是实现外汇结汇成人民币代发功能,并且可以当天到账,有效实现跨境电商卖家货款的及时回流;二是实现跨境收款服务多电商平台、多币种结汇代发;三是实现跨境付款贸易数据查询校验服务,辅助银行有效验证贸易真实性,控制贸易风险;四是完成外汇服务运营页面新版上线,实现客户数据实时共享与业务全程跟踪,提升外汇结算产业链各主体间的实时信息交互。

(郭 婧)

【发布工作规划】 2017年,正式印发《上海市电子商务发展"十三五"规划》(沪商电商〔2017〕104号),提出"十三五"期间全市电子商务发展的"1个目标、2个阶段、4大任务、19项举措"。将建成具有全球影响力的电子商务中心城市作为主要目标,并按照2030年长期和2020年近期两个阶段性分步实施,提出实施10项工程。

(杨 珞)

【探索推进电子商务领域网络信任增值服务】 建设电子数据在线可信保全平台和电子合同云平台。上海市数字证书认证中心建设的电子合同云平台——"大家签"电子签署平台围绕提高电子合同可靠性、易用性、合规性,不断完善系统功能、丰富服务内容,向电子政务、电子商务等各类在线应用提供更加方便、安全的合同签署模式。截至2017年10月,已经在上海市建设市场管理部门、携程网、上海鲁班金融信息服务有限公司、新兰德证券投资咨询顾问有限公司、上海华信证券有限责任公司、艾鼠网等政府部门和企事业单位应用,注册用户10万个,文档签署总量42万份,用户量和签署量大幅增长。电子数据可信保全平台已在东方钢铁电子商务有限公司、上海市东方医院、上海市同济医院、上海市长宁区中心医院等单位应用,数据保全平台的使用量达到40万人次。

(张璐璐)

二、重要企事业单位

【国兴农——重要产品质量安全信息追溯云平台】 上海国兴农现代农业发展股份有限公司(以下简称"国兴农")成立于2011年12月,注册资本1 100万元,是在农业现代化与信息化融合发展的背景下由职业经理人团队和国内知名涉农企业家共同发起设立,并经国家工商总局核准而设立的一家围绕农业现代化,依靠农业科技创新,实践“互联网+农业”的四新企业,在发展过程中逐步形成良好农业规范(Good Agricultural Practices, GAP)种植标准化方案、智慧农业系统、农产品质量安全溯源系统、农产品包装设计网、农产品电子商务交易平台“五环联动”业务模式,是将农业技术与互联网信息技术深度融合并实现农业顶层设计、布局涉农服务全产业链的综合创新平台,为农业生产的产前、产中、产后和销售提供全产业链的解决方案,有效解决农产品“最前一公里的生产问题”和“最后一公里的销售问题”。

【珍岛——T云电子商务云销平台】 上海珍岛信息技术有限公司(以下简称“珍岛”)成立于2005年,秉承“整合数字资源,技术驱动营销”的理念,专注于数字营销技术、产品、资源、服务的创新与整合,为传统企业互联网商业转型各个阶段提供全方位应用支撑。2015年6月,珍岛在美国硅谷成立研发中心,开拓海外科研基地;截至2017年年底珍岛已取得60个软件著作权及1项发明专利;与百度、阿里巴巴、腾讯、Google、Yandex、Facebook、LinkedIn、网易、新浪、优酷土豆、360等平台建立良好合作伙伴关系。

随着珍岛营销及技术服务体系的不断创新升级,“珍岛数字商业云”逐步成形,并完成珍岛适应未来数字营销发展趋势的全新商业模式的升级转型,即中国领先的数字生态服务平台(www.71360.com);在此模式下,珍岛全力打造SaaS(Software-as-a-Service,软件即服务)级智能营销云平台。

【欧冶采购——欧冶工业品采购服务平台】 上海欧冶采购信息科技有限责任公司(以下简称“欧冶采购”)是欧冶云商旗下专业的工业品采购服务平台,主要针对企业生产经营所需原材料、资材备件、工程设备等提供专业的第三方采购平台服务,以电子商务为手段,为企业之间工业品交易提供商务、金融、物流、售后全生命周期服务。欧冶采购以平台为纽带连接采购企业与供应商,围绕采购组织核心痛点,提供一站式的电子采购交易市场,提供全流程采购管理体系及工具,从采购需求计划、供应商寻源管理、采购交易管理、到采购执行协同,支持与多种ERP(Enterprise Resource Planning,企业资源计划)集成,支持企业自行采购和法定招标,支持多角色、用户、层级权限体系,满足多采购组织、品种的个性化采购管理需求,实现采购业务全流程电子商务应用,帮助采购企业实现采购规范管理、降本增效,帮助供应商挖掘商机、拓展业务。

【上海塑盛——化塑汇电商平台】 上海塑盛电子商务有限公司(以下简称“上海塑盛”)电商平台成立于2014年6月,是化塑领域的“互联网+”模式平台。上海塑盛总部位于上海,并相继于常州、宁波、余姚、北京、苏州等地开设分公司,不断下沉服务终端,更靠近终端用户,提供更贴心服务。“化塑汇”致力于打通化塑全产业链的信息流、物流、资金流的交易闭环;以分布式共享平台的创新管理模式,构造化塑行业全产业链新生态系统,专注于提升极致的全程客户体验和客户价值的创造,为客户提供完美的服务。

【汇付数据一站式金融综合服务平台】 上海汇付

数据服务有限公司(以下简称“汇付”)成立于2007年,专注于为传统行业、新金融机构、小微企业及个人投资者提供金融系统、支付结算、运营风控、数据管理、金融科技等综合金融服务。汇付始终以“创新、效率、科技”为核心,将大数据、云计算、移动互联网等前沿信息技术运用到新金融领域,致力于为合作伙伴提供更高效的产品与服务,为新金融行业提供“水电煤”基础服务。借助于航空、基金等垂直行业的领先优势,快速拓展至遍布全国的小微企业,为其提供综合金融支付解决方案。2014年起汇付加速构建综合金融战略布局,业务覆盖线上线下支付、跨境支付、网贷账户银行存管等诸多领域,为新金融行业提供支付结算、账户管理、资金存管、征信等金融基础服务。截至2017年年底已覆盖95%基金公司,100%国内商业银行,服务1 900家新金融机构、200万家小微商户、2 000万个人投资者,与合作伙伴共同打造新金融生态。汇付继2011年获得中国人民银行颁发的支付牌照(在2016年8月首批续展)外,也获得中国证监会批准开展网上基金销售支付服务,是获得国家外汇管理局颁发的“跨境支付业务许可”的综合金融服务机构。

【腾道——外贸通服务平台】 上海腾道信息技术有限公司(TENDATA)(以下简称“腾道”)是一家以大数据为基础,为外贸领域客户提供整体解决方案的数据公司。腾道主要产品——“外贸通”,整合互联网开放数据、全球商业和贸易数据,覆盖160多个国家。腾道通过大数据分析及挖掘等技术,对海外采购商、供应商及市场进行画像,通过对中国出口商品在各个国家市场分布状况及供求趋势,了解海外采购商的采购规律,并掌握全球竞争对手发展状态,为中国企业开发潜在市场提供精准可靠市场全息影像。腾道自主研发的“云邮搜”工具,是一款数据搜索工具,通过云计算处理方式把从互联网采集的数据进行过滤和处理,帮助用户从互联网数据中捕获全球潜在买家,并提供匹配企业联系方式。

【特易资讯——外贸营销数据平台】 上海特易信息科技有限公司(以下简称“特易资讯”)成立于2004年,是一家外贸资讯服务提供商,总部位于上海,现拥有14家分支机构和遍及亚洲的经销商网络。根据不同企业行业、规模和发展阶段,特易资讯研发、整合出适应企业发展各阶段的一系列外贸资讯平台产品,如为外向型企业提供外贸行业综合解决方案的“外贸资讯宝4.0PLUS”、为专注行业的外向型企业提供行业垂直化外贸解决方案的“跨国采购宝”、为中小微企业提供金融融资服务的“特易金融宝”等;同时,特易资讯为客户提供更多增值服务,如根据国外采购商和国内供应商的供需需求、联系并促成的“线下采买见面会”,一年上百场“外贸大讲堂”“企业家交流会”,并通过外贸视频培训网站“爱学客”,为企业提供外贸营销综合解决方案,成为外贸企业的营销助力。截至2017年年底,特易资讯会员已突破50万家,推动会员企业年度交易额突破17亿美元。

【新跃公司——物流与生产性服务业信用增值转型服务平台】 上海新跃物流企业管理有限公司(以下简称“新跃公司”)成立于2006年,是一家以中小型物流企业集成化服务平台——“物流汇”为载体,为中小微物流企业提供集成化公共服务和产品,提高物流企业能级的综合型电子商务企业。新跃公司“将国内外大企业的优质产品与服务，通过平台技术开发及模式创新，转化为小微物流企业用得起、用得好、用得便捷的产品与服务”。截至2017年年底，“物流汇”平台向国内物流企业提供70余项全生命周期服务与产品，具体包括行业征信服务、物流标准化信息服务，商业保理、银行融资等泛金融服务，物流保险等其他各类商务、政务事务的代办服务。

在深耕上海本埠市场的同时，新跃公司先后与长三角地区的义乌、常熟、江阴、张家港、南通、昆山、合肥等地的企业、政府建立合作关系，将上海“物流汇”模式在当地落地生根；“物流汇”平台同时将业务地域拓展到新疆喀什、河南濮阳、湖南永州等国内城市。

【汇而通——“运东西网”物流电商O2O平台】 “运东西网”是上海汇而通国际物流有限公司(以下简称“汇而通”)旗下物流电商O2O全程运营平台，是定位于物流行业的垂直搜索、交易与运营的平台。“运东西网”针对快消、五金、纺织、服装、工具、机械、仪器、环保等普通货物领域，重点专注于200千克—5吨的零担物流运输。平台一方面为中小微企业主与流通企业用户提供安全、便捷、比价和可视化的全程物流运营服务。发货人可以通过在平台上输入始发地、目的地、货物重量和体积等信息，搜索各承运商及总体操作价格，发货人可实时在线下单，各物流承运商根据系统订单，在平台系统监控下按要求完成提货、城际运输和送货等物流服务。同时，平台为另一端的承运商/人用户提供在线揽货、运营管理和物流金融等一系列的增值服务，从而显著降低物流成本，真正实现物流渠道的扁平化。平台充分运用互联网与移动互联网技术、电子商务技术和其他行业优秀商业模式，致力于打造“互联网+物流”的行业良性生态。

【西域MRO工业品B2B电子商务平台】 上海西域机电系统有限公司(以下简称“西域”)成立于2002年，西域MRO(Maintenance, Repair & Operations，维护、维修、运行)工业品B2B电子商务平台(www.ehsy.com)于2009年开始运营，已获得3轮风险投资的募资。

西域旨在向MRO行业的供应商和采购商提供四方面服务：信息流服务，主要针对五金机电经营户经营过程中产品信息不对称问题，为客户提供交易信息生成、整合、加工、信息挖掘、辅导利用等方面全程服务，提高经营户产品的产品信息时效性和信息质量；物流服务，西域MRO移动应用平台通过在运输、组货、仓储、包装等管理环节为经营户和终端客户提供一站式服务组合，逐步降低客户的仓储、配送、运输成本，提高客户整体竞争优势；商流服务，帮助终端客户寻找专业产品、经营户寻找上下游企业、上下游企业寻找合作伙伴，为经营企业和中外同行开拓更大商机；资金流服务，在结算支付方面，西域MRO移动应用平台通过提供更高效的结算服务，逐步实现交易的非现金化。

【爱企网企业服务平台】 上海爱企企业服务有限公司是上海汇展投资控股集团有限公司旗下的一家专业企业服务公司，运营企业服务平台爱企网(www.iq360.com)，依托上海爱企生产性服务业功能区的开发与建设，为中小企业提供线上、线下企业服务支撑。

作为专注于企业服务的综合平台，爱企网基

于对企业服务的深入理解，为中小微创企业提供全面、专业的B2B服务，解决服务供应不足和服务资源错配难题。截至2017年年底，爱企网已拥有7 000家企业服务供应商，覆盖工商财税、法律服务、品牌搭建、营销推广、信息技术、商务办公六大类2 000多项服务，服务企业超过1万家，并与上海南汇工业园区、上海浦东康桥工业区等园区保持密切合作关系。爱企网深耕企业服务垂直领域，先后建立IQ WORK、IQ OFFICE、爱企云园区、嗨企、爱企采购、爱企人力等自营服务子品牌，形成爱企服务生态。

【牵翼网“互联网＋科技创新服务”电商平台】 上海牵翼网络科技有限公司成立于2015年3月，同年7月牵翼网(www.qwings.cn)上线运营，是在线交易量突破亿元的“互联网＋科技创新服务”电商平台。

牵翼网以检验检测测试服务为切入点，面向企业/个人、检验检测机构/实验室、高等院校、科研院所等用户，提供检验检测测试服务在线预订交易、实验室管理信息系统云平台(牵翼Q-LIMS)、产品营销推广(牵翼旗舰店)等一站式科技创新服务。牵翼网汇集大型仪器12 000余台/套、服务机构1 400余家、企业用户5 000余家、服务项目220 000余项、在线交易金额超过1.5亿元。牵翼网被指定为上海市科技创新券授权使用平台，为注册在上海市的中小微企业以及入驻上海市科技孵化创业苗圃的创业团队提供科技券的查询、预约、下单、支付、评价等一站式在线服务。

【“运去哪”国际物流服务电商交易平台】 上海汇航捷迅网络科技有限公司的“运去哪”国际物流服务电商交易平台，可为外贸制造企业提供海运订舱、拖车、报关、仓库内装、海运保险、供应链金融等一站式国际物流服务。通过互联网方式，打破传统国际供应链物流中海运价格及服务的信息不对称局面，买卖双方的信誉状况一目了然，帮助外贸制造企业直接对接高信誉货运代理企业，找到更靠谱、更具优势的物流服务提供商，缩减航运交易中间环节，显著降低国际物流成本，提升国际物流效率。“运去哪”同时打造在线货物追踪系统，能够让外贸制造企业简单、方便、真实地在线查询货物运输进展，掌控供应链物流。

【星谷外贸社交化智能营销云平台】 上海星谷信息科技有限公司(以下简称“星谷”)2010年初成立于上海，是上海市高新技术认证企业，在无锡、苏州等地均拥有分支机构。星谷坚持高强度研发投入，成为SaaS级外贸社交化大数据智能营销平台(以下简称“S云平台”)的积极推动者和践行者。

星谷致力于为中国制造型外贸企业提供响应式外贸多语建站、海外多语搜索推广、海外社媒营销、品牌营销、视频营销、外贸大数据营销等精准整合营销服务。星谷坚持创新，在制造业海外营销领域运用机器学习、用户画像的大数据分析手段，整合海外互联网各个推广渠道，让客户实现1＋1＞2营销效果，持续提高客户广告ROI(Return On Investment，投资回报率)。

(张璐璐)

【“途虎养车”汽车养护电商品牌】 上海阑途信息技术有限公司是汽车养护电商品牌——“途虎养车”的运营单位，已完成E轮融资，估值100亿元。

截至2017年年底，“途虎养车”有注册用户2 000万人，日均访问量60万次，2017年实现营收32亿元，同比增长45%。

“途虎养车”创立以来，始终坚持通过“正品自营”的经营理念、线上线下整合的运营模式、一站式服务的便捷体验，改善汽车养护市场环境。2017年，“途虎养车”以移动互联网、大数据分析等新技术为传统汽车养护行业赋能，率先推出电子商务平台＋连锁门店的养车新模式——工场店模式，截至2017年年底已在全国开设450多家、上海开设60余家“途虎养车”工场店。

（李一帆）

第二章　制造业信息化

概　述

2017年，上海市政府发布《关于本市加快制造业与互联网融合创新发展实施意见》和《上海市工业互联网创新发展应用三年行动计划(2017—2019年)》，且与工信部签署《工业和信息化部上海市人民政府关于共同推进工业互联网创新发展促进制造业转型升级的战略合作框架协议》，一系列措施和行动为推进两化深度融合指明方向。上海紧紧把握制造业与互联网融合创新发展的新机遇，建立健全工作推进模式，推动重点项目试点示范，持续开展两化融合管理体系贯标，取得显著成果。

一、信息化与工业化融合

【监管部门推荐推进企业信息化与产业化融合发展】　充分发挥引导、倒逼、扶持、交流等工作机制，助力企业推动信息化建设发展。2017年，主要完成四项工作：一是以信息化与产业化融合发展示范工程为“引领”，培育和树立一批企业信息化建设的先进典型，并编制下发《海国图智——上海国企信息化示范工程案例集》，开启新一轮示范工程的评选工作；二是以系统企业信息化水平评价促“倒逼”，按照制造、投资、建筑、服务、科研、金融六大类划分国资系统企业集团，分类完成2016年度企业信息化水平评价工作，切实摸清企业信息化建设现状，提高工作指导的精准性、针对性；三是以国资收益和视同利润政策助“扶持”，配合业务处室，对部分企业信息化项目进行审核，将符合条件的信息化建设投入“视同于利润”；四是以信息化沙龙活动为平台促“交流”，组织召开2017年年度信息化工作推进会、年度信息化工作务虚、市工业互联网三年行动计划宣贯和2017年年度工业互联网专项资金指南解读、信息化项目视同考核利润政策修订讨论4场信息化工作交流，组织“数据互联引领未来”“工业互联网”“物流高峰论坛”“信息化监管平台”“网络安全法”等11次信息化沙龙及培训工作。

（赵　泉）

【推进制造业与互联网融合发展取得成效】 通过全力推动上海制造业与互联网融合创新发展，加快和深化工业互联网创新步伐，积极培育新模式新业态，打造新型制造体系，促进制造业转型升级，推进供给侧结构性改革，提升上海产业整体竞争力。同时，以服务长江经济带发展、有效连接长三角城市为目标，致力形成产业分工互补、资源整合高效、协同合作共赢的产业创新发展带，为全国信息化与工业化融合起到引领示范作用。

【推进工业互联网发展】 一是以上海市政府的名义发布《关于本市加快制造业与互联网融合创新发展实施意见》和《上海市工业互联网创新发展应用三年行动计划（2017—2019年）》；二是以市政府的名义和工信部签署《工业和信息化部上海市人民政府关于共同推进工业互联网创新发展促进制造业转型升级的战略合作框架协议》；三是落地一批国家级工业互联网节点项目，如国家级工业互联网标识解析国家节点上海分节点建设、国家级制造强国产业大数据平台、工业互联网产业联盟测试床、工业互联网安全试验验证平台、工业领域大数据产业应用平台等；四是成立国家级工业互联网创新中心；五是成立工业互联网产业联盟上海分联盟，成为国家工业互联网产业联盟的地方分联盟；六是设立地方性工业互联网专项支持资金；七是上海松江获批全国工业互联网产业示范基地，临港地区、上海化工区、松江区获批上海市首批工业互联网创新实践基地；八是推进长三角工业互联网产业联动，为区域产业梯度布局、产业精准对接、生产能力平台化共享提供重要支撑。

【形成“3×3＋2”工作推进模式】 建立健全由人才（CIO制度）、标准（两化融合管理体系贯标）、研究（研究中心）等基础性工作，推进企业信息化应用深化与集成、智慧园区建设、重点领域信息化等提升性工作，工业互联网、工业云、工业大数据等创新性工作，以及信息基础设施、信息安全等保障性工作构成的推进体系和模式。

【推动重点项目试点示范】 聚焦工业互联网六类重点产业，通过试点示范推动互联网化转型，如中国核工业第五建设有限公司等4个项目入选工信部2017年年度制造业与互联网融合试点示范项目；同济大学、上海宝钢工业技术服务有限公司等入选中德智能制造合作试点示范单位，中国石化上海石油化工股份有限公司、江南造船有限责任公司、上海建工集团股份有限公司3家企业成为2017年工信部贯标示范企业；上海电气集团股份有限公司、上海仪电控股（集团）公司等成为2017年制造业“双创”平台试点示范企业。

【持续开展两化融合管理体系贯标】 2017年，上海市明确“1＋1＋10＋X”两化融合管理体系贯标工作机制。共有643家企业参与两化融合管理体系自评估，数量较上年提升 225%；151 家企业启动两化融合管理体系贯标，36 家企业通过评定，数量较上年提升 57%；86 家企业入选工信部两化融合贯标试点企业。实现全市工业互联网、人工智能等专项资金政策与两化融合管理体系贯标工作推进的有效对接。

（彭英力）

二、智能制造

【一批智能制造装备和工业软件打破国外垄断】 在高端智能装备首台突破专项政策的支持下，一批数字化车间/智能工厂建设急需的关键技术装备自主研制取得重大突破。上海拓璞数控科技有限公司研制的三头并行镜像铣削装备——筒段整体镜像铣削装备，为航空航天领域智能制造提供有力支撑。上海微松工业自动化有限公司研制的晶圆级微球植球机应用于超大规模集成电路制造中道制程工艺，提高国内芯片封装水平。通过高端智能装备首台突破专项政策，先后共计立项 137 项，支持金额 6.3 亿元。在工业软件方面，上海宝信软件股份有限公司开发的面向钢铁冶金行业的制造执行系统（Manufacturing Execution System, MES）占据全国 50%的市场份额。

【一批智能制造新模式应用项目取得初步成效】 在电子信息、航空航天、船舶海工、装备制造等重点行业中选择骨干企业，开展智能车间/工厂的试点建设，重点培育离散型智能制造、流程型智能制造、网络协同制造、大规模个性化定制、远程运维服务等智能制造新模式。上海剑桥科技股份有限公司基于电子信息制造业特点，采用“积极引进＋自主开发”的策略开展智能工厂建设，智能化改造完成后，生产效率提升 74%，单位产品能源消耗减少 66.7%，产品投产时间缩短 41.7%。上海海立（集团）股份有限公司作为独立空调压缩机制造商，通过大规模投入工业机器人（480 台）开展智能化改造，实现快节拍、高精度、多品种的大规模离散制造，累计替换一线岗位 357 个（减少一线作业员工近千人），上海工厂的机器人密度达到 461 台/万名产业工人。上海仪电显示材料有限公司作为五代线液晶显示面板配套彩色滤光片专业生产厂商，通过建设智能车间，实现每月 70 多款产品、7×24 小时全智能化生产，产销超过原设计能力 25%，产品生产周期缩减 50%。光明乳业股份有限公司华东中心工厂智能工厂与“世界级工厂/制造（World Class Manufacturing, WCM）管理举措＋MES 的数字化能力”相结合，将精益管理水平提升到新的高度，提升工厂的生产运营管理能力。上海华谊新材料有限公司通过提高生产敏捷性新材料构建先进控制系统，对关键工艺过程进行先进控制与实时优化，实现实时运行值与设定值工艺标准偏差降低 20%以上，系统内物料回收率提高 15%，装置加工能力提高 30%，能源消耗也大幅度减少。

【一批传统制造企业加快向智能制造企业整体转

型】 一批传统制造企业面对人口、土地、环境、安全等底线压力,在升级换挡过程中关注智能制造优质、高效、低耗、清洁、灵活生产方式带来的机遇,积极向智能制造型企业整体转型。上海新时达电气有限公司由原来的电梯设备生产商加速向特色鲜明的机器人制造商和系统解决方案供应商转变;上海剑桥科技股份有限公司、晨兴希姆通电子科技有限公司从传统的手机、信息通信技术(Information Communications Technology, ICT)产品代工型企业,转变成为行业内企业提供智能系统整体解决方案供应商;上海科大智能科技股份有限公司从传统的电力装备行业,向智能输送、装配、焊装、生产物流、仓储自动化系统服务商及工业机器人产品研发与应用转变。

【一批智能制造系统解决方案供应商发展壮大】 截至 2017 年年底,上海已在汽车、电子信息、能源装备、钢铁等领域培育一批具有行业影响力的系统解决方案供应商。当年,智能制造系统集成产值达 387.45 亿元,同比增长 33.1%;上海工业自动化仪表研究院有限公司等 6 家企业入选工信部第一批智能制造系统解决方案供应商目录;上海电气集团股份有限公司组建自动化产业集团,积极开展新能源、航空领域智能制造系统解决方案供应商的海外并购;上海电器科学研究院等科研院所延伸业务链条,开展数字化车间/智能工厂的集成业务;上海德梅柯汽车装备有限公司、上海明匠智能科技有限公司等自动化工程公司、信息技术企业通过业务升级,逐步发展成为智能制造系统解决方案供应商;上海工业自动化仪表研究院通过国家智能制造综合标准体系研究与制定,将标准研究成果在智能工厂新模式建设中试验验证,从而实现自身业务转型升级,在电力能源、航空、医药、民生、节能环保行业全面开展智能制造系统集成实践工程服务。

【一批智能制造平台和标准建设取得初步成效】 一是成立智能制造方面的第三方认证机构。在智能制造支撑平台建设方面,以上海电器科学研究所为承担主体的“机器人国评中心”向国内重点机器人企业颁发中国机器人产品认证证书,推动实施《机器人产业规范条件》。二是组织开展智能制造标准研究。根据《国家智能制造标准体系建设指南》,组织上海基础较好的单位积极承担国家智能工厂、工业互联网标识解析通用标准,以及电力装备、海洋工程装备等重点行业智能制造标准研究与制定工作,提升上海在智能制造领域的话语权。由上海电器科学研究院承担的工信部智能制造标准试验验证项目,成为国内 124 个标准项目中领先完成验收的项目。

【发挥应用示范引领作用】 智能制造作为一种新型生产方式,需要在实践中不断探索。上海通过培植鲜活案例,树立先进典型,以点带面引导重点领域开展智能制造应用。一是遴选试点示范项目。在汽车、航空航天、船舶海工、电子信息、能源装备等重点领域遴选一批智能车间/工厂试点示范项目,通过示范引领,带动行业、产业链智能化水平的提升。例如,在汽车领域,以上海汽车集团股份有限公司整车智能制造为突破口,带动汽车零部件制造等产业链环节智能化升级;同时支持整车企业加快汽车产品智能化转型,打造智能网联汽车产业,促进汽车“智能制造”与智能汽车产品的双向并行、共同发展。二是积极参与国家重大专项和试点工作。上海市积极引导企业参与智能制造专项和试点示范工程。2015—2017 年,全市共有 28 个项目入选国家智能制造综合标准化与新模式应用专项;C919 大型客机、智能网联汽车等 11 个具有行业引领性的智能制造新模式应用示范项目列入国家智能制造试点示范名单。三是宣传推广典型经验。配合工信部召开全国汽车、电子信息行业、钢铁行业智能制造现场经验交流会;连续两年举办"智能制造沙龙"活动,聚焦智能制造发展的瓶颈问题,通过观点交锋、供需交互等形式,共商智能制造发展之策,吸引 400 多家企业参与;编写《上海智能制造新模式应用典型案例》,以案例形式梳理总结企业开展智能制造应用的做法和成效。

【支持关键技术装备和零部件突破】 2017 年,上海市针对实施智能制造所需的关键技术装备受制于人的瓶颈,着力突破一批关键零部件,支持企业加快研制一批自主化关键技术装备。一是制定实施高端智能装备首台突破政策,鼓励装备使用单位与制造单位合作开发或者装备使用单位自行开发的国际、国内首台(套)重大技术装备投入工程应用。政策实施 3 年以来,共投入 6.3 亿元财政资金支持 137 台(套)重大装备实现自主突破。其中,技术水平达到国际首台、实现打破垄断、进口替代的装备占比超过 30%,同时积极承担国家高档数控机床等科技重大专项,牵头立项 35 个,获得国家专项资金 79 451.27 万元。二是突破智能制造基础部件瓶颈制约。瞄准智能制造领域基础薄弱环节,精准发力、重点突破,制定上海工业强基工程实施方案,建立工业强基专项支持政策,2017 年共投入 8 000 万元,支持传感器、伺服电机及驱动等智能制造关键零部件自主突破。

【促进系统解决方案供给】 由于智能制造技术复杂,用户企业在大多数情况下无法依靠自身力量开展智能化改造,因此系统集成商成为加快智能制造应用的关键角色。上海市通过组织供需对接、分类引导转型、强化政策支持等手段,提升智能制造系统解决方案供给能力。一是壮大系统解决方案供应商队伍。支持制造型企业、自动化工程公司、信息技术企业向智能制造系统解决方案供应商转型。同时,加强政策创新,对系统解决方案供应商研制的首条智能化成套生产线,视同首台(套)装备享受高端智能装备首台(套)专项支持政策,支持系统集成商为用户制定个性化的智能制造系统解决方案。二是推动产融结合。针对系统解决方案供应商发展过程中遇到的资金瓶颈问题,推动商业银行为集成商量身定制综合金融解决方案。三是规范行业管理。研究制定系统集成商评价机制,发布系统集成商推荐目录,促进系统集成行业有序、健康发展。

【持续推进政策和模式创新】 一是完善政策支持体系。针对智能制造装备自主突破、智能制造关键部件研制、核心工业软件研发、智能工厂建设等方面,上海市先后出台高端智能装备首台突破、工业强基、工业互联网、技术改造等专项支持政策,形成从智能制造关键部件研发、装备研制、系统集成到示范应用的完整政策体系。二是不断创新应用模式和机制。特别是针对企业开展智能化改造遇到的技术和资金两方面瓶颈问题,制定《关于上海创新智能制造应用模式和机制的实施意见》,在加大政府政策资金等资源投入的同时，更加主动引导社会资本参与，形成切实可行、多方共赢的商业模式，探索建立智能制造融资租赁应用机制、效益分享应用机制、生产能力共享应用机制。三是加大专项资金支持力度。通过设立工业互联网创新发展专项，支持光明乳业股份有限公司、上海华谊新材料有限公司、上海通用汽车有限公司等 26 家企业开展离散型、流程型、大规模个性化定制、网络协同制造、远程运维服务等智能制造新模式应用，共计投入财政专项资金 9 784 万元。

【平台载体建设】 一是加强智能制造平台建设。启动建设上海科创中心重点布局的上海智能制造研发与转化功能型平台，对标德国弗劳恩霍夫应用研究促进协会等国际先进机构，通过组建平台公司作为运作实体，开展智能制造关键共性技术和装备研发、标准建设以及技术成果转化，建设成为具有国际影响力的智能制造协同创新平台，争创国家级智能制造创新中心，支撑上海智能制造发展。二是组建行业服务机构。推动相关单位发起成立上海市智能制造产业协会，促进系统解决方案供应商、智能装备研制商、工业软件开发商之间对接合作，汇聚社会各方之力，支撑上海制造业转型升级。

（吴春平）

三、企业案例

中国宝武钢铁集团有限公司

【概况】 2017 年，中国宝武钢铁集团有限公司(以下简称“中国宝武”)的信息化工作通过管理创新与信息技术创新相结合，有效支撑公司发展要求和商业模式创新，顺利完成各项重点工作。

【完成信息化专项规划修编工作】 新一轮信息化专项规划围绕国有资本投资公司定位及集团总部整体改革方向，强化顶层设计；聚焦监管信息化建设，整合信息资源，强化集团层面信息资源挖掘及共享，统一工作平台，畅通共享渠道，实现动态监测，提升整体监管效能；支撑集团总部投资运营业务；推进“区域＋板块”进一步协同共享，共形成规划期内 14 项重点工作任务。

【探索穿透式一体化监督平台方案】 启动策划并形成动态、穿透式一体化监督平台的专项规划初稿，从规划概述、现状分析、蓝图设计和实施路线等方面，明确系统对接融合清单、项目内容和范围。2017 年完成审计、监察系统的功能优化并延伸至中国宝武；完成法人基础信息模块的需求分析和设计工作；结合国有资产监督管理委员会对“两金”、债务管理的具体管理要求，实现部分财务类风险监管功能原型建设。

【完成中国宝武主要信息化系统对接】 2017 年是中国宝武联合重组的开局之年，根据中国宝武主要信息系统的整体延伸对接工作安排，智慧办公平台完成中国宝武总部及二级子公司公文、联络件等标准及个性化功能的覆盖应用；党建云标准功能完成延伸覆盖至中国宝武；人力资源系统实现与武钢人力资源系统的集成和统计报表的延伸覆盖；标准财务系统完成对中国宝武全层级的合并报表模块覆盖任务；完成审计系统、监察系统延伸覆盖武钢集团总部。

【推进“中国宝武”资讯平台工作】 推进“中国宝武”资讯平台建设，将资讯、工作、学习、服务等内容进行充分整合，通过 HTML5 等技术支持，更好地支持全集团的移动办公，提升效率。

【研发新一代“互联网＋应用系统”平台架构】 借助互联网技术，结合中国宝武信息化应用实际情况，基于分布式、服务化基础架构，研究、规划、设计“互联网＋应用系统”服务平台，为构建中国宝武信息化共享服务打下坚实基础。

【配套公司共享服务运营改革】 对中国宝武标准财务系统、人力资源系统等核心系统总体情况、系统运营状况进行全面梳理总结，通过现场调研走访收集子公司改进建议或优化需求，逐一落实；结合外部政策变化、监管要求及集团内部转型等需求，探索系统优化提升方案。

【遵循降本增效、顶层设计理念】 根据中国宝武整体工作部署，2017 年分别启动 2017 年年度信息化项目计划中期调整、2018 年信息化项目年度计划编制工作。结合信息化规划和总部、子公司业务发展要求，首次将中国宝武、武汉钢铁集团鄂城钢铁有限责任公司、宝武集团环境资源科技有限公司、宁波宝新不锈钢有限公司、宝钢德盛不锈钢有限公司纳入编制范围，前后审定 400 余个信息化项目建设计划，严控投资规模、强化风险控制、优选投资项目，关注投资效益，努力提高信息化年度计划执行的准确率。

（郑　宁）

中国石化上海石油化工股份有限公司

【概况】 2017 年，中国石化上海石油化工股份有限公司（以下简称“上海石化”）紧紧围绕公司发展战略，按照“统筹推进、融合发展，集成共享、协同智能”工作方针，全面推进信息化建设，将两化融合纳入公司一体化管理体系，信息化专业管理水平不断提升。高度重视信息安全管理，逐步完善信息安全通报机制和应急预防措施。构建集成共享的经营管理平台、互联智能的生产运营平台和敏捷安全的基础设施平台，重点抓好操作管理系统、先进控制系统、分布式控制系统（Distributed Control System，DCS）报警管理系统、客户服务系统等项目建设，有序推进 1＃乙二醇、2＃催化裂化、渣油加氢和 4PE 等项目，启动 Petro-SIM 模型软件升级和优化项目，完成核心网络改造和核心网络机房整体搬迁。作为中国石油化工集团公司（以下简称“中国石化”）智能工厂建设一期推广企业之一，公司大型机组三维培训项目、智能物资管理项目、芳烃联合装置优化项目通过中国石化项目评审，地理信息系统、工艺流程图数据集成、工业物联网试点项目等配套项目有序推进。2017 年，上海石化通过两化融合管理体系年度监督审核，8 月获国家工业和信息化部“两化融合管理体系贯标示范单位”称号。

【未发生勒索病毒感染事件】 2017年5月，按照中国石化关于进一步加强“蠕虫式”勒索病毒防范处置的通知要求，上海石化迅速成立应急指挥小组。启动应急预案、制定详细的病毒排查处置方案和计划安排，畅通与中国石化的应急联络处置机制；组织全面开展清查工作，对每一台Windows服务器、桌面机操作系统进行升级和补丁安装工作，不留死角；通过微信群等方式，第一时间通报病毒进展最新情况和处置方法。通过各方协同配合、全力处置，上海石化未发生勒索病毒感染事件。

【通过两化融合管理体系现场监督审核】 2017年6月，经工信部第五研究所现场审核，上海石化通过2017年两化融合管理体系第二次年度监督审核。监督审核重点围绕上海石化打造信息化环境下“精益高效的炼化一体化生产组织能力、敏捷优质的产品供应服务能力、精准的经营投资决策能力”两化融合管理体系展开，目的是监督审核上海石化两化融合管理体系保持、改进及运行情况，确认两化融合管理体系运行持续符合性和有效性。

【开展网络安全宣传】 2017年6月，上海石化组织对《中华人民共和国网络安全法》进行学习，严格履行网络安全义务，推进网络基础设施建设，提高网络安全保护能力。8月，组织开展“网络安全宣传周”活动，主要通过下发网络安全学习资料、正反两方面典型案例学习、发放网络安全手册及微信推送、上海石化电视台滚动播放教育视频等形式，向全体员工宣传普及网络安全知识，切实提升网络安全意识。

（卢叶凌）

【被评为“两化融合管理体系贯标示范单位”】 2017年8月26日，工信部召开2017年中国两化融合大会，上海石化获“两化融合管理体系贯标示范企单位”；“敏捷优质的产品供应服务能力”被评为“供应链管控与服务”示范方向。

（吕燕君）

【工控安全评估检查】 2017年8月，市经济信息化委委托上海市信息安全测评认证中心对上海石化进行工控安全评估检查。依据工控系统防护指南11个方面30个大项要求，共设置128个评分点，采取访谈、文档记录查阅、查看配置、现场案例验证等形式，对上海石化5＃、6＃炼油DCS工控系统的信息安全防护能力进行评估，评估发现其中39个小项存在不同程度问题。为此，上海石化完成对自查与评估检查中发现的相关问题的分析整改，进一步完善工控系统信息安全管理，逐步提高工控系统整体信息安全水平。

【信息安全现场执法检查】 2017年10月，上海市金山区公安局网监大队对上海石化开展信息安全现场执法检查，重点检查信息系统及工控信息系统等级保护执行、网络安全责任制落实以及安全管理措施落实等情况。经查，上海石化整体信息安全状态良好，但工控信息系统的安全监控安全评估等保定级测评等方面存在问题。截至2017年年底，上海石化已完成全部问题整改。

（张纯刚）

【2017年信息系统综合应急演练】 2017年11月

24日，中国石化2017年信息系统综合应急演练在上海石化举办。本次应急演练由中国石化信息化管理部主办，上海石化及中国石化化工销售有限公司承办，涉及上海石化、化工销售公司共10个部门，销售业务员、物流管理岗、应收会计岗等18个岗位。演练场景从问题发现及上报、企业应急启动、自销业务应急执行、故障升级、统销业务应急执行、应急终止、数据补录7个环节进行展示，切实检验应急预案的可操作性，保障业务的连续性，提高业务人员跨系统、跨区域、跨部门的协同应急处置能力。

（孙春玉　梁永红）

上海索广映像有限公司

【概况】　2017年，上海索广映像有限公司(以下简称“索广映像”)以“突破”为口号，立足市场，拓展自身优势，提高自身价值，强化技术力、生产力、协作力在企业发展中的重要作用，完善成果连动机制，重视生产安全和产品品质，取得了良好的业绩。2017年全年销售台数超过250万台，其中液晶彩电及模组超过200万台，专业机及光机组件超过30万台，总销售收入超110亿元，上缴税收超过1亿元。

【产品出新，量产突破】　2017年，索广映像聚焦高端大屏市场，坚持“生产出品质优异，使用户放心享受的产品”，在行业整体态势低迷背景下逆势增长，实现了TV超大型机种和投影机镭射机种的量产，日本市场持续扩大。其中，85英寸4K超清LED电视机KD-85X8500D产量达2 000台，比上年增加一个数量级。70英寸以上型号总体产量较上年增长120%。专业机方面，LAPIN镭射机VPL-FHZ65/W SYQ机型实现年产量3 000台。与此同时，OLED电视A155、65在中国市场上市，作为品牌沉淀十年的“诚意之作”，A1系列电视凭借“音画合一”的视听体验与打破传统的美学设计，不仅让消费者重新认识OLED电视，更在电视行业发展中引领高端产品消费升级。第三方调研公司数据显示，2017年新推出的4K HDR OLED电视A1系列以占OLED电视市场超过30%的份额成为第一品牌。

【专利技术创新与技改申报】　2017年，索广映像为了提高企业国际市场竞争力，一方面继续积极研发创新专利技术，另一方面对已有生产制造技术进行针对性升级改造，以加快实现生产制造国际一流产品的目标。其中，申报并于2017年3月起实施的上海市重点技术改造项目“智能家电、新型显示产品及关键部件技术改造”，显著提升企业智能制造生产技术能力。世界一流生产技术为满足客户对产品日益增长的高品质需求提供保障。通过技术改造实现制造技术能力的提升，并能为企业自身产业升级和未来市场拓展带来巨大空间。2017年，索广映像“一种防误操作系统”发明专利申请获得授权；“捆包管理系统V1.0”“徽标自动检测软件V1.0”“紧急事件报警系统V1.0”“整机部品防错自动检测软件V1.0”“投影机电源指示灯自动检测软件V1.0”5项软件著作权申请获得授权。

上海索广电子有限公司

【概况】　2017年，上海索广电子有限公司(以下简称“索广电子”)围绕“创进”经营发展理念，重视

"信赖""自律",通过超预期业绩成果构筑"信赖"关系,取得了良好业绩。2017 财年上半年利润提升 714.1%,中日控股双方发展再上新台阶。

【利用信息化手段提高生产经营效率】 2017 年,索广电子在信息化建设方面取得了显著成果。首先,成功开发维修记录系统,系统搭建在公司局域网内,主要实现在浏览器上录入、修改、对应维修信息,以及查看导出不良记录报表等。通过维修记录的系统导入,为维修数据的长期有序保存、数据统计和各部门间维修信息交流创造了条件;其次,积极参与上海仪电(集团)有限公司(以下简称"仪电集团")开展的"补短板、破瓶颈、强基固本促发展"提升运营效率活动。结合实际生产经营状况,设定了提高生产线自动化率、减少制造空载和加强供应商管理三个提升运营效率的攻克目标;另外,制造技术部门在对现有业务调查研究后,将车载摄像头、监控摄像机的生产作为提升整体生产效率的突破点,成立专项小组,找出瓶颈问题,借助自主开发的自动回转受台、LENS 解析机和六轴调芯等设备对现有生产线进行自动化改造和产能升级,使车载摄像头生产效率提升 50%,监控摄像机生产效率提升 25%,合计减少 32 名作业员,年均节约费用近 230 万元,设备投资削减约 300 万元,每年可为公司增加 150 万元收入。

(解　放)

上海化学工业区管理委员会

【概况】 2017 年是全面实施"十三五"规划的重要一年,是推进供给侧结构性改革的深化之年,也是上海化学工业区(以下简称"上海化工区")智慧园区建设全面启动之年。上海化工区信息化工作以智慧生产、智慧政务、智慧服务三大应用系统建设为突破口,建立工作推进机制、启动重点项目,成功创建上海市工业互联网创新实践基地,上海化学工业区公共管廊有限公司入围上海市企业智能制造示范试点 2017 年第一批项目,智慧园区建设工作取得阶段性成果,为 2018—2020 年全面建设工作奠定坚实基础。

【召开智慧园区建设推进大会】 2017 年 4 月 20 日,上海化工区召开智慧园区建设推进大会。国家工业和信息化部原材料司副司长潘爱华、上海市经济和信息化委员会副主任邵志清、上海化工区管理委员会主任马静、中国石化联合会园区委员会秘书长杨挺共同触摸启动球,宣布上海化工区全面启动智慧园区建设。会上,上海化工区管理委员会副主任余亮茹做智慧园区建设工作报告。会议印发《关于加快推进智慧园区建设的实施意见》《上海化学工业区智慧园区建设总体规划纲要(2016—2030)》和《上海化学工业区推进智慧园区建设十三五行动计划》。上海赛科石油化工有限责任公司等三家单位,分别从智慧生产、智慧服务、智慧管理角度做表态发言。

【高起点规划智慧园区建设】 上海化工区建设智慧园区是在高起点上谋划未来的战略选择,也是新发展阶段对"五个一体化"开发理念的智慧升级和创新基因的演绎传承。上海化工区智慧园区建设以提升开发能级、保障运行安全为宗旨,以创新园区管理、服务企业发展为主线,围绕建设最具国际竞争力的世界级石化产业基地和循环经济示范基地的工作目标,突出信息技术手段在业务、政务和服务领域的应用体验，为建成国际先进、国内最优化工园区和环境友好的排头兵、绿色发展的先行者，提供新动力、注入新内涵。

上海化工区智慧园区建设将重点打造“一基础、一中心、三重点、六应用”。一基础，即建设高速泛在、适度超前的园区网络基础设施和云计算服务平台；一中心，即构建园区大数据感知网络及决策中心；三重点领域，即智慧生产、智慧政务和智慧服务；六应用，即在上海化工区首创的“五个一体化”开发建设先进理念的基础上，将“最安全、最环保、最绿色、最智能、最高效、最和谐”作为重要抓手，形成智慧安全应急、智慧绿色环保、智慧产业运营、智慧公用工程、智慧管理服务、智慧责任关怀等应用体系。

上海化工区智慧园区建设分为三个阶段。2017 年是全面启动阶段，以智慧生产、智慧管理、智慧服务三大应用领域建设为突破口，启动九大标志性项目、27 个子项目。2018 年至 2020 年是重点建设阶段，以智慧园区“十三五”规划确定的“十大工程”和“24 项行动”为脉络，重点完成应用体系架构中的一个大数据决策中心和六大应用体系建设。2021 年及其后是完善提升阶段，通过不断升级改造，完备基础设施，强化数据整合，丰富互动形态，优化统一门户，继续共享内核，为智慧园区建设持续提供技术、产业、平台和应用服务一体化的支撑体系。上海化学工业区企业发展有限公司(以下简称“发展公司”)总经理张淳主持会议。驻区管理单位、园区企业主要负责人及信息化部门负责人等 150 余人参加了会议。

【举办 2017 互联网＋智慧化工园区(上海)高峰论坛】 2017 年 12 月 7 日，2017 互联网＋智慧化工园区(上海)高峰论坛在化工区举行。上海化工区管理委员会主任马静、上海市环境保护局副局长苏国栋等出席论坛并致辞。上海化工区管理委员会副主任侯金花代表化工区签约，发展公司总经理张淳主持论坛。论坛围绕智慧化工区建设，以“智能、绿色、安全、开放、共享”为主题，探讨通过“互联网+”的智能化升级改造，推进化工园区智慧化建设新模式。2017 年 11 月 27 日，上海化工区被评为“上海市工业互联网创新实践基地”。论坛上举行“上海市工业互联网创新实践基地”揭牌仪式，上海化工区分别与中国电信集团有限公司、中国移动通信集团公司、上海市信息投资股份有限公司、上海华虹集成电路有限公司等签署战略合作协议，共同推进上海化工区智慧园区建设工作。论坛还邀请北京大学环境科学与工程学院教授，博世(中国)投资有限公司、汉高(中国)投资有限公司及 365me 平台有关负责人，从“互联网+”角度分别做 VOCs(Volatile Organic Compounds，挥发性有机物)污染防治整体解决方案、国内外智慧化工区的建设经验和案例、化工园区 VOCs 源头治理及汉高经验以及 365me 智慧园区供应链的经验和案例等主旨演讲，并通过圆桌论坛深入探讨智慧化工园区建设和上海化工区安全、绿色、高端、创新发展蓝图。上海化工区管理委员会各处室及所属事业单位、驻区管理单位、园区企事业单位负责人和相关行业专家学者、新闻媒体、上海市电子商务行业协会会员单位等 160 余人参加论坛。

【智慧政务信息系统接口标准通过专家评审】 2017 年 12 月 19 日，上海化工区管理委员会组织召开“上海化工区智慧政务信息系统接口标准调研项目”专家评审会。会上，上海化工区管理委员会副主任余亮茹对受托编制本标准的中国科学院上海高等研究院、受邀参与评审的专家组成员表示感谢，充分肯定制定《上海化工区智慧政务信息资源目录体系标准》和《上海化工区智慧政务信息资源交换接口标准》的重要意义，两项标准将支撑未来智慧园区深度双向感知、全面互联的“大数据决策中心”建设需要。

项目编制单位中国科学院上海高等研究院汇报该项目的编制背景和主要内容，来自中国信息通信研究院华东分院、仪电集团智慧城市设计研究院、浦东智慧城市研究院、上海宝信软件股份有限公司等单位的专家组成的评审专家组，经讨论一致同意项目通过评审，认为上海化工区智慧政务信息系统接口标准结构合理、内容翔实，将有力支撑上海化工区政务信息有序开放、交换和共享使用，对上海化工区智慧政务信息资源共享交换具有重要指导意义。

【推进应急指挥平台建设】 规范应急救援物资管理使用和应急调配，制订《应急救援物资储备方案》，实行园区应急救援物资第三方储备，签订委托储备协议。2017 年 3 月，专家验收通过投入1 700多万元的应急管理指挥系统升级项目(一期)，项目正式投入运行。升级后的系统具有深化建设预案系统、构建应急大数据系统及应用、信息化建设打破传统的信息屏障、增强辅助决策系统能力、提升应急响应中心管理水平和应急响应平台深化等功能。结合市政府重点项目“应急资源智能化建设”，形成后续系统研究的相关可行性研究报告和技术报告，完成园区应急物资智能化储备系统可行性报告。

(化工区)

第三章　农业信息化

概　述

2017年,上海农业信息化不断完善农业公共信息化平台建设,开展农业物联网区域试验工程、信息进村入户工程等项目建设,推动政务资源共享和信息公开、农产品价格监测预警分析等相关工作,并持续提升上海12316"三农"服务水平。

一、平台体系建设

【上海农业公共信息化平台建设】 2017年,上海市农业委员会(以下简称"市农委")加强信息化管理与服务,积极谋划构建全市统一的农业公共信息化平台,使平台成为服务"三农"的总窗口、数据汇聚的总入口和信息服务的总出口。充分利用信息化手段指导生产、引导市场、改善管理。完成《上海农业公共信息化平台实施方案》的编制,完成市农委及直属单位22个网站的归并整合,形成统一的委办局网站。完成32个业务系统数据资源梳理与编目,完成全市204万亩永久基本农田和3 800多个土壤肥力监测点等数据上图。组织开展农业信息标准体系建设,其中《农业信息资源分类编码规范》入选2018年国家农业行业标准制修订项目。浦东新区、金山区、嘉定区、闵行区、松江区、青浦区等区级农用地信息管理系统相继建成,其中浦东新区、金山区实现与涉农补贴资金挂钩,如浦东新区范围内22个镇、334个村、50余万亩农业生产用地达到一田一号,实现地理位置和面积的对应,可实现快速定位查询,形成区、镇、村分级管理应用体系。

【政务资源共享和信息公开】 继续完善市农委

网上办事平台功能。根据市农委行政许可事项的变化,对系统流程进行相应调整,新增流程类事项1项,调整办事流程4项。规范导入类事项的数据标准、数据入库校验方式。完善系统统计功能,每月对办理情况和数据导入量进行统计。升级“法人一证通”数字证书登录方式,实现与市政务大厅的一次登录。完成与市政务大厅的业务绑定,实现市政务大厅用户可直接办理农委事项,并可追踪进度和结果。实时监控与市政务大厅、市法人库的数据推送情况,做好每日数量对账和每周质量对账,根据对账结果完善数据对接机制。截至2017年年底,市农委行政许可信息平台已办结申请700件,导入办理结果数据124 043件,与市级系统交换行政许可事项办件85 308件。在上海市政府数据资源服务平台上,2017年完成上海农产品价格监测与分析等3个接口服务的开发与共享,完成市级以上农业产业化重点龙头企业等10多个数据产品数据的更新与共享。

【持续提升上海12316“三农”服务水平】 2017年,热线服务总量达1 388 667人次,其中咨询服务总量7 546人次,包括普通电话咨询6 192人次;“农民一点通”视频电话咨询679人次;网上提问653人次;来访接待22人次。其他服务996 916人次,其中发送科技服务短信926 651条;发放科普资料51 330份;现场直接服务18 935人次。组织下乡进社区活动376场次,接受上海教育电视台“常青树”节目、东方电视台“嘎讪胡”节目、崇明电视台、《东方城乡报》等媒体采访8次。在“上海农业”网站、“上海三农”微信平台发布专家提醒8篇。作为“外来农业劳动人员灵活就业登记”的政策咨询解答部门,共解答相关咨询206个。积极探索移动互联网服务模式,9月开通“上海12316”手机APP和微信公众号;2017年11月在“今日头条”平台开通“头条号”,在“知乎”平台开通“知乎号”。通过“头条号”和“知乎号”平台,截至2017年年底已解答咨询问题90个,发布科普文章32篇,阅读量10万余次。

二、应用发展

【上海农业物联网区域试验工程建设】 2017年,以企业为主体,以产业发展需求为导向,积极推进农业物联网从“可看、可用”向“可持续、可复制、可推广”方向发展。上海左岸芯慧电子科技有限公司、上海中信信息发展股份有限公司、上海橘野农业科技发展有限公司、我厨(上海)科技有限公司4家企业被原农业部评为2017年度全国农业农村信息化示范基地。2017年8月,市农委信息中心、上海农易信息技术有限公司通过原农业部全国农业农村信息化示范基地考核,有效期延长4年至2021年。上海赋民农业科技股份有限公司设计的农业采摘机器人具有基于深度学习的智能识别算法,可将瓜果类的识别成功率提升到95%以上,3D导航和自动采摘设计,机器人能够自由行走和高效执行。2017年9月,上海左岸芯慧电子科技有限公司参加“鸿山世界物联网技术应用大赛”,获年度最佳农业物联网应用一等奖。2017 年 7 月，上海华维节水灌溉股份有限公司中标中埃"一带一路"合作的埃及现代设施农业项目中的智慧灌溉设备供应标段，合同总金额 1.38 亿元。牧中(上海)物联网科技有限公司的"动检通"，为畜牧产业链工作人员提供简单高效的掌上应用。上海光明长江现代农业有限公司安装多套 GPS 自动导航驾驶系统，使得播种、开沟等作业偏差可控，降低驾驶操作人员劳动强度。金山区蔬菜研发中心引进"互联网＋蔬菜智能化生产"管理系统，实现蔬菜生产智能化管理，成功申请原农业部 GAP 认证、无公害蔬菜产地、产品认证。

【信息进村入户工程建设】 按照原农业部"有场所、有人员、有设备、有宽带、有网页、有持续运营能力"的标准要求，以"云、网、端"为抓手，上海市组织推进全市信息进村入户工程试点，致力于打造"2＋2"精准服务模式，即线下为标准型、专业型两种益农信息社，线上为"市民云"(移动终端)、"农民一点通"(触摸屏查询机)两个服务终端载体。

借力"市民云"将市民享受的城市公共服务延伸到郊区，将涉农领域的优质资源和特色服务汇聚成"农业云"融入"市民云"，形成资源共享。截至 2017 年年底，农业云汇聚涉农领域 9 大类特色服务(市场价格、支农政策、农经档案、集体财务公开、涉农补贴查询、12316 在线咨询、三农知识库、网上办事指南、涉农信息公开)，打造"农业云"智能手机移动应用。同时，借助"市民云"成熟可靠的实名认证，农户可一键查询本人土地承包确权、流转以及涉农补贴等信息，也可以让市民能查询到郊区农业旅游、休闲农业、绿色特色农产品等优质资源。

2017 年，市农委重点扶持建设 20 家专业型益农信息社，依托农民专业合作社和农业企业实体，基本形成以上海华御农业种植专业合作社、上海农灯草莓生产专业合作社为代表的电商对接模式；以上海市浦蔬农业科技有限公司为代表的科普休闲体验模式；以上海金美盛肥料科技有限公司、上海齐茂粮食专业合作社为代表的培训体验服务模式；以上海迪阳果蔬专业合作社、上海田仔蔬果专业合作社为代表的加强田间管理和品牌营销模式等。

2017 年，市农委选定上海市金山区整区推进信息进村入户试点，建立 119 家标准型和 20 家专业型益农信息社。11 月，上海市嘉定区灯塔村上海农灯草莓生产专业合作社益农信息社、上海市金山区廊下镇中华村益农信息社、上海市崇明区向化镇北港村益农信息社等入选"全国益农信息社百佳案例"。

【推进农产品价格监测预警分析工作】 2017 年，不断完善农产品价格监测与预警分析系统功能。提高批发市场价格数据采集的质和量，纳入统计的农产品批发价格共有蔬菜、畜产品、粮油、淡水产品、海产品和水果六大类、280 个小类。增加绿叶菜价格预警分析功能，对青菜、菠菜、杭白菜等 10 个绿叶菜品种进行价格预警分析，涨幅过大时系统进行告警提示。通过与上海市畜牧办公室、上海市水产办公室的数据对接，增加畜产品、水产品价格分析模块，制作形成月度、季度和年度统计报表与曲线。开展上海农产品市场研究和价格分析工作，积极参与上海农业展望工作，组建农产品市场分析预警团队，聘请 4 位上海农产品价格监测预警首席分析师，分别牵头组建蔬菜、生猪、水产品和瓜果4个品种的分析预警团队。开展上海农产品价格分析工作，撰写农产品价格分析报告26篇，其中《上海市农产品价格分析月度报告》11篇、《季度报告》3篇、《半年度报告》1篇、与原农业部信息中心分析处合作编写《上海农产品月度进出口分析报告》11篇。2017年共发送免费农产品价格短信93 487条。

(叶有灿)

第四章　金融信息化

概　述

2017年，上海市各类资本市场主体进一步发展，银行、证券、期货、基金、保险业交易量持续上升。进一步增强信息化技术创新，结合实际业务，不断更新信息化保障和服务能力。积极应对信息安全挑战，有效运用各项新技术，为互联网金融的可持续发展作出贡献。

一、银行业信息化

2017年，上海地区银行业信息化秉承服务实体经济、创建安全普惠金融环境、防控金融风险的工作思路，继续深入推广支付技术及金融IC卡应用创新，积极推进国密金融IC卡的发卡及受理环境的完善，加强基于大数据技术的银行卡风险防控系统建设，推动业内开展金融科技动态跟踪和研究。

截至2017年年底，上海地区金融IC卡发卡总量已超过9 172万张，借记IC卡7 085万张，贷记IC卡1 945万张，准贷记IC卡142万张。其中支持国密算法且采用国产芯片的金融IC卡为420万张，比上年同期增加369万张。全市共有联网POS(Point Of Sale，销售终端)66.8万台，其中能受理非接金融IC卡的POS终端64.3万台，非接支持率达到96%，完成流程优化的POS终端占上海地区终端布放总量的78%以上，具备软件升级条件的存量POS、ATM的国密算法改造量分别为74%和62%。同时，依托加载金融功能的二代社保卡项目建设和交通医疗等便民领域的应用受理项目推广，支付创新实现跨行业的纵深发展，同时也为上海地区国密规模化应用提供有力支持。

2017年，上海地区银行业依托第四届国家网络安全宣传周主场优势，以增强风险防范意识、构建和谐支付环境为主题，开展形式多样的宣传活动，展现金融业在信息安全和对外服务能力方面的突出成绩，提升银行业从业人员的信息安全意识和技能，营造信息安全的良好社会氛围。

（李　岚）

二、证券业信息化

【促进行业技术交流】 2017年3月，上海市证券同业公会（以下简称"证券同业公会"）组织上海地区16家会员单位召开会员单位信息安全应急保障工作交流会议，并根据交流的经验和优秀案例，组织编写《上海辖区证券公司信息安全保障工作经验及案例分享》，对保障上海地区证券行业信息安全运行起到积极作用。2017年6月下旬，证券同业公会秘书处汇同证券同业公会信息技术专业委员会召开"2017年证券信息安全"主题沙龙活动，邀请业内信息安全领域的资深专家，介绍国内信息安全领域新研究成果和安全体系建设经验，会议现场针对云计算、智能大数据、人工智能服务等新技术在证券行业的应用展开交流，为会员单位提供学习机会。

【参加国家网络安全宣传周活动】 2017年9月，根据国家网络安全宣传周活动相关安排，在上海证监局指导下，证券同业公会、上海市基金同业公会（以下简称"基金同业公会"）、上海市期货同业公会（以下简称"期货同业公会"）组织各会员单位参加由市经济信息化委主办的2017年上海证券期货从业人员信息安全意识教育和知识竞赛，活动为期一个月，约9 000名从业人员参加，参赛人数超历届竞赛人数。2017年9月21日，由市经济信息化委主办的中国信息安全用户大会暨2017年上海证券期货从业人员信息安全意识教育和知识竞赛颁奖仪式在上海举行。在颁奖仪式上，证券同业公会秘书长张伟向获得管理运维赛（证券组）一等奖国泰君安证券股份有限公司、二等奖东方证券股份有限公司、三等奖中银国际证券有限公司和申万宏源证券有限公司颁发荣誉证书；上海市委网络安全和信息化领导小组办公室（以下简称"市委网信办"）副主任赵彦龙向获得信息安全知识竞赛优秀组织奖的证券同业公会、海通证券股份有限公司、申万宏源证券有限公司和上海证券有限责任公司颁发荣誉证书。

【国泰君安证券"双态全流程IT管理平台"】 国泰君安证券股份有限公司建成双态全流程IT管理平台。通过高度集成开源工具等手段，对管理模板细分及各环节数据抓取与沉淀，使其既兼顾稳态IT"规范、稳定"的流程管控要求，又满足敏态IT"创新、高效、协作"的诉求。基于平台对绩效指标的分解、跟踪、度量，实现IT工作的全面数字化管理和全员量化考核，核心系统安全运行率保持99.999%的行业高水平，敏态业务需求交付周期从

10天缩短到4天。该项目入选“2017年中国人民银行金融信息化10件大事”，获“第六届证券期货业科学技术奖二等奖”。

【国泰君安证券“智能化在线服务平台”】 国泰君安证券股份有限公司自主打造智能化在线服务平台，践行公司“科技＋服务”的零售战略，发布“君弘灵犀”智能化服务品牌。平台以大数据驱动人工智能及微服务架构为设计思想，结合实时计算和智能推送等技术，同时兼顾高性能、高并发的架构要求，通过融合线下专业化服务与线上智能化服务模式，贯穿客户生命周期，提供个性化、差异化、智能化的伴随式服务。平台包含智能推荐、智能理财规划、智能场景营销中心、智能客服等核心服务组件，进一步完善以用户为中心的精益服务体系。该项目获“第六届证券期货业科学技术奖三等奖”。

【上海证券“业务驱动的智能数据服务平台”】 上海证券有限责任公司完成业务驱动的智能数据服务平台建设，实现海量业务数据的智能化处理。该项目基于Hadoop开源平台及其衍生开源生态圈展开，主要采用Hive、Impala、Solr、Flume、Sqoop、Kafka、Hbase、Azkaban等组件，自主研发构建分布式、松耦合的智能数据服务平台，使之成为各业务系统的中枢，有效降低业务系统数据交换中的技术壁垒，使海量数据计算不再成为技术瓶颈。该项目利用开源技术，自主研发ETL(Extract-Transform-Load，抽取、交互转换、加载的数据仓库技术)等各类工具，实现公司内部结构化、半结构化和非结构化数据，实时和非实时数据的集中存储管理和加工处理。在此基础上，进一步建立大数据服务总线，为上层应用系统提供标准数据服务接口，为前端各业务应用提供数据支撑。同时，该项目系统还承载智能投资顾问、机器学习等大数据量的计算功能。该项目获“第六届证券期货业科学技术奖三等奖”。

【上海证券“WiFi＋营业厅”】 上海证券有限责任公司完成“WiFi＋营业厅”项目建设。该项目借助公司“指e通”APP，通过WiFi安全接入，实现营业厅传统临柜业务O2O三步式办理。该项目利用信息通信技术以及移动互联网平台，在APP上搭载“WiFi＋营业厅”、后台集中运营及网点标准化营销服务等综合解决方案，将柜台业务全面延伸至移动端，延伸至客户身边，让客户能享受到更加智慧、简单的服务体验。该项目获得市经济信息化委和商务委举办的上海国际信博会暨2016世界移动大会创新服务类“十佳APP”，并入选上海智慧经济建设评选“最佳实践案例”、证券业协会首届创新案例评选，2017年6月，获得上海市人民政府颁发的“2016年度上海金融创新成果奖三等奖”。

【海通证券“e海通财移动证券系统”】 海通证券股份有限公司不断完善e海通财移动证券系统。该项目于2014年启动，在三年时间内通过三个阶段的迭代研发，构建起一套完整的移动证券系统。截至2017年年底，完成手机开户、业务办理、消息推送和智能客服等功能的集成，e海通财全业务一体化服务平台初步搭建完成。该系统基于可伸缩的4层系统架构设计，涵盖自主研发的八大移动终端、20余套核心系统和10余套辅助系统，整合16家资讯数据和全球12大交易所行情数据，通过分布于全国 7 个机房 800 余台应用服务器,向 3 000 万装机用户提供服务。系统在高峰时期日开户数近 10 万户,日活跃用户数超过 130 万户,日计算量超百亿次。该项目获"第六届证券期货科学技术奖优秀奖"。

【东方证券"基于系统融合、全资产配置及动态管理的投资交易平台"】 东方证券股份有限公司完成基于系统融合、全资产配置及动态管理的投资交易平台建设。该项目为综合性投资交易管理平台,采用面向服务架构、内存技术、并行处理、统一账户、交易路由等理念,创新性解决投资业务系统融合问题,支持全资产类、全市场、全品种的投资交易管理,实现极速交易、组合管理、资产调拨、统一风控等功能。该平台在组合管理、算法及策略交易领域产生创新性成果,在系统整合、资产调拨、自动交易等方面达到行业领先水平。该平台致力于大幅优化自营投资模式,注重资产配置,减少短期行为,促进资金市场长期健康发展。该项目获"第六届证券期货科学技术奖优秀奖"。

【光大证券"金融云平台"】 光大证券股份有限公司大力推进云服务能力建设,2017 年初步构建起综合私有金融云平台。该平台整体架构由分支机构云、开发测试云、桌面云、生产云等基础资源环境构成,通过自主设计规划、联合定制开发的云管理平台实现统一管理。"金融云"提供各类云资源服务,实现基础资源的弹性部署及按需即时服务,提高部署效率,降低建设和使用成本,简化管理。同时更有效保障数据、代码安全,提供强大备份容灾能力。该平台在 2017 年中国计算机用户协会云鹰奖评选中获得"卓越奖"。

【海通证券"海通金融云"】 2017 年海通证券股份有限公司启动海通金融云建设,大力实施金融云战略,推动 IT 基础设施转型。根据"开源开放、化繁为简、敏捷交付"的规划目标,办公云、研发测试云、生产云、托管云、行业云"5 朵云"建设稳步推进。办公云已建成并投入试点,首期支持2 000人在云上办公。研发测试云建成并投入使用,用 50 台 X86 物理服务器构建出包含计算节点、存储节点、网络节点的云计算基础设施集群,支持9 600核 CPU、20TB 内存与 150TB 存储的云主机规模,并通过分布式技术应用,提高平台可靠性。根据运行测试数据,建立一套纯应用环境仅需 20 秒(传统方式需要 1 小时),建立一套带数据库的应用环境只需 10 分钟(传统方式需要 1 天),金融云显著提升研发测试环境准备的工作效率。

【申万宏源证券"全媒体客户中心"】 申万宏源证券有限公司建成全媒体客户中心,由原申银万国证券上海客服中心与原宏源证券新疆客服中心双系统合并重建,全面打造支持双中心双活全媒体客服中心平台,双中心均能够承载全公司业务。该系统平台主要使用人员包括普通座席、在线服务和视频见证人员。全新的客户中心设计打破原有菜单式模式,采取互联网化、扁平化设计,操作设计流程化、场景化,以满足客服人员在不同场景下都可对客户进行服务需求,且支持各种媒体接入,实现智能客服、电话人工座席、在线人工座席、微信座席、视频座席为客户提供全覆盖、全流程服务。

三、期货业信息化

【促进行业技术交流】 2017年3月与9月，期货同业公会主办两期上海期货公司信息技术负责人联席会，上海辖区各期货公司信息技术负责人、4家期货交易所信息技术公司负责人共计150余人参加会议。会议主题分别为“期货行业期权创新及安全规范”和“新形势下的期货行业信息安全交流及新技术介绍”，中国期货业协会、中国证券监督管理委员会上海监管局(以下简称“上海证监局”)相关负责人到会做指导发言，4家期货交易所信息技术公司相关负责人到会介绍新技术。

【上海期货交易所】 2017年，上海期货交易所(以下简称“上期所”)信息化建设工作围绕三个主要目标开展：一是全面落实中国证券监督管理委员会工作部署，始终把防控风险放在首要位置，维护市场稳定，保证技术系统安全运行；二是围绕上期所主业，优化技术资源配置，完善技术管理流程，提升技术管理水平；三是深化技术创新，保持技术迭代更新，积极推进原油期货、上期标准仓单交易平台、期权等重点项目建设。

原油期货技术准备工作。完成原油相关业务系统的网络建设、互联互通及安全策略部署工作；完成能源中心会员接入指引的编写和发布工作；完成自营会员和存管银行通信线路开通工作；完成能源中心门户网站、仓单系统并网工作；完成系统风险评估和安全检查；完成新加坡办事处办公网络的方案设计，配合推进境外办事处的筹建工作；完成技术系统改造，完善原油期货仿真和生产环境，全年组织开展5次覆盖全市场的交易系统技术演练测试。截至2017年年底，所有原油期货上市必需功能均已上线，原油期货上市相关技术系统准备就绪。

上期标准仓单交易平台技术准备工作。完成上期标准仓单交易平台基础运行环境的设计和建设工作，包括机房、网络、主机、存储和安全等方面集成。系统部署采用多层次的安全防护机制，对交易平台进行安全检测和加固，也对交易客户端进行安全测试，全方位保障投资者的交易安全。完成系统主体功能开发和测试：完成与期货行情系统、存管银行、仓单系统的联调测试。

期权技术准备工作。完成大部分技术系统改造，营造测试环境，配合软件厂商和会员，进行系统测试；开展会员交易通信线路升速工作，升速工作共涉及136家会员、18家信息服务商的296条通信线路。截至2017年年底，基本完成所有通信线路升速上线工作，为期权上市奠定良好基础。

基础设施建设。完成上海市张江高科技园区3幢大楼UPS(Uninterruptible Power System，不间断电源)电容和风扇更换，完成张江高科技园区二期UPS蓄电池更换，保障供电系统的安全稳定；完成期货大厦CM80精密空调室外机更换，并在大厦两台精密空调室外机增加上置式水喷淋系统，保证夏季极端气温情况下机房正常运行。

【中国金融期货交易所】 2017年，中国金融期货交易所(以下简称“中金所”)完成新一代结算等系统顺利上线并实现新老系统平稳过渡。该系统在2 000 万笔委托、1 000 万笔成交的场景下,结算耗时为 7 分钟,极大提高中金所结算效能;第二代监查系统在 2017 年年内实现报警、流程平台、自动化报告、跨市场及风控数据同步五大核心功能全面上线,性能得到大幅提升,单节点处理达到 5 万笔委托/秒,数据库写库达到 2 万笔委托/秒,同时系统采用自动化与流程化手段,有效提升监查效率;新一代交易系统发布业务优化版本,实现“更细化的同步风控粒度、更灵活的异步风控平台、更便捷的用户交易体验”三大业务目标;完成国债期货券款兑付(Design Verification Plan, DVP)交割系统上线,实现中金所与中央国债登记结算有限责任公司系统实时对接,保障 DVP 交割业务顺利开展;完成交易系统前端风控功能升级,正式启用日内过度交易防范和自成交防范功能,进一步加强异常交易行为监管,维护市场秩序,助力推进“以监管会员为中心”的监管转型模式落地。中金所完成期货交易持续监测指标体系建设,持续完善规避防控机制,就盘前两类、盘中盘后五大类违规或异常交易进行优化改造,通过技术手段提升监管水平;优化套保套利系统,实现绝大部分监查结果自动化、电子化报送,有效节省业务处理时间;支持互联网和办公系统优化建设,完成中金所网站前端改版上线、网站后端统一发布平台上线和中金所 APP 的重建上线。中金所完成外高桥同城灾备中心机房设备更新换代建设,对机房、主机、存储及交易核心网络进行改造和更新,实现平稳切换。中金所运维自动化平台建设完成应用及主机自动化采集、部署、应用变更等核心功能开发,并成功上线。中金所基于国际最佳实践的新一代高效金融衍生产品清算平台,具备产品丰富、功能完备、性能领先和安全稳定四大特性,实现金融衍生产品市场基础设施升级。其业务模型设计将国际实践与中国特色相结合,为业务创新提供前瞻性解决方案;整体框架采用“一套业务四套系统”的设计理念,通过 DevOps (Development & Operations,过程、方法与系统的统称)实践降低运行风险;清算核心运用动态并行技术,大幅提升清算性能并支持水平扩展;基础架构使用自主研发的统一平台,为新业务快速推进提供有力支撑。该平台的成功上线,显著提升市场清算效率,大幅缩短产品和业务创新的技术准备周期,并有效推动行业的整体技术进步。该平台荣获“第六届证券期货科学技术奖一等奖”。

中金所一线通平台,是立足中国期货市场,面向银行、证券、期货、基金、QFII、信托、保险 7 类金融机构,提供银期数据交换、资金数据同步等金融数据交换服务的期货行业平台。截至 2017 年年底,已有 147 家机构(15 家银行和 132 家期货公司)接入一线通仿真平台,其中 140 家机构(10 家银行和 130 家期货公司)已接入一线通生产平台。平台所承载的银期转账业务每日交易金额约 50 亿元。该平台获“上海市金融创新三等奖”、“浦东新区科技进步奖三等奖”。此外,中金所获“上海市网络安全等级保护工作先进单位”称号;组队参加中国信息安全技能竞赛,获证券组二等奖。通过 ISO 9001 质量管理体系首次认证,完成 ISO 27001 信息安全管理体系的 2013 版和 ISO 20000 信息技术服务管理体系的 2011 版升级认证;由中金所牵头制定的行业标准《期货公司柜台系统数据接口规范》正式发布。

【期货公司创新业务全面风险管理系统】 国泰君安期货有限公司建成"期货公司创新业务全面风险管理系统"。该系统以创新业务风险监控为核心，通过计量风险价值、风险归因、风险评估等对创新业务风险进行量化管理，实现对市场、信用、操作和流动性等类型风险的全面管控，保障创新业务风险可测、可控，有助于提升期货公司对创新业务的风险管控能力。该系统的风险计量主要采用国际主流的R语言技术，其在金融统计分析、数据挖掘、机器学习等领域都有较好应用。同时，由于期货系统具有数据源众多、格式繁杂特性，因此使用ETL工具以支持Oracle、MSSQL、Excel、CSV等格式数据采集。该项目获"第六届证券期货科学技术奖优秀奖"。

【量化交易系统】 通惠期货有限公司建成面向多市场、多柜台、多策略的量化交易系统。该系统结合当前中高端投资者对交易系统需求，在集成各市场行情系统、各类交易系统基础上设计开发而成。该系统由期货交易终端、期货交易管理、期货交易风控、期货量化策略开发和执行4个系统功能模块组成，是一个集交易策略编制、策略回测、(策略)执行、策略风控、策略监控、结果分析以及策略库于一体的开放式、全方位、多功能的交易支持平台。投资者使用该系统可以满足套利交易、对冲交易、算法交易、量化交易、资产管理、风险控制等多种交易需求。该项目获"第六届证券期货科学技术奖优秀奖"。

四、基金业信息化

【促进行业技术交流】 2017年，基金同业公会组织上海辖区基金公司开展丰富多样的信息技术交流活动。交流议题方面，活动涵盖IT运维管理、业务系统、管理系统、系统自动化、数据建设、IT治理等各个方面；形式上，采用线下定期集中交流、不定期小范围调研沟通、通过微信群日常线上沟通等方式。通过交流各类问题解决方案，促进各机构增强问题应对处理能力，通过研究交流法规，帮助各机构更加准确透彻地了解监管要求。

【估值机器人】 中信保诚基金管理有限公司(以下简称"中信保诚")建设。该项目是中信保诚自动化运维系统的一部分，也是基础运维管理平台的重要组成。为解决中信保诚产品快速扩张对运营产生的压力和风险，2017年6月中信保诚启动估值机器人项目，重新梳理和优化业务处理流程，并采用快速迭代的方式，开展框架设计和编码工作；8月估值机器人开始投入日常估值工作；10月接管估值全流程。截至2017年年底，估值机器人已能自主完成读数、新增科目、制作凭证、产生报表等各个操作步骤，并最终生成估值表，发送电子对账，完成净值披露等工作。

【中港基金互认项目】 农银汇理基金管理有限公

司(以下简称“农银汇理”)充分利用股东方优势开展基金北上和南下业务。经过多轮规则梳理,及基金交易和资金划转等项目测试,股东方东方汇理资产管理公司北上项目顺利上线,农银汇理作为北上基金总代理,新增和修改注册登记系统、资金清算系统,实现利用现有中登接口实现接口标准化。

【移动一体化交易平台改造】 2017年,上投摩根基金管理有限公司开展自营系统移动一体化项目,重点开发和改造移动版网站、官方微信平台、手机APP等移动端平台,开发内容涵盖后台数据接口改造、信息处理速度提升、前端交互逻辑完善、页面功能与内容优化等多个方面,并陆续开发上线红包卡券、营销活动、账户体系、美元支付等多项功能。同时依照中国证券监督管理委员会要求完成销售适当性改造,使得移动端渠道在功能和性能上都得到显著提升。

(李云峰)

五、保险业信息化

【推出商保医疗费用直结平台】 2017年1月,中国人寿保险股份有限公司与上海市徐汇区中心医院联合推出商保医疗费用直结平台,实现医院收付费系统与保险公司理赔系统的直联互通,改善保险行业现有的事后理赔流程。保险公司客户在指定医院付费时,同步完成商业保险理赔审核及赔款支付,客户只需支付扣除医保统筹及商保赔款后的剩余部分,从而实现商保客户在医院“医保与商保的一站式秒赔”。客户在享受便捷理赔服务的同时,降低重病时垫资医疗费用的经济压力。

【“快处易赔”纳入“上海发布”官方微信平台】 2017年4月,上海保险业“快处易赔”微信服务平台被接入上海市人民政府办公厅“上海发布”网上政府窗口“市政大厅”模块。“快处易赔”项目形成交管信息库、车险信息平台、交警远程定责后台及车险公司理赔核心系统全联通,面向上海430万余辆机动车主和650万余注册机动车驾驶员,提供365天、7×24小时城市交通事故证据固定、协商定责、保险报案和理赔的全流程在线服务,节省车主时间、节约公安部门警力成本并缓解出警压力,有效提高交通事故处理效率,并成为上海驾考科目必考内容。自上线以来,“快处易赔”微信关注量超过22万,已累计处理交通事故近2.1万起,快撤和快处环节用时不到6分钟。

【推出网络安全综合保险一揽子风险解决方案】 2017年,上海保险业创新推出网络安全综合保险一揽子风险解决方案。针对网络安全事件高发以及经济损失持续上升问题,该方案与传统网络安全保险相比,实现三方面创新突破:一是风险评估前置,依托信息安全服务团队实现对投保客户的安全检测和风险评分,实现风控前置,同时也通过预审为客户进行网络安全评估,提示高风险客户及时查补网络安全漏洞；二是保障范围全面，保障责任范围覆盖因有害程序、网络攻击、信息破坏三大常见网络安全事件引起的数字资产损失，以及数字资产泄露后导致第三方遭受的直接经济损失，客户可根据自身情况选择定制化的投保方案，保额最高达 300 万元；三是保后服务完善，保险机构为客户提供投保后的风险监控和防护服务，通过反馈风险改善意见、出具安全防护报告、提供风险应急处理等服务，有效防范网络信息安全风险对企业用户造成的经济损失。

【搭建区块链数据技术“联盟链”】 2017 年 3 月，上海保险交易所联合 9 家保险机构，借助区块链安全、可追溯、不可篡改的特性搭建“联盟链”，用于解决保险业征信领域中利用信息不对称骗保、篡改原始病例虚假理赔、投保人客户信息流失等问题，截至 2017 年年底已通过初步技术验证。在验证中，上海保险交易所和保险机构共搭建 10 个节点，组成小型联盟区块链，其中各家保险机构作为交易验证节点，交易所作为管理节点，采用云部署方式实施节点监控及智能合约权限的一体化和可视化配置。技术验证表明，无论在效率方面还是安全性方面，“联盟链”都基本可以满足商用需求并符合数据安全性要求。

【保险科技助力农业扶贫】 2017 年，上海保险业积极拓展保险科技并通过移动互联技术助力农业扶贫。一是推出“步步鸡”项目，基于区块链自动采集、不可篡改特性，实现家禽养殖全流程防伪溯源，配套提供标准成品鸡回购责任险，预计 3 年内覆盖安徽、河南、四川、贵州、甘肃、云南 6 省约 130 个县，可直接帮助 2.5 万贫困户每年户均增收 6 万元，累计增收 30 亿元；二是推出互联网台风指数保险，通过大范围气象精算模型分析精准定价，为沿海 8 省市支付宝认证农户按月提供多款低保费、高保障的台风灾害保障，以风力、降水量等气象指数为依据在线理赔，有效防范农户因灾返贫。

【推出智能保险顾问】 2017 年 9 月，上海保险业创新推出智能保险顾问“阿尔法保险”，通过人工智能技术，根据基本信息、家庭结构、收入支出、资产负债、社保福利和生活习惯 6 组问题测算家庭理想保险，上线三天半访问量突破 200 万。此项产品的推出，一是弥补以家庭为单位规划完善保障计划的技术不足；二是广泛提升国民保险意识，助力国民保险消费者教育；三是通过大数据与机器智能领域的合作，探索互联网为保险业发展带来的技术支持。

【服务“一带一路”】 一是靠前站位，创新手段提供风险保障综合服务。主动参与《上海服务国家“一带一路”建设发挥桥头堡行动方案》，依托国别、资信和理赔追偿中心服务，提供金融、资信和减损等服务。二是突出重点，扩面提质注重实效。重点加强国际产能和装备制造合作、大型成套设备和基础设施类工程承包等重点领域支持，累计承保“一带一路”出口和投资 53.6 亿美元，同比增长 17.7%，高于上海市出口增速 8.9 个百分点。三是结合上海优势，提升服务能力。发挥上海市属国资企业海外投资保险统保平台功能，重点提供“一带一路”国别投资项目的风险保障 4.8 亿美元。四是着力扶持小微企业“走出去”，为 1 923 家小微企业提供承保支持 9.3 亿美元。上半年，上海出口信用保险实现承保规模 164.5 亿美元，同比增长

13.3%,累计服务企业 2 682 家,同比增长 8.3%;累计向 76 家企业赔付 1 928 万美元,同比增长 14%,帮助企业减损 4 571 万美元,同比增长 10%。

【打通糖尿病健康管理产业链】 一是突破传统延伸保险服务。突破“不能带病投保”的传统保险服务模式,围绕糖尿病并发症展开风险管理,通过建立“智能硬件监测身体数据、糖尿病管理平台进行日常生活医疗服务、保险公司提供专项疾病事前干预”三位一体的风险管理体系,有效降低风险发生率。二是打破壁垒整合产业资源。将移动医疗服务商的专业医疗服务、互联网保险服务平台的渠道资源、财产保险公司保险运营服务和再保险公司数据等分散资源整合成糖尿病服务价值链,通过定制化保险产品满足用户需求。三是借力保险科技提升病人体验。建立全线上糖尿病保险服务,形成销售、服务、理赔的互联网闭环流程,客户可以在线处理投保理赔和健康管理,提升保险的获得感和满意度。该产品获得“2017 年保险行业·介甫奖最佳产品奖”,截至 2017 年年底已惠及8 000余名糖尿病人,累计保费规模达 600 万余元。

(孙正华)

第五章　电子口岸

概　述

2017年,上海电子口岸办公室根据市委、市政府口岸工作总体安排,编制印发《上海国际贸易单一窗口(2017—2020年)深化建设方案》,继续深入上海国际贸易单一窗口建设,推进亚太示范电子口岸网络,取得积极成果。

一、电子口岸管理

【国际贸易单一窗口】　结合"中国(上海)自由贸易试验区全面深化建设和国家单一窗口建设框架意见",2017年上海市口岸服务办公室(以下简称"市口岸办")编制印发《上海国际贸易单一窗口(2017—2020年)深化建设方案》,提出下一步更加全面深化的工作任务;全年上线运行15项建设项目和任务,并在、国家口岸管理办公室的支持下,上海单一窗口实现"与国家层面'单一窗口'标准规范融合对接",形成中央和地方两级平台、基本"共性"与口岸"特色"相互融合的一体化环境;单一窗口平台运维管理进一步规范。截至2017年年底,单一窗口服务的开户数23 658个,服务的企业数超过27万家。

【亚太示范电子口岸】　上海亿通国际股份有限公司作为上海电子口岸建设运营方,2017年积极参与推进亚太示范电子口岸网络(Asia-Pacific Model E-port Network,简称APMEN)建设。推动电子口岸的信息和经验的交流,做好APMEN门户网站运营维护工作,牵头推动"基于示范电子口岸通过贸易便利化推进供应链互联互通研讨会",进一步推广上海电子口岸经验,并联合AOC(Asia-Pacific

Model E-Port Network Operational Center，亚太示范电子口岸网络运营中心）与 WTO（World Trade Organization，世界贸易组织）举办“APMEN 能力建设”培训班；推进亚太示范电子口岸第一批试点项目，包括海运可视化试点、空运可视化、电子原产地证书等；共享电子口岸相关资讯和知识，为 APMEN 公私对话会议提供技术支持，围绕信息通信技术基础和单一窗口开展案例研究；构建亚太示范电子口岸网络运营中心，作为 APMEN 协调与支持主体。

（金彩娣　陈晓朋）

【口岸电子政务】 市口岸办自 2005 年成立以来，在市委网信办、上海市国家保密局、上海市发展和改革委员会、上海市经济和信息化委员会等单位的支持下，在市政府办公厅电子政务办公室、政务公开办公室、公众信息网管理中心、中国上海门户网站管理中心等单位指导下，电子政务工作围绕中心工作，整合功能应用，突出实用效果，取得较好成绩。其中上海口岸门户网自 2010 年参加政府网站测评工作以来，连续 6 年被市府办公厅被评为良好、优秀政府网站（2011—2013 年度良好、2014—2016 年度优秀），一人次被市府办公厅评为上海政府网站先进个人。

（金彩娣　邵永远）

二、电子口岸建设

上海亿通国际股份有限公司

【上海电子口岸平台运行平稳】 2017 年，基础平台电子化单证 218 种，年单证处理量超过 2.75 亿个，同比增长 11.34%。跨境电商公共平台交易 1 707.3万单，同比增长 48%；交易金额 41.81 亿元，同比增长 71%。

重点项目深入推进

【深化单一窗口 3.0 版】

顺利完成年度建设项目和任务。一是进一步覆盖口岸执法和贸易管理应用。完成货物状态分类监管、“三自一重”、加贸业务、国际会展业务、邮轮业务、服务贸易业务、企业资质、监管信息共享、进口食品检测信息追溯等 10 项功能上线。二是深化区域单一窗口建设和探索推进国际间合作。完成跨区域货物申报功能上线运行。2017 年实现 114 家企业通过上海单一窗口在 43 个外地口岸完成 7 930 批次货申报；与亚太示范电子口岸建立协同机制；与西班牙巴塞罗那港实现集装箱装卸及进出门、船期等信息双向对接。三是进一步优化平台和扩展口岸服务功能。完善单一窗口移动版；推出单一窗口微信公众号；完成单一窗口货物申报智能客户端升级改造。

支持国家单一窗口建设。一是协助国家标准版货申报、船申报等业务研究和数据协调简化工作；二是承接国家标准版资质许可相关功能开发；三是实现上海单一窗口与国家标准版的融合对接，包括货物申报、舱单申报、企业资质、贸易许可等功能模块。2017年9—12月,上海通过国家标准版完成的货申报量超过日均7万票,全国排名第一。

保障单一窗口平稳运行。2017年,单一窗口稳定性达99.82%。实现货物申报31 440 278票,船舶申报359 926票,出口退税办理2 104 459.95万元,邮轮旅客申报数超过100万人次,登轮证办理超过14 000张。

配合完成单一窗口2017—2020年深化方案。积极配合市口岸办,研究制定2017—2020年全面深化建设方案。以国家单一窗口建设总体框架为指导,通过借鉴美国、新加坡等国家单一窗口建设经验和运营模式,结合国家长江经济带和"一带一路"倡议,明确未来三年上海单一窗口总体目标和主要建设任务。

【优化航运集疏运体系】 通过自主创新,推进航运集疏运信息化建设,促进口岸营商环境优化。一是深入推广电子装箱单应用,改变原有纸质作业模式,为仓储企业、码头提供信息化交换平台;二是探索设备交接单电子化,提升船公司、码头、货主、堆场之间对集装箱的管理效率,缓解码头拥堵情况;三是推广支付、结算等航运金融应用,提升业务办理效率,减少企业成本,降低金融风险。截至2017年年底,该系统已对接24家银行,企业用户2 300多家。

【完善上海国际航运中心综合信息共享平台运维】 采用新技术,提升运维水平,完成应用系统迁移与升级。一是完善上海国际航运中心门户网站。2017年采编新闻7 800余条;二是新开发集疏运基金申报和航运服务创新企业申报专用频道,提高上海市交通委员会审批效率;三是配合市交委开展"中国航海日"等重大活动,制作专题报道,并提供技术保障。

(苑　娜)

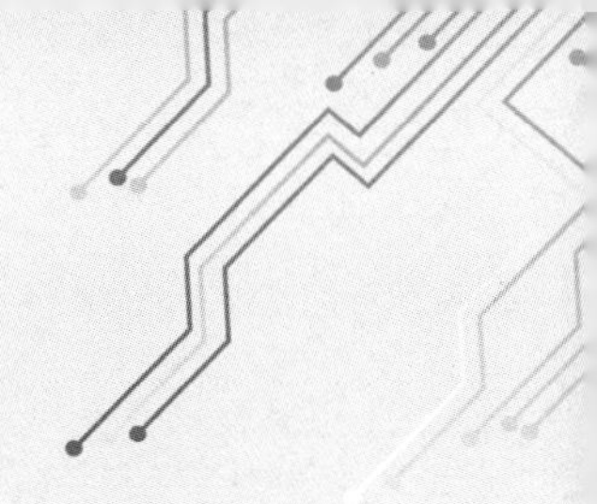

SHANGHAI INFORMATIZATION

第六编

城市管理信息化

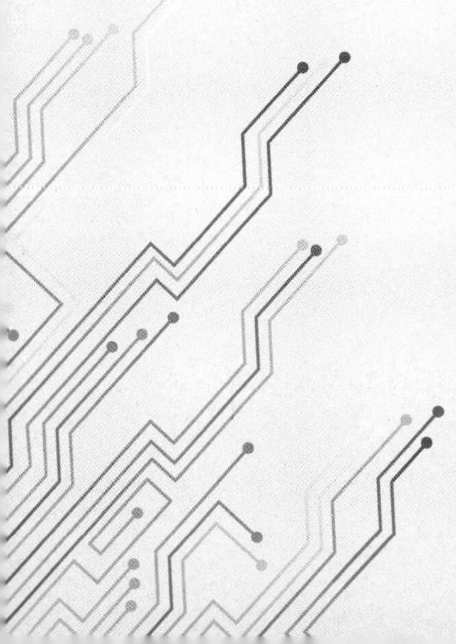

综　述

2017年，城市综合管理信息化稳步推进。相关委办局、机构不断优化信息化平台，在内容完善、功能创新上取得突破，在城市综合管理、食品安全、环境保护、水务等方面取得良好成绩，从而提升管理水平和服务效率，为智慧城市建设夯实基础。

第一章　城市综合管理信息化

概　述

2017 年,城市综合管理信息化深入推进,通过建设城市空间基础信息平台、加大城市空间基础信息成果管理力度、提供城市空间基础信息服务等手段,加强城市管理信息化建设,推进行业数据共享,推进网格化管理和 BIM(Building Information Model,建筑信息模型)技术应用,较好地完成了国土资源部(以下简称"国土部")、住房和城乡建设部(以下简称"住建部")以及上海市委、市政府的信息化任务。

一、数据平台建设完善

【城市空间基础信息平台建设】 国家和上海市委、市政府非常重视上海空间基础信息平台建设工作,位列全市"人口库""法人库""空间库"三大基础库之一,是非常有基础性、战略性的数据平台。上海空间基础信息平台在上海市规划和国土资源管理局(以下简称"市规土局")原来较好的数据基础上,进一步整合升级,采取"边申报,边建设,边服务"的模式,启动"急用先行"的应用,先推进面向行业应用,探索面向外部服务模式。

"急用先行"应用方面,总体规划编制审批系统上线,单元规划编制软件在调研中,待招投标完成后开展;控制性详细规划在线编制流程已上线使用,成果预入库工作已经开展;规划与土地执法的规土资源移动执法监察系统、违法行为线索举报系统 APP 和执法监督与管理子系统、城乡规划执法信息管理系统改造(Web 版)完成需求调研;验收完成外网申报与建设项目全覆盖规划管理信息系统的对接、网上政务大厅页面的整改以及与城建档案验收审批系统对接。

面向行业应用方面,市规土局建成规土一张

图行业版，面向规土行业内各部门，包括市规土局各处室以及下属单位、各区规土局，为其业务开展提供统一查询和展示。实现跨业务、跨图层数据查询和基于位置自定义范围查询。应用面除市规土局外，还拓展至各区规土局 45 个用户和事业单位。除规土局系统内数据以外，还接入城建系统其他数据，如河流、公园绿地等数据。

探索面向外部服务模式方面，市规土局实现了与市发展改革委跨域数据共享的业务协同，将两部门审批项目通过唯一码统一管理，将部门间各自审批流程、环节按照业务逻辑一起编排，实现各类结构化和非结构化数据的互相调用。

【城市空间基础信息成果管理】 为保障空间平台后台数据完整、准确、现势，市规土局采取较为严格的数据成果管理。一是完善规划成果数据管理。确定村庄规划成果数据标准以及村庄规划成果数据入库方案。完成对各区村庄规划编制报审软件的培训和村庄规划数据入库工作，进一步夯实规划数据成果体系。二是扎实做好各类空间数据日常成果管理工作。完成日常土地权属调查确认工作 294 件；地籍变更项目 668 件；二次调查数据更新工作 2 502 件；土地利用现状项目立案 9 230件，完成变更 3 720 件；执法案件上传 223 件；土地整理复垦项目立项 1 543 件，完成变更 1 149件；供地信息补录 25 件；储备土地宗地楼盘表灭失工作 19 件；土地整理复垦项目立项后台上传 77 件。

【城市空间基础信息服务】 根据国土部、住建部和上海市委、市政府有关要求，市规土局在 2017 年加强信息化对规划国土资源管理业务的支撑服务，根据不同工作口径和要求，较好完成各项数据任务的汇总、统计、分析和上报，特别是配合全市相关主管部门开展相关专项督查和审计工作。2017 年，累计完成各类专项数据任务 176 件，上报国土部系统土地审批项目 2 061 件，上报率97.68%，剩余 49 件为已录入待上报。数据交互发布方面，对接市政务信息平台和市公共资源交易服务平台，推进政务信息资源目录、法人信息共享、土地交易要素信息等业务协作；累计推送法人库信息 429 个；数据产品服务专栏以信息资源目录为依据，制作形成 25 项数据产品，浏览人数33 831人次，下载次数 133 783 次，更新数据35 476条。跨部门数据协作方面，为建设、交通、公安人口、民政、金融、审改等部门提供信息数据服务。参与由市住建委牵头搭建的“上海市城市管理综合信息共享交换平台”建设，通过接口方式提供在线数据服务；按《上海市城市交通白皮书》要求，提供空间、用途建筑量信息；根据商业网点规划监测工作要求，探索跨部门数据综合应用；根据重大工程研判要求，进行综合评估及动态模拟分析；根据“以地控税”工作要求，对相关区的企业用地信息进行核查等。

【城市空间数据工作室建立】 市规土局增加新的数据利用方式，打造空间数据工作室。在查询浏览、接口调用、应用下载等常规数据利用方式的基础上，重点打造空间数据工作室。环境上，配备相关软硬件设施，落实安全保障措施，形成可靠易用的统一计算分析环境。团队建设上，充分加强与对外经贸大学、同济大学、北京大学、北京清华同衡规划设计研究院等高校、科研机构的合作交流；数据上，进一步加强对传统数据和物联网数据的采集、分析和综合利用；规则上，制定《空间数据工作室管理办法》《空间数据城市空间基础数据共享管理实施细则》，初步形成《城市空间基础数据共享目录(2017)》。与同济大学开展《单元规划的职住平衡计算方法研究》、与上海市测绘院开展《DSM技术与土地利用现状调查工作研究》以及与上海市地质调查研究院开展《工业用地调查图属数据研究》等，形成初步成果。

（董云皓）

【地下空间信息基础平台升级拓展】 为全面查清上海地下管线现状，准确掌握管线基础信息，统筹市区两级管理资源，切实提高保障地下管线设施运行安全能力，上海市住房和城乡建设管理委员会(以下简称"市住建委")在全面完成中心城区(外环以内)地下管线普查入库的基础上，2017年积极推进外环以外地下管线普查，统一数据标准，统一监理，指导督促嘉定、松江、闵行、奉贤、青浦、金山、宝山、崇明、浦东新区等区域开展普查工作，2017年年底前基本完成外业探测工作。同步推进地下管线数据更新维护机制建立，对已摸清家底的外环内中心城区地下管线数据，结合掘路执照审批实施跟踪测量维护。同时，为进一步提升地下空间建设管理工作的信息化水平，提高地下空间管理效率，启动地下空间信息基础平台拓展建设项目，拟面向地下管线综合管理、地下构筑物综合管理、地下综合管廊管理和城市道路架空线管理，分别建立业务系统。

【行业数据资源整合共享】 本着推进行业数据资源共享、协调行业内以及联盟成员间数据资源共享交换、深化应用服务的需要，市住建委牵头成立城市空间地理信息共享交换联盟，制定发布联盟章程和共享交换平台管理规程。除市住建委以外，联盟成员单位还包括上海市交通委员会、上海市水务局、上海市绿化和市容管理局、上海市城乡建设和交通发展研究院、上海市环境保护信息中心、上海市路政局、上海市测绘院、上海市民防办公室、上海市体育局等。依托上海市城市管理综合信息共享交换平台，继续汇集城市建设、城市管理、绿化、市容、水务、交港、房管、路政、环保、规划等业务条线的空间地理基础数据，实现跨行业、跨平台的城市空间地理综合信息共享交换。截至2017年年底，已汇聚145个图层数据目录与元数据，发布128个图层数据服务，用户在线调用服务累计达51万次。继续深化平台应用，与上海市体育局合作开展基于共享交换平台的体育场地空间数据库建设。同时，开展非空间政务数据共享交换方案研究，拟将共享交换的数据资源范围从空间地理信息向非空间政务数据拓展。

（马康玉）

二、管理平台建设应用

【概况】 2017年，在城市管理平台建设应用方面，深入推进网格化，积极推广BIM技术应用。同时，推进公共基础设施管理智能化，完成土地全生命周期管理和耕地保护信息系统建设。

【深化网格化管理应用】

以提升城市管理效能为目标，完善工作机制。2017年，市住建委强化综合考评，通过新开发的专用考核评价系统，每季度公布评价情况，并作为年终考核的重要依据；健全市级督查制度，及时掌握各区的网格化监督发现实效和综合监督实效；建立重点工作协同机制，根据市委、市政府重点工作安排，增加监督巡查的频率和密度。

以深化基层社会治理为原则，拓展管理内容。与上海市机构编制委员会办公室联合印发《关于落实街道综合管理权的实施办法》，明确街道在履行区域内的城市管理、人口管理、社会管理等地区性、综合性工作时，依托城市网格化综合管理平台，进行统筹协调、考核督办的原则；与中共上海市委政法委员会、上海市禁毒委员会办公室联合印发《关于社会面吸毒人员网格化服务管理工作的实施意见》，推动社会面吸毒人员网格服务管理工作；与上海市民政局联合印发《关于规范居村功能、畅通为民服务的指导意见》，明确在街镇层面依托网格平台，推动居村社区巡查制度和问题协调解决机制。

以落实长效管理为要求，完善考核办法。调整并完善考核办法，增加问题发现和案件质量的评分权重，细化市级督查的考核要求；深入分析网格化管理日常工作数据，提升考核评价的客观性和公正性，并通过督查月报、考评季报等形式强化与行业单位、各级政府间的工作联系。

以推进规范化为目标，加强队伍建设。组织专项培训，组织下沉至各街镇管理人员业务培训；启动监督员队伍的职业化建设，并在上海市城市建设工程学校青浦校区建设城市网格化综合管理实训基地，编制培训教材。

【BIM技术应用推广】 截至2017年年底，上海BIM技术应用项目数量已达615个，占规模以上满足BIM技术应用条件项目的88%，同比增长134.7%。市住建委联合市规土局出台《关于进一步加强上海市建筑信息模型技术推广应用的通知》，将BIM技术纳入土地出让、建设管理、竣工验收备案等各环节的全过程审批监管体系中。出台《上海市建筑信息模型技术应用指南(2017版)》，召开上海市BIM高峰论坛，发布《2017上海市建筑信息模型技术应用与发展报告》。研究建立基于BIM的并联审批平台，确定13家设计和施工企业列入BIM转型示范企业。上海中心、国家会展中心(上海)、北横通道等重大项目通过应用BIM技术，实现项目建设过程中的多专业协同、建设管理产业链信息共享，提升业主方的投资管控能力。2017年起，市级保障房项目在建设阶段普遍应用BIM技术。

【公共基础设施管理智能化】 市住建委初步建成道路照明管理信息平台，基本实现照明设施资产信息管理、建设管理、运维管理、应急指挥等管理信息化。

围绕道路照明灯杆的定位、支架、供电、通信等功能，启动"多杆合一"的管理与建设标准研究，以充分满足城市智慧照明、环境监测、汽车充电、智慧安防、应急指挥、无线通信等功能需求，积极推动市政建设集约化、基础设施智能化、公共服务便捷化和城市管理精细化。

全面完成上海市居民 30 万用户水、电、气“三表集抄”及“三单合一”试点工作。在上海市电力公司、上海燃气(集团)有限公司、市城投水务(集团)有限公司的共同合作下,完成“三表”客户信息建档及关联匹配 34 万余户,完成 428 个小区、30.6 万户的水、气表采集接入建设工作,开发完成公用事业综合信息系统建设,出台《联合缴费通知单格式》《“三单合一”告知书》《联合运营工作规范》等,发放 30.6 万户联合缴费通知单,全面完成市政府实事工程的 30 万户建设任务。

(马康玉)

【业务信息系统建设】 市规土局建设完成土地全生命周期管理和耕地保护信息系统。该系统由 9 个相关子系统组成,涉及土地交易中心、土地处、综保处以及规土行业以外的相关委办、监管单位的业务。建设完成土地出让网上交易平台,土地交易系统的“网上交易”功能建设涉及网上交易(内/外网)、交易管理、电子辅助竞价、大屏展示与银行、公证处及相关系统的接口,相关系统升级改造等。建设完成项目全覆盖规划管理信息系统,彻底解决“一书两证”存在的顽疾,并针对不同用户完成两轮操作培训。建设完成农村地籍更新、信访业务、信息中心综合业务管理、登记质量、信息中心资源库等系统,启动市规土局移动门户的技术选型和需求调研工作,以及上海市村庄规划编制审批管理系统招投标工作。尝试进行软件自主开发,培养一支具有独立系统分析、设计、开发能力的队伍,做到对关键信息系统可控可维护。

(董云皓)

三、特色应用

【面向高效能数据中心的软件定义高速交换网验收】 2017 年 3 月 21 日,上海宽带技术及应用工程研究中心承担的项目“面向高效能数据中心的软件定义高速交换网”通过专家验收。该项目研制成模块化数据中心 ToR(Top of Rack,一种数据中心的布线方式)高速交换机,支持 OpenFlow1.3 协议,提供 40G 网络接口线速交换,整机交换容量达到 1.28 T,功率小于 200 W,交换机结构设计符合模块化服务器要求。开发基于 SFabric 技术的高效能 SDN(Software Defined Network,软件定义网络)控制器,可实现高效率的数据中心大二层交换。网络支持 1 000 个交换设备、10 000 个计算节点,实现高效率的二层交换,具备广播树建立、多个控制平台热备、流量工程、流量可视化、多用户虚拟组网等功能,支持面向云计算平台的 API(Application Programming Interface,应用程序编程接口)调用。开展数据中心虚拟资源调度平台研制,包括 IDC(Internet Data Center,互联网数据中心)的计算、存储、网络和安全资源等多种资源进行虚拟化,实现统一的监控、管理与调度，支持电信级数据中心 IaaS（Infrastructure as a Service，基础设施即服务）服务运营。开展基于 SDN 高速交换网络的高效能数据中心方案设计，实现单机柜功率小于 10 kW，模块化服务器单板定制，单板 CPU 密度小于 64 核。项目成果已在国家试验床完成 2 个机柜规模的技术试验和验证，在上海气候环境下，平均 PUE（Power Usage Effectiveness，数据中心总设备能耗）达 1.4。完成面向上海电信 IDC 机房的规模示范。项目形成技术白皮书 2 份，申请专利 8 件，形成软件著作权 3 项，发表论文 2 篇，参与制定国家标准报批稿 1 项。

（李言旭）

第二章　食品安全管理信息化

概　述

2017年，上海市食品药品监督管理局（简称"市食药监局"）完成食品安全监管和信息服务平台整体建设，实现数据共享；推进食品安全追溯平台的溯源数据链条建设。同时，基于"互联网＋食药监"理念积极推进全市食品安全地方立法施行。

一、信息共享

【食品安全监管和信息服务平台数据共享】 完成上海市食品安全监管和信息服务平台整体建设工作，该项目于2014年年底获上海市发展与改革委员会(以下简称"市发改委")批准，历经3年多的项目建设周期。该平台覆盖"一网"（食品安全网)、"八系统"（食品安全法律法规和标准共享系统、食品抽检信息共享管理系统、食品行政许可信息共享应用系统、食品督查督办系统、食品监督执法信息共享应用系统、食品专项整治与协同监管系统、食品应急处置管理系统、食品安全追溯信息集成管理系统)，形成食品安全数据共享平台，覆盖行政许可、监督执法、食品抽检、食品追溯、法律法规等关联业务流程，汇集行政审批、证后监管、行政处罚、投诉举报、监督抽样、督查督办、专项整治、应急处置等十多个业务系统近500万条数据，实现食品各业务系统的数据互联互通。

编写和修订《上海市食品药品监管信息基础数据元》《上海市食品药品监管信息基础数据元值域代码》《上海市食品药品监管数据共享与交换接口规范》等16个信息化标准，实现食品安全监管数据的集中展示，用100余张可视化图表实时展示全市及各区食品安全监管数据，并形成全市各区许可、监管、抽样、处罚以及投诉举报事件的区域分布和热力图，为食品监管辅助决策、应急处置等工作提供支持。平台通过增设网站栏目、丰富供稿来源、加强网站宣传，进一步拓展食品安全监管信息公开的渠道，为市场监管新体制下全市食品安全信息的互联互通共享奠定基础。

【食品安全追溯平台溯源数据链条建设】 根据《上海市食品安全信息追溯管理办法》(上海市人民政府令第 33 号)，由上海市食品药品安全委员会办公室牵头，市食药监局、上海市商务委员会(以下简称“市商务委”)、上海市农业委员会(以下简称“市农委”)等部门共同指导，在上海市食品安全信息追溯平台基础上，开展食品企业的食品安全追溯数据采集工作，并开展追溯平台各业务系统的建设，已建成公众查询系统、企业追溯系统、政府监管系统，可覆盖《上海市食品安全信息追溯管理品种目录》中规定的 9 大类 20 项重点食品及食用农产品的数据追溯。消费者可根据需求，通过产品名称、批号、追溯码(条形码、二维码、射频识别)，实现产品信息和产品上下游关联企业信息查询。上海市食品安全信息追溯平台对接市商务委、市农委、市出入境检验检疫局、上海市教育委员会等追溯系统数据；截至 2017 年 12 月，上海市食品安全追溯平台已有 37 581 家企业注册，其中 19 820 家企业上传数据，平台数据量约 1.88 亿条。

二、应用推进

【网上政务大厅建设推动行政审批制度改革】 按照《本市落实〈国务院关于加快推进“互联网＋政务服务”工作的指导意见〉工作方案》(沪府发〔2017〕5 号)，市食药监局制定《上海市食品药品监督管理局加快推进“互联网＋政务服务”工作的实施意见》，对推进全市食品药品网上政务大厅工作进行全面梳理，对原行政审批平台进行全面升级改造，并与“中国上海”门户网站网上政务大厅全面对接。在网上政务大厅中，可直接办理市食药监局承担的 73 项行政许可事项和 6 项政府服务事项，全部实现网上受理、网上办理、网上反馈等功能。

完成“中国上海”网上政务大厅中，市食药监局行政审批事项“办事指南”的更新工作，并通过市食药监局政务网实现行政审批证照公示。截至 2017 年 12 月，市食药监局行政审批系统许可业务办理已受理 126 575 件申请，累计办结 121 060 件，积极配合食品药品行政审批制度改革。

【“互联网＋食药监”推进食品安全地方立法落地实施】 为推动 2017 年 3 月施行的《上海市食品安全条例》相关内容的落地实施，市食药监局组织“明厨亮灶”“小餐饮备案”“放心食堂、放心餐厅”“守信超市、放心肉菜示范超市”等 8 个信息系统的建设。“明厨亮灶”升级版是在完成全市 6 800 余家餐饮企业监控设备布设基础上，建设的政府部门管理平台，可实现企业食品生产经营许可、监管、追溯、餐厨废弃油脂处置等“一企一档”信息汇总,同时可远程调用各企业实时视频,实现企业信息的综合管理、监控和展示;“小餐饮备案系统”已完成879家备案;3 051家企业申报“放心食堂,放心餐厅”;申报及评估系统上,3 026家企业申报“守信超市、放心肉菜示范超市”;推广“啄木鸟在线举报”APP,提升人民群众的参与热情;建立以“i办公”“微信考试”为代表的一系列APP,用更亲民的方式提升工作效率和培训效果。

(王广平)

第三章 环境保护信息化

概 述

为贯彻落实党的十八届五中全会“实施国家大数据战略”部署，上海市环境保护局(以下简称“市环保局”)以环境质量改善为核心，以智慧环保为抓手，制定和发布《上海市生态环境大数据发展“十三五”规划》，为上海环保的精准监管、科学决策和高效服务提供有力支撑。按照“一机制(大数据管理工作机制)、三平台(大数据环保云平台、大数据管理平台、大数据应用平台)、六应用(污染源大数据、环境应急大数据、环评大数据、环境监测大数据、政务服务大数据和综合决策大数据)、三体系(标准规范体系、统一运维管理体系、信息安全保障体系)”的总体架构，实现到2020年精细化管理、数字化决策、便民化服务的总体目标，并从环保云平台等基础设施、大数据资源中心建设和大数据应用与服务的三大类建设任务入手，推动环保大数据发展。

(栗小东)

一、信息门户建设

【提升“上海环境”信息门户服务能力】 2017年，“上海环境”网站围绕信息公开、网上办事、政民互动三大基本功能，持续深入地推进网站建设，网站功能得到进一步完善，在2017年度省级环保厅(局)政府网站绩效评估和上海市政府网站测评中，均被评为优秀。网站继续严格执行全国政府网站普查标准，全年四次抽查全部达标；全面推行信息发布月报制度，保证网站信息更新工作；开设“中央环保督察”专栏；升级空气质量72小时预报服务；进一步充实污染源环境监管信息公开、建立企事业单位环境信息公开平台；进一步优化搜索引擎，大幅度提升用户体验；深入开发网站微信服务号，让服务更加贴近用户个性化需求。

2017年，市环保局25项审批(许可)事项全面实现100%上网、100%接入上海市政务大厅，全年通过网上政务大厅受理并办结事项共2 005项。市环保局通过优化服务手段和环境，进一步深化电子政务建设、加强网上政务服务和便民服务的力度与广度。

(傅　迪)

二、管理信息化

【建设环境应急与辐射管理系统】 上海市环境应急与辐射管理信息系统项目是市发改委批复的信息化能力建设项目，分为环境应急管理系统和辐射管理系统两个包进行建设。2017年，环境应急管理系统包完成环境应急指挥中心建设，开发环境应急事前预防管理、接警预警管理、应急指挥与决策支持、事后管理等应用系统，实现市、区两级环境预警、响应、决策分析、现场处置等环境应急全过程管理和统一指挥调度，有效提升环境应急管理规范化、信息化和智能化水平。辐射管理系统包完成辐射安全监督管理、移动监管、实验室信息管理、地理信息、内部综合信息平台等应用系统，实施机房改造，实现辐射应用系统集成、业务协同和信息共享，极大地提升辐射信息化管理水平。

(栗小东)

【建设水污染防治调度和评估平台】 为全面贯彻落实国家《水污染防治行动计划》及《上海市水污染防治行动计划实施方案》，更有效地推动各项工作落到实处，2017年，市环保信息中心负责建立上海市水污染防治行动计划实施调度和评估信息平台。该平台包含水污染防治行动计划实施调度、水污染防治考核评估和水环境质量分析三大子系统，实现水污染防治行动计划相关建设项目的计划编制、推进实施调度、考核评估全过程精细化管理和水环境质量的跟踪分析。截至2017年年底，平台已对全部189个市级项目(其中，工程项目88个、管理项目101个)、479个区级项目(其中，工程项目91个、管理项目388个)进行全面的信息化管理，对259个考核断面(其中，国考断面7个、市考断面123个)的水质目标、阶段性水质数据，以及《水污染防治目标责任书》中列明的工作任务和工作要求进行考核，有效支撑市、区两级环保、水务等30多个部门机构的污染防治行动计划推进工作。

【建设地表水环境控制单元污染防治和管理系统】 上海市地表水环境控制单元污染防治和管理信息系统建立管理信息系统平台和移动APP，整合259个断面水环境质量、重点污染源排放、

471条黑臭河道整治、500余个污染防治项目进展等多方数据，开发水质分析评价、异常问题识别、污染防治项目管理、中小河道整治、数据综合分析等功能，按照国家划定的上海市境内20个国考水质控制单元，对水质类别、浓度、时间和空间的变化、流域影响等进行长期跟踪、评估，从季节性、流域性、局地性等多方面，基于地表水控制单元进行环境摸底、问题识别和分析评价，实现地表水控制单元管理的数字化、移动化和空间可视化，提升环境管理的精细化水平，促进控制单元水环境质量的改善。

（王　勤）

【升级排污许可证证后监管系统】　为更好地实现对许可证企业的证后监管，2017年，上海市排污许可证证后监管系统全面升级。升级内容包括：以污染源地图为依托，结合污染源三监联动任务管理和一源一档管理，更加直观地展示许可证企业的档案信息和监管信息；通过与国家排污许可证系统的对接，完成250家许可证企业的申请和核发数据的导入；根据最新的管理要求，重新设计在线超标任务、例行工作、专项工作等三监联动流程，并在市级层面完成与移动执法、在线监测、监督性监测等多个系统的对接，实现排污许可证企业证后监管的工作调度、业务协同、三监联动、任务跟踪、数据集成和信息共享。

为实现对许可证企业的精细化管理，市环保局在全国环保系统率先开展排污口标识牌信息化试点研究工作，印发《上海市固定污染源排放口标识牌信息化建设技术要求（试行）》（沪环保总〔2017〕390号），完成火力发电行业14家企业309块污口标识牌的立牌工作，并初步设计和研发微信版排污口二维码扫码查询系统，通过微信扫码，可查询企业排污口相关的许可证信息以及监测和监察信息，大大提高监测和监察部门的现场工作效率，并促进企业的污染源信息公开。

（李　铭）

【完成化学品生产管理信息系统建设】　上海市化学品生产管理信息系统对消耗臭氧层物质、汞、持久性有机污染物、环境激素等有毒有害化学品，以及在国内首次生产或进口使用的新化学物质进行管理。该系统把目前环保部门涉及化学品的行政许可、行政备案、统计报表、专项调查等工作结合起来，在了解化学品和企业底数基础上，掌握时空分布，了解各个行业、各种化学品的分类信息，形成高效、统一、直观、便于管理，多部门共享，企业和政府、市、区上下联动的系统。

（王　跃）

第四章　水务信息化

概　述

2017年，为了进一步加强水务业务能力、服务能力和创新能力，上海市水务局(以下简称“市水务局”)推出诸多举措，如建立“河长制”工作平台、完善防汛信息保障体系建设，按照“互联网＋防汛防台”的新思维，拓展防汛公众服务等。同时，加大“智慧水务”建设力度，在探索无人机水务海洋应用、推进智能供水、探索排水突击队和移动泵车智能调度等方面，进行有效尝试，取得良好效果。

一、管理信息化

【建立河长制工作平台】　紧紧围绕河长制的落实，服务中小河道整治，助推水环境综合整治，在全国率先上线以河长为对象的行为管理系统——河长制工作平台和“上海河长”APP，将全市7 781名河长纳入管理平台，基本实现“各级河长一管到底、河湖管理一网协调、河道要素一目了然、社会公众一键参与”的目标；建设“水环境整治”专栏，面向全市水务行业工作人员，提供感知监测、综合评价、整治工程、长效管理、执法监管的全流程管理服务。

【完成河湖本底数据调查】　2017年1月起，市水务局组织开展全市河湖数据调查复核工作，从严从细管控河湖水面率，推进城乡中小河道综合整治。以高分辨率航片、全要素地形图为主，辅以无人机和人工现场拍摄，对2011年《上海市第一次全国水利普查暨第二次水资源普查名录》内河湖数据进行梳理、校正与完善，形成“一河一图一信息”，基本建成2016年度全覆盖、无遗漏、无重复的河湖边线和中心线地理数据库，制作完成《2016年上海市河道(湖泊)报告》。调查复核中使用遥感、地理信息系统、无人机等新技术，其中航空遥感影像的空间分辨率达到0.1米。2016年上海有河道43 424条(段)，长28 811.44公里，面积494.32平方公里；湖泊40个，面积72.64平方公里；其他河湖5 170条(个)，面积49.57平方公里；河湖面积共616.52平方公里，河湖水面率为9.72%。另有小微水体55 864个，面积70.61平方公里。

【完善防汛信息保障体系建设】 以水务公共信息平台为基础，对网络、信息系统和数据中心等开展全面检查和优化升级，完成防汛“一网四库”基础数据更新，强化视频会商、防汛风险分析、泵站泵车调度(排水)、水闸泵站调度(河网)等系统功能，创新建设水务海洋视频资源整合共享平台，完成防汛视频会议升级改造，切实做好315防汛会商大厅、411防汛指挥室和403防汛值班室的运维保障，保障三级视频会议6次，保障各类视频会议99次，调研访问34场次。组织完成14场约600多人次的防汛信息系统操作培训，培训方式注重系统操作、现场服务和随时随地的微信服务。

【创新载体，拓展防汛公众服务】 按照“互联网＋防汛防台”的新思维，完善企业微信(对内)＋微信订阅号(对外)＋APP应用程序＋对接“今日头条”和“澎湃问政”的移动应用组合拳，向公众发布汛情监测、潮位预报、防汛预警等信息；开发防汛分区预警响应模块；对接“上海发布”“市民云”等平台，向社会发布中心城区70余个下立交和道路积水点的实时监测数据，做到报汛及时、预报准确、预警广泛，为不断提升市民群众防汛避险能力发挥积极作用。

【强化网络安全体系建设】 市水务局出台《网安办工作规则》《网络安全管理办法》等管理规范，积极完善协调通报机制；开展局系统信息安全等级保护、网络安全信息通报、信息安全应急管理等工作，强化对控制生产运行的水务工业控制系统的安全防护，编制安全工作简报3期，完成13家局属单位安全检查、保密技术检查和27套水务行业关键信息基础设施安全检查，为建立水务海洋关键信息基础设施清单，提升安全管控能力打下良好的基础；召开2017年度网安办工作会议，指导局属单位网络安全工作开展；结合“第四届国家网络安全宣传周”活动，组织开展面向全市水务海洋行业的网络安全系列宣传活动，通过专家讲座、攻防演练、微信知识竞答等形式，大力开展网络安全宣传，信息安全保密意识、安全防护水平与综合保障能力显著提升。

【推进跨部门协同政务平台应用】 在上海市委办局中，市水务局首先推出政务协同平台一期，重要日常办公模块延伸至局属单位，已在13家局属单位上线试运行，将初期的以信息发布、文件流转为主要功能的电子办公系统升级改造为涵盖办公自动化、公共事务、文件档案、防汛应用、协同管理等业务协同平台。完成行政服务事项上网、河湖水面率协同、水利基本建设协同、电子监察、事中事后综合监管等系统建设和技术保障，初步实现工程建设、规划、许可、监管、执法等网上流转和并行协同，加强行政审批、行政执法等行业管理全过程的精细化监管。

【网上政务大厅和门户网站升级】 市水务局网上政务大厅建设方面，完成行政服务事项上网、审批系统电子监察模块等建设内容,实现一口办理、一码查询、一站反馈;积极参与法人库、双公示等技术保障任务,较好完成系统运维服务工作;完成“上海水务海洋”网站升级改造,整合改造局属单位网站12个,实现统一门户、统一管理、统一运维、统一服务,同时不断加强政府网站核心内容和功能应用建设,以“便民”和“简洁”为宗旨,建立“新闻动态”“信息公开”“政务大厅”“市民零距离”和“便民服务”五大栏目板块,有力提升网站引导能力、传播能力、服务能力和创新能力;创新公共服务方式,构建以网站、微博、微信、移动APP、短信、移动电视为一体的公共服务应用集成,持续加大政府信息公开力度,拓宽政民互动渠道,推进水务海洋信息的社会化和便民化。

【推进国家水资源监控能力建设】 国家水资源监控能力建设(上海部分)二期(2016—2018年)设计方案通过审查,正式进入系统开发阶段,将在一期建设成果上,对重要水源地、地表水规模以上取水户、重点用水单位进行全过程实时监测,为实施最严格水资源管理制度提供有力支撑;对四大水源地和全市38座水厂,近700个供水监测点水压水质的实施全覆盖在线监测,实现全市供水“一张网”调度,在供水生产运行监控、突发水污染处置、咸潮应对、高峰供水保障、突发管损抢修等方面发挥重要作用。

【水务海洋执法指挥调度管理系统通过验收】 市水务局网信办组织召开“上海市水务海洋执法指挥调度管理系统”项目验收会,项目通过验收。该项目依托“互联网+水务海洋”新模式,综合运用移动互联网、云计算、视频会议、卫星通信、地理信息等新技术,开发移动执法管理、执法文书管理、执法信息支持、执法综合评价、执法会商指挥、执法资源调度等功能模块,建设展示平台,集成相关数据和软硬件资源。系统为执法管理人员提供直观、及时、高效的可视化执法资源调度管理工具,将进一步助力执法业务,提升执法效能。

【建设居民住宅二次供水设施信息监管系统】 建设完成实现二次供水水质实时监测信息整合,对屋顶水箱和地下水池的日常清洗情况进行监管,建立居民住宅二次供水设施的健康档案,并把水质数据和水箱、水池清洗报告面向社会公众进行公示。在此基础上,扩展对二次供水设施、水质的在线监控,提高对二次供水设施的监管水平,保障居民用水安全。

【扩展排水泵站放江超越管监测】 完成中心城区10处排水泵站、3处污水输送干线应急排放口安装水质取样和水量实时监测设备,2处污水处理厂超越管安装溢流水量实时监测设备,并实现数据的采集传输、存储入库、实时发布和共享交换等工作内容,为污水超标排放控制、污水厂量化考核、排水设施精细化管理等工作提供辅助支撑。

【完成取、用水收费和业务管理系统】 建设完成上海市取、用水收费和业务管理系统,实现覆盖基础信息管理、取用水户户籍管理、用水计划管理、取水计划管理、抄表管理、账务管理、应急预案管理、指标分析、报表管理、统计查询、系统管理等取用水管理全过程的电子化和网络化,构建协同工作环境,逐步实现取水业务的一体化管理,提高业务人员工作效率。

【建设污水处理费征收使用监督管理系统】 建设完成上海市排水管理处污水处理费征收使用监督管理系统，实现档案管理、收费管理、账务处置、污水处理管理、污泥监管、排水户管理、污水处理专家决策等功能，将原本分散在各污水厂、泵站、管网及其相关的数据和信息整合到一个平台中，加强全市污水行业监督管理的能力，并提高管理水平。

【建设河道蓝线管理系统】 结合上海市水务（海洋）规划设计研究院以往历史资料，对河道现状、相关规划、已有蓝线方案和蓝线档案数据库等内容进行信息梳理，构建蓝线管理专题数据库；梳理蓝线管理工作流程，开发河道蓝线管理系统，支撑河道蓝线登记、受理、划示、编制、归档及综合展示，为全市河道蓝线管理提供重要技术支撑。

（蓝　岚）

二、智慧水务

【推进海洋信息化建设】 “数字海洋”上海示范区（地方配套）项目建设完成，建设海洋数据基础平台、海洋综合管理、海洋科技服务等模块，为提升市水务局海洋信息化建设能力打下坚实基础。上海市海洋生态环境监督管理系统项目主体建设任务基本完成，建成环境监测与评价、污染监控与防治、环境监督与保护、生态保护与建设等模块，为市水务局开展海洋生态监督管理业务提供信息化支撑。

【“水之云”服务平台建设】 “水之云”服务平台初步具备基础资源集约整合、共性业务服务封装、数据运营按需存储、智慧流程设计交付、安全及业务健康度管理等特色功能，为业务系统开发应用提供精准化、规范化资源服务，提升基础设施利用率，降低运营管理成本，优化资源配置，提升服务能力；不断完善运维管理、安全管理、应用管理等体系规范要求，推进水务海洋信息化基础建设管理模式革新。充分发挥水务海洋数据中心核心枢纽作用，将市水务局各类数据资源进行汇聚整合、统一管理、存储共享，实现与市级事中事后综合监管、信用体系、法人库等平台数据的统一无缝对接；新建数据库监控系统，完成《RAC日常管理规范》《DG检查及切换规范》《RMAN备份恢复测试规范》《数据库安全规范》等文件编制，对Oracle库、Hadoop架构进行全面健康检查和优化，强化容灾、数据保护、故障恢复等安全管控能力，保证业务应用系统的信息基础安全和稳定。

【水土保持信息化工作实施计划通过评审】 2017年11月6日，市水务局主持召开《上海市水土保持信息化工作实施计划（2017—2018年）》专家评审会。该实施计划以中共十八大、十九大关于生态文明建设的要求为指导，按照《全国水土保持发展纲要》《水利信息化顶层设计》和《上海市水务海洋信息化规划》的总体要求，对全市水土保持信息化发展现状和形势需求进行全面分析，充分运用市水务局政务协同平台、水务公共信息平台、政务云、“水之云”等已有基础资源，完善水土保持信息感知监测体系，构建涵盖地形、遥感、站网、监测、评价、生产建设项目、行政处罚等的数据资源体系，建设水土保持重点项目管理、监测评价、移动应用等的业务应用体系。12 月 8 日，市水务局正式印发《上海市水土保持信息化工作实施计划(2017—2018 年)》。

【探索无人机水务海洋应用】 探索应用远程遥测、无人机、遥感等可视化自动监测监控技术，对中小河道水质、入河排污口、纳管水质水量等实施监测管理，编制《水务海洋无人机应用三年行动计划》，组织“清源杯”上海市水务海洋行业无人机应用技能竞赛，成立上海水务海洋无人机技术应用联盟，为水环境高效管理和科学决策提供良好基础。

【推进智能供水，加强监管】 建设完成原水安全监管保障系统，结合水源地监控数据、原水泵站监控数据、水质监测系统、原水监控数据、原水泵站监控数据、原水管渠监控数据，实现咸潮管理、水源地污染检测管理、原水厂突发减量和管损管理等应急处置，与供水调度监测中心现有系统集成整合，实现数据服务和应用服务的共享，为全市水源地安全及原水输配运行监管提供有力的技术支撑，提高原水安全监管水平，提升城市供水安全保障能力。

【探索排水突击队和移动泵车智能调度】 2017 年，上海市防汛指挥办公室(以下简称“市防汛办”)联合市排水管理处，应用物联网、地理信息系统(Geographic Information System，GIS)、全球定位系统(Global Positioning System，GPS)、移动互联、流媒体、无线网络等技术，探索研发全市统一的防汛应急排水智能调度指挥平台。项目于 11 月 20 日通过专家验收。当积水灾情发生时，指挥中心第一时间掌握全市积水情况，发布预警的同时，根据出险点位置、险情种类和严重程度，结合突击队集结地点、保障范围、应急抢险装备能力，以及最近路线、最适合泵车等数据分析，筛选出最优抢险方案和备用方案进行智能派单。突击队接到命令后，立即出动抵达现场排除积水险情。抢险过程中，现场音视频实时回传、抢险作业情况及时报送，跟踪抢险任务处理过程，并与公安、路政等部门实时共享相关信息。险情处置完毕，在线报告任务执行情况，自动汇总灾情及抢险统计数据，为防汛部门的坐镇指挥、远程调度、辅助决策提供全方位的信息支撑。通过该平台，锻炼和检验突击队应急处置能力，提高智能调度、综合协调和配合抢险的水平。

2017 年 7 月 13 日，市防汛办、市排水管理处、市防汛信息中心等联合举办专项演练，运用这一新平台遥控指挥突击队和移动泵车进行抢险，经过队伍集结、建设工地积水抢排、道路积水抢排、下立交积水抢排四个科目的演练，演示市级调度、区级调度、跨区支援等突击队应急抢险和移动泵车调度流程。

(蓝　岚)

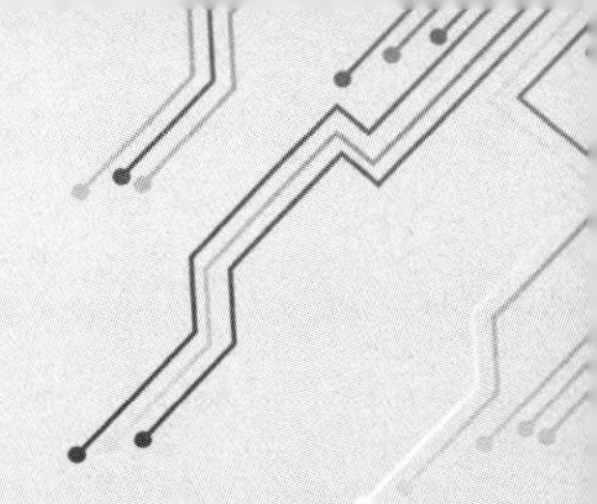

SHANGHAI INFORMATIZATION

第七编 信息安全

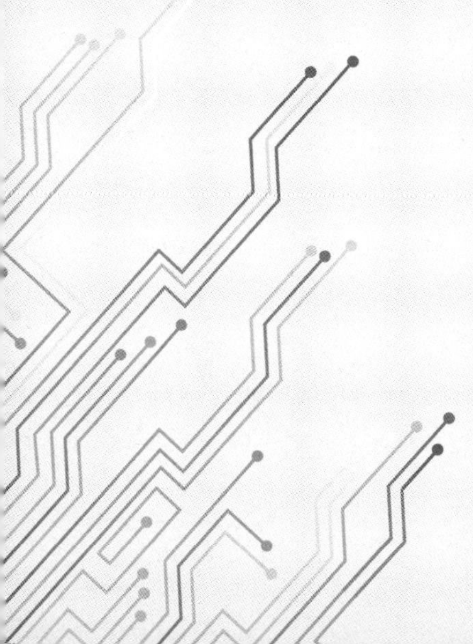

综　述

2017年，上海市网络安全保障工作部门根据国家以及上海市委、市政府的文件精神，按照市委网络安全和信息化领导小组的工作要求，围绕科技创新中心建设和智慧城市网络安全保障，强化与职能部门和市场主体的工作协同，有序推进落实相关工作，圆满完成中国共产党上海市第十一次代表大会和中国共产党第十九次全国代表大会召开期间网络安全保障任务。全年全市未发生重大信息安全事故，信息安全态势总体可控。

随着云计算、移动互联网、大数据等新技术的兴起和应用，信息化已深刻影响着经济、文化、社会、军事等各个领域，其跨部门、跨领域、跨区域的特点更加显著。伴随着网络空间与现实世界的深度融合，重要工业控制系统等城市关键基础设施运行已高度依赖网络和信息系统，网络安全问题日益凸显，安全形势复杂严峻，成为制约网络强国建设的关键因素。以“互联网+”行动计划为代表的一系列国家战略举措，在进一步推动互联网促进社会进步、经济发展的同时，对网络安全也提出了相关要求，体现了从国家层面强调网络安全与信息化协调一致、齐头并进，以安全保发展，以发展促安全的战略部署。

上海市相关主管部门结合各自职责，有效推进责任制落实、等级保护、分级保护、密码监管、安全测评和风险评估、应急管理、工控系统安全管理等重点工作落实，联合开展网络空间专项治理行动，落实重点领域网络安全检查行动，均取得显著成效；不断完善网络信任体系，优化网络环境治理，进一步强化信息安全技术支撑能力。

全市信息安全产业通过充分发挥社会资源和企业主体作用，进一步强化自主创新，涌现出一批优秀的信息安全骨干企业，为信息安全产业做大做强打下坚实基础。此外，举办首届全球网络安全产业创新论坛和2017信息安全技能竞赛，信息安全保障环境得到进一步优化，不断提高市民的信息安全意识和技术防范能力。

第一章　信息安全管理

概　述

按照国家和上海市委、市政府对信息安全保障工作的总体部署和要求，市经济信息化委、市网信办、市公安局等主管部门，密切协同、有效配合，共同推进和完善上海市信息安全保障体系的建设。各职能部门间协同联动，进一步完善共享和通报机制，在联合执法等方面加大工作合力和协同力度，进一步加强重要信息系统、党政机关重点网站、基础网络、工业控制系统安全管理和保障，开展信息安全综合治理和宣传教育，完善信息安全保障环境，为促进具有全球影响力的科技创新中心和智慧城市建设提供有力的信息安全保障基础。

一、组织建设

【领导管理体制】　在上海市委网络安全和信息化领导小组的统一部署领导下，市经济信息化委按照国家的部署和要求，围绕科技创新中心建设和智慧城市网络安全保障，完善信息安全协同管理，强化重点领域安全监管，深化信息安全基础支撑，优化安全保障环境建设，提升全民信息安全意识，有序推进各项工作任务的落实。确保城市信息安全的总体可控，城市信息安全保障体系建设取得新成效。

【功能性机构建设】　上海市主要建有以下信息安全功能性机构和基础设施，面向政府部门、企事业单位和社会公众提供服务：

市数字证书认证中心有限公司：按照政府指导、市场化运作方式成立的第三方电子认证服务机构，主要负责构建全市性的数字证书认证服务平台，向政府、企事业单位和市民提供数字证书认证服务，推广数字证书应用，为构建统一的网络信任体系发挥基础性作用。

市信息安全测评认证中心：隶属于市经济信息化委，主要业务包括信息安全产品测评、信息系统(网络)测评、计算机信息系统集成企业资质(三、四级)认证、信息系统安全方案评审和提供相关技术支持、咨询服务、技术开发和测试实验环境等。

市网络与信息安全应急管理事务中心：隶属于市经济信息化委，主要职责包括承担全市信息安全应急管理的日常工作，协助开展重大信息安全事件应急处置协调；负责全市网络与信息安全综合监测体系建设与运行；统筹全市各类网络与信息安全应急资源和设备的信息管理；负责全市网络与信息安全应急技术组织和服务管理；运营管理上海互联网络交换平台等。

市信息安全行业协会：由上海地区从事信息安全产品研发、制造、经营和服务的企业和其他相关企事业单位按自愿、平等的原则组成，提供咨询和中介服务，组织调研、交流、合作、培训，开展会展、编辑出版以及政府委托的其他工作。

上海工业控制系统信息安全技术服务联盟：涵盖科研院校、工业控制系统关键设备和部件生产制造商、系统集成商、信息安全企业、终端工业控制系统用户等30余家知名机构。充分发挥市场机制，整合全市乃至全国、全球的优势力量，聚焦工业控制系统信息安全主题，服务“四新”经济发展，围绕工业控制系统信息安全技术研发、测试评估、标准制定、合作交流、宣传培训、政策研究等领域，促进信息安全技术服务发展。

二、综合治理和能力建设

【加强重要节点网络安全保障】 严格隐患排查和应急值守，圆满完成党的十九大等网络安全保障任务。分别于2017年5月、9月对经济信息化系统直属单位和归口单位在线系统开展两轮拉网式隐患排查，及时处置安全隐患。强化市十一次党代会和党的十九大会议期间重点时段应急值守与隐患处置，开展7×24小时应急值守，圆满完成网络安全保障任务。

【部署组织安全测评和病毒防范】 部署2017年度上海市公共信息系统安全测评工作，组织测评机构对92家单位175个公共信息系统实施安全测评工作，共发现134个信息系统的3 096个问题；除完成年度测评计划外，还组织测评机构对314家单位697个公共信息系统开展安全测评工作，共发现420个信息系统的15 243个问题，两项测评工作中发现的问题均已进行反馈并督促整改。及时指导全市重点工业企业成功应对席卷100多个国家的“WANNACRY”“PETERWRAP”等全球性病毒威胁。

【保障“互联网＋政务服务”实施】 强化党政机关信息系统安全管理。同步实施市、区两级政务云建设信息安全保障支撑，实施市级政务云和重点区政务云平台安全评估。

【开展专项打击和整治行动】 市公安局、市通管局、市无线电管理局、市工商局等部门持续开展打击伪基站、黑电台、僵木蠕、黑客攻击破坏违法犯罪,打击治理移动互联网恶意程序、整治网上银行卡非法买卖和网上擅自销售彩票等专项行动。

【加强工控系统信息安全管理】 2017 年,按照市委和工信部工作部署,印发《关于开展工业领域网络与信息安全检查工作的通知》,部署 303 家重要工业企业安全检查,牵头组织专业机构对宝武钢铁、金山石化、上海烟草、申通地铁、上海电力、浦东威立雅 6 家涉及国计民生的重要企业实施现场评估检查,协同做好工业控制领域关键信息基础设施安全抽查。贯彻落实《国务院关于深化制造业和互联网融合发展的指导意见》,出台《关于加强工业控制系统信息安全风险评估的指导意见》,顺利完成工信部部署的工业控制系统信息安全防护能力预评估国家试点。

【深化信息安全基础支撑能力建设】 继续推进信息安全基础设施及重点项目建设,开展信息安全前瞻性研究,增强城市信息安全基础支撑能力。一是按照市委、市政府科技创新中心建设总体布局,完成工业控制系统安全研发与转化功能型平台建设方案和平台公司组建,平台建设顺利启动。二是落实市政府重点工作任务,完成市网络与信息安全应急基础平台建设,发起成立国内外 19 家知名机构共同参与的网络与信息安全监测预警共建、威胁信息共享服务联盟,形成智慧城市信息安全态势感知体系框架,实现形成与国家、行业、区县监测资源有效对接。三是经市政府批准,向国家认监委争取支持筹建"国家工业控制系统安全质量监督检验中心",着力打造集功能安全、环境安全、电磁兼容、信息安全等于一体的信息化平台。四是推动完成电子认证基础设施、法人网上身份统一认证公共服务平台、公务人员统一身份认证公共服务平台等支持国产密码算法的升级改造,全面支持基于国产密码算法的各类认证服务。

【推进信息安全环境建设】 围绕金融安全、城市公共安全管理和安全预警等应用需求,推进战略性新兴产业项目建设。推进国产密码算法在金融、物联网等行业领域的应用,支持相关软件产业项目建设。与中国国际工业博览会和全球城市信息化论坛同期举办首届全球网络安全产业创新论坛,跟踪布局量子保密通信等新技术应用示范项目。面向重点工业企业相关工作负责人开展《网络安全法》、工业控制系统信息安全防护专题培训。完成《2016 年度网络安全事件和政策分析报告》编制,发布《2017 年度信息安全服务机构推荐名单》。

三、加强信息安全宣传教育

【2017 年国家网络安全宣传周相关宣传活动】 根据《国家网络安全宣传周活动方案》,2017 年国家网络安全宣传周开幕式、网络安全博览会暨网络安全成就展、网络安全技术高峰论坛、先进典

型表彰等重要活动在上海市举办。市经济信息化委会同市网信办积极响应 2017 年国家网络安全宣传周的号召，协同做好方案筹备、场馆布展和招展等工作，并于 9 月 16—24 日同步开展以“网络安全为人民，网络安全靠人民”为主题的系列宣传活动。牵头组织举办 2017 中国信息安全用户大会、大数据安全与个人信息保护论坛、关键信息基础设施保护论坛、2017 优秀首席信息安全官和 2017 信息安全优秀服务案例评选等活动，并开展多场网络安全进社区、进商圈、进校园等活动；以《工业控制系统信息安全防护指南》为指引，在国内率先组织编印工业信息安全宣传手册。宣传周期间，宣传活动覆盖全市各区、各街道，网上、网下直接参与各项活动的总人数超过 10 万人次。其中在全市 16 个区的 200 多个街镇、社区中心等开展商圈、学校网络安全主题宣讲活动，参与人数初步统计高达万余人；印发的《防范网络欺诈，乐享安全生活》市民防网络欺诈手册在市民中广泛传阅。

（王　鑫）

【2017 信息安全技能竞赛(ISG)】　由上海市信息安全行业协会自 2009 年发起并主办的中国信息安全技能竞赛(ISG)作为面向全国的网络安全专业综合性竞技比赛，秉持“发现人才普及意识体现价值聚焦问题”的宗旨，通过完备的知识体系、丰富的平台题库、权威的成绩报告，受到相关主管单位和众多重点行业单位的关注和认可，成为网络和信息安全保障人员技能鉴定、人员培养、团队建设的重要平台和培养、发现网络安全人才的重要品牌赛事之一。

2017 年，作为国内面向行业管理运维团队开展的防御类赛事，ISG 管理运维赛吸引来自银行、证券、保险、通信、安全企业、交通、能源、医疗卫生、教育、综合组共十大行业的 248 支队伍，共计千余人参加，参赛人员覆盖全国 25 个省市。经过理论知识与操作技能的线上初赛角逐，以及知识问答形式的线下总决赛，最终工商银行上海分行成功问鼎，成为 ISG 2017“观安杯”管理运维赛总决赛冠军，上海移动、申通地铁获得亚军，支付宝、恒安嘉新(北京)、浙江警察学院获得季军，太平洋保险、瑞金医院、国泰君安证券、蔚来汽车获得优胜奖。

【网络和信息安全行业知识赛】　信息安全行业知识赛是面向企业内部员工、行业从业人员开展的一项全员性知识普及类赛事，针对不同行业特点定制相应的题目，促使企业员工了解、掌握必要的信息安全知识，避免常见信息安全问题，促进企事业单位整体信息安全水平的提高。

2017 年网络和信息安全行业知识赛(以下简称“知识赛”)于 5 月至 9 月顺利举行，根据不同行业特点、《网络安全法》相关要求和普法知识重点，结合网络安全热点，邀请信息安全专家定制知识赛的学习素材和考试题库，确保其科学性、实效性、严谨性。据统计，本次知识赛共有八大行业参与，分别涵盖上海地区的工商行政、卫生计生、税务、国资企业、教育、证券期货、银行以及纺织业等行业，113 714 人次参与。

（朱方园）

第二章　信息安全服务

概　述

针对上海信息化发展的新趋势和新一轮智慧城市建设安全需求,在上海市信息安全主管部门、企事业单位积极努力和共同推动下,城市信息安全应急服务进一步完善,监测预警、安全测评、数字证书电子认证等信息安全社会化服务水平持续提升,城市信息安全技术支撑能力稳步增强。

（王　鑫）

一、信息安全应急服务

【全市城域骨干网运行安全监测】　2017 年,上海市网络与信息安全应急管理事务中心(以下简称“市应急事务中心”)持续对全市城域骨干网进行全天候的网络与信息安全事件监测,主要包括各类安全事件以及流量的实时监测。全年整体网络与信息安全态势良好,未发生大规模或高危害的网络与信息安全事件。通过分析监测数据发现,影响全市网络安全的主要威胁来自漏洞攻击和网络扫描类事件。2017 年度病毒蠕虫、漏洞攻击、网络扫描和后门事件量较上年有所上升,拒绝服务事件量较上年有所下降(图 7-1,表 7-1)。整体来看,2017 年度上海市网络运行安全状况基本平稳,各类网络与信息安全威胁基本可控(见图 7-2)。

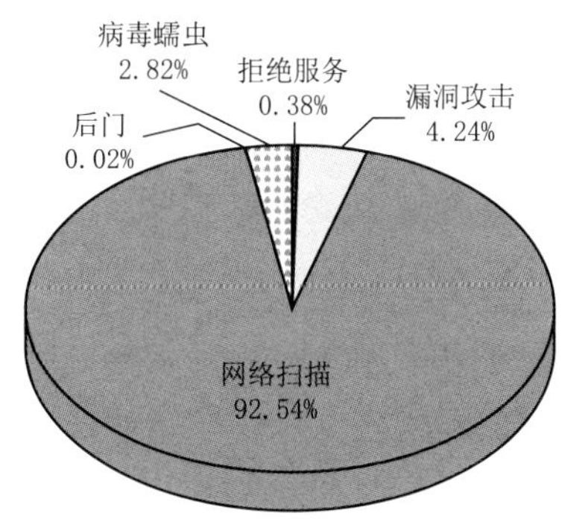

图 7-1　2017 年度各类安全事件总量权重

表 7-1　2016 年与 2017 年各类安全事件数量对比

	病毒蠕虫	拒绝服务	漏洞攻击	网络扫描	后门
2016 年	57 571 574	49 316 450	117 160 048	1 686 401 067	181 735
2017 年	149 397 948	20 062 276	224 423 540	4 896 673 129	1 104 933

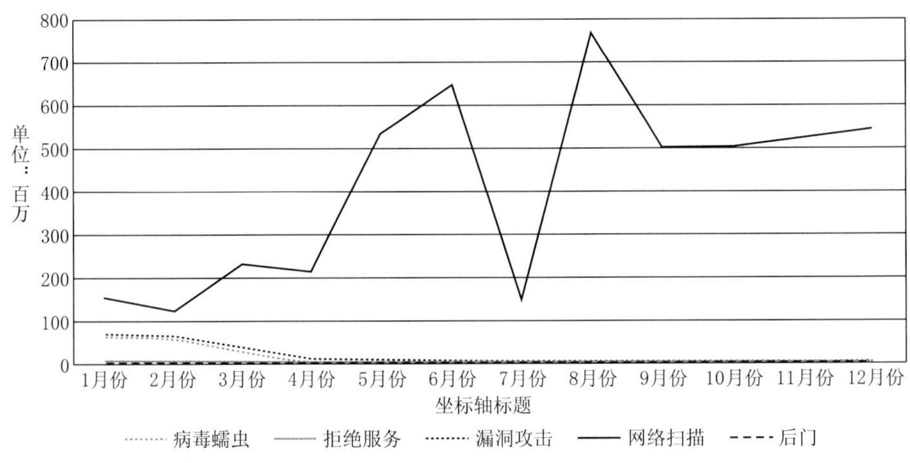

图 7-2　2017 年全市城域骨干网安全运行状况监测情况

【全市重点网站运行安全监测和应急处置】 2017 年，市应急事务中心共对全市 253 家重要网站实施安全监测服务。全年向发生安全事件或存在潜在风险的重点网站主管单位发布网络与信息安全风险预警提示 338 份、《上海市重点网站运行安全分析报告》4 期，为全市重点网站的安全运行提供了坚实的监测、预警技术保障。综合 2017 年四个季度以来市应急事务中心的监测数据统计，共监测到网站安全风险 397 个，发现黑客入侵 11 站次、后门文件 3 站次、木马后门 3 站次；未发现信息泄露、域名劫持、断开链接等安全事件。其中，高危风险 22 种 209 个，中危风险 23 种 188 个。

根据《上海市重点网站运行安全分析评估规则(试行)》要求，对全市重点进行分季度排名，各季度运行安全状况好的Ⅰ级网站数均达 219 个，超过 86%的重点网站处于良好的运行安全状态。Ⅳ级网站数控制在 3%以下。对全年报告统计后显示，网站高危风险主要出现在 XSS 跨站脚本、SQL 注入、远程代码执行、越权访问等多个方面，占总风险数的 44%以上，受影响的网站占 15%以上，需引起受影响单位的足够重视。各重点网站运营管理单位在接到风险提示后与市应急事务中心保持密切联系，在对网站系统开展升级改造后也及时以邮件、电话等方式进行告知。

【互联网络交换平台服务提升】 2017 年，上海互联网络交换平台(以下简称“交换平台”)运行稳定，网络故障率为 0，设备故障率为 0。为确保交换平台运行稳定，2017 年市应急事务中心着力做好交换平台“核心设备、交换质量、接入成员、运营环境”四个层面的稳定工作。应急事务中心按计划对交换平台边界核心路由器中的1台(华为NE40,用于连接各ISP边界)进行更新替换。应急事务中心凭借多年积累的交换平台运维技术和经验,独立完成从设备选型、采购,到切换方案设计、切换工程实施,最终将上海联通等6家接入成员网络平滑切换至新设备,保障交换平台运行稳定。应急事务中心继续协调各接入成员单位进行路由策略调整和优化,积极平衡各家接入成员单位的交换需求,在保证QOS的情况下,使交换平台日均流量基本保持在32—38TB之间,最大程度利用交换平台现有的网络资源。交换平台流量较往年有稳定增长,互联带宽超过27G,交换IP地址约80个B类,体现本地信息交换枢纽的作用。交换平台为15家接入成员单位提供网间高速交换服务,在接入成员层面保持稳定。交换平台流量排前8名的单位分别是东方有线、上海联通、长城宽带、上海科技网、上海教科网、上海电信、上海移动、上海铁通。这8家单位十多年来一直交替占据着交换平台流量排位的前8名,是交换平台始终保持稳定的重要原因之一。

在环境维护方面,重点是维护良好机房环境,保障平台运行稳定,做到监控排查常态化和巡检制度化。应急事务中心按计划更换漕河泾主机房顶部3台吸顶空调,确保机房始终保持良好的恒温恒湿环境;为用户重启机器40次,接待用户进出机房280次,其中上班时间244次,节假日36次。

在资源优化方面,重点是汇聚优质资源、保持独特优势以促进共享,做好网络优化、空间优化和用户优化。应急事务中心重点整合中心漕河泾主机房内的用户,以保留和发展资源型用户为主。交换平台漕河泾主机房主要用户有21家,涉及线路传输、网络安全、IDC等各类互联网业务;用户光纤资源共计4 720芯,其中接入成员单位合计996芯,其他用户合计3 724芯。

应急事务中心与各类用户建立良好合作关系,并按计划到接入成员单位进行工作调研,了解各接入成员单位的网络现状及对交换平台的意见和建议,加强与接入成员单位间的联系。

【重点单位信息安全防范】 2017年参加上海市信息安全月报工作的单位数为206家。12个月月报表受理情况统计显示,按时报送单位数平均为187家/月,按时报送率为90.78%。

全年共有45家单位发生信息安全事件,发生信息安全事件的单位数占报送月报表的单位总数比率为29.8%(上年有39家发生过信息安全事件,单位数比率为25.66%)。黑客攻击34 067例(按攻击IP统计),比上年减少51.14%(表7-4,图7-4)。全年发生黑客攻击的单位数比率为7.14%(上年为5.92%)。计算机病毒19 842台次,比上年减少61.25%(表7-5,图7-5)。发生计算机病毒的单位数比率为25.71%(上年为22.37%)。由于自身原因造成的信息系统瘫痪有23起,比上年增加666.67%。由于自身原因造成信息系统瘫痪的单位数比率为1.43%(2016年为1.97%)。收到反动及黄色内容邮件67 014封,比上年增加1 007.12%(表7-6,图7-6)。收到反动及黄色内容邮件单位数比率为6.43%(上年为4.61%)。

综合12个月的月报表,信息安全问题有以下几点情况值得关注:就发生信息安全事件的单位数

表 7-2　2017 年信息安全事件发生情况一览

月份	黑客攻击（次）		计算机病毒（台次）		由于自身原因造成的信息系统瘫痪（次）		收到反动及黄色内容邮件（封）	
	发生数量	发生单位数（家）	发生数量	发生单位数（家）	发生数量	发生单位数（家）	发生数量	发生单位数（家）
2017 年 1 月	4 020	6	2 474	34	2	1	10 749	7
2017 年 2 月	1 577	10	915	32	1	1	14 155	5
2017 年 3 月	1 402	6	1 166	30	1	1	6 401	3
2017 年 4 月	3 623	8	1 131	31	9	2	5 712	3
2017 年 5 月	1 964	9	1 009	35	6	4	6 105	7
2017 年 6 月	1 979	8	871	34	1	1	2 170	7
2017 年 7 月	3 802	7	977	38	0	0	6 284	5
2017 年 8 月	1 499	5	2 325	43	1	1	171	6
2017 年 9 月	4 714	6	1 840	42	0	0	3 085	7
2017 年 10 月	5 742	5	2 326	41	0	0	3 811	8
2017 年 11 月	2 078	7	2 772	42	0	0	4 201	10
2017 年 12 月	1 667	7	2 036	44	2	1	4 170	8

表 7-3　2017 年信息安全事件单位发生率走势

2017 年												
月　份	1 月	2 月	3 月	4 月	5 月	6 月	7 月	8 月	9 月	10 月	11 月	12 月
发生率	34.29%	34.29%	28.57%	31.43%	39.29%	35.71%	35.71%	39.29%	39.29%	38.57%	42.14%	42.86%

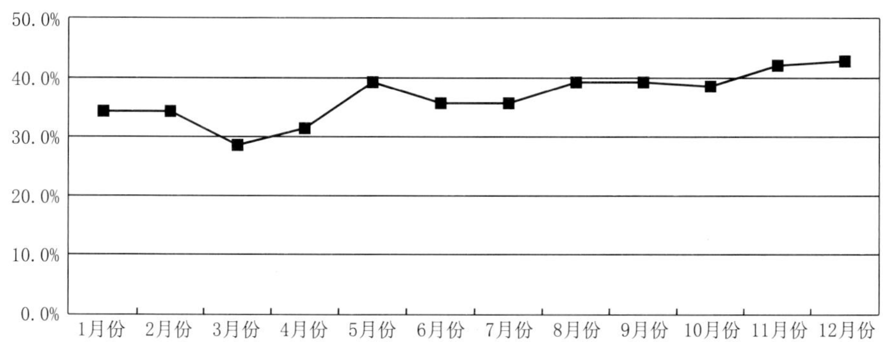

图 7-3　2017 年信息安全事件单位发生率走势

表 7-4　2017 年“黑客攻击”发生数量各月分布情况

2017 年													
月　份	1 月	2 月	3 月	4 月	5 月	6 月	7 月	8 月	9 月	10 月	11 月	12 月	共计
发生率	11.8%	4.63%	4.12%	10.63%	5.77%	5.81%	11.16%	4.4%	13.84%	16.86%	6.1%	4.89%	99.98%

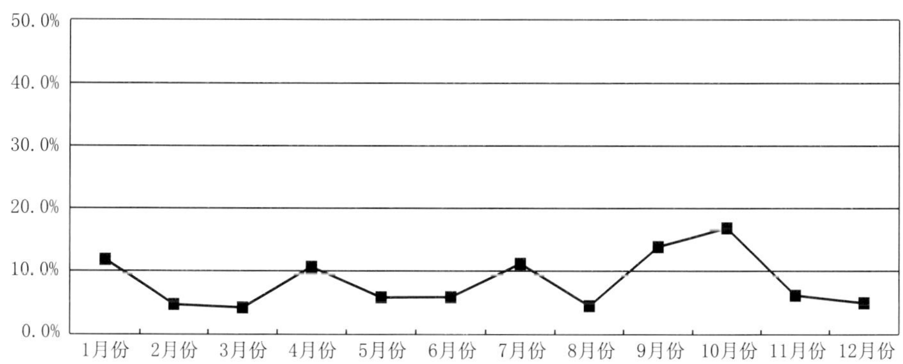

图 7-4　2017 年“黑客攻击”发生数量各月分布情况

表 7-5　2017 年“计算机病毒”发生数量各月分布情况

2017 年													
月　份	1 月	2 月	3 月	4 月	5 月	6 月	7 月	8 月	9 月	10 月	11 月	12 月	共计
发生率	12.47%	4.61%	5.889%	5.7%	5.09%	4.39%	4.92%	11.72%	9.27%	11.72%	13.97%	10.26%	99.93%

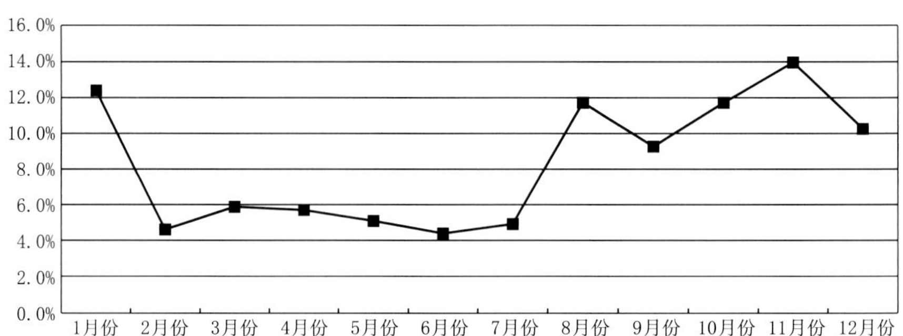

图 7-5　2017 年“计算机病毒”发生数量各月分布情况

表 7-6　2017 年“收到反动及黄色邮件”发生数量各月分布情况

2017 年													
月　份	1 月	2 月	3 月	4 月	5 月	6 月	7 月	8 月	9 月	10 月	11 月	12 月	共计
发生率	16.04%	21.12%	9.55%	8.52%	9.11%	3.24%	9.38%	0.26%	4.6%	5.69%	6.27%	6.22%	100%

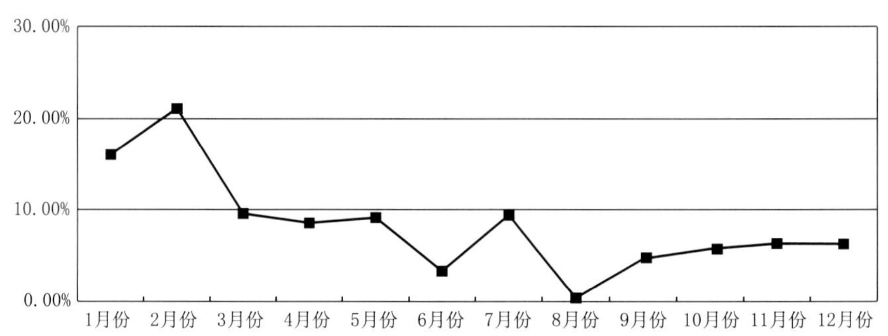

图 7-6　2017 年“收到反动及黄色邮件”发生数量各月分布情况

表 7-7　2017 年各类信息安全事件单位发生率

信息安全事件	黑客攻击	计算机病毒	由于自身原因造成的信息系统瘫痪	收到的反动及黄色内容邮件
发生单位数所占总单位数比例	7.14%	25.71%	1.43%	6.43%

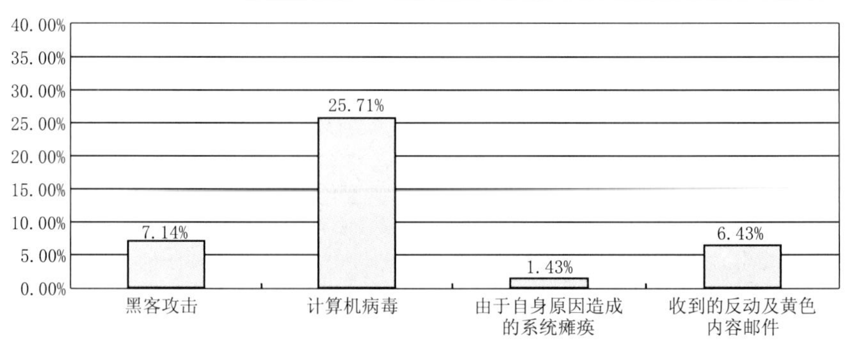

图 7-7　2017 年各类信息安全事件单位发生率

表 7-8 2017 年信息安全事件重复发生分布

事件类型＼发生次数	0(次)	1(次)	2(次)	3(次)
黑客攻击	92.86%	2.86%	1.43%	2.86%
计算机病毒	74.29%	1.43%	2.86%	21.43%
由于自身原因造成的系统瘫痪	98.57%	0.71%	0	0.71%
收到反动及黄色内容邮件	93.57%	2.86%	0.71%	2.86%

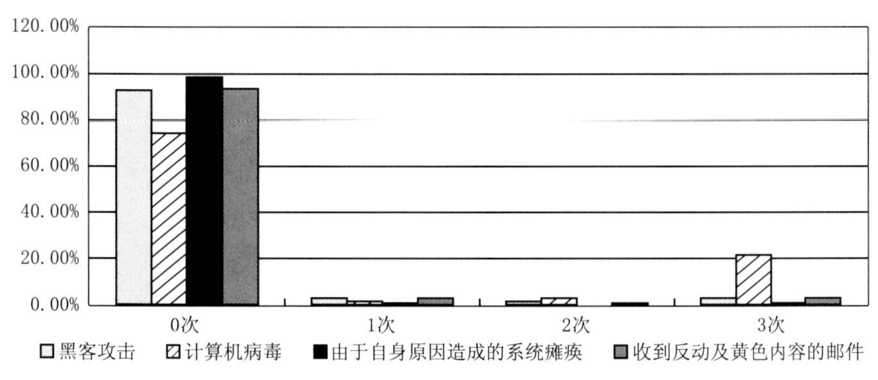

图 7-8 2017 年信息安全事件重复发生分布

表 7-9 2017 年易发信息安全事件的单位分类

事件种类	易 发 单 位
黑客攻击	金融类、通信网络类、高校
计算机病毒	政府机关、金融类、工业企业类
由于自身原因造成的系统瘫痪	金融类、政府机关
收到反动及黄色内容邮件	新闻媒体、高校、政府机关

量而言,2017 年度信息安全事件月平均发生率为 36.79%,与上年度的月平均发生率 17.58%相比较增幅明显。图 7-3 显示,全年月发生率基本在 36.79%上下,最高是 12 月的 42.86%,最低是 3 月的 28.57%,总体变化不大。这说明随着全市有关单位对信息安全问题越来越重视,各项安全措施不断落实和完善,特别是市应急管理事务中心每星期一次"本周计算机病毒预告"的发布,规范信息化工作的操作和管理行为,使全市的信息安全态势进入一个相对平稳期。

黑客攻击事件与上年比较,数量明显减少,为 34 067 例(按攻击源 IP 统计),基本上是端口扫描、尝试性远程登入以及通过 SNMP 窃取设备配置信息等试探性动作。

计算机病毒事件数量比上年有所上升。有25.71%的单位受到不同程度的病毒感染,比上年的16.21%上升9.5%;有21.43%的单位遭受过三次以上的反复感染,也比上年的19.18%有所上升。每月入侵计算机的病毒种类不完全相同,肆虐比较严重的计算机病毒有Worm蠕虫病毒、ARP病毒以及各种Trojan木马病毒及其变种。病毒窃取用户信息的变化发展趋势日益凸显。

全市发生各类信息安全问题比较多、频度比较高的单位,依次是金融行业、政府机关、新闻媒体、通信网络、高校、工业企业等。

【计算机病毒防范】 2017年是网络安全恶性事件频发的一年,市应急事务中心每周在全市20余家电视、广播、报纸等媒体和市经济信息化委网站、市民信箱等网站发布计算机病毒预报及信息安全风险预警共计48期。

2017年重点病毒如下:

WannaCry:利用"永恒之蓝"(一种蠕虫恶意代码)漏洞进行传播,攻击目标主要锁定在行业机构和大型企业,并只针对未及时打补丁的Windows系统电脑。

Petya:利用"永恒之蓝"和"永恒浪漫"两个漏洞进行传播,感染用户电脑后直接将整个硬盘加密、锁死,旨在攻击和破坏电脑系统。

Kuzzle:不仅会劫持浏览器首页,而且会接收远程"云端"指令进行其他破坏活动。用户即使重装系统也难以清除该病毒,使电脑长期处于病毒的控制之下。

Fireball:一款流氓软件,在有Chrome浏览器的用户电脑上,强制安装Chrome插件并劫持Chrome浏览器首页及新标签页,最终以控制用户点击雅虎和谷歌的广告进行牟利。

【计算机司法鉴定服务】 2017年,上海上信计算机司法鉴定所各项工作稳步推进、有序发展,所有鉴定报告均已顺利交付委托方。全年共完成各类委托18件,来自法院、公安、律师事务所及企业等不同主体,鉴定收入为21.6万元,共有3人次出庭提供专家意见。本年度未发生质量事故,也无任何投诉反馈。在司法部司法鉴定科学技术研究所组织的鉴定能力验证中,取得"满意"的评价,鉴定文书质量检查也位居"优秀"之列。

(李惠琳)

二、信息安全测评

概况

作为全市重要的信息安全基础设施,上海市信息安全测评认证中心(以下简称"安全测评中心")做精做强产品检测、系统测评、评估服务三大块核心业务,超额完成全年业务目标,2017年累计完成各类测评服务项目近1 800个。

【基础网络和重要信息系统安全测评】 2017年,

安全测评中心继续深入贯彻《中华人民共和国网络安全法》、国家网络安全等级保护制度和《上海市公共信息系统安全测评管理办法》(上海市人民政府58号令)的政策要求，稳步推进全市重要公共信息系统安全测评工作。2017年1—12月，根据市经济信息化委、市等保办的统一部署，安全测评中心共对851个信息系统进行安全测评工作，测评范围涉及电子政务、银行、证券、保险、电力、燃气、轨道交通、医疗卫生、第三方支付、互联网金融、网约车、云平台等关系国计民生的主要信息系统应用领域，为上海市各类重要信息系统的安全稳定运行和智慧城市建设提供重要的安全保障(图7-9)。

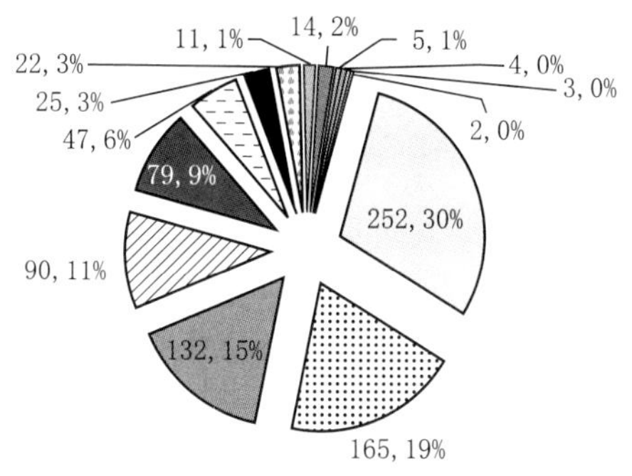

图7-9 各领域系统测评分布

其中，电子政务类系统252个，占30%(如上海劳动和社会保障管理信息系统、上海市工商局“金信工程”业务专网平台以及各区县电子政务平台及门户网站等)；金融服务类系统165个，占19%(如国泰君安集中交易系统中国银联股份有限公司跨行交易清算平台、上海浦东发展总行核心业务系统等)；公共事业系统132个，占16%(如国网上海市电力公司ERP系统、上海地铁维护保障有限公司7#SCADA系统、上海燃气浦东销售有限公司SCADA系统等)；教育类系统90个，占11%(如上海财经大学附属北郊高级中学门户网站、上海开放大学教务系统、海关学院邮件系统等)；广电、第三方支付、互联网金融、征信、云平台、网约车、民航、IDC托管平台类系统86个，占10%(如上海广播电视台IPTV播控平台、付费通账单交换与信息处理、拍拍贷核心系统、证通股份有限公司征信对接服务平台、上海市电子政务云、强生网约车平台、上海机场(集团)有限公司网站系统、东方网IDC托管平台等)；医疗卫生类系统79个，占9%(如上海市医疗保险费用结算审核计算机管理系统、上海申康医院发展中心医联工程、上海市肺科医院门户网站等)；其他企业类系统47个，占5%(如上海市私人、私企客车额度投标系统、东方有线网络有限公司专网市级网络系统、上海烟草行业卷烟生产经营决策管理系统等)。

【信息安全测评认证系统建设】 2017年，安全测评中心不断加强测评能力建设。一是密码芯片系统的攻防关键技术研究及应用取得显著成就。安全测评中心参与完成的“密码芯片系统的攻防关键技术研究及应用”项目获国家科技进步二等奖。该项目展示了安全测评中心在智能卡安全检测环境的建设新成果，反映出近十年来智能卡类产品EAL4+安全检测的工作积累。二是测评研发取得新突破。安全测评中心围绕等级保护2.0标准对等级保护测评工具——“测评能手”进行优化升级，并对上线办公系统后底层工具接口进一步完善，“智能测评”的模式逐步显现，市场占有率不断上升。截至2017年12月，全国161家测评机构中有155家使用“测评能手”，市场占比达到96%。三是互联网安全公共服务平台完成验收并应用推广。截至2017年12月,平台注册企业用户共计61个,已为5 489个网站提供了漏洞扫描服务。先后与上海奇士科技产业园、开沙集团签订战略合作协议,依托"互联网安全公共服务平台"共同探索社会化信息安全服务新模式。四是参与多个国家标准与规范编制。参与中央网信办牵头的"网络关键设备和网络安全专用产品"安全要求和测试评价规范编制工作;参与GB/T 34942-2017《信息安全技术　云计算服务安全能力评估方法》、中国信息安全认证中心牵头的"基于评估保障级(EAL)的信息安全认证研究""WEB应用防火墙安全检测规范""供应链安全检查实施要求"和"智能卡产品安全审查评估指标体系与方法研究"等多个技术标准和课题研究项目。

(丁月红)

三、数字证书应用

概况

2017年是上海市数字证书认证中心有限公司(以下简称"上海CA中心")制定和实施2017—2019新三年发展规划的开局之年,更是实现发展转型、加速二次创业的关键一年。上海CA中心全面优化电子认证平台升级,开拓个人认证平台创新,持续推进自主可控基础软硬件公共服务平台建设,创新开展电子证照服务平台建设,从扩大业务覆盖面、优化服务提升品质、完善管理制度化三方面推进法人网上身份统一认证,拓展数字证书在电子政务、招标投标、金融电信、医疗卫生、公共信用、电子合同等多个领域的创新应用。牵头修订《证书认证系统密码及其相关安全技术规范》和《信息安全标准　时间戳接口规范》国家标准2项,参与编制《信息安全技术　安全电子签章密码技术规范》《信息安全技术　签名验签服务器技术规范》国家标准2项,《电子保单密码应用技术要求》《电子招投标密码应用技术要求》《云证书认证系统密码及其相关安全技术规范》等行业标准3项,《移动终端数字证书应用技术标准》团体标准1项。获得工信部信息系统集成三级资质、中国质量认证中心ISO 9001:2015质量管理体系认证、市科技小巨人工程十年"百佳企业"。获评市信息安全服务推荐单位,市计算机行业最具发展潜力科技型企业,年度上海软件行业创优争先"四名"评选、市科技进步三等奖,ISG信息安全竞赛三等奖,市信息安全优秀服务案例优秀示范奖,市软件行业创优争先"四名"竞赛优胜企业和优胜产品。成为市"专精特新"中小企业,电子认证服务产业联盟专家委员会委员,互联网金融身份认证联盟(IFAA)联盟会员,中国区块链生态联盟会员,市企业诚信创建"三星级"企业。参展2017年网络安全博览会、国际信息消费节、诚信上海活动周,逐步形成深远的行业影响力。

基础平台

【电子认证平台升级】　电子认证基础平台完善功

能、优化性能、提高质量、改善用户体验。完成证书算法升级配套系统改造切换；证书自助服务门户改版升级，集成新印章系统和新应用开通系统；支持全浏览器 SafeEngin 进行开发；提升 CA 系统性能，确保电子商务市场对快捷证书的要求；升级消息队列产品，增加 CA 系统任务分发吞吐量；配合新印章平台完成 KM 系统升级；改造各业务系统数据库访问逻辑，支持历史库访问并满足全库查询业务需求；升级协卡助手。

电子印章平台更新换代：完善全市统一的电子印章公共服务基础设施平台，面向政府机构、社会公众提供统一电子印章服务，包括申请、制作、管理、验证等。完成昆明市印章系统、上海市交通委网上行政服务信息系统和上海市环保局电子政务平台等典型应用对接；新建浦东新区电子印章平台，为建设市、区两级电子印章平台提供试点条件。

时间戳平台战略升级：新增支持 RFC3161 标准 SHA256 算法、改进 SM2 算法时间戳服务流程；完成时间戳产品工控机样机组装；升级市人社局时间戳系统；与国家授时中心开展可信时间源产品技术对接；开发实现时间戳.NET 客户端、JAVA 客户端；开展可信时间戳基础平台的系统安全性审查工作。

移动电子认证持续完善：全面支持移动 SM2 双证书，实现密钥分散存储和运算机制，支持更多移动证书存储介质，新增移动证书更新、撤销功能，Android 版集成 IFAA SDK、支持指纹认证服务，iOS 版实现 RSA 加解密功能，编制移动证书服务平台产品安全性审查材料。

应用系统密码算法升级：按照国家密码管理局及上海市密码管理局推进国产密码算法升级改造要求，积极推进数字证书算法升级应用。在时间紧、业务数量多、系统改造难度大、升级进度与行业条线时间节点不一致等情况下，确保系统升级工作稳步推进。全年系统升级改造取得显著效果，超 60%的业务应用系统完成算法升级，SM2 算法证书签发占比进一步提升，RSA1024 算法证书占比逐步下降，发放受到严格管控，部分电子商务项目开始签发 SM2 算法证书。

【个人认证平台创新】 推动个人身份多源认证统一服务：根据市经济信息化委《关于做好“面向市民的一站式‘互联网+’公共服务平台”实事项目有关工作的通知》，上海 CA 中心负责全市统一身份认证体系建设。该体系根据《电子签名法》、国家“互联网＋政务服务”相关指导意见、国务院《“互联网＋政务服务”技术体系建设指南》等相关要求，以自然人公民身份号码为中心，融合各类身份认证技术、对接多种身份认证源、实现不同电子身份认证互通，为用户和各类应用提供实名认证分级服务，兼容多种在线登录认证方式，提供满足全程在线办事所需的电子签名、电子签章、电子证照、可信时间戳等服务，成为符合国家要求、服务上海全局、全面互联互通的自然人身份统一认证平台，为各类电子政务、电子商务等互联网活动提供统一、可靠、持续的身份认证服务。

该平台已对接全国公民身份证查询中心、公安部三所 eID 验证、实名手机认证、银行卡实名认证、微信实名认证、支付宝实名认证、人脸识别、市民信箱认证等，并为全市实名办税、市民云注册、上海政务门户实名注册、信用查询、房屋交易、建筑职业资格人员身份认证、医疗执业人员身份认证、在线签约等多个应用系统提供近 700 万人次的实名认证服务。该平台综合技术达到国内领先、国际先进水平，入选2017年中央网信办网络可信身份技术应用案例，并作为上海市"互联网+政务服务"的重要支撑系统，由上海市政府办公厅上报作为国务院试点项目。

【自主可控基础软硬件公共服务平台建设】 落实"市重要领域国产密码应用试点"项目：根据业务主管部门工作要求，与市档案局、市安监局等11家试点单位完成业务对接，在了解试点单位业务需求的情况下，明确密码应用体系框架、算法使用、密码管理等内容，提供完整的升级改造方案。试点项目应用涵盖安全登录、电子印章、数字签名、区级认证平台建设等业务需求，通过项目试点形成可复制、可借鉴、可推广的应用案例。

继续做好产品代理工作：抓住入围市政府采购中心通用软件供应商及政府软件正版化契机，与Oracle、微软、国产基础软件厂商、安全产品供应商等保持良好合作关系。团队在代理产品功能、价格体系、售后保障等方面不断学习和总结，经过摸索和努力取得良好销售业绩；按照版权局要求，开展全市市级委办正版化检查工作。

继续开展自主可控基础软硬件公共服务平台建设：按照业务主管部门要求，以现有公务网3个典型应用和6类软件产品为有限环境，完成3种不同芯片国产主机应用适配工作，为"自主可控"软硬件系统在公务网环境下的使用积累了经验，并于2017年11月完成汇报和验收工作，为在党政机关内网公文系统中全面使用国产安全可控产品打下坚实基础。

【电子证照服务平台建设】 根据上海市《落实〈国务院关于加快推进"互联网+政务服务"工作的指导意见〉工作方案》(沪府发〔2017〕5号)提出的"建设电子证照库，开展网上验证核对，实现'一次生成、多方复用，一库管理、互认共享'"等要求，全力协助全市电子证照库建设。

电子证照库的建设能解决当前企业和个人办理各类证照存在办证办事难、奇葩证明多、识别手段少、后台支撑弱等一系列痛点、难点问题，实现提高办证办事效能、规范部门证照类型、提高证照使用效率、提供证照智能辅助的优势。全市电子证照库建设已形成初步方案。

上海CA中心参与电子证照库各项建设工作，提供电子签名、电子印章和可信时间戳等信息安全关键技术，切实保障电子证照"防篡改、防伪造、可验证"；在市住建部建成并上线无纸化审批系统，为全市电子证照库建设提供宝贵经验；灵活应用法人及个人网上身份认证平台和电子合同"大家签"平台，为电子证照从政务领域向社会化应用拓展提供基础平台；研发大数据、人工智能和区块链关键技术，为电子证照库进一步创新发展提供前期预研。

法人网上身份统一认证

2017年新增证书211万张，其中法人证书152万张，占72%；个人、安全站点及设备等证书59万张，占28%。在用证书已突破432万，向全市四类法人、个体工商户、农业合作社、律师事务所等163万个法人单位发放有效一证通数字证书197万张，约83%的法人只领取一张数字证书，新开办单位中只领取一张法人一证通的企业更是超过89%，一证通用逐步成为法人网上办事的主流选择。企业通过法人一证通可在线办理人保、税务、工商等37个委办局60多个应用的近700项行政审批业务。

【扩大业务覆盖面】 随着“互联网+政务服务”的持续深入推进和应用创新开展，各委办局的各类行政审批业务在网上大规模展开，法人一证通作为政府部门与企业单位之间的可信沟通桥梁，与各委办局业务应用和企业在线办事用户之间的黏性逐步增强，法人一证通的功能定位和社会影响力也逐步扩大。2017年，上海CA中心针对法人一证通在应用推进、服务保障、项目管理等方面持续发力，为用户提供更便捷、更高效、更优质的服务。

应用推进方面，继续细化各委办局的业务需求，升级原有应用功能，扩大网上业务覆盖面。2017年新上线4个委办局、11个应用系统，包括市外事办（“上海市荣誉市民”称号审核报批系统）、浦东财政局（财政扶持信息管理系统）、金山区科委（科技资源管理平台、科技300管理平台）、浦东新区人民法院（上海市数字法院）、市环保局（企事业单位环境信息公开平台、排污许可证核发与证后监管系统）、市安监局（上海市安全生产基础信息平台）、市社团局（上海社会组织网内容保障平台）、市体育局（上海体育局网上政务大厅）、上海自贸试验区（保税区域财政扶持信息系统）。推进电子印章平台和可信时间戳服务在市环保局（上海市环保局电子政务系统戳）、市社团局（上海社会组织年检公示系统）、市安监局（上海市安全生产基础信息平台）3个委办局开展应用。积极对接网上政务大厅行政审批事项，初步在15家单位实现“单点登录、全网通办”，包括市财政局、市农委、市审计局、市卫计委、市公安局、市水务局、市环保局、市经济信息化委、市教委、市民防办、市粮食局、市文广局、市安监局、市科委、市交通委等。

【优化服务提升品质】 服务保障方面，加大对法人一证通的技术支持和客户保障。一方面为已接入法人一证通的各委办局及服务集成商，提供法人一证通证书使用和接口调用集成等方面的技术咨询、系统故障的排查处理和设备的部署升级，同时协助委办局完成病毒漏洞预防及处理、灾备演练和机房搬迁等与法人一证通技术相关的工作；另一方面为各委办局所面向法人的网上办事系统或平台，提供法人一证通身份认证系统集成服务，根据委办局的业务需求提供适合的接入方案和接入支持，上海CA中心制定法人一证通服务巡检制度，2017年对应用单位开展巡检60次，实施333次现场服务，完成市社团局和市编办的三码合一系统改造工作。配合11家单位开展应用系统OAuth接入，完成浦东新区财政局、金山区科委、市体育局、市文广局、市安监局5家单位的应用上线；开展法人多级授权平台建设；在受理点全面配置高拍仪，提升对用户身份识别的可靠性；以方便企业办事为宗旨，总部服务网点工作时间调整到8点至20点，满足非上班时间办理业务的客户需求；在全市5个网点部署证书自助服务终端机。

【完善管理制度化】 项目管理方面，完成法人一证通2017年度财政专项资金评审、单一来源采购谈判、2016年度财政专项资金审计等工作；更新法人一证通项目管理规范，从服务提供、技术支持、项目预算、资金管理、运维保障、综合管理等方面对项目进行科学管理；丰富法人一证通周报和月报汇报内容，细化证书发放和呼叫中心服务数据，增加呼叫中心热点资讯，增加网站服务情况分析、网点服务量、客户端及ISSP网站用户自助服务情况、无纸化推进情况、重点项目技术支持等；搭建一证通业务服务"知识共享库"，记录各委办项目的应用推进情况，形成一套"有档案可查、有手册可看、有问题可询、有过程可记"的服务机制，建立与客服沟通的标准化服务流程；定期报送一证通推进情况周报、月报，召开工作推进例会，保证项目在服务渠道、系统建设、安全保障、应用推进等方面的顺利进行；通过工作简报、报刊、微信、服务窗口、展览展会等渠道，开展法人一证通服务的社会宣传。

数字证书应用推广

【电子政务领域】 针对法人一证通之外其他政府部门对于电子认证的个性化需求，开展电子认证定制化服务，如面向市、区两级财政局，以及市公积金中心、静安区科委等的项目。积极推动2017年市电子政务重点项目"办公平台公务人员网上身份统一认证体系"建设，满足公务人员在身份认证、数据安全传输、单点登录等方面的共性需求，为市、区两级跨部门、跨系统的政务应用提供安全认证；推进区级统一身份认证平台建设，进一步规范平台建设方案、应用接入标准、证书管理制度等，完善和优化公务人员证书服务和应用流程，完成嘉定区、长宁区、金山区、闵行区等8个区级认证平台的建设工作；推动公务人员证书在"自贸区档案单轨制试点""计生委财务应用""信访数据管理系统"等的应用；积极参与市民政局社区事务受理系统运管工作，编制《社区事务受理服务中心建设和服务规范》，进一步做好社区事务受理系统16个区和9个条线应用的运维保障。

【招标投标领域】 主要面向国电、中煤、中航技、国义招标、东方钢铁、宝华招标等项目开展电子认证招投标服务，新拓展中油装备和申通地铁两大集团；在上海区域外，深入推进昆明公共资源平台、安徽和广西柳州等项目的延伸应用。

【金融电信领域】 重点推进上海银行企业网上银行项目，为其启用新的存储介质提供技术保障；华侨银行的企业网银项目初见成效，企业证书发放量上规模，个人网银项目持续跟进；推进太保集团电子保单项目；开展建信人寿电子保单系统的升级改造，并承担保监会数据传输项目；推进各交易所算法升级工作。

【医疗卫生领域】 针对上海市电子病历规范，提出证书应用顶层设计，为未来上海各级医疗机构电子病例实施奠定基础；推进静安区、闵行区、普陀区三个区级卫生平台的建设；签约上海中西医结合医院、上海红房子妇产科医院、复旦大学附属儿科医院等多家三甲医院以及上海市奉贤中心医院、上海市浦东医院、武汉市第六医院等多家医疗机构；为复旦大学附属儿科医院提供全套电子认证服务，树立全院无纸化标杆案例；中标并签约平安健康，在互联网医疗迈出重要一步；推进中疾控中心项目，完成全市数字证书的发放。

【建设管理领域】 参与建筑程序审批系统、工地现场监管系统、建筑主体管理系统、建设市场信息服务系统、建筑管理辅助决策系统等核心系统建设;完成建筑大平台系统、审图中心电子签章系统、燃气工程建设管理系统、建科院电子签章系统、建筑废弃混凝土监管、中心城区专家评审系统、市场总站信息平台整合等项目;充分利用信息化和互联网手段,扩大企业相关数据采集渠道和共享,形成企业资质审批和监管基础信息库,建立和完善建筑市场中企业、人员和项目三大基础数据库;重点协助市住建委申请住建部企业资质电子化审批试点课题,推进电子证照服务和应用;推进上海园林绿化工程管理与服务平台项目,完成市交通委建设工程信用管理平台,完善承建单位信用信息管理;推进手机移证通数字证书在市住建委的应用。

【公共信用领域】 2017 年,移动端信用综合服务平台——“诚信上海”APP 主要完成系统功能升级和业务应用接入等工作。新增和修订数十项功能,服务内容不断完善和丰富;“查信用”板块从仅能查询个人公共档案和信用等级拓展为 5 个功能模块,个人信用评估除了展示公共信用等级,也增加社会信用机构的个人信用分信息,个人职业信用档案模块增加职业信用档案的查询。公开信用信息查询分为重点人群和重点行业的档案查询,方便用户了解不同人群和不同机构的信用状况,覆盖条目合计 28 项;“享信用”板块从最初的 12 项应用对接到超过 30 项;“识信用”板块强化信用信息的集中展示,突出体现政务信用,包含全市信用成果和全国主要政府部门的信用信息公示,链接内容超过 20 项;“信用地图”展示类别从最初的 6 项扩充为 21 项,并增设搜索功能;参与市场信用信息平台,规划微信公众号,参与编写“信用惠民三年行动计划”,配合市发改委和市信用办组织诚信活动周,参与信用惠民联盟、首席信用官联盟和信用大数据联合实验室工作。

【电子合同领域】 积极推进电子合同平台技术升级,围绕认证、发证、签署等服务不断完善,全过程实现个人和企业在线认证、证书签发、文档签署;新增包括市住建委等 12 个电子合同应用单位;重点开发市住建委建设市场电子签署平台,实现电子招投标、安全生产许可证申请等业务通过电子签约方式进行,企业用户使用法人一证通数字证书、个人用户通过关注“上海建筑业”微信公众号,通过个人多源认证后签发快捷证书实现电子签名;持续跟进携程网电子合同应用,配合携程完成通过 OA 系统与供应商电子签约,并推动携程档案部、法务部、租车事业部等使用电子合同服务;推动中智上海经济技术合作公司使用“大家签”开展劳动合同在线签约服务。

(方 行)

第三章　信息安全技术研发及产业化

概　述

2017年，《中华人民共和国网络安全法》出台，国家网络安全和信息化工作持续发力，网络安全政策环境持续利好。对接国家战略部署，上海市加强顶层设计，结合网络空间关键领域和关键要素统筹，将网络空间安全产业作为产业创新工程的重大工程加以布局，将信息安全产业作为新一代信息技术战略新型产业的重点领域加以推进，将网络信息安全服务作为"四新经济"的重点方向扶持发展。在政策和技术的双重驱动下，上海市网络安全产业创新动能强劲，网络安全产业投入持续加大，为网络安全技术创新、网络安全企业发展和网络安全产业发展提供了宝贵机遇，网络安全产业在整个IT产业中的作用已经逐步从边缘转向主流。

一、信息安全技术产业化

产业发展方面，上海在推动具有全球影响力的科技创新中心建设进程中，已将产业创新作为重要战略目标，上海网络安全产业通过管理创新加强产业发展顶层设计，通过技术创新助推产业加速前进，通过机制创新优化产业环境。同时，通过基金、园区、联盟等载体的联动和协同，围绕产业链进行资源整合和部署，鼓励创新创业，为全市网络安全产业发展营造良好环境。特别是工业控制系统安全研发与转化功能平台的建设、上海赛博网络安全产业创新研究院的建立，为加强全市网络安全建设和保障奠定产业基础支撑。

人才培养方面，在政府职能部门支持下，网络安全企业与高校合作，通过联合研发、共建学院、信息安全技能竞赛、新型学徒制试点项目等模式，共同致力于网络安全人才培养。上海市信息安全高技能人才培养基地一期实训室建设项目已通过验收并开班,2017年度实施并报备的信息安全专业技能类、意识普及类、职业教育类培训惠及2 501人,覆盖全市重点行业、重点保障单位及大部分网络安全企业。

技术演进方面,网络安全风险复杂叠加和快速演化,新型安全威胁不断出现,驱动网络安全技术的加速迭代创新。随着IT基础设施的虚拟化和业务的云化,大量企业开始向云端迁移,云服务提供商和使用者之间的安全认证、设备和行为的识别、敏感数据共享等安全技术成为刚需,安全产品逐渐以软件或云服务的方式呈现;随着用户行为的深度挖掘逐渐成为网络安全分析的新中心,人工智能等技术的创新和发展,为行为分析提供智能化决策模式成为趋势;随着终端发展的多样化、智能化和海量化,网络安全问题在终端使用场景中被逐渐放大,终端安全检测和响应、内存保护、漏洞利用阻断等智能终端安全检测和响应技术不断涌现并持续升温;随着大数据智能分析决策技术的发展,基于大数据智能化技术对网络空间和现实世界各类安全威胁进行预测和防范应用全面兴起,结合大数据分析工具提供全面和综合的安全威胁预测、检测、阻隔和防御功能,已成为一线的网络防御主流;随着物联网技术发展推动万物互联,物联网感知技术引发恶意监控、网络窃听和隐私泄露,物联网安全产品市场已成为安全产业界普遍看好的新型板块。

2017年,随着全市等级保护工作的深入开展,上海约有5 000个系统进行等级保护检测和整改,带动近20亿元的信息安全消费市场。此外,上海市网络安全企业总体表现良好,企业稳步成长壮大,整体营收情况稳中有升,但盈利能力仍有待提高。网络安全产品和服务联动更加紧密,网络安全技术密集化、产品平台化、产业服务化等特征显现,网络安全服务占据产业主体。

2017年,上海市网络与信息安全服务单位能力评估和推荐工作顺利开展,成为进一步规范全市信息技术服务外包安全管理,切实提高各重点单位信息安全保障能力,促进培育信息安全服务机构健康有序发展的有效手段。在安全服务领域,安全运维、安全集成、安全测评和咨询的份额列前三;在安全软件领域,以终端防护软件、安全事件管理软件、数据防泄露软件和安全网关为代表的基础设施保护类软件比重较高,其次是身份识别与访问控制类软件;在安全硬件领域,安全态势感知能力在防火墙等安全产品中快速应用。

表7-10 上海信息安全产业近三年经营收入情况

(单位:亿元)

信息安全产业年经营收入	2015年	2016年	2017年
	46.27	46.77	58

(朱方园)

二、重要信息安全企事业单位

【上海市网络与信息安全应急管理事务中心】 上海市网络与信息安全应急管理事务中心(以下简

称“市应急事务中心”)的前身为上海市计算机病毒防范服务中心,成立于1999年9月。2011年12月更名为上海市网络与信息安全应急管理事务中心,并增挂上海互联网络交换中心牌子,设应急管理部、网络交换部、综合保障部三个部门,及上海上信计算机司法鉴定所、上海市信息化服务热线两个机构。

作为全市信息安全专业支撑机构,市应急事务中心协助市网安办开展全市网络与信息安全应急管理工作,主要职能有:负责全市网络与信息安全应急管理日常工作,协助开展重大网络与信息安全事件应急处置协调;负责全市网络与信息安全综合监测预警体系建设与运行,汇总、研判、通报网络与信息安全态势,发布预警信息,指导全市信息安全重点单位实施防范措施;负责全市网络与信息安全应急预案备案管理,组织开展应急技术培训、应急演练及事件处置善后与评估工作;负责全市各类网络与信息安全应急资源和设备的信息管理,组织协调储备与调度等。

【上海市信息安全测评认证中心】 上海市信息安全测评认证中心(以下简称“安全测评中心”),是经上海市人民政府批准成立的专门从事信息技术产品、信息系统安全测评的第三方专业机构,是国内最早开展信息安全测评的专业机构之一,隶属于上海市经济和信息化委员会,是具有独立法人资格的事业单位。

安全测评中心在国内首创“一个测评平台、资源共享、多方授权、服务各方”的集约化模式,经过多年的探索和实践,在测评理论、测评标准、测评方法、测评技术等方面不断创新,形成以信息技术产品安全测评、信息系统安全测评、信息安全评估服务、信息安全管理体系咨询等为核心的技术能力,并在此基础上拓展近三十种业务类型。

作为上海市重要的信息安全基础设施,安全测评中心立足产品测评、系统测评、评估服务三大块核心业务,提升测评能力,打造测评高地,不断挖掘用户需求,开拓各类行业市场。2017年根据市网安办、市等保办的统一部署,安全测评中心面向上海市重要信息系统开展安全测评工作,测评范围涉及电子政务、社会保障、银行、证券、保险、电力、燃气、供水、轨道交通、医疗卫生等关系国计民生的主要信息系统应用领域,为上海市各类重要信息系统的安全稳定运行和智慧城市建设提供了重要的安全保障。

【上海市数字证书认证中心有限公司】 上海市数字证书认证中心有限公司(以下简称“上海CA中心”)成立于1998年,是国内专业的第三方电子认证服务机构,致力于信息安全、网络信任等方面产品的研发、生产、销售和服务,主营业务包括电子认证服务、软件正版化服务、产品研发和应用集成服务,形成以上海为中心、长三角为重点、辐射全国的服务体系。上海CA中心现承担国家省部级科技专项20多项,取得发明专利、软件著作权、软件产品、商标等知识产权80多项,科技进步奖4项,主持编著行业、地方标准20项。

2017年上海市政府推出实事项目——“面向市民的一站式‘互联网+’公共服务平台”,整合各类移动端便民服务,打造全市统一的实名认证体系。上海CA中心作为该项目身份认证服务机构,按照《网络安全法》《电子签名法》以及国家“互联网+政务服务”一系列政策要求,以自然人公民身份号码为中心,融合各类身份认证技术、对接多种身份认证源、兼容不同登录认证方式，建设个人可信身份多源认证统一服务平台，为用户和各类应用提供实名认证分级服务，同时支撑全程在线办事所需的电子签名、电子签章、电子证照、可信时间戳等服务。该平台创新突破多源可信身份鉴别技术、异构实体身份标识技术、身份策略分级管理技术、实名认证匿名服务技术、基于大数据身份纠错技术、身份映射互通共享技术、跨域身份接入管理技术等多项关键技术，实现不同电子身份认证互联互通。该平台已为市民累计提供700多万人次的身份认证服务，实现个人身份数据的互联互通，提升百姓网上办事的便利性，同时基于多种认证方式和国产密码算法的创新服务模式，保护用户的个人信息安全。该平台已成为符合国家要求、服务上海全局、全面互联互通的自然人统一身份认证平台，为“互联网+”环境下各类电子政务、电子商务活动提供统一、可靠、持续的身份认证服务。

【上海计算机软件技术开发中心】 上海计算机软件技术开发中心(以下简称“上海软件中心”)于1984年由原国家科委批准成立，是国家863软件专业孵化器(上海)基地、上海市软件行业协会和上海软件园管理办公室的技术支撑单位。上海软件中心从事的工作主要有计算机系统、软件工程、软件测试与评价、网络检测标准与技术研究；为信息系统提供等级保护测评及安全评估，为信息系统的规划、建设、运行、维护提供质量保证与软件测评等服务、大数据应用等技术研究；建立信息服务实验基础设施，研发平台软件和应用系统，实施典型工程应用示范；提供智能化系统与大数据应用的设计、咨询、测试等专业技术服务，以及成果转化和培训推广等服务，并建立工程创新应用服务平台等。

2017年，上海软件中心依据《网络安全法》及其相关标准，结合当前网络信息安全技术的发展，在信息安全测评、服务保障的过程中，不断创新转型，为客户开展安全等保测评提供相关咨询服务，提升客户信息系统总体安全防护能力。其中，上海软件中心作为上海市教育考试院指定的安全技术保障单位，实施了基于事件预测驱动的上海市高考工作安全保障服务，为后续持续开展规划咨询、测评实施、安全运维和保障等相关信息安全服务提供经验参考。

【万达信息股份有限公司】 万达信息股份有限公司(以下简称“万达信息”)成立于1995年12月，是国内领先的智慧城市领军企业。历经多年发展，万达信息在城市各行业积累了丰富经验，形成突出的行业软件与服务优势，以行业核心业务为基石，重点发展公共服务在线运营，开拓线下闭环服务，不断使城市的运营效率得到提升，服务更为便捷，引领全国医疗健康、文化教育等行业的变革。

凭借在丰富行业实践中形成的自主创新核心技术，万达信息已拥有600余项具备自主知识产权的软件产品和软件著作权、19项国内外专利技术；承担着20余项国家各类标准及指南、近10项上海市及其他地方各类标准的制定工作；并先后获得2项国家科技进步二等奖、1项教育部科技进步一等奖、5项上海市科技进步一等奖。

万达信息自1997年开始涉足医药卫生信息化领域，凭借专业丰富的城市信息化建设经验，致力于促进行业变革和技术创新的融合。万达信息医药卫生行业解决方案定位于构建政府、医疗卫生机构、市场相互协调发展的生态圈，应用大数据分析、移动APP、“互联网+”技术，实现健康服务惠民，支撑医改向纵深推进，助推“三医联动”。万达信息承建的医疗健康服务平台，覆盖全国4亿人口。通过全国持卡人员基础信息库，为10亿人提供社保信息管理。

【上海华虹集成电路有限责任公司】 上海华虹集成电路有限责任公司(以下简称“华虹设计”)成立于1998年12月，是中国电子信息产业集团有限公司(CEC)下属子公司，是中国“909工程”的重要IC设计公司，是中国专业的智能卡和嵌入式安全芯片解决方案供应商，主营业务主要分布于智能卡、物联网等信息安全应用领域。

华虹设计响应国家安全信息化建设号召，以保障国家信息安全为出发点，以惠民利民为立足点，专注于智能卡和信息安全芯片的研发，产品广泛应用于金融支付、政府公共事业、身份识别、电信等领域，业务遍及海内外。随着物联网的迅猛发展，华虹设计提出“智能、控制、连接”三大理念，将十多年积累的安全技术应用到安全物联网产品中，为客户提供系统级整体解决方案，应用在智能电网、智能交通、智能家居、工控安全等领域，为网络安全提供技术保障。

在安全技术方面，华虹设计与上海交通大学联合组建上海集成电路安全防护工程技术研究中心、张江自主创新示范区人才培养产学研联合实验室，共同开展智能卡和信息安全产品领域中前沿关键技术的研究和人才培养。研发成果“密码芯片系统的攻防关键技术研究及应用”，获2017年国家科技进步二等奖。

【上海众人网络安全技术有限公司】 上海众人网络安全技术有限公司(以下简称“众人科技”)成立于2007年，是专业从事网络信息安全技术研发和产品生产的高新技术企业。坚持自主可控的国产化发展战略，申报国家发明专利过百项，核心技术“填补国内空白，达到国际先进水平”，是国产信息安全标准的制定者和推动者。

众人科技自主研发的“iKEY多因素动态密码身份认证系统”是基于时间同步技术的多因素认证系统，其用户认证机制替代传统的基本口令安全机制，从而帮助消除因口令欺诈而导致的损失，防止恶意入侵者对资源的破坏，解决因口令泄密导致的入侵问题，有效提高身份认证的安全性和便捷性。第二代挑战型动态口令产品更能防“钓鱼”，其认证技术和标准已被国际采用；最新发明的SOTP创新性密码技术，再次填补国内空白，获得多项国际发明专利。以此为核心开发的面向移动互联网认证和支付安全新需求的“WISEC码码密”系列产品，能够应用在快捷支付、手机银行、支付二维码、数字钱包、线下POS机支付、移动办公等多种场景之中，保护移动互联网用户的身份认证安全、个人信息安全以及应用数据安全，并实现云端统一化认证，实现安全与便捷的平衡。

【上海启明星辰信息技术有限公司】 作为信息安全行业的领军企业，上海启明星辰信息技术有限公司(以下简称“启明星辰”)以用户需求为根本动力，研究开发完善的专业安全产品线，横跨防火墙/UTM、入侵检测管理、网络审计、终端管理、加密认证等技术领域，共百余个产品型号，并根据客户需求不断增加。启明星辰解决方案为客户的安全需求与信息安全产品、服务之间架起桥梁，将客户的安全保障体系与信息安全核心技术紧密相连，帮助其建立完善的安全保障体系。

通过不断耕耘，启明星辰已成为政府、电信、金融、能源、交通、制造等国内高端企业级客户的首选品牌。在金融领域，启明星辰对政策性银行、国有控股商业银行、全国性股份制商业银行实现90%的覆盖率；在电信领域，启明星辰为中国移动、中国电信、中国联通三大运营商提供安全产品、安全服务和解决方案。此外，启明星辰还参与国家“金质”“金税”“金审”工程。

【上海理想信息产业集团有限公司】 上海理想信息产业集团有限公司(以下简称“理想公司”)成立于1999年，属于中国电信全资子公司，是上海市投资规模较大的信息技术企业之一，业务包括信息系统集成、应用软件开发、软硬件产品研制、增值业务运营、IT外包服务五大类，产品和服务覆盖全国31个省、市、自治区，客户遍布电信、政府、金融证券、医疗、制造、化工、烟草等多个行业，拥有全国性的营销渠道和运维服务体系。

理想公司致力于贯彻中国电信发布的“转型3.0”战略，着力推进网络智能化、业务生态化、运营智慧化，在智能服务时代进一步推进企业战略转型。理想公司医疗行业应用基地承接电信医疗行业信息化工作任务，推动影像云、居民健康卡业务发展以及影像阅片服务中心建设，朝“互联网＋医疗”不断迈进。理想公司制造业基地申报的“工业大数据开发者开放服务平台”入选工信部2017年制造业“双创”平台试点示范项目。

【上海三零卫士信息安全有限公司】 上海三零卫士信息安全有限公司(以下简称“三零卫士”)成立于2001年7月，是中国电科网络信息安全有限公司国有控股的专业从事信息安全服务的高新技术企业。作为国内较早从事信息安全服务的前瞻者和领军者，三零卫士已成为国内领先的“信息安全特色明显、IT服务能力卓越”的综合性信息安全服务提供商。

三零卫士重点聚焦党政机关、医疗、卫生、教育、能源、金融、交通等行业，为之提供基于信息系统全生命周期的信息安全服务。形成面向政府党政机关、国有大型企业、金融机构和各企事业等单位信息系统的网络信息安全服务业务；面向城市基础设施和工业基础设施的工业控制系统信息安全业务；面向政府、金融机构、社会公众的社会信用平台建设和运营的信用与大数据服务业务；面向政府党政机关、执法监督部门、社会综合监管治理的互联网舆情和威胁情报的互联网情报业务四大核心业务。

2017年，三零卫士工控安全事业部紧跟市场需求，推出“工控信息安全监控系统——轨交版”，从软、硬件各方面升级产品，实现与轨交工控网络环境的完美契合。其中对轨交行业工业通信协议CIP进行深度解析，获取指令级命令，防止用户误操作及违规操作，实时报警，保障行车安全。该产品及时满足市场需求，针对轨交行业工控系统安全防护需求开发，在行业内具有创新性。

【上海斗象信息科技有限公司】 上海斗象信息科技有限公司(以下简称“斗象科技”)创立于2014年，是国内领先的创新型互联网安全服务提供商，已通过ISO 9001质量管理体系认证和ISO/IEC27001信息安全管理体系认证，先后入选“2016年红鲱鱼亚洲百强”及“2016年红鲱鱼全球百强”。客户覆盖政府、科教、烟草、互联网、金融、银行、电商、游戏、地产、旅游等依托于互联网的各个行业，拥有联想集团、平安金科、顺丰金融、中国移动、腾讯、支付宝、中国银联、广发银行、海尔集团、新东方教育集团等近500家核心客户。

2017年，斗象科技通过漏洞盒子平台内置的SRC(安全应急响应中心)功能模块，一站式帮助银联集团信息化系统提供SRC建设和运营服务，提升其发现和挖掘漏洞的能力，增强对威胁情报的预判能力，减少安全攻击威胁，加强安全管理的专业化水平，强化银联集团整体的信息系统安全性和防御能力，降低资源损耗。

中共十九大召开期间，斗象科技为上海及国家的网络安全服务提供技术支撑和服务保障工作，组织并成立专业技术团队，全力配合开展网络安全检测预警、网络安全事件报告、网络安全应急响应、协助市网信办对重大事件进行威胁研判、处置等工作，并获得中央及上海市委网络安全和信息化领导小组办公室的认可。

【上海观安信息技术股份有限公司】 上海观安信息技术股份有限公司(以下简称“观安信息”)成立于2013年8月，是上海市高新技术企业、软件企业及“小巨人”培育企业。作为以技术为核心的企业，观安信息组建“自现实验室”——致力于大数据分析与展示应用研究；“尽藏实验室”——致力于大数据收集与储存应用研究；“无相实验室”——专注于安全攻防及数据分析，并在2017年中国网络安全对抗赛中获得总冠军；“无限实验室”——专注于安全软件及技术研究创新。

2017年，观安信息将安全态势分析技术创新落地成大数据产品，并在全国多个大型企业推广，取得良好的社会效益和经济效益。同时，观安信息也将大数据分析用于工业控制领域，包括物联网领域，从而开拓物联网安全的新局面，填补国内技术空白。观安信息作为一家精通大数据的安全公司、精通安全的大数据公司，以助力中国“大数据＋”为目标，以资深的大数据分析人才结合领先的技术储备，在不断创新中深耕“大数据＋市场”，进一步推动中国大数据各细分领域健康、有序地发展。

【上海云盾信息技术有限公司】 上海云盾信息技术有限公司(以下简称“上海云盾”)创立于2011年，是新兴的智慧云安全服务商，致力于网络空间安全的观测、保护、治理。专注于Anti-DDoS、应用安全、大数据安全和智慧城市安全等领域，曾先后为三届世界互联网大会、G20峰会、世界健康大会、金砖五国会议等重大活动提供全方位网络安全保障。

上海云盾具备多年一线抗攻击实战经验，以超过8 000万元的投资自建数个超级抗D数据中心，总体储备带宽达Tb级。以数据智能和网络协同为双引擎的下一代ADS，无损地贴合用户业务，全天候解决任何级别的攻击威胁。旗下基础云、云加速、应用安全、太极抗D产品系列(YUNDUN.COM)，通过在线公共服务的方式为用户提供全生命周期的业务护航。资深的行业专家组成的云盾研究院专注于技术研究，为客户输出专业的安全服务能力，提供全天候管家式服务。

2017年，上海云盾完成全新云安全服务提供平台——V5平台的研发和上线，并正式向用户推出，以此进入上海云盾的V5云安全服务时代。

【新华三集团】 新华三集团(以下简称“新华三”)是业界数字化解决方案领导者,成立于2003年,致力于成为客户业务创新、数字化转型最可信赖的合作伙伴。新华三拥有H3C®品牌的全系列服务器、存储、网络、安全、超融合系统和IT管理系统等产品,能够提供大互联、大安全、云计算、大数据和IT咨询服务在内的全方位数字化解决方案和产品的研发、生产、咨询、销售及服务。同时,新华三也是HPE®品牌的服务器、存储和技术服务的中国独家提供商。

新华三通过了ISO 9001、ISO 20000、ISO 27001、CMMI 5等众多国际认证管理体系,参与了公安部、工信部、国家信息安全标准委员会、国家信息中心的多项安全标准制定,是微软MAPP计划、CVE组织首批成员,客户包括运营商、政府、金融、电力、能源、医疗、教育、交通、互联网、制造业等各行各业。

2017年,在中国铁路总公司要求各铁路局整合铁路计算机网和数据通信网,实现“两网融合”,建成覆盖全路的大能力数据通信网的背景下,新华三承担南昌、西安、沈阳铁路局综合计算机网与数据通信网融合项目,针对性提供满足“两网融合”建设需求的产品和解决方案。这是新华三“两网融合”解决方案在成都、太原、郑州、济南、南宁等多个铁路局实施应用后,又一次得到铁路用户的肯定,充分显示了新华三在铁路信息化领域的技术优势及实力。

【上海安识网络科技有限公司】 上海安识网络科技有限公司(以下简称“安识网络”)成立于2016年,是一家专业的企业安全解决方案提供商,致力于为企业用户提供一个更安全的互联网生态环境,拥有基于“云+端”的自研产品多因素身份认证系统、基于多重检测引擎的伏特漏洞分布式扫描平台、主机漏洞管理平台、智能联动安全管理平台等。

安识网络的目标是要打造行业生态链,确保业务的可持续发展,具体包括多因素动态令牌;伏特漏洞扫描平台;云安全管理平台;企业安全保障服务(渗透测试、安全咨询、安全保险、安全培训等服务);战略合作伙伴分销;三方标准化API/SDK接口;大数据安全情报分析,产品优势如伏特分布式漏洞扫描云平台是集主动和被动扫描为一体的安全产品,开创企业软件安全生命周期中安全测试的新模式,颠覆传统的上线测试流程。

【宝付网络科技(上海)有限公司】 宝付网络科技(上海)有限公司(以下简称“宝付网络”)成立于2011年,以领先的研发实力和创新能力,专注于电子支付和大金融领域,是一家提供综合支付服务的高科技企业。宝付网络旨在为广大用户提供灵活、自助、安全的支付产品与服务。同时,还针对互联网金融、消费金融、物流、大宗商品、保险等行业度身定制切合行业需求的支付解决方案。主要客户覆盖三十多个行业市场,已与奇虎360、拍拍贷、红岭创投、绿地金服、小赢理财、晋商消费金融、招联金融、甘肃省文化产权交易中心、上海红酒交易中心、国华人寿、聚美优品、环球易购等企业建立良好的长期合作关系。

宝付网络秉持精耕细作的专业精神,落实贯彻以“实时结算整体解决方案”为核心的商业模式,企业规模及业绩近两年来都保持着高速的增长势头。2017年,宝付网络构建了安全威胁情报中心和安全态势状况信息中心。以信息大盘的形势，对失陷主机数、威胁情报数、系统运行状态、风险程度、24 小时网络流量与威胁趋势图等安全威胁方面的信息进行集中展示，便于安全人员掌握安全威胁总体状况，科学制定应对威胁的策略和措施，并及时检验效果。

【上海上讯信息技术股份有限公司】 上海上讯信息技术股份有限公司(以下简称“上讯信息”)成立于 2010 年 12 月，可提供信息安全咨询及评估、数据治理安全产品(DS)、IT 管理与运维产品(CA)以及终端安全管理产品(ETS)，同时也是信息安全整体解决方案集成服务提供商。上讯信息以前瞻性的眼光，组织信息安全专家自主研发以及甄选出符合市场发展方向且覆盖各个层面的尖端安全产品，以满足中国市场的客户需求。

上讯信息已逐步成为具有较强自主研发能力和雄厚经营实力的信息安全企业，在西安、上海、北京设立研发中心，并与哈尔滨工程大学成立保密技术与信息系统安全联合实验室，在全国拥有 20 个本地化技术服务机构，服务可覆盖 31 个省市地区以及港澳地区。客户遍布全国，覆盖金融、能源、公共运输、互联网、公共事业、政府、制造业、教育、通信等众多行业。2017 年，上讯信息入选中国战略新兴产业综合指数成分股。

上讯信息自主研发的上讯敏捷数据管理平台(ADM)，是一款基于数据库虚拟化技术开发，围绕着用户使用数据的痛点(数据申请周期长、数据等待时间长、数据外发后安全性难以控制等)，帮助用户提高数据使用效率，并且可以在数据使用时提供安全管控的数据管理平台，填补了数据副本安全管控的空白。

【上海瀛联信息科技股份有限公司】 上海瀛联信息科技股份有限公司(以下简称“瀛联科技”)成立于 2012 年，拥有 50 余项专利及软件产品著作权等；完善符合国标及军标体系化建设，已通过 ISO 9001、ISO 27000 等各项体系认证，并于 2017 年取得商用密码产品销售许可证，同时获得上海张江国家自主创新示范区专项发展资金。

瀛联科技于 2017 年初联袂清华大学物理系合作成立产学研项目，共同研制量子随机数发生器，打造国际顶尖的安全随机数发生系统。同年年底与西安电子科技大学强强联合成立西电—瀛联光网络与信息技术联合实验室。在产品研发上，瀛联科技按照“生产一代，设计一代，预研一代”的可持续发展产品研发思想，2017 年年初完成并通过“偶语™安全即时通信系统”测评鉴定，同年完成偶语即时安全通信系统二期、安全视频监控系统二期的开发；与清华大学合作研发的产学研项目“量子随机数发生器”已完成一期开发。瀛联科技自主研发的安全芯片于 2017 年 11 月实现生产，同年完成安全芯片、多通道安全卡、可见光安全通信管控系统的前期开发工作。

【北京威努特技术有限公司】 北京威努特技术有限公司(以下简称“威努特”)成立于 2014 年，是国内专注于工控安全领域的高新技术型企业，以研发工控安全产品为基础，打造多行业解决方案，提供培训、咨询、评估、建设、运维全流程安全服务，提出工业网络“白环境”理念，迄今已服务电力、石油、石化、市政、烟草、化工、军工、轨道交通等行业百余家客户，受邀保障 G20 峰会和“一带一路”国际合作高峰论坛。

2017 年，威努特联合国核自仪有限公司，对大漕泾电厂的厂级信息监控系统SIS(三级)(包含安全Ⅰ区接口机)进行相应的安全测评。应国家及能源行业对其相关信息系统的信息安全等级保护的相关要求,大漕泾电厂通过第三方测评找出SIS系统(包含安全Ⅰ区接口机)与《信息安全等级保护管理办法》《电力行业信息系统安全等级保护基本要求》对应级别的差距,发现系统存在的安全问题,在专家建议及综合评估的基础上对SIS系统进行信息安全建设整改。通过此项目的实施与建设,大漕泾电厂能够掌握本单位重要信息系统(SIS系统)的信息安全状态,了解信息系统面临的信息安全风险,从而有效提升整体信息安全管理水平,达到国家相关部门及行业主管部门提出的信息安全要求。

【上海冰峰网络技术有限公司】 上海冰峰网络技术有限公司(以下简称“冰峰网络”)成立于2002年,是国内专业VPN市场的先驱者,是国内领先的VPN、流量管理、行为管理链路负载均衡、下一代防火墙设备供应商和IT价值解决方案提供商。冰峰网络致力于不断创新、提供最高性能的产品,用专业化的技术手段帮助客户改善IT架构、降低运营成本、提高运转效率、保障政令通畅,使客户的IT投资发挥最大价值,以客户的成功作为唯一使命。产品大量应用于公安、银行、证券、电力、教育等对安全性和可靠性要求严苛的行业,以及全球500强、国内50强等大型企业。冰峰网络旗下的iceflow和网极星两大品牌,VPN、流量管理、行为管理、链路负载均衡、下一代防火墙等多条产品线,均得到权威机构的高度评价。

冰峰网络除了与复旦大学建立产学研合作之外,还与武汉大学、天津院校建立教育试点的战略合作关系,不断尝试研发创新,助力信息安全事业的发展。2017年,营收趋于稳步提高,不仅扩大了产品服务覆盖面,而且在创新发展上取得卓越成效。冰峰网络在云技术上也取得优势成果,与阿里云、腾讯云等云上运营商达成新技术成果合作,开拓新型市场,竭力取得更大突破。

【北京智游网安科技有限公司】 北京智游网安科技有限公司(以下简称“爱加密”)成立于2013年,是全球专业的移动信息安全服务提供商,专注于移动应用安全、大数据及物联网安全,坚持以用户需求为导向、持续不断的创新,致力于为客户提供全方位、一站式的移动安全全生命周期解决方案,旗下核心品牌爱加密的愿景是通过革新性安全方案和7×24小时全天候的专业服务,保护更加智能世界的安全,打造和谐、强大、高度安全的物联网生态环境。

爱加密拥有移动安全咨询、移动安全培训、移动安全检测、移动安全加固、移动安全感知、移动安全管理等产品体系,可为用户提供基于企业移动信息安全的一体化综合解决方案,贯穿应用设计评估、安全开发测试、应用优化、应用安全发布及应用上线运营阶段的整个生命周期。爱加密行业用户遍及银行、证券、保险等金融行业(手机银行、移动支付直销银行等)、运营商、政府、电商、能源、大中型企业、移动社交、移动办公、手机视频、手机游戏(强、弱联网游戏)等行业,覆盖亚洲和北美等主要市场。爱加密现拥有近50万注册企业及开发者用户,为100多万款APP提供安全服务,累计覆盖9亿移动终端。

2017年,爱加密推出两大平台:移动安全运营管理平台MSOC系统,可以应对不同需求的移动安全防护需求，确保用户免于未知的威胁攻击。MSOC系统整合了多项核心技术，基于平台上的已有检测技术，提供可靠安全的解决方法，从不同方面达到客户需求，全面提高安全运营效率；威胁态势感知平台，可以应对不同移动终端安全风险，通过不同模块对移动应用实时威胁数据进行监测与风险预警。针对不同移动数据威胁进行数据采集、挖掘、可视化展示、风险管理等一体化服务。

【上海柯力士信息安全技术有限公司】 上海柯力士信息安全技术有限公司(以下简称“柯力士”)是一家专注企业信息安全漏洞管理和解决方案的高科技公司，自主研发的“安犬漏洞管理云平台”获得由公安部颁发的销售许可证。

2017年，柯力士在“安犬漏洞管理云平台”的基础上接连推出“KLS漏洞与合规管理平台V1.0”“KLS企业信息安全风险辅助决策系统V2.0”和“AQ网站值守机器人”等产品，迅速在汽车、互联网金融和零售行业开花结果。此外，柯力士旗下拥有Acunetix、Nessus(Tenable)、QualysGuard等国际漏扫服务公司的官方授权销售许可，为各大企业提供各类专业的漏洞检测、渗透测试、代码审计、安全通告、计算机取证、应急响应等信息安全服务。

根据信息安全产业的发展趋势，紧扣用户的安全产品使用体验，柯力士研发KLS2.0辅助决策系统，从原先纯粹的漏洞管理平台向数据分析、处理的辅助决策系统过渡，跳出原来的纯漏洞扫描和管理，融入全新的威胁情报、情报和客户资产的关联分析、漏洞高危攻击链的实时分析等一系列理念，和用户的工单系统(ITSM)、资产管理系统(CMDB)进行深度集成，兼容市场大部分引擎，同时产品采用全新的HUD操作方式，提高用户的使用体验。

【上海维豪信息安全技术有限公司】 上海维豪信息安全技术有限公司(以下简称“维豪信息”)是一家从事电子政务系统集成服务的企业，成立于2002年8月，总部设在上海张江高科技园，业务遍及全国，在北京、广州、深圳、武汉、杭州设有分公司，在西安、成都、南京、乌鲁木齐等地设有办事处。维豪信息在行业内具有较高知名度，研发的“网络资源管理系统”“业务信息和电子文件交换系列产品”“电子文件管理”“电子印章”“制版”等系列产品在多个重大项目中应用。

在国内信息化领域，维豪信息较先实践安全和应用支撑平台解决方案，其安全和应用支撑平台已在多个国家级、省部级项目中得到广泛应用，也因此获得两个“上海市科技进步一等奖”。维豪信息先后承担十多项国家“863”科技计划项目，以及由国家行政学院、上海市、广东省等承担的电子政务内网“业务网网络资源服务管理”“业务网资源身份认证”“业务网资源授权管理”“电子印章管理与应用”“电子文件交换与共享”“电子文件标识”“电子文件生成办理”等关键技术的课题研究，形成大量技术和产品成果。

【上海银基信息安全技术股份有限公司】 上海银基信息安全技术股份有限公司(以下简称“银基信息安全”)成立于2008年，国内领先的安全咨询、安全服务与信息安全解决方案的综合提供商。银基信息安全以客户服务为基础，以咨询服务为起点，以产品平台为依托，走出一条独特的以服务产品化、平台化，为客户提供一站式端到端安全解决方案的道路，并创新性地提出“安全管家”的业务概念，逐步成长为信息安全咨询服务领域用户最值得信赖的品牌。主要产品分为两大类：信息安全咨询及服务和自有产品销售及服务。信息安全咨询及服务再细分为：安全咨询服务、检测与加固服务、安全运维与应急响应服务、信息安全系统集成服务；自有产品的主要产品为SMP信息安全管控平台、云安全产品和移动安全产品。

银基信息安全车联网安全基础平台主要通过提供安全和可信的功能策略（安全SDK和数字证书），守护车联网业务的基础安全。该平台分两大类功能、10个基础功能和7个可信功能。平台基于Docker容器技术而构建，在开发、测试和运维上具备天生优势，更易于集成；平台所采用的微服务架构，具备高并发和高可用两大特征，支持横向拓展，不存在性能瓶颈；平台不存在冗长的交付周期，具备快速部署使用的能力，支持私有云、公有云及混合云部署。

【上海豌豆信息技术有限公司】 上海豌豆信息技术有限公司（以下简称“豌豆科技”）成立于2014年，专注为客户提供长期的“信息安全实训”合作计划，通过与客户建立深度的信息安全人才培养体系，为客户制定“人才培养、树立梯队”的建设理念，与客户共同培养专业型的信息安全技能人才。豌豆科技的核心骨干由具备资深工作经验的软件研发和信息安全专业人才组成，团队成员在软件研发和信息安全领域的平均工作年限超过10年。典型客户有：公安部第三研究所、公安部大数据研究中心、国家八六三信息安全产业（东部）基地、中国科学院信息安全国家重点实验室、上海市信息安全测评认证中心、上海市信息安全高技能人才培养基地等，并与多家院校有着密切合作关系。

【上海卫道信息技术有限公司】 上海卫道信息技术有限公司（以下简称“卫道信息”）成立于2012年，是一家专业从事IT信息产品开发、销售与服务的高新技术企业。卫道信息秉承“专注，专业”的执业理念，凭借专业的营销团队及实施服务技能，已成为诸多知名厂商在上海区域重要的战略合作伙伴。从基础的IAAS、PAAS到SAAS、TAAS的交付、开发与实施服务，都能提供完整的解决方案。

卫道信息有两大主营业务，包括软件产品的开发、产品交付及实施服务：软件产品主要基于HPE软件产品及卫道信息自主研发的产品（如运维管理软件、监控、自动化、资产管理等）；网络与信息安全产品的销售与服务：网络安全产品主要代理启明星辰、安华金和等厂商的产品，同时提供一站式的网络安全评估、规划、建设、整改以及安全产品的实施服务。

【北京神州绿盟科技有限公司】 北京神州绿盟科技有限公司（以下简称“绿盟科技”）成立于2000年4月。在国内外设有40多个分支机构，为政府、运营商、金融、能源、互联网以及教育、医疗等行业用户，提供具有核心竞争力的安全产品及解决方案，帮助客户实现业务的安全顺畅运行。基于多年的安全攻防研究，绿盟科技在检测防御类、安全评估类、安全平台类、远程安全运维服务、安全SaaS服务等领域，为客户提供入侵检测/防护、抗拒服务攻击、远程安全评估以及Web安全防护等产品以及安全运营等专业安全服务。

（朱方园）

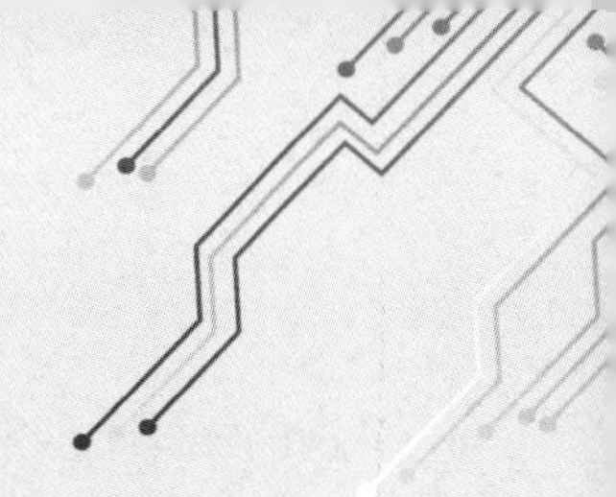

SHANGHAI INFORMATIZATION

第八编 信息化环境

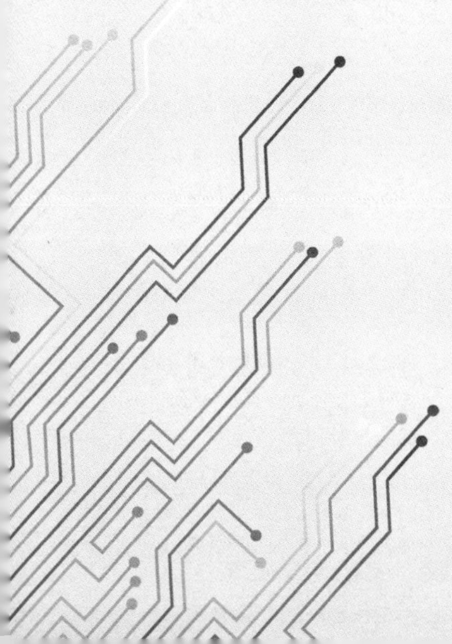

综 述

2017年，上海信息化政策法规相关工作持续深入开展，人才工作有序推进，各行业社团稳步发展，信息化发展环境得到进一步优化和提升。

行政审批制度改革工作继续推进，简化产业项目审批流程，推进证照分离改革试点，完成对市经济信息化委2016年度政府效能建设情况的全面评估。

依法行政工作不断深化，持续开展市经济信息化委规范性文件管理工作，做好政策实施情况后评估等工作。

加强信息化人才建设，通过不断调研和优化环境，创造良好的用人氛围，为产业信息化人才提供组织保障。

信息化研究与咨询方面，上海市经济和信息化发展研究中心参与上海市人工智能顶层设计规划等一系列重大研究工作，成为首批入选工信部"工信智库"的九家地方性智库之一。

信息化合作交流进一步展开。市经济信息化委积极开展援藏、援疆、对口帮扶等工作，积极推进喀什地区呼叫中心产业园建设，与遵义市开展产业合作对接。会展方面，第十九届中国国际工业博览会、2017全球城市信息化论坛、2017上海国际信息消费节及上海"一带一路"国际合作高峰论坛等的召开，推动信息化及相关产业进一步发展。

第一章　信息化政策法规

概　述

2017年，市经济信息化委围绕上海市信息化重点工作，贯彻法治政府建设相关要求，加强法律制度建设，深化政府职能转变，信息化政策法规处工作取得一定成效。

一、行政审批制度改革

【产业项目审批流程简化】 按照《上海市企业投资技术改造项目行政审批管理改革方案》，会同市审改办梳理产业项目审批手续办理流程；针对涉及经济信息化工作的技术改造项目认定、招投标监管和企业公共服务等内容，制定具体操作规程，积极推进产业项目审批简化。按照上海市产业项目"三个一批"工作要求，梳理当场办结、提前服务和当年落实事项，并在市经济信息化委门户网站公告。

【证照分离改革试点】 围绕上海市证照分离工作要求，贯彻落实《浦东新区"证照分离"改革试点深化实施方案》，针对经济信息化领域的12项事项，按照提高标准化改革要求，确定改革实施日期、制定改革细则和监管方案；对国家部委实施的改革事项，做好沟通对接和跟踪反馈。

【深化行政职能转变】 围绕行政审批制度改革相关要求，开展行政审批改革和事中事后监管专题调研。拟定无线电、盐业领域取消审批事项后相应的事中事后监管方案。编制经济信息化领域行政协助事项目录，完成行政审批评估评审事项的清理。按照上海市网上政务大厅"单一窗口"综合管理平台"一事一码"工作要求，开展政府服务事项的梳理，完成相关内容要素填报。

【开展政府效能建设】 按照上海市政府效能建设评估工作要求，对市经济信息化委 2016 年度政府效能建设情况进行全面评估，形成年度评估报告。定期开展行政权力办理情况和监督检查实施情况季度、年度统计工作。实现市经济信息化委行政审批系统与市审改办标准化系统的数据对接，完成行政审批业务手册和办事指南执行情况数据实时更新。

二、信息化法律制度建设

【法规规章起草和宣贯】 分别开展网络安全法、中小企业促进法和无线电管理条例的宣传和贯彻落实。组织开展上海市五年立法规划项目、2018 年度上海市地方立法和规章制定项目的申报，申报《上海市促进中小企业发展条例(修订)》列入上海市五年立法规划和 2018 年度地方立法调研项目，申报《上海市无线电管理办法(修订)》《上海市公共数据资源开放管理办法(暂定名)》分别列入 2018 年上海市政府规章制定正式和调研项目。

【规范性文件制定和清理】 加强规范性文件制定的统筹管理，编制《市经济信息化委 2017 年度政策法规计划》，认真贯彻落实。制定发布《上海市工业互联网创新发展专项支持实施细则》《上海市软件和集成电路产业发展专项支持实施细则》《上海市集成电路设计企业工程产品首轮流片专项支持办法》等规范性文件。

开展政府规章和规范性文件的清理工作，废止《关于加快推进本市公共场所无线局域网(WLAN)覆盖工作实施意见》《上海市集成电路高端装备制造企业认定管理办法》两件规范性文件。

【行政执法、诉讼及复议】 编印《上海市经济和信息化依法行政手册》和《上海市经济和信息化行政执法手册》，制定发布《上海市经济和信息化行政处罚管理工作规则》和《上海市经济和信息化委员会行政执法证件工作规则》。认真开展经济信息化领域行政执法检查，2017 年完成 35 件电力行政处罚案件的法律审查并做出相应行政处罚决定，累计处罚金额 70 万元。办理行政相对人就电力设施保护投诉处理不服向市政府法制办提出的行政复议，该案件已中止审理。办理行政相对人就软件领域投诉处理不服向工信部提出的行政复议，该案件维持原行政行为。

【政府法律制度建设】 按照国家和上海市关于政府法律顾问制度要求，完成市经济信息化委首届兼职法律顾问履职情况总结，汇编完成《市经济信息化委 2016—2017 年度兼职法律顾问履职情况报告》。结合履职情况，完成兼职法律顾问的续聘。制定发布《上海市经济和信息化委员会重大行政决策程序实施办法》，以重大行政决策的科学性、民主性和合法性为出发点，规定市经济信息化委重大行政决策程序流程，为重大行政决策行为提供程序保障和法律支撑。

【政策实施情况后评估】 围绕上海市重点推进工作相关要求,以完善产业信息化政策体系为目标,加强产业政策统筹、强化精准实策,创新开展政策实施情况后评估工作。制发《上海市产业和信息化政策评估工作方案》,先后完成软件集成电路企业设计人员及核心团队专项奖励、"四新"经济、认定授牌和技术改造专项支持等政策实施情况的后评估工作。相应评估结果,作为产业和信息化政策工具箱打造及政策修订的重要参考。

【经济信息化法治宣传】 组织举办经济信息化系统年度法治宣传培训班。按照市法宣办统筹安排,开展"12.4"国家宪法宣传日及上海市宪法宣传周活动。邀请市经济信息化委兼职法律顾问对领导班子进行专题法治讲座。会同市法宣办、市国资委、市司法局联合举办以"全面推进依法治企,助推上海科技创新中心建设"为主题的首届上海企业法务技能大赛,展示了全市"法律进企业"工作的成效。

【部分政策法规目录】 《国务院关于印发新一代人工智能发展规划的通知》(国发〔2017〕35 号,国务院 2017 年 7 月 20 日);《国务院关于进一步扩大和升级信息消费持续释放内需潜力的指导意见》(国发〔2017〕40 号,国务院 2017 年 8 月 24 日);《无线电频率使用许可管理办法》(2017 年 6 月 21 日工业和信息化部第 31 次部务会议审议通过,2017 年 7 月 3 日工业和信息化部令第 40 号公布,自 2017 年 9 月 1 日起施行);《电信业务经营许可管理办法》(2017 年 6 月 21 日工业和信息化部第 31 次部务会议审议通过,2017 年 7 月 3 日工业和信息化部令第 42 号公布,自 2017 年 9 月 1 日起施行);《互联网域名管理办法》(2017 年 8 月 16 日工业和信息化部第 32 次部务会议审议通过,2017 年 8 月 24 日工业和信息化部令第 43 号公布,自 2017 年 11 月 1 日起施行);《上海市人民政府印发〈关于本市进一步鼓励软件产业和集成电路产业发展的若干政策〉的通知》(沪府发〔2017〕23 号,2017 年 4 月 17 日);《上海市人民政府办公厅印发〈关于本市推动新一代人工智能发展的实施意见〉的通知》(沪府办发〔2017〕66 号,2017 年 10 月26 日)

(蔡朋朋)

第二章　信息化人才工作

概　述

2017年,信息化人才工作持续深入推进。人才教育培训方面,开展重点行业产业工人调研,组织做好2017年引进非上海生源高校毕业生重点单位推荐申报等工作,为培养和展现产业和信息化各类各类人才提供有力保障;信息化优秀人才评选方面,开展“CSO首席安全官”评选,旨在促进信息化人才队伍建设;组织开展上海“2017年智慧工匠”评选活动,提升上海市智慧城市建设创新和质量水平。

一、信息化人才教育培训

【加强研究,创造良好的用人氛围】 推进高峰人才建设工作。配合市人才办,会同市经济信息化委干部处积极落实产业和信息化领域高峰人才建设各项工作,组织相关处室召开工作会议,配合市人社局推荐2家单位高峰人才参加座谈会,做好本行业高峰人才现状分析和高峰人选支持的标准研究和遴选机制的研究,对《本市加快实施高峰工程行动方案》征求意见稿提出修改意见。

开展重点行业产业工人调研工作。落实中央加强产业工人队伍建设的要求,积极开展本领域重点行业产业工人队伍建设调研,分别召开部分央企、中小企业座谈会,形成产业工人队伍建设调研报告,提出加强产业工人队伍建设意见和建议。贯彻《中国制造2025》要求,积极落实工信部《制造业人才发展规划指南》,对接上海人才新政30条,广泛争取产业和信息化人才服务配套政策,配合市政协、市科委做好服务留学回国人员、加强青年人才培养和资助力度等课题研究。

【优化环境,为产业信息化人才提供组织保障】 组织做好 2017 年引进非上海生源高校毕业生重点单位推荐申报工作。结合上海市产业发展和信息化建设对人才的需求和各单位承担国家级、市级重大项目情况,推荐申报系统 100 家企事业单位为 2017 年引进非上海生源应届普通高校毕业生重点用人单位,报市高校毕业生就业工作联席会议办公室认定。

梳理汇总上海市人才落户及选拔相关政策及市经济信息化委承担的有关工作,推进产业和信息化人才相关政策落地。

落实人才评优政策保障。配合开展上海智慧城市建设"智慧工匠"选树和"领军先锋"评选、经济和信息化系统技能大赛有关工作,积极与市人社局协调沟通,保障选拔出的智慧工匠、领军先锋及青年技能人才能在落户及各类人才评选活动中获得相关政策支持,为培养和展现产业和信息化各类人才,选树打造行业工匠、弘扬工匠精神提供有力保障。

【围绕需求,加强三支人才队伍建设】 一是组织开展 2017 年度上海市领军人才选拔推荐工作。制定经济和信息化领域领军人才选拔和第九批领军人才中期考核方案,严格按程序要求开展 2017 年度上海市领军人才选拔推荐工作,共收到申报材料 85 份,45 人进入初审名单,通过参选人员答辩和专家评审,推荐 24 人参评,14 人入选上海市领军人才;市经济信息化委领军人才中期考核工作小组考核组通过实地考察,完成第九批 15 名上海市领军人才的中期考核工作,5 人被考核评定为优秀。积极做好领军人才保健服务工作,配合市人社局组织开展系统 124 名领军人才历史数据信息采集工作,推荐 4 名领军人才作为全市人才宣传对象。二是组织开展上海市信息创意类高技能人才项目推荐申报工作。组织专家开展首席技师项目资助、技能大师工作室评审工作,有 40 多人申报,评审推荐 23 名首席技师申报新建首席技师项目资助,其中信息技术类 9 名,创意类 14 名,均获资助;评审推荐 5 个大师工作室参评上海市技能大师工作室,其中信息技术类 2 个,创意类 3 个,有 2 个入选。推荐 2 个上海市技能大师工作室参评国家级技能大师工作室。三是组织开展优秀农民工推荐申报工作。开展 2016—2017 年度上海市优秀农民工和农民工先进个人推荐申报工作,经专家评审,推荐 2 名优秀农民工和 7 名优秀农民工先进个人参评,均已入选。

(杨沛江)

二、信息化优秀人才评选

【第三届优秀首席安全官(CSO)评选】 首席安全官(Chief Security Officer,以下简称"CSO")是机构中维护业务支撑及信息系统健康、稳定、安全运行的最高负责人。在"互联网+"的时代背景下,CSO 不仅担负本机构的工作职责,同时对公众个人信息、公共服务乃至国家安全也负有重要责任。

2017 年 6 月,第三届优秀首席安全官(CSO)评选活动在全国范围开展,得到了各参选人员所在单位及社会的大力支持。在评选期间，组委会对候选首席安全官展开为期3月的采访、报道和宣传视频拍摄，录制"CSO网络安全小知识课堂"，由CSO结合其自身工作内容，向大众普及网络安全知识。

经大众投票、专家投票及社会公示环节后，上海银行曹广智、中国电信一翼支付乔锌、上海众人网络安全技术有限公司王红阳、上海出入境检验检疫局忻源荣、上海观安信息技术有限公司胡绍勇、中国银行数据中心张强、中国工商银行上海分行邱琳、上海建工集团股份有限公司吴梦、杭州安恒信息技术有限公司刘志乐、奇瑞捷豹路虎汽车有限公司欧建军入选"十大优秀首席安全官"。

（朱方园）

三、上海"2017年智慧工匠"评选活动

为进一步加强上海市智慧城市人才队伍建设，培育工匠精神，挖掘树立一批智慧城市工匠标兵，进一步提升上海市智慧城市建设创新和质量水平，让上海工匠精神成为社会文明的价值导向，由上海市总工会、中共上海市经济和信息化工作委员会、上海市经济和信息化委员会主办了主题为"智城·匠心"的"2017上海智慧城市建设'智慧工匠'选树、'领军先锋'评选"活动。

本次活动由"智慧工匠"系列技能竞赛、"领军先锋"评选活动两部分组成。其中"智慧工匠"系列技能竞赛包括"智慧城市"方案创意竞赛、信息化应用技能竞赛、信息安全技术竞赛，经过报名、初赛、决赛和公示环节，最终评选出10名"2017上海智慧城市建设'智慧工匠'"以及10名提名奖。"领军先锋"评选活动经过报名、初赛、决赛和公示，最终评选出10名"2017上海智慧城市建设'领军先锋'"以及10名提名奖。

与上年相比，2017年的活动充分体现了"三个转变"：一是选树对象从"系统"向"行业"转变，面向全市智慧城市建设行业的所有从业人员，实现行业总动员。二是活动形式从"以评为主"向"赛评兼顾、以赛为主"转变，更多引入竞赛环节，力争使结果更公正客观。其中，"智慧城市"方案创意竞赛海选城市治理新方案、信息化应用技能竞赛比拼软硬件操作新技能、信息安全技术竞赛展开网络安全攻防战、10名"智慧工匠"和10名"智慧工匠"提名奖，均通过竞赛选出。三是活动定位从"传统型劳动竞赛"向"标准化、规范化、品牌化的赛事活动"转变。活动形成《评选管理办法》、"智慧工匠"选树《评价标准》等一系列规范性文件。

（张　诚）

长宁政务云联通分中心

凝心聚力，长宁区信息化建设驶入快车道

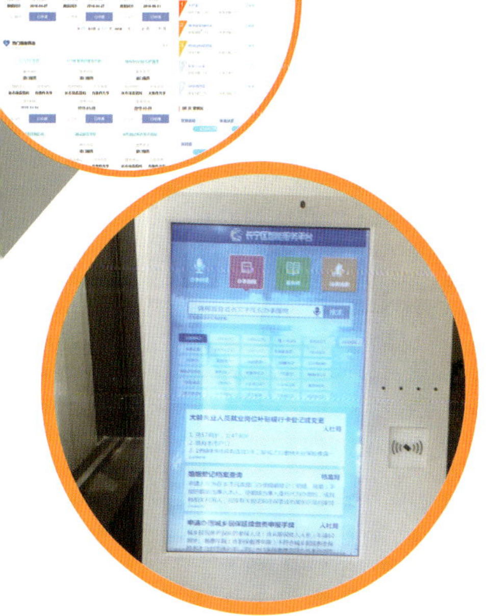

“十三五”期间，长宁区把深化信息化建设作为打造“国际一流精品城区”的重要抓手，以《长宁区“十三五”信息化建设与应用顶层设计》为引领，提出26项任务目标，在区主要领导的高度重视与关心下，全区上下认识上进一步统一，在规则上共同把控，方法上进一步创新，形成了“项目牵头单位统揽、配合单位合力、企业联动、各方协同推进”的良好工作局面，信息化建设初见成效。政务外网承载能力显著提升，区主干网升级到万兆，各单位升级到千兆，视频会议延伸到所有185个居委会；长宁区政务云具备了承载大系统运行的硬件环境，达到三级等保安全防护水平；26项任务中10项任务已完成或取得重大阶段性成果，投入实际应用场景，8个建设项目处于建设中或进入招标流程，8个建设项目正在启动招投标流程。

临港地区信息化建设

2017年完成经济指标

2017年临港地区经济运行稳中有进、进中提质、好于预期。主要表现在：一是全社会固定资产投资稳步提高，全年完成全社会固定资产投资275亿元，同比增长10%。二是工业产值增势强劲，全年完成工业总产值1000亿元，同比增长40.5%，汽车整车及零部件制造、工程机械、新能源装备等领域产值实现较大幅度增长，为全市实体经济稳增长做出积极贡献。三是财税收入持续增长，全年完成税收113.2亿元，同比增长17.7%，完成地方收入31.5亿元，同比增长14.7%；继续保持两位数增长态势。四是市场活力持续增强，在“双特”政策带动下，全年新增内资企业近15000家，同比增长8%；外商直接投资5.4亿美元，约为2016年全年水平的10倍，实到外资1.5亿美元。

围绕上海市科创中心主体承载区定位，培育产业生态，布局创新功能平台，加快重大项目落地集聚

立足国家战略，依托上海优势，聚焦重点领域、重大项目、关键主体，加快构建“2+3+4”产业体系。“2”就是重点培育人工智能和机器人两大先导产业，抢占产业创新链发展先机，“3”就是依托原有产业基础，大力发展高端智能装备、海洋装备、智能汽车三大支柱产业，提升技术水平和产业能级，“4”就是积极拓展软件及信息服务、集成电路及专用装备、航空航天、节能环保四大新兴产业，寻求重点领域率先突破。九大产业之间形成了互为支撑的有机生态，引进了寒武纪、华大电子、微小卫星工程中心等一批重点项目。

面向智能制造、工业互联网等关键领域创新需求，全力推动功能平台建设。智能制造研发与转化功能型平台和工业互联网研发与转化功能型平台入选全市18个研发与转化功能型平台；弗朗霍夫未来制造体验中心签约落地，将打造全球领先的工业4.0/智能制造技术研发、成果转化中心，为上海智能制造发展提供智力支撑和技术支持；上海市院士专家工作站科技成果转化基地揭牌启动，将打造成为集科技成果展示、交易、转化等功能于一体的重要平台；中国脑计划重要组成部分上海脑智工程研发平台加快推进，依托中科院上海分院、科大讯飞等技术力量，加强人脑认知功能和模拟仿真技术攻关。

加快重大项目落地集聚。

一批重大产业项目落地建设。国家两机专项高效低碳燃气轮机国家大科学装置批复立项，将在临港地区建设压气机、高温材料等实验装置，有力支撑航发商发、上海电气等骨干企业产品研制；国家重大科技专项海底科学观测网正式获批，将在临港地区建设覆盖东海和南海的监测与数据中心，实现对周边海域的整体监控；国家重大科技项目300mm半导体硅片实现量产，国产300MM硅晶棒正式出炉，打破我国300毫米硅片完全依赖进口的局面；清华大学尖端信息科技实验室明确建设方案，将联合清华大学、上海航天局等相关单位，开展空地协同平台、信息安全网络等关键领域共性技术攻关，构建服务支撑国家“一带一路”建设和全球化发展的空间信息走廊。此外，中国中车集团、中国电力建设集团等一批央企合作项目签约落地。

一批重大功能性项目全面提速。世界级海洋主题项目上海极地海洋世界主体工程结构封顶；综合性室内滑雪项目WinterStar冰雪之星完成土地出让；上海天文馆开工建设；中法两国总理“人文合作机制”项目中央美术学院“中法艺术与设计管理学院”一期开学运营；低碳领域中英合作产学研平台中英国际低碳学院签约揭牌，打造世界一流的低碳研究基地；环湖8公里景观带抓紧施工，春花秋色城市公园对外开放，4.8公顷示范带全面完工，有序加强对滨水空间的整体设计和深度开发；港城新天地开业运营，填补了主城区商业综合体发展空白；智慧城市建设全面启动，GIS+BIM虚拟城市平台、城市智能交通、智慧e家园等一批示范项目启动实施。

跨境银行间支付清算(上海)有限责任公司
China International Payment Service Corp.

CIPS—人民币跨境支付“高速公路”

人民币跨境支付系统（二期）全面投产

2018年5月2日，人民币跨境支付系统（二期）全面投产，符合要求的直接参与者同步上线。人民币跨境支付系统（CIPS）向境内外参与者的跨境人民币业务提供资金清算结算服务，为人民币国际化铺设“高速公路”，是符合国际标准的重要金融基础设施。

CIPS（二期）主要特点

相比较CIPS（一期），CIPS（二期）在功能特点上进行了改进和完善：

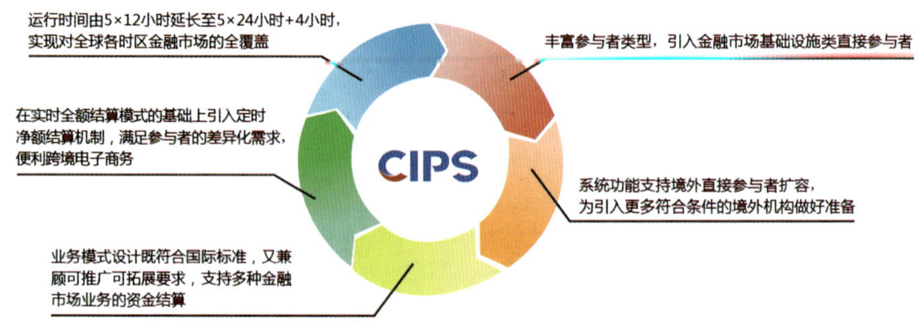

CIPS参与者覆盖全球

自2015年10月8日CIPS（一期）上线运行以来，CIPS运营机构坚持以保障系统稳定运行为核心，以拓展人民币全球跨境支付网络为驱动，以将CIPS打造成为人民币跨境支付"高速公路"为目标，精心建设运营CIPS系统，不断拓展参与者规模。

截至2018年5月，系统对外服务可用率保持100%，CIPS直接参与者已从首批上线时的19家增至31家，间接参与者从176家增至724家，覆盖全球6大洲87个国家和地区，实际业务范围已延伸到148个国家和地区。

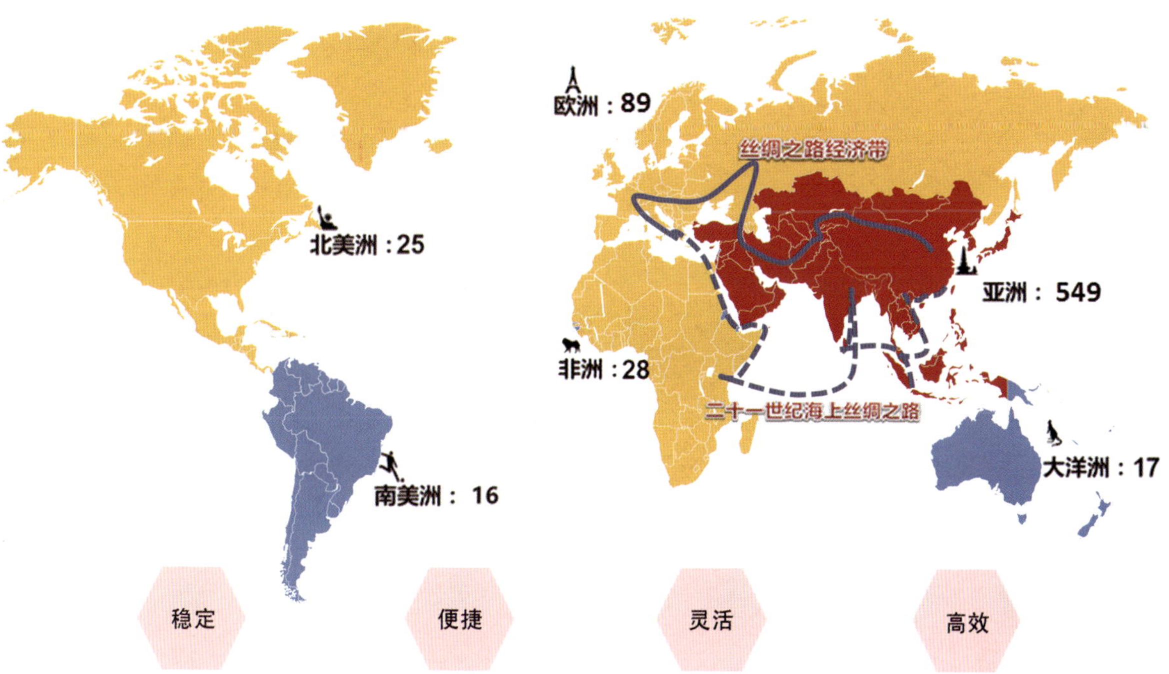

CIPS的建成运行是我国金融市场基础设施建设的里程碑，标志着人民币国内、国际支付统筹兼顾的现代化支付体系建设取得重要进展。未来，CIPS将根据市场需求和人民币国际化发展的要求继续升级完善，不断提升服务水平，为人民币全球使用提供重要保障和支撑，积极支持金融市场跨境互联互通。

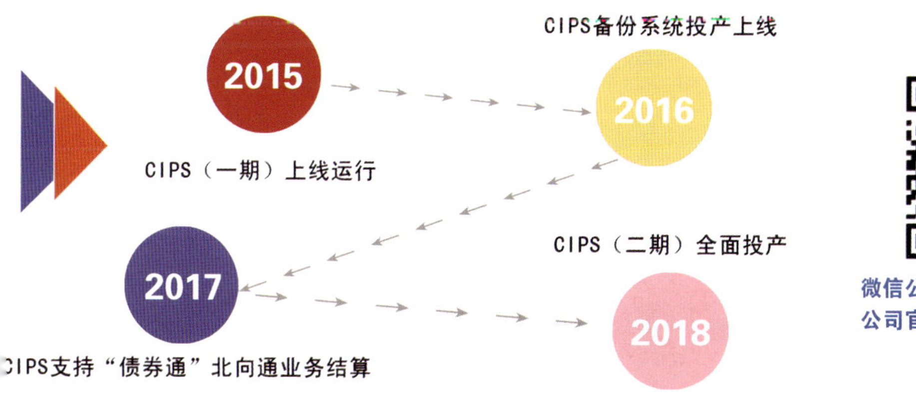

微信公众号：CIPS运营机构
公司官网：www.cips.com.cn

学生乐于学 教师乐于教 社会乐于用

学校地址：上海市普陀区真南路1008号（近祁连山路）
邮政编码：200331
联系电话：021-62506426
学校网址：http://www.shitac.net

上海信息技术学校

Shanghai Information Technology College

上海信息技术学校创建于1959年，是首批国家中等职业教育改革发展示范校、全国教育系先进集体、全国职业教育先进单位、全国中职学校校长联席会议主席单位。1991年至今连获海市文明单位称号，是上海市中高中本贯通试点校、全国中等职业学校教学工作诊断与改进作试点单位。

学校推进信息技术与教育教学深度融合，全面探索互联网+、物联网、云计算、大数据和人智能技术在教学、管理和服务方面的应用，架构学校大数据云中心、教学体征智能诊断及决系统，努力打造共享、开放、个性的智慧校园生态体系，致力于向国际一流学校运营管理水飞跃。

上海海洋中心气象台

▲ 业务大楼航拍

上海海洋中心气象台是上海市气象局直属事业单位，于2009年成立，主要任务是开展责任海区内的气象探测、预报、服务等。业务职责是承担公共及专业海洋气象服务。同时，作为中国气象局3大区域海洋气象预报中心之一，承担WMO全球海上遇险安全系统、公海责任区国际海事业务、区域级海洋气象中心职责。已建成长三角海域海洋气象观测网，管理80余个涉海观测站，与全国海洋气象部门共享；海洋气象业务内容包括海上观测系统建设维护、责任海区预报预警服务、远洋航服务保障，为海上能源、海事执法、海上交通、渔业养殖、港口物流等提供服务。

海洋气象观测业务

观测站点类型包括：洋山港综合观测站、海上浮标站、波浪站、潮位站、海岛自动站、站、海岛自动探空、铁塔梯度观测以及边界层风廓线仪、X波段测波雷达、大气化学和成分观观测内容包括全套气象要素、波浪、潮位、海面温度、盐度、剖面流、叶绿素、溶解氧以及PM2PM10颗粒物、大气和海水二氧化碳等。

洋山港综合气象观测站

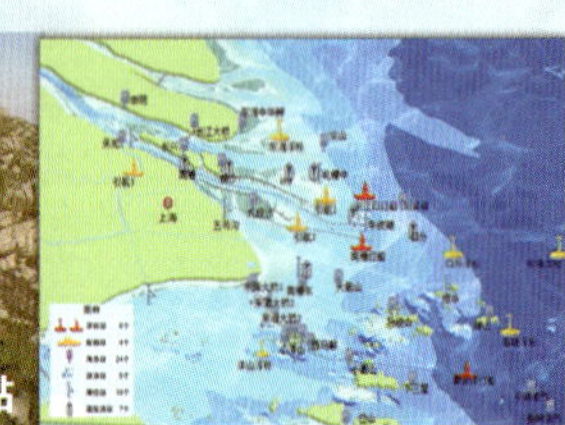

- 洋山港综合观测站
- 海岛气象站24个
- 浮标/船标站10个
- 船舶站5个
- 声学测波站8个
- 共享温盐流站7
- 潮位站4个共享
- 梯度测风铁塔1

海洋气象预报服务业务

责任海区分区预报预警：上海海洋精细化预报业务承担省级海洋台的工作职责，为国家级海洋业务和国内交换提供预报产品。制作发布上海精细化预报责任海域逐3小时天气风浪预报，提供海区天气预警和热带气旋决策服务。

气象传真图：打破日本传真图30多年的垄断，为商船和海军海警提供有效服务。

远洋气象导航：近几年开发的气象导航系统、远洋渔业服务系统，已具备数据资料融合显示、智能设计、气导报告输出功能。

洋山港港口专项服务：提供港口和航道精细化气象服务等，为上海市委、市政府、相关委办局海单位提供决策支持预报，同时为上海港300个引航员提供点对点的海洋气象信息服务。

港区气象服务专报

周初（12日-13日）受地面高压控制，天气晴好，周中（14日-16日）受高空槽前西南暖湿气流影响，多降水过程。

具体预报如下：

时间（月/日）		天气	风向风速	温度（℃）
03/12	白天	晴到多云	南到东南风5-6级	12-17
	夜间	晴到多云	南到东南风5-6级	
03/13	白天	晴到多云	南到东南风5-6级阵风7级	14-19
	夜间	多云	南到东南风5-6级阵风7级	
03/14	白天	阴到多云有时有阵雨	南到东南风5-6级阵风7级	15-19
	夜间	阴到多云有时有阵雨	南到东南风5-6级阵风7级	
03/15	白天	阴到多云有阵雨	偏南风5-6级阵风7级	15-18
	夜间	阴有阵雨	偏北风6-7级阵风8级	
03/16	白天	阴有小雨	偏北风6-7级阵风8级	11-15
	夜间	阴	北到东北风6-7级阵风8级	

上海海洋气象台

2018年03月12日

制作：徐杰　　核稿：常亚楠　　签发：陈智强

本台联系电话：68282380　　传真：68282227

智慧气象、科研成果及业务应用

光流法技术的应用：利用光流法进行多模式检验，为台风路径预报、海上强对流预报提供支撑。

船舶风险指数：研发针对船舶用户的波浪陡度、浅滩效应、谐摇和涌浪占比指数，全方位保障航行安全。

预报指导产品：技术上基于海洋模式和海上站点大数据分析，建立格点化的预报智能订正。

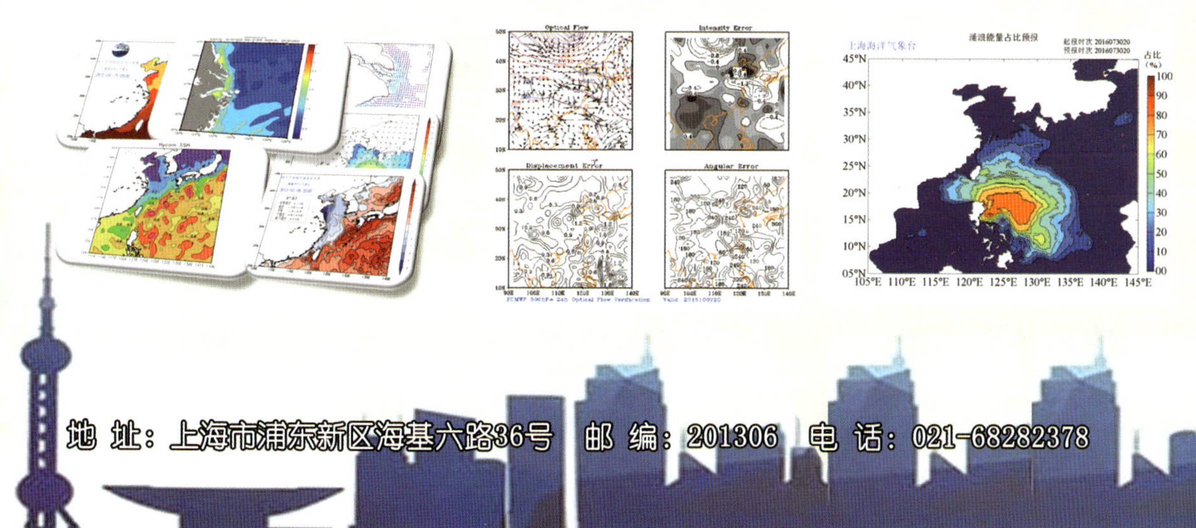

地 址：上海市浦东新区海基六路36号　邮 编：201306　电 话：021-68282378

中国太平洋保险（集团）股份有限司是一家以一流的服务质量、一流的作效率、一流的公司信誉，积极开拓险服务领域，在审慎决策、稳健经营前提下，促进支持国民经济发展和社全面进步为经营宗旨的现代综合性保集团公司。

2017年，集团公司信息技术中心集团公司党委、经营管理委员会的正领导和关心支持下，牢固树立科技发优先的理念，积极围绕集团转型发展标，以实施公司数字化转型战略项目ITDP规划项目为抓手，坚持安全稳生产，全力保障公司年度重点工作；持面向未来强化落实信息化基础设施设和改造，全面提升公司数字化计算力和数字化安全生产能力；坚持新技创新研发和落地应用，以“亿级用户、时响应”为目标，着力跨越新能级，打C端实时交互能力；以“全量数据、实计算”为目标，着力发展新动能，打造端敏捷响应能力；坚持以用户为中心在互联网和信息化与保险业深度融合新常态下，在继续做好客户经营模式级的支撑者和卓越运营体系的建设的同时，进一步发挥技术引领作用，支持公司转型升级、响应内外部用户需求赋能。

中国太保集团公司信息技术中心顺利通过CMMI 3级复审评估

2018年1月26日，CMMI研究院评估组经过对太平洋保险集团信息技术中心软件过程管理体系及其应用情况为期5个工作日的全面、严谨审查，在多轮访谈和项目文档查阅后，做出了整体成熟度判定，最终宣布中国太平洋保险集团信息技术中心通过CMMI3级复审评估。

CMMI是一套融合多学科、多领域的过程能力成熟度集成模型，代表着国际上最先进和科学的软件工程管理方法，在世界范围内已经得到广泛应用。2015年中国太平洋保险集团成功引入了CMMI理论体系，并于当年首次通过CMMI3级即组织定义级认证。三年来，太平洋保险集团信息技术中心持续优化了一系列符合实际且简捷高效的项目管理过程体系、项目开发过程体系、项目支持过程体系和过程管理及改进体系。经过项目实施和体系验证，公司内部项目管理水平、开发规范性得到了很大提高，并培养了一批项目管理、技术创新和过程改进的骨干人才，逐步形成了一支熟悉CMMI模型、过程改进原理和拥有丰富实践经验的团队。

本次CMMI3级复审评估的顺利通过，再次证明了太平洋保险集团信息技术中心的软件研发和项目管理达到了国际先进水平，并将把“CMMI5级”相关标准作为下一步改进目标，在更高的起点上重新出发，继续为不断提高软件研发交付能力、开发高质量软件产品而不懈努力。

中国太保研发智能保顾现象级产品“阿尔法保险”

“阿尔法保险”是集团信息技术中心利用大数据与人工智能技术、基于太保1.1亿客户数据的基础上打造的一款家庭保险保障智能顾问体系。自2017年9月1日上线以来，当日访问量超过20万用户，三日累计访问量突破100万，截至12月28日累计用户已超过450万，峰值每小时32万，用户已覆盖了31个省市自治区、361个城市，获得了政府部门、行业协会、金融同业、科技巨头、高校科研机构和一线员工的关注和好评。

“阿尔法保险”是太平洋保险集团贯彻“科技发展优先”理念、实施数字化转型的重要突破。一是将人工智能技术和大数据成功应用于机器人保险顾问领域，在无成熟经验可借鉴情况下，获得了巨大成功；二是以O2O的形式，从家庭的五个维度进行建模，不仅推出家庭风险防御能力指数，并且实现了线上智能保险顾问和线下传统团队的无缝衔接，为用户量身定做家庭理想保险建议；三是采用新型虚拟化容器技术并结合可视化监控，实现了在互联网上“免实名、免身份证、免电话号码”“三免”方式的保险咨询服务。

“阿尔法保险”为全行业探索利用人工智能等技术服务于新生代保民需求、辅助传统渠道营销、提升客户体验方面积累了经验，在保险行业起到了牵头示范效应，助力行业服务标准的提升与推广实践。

中国太保创新研发基于图计算的人工智能反欺诈管理平台

“基于图计算的人工智能反欺诈管理平台”运用大数据图计算技术，打破“信息孤岛”，构建6800万全量车险赔案关系网络，包含2亿个实体、4亿条关系，构建全量车险赔案关系网络并关联计算全量赔案数据欺诈线索侦测的智能化；平台摆脱传统二维表格的束缚，支持作业人员对关系线索进行以点及面，多维度、全视角的可视化探查，实现机器识别和人脑决策的协同；平台提供基于全量关系网络的风险标注功能，构建欺诈风险共享信息库，提高整体风险防范水平。

上线以来，关联计算生成275万条疑案线索（个案125万条，串案9.5万组）；经探查取证功能，定位并标注可疑人员5000余人，高风险案件5.5万余件，其中部分批次案件经侦查实际减损1500多万元，可预见其他批次案件还能避免或挽回更多欺诈损失。通过任务分配、证据探查、信息标注等功能实现了保险反欺诈作业和管理的自动化，相比传统方式整体效率提升90%。未来平台将案件甄别、处置的结果回归输入并匹配，迭代调优算法参数，形成闭环，持续提升平台业务处理精准性和适应性。从社会价值看，图计算天然具备融合多源异构数据的能力，平台基于车险赔案数据构建车险赔案关系网络，如果能据此建设行业信息共享平台，形成全行业联合打假之势“共享经济”，会对行业稳定健康发展、切实保护消费者权益具有深远意义。

北外滩金融港

联系人：管 弦

联系电话：021-25658880 021-25658896

92

2017年3月19日，北外滩金融港于虹口正式启动建设。北外滩金融港是上海对冲基金园区和上海风险投资中心建设的延续，以及北外滩企业并购和资产重组综合服务基地的载体。首期选址为北至海宁路、东至九龙路、南至苏州河、西至河南北路的区域，占地面积约1平方公里，后续将逐步扩展至整个北外滩区域。截至2017年年底，港内已集聚包括中信兴业投资集团、国寿安保基金、华菁证券、赛领资本、重阳战略投资等1405家优质金融、类金融企业，资产管理规模超过4万亿元。其中，公募基金数量达到12家，约占现有全国公募基金总数的10%。力争到“十四五”中期，将北外滩金融港打造成为虹口乃至上海资本密集度、资本产出率最高的区域之一，实现港内基金交流、创新、发行及服务实体经济等公共服务功能齐全，产业发展的人才、商业、法治和社区等配套环境优越，金融监管体系完善，成为吸引基金及其关联产业的高管、管理团队长期安居乐业的综合性、复合式特色金融港，成为国内基金业发展示范区。

「超・爱上海」信息亭——未来城市信息基础设施

由均瑶集团研制的“超・爱上海”信息亭是集免费高速 WiFi 接入、公共信息服务、娱乐互动等功能于一体的智慧信息亭。能够满足民众对公益WiFi的使用需求，实现重要时政信息的实时推送，还提供移动设备充电和紧急电话呼叫，是一款创新的上海公共场所基础设施。

2017年年初，“超・爱上海”信息亭项目被市经济信息化委确定为建设新型无线城市的主要内容之一。均瑶集团与市经济信息化委、虹口区、杨浦区签署了建设新型无线城市相关合作协议；2017年6月，“超・爱上海”信息亭V1.0版落地虹口滨江；同年9月，“超・爱上海”信息亭V1.1版落地杨浦区长阳创谷，在“2017全国双创活动周”上为公众提供了高速无线网络接入服务。2018年年初，“超・爱上海”信息亭被定为虹口“极速北外滩”市政规划的重要组成部分，先后在北外滩建投书局、虹口足球场、浦江国际等核心地块合计建设了12台信息亭作为试点，初步实现了北外滩区域性的高速无线网络覆盖。未来将进一步拓展到上海黄浦、长宁，以及重庆等地的核心区域。“超・爱上海”信息亭项目得到了民众、媒体以及有关部门多方面认可和称赞，并入选“2017年度上海信息通信业发展十大新闻”。

“超・爱上海”信息亭深入支持智能化的市政管理，提供各类社会便民服务功能，提升城市信息精准化采集水平，并能够发挥信息亭自身重大时政信息即时推送功能的优势，力争打造成为上海市精神文明建设的新型宣传阵地，在将来逐步成为城市管理“神经末梢”的重要组成部分。

"超·爱上海"信息亭V2.0功能简介

"超·爱上海"信息亭V2.0采用世界先进的高性能芯片（802.11ac Wave2标准），实测数据显示，便携PC无线接入"超·爱上海"高可达800多Mbps（兆比特每秒）；手机接入则最高可达300多Mbps，远高于全国4G移动网络的平均速率。显示屏采用了定制的超高流.CD原装户外屏幕，即使在酷暑季节阳光直射下也能够清晰显示画面内容。除了具有上网、屏显、电话、充电等功能外，还创新性地共了"超爱拍"照相娱乐功能。

"超·爱上海"积极开展产品升级工作，新版V3.0信息亭会有更加智能化的服务功能，包括人流监控分析、环境信息收集、智能定等智慧功能都会整合其中。未来"超·爱上海"信息亭将提供以下功能服务：

基于人工智能的高清视频、图像和语音识别技术，"超·爱上海"信息亭能够对区域内环境信息进行获取与解析，成为加载了智能感设备的开放科创平台，并预留有内部空间和设备接口，逐步成为城市"神经末梢"的重要组成部分，为城市智慧管理的深化融合提供更多可能性。

基于LBS（基于位置的服务）相关技术，"超·爱上海"信息亭将成为所属区域内的文化服务信息集成中心，实现涵盖商业、旅游文化等多个方面的创新项目推广，促进文化创意产业的普及和发展，成为上海"文创"的崭新载体。

"超·爱上海"信息亭的高清户外屏具备信息即时推送和展现功能，在日常环境中可作为紧急新闻和重大时政信息的推广扩散道，也可成为户外版的"上海发布"。

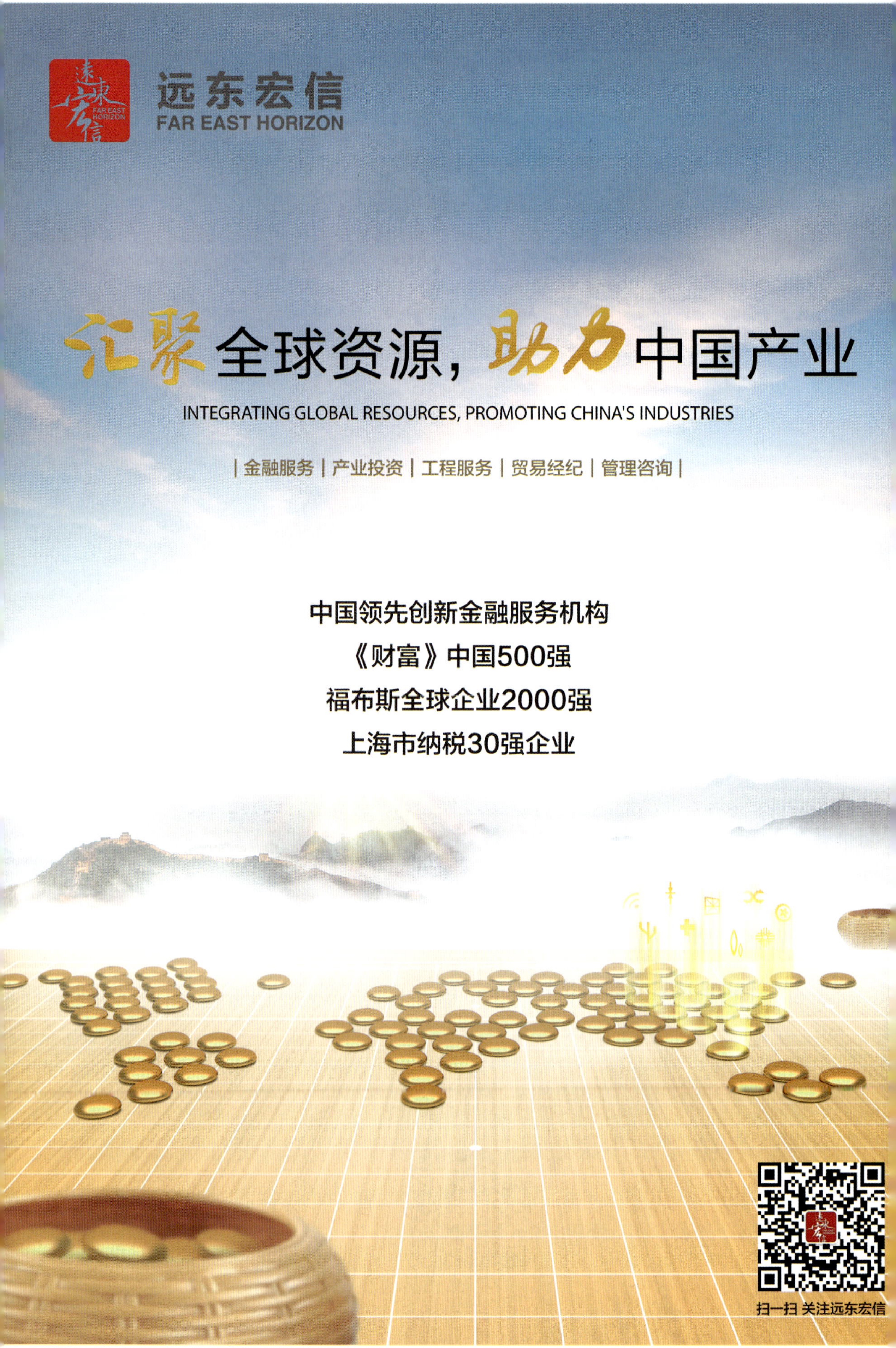
远东宏信
FAR EAST HORIZON
汇聚全球资源，助力中国产业
INTEGRATING GLOBAL RESOURCES, PROMOTING CHINA'S INDUSTRIES
|金融服务|产业投资|工程服务|贸易经纪|管理咨询|
中国领先创新金融服务机构
《财富》中国500强
福布斯全球企业2000强
上海市纳税30强企业
扫一扫 关注远东宏信

远东宏信有限公司于2011年3月30日在香港联交所上市，是中国领先的创新金融服务机构，秉承“金融+产业”经营理念，致力于通过不断创新产品与服务，为客户提供量身定制的产业综合运营服务，以“汇聚全球资源、助力中国产业”为使命； 在医疗、建设、教育、工业装备、城市公用、民生消费、交通物流等领域，开展金融服务、产业投资、工程服务、贸易经纪、管理咨询等综合服务。

中国石化上海石油化工股份有限公司

中国石化上海石油化工股份有限公司是中国石油化工股份有限公司的控股子公司，位于上海市金山区，是中国最大的炼油化工一体化综合性石油化工企业之一，也是中国重要的成品油、中间石化产品、合成树脂和合成纤维生产企业。2017年，公司围绕发展战略，加快推进“两化”深度融合，强化“六统一”管理（即统一规划、统一标准、统一设计、统一投资、统一建设、统一管理），按照“统筹推进、融合发展，集成共享、协同智能”工作方针，全面推进信息化建设，推动集成共享的经营管理平台、互联智能的生产运营平台和敏捷安全的基础设施平台等智能工厂建设，每年投入投资、科研经费3000余万元，重点在操作管理、先进控制系统、DCS报警管理、客户服务系统、两化融合管理体系等方面开展工作。

上海石化按照“创新、协调、绿色、开放、共享”的发展战略和总部信息化工作部署，根据企业“炼化一体化”特征，持续推进两化深度融合。2013年上海石化被工信部评为国家级两化深度融合示范企业，2014年，被工信部选为两化融合管理体系贯标试点单位。2014年12月22日，上海石化两化融合体系完成建立，并试运行。2015年4月25日通过评定并获得两化融合体系证书。2016年，公司被评为中国石化“两化”深度融合优秀实践单位。2017年，公司获两化融合管理体系贯标示范单位称号。

2016年9月，为进一步落实中国石化集团公司信息化大会精神，做好智能工厂推广建设工作，中国石化信息化管理部主任李德芳带队赴上海石化召开了上海石化智能工厂项目启动会。在近年工作中，先后建成了以ERP、OA、合同管理为主的经营管理平台，以MES、LIMS、智能化管线为主的生产运营平台，以实时数据库、APC为主的过程控制平台和以易派客、IC卡系统为主的客户服务平台。

2017年11月，中国石化信息化管理部主办、上海石化及化工销售有限公司承办了中国石化2017年信息系统综合应急演练现场观摩会，切实检验了应急预案的可用性，保障了业务的连续性，进一步提高了业务人员跨系统、跨区域、跨部门的协同应急处置能力。

上海石化因信息化基础设施运行环境良好，被中国石化选为互联网统一出口上海区域中心，涉及下联26家单位共50余条专线链路，承担着上海区域兄弟企业的对外接口安全。

为进一步推进公司智能工厂建设，充分发挥以院士为代表的高端智力人才在引导创新要素向企业集聚、强化企业技术创新主体地位的重要作用，公司向上海市提出创建院士工作站的申请并获得批准，引进专家队伍，促进科技成果加快转化为现实生产力，实现转型发展升级，培育核心竞争优势，提升企业经济效益，并为公司培养创新人才队伍提供强有力支撑。

上海石化与中国移动、中国电信等优秀合作商建立长期合作机制，并与中国移动就共建“优势互补、和谐共赢、共同发展”的美好愿景，建立长期战略合作关系，充分发挥双方在基础资源、业务运营、优质服务等各方面的优势，考量了包括智能办公、无线监控、数据采集、智慧调度等在内的一系列内容，为上海石化智能工厂深化应用夯实基础。

中国石化上海石油会员

上海市长宁区人民法院

近年来，上海法院信息化建设取得显著成效，长宁法院在上海高院的统一指导下，逐步推进各项基施建设和系统部署，同时结合自身工作特点，大胆创新，积极探索运用新兴技术打造科技法院，为化解多人少”矛盾、提高审判质效提供了强有力的助推。

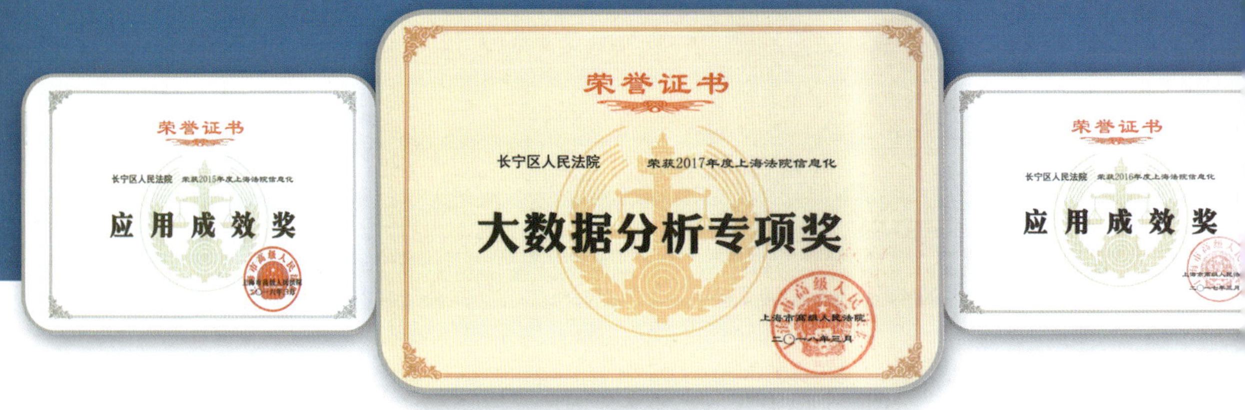

运用云计算技术办公模式

长宁法院在全国法院系统中率先将云计算技术运用于法院局域网建设，实现全院所有业务数据的集中式存储管理和分布式处理应用，释放了有限硬件资源效能，提高了系统部署、终端发放和日常维护效能，实现了法院局域网内移动办公并为大数据分析应用建立基础平台。

实现信访全程可视化管理

长宁法院借助自主研发的信访管理系统，实现了信访工作的全程可视化、精细化管理，提高了信访的管理效率，信访工作效果得到明显改善，信访量逐年大幅减少。

远程庭审、网络直播和隐蔽质证上线运行

长宁法院充分利用网络资源打造远程庭审和网络直播系统是在全市法院系统率先实现看守所与刑庭远程高清庭审功节约了司法资源，减小了押运风险。二是成为上海法院首批互联网高清庭审直播的法院。两个法庭（刑庭和民庭）具备网直播功能，进一步提高了司法公开透明度。三是建成隐蔽质大大方便当事人隐蔽质证过程，提高了案件庭审效率。

数据分析平台建设

作为最高院指定的全国法院司法大数据分析协作单位，长宁法院承接了民间借贷案件司法大数据分析的任务，同时承接了上海高院部署的民间借贷类案件和未成年人权益保护案件的两个大数据分析平台建设。通过对时间、空间两个维度的分析，全面掌控案件发展规律，为科学的审判管理提供可视化工具；通器深度学习，归纳案件特征值，寻找审判规律，服务审判工作和社会管理，系统开发的文书生成工具还辅助法官快速撰写文书，通过相关分析帮助法官警惕虚假诉讼。

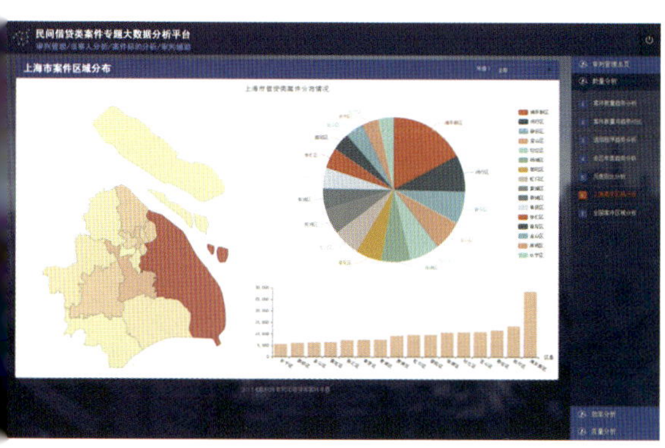

创新·智联·共享——普陀区智慧城市建设

普陀区以“创新、协调、绿色、开放、共享”五大发展理念为引领，紧密围绕“科创驱动转型实践区、宜居宜创宜业生态区”的战略目标，推进区域智慧城市建设与应用，不断提升公众感知度和满意度。

一是完善顶层设计，编制完成《普陀区智慧城市建设“十三五”规划》，构建“1+1+3+N”（“一朵云”“一张网”“三个平台”“N项应用”）的总体架构，完成《信息化大数据背景下普陀区政府服务提升课题报告》完成真如、长风及桃浦地区信息基础设施专项规划及《桃浦智创城智慧城市建设导则》修编。

二是提升信息基础设施能级，重点应用智能物联技术推进“智联普陀城市大脑”平台建设，优化区公用移动通信基站站址规划布局，开展区政府公共场所无线网络升级和全区居委会i-Shanghai网络覆盖，协同运营商及街镇推进34处信号弱覆盖区域优化工作。

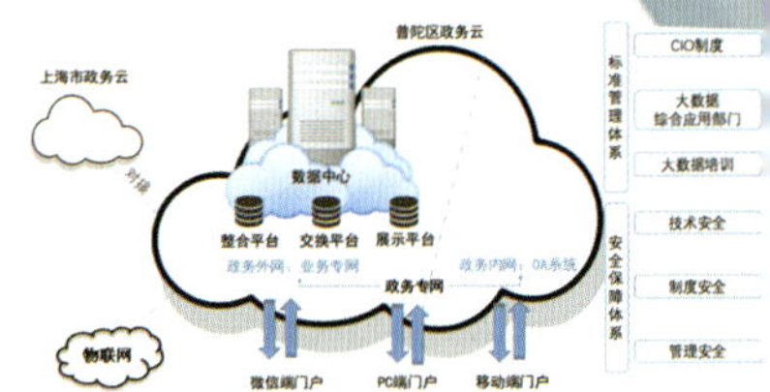

普陀区智慧城市“1+1+3+N”总体架构图

普陀区政务数据门户

三是深化区域数据共享应用，建设区基础数据库，打造全区政务资源大数据平台支撑全区数据共享应用，开发建设“普陀市民云”打造面向市民的一站式“互联网+公共服务平台。四是营造发展环境，开展普陀市民云“快展”宣传月、智慧城市定向赛、无线电进社区、“诚信红黑榜”、“SODA+社会信用”评优选新大赛等活动宣传区智慧城市建设成果，增强群众对智慧城市建设的感知度。

普陀市民云“快展”宣传月活动

“智慧城市进万家”系列宣传普陀站活动

普陀区市民云主界面

第三章　信息化研究与咨询

概　述

2017年，上海市信息化专家委员会协助召开大数据专业委员会第一次会议、组织开展专家委系列沙龙活动、组织专家赴外地参加合作交流等活动，并推荐专家担任各项赛事评委。上海市经济和信息化发展研究中心参与上海市人工智能顶层设计、实施援疆信息化培训和研究项目，并围绕产业政策开展一系列信息化研究和专业咨询服务工作。上海市信息服务外包发展中心完成《"一带一路"沿线国家/地区软件和信息服务业市场合作需求调研报告》，组织"一带一路"合作交流活动助力企业"走出去"。

一、上海市信息化专家委员会

【召开大数据专业委员会第一次会议】　上海市信息化专家委员会(以下简称"市信息化专家委")大数据专业委员会成立于2016年。2017年3月，信息化专家委联合市经济信息化委信息化推进处，组织召开了大数据专业委员会第一次会议，与会专家就上海大数据产业发展和大数据综合试验区重点建设任务展开讨论。大数据专业委员会自成立后，在上海大数据的战略实施、工作落地推进、产业人才汇聚、创新创业等方面给予重要的决策参谋和智力支持。

【组织开展专家委系列沙龙活动】　为贯彻落实市经济信息化党政两委与上海研究院战略合作协议，扩大市信息化专家委决策咨询力和影响力，市信息化专家委与上海研究院合作举办系列沙龙活动。沙龙结合实事热点，每一期聚焦不同主题，及时了解专家对事件的解读和建议，邀请各相关委办和区县参加，充分发挥市信息化专家委的智库作用。

【组织专家赴外地参加合作交流活动】　按照市信

息化专家委和市合作交流办2017年度重点工作安排，应大连市经济和信息化委员会邀请，市信息化专家委部分委员于2017年11月13日至16日赴大连开展合作交流活动，重点关注智慧城市、智能制造和软件业领域。

【推荐专家担任各项赛事评委】 协助举行2017上海智慧城市建设人物评选暨“智慧工匠”技能竞赛。结合各细分领域特点，推荐相关专家，组织成立竞赛评委会，做好各奖项的初审、决赛评选。配合市团工委2017上海市产业创新大赛专家评委推荐工作，确保大赛顺利举办。

【做好专家委常规工作】 发挥市信息化专家委的决策咨询作用，配合市经济信息化委相关处室开展工作，做好协调服务等常规工作。

（解文婧）

二、上海市经济和信息化发展研究中心

概况

上海市经济和信息化发展研究中心（上海市企业技术创新服务中心、上海市智慧城市建设促进中心）（以下简称“市经信研究中心”）直属于上海市经济和信息化委员会，主要承担上海市工业和信息化产业发展研究、产业经济运行分析、全市吸收与创新专项资金的结算管理、智慧城市建设研究以及推进等职责。在为市经济信息化委提供研究咨询和服务支撑的同时，市经信研究中心还面向社会广泛开展战略研究、政策咨询、产业规划、评估评价、专项资金管理、人员培训、国际交流与合作和编辑出版等业务，也是首批入选工信部“工信智库”的9家地方性智库之一。

市经信研究中心成立3年来，先后承担国家工信部、工程院等部委课题，市经济信息化委、市发改委、市商务委等上海市委办课题，服务范围遍及上海16个区，并逐步向长三角地区延伸，参与制定一系列重要政策性文件，包括上海市“十三五”制造业转型升级规划研究、上海市关于推动新一代人工智能发展实施意见、上海市工业强基工程实施方案、上海市“互联网+”实施意见等，年常态化管理和验收各级各类专项资金项目超过1 500项。随着业务拓展和服务能力进一步延伸，在浙江嘉兴等地探索以分中心形式开展工作。

【参与上海市人工智能顶层设计】 参与起草《关于本市推动新一代人工智能发展的实施意见》（沪府办发〔2017〕66号），负责编制人工智能创新发展项目指南，完成2017年度人工智能创新发展项目申报受理、专家评审、核价等工作。

【优化完善智慧城市指标评价体系】 完成2017上海市智慧城市发展水平评估工作。在评估指标体系中，新增对各区公共信息资源社会开放度、数

据资源共享度等内容的评估，细化对各区在智慧城市工作方面相关创新的评估，形成《2017上海市智慧城市发展水平评估报告》和评估专报，组织完成基础设施、智慧商圈、智慧园区评估分报告，完成金山新城、嘉定新城的智慧城市新地标评估。

【实施援疆信息化培训和研究项目】 组织信息化专家赴新疆喀什，举办两化融合专题培训，吸引当地92名学员参加。启动实施喀什地区呼叫中心产业园建设推进实施方案编制工作。

【开展市级专项资金全流程管理】 全年完成近400个市信息化发展专项资金项目、近500个软件和集成电路产业发展项目、200余个人工智能创新发展项目、逾400个工业互联网创新发展项目专项资金项目的申报受理、初审、业务培训、计划任务书发放工作。组织召开项目立项和专项财务管理培训、项目验收培训和项目管理工作会议。

【扎实推进两化融合评估工作】 完成2017上海市信息化与工业化融合发展水平评估工作，开展互联网融合指数研究，优化两化融合创新评估指标体系设计，新增了融合效益的评估指标项，以适应对绿色、协调、创新发展要求的体现。梳理全市两化融合平台现状，完成平台升级改造需求。

【深入开展区级智慧城市课题研究】 以2017年上海市智慧城市发展水平评估体系为基础，在徐汇、虹口、嘉定等区试点建立区级智慧城市建设评估指标体系，对所在区网络就绪度、智慧应用、发展环境三大类指标的优势和短板进行分析，结合相关区域“十三五”规划，提出智慧城区发展方向、建设、运营和管理模式，形成优化建议。

【组织实施市建设财力信息化项目审核和验收工作】 完成市交通委、市水务局、市高院、市人社局、市文广局相关信息化项目前期咨询评审和项目审核，受理和完成市卫计委相关信息化建设专项验收工作。完成闵行、静安、虹口等区信息化项目咨询评估工作。

【承担信息化领域课题研究项目】 承担并完成“上海市电子信息制造业企业研发活动研究”课题研究项目，对全市电子信息领域相关企业研发活动、经费投入及其统计情况进行分析，同时借鉴国内外电子信息产业发达地区的相关政策，提出上海市进一步完善对相关企业研发活动管理及研发投入统计的政策建议。

【推进信息化宣传工作】 完成12期《上海信息化》杂志编辑出版工作，组织策划《上海全方位推进新型智慧城市建设》《人工智能成“中国制造”新名片》《三年蓝图　上海全面加速工业互联网创新发展》《数字经济强势崛起　引领产业转型升级》《量子革命开启“中国速度”》《人工智能机器人引领科技融合创新》《“网络安全法”展现大国网安意志》《阿里巴巴“新经济体”蓝图》等一系列专题文章；完成8期《上海工业》内刊编辑出版工作，内容涉及中国制造2025、智慧城市、工业互联网、人工智能、大数据、大调研、第十九届中国国际工业博览会、2017全球城市信息化论坛等；完成《2017上海信息化年鉴》编辑出版工作，完成12期《经济和信息化产业视点》、12期《智慧城市建设视窗》，组织编撰的《上海市志·信息化分志》通过上海市地方志办公室专家评审。

【完成高端论坛和展会等活动组织工作】 作为论坛秘书处支持主办方和承办方开展2017全球城市信息化论坛相关工作。论坛举办期间,来自近20个国家的政府官员、专家学者、业界人士围绕“智造之光,智慧之城;互联无限,创新之城;开放包容,卓越之城”三大议题,展开深入的探讨交流和激烈的思想碰撞。上海市副市长许昆林、联合国原副秘书长吴红波出席开幕论坛,来自国内外的专家学者、业界精英和城市管理者共400余人参加大会。协助市经济信息化委举办上海国际信息消费节主题论坛。围绕社会密切关注的“智慧金融”“智慧企业”等一系列议题,举办智慧城市大讲坛7场。

(李 成)

三、上海市信息服务外包发展中心

概况

上海市信息服务外包发展中心(以下简称“市信息服务外包中心”)成立于2006年,始终以提供企业服务、营造行业环境、促进产业发展为导向,在软件和信息服务业领域开展行业统计、标准研究、人才服务、市场拓展、平台建设以及会议交流等相关工作。近年来,随着全市软件和信息服务业国际化水平的日益提高,越来越多的企业已经或计划实施“走出去”发展战略,同时积极响应“一带一路”倡议,企业目标逐渐转向“一带一路”沿线国家业务。在此背景下,上海市信息服务外包发展中心充分发挥上海优势、整合专业资源、创新服务模式,开展了一系列软件和信息服务业企业国际业务拓展工作,帮助企业加快“走出去”步伐。

【开展研究工作】 为抓好“一带一路”倡议中软件和信息服务产业领域合作的落实,促进国际双边与多边产业在新技术新模式方面的交流与合作,推介“一带一路”沿线国家地区的市场机遇,完成《“一带一路”沿线国家/地区软件和信息服务业市场合作需求调研报告》,鼓励上海有关企业围绕“一带一路”倡议进行需求对接,推动上海市信息产业技术、设备、软件、系统和标准走出去。

参照国家和上海“互联网+”产业相关政策,梳理地方省市及上海其他中心城区发展“互联网+”产业实践经验,结合黄浦区互联网产业自身特色,完成《黄浦区“互联网+”产业政策研究报告》,为黄浦区打造“互联网+”产业集聚区提供决策参考。

【建设合作服务平台】 完成上海软件和信息服务业“一带一路”合作服务平台建设,Android版本上线运行,使用企业约100家,合作项目约60个,以双向的人才外包和技术服务项目承包为主,经过推广和使用,签订意向合同约100万美元。同时,与“一带一路”沿线国家驻沪领事馆及相关机构合作,在“一带一路”范围内进行推广,获取更多含传统行业企业、高新技术企业在内的海外用户,带动上海企业与“一带一路”企业合作的积极性,开拓更多潜在的“一带一路”市场。

【举办会议交流活动】 2017 年 10 月 19 日,市信息服务外包中心举办第十五届上海软件贸易发展论坛——“一带一路”与 IT 服务贸易新机遇专场,乌克兰驻沪总领事馆、复旦大学“一带一路”研究院、SBA 联盟、FIC Global Advisors 等参加,分别从“一带一路”解读、乌克兰产业发展情况、“一带一路”市场拓展等方面展开论述,同时采用电话会议系统,邀请项目合作方 Dream Practice 代表现场连线,与上海软素科技股份有限公司签订项目 MOU 并在洽谈环节与参会企业如上海宝信、Ucloud 等进行合作对接洽谈。

11 月 30 日,举办上海“一带一路”国际合作高峰论坛,以信息服务引领“一带一路”2.0 为主题,以国际化的专业视角,吸引来自全国及“一带一路”沿线国家的知名企业、机构代表、专家学者等重量级嘉宾,多方面、多形式地探讨信息服务在支撑国家“一带一路”建设中所起的重要作用。微软、阿里云、联想云、Ucloud 等企业高层代表参加主论坛活动,乌克兰驻上海总领事馆、爱尔兰投资与贸易局、法国驻上海总领事馆、新西兰驻上海总领事馆以及捷克投资局等“一带一路”沿线驻沪机构参与,同时促成上海软素科技股份有限公司与海外企业 Russ Media,第九城市、上海凌巴迈有限公司与海外企业 Mobiversal 现场进行意向签约。当天下午还进行不同领域的专场活动,包括《上海虹桥“一带一路”信息服务业战略业务对接会》及《物联网为“一带一路”插上智慧的翅膀》两场分论坛。

【开拓“一带一路”市场】 以扩大上海与“一带一路”沿线国家在软件和信息服务业方面的合作领域为目的,充分利用上海软件和信息服务业优势,发展“一带一路”业务,市信息服务外包中心与已建立良好合作关系的驻沪领事馆保持密切联系。其中,与乌克兰驻沪领事馆合作,和乌克兰专注于 IT 培训的学校 IT Lyceum ＃79 以及乌克兰优秀的 IT 企业 JetRuby Agency 和 Internet Devels 进行对接,了解其在 IT 领域的人才和业务情况,并提出合适的发展建议,促成乌克兰相关 IT 行业机构与上海市软件和信息服务业企业合作。

市信息服务外包中心与捷克 ICT Alliance 及 Prague Start-up Center 建立业务联系,旨在为上海市软件和信息服务业企业建立官方合作渠道,选择捷克优质可靠的合作企业,提升上海市软件和信息服务业企业承担国际业务的可信度,降低企业选择国际业务合作伙伴的风险。

接受巴基斯坦驻沪领事馆委托,安排巴基斯坦开伯尔-普赫图赫瓦省信息技术局代表团与上海西信信息科技有限公司进行对接,双方就人才培养、产业支撑等方面进行交流,带动巴基斯坦信息技术行业与上海市软件和信息服务业企业在 IT 人才方面的项目合作。

此外,市信息服务外包中心积极开拓新市场资源,与新西兰、新加坡、爱尔兰、法国等“一带一路”沿线国家建立合作关系,推动上海与“一带一路”沿线国家在 ICT 领域的双向合作。

(叶燕飞)

第四章　行业（专业）协会发展

概　述

2017年，上海信息化系统各协会围绕全市年度信息化重点，研究政策建议，编写产业报告；开展行业国际、国内合作交流活动，提升产业发展水平，拓展企业视野；制定行业标准，协助政府规范行业市场做好服务工作。

一、上海市集成电路行业协会

【协助政府做好促进产业发展的服务工作】　组织企业进行文件解读和有关政策培训。《关于本市进一步鼓励软件产业和集成电路产业发展的若干政策》（沪府发〔2017〕23号）的通知文件下达后，上海市集成电路行业协会（以下简称“集成电路协会”）配合张江高新技术产业开发区管理委员会（以下简称“张江管委会”），会同市发展改革委、市税务局于2017年6月1—2日对业内近百家集成电路和软件企业进行为期两天的文件解读和有关政策培训，70多家会员企业参加。5月27日协助市经济信息化委邀请市税务局的专家，召开2016年度集成电路产业税收优惠备案政策宣讲培训会，就财税〔2016〕年49号文细则对企业进行实际操作辅导。11月30日再次召开2017年度集成电路产业税收优惠政策宣讲培训会，邀请财税事务所专家就税务加计扣除、税务规划、企业所得税问题进行培训和交流解答。

协助开展2016年度集成电路企业设计人员专项奖励的申报审核工作。为落实《关于本市进一步鼓励软件产业和集成电路产业发展的若干政策》,按照《上海市软件和集成电路企业设计人员专项奖励办法》有关要求,协助市经济信息化委组织会员企业进行集成电路设计人员专项奖励的申报。有 55 家企业、3 114 人进行申报。最后经市经济信息化委、财政和税务审核批准,共有 48 家企业、2 836 人获奖励金额 5 597.3 万元,人数和金额比上年度都有提高。

协助市发展改革委、市税务局、市经济信息化委开展 2016 年度集成电路企业所得税优惠备案企业的审核工作。共受理 33 家集成电路企业备案,经组织行业和财税专家评审及企业约谈,全市共有 31 家通过所得税优惠备案企业要求,其中包括 17 家集成电路国家规划布局内重点企业、12 家集成电路设计企业、2 家集成电路生产企业。

协助政府制定项目指南,组织企业申报各类项目。积极向市经济信息化委上报制定项目指南,同时组织企业进行申报。华大半导体等 7 家会员企业获得 2017 年软件和集成电路产业发展专项资金项目支持。澜起科技等 7 家会员企业获得 2017 年市产业转型升级发展专项资金项目(工业强基)专项资金支持。

协助市经济信息化委对 2016 年销售额亿元以上的 40 家集成电路设计企业进行摸排调研,使其中 26 家设计龙头企业通过制定“十三五”期间研发项目及其投入产出目标,建立重点企业信息库,为后三年的项目指南制定和政府扶持奠定基础。

组织企业向张江管委会申报张江园区产业储备项目。为使浦东新区政府在“十三五”期间对储备库中的项目择优给予重点支持,组织整理会员企业申报“高成长企业”“集成电路产品”“装备产品”“创新产品”“产业专项”等共 40 余项。项目汇总后集中上报,列入张江园区产业项目储备库做政策支持备案。

协助政府推进全程保税工作。2017 年共 6 家企业参加全程保税试点,参与试点的产品数量和金额较上年有较大增长。全年出口额达 7 625.56 万美元,比上年增长 158%;进口额达 11 130.47 万美元,比 2016 年增长 943%。为协助政府部门了解情况,向浦东海关和上海海关加工贸易监管处、中国半导体行业协会、张江管委会、市经济信息化委等有关部门提交全程保税试点的报告和有关材料,以及为进一步优化试点政策、扩大试点成果提出建议的书面材料。

配合海关进行产业政策的落实工作。参加上海海关归类分中心组织的多元件集成电路商品归类集中研讨,为 2017 版税则正确执行提供技术上的帮助。为浦东海关关税处开展“集成电路实地调研走访关税政策的制定和实施”课题研究提供翔实的素材资料。参加上海海关南汇办事处的集成电路产业保税监管研讨会,介绍发展集成电路产业的重要性,提出希望海关能给予支持的有关问题。

【开展行业国际国内合作交流活动】 举办 2017 年海峡两岸(上海)集成电路产业合作发展论坛。为推进两岸集成电路企业准确把握政策走势和市场机遇,促进产业链优势互补合作共赢,在国台办、市台办和市经济信息化委的指导和支持下,2017 年 4 月 19 日,市集成电路协会和 SEMI 台湾再度携手主办“2017 年海峡两岸(上海)集成电路产业合作发展论坛”,邀请三百余位来自中国台湾半导体产业协会、中芯国际、展讯、联发科、中微、复旦、台湾交大等的知名企业家、专家共聚一堂,深入探讨两岸 IC 产业现状、发展趋势与合作前景。

召开“中荷半导体企业深度交流洽谈会”。受荷兰大使馆科技处委托，3 月 13 日举办“中荷半导体企业深度交流洽谈会”，中芯国际、华虹宏力、江阴长电在内的 13 家中方企业出席，荷兰方面由荷兰半导体产业联盟带队共 7 家企业到场。会上，市集成电路协会对上海在汽车电子领域的发展和取得的成果进行讲解。中荷双方进行三个多小时的交流讨论，对彼此有更加深入的了解，希望今后开展更多合作。

协办“全球半导体联盟(GSA) GSA 存储器+论坛”。论坛由 GSA 董事会主席、紫光集团全球执行副总裁、展讯董事长兼 CEO 李力游博士，以及 GSA 亚太区主席、钰创科技董事长卢超群博士致辞。GSA 全球总裁、紫光集团董事长、西部数据 CTO 兼执行副总裁、高盛集团合伙人、美光 DRAM 解决方案集团副总裁、阿里巴巴首席架构师及华为首席科学家，从不同专业领域的角度发表演说。会议还邀请华创投资的合伙人兼总裁与海内外业界权威展开一系列深度问答与讨论。

举办“2017 年集成电路企业领导沙龙——年终市场大盘点专场”。12 月 19 日，市集成电路协会邀请行业资深评论家莫大康先生和 IHS Markit 公司资深市场分析师何晖女士就 2017 年行业发生的重大事件和市场动态，以及产业发展机遇进行深刻剖析。行业企业主要领导，从事市场、技术的工程技术人员 180 余人出席活动。

【开展行业人力资源、知识产权保护及培训活动】 推进上海集成电路高技能人才基地工作。组织市经济信息化委领导调研上海市集成电路高技能人才培养基地(以下简称“基地”)。3 月 1 日，市经济信息化工作党委书记陆晓春率市经济信息化委人教处等一行九人调研基地，参观集成电路制造工艺和测试实训平台，听取实施单位的介绍。市集成电路协会、华虹集团和硅知识产权交易中心分别汇报基地成立以来的重点工作、三年规划、实施成效及面临的机遇与挑战。讲师代表和学员代表分享参与培训课程编写、授课和参加培训的心得体会。市集成电路协会会长、华虹集团董事长张素心，代表行业反映企业发展对人才的需求和对基地工作的期许。陆晓春充分肯定基地的工作，希望基地为产业的发展培养输送更多贴合产业需求的人才，争取建成示范基地。

开展 2017 年度工程系列中级和高级专业技术职务任职资格评审工作。市集成电路协会于 4 月召开部分企业 HR 负责人专题会议，介绍职称评定工作申报的流程等，6 月协助开展公需科目的培训工作。全年共受理“电子元器件与微电子”专业组高级工程师申报 74 人，中级工程师 173 人。62 人通过高级工程师资格审核，150 人通过中级工程师资格审核。

【协助做好行业安全生产、节能环保工作】 沟通协调危险品仓库关停事件，向市经济信息化委上报《关于恳请推动解决集成电路制造企业特殊气体供应中断风险的请示》。

2017 年 6 月 27 日，市集成电路协会接到会员企业华虹宏力反映，上海集成电路制造企业危险品气体供应商的主要存储仓库将于 8 月底彻底关停。一旦关停会导致气体供应商周转不畅，严重影响集成电路生产企业的生产。考虑到事态的严重性,市集成电路协会于 6 月 28 日召开气体供应商及制造企业的座谈会了解情况,并汇总情况上报市经济信息化委。

市经济信息化委于 7 月 5 日召开座谈会,听取市集成电路协会及有关企业情况汇报并商量解决办法。根据会议要求,7 月 12 日市集成电路协会召开气体及集成电路制造企业座谈会,要求各制造企业及气体供应商分别统计相关需求,由市集成电路协会统计核对需求量并上报市经济信息化委。同时着手讨论上海在化学品仓储包括危废处理方面资源紧缺的问题,了解统计中芯、华力新生产线投产产生的危险品仓储及危废处理资源需求,研究长期稳定的解决方案,为上海市集成电路行业的发展保驾护航。

(陈爱琳)

二、上海市信息家电行业协会

【配合上级单位,做好产业政策宣贯与措施落实工作】 针对市政协委员安翊青提出的“关于加快建设上海虚拟现实旅游景点的建议”提案给出答复,并被市政府部门采纳。

受市经济信息化委委托,开展市软件和集成电路专项指南征集工作,通过调研和座谈,将征集到的有助于推进产业发展的指南汇总上报至市经济信息化委,并于指南出台后,组织召开上海市软件和集成电路产业发展专项资金项目申报政策宣讲会,邀请市经济信息化委相关负责人对项目指南及申报流程进行详细解读。

在市经济信息化委组织召开的上海电子信息制造业行业协会秘书长工作会议上,上海市信息家电行业协会(以下简称“信息家电协会”)秘书长朱静莲就行业发展现状和企业普遍关心的问题发言,重点汇报信息家电行业在智能电视、智慧家庭、VR/AR 等热点领域的技术和产业最新发展动向。

受市经济信息化委委托,承担上海数字音视频行业经济运行的基本数据采集以及统计、分析工作。

向市经济信息化委等有关部门提交的关于部分进口配件关税税率调整的建议,连续多年被国家税务总局和上海相关部门采纳,编制的关税调整建议目录被有关部门采纳,建议目录产品进口关税的大幅减低使相关企业受益。

受市经济信息化委委托,承担《2017 年上海信息家电产业发展报告》的编撰工作,对当前国内外信息家电产业的整体发展情况进行梳理,重点分析全市信息家电产业的发展现状、面临的问题及发展趋势,对政府推进产业发展提出政策建议。该报告于 2017 年 12 月 25 日通过市经济信息化委组织的专家验收评审。

在重点研究互联网电视和人工智能的产业发展、关键技术突破、国家相关政策的基础上,形成《语音识别技术及相关企业》《人工智能产业机会和对策》等研究报告,报送相关政府部门以供决策参考。

针对国家对于互联网电视越来越严格的管控趋势以及国家、上海市对于互联网电视企业下达的新政策、提出的新要求，在实地考察调研的基础上，提出关于落实互联网电视新政策的建议，被相关政府管理部门采纳。

受浦东科经委委托，承担“浦东新区电子信息企业信息统计”宣传培训工作，多次组织举办浦东新区企业信息统计工作宣传培训讲座，督促企业完成信息统计填报工作，并向浦东科经委提供浦东新区相关企业的发展情况分析简报。

根据张江高新技术产业开发区管理委员会(以下简称“张江管委会”)要求，针对张江园区会员企业在信息技术、智能家居、人工智能等领域开展的原创研发项目，且研发成果已经形成自主知识产权的有关情况展开调研，经整理汇总后将上海国茂数字技术有限公司、上海佰贝科技发展有限公司、上海下一代广播电视网应用实验室有限公司的原创研发项目信息表报送至张江管委会。

【认真对待企业诉求，维护企业应有权益】 2017年，信息家电协会秘书处主要负责人走访调研企业 35 家次，就一系列重点工作与企业进行多种形式的沟通交流，及时了解企业发展现状，对发展中遇到的各种问题，力所能及地帮助企业排忧解难。

陪同工信部电子信息司消费电子处处长周海燕一行前往互联网电视领域重点企业上海聚力传媒(PPTV)和微鲸科技调研，对企业信息安全工作进行督查和辅导，并受工信部委托组织百视通技术、仪电数字、索广映像等上海市互联网电视接收设备生产企业签订信息安全承诺书，并汇总后报送工信部，确保国家重要活动期间的信息安全保障工作。

受市经济信息化委委托，对全市电子信息相关企业展开调研，通过对企业规模、投融资情况、经营情况以及发展规划等各方面综合评估，结合信息家电协会专家意见，推荐优秀的企业和项目上报至市经济信息化委。

朱静莲带队先后考察相舆科技(上海)有限公司、移康智能科技(上海)股份有限公司、上海蓝硕数码科技有限公司等发展态势良好、具有代表性的智能家居企业，就推进上海市智能家居、新型显示产业发展深入探讨，倾听企业诉求和建议交流后，了解企业发展现状和面临问题。

秘书处有关人员前往理事单位上海索广电子有限公司进行调研，在经过深入细致的了解后，朱静莲向企业介绍政府部门对于推进先进制造业企业发展的相关扶持政策，并鼓励企业积极申报。

朱静莲与张一钧教授对理事单位上海国茂数字技术有限公司进行调研，提供专业评估和项目指导，并帮助其与市商务委公平贸易处对接，提出我国数字音视频领域自主知识产权标准 AVS 系列产品的贸易政策与支持建议。

朱静莲带队调研副会长单位上海数字电视国家工程研究中心，了解其在数字电视标准 ATSC3.0 方面的最新进展，并为其申报的市软件和集成电路产业发展专项项目提供专业咨询和指导。

信息家电协会通过调研考察了解企业需求和诉求，并向有关部门进行反映，同时积极发挥自身的公信力、权威性优势及拥有的政府、专家、社会等资源优势，为会员企业提供多元化服务。

【规范行业健康发展，有序推进技术标准制、修订工作】 信息家电协会是中国电子工业标准化技术协会企业标准化工作委员会的落地单位，成立以来多次主持制订、发布联合企业标准和地方标准二十余项。由信息家电协会主持制定的“信息家电产品安全标准——家用和类似用途联网控制器、传感器及类似设备的安全与电磁兼容要求”(以下简称《标准》)于 2017 年 6 月通过专家评审，正式完成《标准》的制定工作。《标准》由信息家电协会在全国团体标准信息平台登记发布，并于 8 月 9 日召开标准发布会。《标准》自 2017 年 10 月 1 日起正式实施，《标准》的出台有效规范智能硬件、可穿戴设备、智能电视等信息家电产品市场，为政府质监部门执法提供依据，也为消费者提供安全保障。

【搭建交流互动平台，拓展企业视野】 组织召开座谈会，搭建沟通交流平台。主办“2017 第十届上海信息家电发展论坛——推进信息家电产品安全标准建设与应用推广”主题论坛，论坛上正式发布由信息家电协会主持制定的《信息家电产品安全标准》，并就标准后续的行业应用和推广，以及相关企业如何按标准进行产品的检验检测等内容进行深入的交流讨论。

组织召开市经济信息化委电子信息产业处指导的平台建设研讨会，听取各企业对平台建设的建议以及对开拓国际市场的需求，以帮助副会长单位数字电视工程中心进一步完善其新一代数字电视及媒体网络系统和产品测试验证平台建设。

召开 VR 技术与产业创新研讨会，邀请副会长单位上海交大和电信研究院介绍 VR 的技术演进和国内外发展趋势研究，产业链上下游四十余家相关单位参加会议。

召开智能电视产业和市场信息交流会，海尔、海信、长虹、TCL、创维、康佳等国内电视机厂商及三星、东芝等厂商的负责人出席交流会，会议交流智能电视产业和市场信息。

组织信息家电协会会员企业参加 2017 政府扶持政策梳理解读会，有意向申报大张江专项、小巨人(培育)工程专项、工业互联网创新发展、中小企业发展(产业升级配套)、上海市重点技术改造专项等政府项目的会员企业出席会议。

组织会员单位及专家教授参加“智生万物 · 2017 FT 中国人工智能前沿发展论坛”，论坛上全球人工智能领域专家、科技先驱、创新企业家一同探讨当前人工智能发展的前沿趋势，分享人工智能产业不同层面的研究成果和可能带来的发展机遇。

与大麦村、上海市房地产总工程师俱乐部合作组织召开智能家居系列座谈会，为智能家居会员企业与房地产商对接提供互动交流的平台。4 月 20 日在房地产总工程师俱乐部召开智能网关方案对接房地产开发商专题研讨会，5 月 26 日与大麦村合作召开“万科梦想家”主题座谈会，切实帮助企业产品落地。

组织优秀会员单位参展。2017 第四届上海国际科普产品博览会(以下简称“科博会”)上，信息家电协会连续 4 年设立的信息家电展区亮相。信息家电协会副会长单位东方有线、理事单位相舆科技和蓝硕数码，以及海信、长虹、创维、海尔、三星等国内外主流彩电企业纷纷亮相此次科博会，带来最新技术、最新产品的展示和互动体验，吸引了众多市民驻足参观，成为科博会的一大亮点。

为此，信息家电协会获组委会颁发的“优秀组织奖”。

配合张江管委会做好第五届中国(上海)国际技术进出口交易会(上交会)张江主题展区“活力张江”的参展企业推荐工作，积极推荐园区智慧家庭重点企业、信息家电协会理事上海下一代广播电视网应用实验室有限公司参展，展示以智慧家庭融合媒体网关及应用系统为代表的新技术、新产品。

协办 2017 NAB Show Shanghai(上海全球跨媒体创新峰会)，信息家电协会多家会员单位均携带最新技术与产品亮相此次展览会，包括 SMG、东方有线、东方明珠、数字电视工程中心、上海国茂、上海佰贝等。

推荐会员企业申报社会荣誉。作为 2017 年第六届上海“十大杰出青商”评选的协办单位，积极做好优秀企业和人才的推荐工作，推荐信息产业领域优秀青年企业家上报评委会进行评审，帮助企业进一步提升品牌知名度和开展人才资源建设；在 2017 上海智慧城市建设“智慧工匠”评比活动中，成功推荐电信研究院罗传飞博士获评荣誉。

【注重发挥专委会作用，提升协会专业价值】 2017 年，信息家电协会数字家庭应用专委会(以下简称“专委会”)顺利完成换届工作，聘任华东师范大学顾君忠教授为新一届专委会主任，聘任东方有线王明敏院长和中国电信上海公司浦东局肖晴博士为副主任，聘任相舆科技、移康智能、仪电数字、澜腾智能、蓝天经济城、上海纳普、瑞讯通讯、控龙智能为新一届专委会委员单位。

SIAA 数字家庭应用专业委员会成立于 2007 年，是上海市信息家电行业协会下设的分支机构，也是在市社团局备案成立的市级智慧家庭领域专业组织。专委会委员由智慧家庭各细分领域发展情况良好、具有代表性的企业组成，承担数字家庭相关业务的开展，是信息家电协会推进智慧家庭产业发展的重要力量。本次换届实现新、老委员的更新交替，为专委会补充新鲜血液，为新一轮工作发展奠定更加扎实专业的基础。在今后的工作中，信息家电协会将进一步发挥数字家庭应用专委会的优势和积极作用，以专委会为抓手，提升信息家电协会专业价值。

(解　放)

三、上海软件行业协会

【概况】 上海市软件行业协会(SSIA，以下简称“软件协会”)成立于 1986 年 6 月，是国内最早成立的软件行业协会之一，下设软件质量管理与过程改进、软件服务、软件知识产权、嵌入式系统与软件、开源软件和教育软件 6 个专业委员会，会员单位超过 1 200 家。软件协会遵循“行业代表、行业服务、行业自律、行业协调”的工作宗旨，根据政府主管部门的授权或委托，按照公开、公平、公正的原则承担行业管理职能，积极开展各项活动，获得政府、企业和上级协会的认可，连续十年被中国软件行业协会评为“先进行业协会”。

2017年，软件协会根据年度工作计划，主要围绕会员服务、政策服务、咨询服务、人才服务、创新服务、内部建设六方面着力开展工作。

【会员服务】 **机制运作**。2017年4月，软件协会召开七届三次会员代表大会、七届三次理事会会议，会议通过2016年度工作报告及2016年度财务工作报告；2017年12月，七届四次理事会召开，会议审议了《协会发展规划(2016.4—2020.4)》等文件。

信息服务。2017年7月，软件协会正式推出《协会最新动态》电子月刊，将协会动态、产业大事、企业资讯的最新信息推送到会员单位；年内，软件协会“上海软件”微信号关注数超3 000余人，平均每条微信的阅读数为200次。

会员发展。2017年，软件协会继续坚持“入会自愿、退会自由”原则，持续优化会员服务，吸引软件企业和相关企业、机构自愿入会，新增会员379家；截至2017年年底，注册会员为1 575家，全年实际缴费会员数1 168家。

【政策服务】 **产业研究**。软件协会不断加强产业研究工作，掌握产业发展态势，积极对产业统计数据及发展态势进行认真细致的研究，撰写或参与编撰《2016上海软件产业发展报告》《2016浦东新区电子信息产业发展报告》《2016张江软件产业发展报告》《人工智能词典》等课题研究，参与上海智能软件发展、张江园区综合政策等项目研究与咨询。

政策支撑。软件协会根据政府采购协议，积极做好2016年度软件企业所得税优惠核查、软件设计人员专项奖励、首版次软件产品专项等产业政策落实支撑工作，共服务近千家软件企业和近万名软件从业人员。

产业监测。2017年，软件协会被市商务委授予“上海市进出口公平贸易行业工作站”，受市商务委委托，收集上海软件产业相关数据，为市商务委《上海产业安全趋势与预警报告》软件产业板块提供数据支撑，并获评“2017年度产业安全预警监测优秀服务奖”。

反垄断实践指引。受市商务委委托，根据软件行业的特点，软件协会开展软件行业经营者集中反垄断实践调查，并联合编制《新兴信息技术领域经营者集中反垄断实践指引》；还通过宣贯与培训，提高软件行业对《反垄断法》的认知与了解。

【咨询服务】 **“双软”评估**。软件协会继续以“双软”评估为抓手促进行业自律，为会员单位免费服务。全年共评估软件企业539家，软件产品4 970件，进口软件产品2件。

著作权代理。软件协会著作权代理服务始终坚持会员优先、优惠、快速响应、专业服务和“一条龙”服务4项原则，获得了会员单位认可，全年共提供软件著作权代理服务超过1 100件/次。

项目推介。通过数据分析，深入发掘在人工智能、大数据、计算架构、BIM等科技创新和商业模式创新方面有卓越表现的企业及项目，积极向市、区主管部门推进，发动优秀企业和项目申报各类专项扶持政策与资质及荣誉。全年共帮助会员企业累计获得各项扶持近2 000万元和各项资质、荣誉数十项。

市场拓展。继续协办中国软件渠道大会(上海站)活动，推介近100家企业参会。帮助有孚科技、华为、南天电脑、卫道信息、清晖咨询等企业机构开展市场推广活动，进行品牌推介；帮助企业与日本大阪近畿信息产业协议会开展对口合作交流，并组织参与 2017 年度上海软件贸易论坛“中日企业合作交流专场”活动。

价格评估。依据“软件开发和服务价格构成及的评估方法”为上海武警政治学院、中国外汇交易中心提供软件项目开发价格的评估服务。

创业辅导。继续派出相关专业人员担任上海大学科技园、上海苏河汇科技园等多家科技园区的创业辅导员，为园区企业提供产业政策宣传、企业技术产品上下游对接合作、专项资金申报、投融资对接等无偿服务。

【人才服务】 知识培训。2017 年，主办或联合举办公开培训 17 场，政策培训、新老会员技术交流沙龙等专题活动备受欢迎，全年服务超 1 100 人次。

“双百”评选。2017 年 2 月开展“2016 年度上海市软件行业标兵、服务明星”（“双百”名人）评选工作，共有近 300 人参报。经会员单位自愿申报、秘书处初审、专家评审、网站公示等环节，评选出 100 名“2016 年度上海市软件行业标兵”和 100 名“2016 年度上海市软件服务明星”，并在软件协会工作年会上举行了表彰仪式。

基地建设。2017 年 8 月，上海软件协会鉴定中心正式授牌。基地开发的“软件开发质量控制”“嵌入式软件测试”“移动 APP 测试”3 项课程的课程、题库、设施设备等基本建设完成。

教师实训。年内，软件协会共组织 25 名中、高职教师参加软件企业岗位实践。经过 3 年的不懈努力，使得软件协会基地及基地内各项工作多次获得表彰。获得的荣誉包括“优秀基地”“优秀学员”“优秀教学案例”“优秀带教师傅”等。

技能大赛。2017 年 9 月，市人社局、市教委、市财政局共同授予软件协会“世界技能大赛网站设计与开发项目训练基地”资质。软件协会将持续推进相关工作，为第 44 届世界技能大赛做贡献。

11 月，由市人社局、市财政局、市教委、市经济信息化委、市国资委、市总工会和团市委共同主办，软件协会承办的 2017 中国技能大赛——上海市职业技能大赛网站设计、商务软件两项竞赛举行。大赛以中国（上海）成功申办 2021 年第 46 届世界技能大赛和上海选手在第 44 届世界技能大赛上实现金牌突破为契机，旨在推动上海市高技能人才的培养。

【创新服务】 **创新论坛**。2017 年 11 月，2017 上海软件创新论坛（第九届）举行，市人社局、市科委、市经济信息化委等政府主管部门领导出席会议。论坛以“创新、服务、人工智能”为主题，邀请中国科学院院士、中科院上海分院副院长张旭研究员就“脑科学与人工智能”发表主题演讲，来自软件企业、软件园区和服务机构等约 400 人参加会议。

展览展示。2017 年 6 月，由软件协会、上海市信息服务业行业协会等联合承办的 2017 上海国际信息消费博览会召开，这是上海深入推进“信息消费试点城市”建设，建设全球科技创新中心的重要活动。展会主题涉及“互联网＋金融”“互联网＋教育”“互联网＋健康”“互联网＋生活服务”等，软件协会共组织数十家企业参加。

6 月，以上海“软件名城”建设成果和政策举措为主题出展 2017 中国国际软件博览会。本届软博会以“软件定义世界，智能驱动未来”为主题，全面展示大数据、人工智能、虚拟现实等新兴热点，以及制造业与互联网融合、软件创业创新等方面进展。

“四名”竞赛。2017 年 10 月，举行“上海软件行业创优争先‘四名’竞赛活动”。此次活动充分展示上海软件产业集聚产业创新发展新动能，不断提升产业综合竞争力，服务科技创新中心建设大局的风貌。竞赛各环节不收取任何费用，优胜者名单由上海市软件行业协会出资刊登于 11 月 28 日《文汇报》。

BIM 联盟。年内，上海 BIM 技术创新联盟积极根据联盟章程与工作设想，围绕产业政策落实、产业研究与分析、关注企业需求，创新服务方式、服务产业发展等方面着力开展工作，先后组织技术交流、政策辅导、技能提升等活动，开展“BIM 产业发展报告”课题研究，还于 11 月 25 日主办 BIM 技术创新与应用（上海）秋季论坛，并协办“型建香港”BIM 大赛和杨浦区 BIM 论坛等数场活动。

论文编发。年内，全新推出《软件工程论文专集》（ISBN 978-7-5478-3697-2）。这是系列《论文专集》的第一本，面向上海软件企业、机构征集涵盖人工智能、云计算、大数据、信息安全、互联网+、软件质量与测试技术等多个热门领域论文近 40 篇，由软件协会组织编写、上海科学技术出版社出版。

信用评价。为进一步推进社会信用体系建设，建立有利于市场经济健康发展的长效监管机制，软件协会在中国软件行业协会支持下，主动开展全市软件企业信用评价工作。年内上海地区共有 64 家企业进行申报、年审换证工作。其中，新申请的 30 家企业均获得 3A 评级。

【内部建设】 **5A 级复评**。2017 年，本着“以评促改、以评促建、评建结合、重在规范”的指导方针，成立了评估工作小组，开展评估各项准备，并顺利通过 5A 级复评。

社会责任报告。2017 年 5 月，发布《2015—2016 上海软件产业社会责任报告》。该《报告》集中反映上海软件行业 2015—2016 年履行社会责任的概况，重点展示在迈向万物互联、数字智能的新时代进程中，上海软件的“产业赋值、经济赋能、社会赋智”作用和发展成就。

脱钩工作。2017 年，根据市政府全市社会团体清理规范暨行业协会商会与行政机关脱钩工作（第二批）部署动员会有关精神，软件协会积极完成机构分离、职能分离、资产财务分离、人员管理分离、党建外事分离等脱钩工作。完成脱钩工作后，软件协会将更规范地发展，成为真正的社会主体，实现独立运行、依法自治。

（姚宝敬）

四、上海市无线电协会

【完成上海市无线电协会换届选举工作】 2017 年 10 月 13 日，上海市无线电协会（以下简称“无线电协会”)举行第四届会员大会第一次会议暨四届一次理事全体会议,与会会员单位共116家。上海市经济和信息化委员会规划处副处长赵广君、上海市无线电管理局副局长高远、上海市无线电监测站站长范志平出席会议。

会议通过第三届理事会工作报告、第三届理事会财务收支和审计情况报告以及协会章程的修改。大会选举产生第四届理事会理事单位39家及监事单位1家。选举产生理事长单位为中国电信股份有限公司上海分公司,副理事长单位为中国联合网络通信有限公司上海市分公司、中国移动通信集团上海有限公司等12家单位。理事长单位代表傅志仁担任上海市无线电协会法定代表人。

【不断完善自身建设】 加强无线电协会自身规范化管理。通过上海市ISO 9001质量管理体系认证年检,取得了普及推广无线电技术及提供相关研讨、咨询、服务活动的资质。

筹建上海市无线电协会车联网联盟。我国正大力开展5G技术与产业化的研发,为抢占5G发展先机打下坚实基础,车联网、工业控制、虚拟现实、物联网等将是5G重点支持的领域。为促进企业之间资源共享,加快车联网应用技术的创新和标准化、产业化进程,从而提升车联网产业在国内外市场的整体竞争力,无线电协会拟筹建上海市无线电协会车联网联盟,已完成联盟成立前期的各项筹备工作。

筹建无线对讲即时通信系统企业联盟。随着国家城市化进程的高速推进,很多原先在室外产生的无线对讲通信需求转移入室内空间,在此背景下,无线通信领域诞生一个新的细分行业,即无线通信系统工程行业。行业发展仍处于初级阶段,需要一个服务于该行业的联盟,开展专业活动,制定相关标准,加强行业规范,促进行业健康发展。为此,无线电协会正着力牵头行业内具有影响力、在相关领域做得较好的企业,筹备成立企业联盟。

完成无线电协会全新“网站”和“微信公众号”的建设。网站主要由新闻中心、专家园地、行业展厅、协会成员等几大板块组成。努力将“网站”和“微信公众号”打造成为公开政府信息、传播行业动态和前沿技术信息、促进会员互动的多功能平台。

【2017年度上海市各类无线电考试保障工作】 协助上海市无线电管理局开展全市各类考试的无线电考试保障工作。做到考前准备充分,确保人员、车辆、设备到位;任务执行中反应迅速,做到对作弊信号发现快、定位准。全年共开展保障工作20余次,查获考试作弊设备1次。

【积极打击整治各类非法无线电台站】 发挥无线电协会的技术力量,将“伪基站”和“黑电台”作为监测重点,一旦发现和定位到非法设台,进行迅速处置。2017年度共协助无线电管理局完成两次查处非法“伪基站”和“黑电台”的任务。

【运营商干扰排查】 继续做好运营商基站外部干扰排查服务,成为维护公用移动通信电磁环境的一支有效力量。2017年,共为电信公司解决干扰问题120余起,为联通公司解决干扰问题20余起,为移动公司解决干扰问题80余起。

【“无线电发射设备销售备案”研究工作】 为规范无线电发射设备销售管理，促进无线电发射设备销售市场健康发展，根据新版《中华人民共和国无线电管理条例》，研究制定全市无线电发射设备销售备案管理办法。初步完成管理办法意见征询稿，建立“备案数据库”，并试点开展全市的销售备案工作。

【行业诚信体系建设】 通过媒体宣传，向社会公开在行业相关领域中做得比较好的单位；建立诚信档案，纳入《全市企业联合征信系统》；对违反承诺的行为记录在案，根据失信程度给以惩戒；加强举报和投诉，加大监督检查力度。2017 年度开展的诚信体系建设活动包括：销售无线电发射产品规范企业、无线电通信网络设计资质、公用移动通信室内信号覆盖分布系统集成企业、移动通信室内信号覆盖分布系统代维企业、WLAN 无线电产品生产销售规范企业。

【行业标准制定及咨询服务】 根据上海市住房和城乡建设委员会沪建管〔2015〕871 号文件《上海市住房和城乡建设委员会关于印发〈2016 年上海市工程建设规范编制计划〉的通知》，《移动通信室内信号覆盖系统设计与验收规范》需要进行修订。为此，联合市信息系统质量技术协会共同开展标准的修订工作，并已进入最后的定稿阶段。

受上海公用事业自动化工程有限公司委托，完成《上海市公共交通 FID 组网设计》项目。研究制定组网方案，对公交 RFID 组网设计的必要性和可行性进行论证。

【做好行业宣传工作，组织举办培训、论坛及沙龙】 举办“无线电基础业务培训班”“《中华人民共和国无线电管理条例》宣贯暨无线电发射设备销售备案培训”等。主动服务于未来全新频率的用频需求，全面提升无线电管理地位，普及学习无线电新知识。

举办、协办“无线智能、智慧城市行业研讨沙龙活动”“2017 无线电创新发展高峰论坛”“城市建筑空间无线对讲即时通信行业论坛”等行业论坛和沙龙。多形式、多渠道、多角度深入探讨前沿科技和行业发展，促进无线电协会与会员以及会员与会员之间的合作与交流，实现行业信息共享，创建多方共赢。

积极开展交流学习活动。分别与中国无线电协会、重庆市无线电协会等兄弟省市协会及中国工业经济联合会的相关协会开展多次学习交流活动，互相交流工作经验，取长补短。

（陈　晟）

五、上海市物联网行业协会

【概况】 在 2017 年物联网行业蓬勃发展的背景下，上海市物联网行业协会（以下简称“物联网行业协会”）大力推动物联网生态建设，为物联网企业培育一个开放的物联网生态环境，并协助会员与政府职能部门政策沟通、会员与会员之间商务合作以及会员与合作伙伴之间资源共享，帮助会员单位更好地迎接物联网大时代。

物联网行业协会的主要职能包括政策咨询、项目合作、应用示范、标准制定、会员推广、商务对接、会展服务及人才培训。会员覆盖芯片、传感器、模组、网络设备、运营商、操作系统及平台、智能硬件、系统集成及应用等物联网全产业链，正式会员近300家。每周微信公众号头条及网站定期宣传优秀会员单位，组织企业参与微信大群互动，及时发布各类专业资讯。物联网行业协会下设健康养老、智能家居、连接&安全、VR&AR、人工智能、农业物联网、自动驾驶及智慧物流、智慧校园等联盟或专委会，每月定期组织小型资源需求对接活动，广受好评，已开展活动30余次，参与企业300余家，参与人次逾千，后续商务成果斐然。

【参与政策制定、宣讲、咨询工作】 利用政府部门、企业、用户的广泛联系渠道和综合协调功能，积极参与政策制定、宣讲、咨询工作，多次组织会员企业参与有关职能部门响应政策征询、制定工作，并积极配合政府职能部门组织调研、参访相关领军企业，积极配合建立政企间融洽的沟通渠道。其中包括组织研讨NB-IoT(窄带物联网)发展情况，物联网发展情况，人工智能发展情况等一系列调研会，参与配合包括AR/VR、人工智能等在内的一系列相关政策的出台。

【承接市级课题】 利用会员单位已有技术产品及相关应用基础，承接市级课题，邀请会员单位共同参与项目合作，并针对项目提出有效的建议措施。协助会员单位参与人工智能、软件与集成电路、大数据等项目的申请及合作。

【组织物联网领域应用评审及颁奖】 根据技术创新、模式创新、应用成效和持续推广的前景等要素，建立物联网领域应用示范工程的评价指标和评估办法，并组织评审及颁奖活动，推动企业建立物联网示范基地。物联网行业协会设立全球物联网峰会系列奖项(2017年度物联之星、卓越方案、杰出产品等共计30个行业奖项)，并于12月19日举办的全球物联网峰会上授予优秀行业企业。

【参与国家、市级物联网产业标准体系的制定】 与企业合作发布物联网领域标准，为物联网行业的发展履行应尽责任。面对产业发展的新变化，积极邀请业内知名专家学者一起撰写上海物联网产业情况报告、产业年鉴及白皮书等指引性文件。

【举办各类活动，促进产业企业合作共赢】 每周定期举办会员对接活动，对接企业资源，加速企业发展。并且不断拓展、拓宽国际合作、交流的范围和领域。先后与多个国家和地区的领事馆商务部、贸易协会等海外机构建立紧密商务合作关系，帮助会员企业进一步拓宽区域合作和国际交流的渠道，与境内外物联网企业建立良好的沟通合作关系。组织企业参与各类大规模专业会展。展示企业实力，推动企业进一步发展。每年固定参与工博会物联网展区，已有一定影响力。

【参与物联网产业人才培训工作】 针对物联网行业碎片化严重，垂直行业与垂直行业之间存在严重行业壁垒的问题，开展物联网专项培训是重要的解决方案。物联网行业协会被市经济信息化委、市人社局和市教委共同授予“上海市物联网技术高技能人才培养基地”，成立物联网职业技能鉴定所。并与学界对接，邀请复旦大学、交通大学等高等院校，落实建设物联网技术高技能人才培训基地，开设物流服务师(RFID应用)国家职业资格培训等一系列相关课程，为行业生态发展添砖加瓦。7月15日，物流服务师(RFID应用)正式开班；9月15日，获得智能家居实训项目；智能传感器培训项目建设进展顺利。

【协助政府职能部门】 物联网行业协会已协助政府有关部门组织软件集成电路、工业强基、战略性新兴产业、人工智能等与物联网相关的项目指南起草和具体项目梳理工作，共计走访企业200余家，整理优质项目90余个。组织推荐各类项目参加有关评选。

【建设与推广行业标准体系】 5月17日，推动、联合行业共同成立物联网联合开放实验室，通过端到端的测试数据加强标准制定工作；9月20日，集中芯片、网络设备、运营商和模组企业共同起草的《NB-IoT行业应用规范指引》(第一版)正式发布；9月22日，联合10多家企业制定的团体标准“工业物联网应用开发组件规范”发布。

【协会换届及工作安排】 1月12日，物联网行业协会召开第二次全体会员大会，进行会长换届选举，选出以上海仪电集团为会长，华为技术有限公司、上海物联网公司、上海微系统所、上海电信、上海联通、上海国际汽车城、万达信息、宝信软件等知名企业为副会长的领导架构。2月28日，在仪电集团蔡小庆会长的领导下，进行调研并召开工作会议，制定以媒体宣传、拓展对接、联合开放实验室为核心的2017年工作计划，并进一步拓展工作领域，包括工业物联网及智能硬件，智能家居以及eSIM(嵌入式SIM卡)。会议同时提出规范高效、公开透明的工作要求，并通过新一届的管理章程，为物联网行业协会发展设立进一步的规范。2017年物联网行业协会决定在现有产业联盟和专委会的基础上，再增设健康物联网产业联盟，邀请中国医药信息学会上海分会作为发起方，共同合作建设中国健康物联网产业联盟。

【召开物联网行业协会会长联席会】 7月6日，物联网行业协会2017年度第二次会长联席会议在副会长单位上海华燕房盟网络科技股份有限公司召开。本次会长联席会议12家会长及副会长单位以及1家监事单位都派出重要人员出席，市经济信息化委电子信息产业处副处长董继明莅临指导。

(董苏也)

六、上海市信息法律协会

【概况】 上海市信息法律协会(以下简称“信息法律协会”)成立于2003年4月，发起单位是上海移动、上海联通、上海电信，业务主管单位为上海市经济和信息化委员会，现有单位、个人会员百余名。成立至今，在开展信息化业务法规的收集、整理、研究、交流和宣传的同时，紧跟信息化领域的法律政策、追踪热点问题，持续推进信息化法治建设和信息化法律问题研究，结合相关领域最新理论和实践申请专项课题立项，并接受相关部门的委托，承办了一系列课题项目，包括前期调研、专项研究、文本起草等工作，充分发挥立法研究作用。信息法律协会长期为会员提供日常法律咨询服务，充分发挥平台功能，就行业发展中的热点问题以及课题研究中的难点问题，尤其是在信用监管体系和平台建设、信息共享和信息安全、通讯信息诈骗等领域，组织开展多次法律研讨，与政府机关、会员单位和专家学者就法律法规政策的落实以及法律理论的具体实践等相关问题展开交流。此外，信息法律协会与报纸、杂志、网站、电台等各类媒体建立并维持良好的合作关系，举办或参与举办各类信息化法律讲座，提供各类现场咨询服务，开展多次专题法律培训。

【积极推进法治宣传，贯彻落实经信普法规划】 结合信息化领域及政策法规的发展动态，定期举办主题讲座，提供法律培训，积极组织专家为行业单位开展普法培训，主要涵盖信息传媒、通信、电子商务及知识产权等领域。通过这些法制宣传，实现自身的平台价值并向社会公众普及信息化相关法律知识。同时，还根据《2016 年上海市经济和信息化系统法治宣传教育工作要点》及《关于在市经济和信息化系统中开展法治宣传教育的第七个五年规划(2016—2020 年)》，配合相关政府部门开展《上海市社会信用条例(草案)》有关调研、资料收集整理和普法工作，推动上海市社会信用立法转为 2016 年度正式立法项目并在年内提交市人大审议。

【通信基础设施 PPP 研究项目】 现有 PPP (Public-Private Partnership，又称“PPP 模式”，即政府和社会资本合作)项目的研究鲜有直接针对信息基础设施 PPP 项目的成果。信息基础设施是国家基础设施的重要内容，对国民生产生活发挥着巨大的作用，其本身也具有鲜明的特色。信息法律协会研究会组织骨干会员及相关领域的专家、学者，分析 PPP 模式在信息基础设施建设中的法律风险，以及不同法律主体的权利义务，厘清其中的法律关系，针对理论研究和案例研究的阶段性成果，提出信息基础设施 PPP 项目的法律风险防范应对若干建议，形成《信息基础设施 PPP 项目政策法规及法律风险研究》研究成果。

【新型通讯诈骗犯罪特征及社会面防控对策研究】 我国在通讯信息诈骗的立法与司法上存在缺陷，通讯信息诈骗屡禁不止，甚至有变本加厉之势，使得保护个人信息与财产安全免受诈骗侵害的法律难以有效实施。此外，由于各国对通讯信息诈骗的立法态度不同，使跨国、跨区域的电信网络诈骗已然成为此类犯罪的发展趋势。信息法律协会课题组运用法学研究的分析实证主义方法论，兼采比较法学的研究方法，通过对通讯信息诈骗现象及其产生的原因、特征等因素进行分析，为我国治理通讯信息诈骗提供一定的对策建议。

【教育信用平台建设前期调研论证】 根据上海市社会信用体系建设总体要求和信用管理数据、行为、应用清单的编制要求，为分析全市教育领域信用信息主体涉及的教育信用信息数据项，编制教育领域覆盖各类主体的清单，对接全市信用信息目录管理，推进教育领域公共信息归集项目全方位的调研、探讨及分析，探索依托市信用平台落实强制归集制度的具体措施。

【承办市经济信息化委政策法律工作平台项目】为整合当前经济和信息化领域国家及上海市有关法律法规，使相关规范性文件、政策性文件内容便于实时动态管理、查询和使用，由信息法律协会牵头，会员单位具体承办市经济信息化委手机 APP 开发项目工作。该项目已基本完成，阶段成果获得市经济信息化委领导和相关负责人的肯定。

（邓寒芮）

七、上海市信息安全行业协会

【开展网络安全宣传工作，引导社会公众共同维护网络安全】 9 月 16—24 日，2017 年国家网络安全宣传周在全国范围统一举行，宣传周的开幕式、网络安全博览会暨网络安全成就展等重要活动在上海市举办。在市委网信办和市经济信息化委指导下，上海市信息安全行业协会（以下简称“信息安全协会”）承接国家网络安全宣传周在上海举办的部分活动，并承办 2017 年上海市信息安全活动周。其间，组织举办网络安全博览会暨网络安全成就展，网络安全技术高峰论坛之“网络安全态势感知”分论坛、“关键信息基础设施安全”分论坛，“校园日”主题日活动，第四届中国信息安全用户大会（UCON），2017 年上海市信息安全优秀服务案例评选、优秀首席安全官（CSO）评选，信息安全技能竞赛、行业知识赛等活动，编制并发放《市民信息安全手册》及《工业企业信息安全手册》，同时制作活动周主要活动的宣传网页和宣传片，并通过网络、移动设备 APP 下载、微信推广等方式进行传播。

围绕产业发展、行业热点及企业需求，组织举办多场专题研讨会，研讨主题包括：网络安全人才培养创新与实践、工业控制系统信息安全保障、信息安全服务机构能力评估、《网络安全法》简析、新形势下上海网络信息安全产业变革及人才建设、互联网新技术新业态等。

开展 2017 年度“培养中国互联网未来健康力量——网络安全进校园”公益项目。该项目由市委网信办、市教委、市经济信息化委、团市委指导，由上海市学生安全教育研究中心、上海市信息安全行业协会主办，在 2016 年试点的基础上，面向全市进行推广。同时，由蚂蚁金服、百度等互联网公司，众人科技、匡恩科技等安全厂商组成的“网络安全公益联盟”也宣布正式成立。作为上海地区青少年网络安全工作的特色案例之一，该项目自 2017 年 2 月正式启动以来，先后在上海市的七个区、数十所学校，面向超过两万名师生开展活动，借助 CSO 俱乐部的群体效应，以不同行业不同领域的 CSO 言传身教形式，努力培养青少年爱科学、知安全、懂安全、会安全的意识。在 9 月 19 日的国家网络安全宣传周“校园主题日”活动中，通过 VCR 短片的形式呈现年度“进校园”公益项目的成果。

开展多项网络安全竞赛活动。通过开展上海市小学生网络安全知识赛、第四届“漏洞盒子”杯上海市青少年网络安全创意大赛等活动，进一步拓展中小学生学习网络安全知识的形式和内容；通过开展信息安全技能竞赛管理运维赛，提升重点行业网络安全与信息化保障能力和水平；通过开展2017上海智慧城市建设“智慧工匠”选树之信息安全技能竞赛，加强上海市信息安全行业人才队伍建设，培育工匠精神，挖掘树立智慧城市行业工匠标兵。其中，上海市小学生网络安全知识竞赛累计参与人数达3万人；ISG管理运维赛共有来自银行、证券、保险等10个组别的248支队伍千余名选手参加；网络安全行业知识赛参与人员涵盖上海地区的工商行政、卫生计生、税务、国资等八个行业，参与人数达到113 714人次。

【开展产业研究工作，为政府企业决策提供参考】 2017年3月，结合新一代信息技术的最新发展趋势，以促进上海相关产业发展和安全治理的良性互动为研究导向，在国家网络信息安全相关重大政策、法律、标准的框架和原则下开展“新技术、新应用信息安全研究”课题。来自公安部第三研究所检测中心、窄带物联网联盟、中国电信移动安全工程实验室、上海宝信软件股份有限公司、上海安酷信息技术有限公司等的专家一起参与课题研究与报告撰写工作。

6月，为全面了解国内外工控系统信息安全行业，研究行业发展的市场、政策、技术和应用现状，发现技术和应用发展趋势，提出区域、行业发展规划建议，信息安全协会组织开展“2017年上海工业控制安全行业发展报告”课题研究，为上海市工控系统信息安全行业发展的产业政策制定提供决策参考。

9月，在组织行业专家及企业代表召开多场研讨论证会的基础上，确定2017年度上海市信息安全服务机构能力评估细则，并据此开展2017年度上海市信息安全服务机构能力评估工作。经信息安全协会预审及专家评审，共有40家企业进入“2018年度上海市网络与信息安全服务推荐单位”名单。

参与市科委《上海市网络空间信息安全关键技术十三五规划研究》工作，协助邀请甲方单位以及相关企业和高校专家，分别就“四新”领域、电子政务领域、金融领域、关键基础设施领域的信息安全保障问题进行研讨，为市科委“十三五”信息安全产业发展规划提供参考。

11月，围绕自主操作系统、自主芯片、自主密码技术、安全服务领域，开展“网络与信息安全产业创新发展”系列研讨会，并就上海地区网络安全创新企业发展现况、产业发展趋势、企业发展的瓶颈问题和需求进行沟通和探讨。

【开展教育培训工作，促进行业人才发展】 **开展网络安全专题、专项培训**。2017年4月，信息安全协会结合CII(关键信息基础设施)大检查，面向全市重点信息安全保障单位开展“移动应用防护(Android)”“Web攻防”训练营，邀请来自上海计算机软件技术开发中心和上海交通大学的专家，分别围绕关键信息基础设施大检查重点技术点和Android应用程序及系统应用软件等方面，聚焦移动应用防护(Android)和Web安全问题开展培训；5月，邀请国际著名专家开展《工控安全现状、趋势及风险评估》专题宣讲及培训，通过工控安全案例解说及相关法律法规分析，对典型行业的典型工控网络进行风险评估过程演讲和实践，协助用户单位提升工控网络的操作维护人员及安全事件应急响应人员的能力；12 月 7 日，面向长宁区各中小学、幼儿园的百余位科教辅导员开展青少年网络安全教育专项培训讲座；12 月 14 日，开展“网络安全标准与关键信息基础设施保护”2017 网络安全标准论坛暨公安部信息安全标准宣贯培训会，就网络安全技术标准与体系、标准化工作与产业发展等方面进行培训与研讨。

开展上海市信息安全高技能人才培养基地建设工作。项目开发方面，上海市信息安全高技能人才培养基地(以下简称“基地”)于 2015—2016 年申请列入高技能人才培养的项目“电子数据鉴定(专项职业能力)”“安全防范系统安装维护员(五、四级)”“安全防范设计评估师(三、二、一级)”“移动应用软件安全检测(专项职业能力)”“工业控制信息系统安全防护(专项职业能力)”，并已全部开发完成并通过验收。

实训室建设方面，基地于 2015 年申报的“电子数据鉴定(专项职业能力)”实训室建设项目、“安全防范系统安装维护员(五、四级)”实训室建设项目、“安全防范设计评估师(三、二、一级)”实训室建设项目，由实施单位公安部第三研究所负责实施，于 2017 年 11 月以高分通过验收；基地于 2016 年申报的“移动应用软件安全检测(专项职业能力)”实训室建设项目、“工业控制信息系统安全防护(专项职业能力)”实训室建设项目分别由公安部第三研究所和上海市信息安全测评认证中心负责实施，两个实训室正在建设中，于 2018 年 6 月申请验收并投入使用。

师资建设方面，为更好地提升培训服务质量和信息安全行业人才培养水平，基地面向行业上下游企业，开展师资选拔及系列培训活动，其中，信息安全风险意识培训参与人数为 38 人、传统信息安全专项技能培训参与人数为 60 人、教学综合能力培养参与人数为 56 人，总计参与人次为 154 人次，参与人数为 70 人。师资培训工作的开展，极大缓解基地师资紧张和专业性缺乏的问题。

培训方面，基地 2017 年开展的从业及企业内训培训人数为 2 100 人。此外，“电子数据鉴定(专项职业能力)”培训已开班，首期培训班人数为 27 人。

开展企业新型学徒制试点工作。作为首批新型学徒制培养试点单位，信息安全协会经过组织和筛选，最终选拔出 85 人参加首批信息安全新型学徒制试点培养，参加首批试点的培训机构、讲师团队以及学员全部来自信息安全协会会员单位。此次试点培养为期一年，学员在了解自身企业技术技能的同时，也体验到行业内不同细分领域的技术特点和产品特点。

【以服务企业为主线，推动行业发展】 制定信息安全行业诚信创建特色指标，组织企业开展上海市“企业诚信创建”活动。2017 年 5 月，信息安全协会与上海市“企业诚信创建”活动组委会办公室联合发文，鼓励行业企业踊跃参加诚信创建企业申报工作，并将纳入行业特征指标的细则进行修订。征信公司按照最新形成的行业诚信评价标准为准则，对 2017 年参评的信息安全企业进行诚信创建评估，共产生诚信创建五星企业 1 家，四星企业 1 家，三星企业 6 家、二星企业 5 家。同时，将该活动形成的征信报告纳入年度信息安全服务机构能力评估采信文件。

组织企业参加主题展会及论坛活动。2017 年 4 月，组织并推荐上海斗象科技信息有限公司、上海山丽信息安全有限公司、上讯信息技术股份有限公司、上海派拉软件股份有限公司等参加第五届中国(上海)国际技术进出口交易会张江示范区专题展示活动;7 月,推荐曙光信息、守内安、银联商务等 14 家单位的相关人员参加由上海张江高科技园区管委会与英国《金融时报》中文网共同主办的“智生万物 · 2017FT 中国人工智能前沿发展论坛”;12 月,组织举办“金融科技与网络安全产业创新发展论坛”,邀请沪上网络信息安全产业主管单位领导、网络安全企业代表、金融科技企业代表等百余人,共同探讨与展望金融科技与网络安全产业创新发展趋势与方向。

组织企业参加全国人大内司委调研上海市网络安全企业的座谈交流会。2017 年 5 月,全国人大内司委副主任邓昌友上将带队网络安全法执法检查调研组赴张江调研网络安全产业发展情况。信息安全协会携众人网络、斗象科技、爱数软件、市信息安全测评认证中心、格尔软件、普华基础软件等沪上云计算、基础软件、密码与身份认证等领域的重要信息安全企业,就上海市信息安全技术及产业发展情况进行了汇报,并交流了网络安全法对产业影响及发展建议。

组织企业参加首席技师申报工作。2017 年,为进一步推进信息安全高技能人才队伍建设、发挥高技能人才示范引领作用,信息安全协会组织会员单位参加“2017 年技能大师工作室申报及首席技师资助工作”。其中,上海豌豆信息技术有限公司宋国徽获“首席技师”称号。

【加强协会内部建设,提高协会竞争力】 2017 年 4 月,信息安全协会职业教育专业委员会(以下简称“专委会”)成立大会在上海市图书馆举行。大会审议通过《上海市信息安全行业协会职业教育专业委员会条例》,并选举产生专委会第一届主任及副主任单位,聘请专委会第一届秘书长和副秘书长。专委会成立后,将积极配合网络安全职业教育和专业实践体系的建设和发展,协助试点学校,推动校企双主体育人、学校教师和企业师傅双导师教学,系统设计人才培养方案、教学管理、考试评价、学生教育管理、招生与招工,以及师资配备、保障措施等工作,促进行业、企业参与职业教育人才培养全过程。

(朱方园)

八、上海信息化发展研究协会

【概况】 2017 年,上海信息化发展研究协会(以下简称“信息化发展研究协会”)继续紧跟信息技术最新发展趋势,充分发挥在信息化方面的咨询、研究、评估等专业优势,围绕深化全市智慧城市建设、推进全市小康进程、加快产业发展转型升级等领域,整合各方专业资源,在切实做好政府部门与会员单位智力服务的同时,重点转向服务社会发展、服务区域创新、服务企业转型,各项工作取得全新进展。

【开展课题研究,优化智力服务】 完成《2017 年上海产业和信息化发展报告——智慧城市》编制。为客观记录、全面总结、深入分析2016年上海市智慧城市在信息基础设施、经济社会各领域和区域信息化应用、信息技术产业发展、信息化发展环境等领域的建设成果，信息化发展研究协会在收集、整理2016年全市40余家市级委办局关于智慧城市领域的成果类资料信息基础上，围绕智慧生活、智慧经济、智慧治理、智慧政务、智慧新地标五大行动及信息基础设施、新一代信息技术产业、网络安全保障、智慧城市环境建设四大支撑体系所开展的工作进行全面梳理、筛选与汇总，最终形成包括综述、信息基础设施、智慧生活、智慧经济、智慧治理、智慧政务、智慧新地标、新一代信息技术产业、网络安全和智慧城市环境在内的十个方面的报告。

完成“关于杨浦区电子政务融合创新发展路径研究”课题。为支撑杨浦区重要改革、重大工程、重点项目的推进落实，提升服务群众能力、社会治理能力，突破转型发展和创新创业体制机制束缚，开展关于新形势下电子政务协同高效、融合创新发展路径研究，通过结合杨浦区建设现状和重点应用系统调研、诊断和分析，设计杨浦区电子政务发展蓝图，规划基础资源集约化利用、政务信息资源共享、“互联网＋政务服务”支撑体系与服务渠道、电子政务支撑创新创业服务等重点工作的推进思路，探索电子政务建设、应用和管理的新模式，构建全区各部门电子政务建设管理工作机制。

完成《智慧城市让生活更美好——智慧城市实践与成果汇编》编制。为进一步掌握上海智慧城市建设2014—2016年行动计划落实情况，总结2014年以来智慧城市建设的阶段性优秀成果，加大上海智慧城市建设成果的宣传推广力度，增强市民感知度与体验度，形成全社会合力建设智慧城市的良好局面，在上海市智慧城市建设领导小组办公室的指导下及全市相关委办局的积极配合下，围绕智慧生活、智慧经济、智慧城管、智慧政务、智慧城市新地标、支撑环境六个主题，精选上海健康云、上海市民云、上海国际贸易单一窗口、城市管理综合信息系统、社区事务受理信息系统、SODA大赛、智慧城市体验周等38个优秀实践，充分展现上海新一轮智慧城市建设对市民日常生活、城市综合治理、社会经济发展所带来的便捷与创新。

【围绕智慧城市重点领域，做好战略规划布局】

完成《国家会展中心信息化规划思路》编制。通过对标国家、上海市在会展业领域的发展要求以及会展产业发展趋势，着重分析了智慧展馆管理、进口博览会业务发展需求、公司内部综合管理和应用支撑需求，梳理了智慧展馆运营管理体系建设、会展服务管理体系建设、公司内部管理体系建设、应用支撑系统平台建设等重点任务。提出到2020年年底，信息基础设施满足智慧展馆发展要求，智能应用全面深入国家会展中心运营管理、业务发展、综合管理以及决策分析等各个领域，全面实现“运营管理可控化、业务发展互联网化、行政管理精细化、管理决策智能化、基础支撑一体化”，打造“智慧会展”标杆的总体目标。

完成《智慧崇明行动方案》编制。依据《上海推进智慧城市建设“十三五”规划》《崇明世界级生态岛发展“十三五”规划》总体要求，在梳理崇明区信息化发展现状基础上，立足建设世界级生态岛的战略定位，聚焦绿色农业、生态旅游、智能制造等特色资源，布局自然生态、休闲人居、绿色产业、精细治理等重点领域的智慧化应用以及信息基础设施的深化建设，同时梳理智慧崇明具体项目工程，全面完成《智慧崇明行动方案》编制。

启动《嘉定区智慧政务咨询服务》项目工作。为更好地把握区域电子政务发展趋势，持续优化嘉定区电子政务建设发展架构，不断充实和完善平台各种应用和功能，规范智慧政务运维管理，基于嘉定区智慧政务建设现状与运维管理需求，围绕完善区智慧政务顶层规划设计、强化智慧政务建设和运维制度规范以及加强智慧政务宣传推广建设等重点内容，开展《嘉定区智慧政务建设总体规划》《嘉定区智慧政务总体管理办法》《嘉定区智慧政务管理办法及操作细则（系列）》《嘉定区智慧政务宣传推广方案》的编制工作，为嘉定区智慧政务发展提供帮助。基本完成《嘉定区智慧政务总体管理办法》《嘉定区智慧政务管理办法及操作细则（系列）》的编制。

完成《临空经济园智慧园区规划及三年行动计划》编制。按照《上海市推进智慧城市建设“十三五”规划》《智慧园区建设与管理通用规范》《长宁区国民经济和社会发展第十三个五年规划纲要》，结合园区“园林式、高科技、总部型”的发展目标与“总部经济、虹桥门户”的发展定位，充分融合园区信息化基础以及园区以航空及物流业、“互联网+生活性服务业”、时尚创意等产业为代表的现代服务产业特色资源，提出打造“园区智能管理、产业创新服务、城区联动治理、生活和谐宜居”的智慧园区发展目标，分别从园区信息基础设施、园区数据资源共享利用、园区综合管理、园区创新服务、城区协同联动五大领域提出构建现代服务产业功能显著智慧园区发展格局的重点任务。同时完成《临空经济智慧园区建设2018—2020年行动计划推进项目表》整理。

完成《上海虹桥商务区迎宾绿地智慧化改造提升项目可行性研究报告暨项目建议书》编制。根据上海市智慧城市建设目标，着力将虹桥商务区迎宾绿地改造成为集智慧宣传、技术推广、产品体验、运动健身于一体的市级智慧公园，率先打造成长三角乃至国内领先智慧创新应用示范高地。通过对“1”个公共智能展示厅改造、“2”个智慧化管理运营平台、“3”个功能性区域改造、“4”个公园环境提升、“5”个智慧应用展现的“12345”系列建设内容，实现最新技术、典型案例、产品、解决方案在虹桥商务区的集中展示，重点突出智能跑道、无人健身仓、自助图书馆等未来生活智慧化应用，吸引人流和客流，打造开放的体验环境，为公众提供统一便捷服务，提升运营管理水平，实现智慧物联。

【深化产业服务，推进业态转型创新】 完成《日喀则市珠峰天然饮用水产业发展规划（2017—2025）》编制。针对日喀则天然饮用水产业存在的规模不大、技术创新不强、市场占有率不高、品牌效应不足的问题，重点围绕产业“提质量、创名牌、上规模、拓市场”的总体要求，立足全市丰富、优质的天然淡水资源，以产业链资源整合与品牌打造为重点，通过部署“4685”天然饮用水产业发展战略布局，通过强化产业基础支撑服务、加强水源地保护、完善饮用水产业链、加强饮用水产业创新、推进饮用水产业贸易发展等任务，全面深化日喀则天然饮用水产业发展。同时，为分析日喀则市天然饮用水产业发展环境，规划对5100西藏冰川矿泉水、法国依云矿泉水等同类水企的商业模式以及全市重点饮用水企业优劣势等进行分析，并阐述日喀则市优质淡水资源基本情况，为推进全市天然饮用水产业可持续发展，促进资源优势转化为经济优势与发展优势，推动区域经济发展，实现富民强市创造有利条件。

完成《华东无人机综合实训基地建设方案》编制。为了实现对无人机应用专业人才的精准培养与集中实训，同时发挥实训基地巨大的虹吸效应，带动无人机领域功能研发资源、软件开发商、金融投资机构、保险服务机构、系统集成方案商等在实训基地的集聚创新，推动上海整个无人机产业健康发展，以金山区原金卫中学老校址为场地基础，编制《华东无人机综合实训基地建设方案》，对场地要求、基地组成、设备配置、课程设置、配套要求等做出详细部署，指导包含全国无人机应用研究工程中心和无人机应用人才培养于一体的国家级综合实训基地与无人机应用技术研究、产学研用相结合的示范基地在内的华东无人机综合实训基地建设，满足基地实训教学、研究实验、飞行实训等需求，同时为带动无人机产业链上下游行业的产业集聚与金山区域经济创新发展提供有力支撑。

【围绕企业信息化，优化创新发展环境】 举办2017长三角CIO高峰论坛暨长三角信息化人才招聘会。由上海首席信息官联盟、浙江省企业信息化促进会、安徽省首席信息官协会联合主办的长三角CIO高峰论坛暨长三角信息化人才招聘会于2017年3月召开。大会吸引了业内专家、大型企业CIO、优秀厂商代表开展行业趋势分析、技术议题探讨、企业信息化转型实践分享，来自上海、浙江、安徽等地400余位企业信息化负责人参会，聚焦数字化时代新技术新趋势、升级转型发展中CIO执行力等热点话题展开讨论。

召开“工业互联 · 驱动未来”工业互联网峰会。在上海市国有资产监督管理委员会、上海市经济和信息化委员会等部门的指导下，上海市国有资产信息中心主办，上海首席信息官联盟、工业互联网创新中心（上海）有限公司、上海智能制造产业技术创新战略联盟联合承办的“工业互联 · 驱动未来”工业互联网专题沙龙于2017年3月召开，政府领导、大型国有企业信息化负责人、行业专家、知名厂商等200余人出席，有效推动全市工业互联网领域的技术发展与应用创新。

完成第二届信息化优秀产品/最佳实践评选。由上海首席信息官联盟主办的第二届信息化优秀产品/最佳实践颁奖典礼于2017年6月举办，本次评选搭建供需对接的交流展示平台，加大对优秀产品和解决方案的宣传推广以及最佳实践方案的示范引领，是助推上海传统产业转型升级的一次有益探索和尝试。在本次评选中，上海有云信息、云信留客、纽盾科技、七牛云等企业获得十佳信息化优秀产品奖；华鑫置业、上实龙创、东方航空、复旦大学、申康医院等单位获得十佳信息化实践奖；泛微网络、鼎捷软件、智器云、亮风台等15家企业产品获得单项奖。本次评选出的10家优秀产品、15家产品单项奖和10家最佳信息化实践，涵盖云平台、网络安全、移动办公、大数据、金融、智慧交通、智慧园区、智慧医院、智慧校园等各个领域。

完成第三届“融云杯”上海十佳优秀首席信息官评选。6月，第三届上海优秀首席信息官评选在上海首席信息官联盟第一届第三次会员大会上正式启动。评选共收到申报材料40余份，覆盖了制造、零售、航天航空、教育、医疗制药、房地产等各个行业。评选历时5个月，颁奖典礼共揭晓了十位上海十佳优秀首席信息官及最佳创新、最佳管理6位单项奖获得者。上海复星医药黄邦瑜、东方航空高志东、来伊份张爱军等10人获得上海市十佳优秀首席信息官称号；中南商业石玉伟、相宜本草王岩等6人分别获得首席信息官最佳管理、最佳创新称号。在中国首席信息官联盟公布的2017优秀首席信息官评选活动结果公示中，联盟推荐的候选人中产生1位领军人物、2位百佳首席信息官、15位优秀首席信息官。

召开第三届两化融合创新高峰论坛。11月，2017第三届两化融合创新高峰论坛暨第三届上海优秀首席信息官颁奖典礼举办。论坛由上海市经济和信息化委员会、上海市国有资产监督管理委员会等部门指导，上海首席信息官联盟、上海浦东软件园联合主办，上海浩韵文化传播有限公司承办。论坛主要围绕制造业数字化转型、智能制造、人工智能等议题展开讨论，融云、腾讯企业微信、锐捷网络、比格云、泛微等知名厂商参与了本次论坛，与会企业CIO及信息化相关负责人共200余人。

【聚焦残疾人智慧助残服务，加快全面小康进程】 完成《残疾人事业信息化“十三五”规划及小康进程推进策略研究》。为推进落实《上海市残疾人事业信息化“十三五”规划》提出的“五个一”重点工程(即：一网、一库、一户、一图、一证)，提升残疾人在日常生活、医疗、康复、教育、就业、社会参与等方面的服务水平，在明确上海市残疾人事业信息化现状及残疾人小康发展现状基础上，重点围绕强化人性化残疾人管理体系、完善残疾人助残服务体系、深化残疾人数据资源利用等角度，开展上海市残疾人事业信息化“十三五”规划及小康进程推进策略研究，同时对建设运营模式进行了探索，为加快推进上海残疾人小康进程，实现上海全体市民全面小康做出实实在在的贡献。同时，完成《上海市残疾人事业信息化“十三五”规划及小康进程推进试点方案》编制。

完成《第三代残疾人证(智能化)及“互联网+助残服务”——上海市试点实施方案》编制。为响应中国残疾人联合会、国家卫生和计划生育委员会联合印发的《中华人民共和国残疾人证管理办法》(残联发〔2017〕34号)提出的“积极推进第三代残疾人证(智能化)试点工作”要求，经过前期广泛的实地调研走访、座谈研究与分析评估，完成方案编制。整个方案在遵循“统一身份编号、统一标识设计、统一基础信息、统一服务功能、统一密钥体系、统一卡片选型、统一证卡管理”原则基础上，结合上海实际，围绕智能证设计、制证、发证和应用四大重点任务，重点推进第三代残疾人证(智能化)(以下简称“智能证”)在“互联网+助残服务”、动态更新等残联工作中的应用，同时对智能证后续管理等做了详细安排，有效指导2018年闵行区智能证发放试点工作与在全市其他15个区同时开展智能证发放工作。

【深化项目评估，落实建设实效与目标】 完成《上海市智慧城市2014—2016三年行动计划执行情况评估报告》编制。为了全面、深入地摸清智慧城市发展现状，分析2014年以来上海市智慧城市建设主要行动任务和重点专项的进展情况和建设成效，及时总结智慧城市建设过程中的经验和教训，信息化发展研究协会在收集整理全市各部门2014年、2015年、2016年智慧城市建设成果基础上，围绕《上海市推进智慧城市建设2014—2016年行动计划》(以下简称“三年行动计划”)发展目标,对“三年行动计划”50个专项(任务)的完成情况开展评估,主要涵盖了智慧生活、智慧经济、智慧城管、智慧政务、区域示范五大行动与下一代信息基础设施、新一代信息技术产业、网络安全保障三大支撑体系,以及智慧城市建设环境等领域。同时,根据评估结果,对新阶段、新时期全市智慧城市建设提出针对性的发展建议,形成最终评估报告。

完成《2016年微软软件产品、服务和国产软件服务项目绩效评估报告》编制。根据《上海市经济和信息化委员会国产软件后续技术服务用户需求书》《上海市经济和信息化委员会微软软件后援技术服务用户需求书》相关服务指标,并结合上海市数字证书认证中心有限公司政府软件服务中心(以下简称“上海CA政软服务中心”)2016年实际工作开展情况与用户反馈的调查问卷,对2016年上海CA政软服务中心在微软软件、国产软件产品与服务方面的业务情况开展评估。其中,微软软件服务绩效分别从Office365迁移服务、基础软件服务、基础技术保障服务、系统基础架构服务、系统健康评估服务、系统优化服务、桌面部署服务、SQL调优服务、组织保障等角度进行评价;国产软件服务绩效从宣传推广、软件部署、基础支撑、系统适配服务、组织保障等方面进行评估。同时,2018年年初完成2017年软件服务绩效评估框架,为后续开展2017年项目评估奠定基础。

(裴 洁)

九、上海市计算机行业协会

上海市计算机行业协会(以下简称“计算机行业协会”)成立于1988年5月,现有会员单位192家,正副会长12名,理事33名,监事1名,秘书长1名,秘书处工作人员11人。下设市场营销、耗材、技术服务等三个专业委员会,2014年被市民政局(市社团局)评估为“4A级社会组织”,2016年作为行业协会商会与行政机关脱钩第一批试点单位完成脱钩改革。近年来,计算机行业协会充分运用行业平台优势,针对计算机产业发展新情况、新特点,在开展职称评审、承接司法鉴定、关注产业维权等方面创新开辟一系列品牌服务,为促进上海计算机行业健康发展发挥积极作用。

“十三五”开局的2017年,是计算机行业协会改革创新、转型发展、积极进取收获颇丰的关键时期。计算机行业协会坚持改革发展,强化自身建设,在服务企业、规范行业、发展产业方面取得一定成绩。

【保持经济平稳上升态势】 计算机行业协会财务报表在所有重大方面按照《民间非营利组织会计制度》的规定编制,2017年1—12月营业额比上年同期增加12.94万余元。12月资产总额为115.95万元。经济运行总体平稳增长,利润总额保持增加。

【以品牌服务促产业发展】 **开展职称评审,打造人才培训高地品牌。**2015年11月,经市人社局授权，计算机行业协会组建上海市工程系列计算机专业中高级职称评审委员会，具体承担全市计算机类中、高级工程师(包括教授级高工)的职称评审工作。通过上门宣传服务、解读相关政策、帮助答疑解惑，在扩大职称评审工作社会辐射面的同时，帮助一批中小企业集聚发展急需的人才，为提高行业企业科技创新能力，提升企业软实力发挥作用。

由于 2017 年取消职称外语和职称计算机考试，使得申报职称人员的数量有了较大增幅，特别是工程师的申报人数较上年接近翻了一番。中国电信、中国移动、中国银联、浦发银行、宝信软件等均是申报人员较为集中的重点企业。除大型企业之外，中小企业的申报人员也在这两年有所增加。经统计，2017 年参加协会中高级职称评审的企事业单位 240 余家，其中，高级工程师方面网上注册为 243 人，最终通过初审的为 178 人，通过终审的为 137 人；工程师方面网上注册为 621 人，通过初审的为 406 人。

通过承接政府职称评审相关工作，计算机行业协会为全市各类企业挖掘和培养计算机领域内相关中、高级专业技术人才，推动本领域内的企业技术创新、人才发展培养等方面做出贡献。

承接司法鉴定，提供行业司法鉴定品牌。 2009 年 12 月，经市司法局授权，计算机行业协会成立上海市计算机行业协会司法鉴定所，致力于为 IT 类领域内企业或个人间的矛盾纠纷提供仲裁依据或法庭裁决依据。2017 年，计算机行业协会计算机司法鉴定所承接多起涉及计算机领域的司法鉴定案例，接受相关个人和企业免费咨询及调解达 30 多起，其中既有来自民事纠纷的原被告，也有来自法院、检察院以及公安机关的委托申请鉴定和协调。通过相关鉴定和调解工作的开展，为申请人及时、合法、有据地解决相关案件纠纷起到重要作用。

关注产业维权，创建海外维权服务品牌。 2014 年 8 月，经市商务委公平贸易处授权，计算机行业协会设立上海国际贸易知识产权海外维权服务基地，为企业提供国际贸易摩擦所需的法律咨询和海外维权服务。2017 年在市商务委公平贸易处的指导下，上海国际贸易知识产权海外维权服务基地(以下简称“维权服务基地”)在中外合作高研班、国内企业海外知识产权维权培训等方面开展系列培训工作，并取得一定的成绩。

举报知识产权专题培训活动。2017 年 3 月 30 日，举办“欧洲商标保护及案例分析策略讲座”；9 月 20 日，举办“区块链技术与律师实务培训”；9 月 28 日，召开“中资企业欧洲投资法律、政策专场”。

举办首届国际贸易知识产权海外维权高级研修班。在市商务委的支持和指导下，“首届国际贸易知识产权海外维权高级研修班”于 7 月 4—6 日在华东政法大学长宁校区开班。商务部驻上海特派员向欣、市商务委副主任申卫华、伦敦玛丽女王大学商法研究中心副院长乔纳森・格里菲思、华东政法大学校长叶青、华东政法大学知识产权学院院长黄武双、市计算机行业协会秘书长王克勤，以及来自上海市和江苏省、浙江省知识产区服务中心，全市规模以上涉外企业，国内知名涉外律师事务所和专利事务所等 80 余名学员参加培训。本届研修班为期三天，授课内容注重理论和实务相结合，注重案例教学，所涉及的内容包括：知识产权概论、“案例研究”的知识产权保护、英国和欧盟专利申请、全球化与 WTO 法、欧盟法律混合制及其发展、商标保护与“案例研究”等。

开展知识产权维权案件协调及咨询。2017 年在案件协调及咨询方面主要涉及美国对华企业在“337”方面的调查(指美国国际贸易委员会根据美国《1930 年关税法》第 337 节及相关修正案进行的调查,禁止一切不公平竞争行为或向美国出口产品中的任何不公平贸易行为),主要有三起案件:6 月 29 日,美国 3M 公司在华企业提出的对美出口、在美进口及销售扁平电缆产品案件;9 月 22 日,维权服务基地组织召开美国 Rockwell Automation 公司关于工业自动化系统及组件 337 调查案件协调会;9 月下旬,维权服务基地进行的对美出口、在美进口及销售的 LED 照明设备、电源及组件案件的了解。

维权服务基地对外宣传工作。改版国际贸易知识产权海外维权服务基地公众号,由同济大学法学院知识产权与竞争法中心张伟君教授带领的研究团队负责日常的信息采集及发布。2017 年,为进一步提升国际贸易知识产权维权白皮书的质量,维权服务基地与上海对外经贸大学副教授于洋开展合作,由其带领的团队负责撰写,以体现产学研的最新成果。

【提升服务层级,促进行业有序发展】 **积极开展行业调研,撰写行业研究报告。**计算机行业协会配合相关政府部门积极开展行业调研工作,并根据行业需求撰写行业规范及行业研究报告,先后编写《上海市计算机行业协会 2017 年大数据分析与研究》《2017 年国际贸易知识产权维权白皮书美国 337 调查》《2017 年上海计算机区块链行业发展报告》等,《“2016 年浦东新区软件和信息技术服务业高级软件技术人才薪酬发展情况”分析研究》采集 2016 年浦东新区 148 家软件和信息技术服务业样本企业以及 48 家申报浦东新区信息化政策的相关信息,经整理和脱密,以 6 921 条高级软件技术人才的薪酬数据信息为样本,经过科学统计分析得出结果。

加强行业标准化体系建设,促进产业进步。2017 年,计算机行业协会联合宝信软件参与编制团体标准《工业大数据平台技术规范》。在编制团体标准的过程中,听取相关会员单位的意见,体现与现有国际标准、国家标准和行业标准的差异性,明确标准的适用范围,突出自身特点,从而增强标准的适应性,内容既有实战性也有一定的先进性。

优质项目落地,保持服务方式创新。计算机行业协会承担 2017 年上海市标准化试点项目——计算机维修服务资质诚信团体(联盟)标准试点,完成《信用测量指标体系》《信用评估模型》《计算机行业资质诚信管理通用要求》3 项联盟标准的制定。并探索信用发展的新模式:企业是诚信社会建设的主要个体之一,计算机行业协会积极响应国家号召,以行业自律自促形式,建立为计算机行业协会统一服务和支持的信用测量指标体系,使其成为行业性信用体系建设的有效模式之一。

成立上海市国际贸易知识产权维权服务人民调解委员会。计算机行业协会被上海市浦东新区人民调解协会批准成立上海市国际贸易知识产权维权服务人民调解委员会。充分发挥人民调解的优势,秉承依法公正、专业高效原则,化解知识产权领域的矛盾纠纷,切实为浦东新区营造公平有序、和谐稳定的营商环境和社会环境作出应有贡献。

搭建上海电子信息产品维修行业商务诚信平台项目。2017 年 6 月,计算机行业协会被市商务委确定为第一批“上海市商务诚信公众服务平台市场信用子平台”。建立公共信息与市场信用信息的数据共享平台,完善征信、评信、用信机制,深入推进新区商务诚信体系建设。

搭建上海市产学研用协同创新服务平台项目。2017 年 9 月,计算机行业协会与上海第二工业大学合作,搭建上海市产学研用协同创新服务平台项目。该项目采用产学研对接的创新方式,充分利用互联网技术,解决产学研用信息不对称的问题,扩大产学研用的接触面,提高对接成功率。

积极推进手机回收项目。由于手机回收行业市场较不规范,计算机行业协会希望通过推进手机回收项目规范各个回收网点,为此走访爱回收、阿机米德等回收手机行业中的领先企业进行调研及学习,希望组织政府、协会、企业的力量推动手机回收项目的启动。

着眼公益,服务贴近需求。2017 年 3 月举办“2017 工业互联网创新应用培训”,提供物联网技术及应用和微信营销生态的案例培训服务;7 月,举行“人才培养建设试点项目培训”,该项目是协会司法鉴定所联合上海宝信软件股份有限公司、同济大学的一个产学研项目,旨在培养优秀人才;8 月、9 月,计算机行业协会联合上海顶佳人才服务有限公司举办两场见习补贴政策解读会,就市人社局出台的沪人社规[2017]22 号文的见习新政进行详细解读和咨询服务;9 月 23—25 日举办“BIM 项目经理高级研修班”;10 月、11 月,由计算机行业协会主办,Onchain(分布科技)、法链科技承办的首届区块链管理师、架构师培训班在沪开班,致力于培养在区块链技术发展背景下,掌握区块链技术运作原理并将其运用于企业业务实践和应用场景挖掘的专业性人才。

此外,计算机行业协会还建立上海市计算机行业协会质量鉴定检测中心,承担网络通信设备、信息技术设备和软件产品领域内的质量鉴定与检测;成立上海科技查新咨询中心、上海产业与技术情报研究中心、上海信息技术分中心,为企业提供科技情报分析、检索、咨询;成立上海市电子废弃物回收网点管理办公室,建立废旧电子信息产品回收利用网络,打造废弃电子产品资源再利用的环保产业链。

(周晓婷)

十、上海市交通电子行业协会

上海市交通电子行业协会(以下简称“交通电子协会”)作为跨行业、跨领域、跨学科、创新型的行业协会,是由上海汽车集团股份有限公司、中国航空无线电电子研究所、上海外高桥造船有限公司、上海轨道交通设备发展有限公司等单位共同发起并于 2008 年 7 月成立。

截至 2017 年年底,交通电子协会已有各种所有制会员单位 170 家,其中会长单位 1 家,副会长单位 5 家,理事单位 51 家,会员涵盖汽车电子、航空电子、船舶电子、轨交电子等领域的企业、高校、科研院所。交通电子协会先后建立上海汽车、航空、船舶和轨道交通电子 4 个专家委员会,车联网、智能交通系统2个产业联盟，并承担中国电子标准化技术协会汽车电子标工委的工作职责。

2017年，交通电子协会围绕上海市经济“新常态”发展特点，严格依照章程规范，坚持“服务为本，创新为先”的宗旨，以健全内部管理制度、强化政企综合服务和提升行业平台服务功能为主线，完成预定的各项工作目标和任务。

【健全协会内部管理制度，完成社会团体规范化建设评估】 根据2017年初三届三次理事会的精神和要求，交通电子协会秘书处每周召开工作会议，强化规范运作程序，逐步在人力资源管理、财务管理、档案管理、会员管理、会费管理等规范化建设方面，有效建立健全了规章制度和工作流程。

按照上海市社会团体管理局对行业协会、商会进行规范化等级评估的要求，交通电子协会于10月14日，接受市社会评估院专家一行对交通电子协会规范化建设进行评估。通过自评汇报、内容答辩等环节，专家评估组一致对协会开展的各项工作予以肯定。同时，交通电子协会以本次5A评估为契机，进行全面性自查，也为管理建设的规范化、标准化和职业化发展打下良好基础。

【强化政企综合服务，提升高端集聚能力和综合服务能级】 2017年3月，为更好地响应市、区联动，在市经济信息化委、市科委的指导下，在浦东新区科经委的支持下，交通电子协会和浦东新区信息推进中心策划，经过近半年的酝酿和努力，联合联合电子、泛亚汽车等发起单位，集聚浦东新区汽车电子领域主要的骨干企业、研究机构等33家单位，成立上海浦东新区汽车电子创新与智能产业联盟（SPAEIA）。力争通过龙头企业带动产业链上下游协同，打造一流的汽车电子科技创新中心及产业化集群布局，提升核心竞争力，与嘉定安亭共同实现上海在汽车电子产业发展的两翼齐飞。

2017年第一季度，配合市经济信息化委、市科委等政府部门，发挥交通电子协会综合资源的优势，组织并对市经济信息化委软件和集成电路专项、工业强基专项、工业互联网专项、人工智能专项和市科委科技创新行动高新技术产业专项等重大产业项目进行跟踪和推进服务。截至2017年12月，交通电子协会会员企业已立项市经济信息化委软件和集成电路产业发展专项5项，战略性新兴产业发展专项1项、工业强基专项12项、智能装备首台套专项2项、信息化专项3项、人工智能专项1项以及市科委高新技术产业化专项5项。

6月，参加上海市工业经济联合会组织的仪征市与上海行业协会的汽车产业对接交流会议，会上交流仪征市发展汽车电子产业的发展建议。

9月，配合市科委高新技术产业处开展关于“汽车操作系统”重大项目的调研，并组织上汽、蔚来汽车、萤石汽车、上海博泰、上海航盛、上海友衷科技、中科创达等12家企业围绕车控和车载操作系统进行研讨交流，为最后的研究报告提供支撑。

10月，配合市经济信息化委电子信息产业处，在金山召开汽车电子与新型显示产业对接合作会议，邀请华域汽车、上海航盛、本安仪表、上海荣乐等多家单位与和辉光电、天马微电子等新型显示企业做深度对接。

12月，配合市经济信息化委电子信息产业处，承担上海汽车电子等产业统计工作，汇总统计分析上海汽车电子行业近百家企业数据，为政府和企业的规划与决策提供技术支撑，并纳入交通电子协会常态化的工作职责。

2017 年，陪同市经济信息化委、市科委以及浦东科经委相关业务处室领导，先后调研上海保隆、联创汽车电子、上海赫千电子、电驱动、航天 802 所、联合电子、泛亚技术中心、友衷科技等 20 多家会员企业，了解企业新产品、新技术、新项目的情况。

【创新行业平台服务功能，增强协会影响力、凝聚力和实力】 **搭建行业咨询平台，开展行业、技术前瞻性研究**。2017 年，交通电子协会通过市、区两级政府立项和购买服务形式，组织专家委相关专家参与并完成多项产业研究课题报告。其中包括：浦东国民经济和信息化推进中心委托的《2016 浦东新区电子信息制造业发展研究(汽车电子部分)》；市经济信息化委 2016 行业协会发展专项《大数据对轨道交通的影响》；上海市中国工程院院士咨询与学术活动中心委托的《上海智能汽车产业发展研究》；浦东新区科经委委托的《上海浦东汽车电子产业集群发展研究》；市经济信息化委 2017 行业协会发展专项《2017 上海智能网联汽车电子产业发展研究》；市科委高新技术产业处委托的《上海汽车电子技术发展规划 2.0》。通过课题组和专家组对报告全方位的分析和把握，这些研究报告为政府和企业提供决策参考依据，具有较高的专业价值，在业界产生较大影响。并于上半年，成功申报市质监局“面向智能网联的车路协同系统标准化试点”项目。

2017 年，根据企业需求，交通电子协会通过专家委组织业内专家为企业提供产品认证 5 次、技术鉴定 8 次，推荐优秀项目 10 次，推荐优秀工作者参加社会评选 4 次。

搭建行业交流平台，推进行业、企业开放合作。2017 年 3 月，交通电子协会作为慕尼黑电子展的合作方之一，协助慕尼黑展览公司策划并主办“汽车技术日”活动。活动邀请整车厂及国际领先芯片供应商围绕传统车汽车安全电子、车辆网、无人驾驶技术等话题展开讨论。

4 月，在第十七届上海国际汽车工业展览会期间，交通电子协会与上海市汽车配件用品行业协会共同主办“2017 汽车产业链高峰论坛”。论坛紧扣经济新常态与汽车产业发展的关系，汽车产业政策取向、汽车共享经济、新能源汽车产业发展蓝图与路径，智能网联对汽车产业影响，后市场变革与创新等领域，引发企业代表的深入讨论和热烈交流。

9 月，主办“2017(第九届)中国汽车电子产业发展(上海)国际高峰论坛”，邀请了国内外整车、零部件及互联网企业的 13 位演讲嘉宾，以“人工智能提升汽车电子创新发展”为主题，进行主题、专题演讲，超过 350 位业内听众相聚嘉定。

搭建行业展示平台，提升企业品牌影响力。2017 年 6 月，作为亚洲电子消费展的社会团体合作方之一，交通电子协会积极组织会员企业参加亚洲消费技术行业的年度盛会 2017 CESAsia，同时协助组委会做好全方位的宣传工作。

11 月初，连续第四次以组团形式，组织上海航盛、上海博泰、上海保隆汽车、安吉加加及华东电信院等 6 家企业共同参加第十九届中国国际工业博览会。通过 5 天展览，集中向公众展示企业在智能网联汽车领域新技术、新产品、新装备以及评测认证的成果与技术实力。

11 月底，协助华东电信院，组织了上海航盛、本安仪表、上海航天 802 所、上海友衷科技等 5 家企业参加 2017 常熟国际智能汽车产业展览会，向业界展示企业的研发技术水平。

搭建会员服务平台，努力提升服务水平。针对会员重叠、信息老化、会员跨行业、变化快等特点，交通电子协会秘书处重点抓好会员组织体系完善工作，通过分类分析、规范管理，形成会员数据库，做到信息实时更新。

2017 年，交通电子协会先后走访中国航空无线电电子研究所、上海船舶运输科学研究所、上海信耀电子有限公司等 20 多家会员企业，深度了解企业的发展情况和发展需求，更具针对性地为企业发展提供服务。

配合中国汽车技术研究中心和上海国际汽车城，协办“2017 汽车技术合作及产业融合国际论坛暨以色列智能汽车项目对接会”，邀请数十家会员企业与以色列优秀企业在智能汽车、汽车互联等领域进行合作商谈。

2017 年 11 月，应市北南通科技城邀请，交通电子协会组织上海绿然、恒利益建、上海博泰、上海保隆汽车、上海友衷科技、上海优立检测等 13 家会员企业赴南通与港闸区政府、市北南通公司进行合作对接，共谋合作发展。

加强行业信息平台建设，提升说清行业能力。加强行业调研，配合市经济信息化委做好经济运行分析工作。通过行业调研与信息分析工作，收集行业情况和数据，摸清国内外行业发展趋势特点，增强说清行业本领，增强为行业企业、上级和政府等服务的能力。

（殳天盛）

十一、上海市信用服务行业协会

【概况】 上海市信用服务行业协会(以下简称“信用服务协会”)成立于 2005 年 6 月，为上海市从事信用服务的同业企业及其他经济组织自愿组成的跨部门、跨所有制的非营利行业性社会团体法人。现有会员单位 100 余家，信用服务内容业务范围涵盖了资信评级、商业征信、个人征信、信用管理、互联网金融征信、大数据服务等领域。业务范围包括行业调研规划、标准制定、学术研究、信息交流、咨询服务、培训及从业人员资质认定。信用服务协会通过互联网站、《工作简报》等形式与社会各界沟通联系、发布信息。

2017 年是全面落实《上海市社会信用体系建设“十三五”规划》的一年，信用服务协会本着团结实务、发展服务、踏实业务、整体提升的办会宗旨，依据年初制定的工作计划和任务，在上海市经济和信息化委员会、上海市社团局等的领导下，卓有成效地开展各项工作。

【当好政府参谋助手，为政府部门制定政策献计献策】 配合政府及有关部门的咨询、调研，接待深圳市发展改革委、深圳市公共信用中心、上海九三学社等单位调研，参加市级信用项目基层工作座谈会等，就如何共建社会信用体系、监管本土信用服务机构、发展信用服务市场、如何确保信用服务机构对信用信息资源使用的合法权与优先权、加大对失信主体的惩戒力度等方面的内容建言献策。

完成信用服务行业统计制度设计和摸底调查并完成年度统计。近年来传统口径下的信用服务行业快速发展，而新兴衍生信用服务行业出现业务规模的爆发式增长以及业务模式的颠覆式创新。为了对现有的行业统计数据进行分析梳理，对非传统口径下与信用服务相关行业的现状摸底调查，信用服务协会于 2014 年承接信用服务行业统计制度设计和摸底调查课题，并于 2015 年 2 月完成课题评审。该课题预测包括 11 个业务类型在内的上海与信用服务相关行业的总体规模，在此基础上，从信用服务理论、行业监管、收入规模、统计可行性四个角度对这些行业进行研究界定，最终确定将商业保理、互联网金融征信、公共征信服务平台以及大数据信用服务纳入本次上海信用服务行业统计范围修订中，将传统口径范围扩大。同时在此基础上完成 2016 年度信用服务行业统计工作，统计工作在保留传统信用服务行业基础上，将商业保理、互联网金融、大数据信用服务纳入本次上海信用服务行业统计范围，使数据更完整地反应上海信用服务行业概貌。

配合和参与枢纽型社会组织的各项工作。在上海市经济团体联合会、上海市现代服务业联合会、上海市金融联合会的领导下，信用服务协会积极配合和参加三个联合会组织的各项工作和活动，如参与每年《上海现代服务业发展报告》的编写等。

【积极开展行业自律工作】 开展名录申报工作。在政府体制改革的背景下，2014 年市征信办将原在沪的征信机构到市征信办备案登记的职能转到信用服务协会，并改成用发展名录的方式进行登记。按市征信办的要求，根据自愿的原则，信用服务协会 2017 年继续开展上海市信用服务机构推荐扶持发展名录申报的工作。该工作每年申报一次，旨在加快推进社会信用体系建设，培育信用服务机构，促进全市信用服务行业健康发展。2017 年，信用服务协会对已登记企业进行核查换证。

进行信用服务机构质量控制评选。为了规范上海市信用服务行业质量控制，保证执业质量，根据《上海市个人信用征信管理试行办法》《上海市企业信用征信管理试行办法》及有关法律、法规、规章制度，信用服务协会制定《上海市信用服务行业质量控制基本规范》，该文件在上海市信用服务行业协会第二届会员大会第三次全体会议上正式表决通过并在信用服务协会网站上发布。同时，建立信用服务机构质量控制规范化建设评估工作方案与评估指标体系，信用服务协会继续开展信用服务机构质量控制评选，评比工作采用企业自评、企业互评、专家评审的模式，最终评出先进单位和优胜单位并在 2018 年的会员大会上进行表彰。

开展上海信用服务机构综合排名工作。为全面反映上海各信用服务机构的综合实力，引导上海信用服务机构规范化建设，提升上海信用服务机构水平，为市场公平选择信用服务机构提供依据，根据市征信办的要求，同时也是本行业的需求，信用服务协会开展 2017 上海信用服务机构的综合排名工作，评出 2017 年度上海市信用服务机构综合排名 30 强机构，并在 2018 年会员大会上宣读。

【努力为会员单位服务，推动信用服务行业发展】 **强化信息服务，及时向会员单位提供多种形式的信息服务。** 2017 年信用服务协会强化建立网络信息员队伍，保证新闻的时效性，同时开通微信号，结合网站，宣传会员单位品牌，发布国家有关信用服务的政策法规，交流各方面信息及行业动态，保证网站时效性，保持与会员单位的及时沟通。如将上海市社会信用体系建设专项资金申报，上海领军人才、上海十大杰出青商的评选，上海名牌申报，金融业改革发展优秀研究成果评选等各类信息，都及时告知会员单位，并组织符合条件的单位进行申报，做好推荐工作等。

探讨互联网金融和大数据金融风险的产生及防范措施。互联网金融和大数据金融的发展，大大促进金融市场的创新，给资金需求者和投资者带来更多便利和机会。但与传统金融相比，其流动性风险、信用风险、法律风险和技术风险也更值得关注。为更好讨论互联网金融和大数据金融的风险防范，信用服务协会和上海浦东国际金融学会于 2017 年 1 月联合举办“互联网金融征信和大数据信用服务”主题沙龙，沙龙邀请上海证大投资咨询公司、网贷之家等业内专家就互联网金融和大数据金融风险的产生及防范进行主题演讲，同时与参会人员进行交流。

组织会员单位探讨上海信用服务行业创新发展。相比传统信用服务行业，新兴信用服务行业近年有了迅速发展，一些传统企业征信也在逐步转型过程中，如借助互联网、利用大数据技术为用户提供更为及时全面的征信服务。在传统与新兴并存的信用服务市场，如何进行平衡与合作，共同推动信用服务市场值得探讨；同时，信用服务机构如何把握机遇，对政府和有关监管部门有何新的诉求也值得探讨。在此背景下，由上海市信用服务行业协会举办的上海信用服务行业创新发展座谈会于 2017 年 7 月召开，市社会工作党委社会组织党建工作处副处长孙守印，全国人大代表、上海富申评估咨询集团有限公司董事长樊芸出席会议。会议由信用服务协会秘书长饶明华主持，30余位会员单位嘉宾代表参加座谈会。会议围绕当今行业热点“个人征信”，就行业创新机遇和诉求进行讨论，上海天翼征信有限公司副总经理李留洋、科孚亚洲区总经理何咏薇、上海华予信企业信用征信有限公司总经理赵东岩做演讲交流。

编撰《上海市信用服务行业发展趋势与动态研究》。随着全球信息技术的发展和产业经济的升级创新，信用服务行业将在服务对象、服务模式、核心能力、企业合作和产业组织等方面产生重大变化，基于上述背景，信用服务协会联合多位专家编撰《上海市信用服务行业发展趋势与动态研究》，该研究基于对国内外信用服务行业的发展历程、现状和发展特点的分析，对上海信用服务行业整体及八个细分子行业的发展现状及“十三五”期间面临的机遇挑战和发展趋势进行深入研究，从而对上海信用服务行业未来的发展重点提出参考建议。

编制上海信用服务指南(2017 版)。信用服务协会编撰《上海市信用服务指南(2017 版)》，对信用服务机构的产品进行一次集中宣传。该书在《上海市信用服务指南(2014 版)》的基础上进行更新和扩充，介绍更多会员单位的信用产品、案例、创新产品等，扩大会员单位的影响力。

积极为会员单位拓展信用服务市场。为了帮助会员单位增加业务量，提高信用服务行业在社会上的认知度，信用服务协会积极牵线搭桥，促成会员单位与区县政府征信职能部门、上海市相关行业协会以及有关企业等单位的业务合作，帮助会员单位拓展市场，促进行业发展。如帮助上海三零卫士信息安全有限公司搭建线上失物招领互助平台，同时依托上海市社会组织的网络，与其他兄弟行业协会进行交流和合作，并推荐、介绍会员单位到相关行业进行业务拓展，在帮助有色金属行业协会、染料涂料行业协会、会展行业协会、印制电路行业协会、电子商务行业协会、医疗器械行业协会等开展社会信用体系建设的同时，也为会员单位拓展征信业务。

【积极展开交流与协作】 组建全国信用(行业)协会联盟，加强与各兄弟省市及国家有关行业协会的联系、交流与合作。信用服务协会积极与各兄弟省市及国家有关行业协会保持联系，在交流协会工作经验的同时，共同探讨行业发展中的热点、难点问题。2017年上半年与内蒙古公共信用服务中心、广东省信用协会等共同发起成立了组建全国信用(行业)协会联盟。在2月举行的各省(市)信用(行业)协会交流会上，来自上海市信用服务行业协会、广东省信用协会等的十余家信用协会代表交流各地信用协会参与、推动当地社会信用体系建设工作经验，同时就全国信用(行业)协会联盟章程、服务宗旨等进行了讨论。会后，与会代表考察参观了上海市公共信用信息服务中心。

全国信用(行业)协会联盟的成立，将使全国社会信用体系建设更完善，促进各地信用协会及相关行业协会、促进会之间的交流、学习，更好地建立全国信用(行业)协会合作机制，促进信用(行业)协会自身建设，推动全国信用经济社会又好又快发展。

组织论坛，加强对外交流。于2017年10月主办“贯彻信用条例推进诚信建设”2017高峰论坛，论坛以2017年10月1日正式施行的《上海市社会信用条例》为引领，通过聆听专家解读与讨论，让与会者初步了解该《条例》的立法背景、内容和影响，以及如何贯彻该条例。圆桌论坛特邀嘉宾分别从实务操作和理论思考角度对“如何贯彻信用条例，推进诚信建设”表达观点，并提出建议。与会领导嘉宾为20家新近获得“上海市守合同重信用”资质的企业授牌。诚信企业代表发起的“贯彻信用条例，推进诚信建设”倡议得到与会者的积极响应。

于11月主办上海信用建设论坛，近150位信用领域专家学者、信用服务行业协会各会员单位、政府机关部门领导、行业代表等到会参加。本次论坛旨在增进信用行业机构和高校间的合作交流，促进上海社会信用体系建设，探讨产学研合作模式，深层次挖掘信用的核心内涵和价值。

赴内蒙古参加全国信用体系建设经验交流会，围绕信用事业未来发展方向，以及各地信用行业协会、组织在交流合作、资源共享机制等方面提出讨论的中心议题，与会人员分别从加大信用人才培育力度、推动信用产品使用、建立诚信权威评判机制、加强诚信记录数据平台建设等方面切入，提出宝贵意见。

赴荣成市参加信用体系建设若干重要理论和实际问题研讨会，与会人员围绕信用信息和信用产品的本质、内涵、标准，信用信息的采集模式、共享模式、管理模式、服务模式的选择，社会信用体系建设与相关政策法规、信息权益、监管制度关系等问题进行深入研讨，并进行实地考察调研。

9月，作为支持单位参与举办数据中心设施论坛暨金融技术创新峰会，峰会聚焦金融科技趋势发展及数据中心行业热点话题，就互联网金融及金融科技的融合、数据中心支撑云服务、金融科技的创新及给金融行业带来的“危”和“机”等议题展开讨论。

【推动信用体系建设】 为推进上海社会信用体系建设，营造诚信环境，信用服务协会联合中国(上海)自由贸易试验区管理委员会保税区管理局联合举办《上海市社会信用条例》宣传解读会，特邀请原市人大法工委副主任、市立法研究所所长、现市立法研究所高级顾问黄钰宣传解读。同时邀请保税区各部门相关人员解读保税区域信用监管和服务的典型案例,宣传各领域管理部门采取信用手段进行监管和服务促进投资、贸易便利化的各项举措和做法,分享企业诚信经营带来“成本节约、经营便利、效率提升”的改革红利。

承办崇明科委信用专题宣传项目,邀请业内专家宣传解读《上海市社会信用条例》,邀请中国(上海)自由贸易试验区管理委员会保税区管理局综合监管和执法处领导介绍和分享上海自贸试验区保税区域信用经验,该项目推进崇明区域的信用宣传工作,增强企业诚信守法意识。

搭建“服务于一带一路的信用服务智库平台”。信用服务人才建设是体现“一带一路”建设软实力非常重要的一个方面。建设服务于“一带一路”的信用服务人才智库,可以完成信用服务人才战略布局。通过信用服务人才智库(一期)的建设,将完成对“信用服务”各类人才和专家的排摸,并初步建立“一带一路”信用服务智库平台。

举行互联网金融征信高级研修培训。政府对互联网金融风险从重拳出击、专项整治到要求建立互联网金融征信,使我国互联网金融业从以前无序的“野蛮式”增长转变为“规范式”发展。为此,信用服务协会联合上海浦东国际金融学会一起邀请互联网金融征信专家,以“理论+实战+案例+政策解读”的全方位学习模式,举办“互联网金融征信高级研修班”,帮助培训对象全面了解互联网金融征信,从而推动行业发展。

与中国金融培训中心合作举办征信体系建设与风险防控高级研修班。为了帮助各地相关单位规范发展征信市场,防范征信市场风险,推进社会信用体系建设,改善经济发展的信用环境,提升金融征信企业经营管理水平和盈利能力,为金融支持实体经济发展打下良好的基础,信用服务协会与中国金融培训中心合作举办“第二十期互联网金融背景下征信体系建设与风险防控高级研修班”。本次研修班从我国征信行业发展历程及发展趋势、政策解析、金融技术变革与征信体系建设、大数据在互联网征信中的应用、征信产品及服务模式创新(信用报告数字解读案例分析、供应链金融及消费金融创新)、征信应用模式探讨等多角度进行剖析和分享。

启动上海市企业信用评级通用规范团体标准试点。为推进行业信用评级标准化的建设,信用服务协会根据2017年工作计划要求,向市质检局提出行业标准化示范项目试点工作的申请。该项目将对《上海市“企业诚信创建”活动信用评价准则》进行修订,形成上海市团体标准,发布、备案后可供会员单位和业内相关单位自愿选用,从而为业内提供一个适合于大多数企业独立使用的通用评级标准体系,进一步规范整个资信评级市场。同时将修订后的标准对相关企业进行宣贯,以便总结优秀案例进行广泛推广,进一步规范征信机构的企业信用评级行为,提高评级业务的服务质量。

【注重自身建设,规范运作,全面推进协会工作】 始终坚持按章程办事,加强制度建设。2017年参加上海市社团局开展的“上海市行业协会商会规范化建设评估”工作,信用服务协会在评估过程中诚实呈现基本情况,严格遵守评估章程及流程,最终获得“4星”评分等级,并获得2017年度上海现代服务业发展研究特殊贡献奖、2016年度上海现代服务业联合会突出贡献奖和上海经济团体联合会先进行业协会称号、2016年度中国信用共建年度信用创新单位。

(朱晓玲)

第五章 信息化合作交流及重要展会活动

概 述

2017年,市经济信息化委根据市对口支援与合作交流领导小组的工作部署,充分认识此项工作的艰巨性、重要性、紧迫性,结合产业和信息化主管部门的特点,采取更加集中的支持、更加有效的举措、更加有力的工作,扎实推进对口支援与合作交流工作。展会方面,借助2017全球城市信息化论坛、2017全球(上海)人工智能创新峰会等的召开,推动了信息化及相关产业的良好发展。

一、对口支援

【援疆工作初见成效】 积极落实市经济信息化委制定的《上海对口支援喀什四县产业发展三年行动计划(2017—2019年)》,初步筛选并走访一批有投资喀什意向的企业和项目,市经济信息化委领导两次带领相关企业赴喀什对接,搭建沪喀产业合作平台。

为助推援疆前方指挥部关于在喀什地区发展呼叫中心产业的发展思路,市经济信息化委两次召开呼叫中心企业座谈会,探讨将呼叫中心转移到喀什的可行性。受喀什地区经济信息化委委托,启动编制《喀什地区呼叫中心产业园建设推进实施方案》,积极推进喀什地区呼叫中心产业园建设。赴喀什举办两化融合培训班,80名学员参加培训,取得较好效果。

此外,市经济信息化委与克拉玛依市政府签订了合作协议,双方将在人才队伍建设、智慧城市等领域开展合作。

【援藏工作起步较稳】 为进一步落实国家工信部

以及上海市委、市政府的援藏工作要求，切实推动产业和信息化领域的援藏工作，2017 年 5 月下旬市经济信息化工作党委书记陆晓春带领委内相关处室赴日喀则调研考察，并看望市经济信息化委援藏干部。其间，上海烟草集团向上海市第八批援藏干部联络组捐赠现金 200 万元，用于支持日喀则市政府信息化建设投入、改善援藏队伍工作条件、提升日喀则市工信局机关业务能力及自身建设；上海市第八批援藏干部联络组向西藏自治区日喀则市工信局捐赠现金 100 万元，用于提升业务能力及自身建设。

9 月初，市经济信息化委领导陪同上海市委副书记尹弘赴西藏学习考察期间，西藏自治区党委书记吴英杰提出请上海协调宝武集团在西藏边境地区推广装配式钢结构建筑房屋的需求。根据尹弘的要求，市经济信息化委立即与宝武集团、援藏干部联络组进行沟通联系，形成工作报告报尹弘，得到其批示肯定。

根据工信部要求，市经济信息化委与日喀则市工信局签订工作协议，协调安排日喀则手工制品相关企业在沪学习调研；推进中标软件、万达信息、上海绿色工业促进会、上海创图、国电微网等单位在日喀则开展相关合作项目。

【东西部扶贫协作稳步推进】 与遵义市工业和能源委员会保持密切联系，积极开展产业合作对接，协助遵义市政府在沪举办“遵义(上海)特色产业合作推介会”等招商引资活动。组织“上海企业遵义行”等产业对接活动，帮助众安科技在遵义推广使用区块链技术的“步步鸡”扶贫项目，推动浦东软件园与遵义软件园开展相关合作；上海国兴农、菜管家、晨讯科技等企业有初步投资意向；通过产业合作，积极为当地培育支柱产业，助推遵义打赢扶贫攻坚战。此外，完成在沪举办遵义工业经济发展培训班、遵义干部在沪挂职等对口支援地区人力资源开发项目。

二、国内合作交流

【对口合作大连全面启动】 积极落实党中央、国务院以及上海市委、市政府要求，按照“政府引导、市场运作、企业主体、互利共赢”的工作思路，通过市场化合作方式，支持东北装备制造优势与东部地区需求有效对接，增强东北产业核心竞争力。在沪、连合作第一次联席会议上，市经济信息化委作为上海方面的唯一代表做交流发言。

圆满完成“上海企业大连行”活动，组织 14 家企业赴大连开展产业对接，其中上海拓及、中标软件等 5 家企业与大连方进行项目签约，涉及金额 5.73 亿元。市经济信息化委各处室与大连市经济信息化委全面对接，启动《上海市与大连市产业和信息化对口合作重点及机制研究》，将对口合作领域重点聚焦到装备制造业、软件等领域。加强沪、连两地智库对接，组织上海信息化专家委专家赴大连开展交流活动，取得较好效果。

【长江经济带及长三角区域合作有序开展】 根据

上海市推进长江经济带发展领导小组办公室工作部署，配合做好制定并发布《上海市推动长江经济带发展实施规划》的相关工作，牵头完成“创新驱动产业转型升级”专题报告。配合工信部完成《长江经济带市场准入负面清单（产业发展部分）》《长江经济带世界级产业集群发展指南》等编制工作。搭建产业合作平台，推动湖南岳阳绿色化工产业园与上海市相关企业的产业合作。

积极推进沪苏大丰产业联动集聚区建设，协调解决推进过程中遇到的消防、用地指标等问题。做好沪苏大丰联动开发建设协调推进领导小组第二次联席会议相关筹备工作。配合推进安徽白茅岭、军天湖等域外农场相关工作。配合嘉兴市政府做好“接轨上海”相关工作。

开展长三角区域合作信息化专题组工作，牵头完成长三角区域信息化合作“十三五”规划并正式发布。做好长三角合作基金支持项目摸底工作，申报“监测预警共建和威胁信息共享机制研究”和“长三角综合交通大数据服务平台课题研究”两个项目。

（黄治国）

三、重要展会和活动

第十九届中国国际工业博览会

第十九届中国国际工业博览会（以下简称“工博会”）于2017年11月7日至11日在国家会展中心（上海）举办。其以“创新、智能、绿色”为主题，坚持“专业化、国际化、市场化、品牌化”办展方向，设置数控机床与金属加工、工业自动化、机器人、新能源及电力电工、信息与通信技术应用、节能与环保技术设备、节能与新能源汽车、科技创新和航空航天技术9个专业展区。使用国家会展中心1层全部展馆以及2层4.2、5.2和6.2三个展馆，展览规模超28万平方米，参展企业总数2 562家。从结构上来看，兄弟省市企业参展展位5 812个，占43.7%，全国除海南、西藏外，其他省区市和计划单列市全部参展，其中，黑龙江、河北等11个省区市组团参展，在计划单列市中，大连首次组团参展。境外参展展位4 003个，占30.1%，来自美国、德国、法国、以色列等27个国家和地区，匈牙利首次参展。

作为国务院批准的全国唯一展会类奖项，本届工博会评奖注重提高评奖的专业化、规范化、信息化水平，体现引领科技发展、促进产业创新效应。设立特别荣誉奖1项、金奖4项、银奖14项、创新金奖4项、创新银奖14项、工业设计金奖4项；专为主宾国设立奖项，由主宾国参照既有评审标准进行评选。自7月启动评奖申报工作以来，共受理363项申报展品。颁奖仪式在11月6日的开幕式上举行。

工博会展会期间，上海市政府还与工信部、中国工程院等联合举办一系列重要会议，其中包括“中国制造2025”国际合作论坛、2017年世界智能网联汽车大会等。

【“中国制造2025”国际合作论坛】 为推动“中国

制造 2025”深入实施，拓展新的开放领域和空间，提升国际合作的水平和层次，由工业和信息化部与上海市政府主办，工业和信息化部国际经济技术合作中心与上海市经济和信息化委员会承办的“中国制造 2025”国际合作论坛圆桌讨论会，2017 年 11 月 7 日在上海国际会展中心举行。论坛以“共议国际制造产业合作　共享中国经济发展成果”为主题，工业和信息化部部长苗圩和上海市市长应勇出席并与中外嘉宾交流，中国工程院院长周济主持论坛。

联合国原副秘书长沙祖康、法国达索系统公司 CEO 伯纳德 · 查尔斯、英国中部引擎计划主席庄贝思、捷豹路虎中国总裁潘庆、SAP 全球高级副总裁柯曼、美国信息产业机构总裁缪万德、特斯拉全球副总裁任宇翔、中国第一汽车集团副董事长王国强、中地海外集团总裁纪为民、三一集团总裁向文波、上海市临港集团董事长刘家平等嘉宾出席论坛并发言。

“中国制造 2025”国际合作论坛由圆桌讨论会、英国主宾国专场论坛、智能制造专场论坛组成，旨在搭建制造业国际合作高端平台，深入推动实施“中国制造 2025”，加快制造强国建设步伐。

【2017 年世界智能网联汽车大会】　为贯彻我国汽车强国战略，加快推进智能网联汽车发展，由上海市人民政府、工业和信息化部主办，上海市经济和信息化委员会与嘉定区人民政府承办的 2017 年世界智能网联汽车大会，2017 年 11 月 6—7 日在上海嘉定举行。大会的主题为“联接世界，智创未来”，致力于建立智能网联汽车领域权威的国际交流合作平台，展示世界智能网联汽车的最新研究成果和商业模式，研讨智能网联汽车相关的政策法规和标准规范。

工业和信息化部部长苗圩、副部长辛国斌，上海市人民政府常务副市长周波出席大会开幕式。大会由中共上海市经济和信息化工作委员会党委书记陆晓春主持，来自国内及英国、美国、荷兰、日本等国的研究机构、高等院校和相关企业的代表参加会议。大会同期发布《2017 年世界智能网联汽车大会上海宣言》。

大会首日为开幕式及主旨演讲，英国智能网联汽车中心、中国工程院、同济大学、美国国际交通创新中心、埃因霍芬理工大学、日本野村综合研究所、通用汽车、上海汽车集团等机构和企业代表发表主旨演讲。大会探讨智能网联汽车行业领域的最新趋势，中国汽车技术研究中心、美国车联网协会、中国商业法研究会、德勤、奥迪中国、特斯拉、宝马等机构和企业代表就各自领域发表主题报告。

大会还安排国家智能网联汽车（上海）试点示范区参观及智能网联汽车试乘体验，上海汽车集团、蔚来汽车、联创汽车电子有限公司、上海航天无线电设备研究所展示先进的无人驾驶技术及自动驾驶领域的最新科技产品。

2017 全球城市信息化论坛（GCIF2017）

11 月 7 日，由联合国经济与社会事务部、联合国开发计划署、联合国工业发展组织、国际电信联盟、联合国训练研究所，中国工业和信息化部、商务部、中国科学院及上海市政府主办，上海市经济和信息化委员会、上海社会科学院共同承办的 2017 全球城市信息化论坛（以下简称“论坛”）全体大会在上海举行。上海市副市长许昆林、联合国原副秘书长吴红波分别致辞。中国互联网发展基金会理事长马利，上海市政府副秘书长顾金山，国家发展改革委高技术产业司司长任志武，上海市经济信息化委副主任、市国防科工办主任吴磊，上海市黄浦区委书记、区长杲云，中央网信办信息化发展局副局长张望等参加论坛。

论坛以"智慧 · 创新 · 卓越"为主题，德国国家科学工程院院士克里斯托弗 · 迈内尔（Christoph Meinel），中共上海市黄浦区委书记、区长杲云，英国利物浦市副市长加里 · 米勒（Gary Millar），新加坡资讯通信媒体发展局中国区司长庄庆维等各位演讲嘉宾，围绕云计算、物联网、人工智能、工业互联网以及数字经济、城市管理、智慧治理、科技创新等前沿热点问题发表演讲，并交流各国在智慧城市、智慧城区、智慧园区建设方面的经验。论坛同时发布《全球城市信息化报告 2017》《智慧之都指数报告 2017》《全球信息社会蓝皮书 2017》《网络空间安全蓝皮书 2017》《全球智慧城市案例集》等智库产品，从多个角度解读全球城市信息化现状与趋势，寻求智慧城市和卓越城市的发展路径。论坛还举办"中国数据创新行"上海站活动，发布"城市数据创新宣言"。

除了论坛全体大会，GCIF2017 还安排三个分论坛和一个闭门会议，从多视角和多层面来研讨当今城市信息化的前沿问题和解决方案。11 月 7 日下午召开主办方工作会议暨专家咨询会（闭门会议）。会议由市经济信息化委总工程师张英主持，来自德国、美国、新加坡、以色列以及国内在城市信息化建设、城市治理、人工智能、云计算等方面具有全球代表性的专家、企业经营者、政府部门代表以及 GCIF2017 主办方代表出席会议。会上，各方专家围绕"信息化建设如何围绕城市成长可持续发展，在产业转型升级、城市更新、城市治理中发挥创造性作用"议题进行深度探讨，还就论坛发展和下届主题进行建设性讨论。

【首届全球网络安全产业创新论坛】 11 月 7 日在上海召开，作为 2017 全球城市信息化论坛之一的首届"全球网络安全产业创新论坛"。论坛以"网络安全创新驱动"为主题，由上海市经济和信息化委员会、上海社会科学院联合主办，中国互联网发展基金会理事长马利、上海社会科学院党委书记于信汇、上海市经济和信息化委员会总工程师张英、中国信息通信研究院副院长王志勤出席会议并致辞。

会上，中国工程院院士沈昌祥、倪光南和德国国家科学工程院院士克里斯托弗 · 迈内尔分别围绕可信计算的安全、安全可控的信息技术体系和大数据安全做主旨演讲。卡巴斯基、中国网安集团、微软、阅安信息、观安信息等企业分享各自在网络安全领域的创新实践。

此外，由市经济信息化委指导，上海众人网络安全技术有限公司联合上海信息安全行业协会以及重要研究机构、企业发起成立的"上海赛博网络安全产业创新研究院"正式揭牌。提升政府治理能力大数据应用技术国家工程实验室发布"大数据应用技术国家工程实验室开放基金"。

《2017 全球网络安全企业竞争力》《2018 全球十大 IT 发展趋势》《2017 网络安全产业白皮书》等研究报告同期发布。《2017 全球网络安全企业竞争力》指出万物互联时代，网络安全产业的价值被全面激发，各国在网络安全领域的投入持续增长，政企联动、军民融合的发展态势明显，网络安全从细分边缘一举跃升为"战略卡位性"行业。《2017

网络安全产业白皮书》描绘全球网络安全产业的发展态势和我国网络安全产业发展面临的挑战和机遇，重点覆盖面向国家关键信息基础设施和重要行业领域、“互联网+”重点领域、企业级用户的网络安全技术、产品和服务。

【2017 国际工业互联网大会暨 AII&IIC 工业互联网联席会议】 11 月 7 日，作为 2017 全球城市信息化论坛之一的 2017 国际工业互联网大会暨 AII&IIC 工业互联网联席会议举行。会议由工信部、上海市政府指导，市经济信息化委、中国信息通信研究院、工业互联网产业联盟(AII)和工业互联网联盟(IIC)主办，工业互联网产业联盟上海分联盟、工业互联网创新中心(上海)有限公司以及上海华东电信研究院联合承办。会议以“工业互联，世界之路”为主题，围绕全球工业互联网发展态势、国内工业互联网最新进展、工业互联网前沿技术以及企业应用实践等进行探讨。工信部信息通信管理局副局长刘杰，市经济信息化委副主任、市国防科工办主任吴磊，工业互联网联盟(IIC)首席技术官 Stephen Mellor(史蒂芬・梅勒)出席大会并致辞。

大会还举行了“工业互联网产业联盟上海分联盟揭牌仪式”以及“上海市工业互联网创新实践基地授牌仪式”。松江区、上海化学工业区以及上海临港地区等获批成为“上海市工业互联网创新实践基地”。

【国际开放数据与城市创新峰会暨上海开放数据创新应用大赛(SODA 大赛)】 11 月 8 日，作为 2017 全球城市信息化论坛之一的国际开放数据与城市创新峰会(以下简称“峰会”)暨上海开放数据创新应用大赛(SODA 大赛)在上海举行。峰会由市经济信息化委、杨浦区政府联合主办，中国工业设计研究院、上海苏打数据科技有限公司、复旦大学数字与移动治理实验室、上海感知城市数据科学研究院以及上海树融数据科技有限公司共同承办。市经济信息化委副主任、市国防科工办主任吴磊，中央网信办信息化发展局副局长张望、工信部信息化和软件服务业司代表等领导出席论坛并致辞。市经济信息化委总工程师张英出席并为 SODA 获奖团队颁奖。

峰会以“开放之城、智慧之城”为主题，主讲嘉宾围绕城市管理、社会治理、人工智能和科技创新等前沿热点问题发表了精彩演讲，并探讨交流各国在数据开放流动的最佳实践和应用创新成果。峰会期间，SODA 大赛组委会发布国内首个《城市数据创新宣言》，复旦大学数字与移动治理实验室发布《中国地方政府开放数据评估报告》等重要报告。

在峰会中，2017 年上海开放数据创新应用大赛决出全部奖项。10 支 SODA 团队最终入围，参赛作品涉及“单车管理”“食品安全治理”“公共交通优化”“消费者权益保护”等主题的数据产品和服务。最新设立的“SODA 未来之星”奖也同步揭晓。

第 14 届上海国际信息化博览会

2017 年 3 月 14 日，由市经济信息化委、浦东新区政府共同主办，国际半导体设备与材料协会(SEMI)及中国电子商会(CECC)、慕尼黑博览集团(MMG)、中国印制电路行业协会(CPCA)联合承办的第十四届上海国际信息化博览会在上海新国际博览中心开幕。国务院参事、中国电子商会会长曲维枝宣布博览会开幕。市经济信息化委主任陈鸣波出席开幕式并致辞，开幕式由市经济信息化委秘书长戎之勤主持。

本届信博会由六大专业展览和近百个论坛研讨会组成，于3月14日至16日在上海新国际博览中心和国家会展中心(上海)同步举行，参展商超过3 650家，共设19个展馆，展出面积229 000平方米，同比增长14.1%。六个专业展览包括国际半导体设备与材料协会和中国电子商会共同举办的“中国国际半导体设备与材料展暨研讨会”和“中国国际平板显示器件、设备材料及配套件展”两个展览会；由慕尼黑博览集团举办的“慕尼黑上海电子展”、“慕尼黑上海电子生产设备展”和“慕尼黑上海光博会”三个展览；由中国印制电路行业协会举办的“中国国际电子电路展览”。

2017 全球(上海)人工智能创新峰会

8月30日，由工业和信息化部、科学技术部、国家发展和改革委员会指导，上海市经济信息化委、市科委、市发改委、徐汇区政府、中国人工智能产业发展联盟共同主办的“2017 全球(上海)人工智能创新峰会”在上海举行。市委常委、常务副市长周波出席峰会并致辞，中央网信办、工信部、科技部等部委相关领导，市经济信息化委主任陈鸣波，市经济信息化委副主任、市国防科工办主任吴磊，徐汇区委副书记、区长方世忠以及区人大、政协主要负责人，市经济信息化委副主任傅新华、邵志清、吴金城，市发改委和市科委相关领导等出席会议。会议由市经济信息化委副主任黄瓯主持。会上，市经济信息化委、市科委、市发改委、徐汇区政府、上海交通大学、同济大学、复旦大学等领导见证“上海市人工智能发展集聚区”启动仪式。

峰会采取“1＋1＋5”的形式，即由1个开幕式、1个主论坛及5个分论坛组成。主论坛上，来自中国工程院、中国科学院、麻省理工学院、罗兰贝格、德国工程科学院、香港中文大学等专家学者及企业代表围绕人工智能产业未来发展做主题演讲。5个分论坛分别围绕“智能畅想、卓越城市”“脑机融合、未来之路”“技术突破、商业价值”“开放生态、合作共赢”“数据驱动、智能应用”等主题，充分交流和展示了国内外人工智能发展现状和经验成果。峰会还吸引近30家国内外知名企业参展，包括百度、阿里、腾讯、微软、ARM、IBM、Intel、Mobileye等，围绕深度学习、智能芯片、机器视觉、语音识别、智能机器人、大数据等领域进行人工智能技术和产品展示。

2017 上海区块链和大数据技术发展论坛

1月12日，在国家工信部支持下，上海市经济和信息化委员会与中国信息通信研究院携手合作，组织举办了“2017 上海区块链和大数据技术发展论坛”。市经济信息化委副主任、市国防科工办主任吴磊出席会议并致辞。工信部信息通信发展司、上海自贸试验区金桥管理局等相关负责人出席会议，中国信息通信研究院副所长何宝宏做主旨演讲。

本次区块链和大数据技术发展论坛的举办，为来自政府、企业、高校、机构等社会各界的专家们搭建了一个观点交流、思想碰撞的平台，旨在有效引导国内区块链及大数据产业发展，推动区块链技术与大数据、云服务、数据中心等新一代信息技术的结合，积极探索区块链和大数据技术在各行业多场景下的创新应用，创造良好的市场环境，共同推动上海乃至全国区块链和大数据产业的健康快速发展。

论坛上,来自中国信息通信研究院、中国邮储银行、中国联通、上海交通大学、同济大学、阿里巴巴集团、京东万象的专家重点交流区块链与大数据技术的发展趋势,以及区块链及大数据服务地方发展实践的相关探索。来自各行业的企业代表和嘉宾,共同探讨区块链和大数据技术支撑上海自贸试验区建设,以及给各垂直行业带来的发展变化,并就区块链和大数据的关键技术和创新应用展开讨论。

2017 上海国际信息消费节

6 月 28 日,持续 7 天的 2017 上海国际信息消费节拉开帷幕,以"数字经济,无限未来"为主题,向大众全面展示上海在"互联网+"时代的信息经济建设成果。中国移动董事长尚冰、市经济信息化委副主任傅新华、市民政局副局长蒋蕊、GSMA 董事会成员、知名企业家代表等 300 余人出席 2017 上海国际信息消费节与世界移动大会·上海联合开幕式。开幕当日,由上海市经济和信息化委员会、全球移动通信系统协会(GSMA)指导,上海市经济和信息化发展研究中心承办的"数字经济,未来经济新引擎"暨 2017 上海国际信息消费节主题论坛举行。论坛上,2017 上海"互联网+生活"指数报告发布。

作为本届信息消费节的重头戏,"上海国际信息消费博览会"与"世界移动大会·上海"配套举行,本届主题为"智在必得",于 6 月 28 日至 30 日在上海新国际博览中心举办。展会内容聚焦两个重点,一是聚焦"互联网+"在各个方面的应用,包括衣、食、住、行、学、娱、信、金、体、医等生活要素;二是聚焦科技创新前沿领域,设置人工智能、新一代电商、云计算等新兴热点展区,市民可以近距离体验娱乐机器人、VR/AR、跨境电商等最前沿的信息产品。此外,博览会还在现场设置申·APP 展示区,让市民近距离体验申·APP 的魅力。

2017 上海—台北城市论坛

7 月 2 日,2017 上海—台北城市论坛在上海举行。作为此次"双城论坛"的重要组成部分,由市经济信息化委和上海市工商行政管理局共同承办的"智慧城市与民生服务"分论坛同期召开,中国台北市市长柯文哲到会致辞,市经济信息化委主任陈鸣波、副主任邵志清出席论坛并做主旨发言。论坛由市经济信息化委秘书长戎之勤主持。来自上海和中国台北的近 70 位专家学者、企业界代表共同分享观点,交流观点。上海—台北城市论坛自 2010 年开始,由上海市与中国台北市政府轮流举办,已成为上海与中国台北两市之间重要的机制化交流平台。两市通过此平台探讨和交流城市发展经验,巩固和拓展相关领域的合作,取得积极成果。此次论坛以"健康城市"为主题,下设社区卫生、智慧城市与民生服务、环保、青年创业 4 个分论坛。

2017 上海智慧城市体验周

12 月 5 日,上海市智慧城市领导小组办公室、上海市经济和信息化委员会主办的 2017 上海智慧城市体验周拉开帷幕。本次智慧城市体验周活动以"智慧城市,让生活更温暖 Smart city, Warm life"为主题,围绕"创新、协调、绿色、开放、共享"的理念,以"众创空间、产城融合、互联网+、绿色园区建设"为主要方向,通过聚焦人工智能、工业互联网、物联网、大数据等重点领域,积极引导社会力量参与智慧城市建设。通过在全市开展综合活动、评选活动、体验智慧应用活动、高峰论坛、培训宣讲、现场观摩、路演、互动交流等各类高质量活动，为市民搭建体验和感知上海智慧城市建设的平台，使智慧城市体验周的品牌形象深入人心，开启智慧城市建设常态化体验模式。

（杨勤伟）

上海“一带一路”国际合作高峰论坛

2017 年 11 月 30 日，由上海市信息服务外包发展中心主办，上海首席信息官联盟、中国 NB-IoT 联盟协办，上海浩韵文化传播有限公司、上海熠韵商务咨询有限公司承办的上海“一带一路”国际合作高峰论坛在上海虹桥商务区举行，市经济信息化委副主任傅新华出席论坛并致辞，捷克共和国驻上海总领事馆总领事 Richard Krpac 做主题演讲。来自中国人民大学“一带一路”研究院、Russ Media、Mobiversal、阿里云、联想云、微软中国、UCloud、FIC Global Advisors 等机构的 10 余位国内外专家和 200 余家企业代表参加论坛。

论坛以信息服务引领“一带一路”2.0 为主题，以国际化的专业视角，来自全国及“一带一路”沿线国家的知名企业、机构代表、专家学者等，多方面、多形式地探讨信息服务在支撑国家“一带一路”建设中所起的重要作用，并举行“上海虹桥‘一带一路’信息服务业战略业务对接会”以及“物联网为‘一带一路’插上智慧的翅膀”两场分论坛。

“上海虹桥‘一带一路’信息服务业战略业务对接会”邀请上海虹桥商务区管委会、唯品会总经理武迪、联想云业务总监宁时贤分别结合各自职能和业务，围绕“一带一路”做演讲，罗马尼亚企业 Mobiversal CEO Alin Merches 现场发布合作需求，与现场上海企业进行项目洽谈交流。

“物联网为‘一带一路’插上智慧的翅膀”论坛由中国 NB-IoT 产业联盟承办，邀请了 A. R. T 国际设计与发展有限公司、上海晨皓知识产权代理事务所、上海龙尚通信股份有限公司、上海大制科技渝有限公司及上海顶逸信息科技有限公司参与，结合“一带一路”分别从产业融合、知识产权、通信行业、智能制造以及工业互联网等方面做演讲。

（叶燕飞）

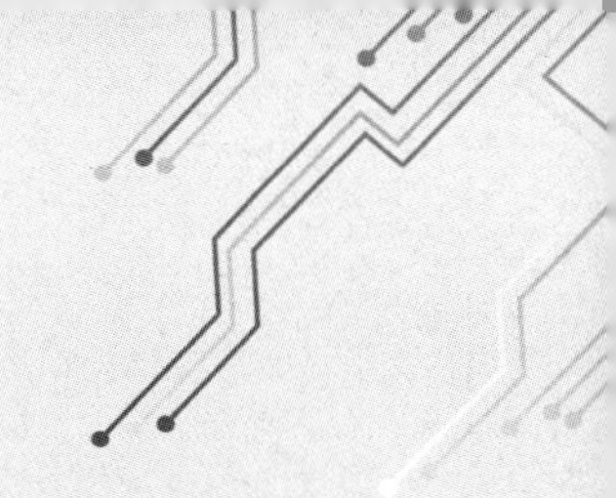

SHANGHAI INFORMATIZATION

第九编

区信息化建设

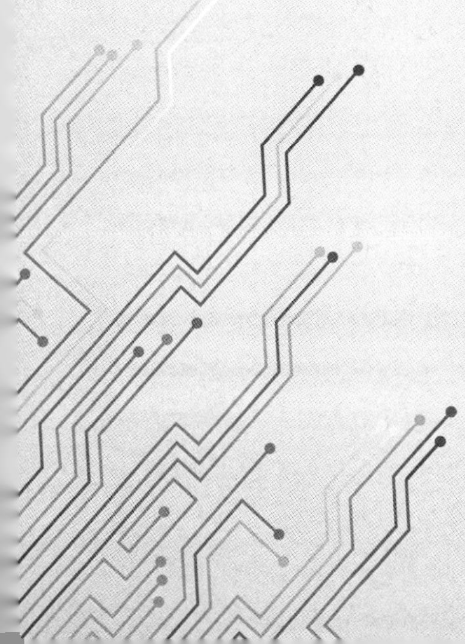

综　述

2017年是落实"十三五"规划的关键之年，按照上海市信息化发展的战略要求和总体部署，在各区政府的重视和支持下，信息化工作得到进一步加强。各区信息化建设以提高社会管理能力、公共服务水平和产业能效为重点，以整合资源、深化应用、创新服务、绩效管理为主线，全面加强信息化建设与管理，努力构建与现代化行政管理要求相适应、与城市创新驱动和转型发展大局相一致、与信息网络技术发展水平相同步的信息化发展新格局，充分发挥信息化在国民经济和社会发展中的带动和促进作用。

各区加强电子政务云建设，优化应急预案；加强信息安全防控，提高应用服务保障水平；坚持以信息化手段创新城市建设管理，攻克城市管理难点，加快智慧城市建设；以发展战略性新兴产业为契机，推动电子信息产业建设，聚焦物联网、云计算等重大项目，打造产业集群，加快区域特色产业体系构建；重点围绕区域公共移动信号弱覆盖优化、通信基站站址规划、公共场所无线网络建设、无线电管理等工作，加快推进区域信息基础设施建设；加快社会诚信体系建设，加强公共信用信息在政府管理等领域的共享使用。

第一章　浦东新区信息化建设

概　述

2017年,浦东新区信息化工作按照国家、上海市的总体规划和统一部署,通过浦东新区各部门的密切配合、共同努力,全面提升信息化发展水平;围绕中国(上海)自由贸易试验区(以下简称"上海自贸试验区)建设和上海科技创新中心建设的要求,在深化智慧化应用、提高政府现代化治理水平等方面取得积极成效。

一、政务领域信息化

【政务云建设】 2017年,浦东新区积极建设以"统一规划、资源集成,共建共享、业务协同"为理念的新型政府服务体系,政务信息资源共享交换体系覆盖全区,有效支撑各项重点工作。全区强化政务云标准体系建设,完善政务云总体技术要求、基础设施建设规范。在政务云支撑下的企业信用画像入选在北京举办的"砥砺奋进的五年"大型成就展,得到充分认可,展示浦东新区信息化工作支撑政府职能转变、推动上海自贸试验区制度创新的成果。

【农民增收补贴资金管理系统】 2017年,浦东新区农民增收补贴资金管理系统完成验收。该项目建有"务农农民补贴""涉农经济组织用工补贴""农产品营销体系建设补贴""土地流转补贴""村级组织运营经费补贴"五大补贴管理功能。系统整合浦东新区各村镇农民增收补贴发放信息和个人户籍信息,通过系统中预设的指标模板,对农村人员户籍信息进行智能比对和筛选,自动筛选出满足补贴条件的人员信息,为相关业务提供信息化辅助,减少人为操作过程的错误,保障增收补贴发放的准确性和资金的有效投入。

【行政权力和行政责任服务平台】 2017 年，浦东新区行政权力和行政责任服务平台完成验收。根据国家、上海市发布的最新政策要求，浦东新区对 18 项行政权力和行政责任进行全面清理，建立权力事项库和责任事项库，把行政权力和行政责任固化到系统中，并建立外网发布系统，把权力列表清单公之于众，主动接受社会监督，实现权力运行公开、透明。建设此项目可提高各委办局、街道、镇工作人员的工作效率，并可及时、全面、准确地掌握浦东新区权力行政平台上正在运行的工作。

【总部经济综合信息管理系统】 2017 年，浦东新区总部经济综合信息管理系统完成验收。借助此项目，建立起总部企业数据管理业务流程，工作人员可通过统一的工作平台管理跟踪所负责的工作，有效提高工作效率。项目建立统一的数据采集工具，并形成基础数据库，在此基础上建立内部数据共享机制。通过数据共享，可减少大量重复劳动，有效减少工作人员工作量，促进团队合作。通过基础数据库和常效数据采集工具，可以实现总部企业各项统计分析结果即时生成，使领导及时获取业务数据，并为后续总部企业服务和引入等奠定良好基础。

【服务型社会民生调查综合管理平台】 2017 年，浦东新区服务型社会民生调查综合管理平台完成验收。此项目的建成减少了统计调查、投资管理、数据管理等相关部门日常管理的工作压力，提高工作效率。通过对大量民生调查数据的挖掘和分析，为国家和各级地方政府研究制定相关政策提供更为全面、准确的信息，为领导决策提供强有力的技术支撑和数据支持。通过信息化手段对历史数据进行搜集、整理、分析和统计，有效确保文档资料的安全性、电子数据查询检索的便捷性，更有利于对电子数据进行研究和分析。平台通过对政府债务精细化管理，加强控制债务规模，缓解偿债压力，规避债务风险。

【网上联合审批系统二期】 2017 年，浦东新区网上联合审批系统二期完成验收。该项目通过市、区两级业务协同和信息共享(市级层面借助市级平台整合市级系统，区级层面通过该系统整合浦东新区各委办局业务系统)，推动“条线联合、条块整合”，拓展服务渠道，为企业提供更加优质、便捷、高效的办事服务，提高企业投资服务水平。项目按照“一体化、集约化”的原则建设，充分利用现有资源，降低建设成本。平台建成后，通过“集中管理、统一维护”，还可降低维护成本。

【机关网络化党建三位一体工作系统】 2017 年，浦东新区机关网络化党建三位一体工作系统完成验收。该项目使浦东新区各委办局工作更高效、办事更便捷，并在管理上提供分析、优化和决策的量化依据。通过科学管理，提高服务对象(区域内的企业、事业单位等)的办事效率，从而产生经济效益。该项目提升区级机关工作委员会办事的目标性，提高行政区域监管的实效性。

【“网上督查室”信息系统】 2017 年，浦东新区“网上督查室”信息系统完成验收。浦东新区委办重点工作督查、区府目标管理、领导批示、专项督查等已通过该系统实现信息化处理，网上操作率 100%。全区审批事项的工作量、效能、满意度、办事便捷率、政务信息资源共享程度等都可在“网上督查室”查询，从而对异常情况实现督查。建设“网上督查室”是区委、区政府运用互联网思维，着眼效能提升、全力保障并推动政府信息化建设的一项工作探索，既能依托信息化手段有效实现对网上政务行为的全面、实时监督，更能倒逼政府部门及时审视和发现工作中的不足，转变管理服务模式，再造业务流程，改进工作方式，提升工作效能。

【审计管理系统功能扩展项目】 2017 年，浦东新区审计管理系统功能扩展项目完成验收。该项目建有综合管理模块、业务管理模块、绩效考核模块三大功能模块。综合管理模块将人员管理、获奖情况、大事记、法规等内容均进行录入管理，可供领导进行查询决策使用。业务管理模块将所有进行中的项目进行管理监控，可以随时查看项目进度是否符合预期，同时可以查看审计整改情况，对审计整改的问题进行分析统计，并按照规定进行报表汇总等。绩效考核模块则是对处室、项目进行考核，根据设定好的指标对处室、项目进行绩效考核操作。同时，绩效指标与基础数据等均可在后台进行维护。

【酒类流通监管信息服务系统】 2017 年，浦东新区酒类流通监管信息服务系统完成验收。此项目主要完成五方面工作：一是搭建浦东新区酒类流通监管信息服务系统门户，完成浦东新区酒类专卖管理局对外信息服务和市场监管业务应用的统一。二是建设面向浦东新区酒类专卖管理局酒类流通市场监管业务子系统，落实工作人员进行经营许可行政审批管理、市场稽查和案件管理、酒类流通信息追溯管理等酒类专卖业务的信息化管理。三是建设面向酒类流通经营企业的网上业务信息服务系统，企业经营者可通过互联网申请办理许可审批相关业务，如酒类流通追溯管理业务、业务查询服务、数据报送等。四是建设酒类流通监管移动应用，分别提供面向稽查工作人员使用的移动执法监管应用和面向公众的公众用户查询应用两个版本。五是完成项目配套相关硬件设备系统的部署建设。

二、社会领域信息化

【青年综合服务信息化平台】 2017 年，浦东新区青年综合服务信息化平台通过验收。该项目通过建立“浦东青年”综合服务门户、青少年发展基金申报与受理审批系统、青少年需求报送与跟踪服务系统、重点青少年关怀服务系统以及团组织多级联动服务支撑系统等内容，实现对浦东新区 73 个直属团组织、36 个街镇、654 个村居委工作网络的全覆盖，为广大团员青年提供一站式信息服务体验。平台内容涵盖团情播报、维权服务线上资讯、志愿公益需求对接、青年生活服务类信息推介导航等服务功能。平台建设完成后，完善了团委工作机制，通过开展多层次、多形式、多渠道的各类活动，满足青年人随时随地互动性表达、获取信息的需要，提升青年活动参与度，提高团组织的凝聚力,提升青年团员对团组织的归属感。通过对青少年的关怀与走访服务,帮助改善青少年与家人之间的关系,促进青年就业。

【公共文化服务信息系统(二期)】 2017年,浦东新区公共文化服务信息系统(二期)完成验收。此项目在一期的基础上进一步深化,将全区公共文化服务整合在一个门户中,从而能够及时汇集全区文化资源、展示文化成果、传播文化信息。同时,该平台利用浦东新区内多样丰富的文化资源,通过对文化服务和资源的评价、赏析、交流、共享等形式,吸引更多市民主动参与文化建设,是一个与市民互动的数字平台。该平台是一个全新的探索,拓展了公共文化的服务范围,创新公共文化服务形式,让公共文化服务覆盖到浦东新区每个角落,对推动市民文化提升具有重要意义。

【科普教育基地可视化在线互动展示平台】 2017年,浦东新区科普教育基地可视化在线互动展示平台完成验收。该项目的实施大幅改善现有科普教育基地信息孤岛现状,发挥科普教育基地资源集约效应,实现政府投入效益最大化。通过汇聚各种数字化资源,实现资源互通互联、线上线下融合互动,为市民提供一站式的科普服务。项目的实施有效提升浦东新区的科普服务及管理能力,盘活各种类型的科普场馆资源,同时提升市民及社会团队主动自发参与科学普及的热情,为上海建设具有全球影响力的科创中心打下基础。

【市民创业及培训服务管理系统】 2017年,浦东新区市民创业及培训服务管理系统通过验收。项目通过建设市民创业服务系统、培训服务系统,并与现有就业服务平台进行资源整合,加强浦东新区就业保障服务的覆盖面,实现管理手段的现代化、管理程序的规范化,减少管理成本,优化专项资金的使用。同时,项目加强浦东新区对创业和培训数据的宏观掌控能力,为出台具有针对性的创业及培训政策提供有力依据,提高政府决策水平,实现带动就业的目标,同步提升新区劳动保障综合服务能力,加强政府亲民形象建设,为社会和谐稳定打下基础。

【PPTV第二代自动化大直播媒资制作管理平台】 PPTV第二代自动化大直播媒资制作管理平台由上海聚力传媒技术有限公司建设。该项目针对不同内容提供商提供自动化、智能化的内容整合服务。通过与内容合作伙伴自动化集成与内容分析结合,系统会自动调度最优的制作中心进行内容提取与转码,并在相应的内容合作伙伴关键视频信息中,保留视频来源信息,从而进行针对地理位置的计算优化。同时,对拥有审核团队的内容提供商的视频,实行内容免审以提高效率。

【VOT国际英语互联网教育平台】 VOT国际英语互联网教育平台由上海沃教网络科技有限公司建设,为学员、教师、管理人员多种角色提供不同服务。通过项目推进和使用,已建立起一套成熟有效的基于互联网的在线教育商业模式,为国内学员提供全英语教学环境,降低语言学习成本,提高公司管理效率,为社会创造更多价值。

【鸡毛生活社区O2O服务平台】 鸡毛生活社区O2O服务平台由上海基茂网络科技有限公司建设,该项目的推广采用线上线下结合的模式。首先采集基础数据,包括区域信息、小区信息、楼宇信息、商家信息等,然后分别对商家和用户进行推广,当达到一定覆盖率后,区域内可实现自增长和收益平衡。

【智慧社区信息化服务平台】 基于机器人的智慧社区信息化服务平台由弗徕威智能机器人科技(上海)有限公司建设。在该项目中,弗徕威智能机器人科技(上海)有限公司与商业客户,特别是地产公司合作,把机器人及平台作为打造智慧社区的引擎,作为社区服务的延伸。此项目建成的后台信息服务利用信息技术手段,实现互联网资源整合,为住户提供健康信息服务,使其足不出户即可享受数字时代带来的便利。

【面向中小软件企业智慧行业应用支撑平台】 面向中小软件企业智慧行业应用支撑平台由博彦科技(上海)有限公司建设。该项目于 2014 年年底立项实施,于 2017 年起产生经济效益。该项目无论是毛利水平还是净利润水平,都达到原有项目的两倍以上,在同行中处于领先地位。该项目顺应软件、互联网研发节奏,对各行业公司的发展起到良好的助推作用。

【看看移动支付人脸识别认证平台】 看看移动支付人脸识别认证平台由上海看看智能科技有限公司建设。该项目以人脸认证技术为关键辅助手段,以电信运营商为第一使用对象,为用户解决“实名认证、认证合一”的刚性问题。项目将人脸识别技术与运营商的监控系统相结合,从视频图像中抽取人脸照片,利用人脸的生物特征,确定用户身份。

【矛盾纠纷排查调处系统】 2017 年,浦东新区矛盾纠纷排查调处系统完成验收。该系统依托信息化技术和移动互联网手段,共享信息、整合资源、实时监控,促进社会矛盾纠纷人民调解管理的专业化、规范化、标准化,有效提高工作效率。通过该项目实现浦东新区范围内各类矛盾纠纷的快速排查,早期化解,并为调解中心人员提供专业化、规范化的调解工具及手段。同时,建立数据平台,对数据进行深度挖掘,可分析当前社会矛盾纠纷的热点和趋势,为政府部门提供决策参考,实现矛盾纠纷的可防、可控、可调,为社会稳定工作提供技术支持和保障,为社会和谐稳定发展打下坚实基础。

三、经济领域信息化

【工业在线综合监控平台】 基于 Web 和 3D 技术的工业在线综合监控平台由上海波汇科技股份有限公司建设,该项目在加强国境防范、提高能源安全、维护社会治安等方面有重要的社会和军事意义。该综合监控平台运行后,可实现对电力行业、石化行业、交通行业等多领域各环节的数据采集和监管,为用户资产安全保驾护航,提高资产利用率,避免发生重大安全生产事故。对于国家、上海推进“工业 4.0”和“互联网+”建设,加快工业生产智能化和城市生活智慧化具有显著的实践意义和社会效益。

【上海浦东软件园产业创新社区服务平台】 上海浦东软件园产业创新社区服务平台(浦软汇智 e 站)由上海浦东软件园股份有限公司建设。浦软汇智 e 站在满足园区服务交付的同时,更加重视服务资源的连接和整合。通过浦软汇智 e 站,可搭建起园区企业间、园区企业与社会资源间交流和相互服务的平台,使园区企业成为服务享有者的同时,也成为服务的提供者,从而改变传统园区向企业单向提供服务的模式,实现园区向企业、企业向园区、企业向企业、企业向个人提供服务的多向互动模式。

【唐镇电子商务创新港公共服务平台一期】 唐镇电子商务创新港公共服务平台一期由上海唐镇电子商务产业发展有限公司建设。该项目的总体建设目标是以唐镇电子商务创新港为载体,构建国内一流、国际领先的电子商务产业创新服务公共支撑平台,成为汇聚人才、知识、资本、企业的舞台,促进资源共享,降低科技创新成本,加快成果转化,成为吸引企业落户唐镇电子商务园区创新港的坚实支撑。平台建设依托浦东新区电子商务行业协会和唐镇电子商务创新港,对电商企业进行了诚信信息采集,从而优化、引导和规范电子商务市场环境,构建起唐镇电子商务创新公共服务体系。

【O2O 移动 APP 平台在 MRO 行业的创新应用项目】 O2O 移动 APP 平台在 MRO(Maintenance, Repair & Operations,非生产原料性质的工业用品)行业的创新应用项目由上海西域机电系统有限公司建设。通过该项目的实施和建设,已经形成一套基于 MRO 行业的 O2O 移动应用平台。该 APP 平台整合五金机电城中各终端门店的产品数据信息,通过 O2O 移动应用平台的接入,构建稳定有序、规范透明、高效便捷的交易环境。

【起重机电控远程支持服务平台】 起重机电控远程支持服务平台由上海振华重工(集团)股份有限公司建设。该项目提供自动化售后服务平台,用户提交需要解决的问题后,会第一时间得到解决。平台的推广也为后续产品设计改进提供支持,推动国产配套件的标准化、规范化进程。同时,通过开拓备件销售渠道,提升国产配套件供应商产品品质,并帮助企业延伸产品价值链,提高经济效益。

【临港国际智能制造展示交易中心】 2017 年 8 月 4 日,临港国际智能制造高峰论坛暨临港国际智能制造展示交易中心开幕仪式在上海举行。同时,首批科技成果转化项目在临港国际智能制造展示交易中心落地转化。其中,送餐机器人、微波加热装置相关技术、先进集成电路测试平台技术开发等项目完成技术转让。作为创新功能型平台,临港国际智能制造展示交易中心将不断推进临港乃至上海在全球智能制造领域的科技成果转移转化,不断探索新方法、新模式和新功能,逐步在智能制造研发领域发挥枢纽核心作用。作为以智能制造为主攻方向的特色集聚区,临港以政策为引领,布局产业生态体系,打好智能制造这张“王牌”。为加强产业引导和培育,设立 50 亿元规模的临港地区智能制造产业基金,并设立每年 5 亿元的智能制造专项资金。

【上海新松临港机器人产业基地】 2017 年 12 月

28 日，以“百川汇海扬帆起航”为主题的新松临港机器人产业基地举行启用仪式。现场还举行新松机器人与人工智能研究院、新松工业 4.0 综合研究院的授牌仪式，以及临港智能机器人产业化示范基地揭牌仪式。新松临港机器人产业基地位于上海浦东新区金桥临港综合区，占地约 200 亩，是新松机器人自动化股份有限公司在上海新建的产业基地。该产业基地主要用于新型智能机器人产品及核心部件的中试、生产，其中机器人产品主要包括柔性协作机器人、双臂协作机器人、轻载复合机器人、移动双臂协作机器人等。同时，建设新一代自动化柔性生产线，用于自主研发的新一代智能机器人产品的生产。此外，该基地还可提供工业 4.0 系统解决方案，开展集核心制造技术开发、工艺流程研究及系统规划于一体的数字化工厂集成规划、设计与总装总调工作。

【“快淘食”智慧商店系统】 “快淘食”——基于 RFID(Radio Frequency Identification，射频识别)技术的智慧商店系统由上海揽胜电子商务有限公司建设。该项目建成一套智慧商店运营系统，后台可实时监督管理。智慧商店可投放到社区、写字楼、学校等场所，用于 24 小时无人售货。已建成 51 家智慧商店，店铺日均销售额约为 328 元，日均总销售额约为 1.67 万元，平均销售毛利约为 30%。该项目提高了居民生活便利程度，为广大消费者提供快捷、可靠的消费途径。

四、城市建设管理领域信息化

【洪涝动态预警管控平台(一期)】 2017 年，浦东新区洪涝动态预警管控平台(一期)完成验收。该平台运用国内外成熟技术，集成实时水文气象信息和洪涝调度模型(浦东水利片河网模型及排涝重点片区雨水管网模型)，建立起以浦东新区洪涝动态预警为服务目标的业务应用管理控制平台。通过该平台建设，进一步提高城市洪涝管理信息监测的时效性，提高对预警信息的响应速度，为浦东新区防汛排涝应急指挥及水务管理提供科学、有效、及时的决策工具，构建智慧决策平台。

【110 警情研判系统】 2017 年，110 警情研判系统完成验收。该项目为浦东公安分局指挥中心及各派出所、业务支队等提供大量警情数据分析和辖区警情状态评估报告，在维护社会安全稳定、科学部署警力方面发挥重要作用。一是提高信息数字化水平，实现全面、精确的警情监测。系统平台充分利用报警量数据、流量监测数据、单兵定位数据等数字信息，多层次、多角度反应警情变化趋势。同时科学设定警情常量，以数据比对为基础，显示警情高发点段及严重程度，确保信息采集准、分析比对准、监测显示准。二是提高数据实时化水平，通过系统数据的实时更新，保证系统显示信息与警情实际情况良好拟合，实现“实时发现突出警情、实时反馈处置结果”的动态跟踪。三是提高研判智能化水平，实现客观、及时的辅助决策。通过

对各类数据的综合分析处理，客观展现警情突出路段、区域、案由的相关信息，发挥“自动关联警情趋势、自动完成分析研判、自动预测未来警情情况”的辅助决策作用。110 研判平台的使用使指挥员面对复杂的警情时，能够第一时间快速、准确处理各种突发事件。

【高清视频监控卡口系统二期工程】 2017 年，浦东新区高清视频监控卡口系统二期工程完成验收。该项目主要在浦东新区南片地域范围内的区境、主干道和沿海区域，迪士尼核心协调区周边道路，东方体育中心周边主干道路，以及北片区域主干道路上，建设 216 处断面的高清视频监控卡口，对所有经过监控卡口的目标进行二十四小时监控，捕获的目标图像要求成像清晰、实时可靠，并对捕获到的机动车辆进行车牌自动识别。通过信息中心对所有高清视频监控信息的统一管理，可有效遏制车辆违章行为，控制、减少道路交通事故，同时形成道路监控智能化网络系统，提升道路动态管控，满足治安、刑侦、交通管理新形势的业务需求。

【海洋综合管理信息服务系统(一期)】 2017 年，浦东新区海洋综合管理信息服务系统(一期)完成验收。系统收集处理数据包括：浦东新区功能区划数据、海域使用数据及岸线、海洋工程、海域海底地形、海洋环境公报等数据。系统展示上海市海洋功能区划、浦东新区所有海域使用项目、海域使用监视监测数据；实现浦东新区主要站位的每日海洋环境预报展示，要素包括风、浪、潮等。在数据资源较为匮乏的现状下，创新建设数据接入模块，通过该模块实现从外部系统或平台接入数据，从而丰富平台的数据资源，为浦东海洋管理信息化服务。

【应急信息管理平台(二期)】 2017 年，浦东新区应急信息管理平台(二期)完成验收。该项目实现：汇聚危险源、隐患点等数据，在城市运行安全的源头上进行控制；完成三级用户的管理体系构建；实现预案结构化分解，提升应急处置的标准化、智能化；增加 GIS(Geographic Information System，地理信息系统)地图应用，实现新区层面应急联动资源的展示和综合应用。

【住房保障管理信息系统(二期)】 2017 年，浦东新区住房保障管理信息系统(二期)完成验收。该项目完成了保障性住房业务管理子系统、保障性住房中心信息门户、保障性住房三维展示子系统等各项系统建设，增加房源收储基础数据库、房源分布 GIS 管理、用房审批管理、房源安置管理、退房管理、无清单房源管理、房源数据梳理及入库等功能。项目完善房源申请审批流程，实现与征收中心进行数据对接，提高数据的实时性、可视化展示。

【安全生产综合管理信息系统三期】 2017 年，浦东新区安全生产综合管理信息系统三期完成验收。该项目加强了浦东新区专项整治的实施与管理水平，通过各类专项整治数据比对，建立起一套完善、长久的专项整治落实机制。项目全方位提升安全生产管理的水平和效率；避免发生安全生产重特大事故；确保城市安全运行始终处于受控状态，是保护人民群众生命财产安全的重要手段。该项目的建立为浦东新区城市安全运行提供坚实的安全保障。此外,该项目建设能促进安全生产培训考试的规范化、数据格式的标准化,有利于安监人员开展全方位、全天候的在线学习。

【上海国际旅游度假区运营管理综合信息平台】 2017年,上海国际旅游度假区运营管理综合信息平台完成验收。该项目统一建成了应对突发公共事件、安全事件的处置体系,提升发现、指挥、处置、预防、服务五大环节的综合能力,实现度假区内日常处置流程化、应急处置统一化、事件分类责任化、现场处置智能化、游客服务全面化。在平台建设中实现各类样本数据的抽样汇聚、有效数据的集中处理、成果数据的图形化展示、关联数据的挖掘应用,最终使决策层可通过各类分析做出研判和调度指挥。通过虚拟化技术、云计算技术,将应用软件模块部署在"云"端,有利于节约建设资金,减少不必要的重复投资。通过融合通信技术,加强一线人员的信息获取与共享渠道,实现一线人员可智能感知周围状态、事件、处置力量等,也能获得一线人员实时位置、信息、视频等,为更深层次的智慧应用提供技术支撑。

五、信息产业发展

【集聚效应逐步凸显】 2017年,浦东新区软件和信息服务业规划新一轮"一城两带"(临港软件产业新城、北蔡—川沙软件产业带、三林—惠南软件产业带)软件和信息服务业发展布局,新建临港软件园、浦东软件园三林园、陆家嘴软件园御桥园等新园区,为产业进一步发展提供空间。同时,以"园区为核心带动"的发展模式,形成各具特色的软件和信息服务产业集群。浦东新区已形成10个特色鲜明、具有较高影响力的国家级和市级信息服务业产业园区(浦东软件园、张江国家数字出版基地等4家国家级基地,陆家嘴软件园、临港软件园、金桥由度创新园等6家市级基地)。10家园区的企业总数达3 205家,园区总面积达473.3万平方米,从业人员超过19万人。浦东新区软件和信息服务业近60%的营业收入来自产业基地,77%的信息服务业企业集聚其中,是浦东新区产业发展的重要核心,具有较大的辐射带动作用。

【产业规模稳健提升】 2017年,浦东新区围绕上海自贸试验区建设,积极把握上海科创中心和中国软件名城示范区建设的重大机遇,推动软件和信息服务业创新发展,产业规模呈稳步增长,在浦东新区的经济支柱地位进一步巩固。2017年,浦东新区软件和信息服务业实现经营收入3 146.3亿元,同比增长12.5%,软件和信息服务业已成为浦东新区地区经济发展的有力支撑。

【规模性企业稳定增长】 浦东新区软件和信息服务业企业的发展规模不断扩大。据不完全统计,浦东软件和信息服务业企业已超5 000家,年产值超亿元的企业297家,超10亿元的企业49家,超100亿元的企业6家。2017年,中国银联年产值

213.83亿元,较上年增加52.57亿元,增长33%;支付宝年产值411.99亿元,增加162.02亿元,增长65%;上海诺基亚贝尔股份有限公司由于被诺基亚收购,营收从2016年的14.52亿元大幅增加到2017年的96.58亿元,增长565.2%。中国银联、上海宝信软件股份有限公司、上海华讯网络系统有限公司、上海诺基亚贝尔股份有限公司4家浦东企业入选中国软件业务收入百强。5家浦东品牌企业入选2017中国互联网百强。上海阅文信息技术有限公司、上海拍拍贷金融信息服务有限公司等浦东企业于2017年成功上市。此外,龙头企业周边还集聚了一批承接服务外包和参与市场分工的中小企业,带动集聚效应逐步显现。

【两化深度融合】 2017年,浦东新区积极贯彻落实"中国制造2025"产业发展战略,以两化融合为载体,围绕智能化生产、协同化管理、平台化服务、个性化定制、大数据应用和安全等方向,支持浦东新区各类制造企业加快两化深度融合,扶持一批工业大数据重点示范点,加强数字化协同研发平台、智能化制造执行系统、工业机器人、自动化物流信息系统等深度应用。一是两化融合提升传统产业作用显著,软件在企业研发、生产、经营、管理等环节的渗透不断加深,从而使浦东新区制造类企业在精细管理、风险管控、供应链协同、市场快速响应等方面的竞争优势不断扩大。二是两化融合带动浦东新区制造业智能化进展迅猛。制造类企业生产设备智能化改造步伐加快,综合集成水平持续提高,智能机器人、智能家居、智能汽车、可穿戴智能产品、移动智能终端等产业快速发展。三是两化融合加速浦东新区新模式、新业态发展再上新台阶。互联网与制造业的融合催生网络协同制造、个性化定制、服务型制造等新模式,工业云、工业大数据、工业电子商务等新业态蓬勃发展。

【浦东NB-IoT产业应用孵化平台】 2017年5月23日,浦东新区科技和经济委员会(以下简称"区科经委")、中国联通有限公司上海分公司(以下简称"上海联通")、上海产业技术研究院"智慧浦东"战略合作协议签约仪式,暨浦东NB-IoT产业应用孵化平台试运营启动仪式,在上海产业技术研究院金桥基地举行。此次签约是智慧城市建设深入合作的开端,将助力浦东新区打造NB-IoT(Narrow Band Internet of Things,窄带物联网)产业应用孵化平台,应用于智慧浦东公共事业和城市安全服务平台,推进NB-IoT终端测试验证,培育NB-IoT双创企业,制定NB-IoT垂直行业标准,形成产业聚集核心,把NB-IoT技术充分应用在"智慧浦东"建设中,打造平安城市。合作将重点开展智能路灯、智能河道水环境监控、智能电表、智能交通、智能停车、智能消防、智能燃气等应用创新,推进河长制信息化、组建生态联盟,促进行业健康良性发展,打造产业联合创新生态圈和双创孵化生态圈,带动物联网产业链上下游发展。

【华岭在线交互信息系统】 华岭在线交互信息系统由上海华岭集成电路技术股份有限公司建设。该项目构建在线分布式数据部署、集中化信息处理等在线信息处理软件架构,实现交互效率提升、信息互通,缩短测试过程中的冗余过程,提高生产率,综合评估实现15%的生产效率提升。该系统已为51家集成电路企业产品提供在线交互信息服务,实现技术销售服务收入3 553万元,利润532.1万元。

六、信息基础设施建设

【浦东新区信息基础设施建设专项工作小组】 2017年,浦东新区科经委牵头统筹协调全区4G弱覆盖优化、宽带升级建设的组织工作;区环保局负责为道路、绿化带等区域建设提供必要的保障措施;区建交委负责为在建道路区域建设提供协调配合;区规土局负责推动4G基站规划有关内容列入土地出让规划设计条件中;中国铁塔股份有限公司(以下简称"铁塔公司")负责弱覆盖区域4G基站建设,中国电信股份有限公司上海分公司(以下简称"上海电信")、中国移动通信集团上海有限公司(以下简称"上海移动")、上海联通负责4G网络的优化,各街镇则配合做好基站的选址落地。

【信息基础设施建设纳入"网上督查室"督查】 2017年,浦东新区将信息基础设施建设纳入"网上督查室"督查。一是有利于督促通信运营商按计划将信息基础设施建设纳入"网上督查室"督查,按质量、按要求抓紧建设,通过政府监督、考核,更公开、透明地完成建设任务,并自觉接受人大代表、政协委员和人民群众的评议和监督。二是监督浦东新区各部门、各街镇积极主动做好基站建设工作的衔接和协调工作,确保4G弱覆盖优化建设任务顺利实施完成。

【建立健全信息基础设施建设评估机制】 2017年,浦东新区面向全区全行业,开展"信息基础设施建设评估机制用户感知度"的测评指标体系建设。测评以4G弱覆盖区域优化完成率、4G基站保有率为重要指标,形成一套评估指标体系和一个定期发布机制。督促铁塔公司、三大运营商从改善市民感知度的角度出发,针对性地建设4G基站,提升网络深度覆盖。同时,促进各街镇加强与行业主管部门的对接,共同做好4G基站的协调工作。

【探索信息基础设施创新建设模式】 2017年,针对部分4G弱覆盖区域基站矛盾突出问题,浦东新区探索尝试灯杆站、小微站等创新模式解决移动通信网络覆盖问题。利用浦东新区18万盏路灯综合改造的契机,多部门主动对接,已在陆家嘴、金桥、三林等区域实施综合利用路灯试点改造,并成功对浦东新区200个公安探头杆实施改造。同时,在两个弱覆盖居民小区试点智慧探头杆建设,解决居民网络信号问题。

【4G弱覆盖项目列入实事项目】 2017年,浦东新区将232处4G弱覆盖项目列入2017年度实事项目,一是为落实"宽带中国"战略中构建下一代国家信息基础设施的要求,加快推进浦东新区信息基础设施建设;二是促进浦东新区移动互联、大数据、云计算、物联网等新兴产业和信息服务业发展,有力支持科创中心建设;三是为公众提供良好的语音业务和各类高速数据业务接入服务,满足广大市民的现代信息消费需求。

【优化完善建设任务清单】 2017年,按照《浦东新区4G基站建设三年滚动计划》要求,结合232处

4G弱覆盖优化区域，制定建设优化任务清单，对站址的归属、站型的选取进行调整和细化，进一步摸排和优化基站选址，形成2017年浦东新区4G宏站、杆站、灯杆站和小区宽带升级建设任务表，同时征询浦东新区所有街镇的意见，调整完善形成2017年浦东新区850个4G基站及1 000个小区宽带升级的建设任务清单。

【召开4G弱覆盖优化及千兆宽带升级建设启动会】 2017年3月16日，浦东新区科经委召集区环保局、区建交委、区规土局、区重大办、区城管执法局、各街镇、铁塔公司等，召开2017年度新区4G弱覆盖优化建设工作启动会，部署2017年度4G基站建设及宽带升级相关工作。各相关单位高度重视，认真推动落实各自任务。

七、信息化环境建设

【入选国家产融合作试点城市(区)】 2017年，工业和信息化部公布国家产融合作试点城市(区)公示名单，全国25个省市(区)的37个市(区)入选，上海市浦东新区、嘉定区入选。浦东新区成功入选国家产融合作试点城市(区)后，按照创建方案的要求，充分发挥上海自贸试验区优势，进一步探索创新金融服务实体经济发展的体制机制，引导建立一批符合产业特定属性、特定阶段发展需求的产业投资基金，在集成电路、生物医药、新能源、新材料、先进制造、信息产业等优势产业领域发力，力争将浦东新区打造成为国内产融合作的示范性区域。

【《浦东新区国民经济和社会信息化“十三五”规划》印发】 2017年，《浦东新区国民经济和社会信息化“十三五”规划》印发。根据规划，至2020年，浦东新区将通过强化信息化发展能力、创新智慧化应用、强化示范效应等工作，力争将浦东建设成为“政府治理高度协同、城市管理高度智能、公共服务高度便捷、产业发展高度融合”的国内乃至全球智慧城市示范区。

【上海浦东汽车电子创新与智能产业联盟成立】 2017年3月29日，上海浦东汽车电子创新与智能产业联盟举行成立大会暨授牌仪式。浦东汽车电子创新与智能产业联盟将以开放、共享、合作、共赢的理念，通过整合行业上下游资源，集聚汽车电子企业、集成电路企业、软件企业、整车企业的各自优势，形成合力，打通创新链与产业链，实现汽车电子核心器件及关键零部件的本土化，提高行业科技创新的整体能力，提升浦东新区在汽车电子行业的地位和国际竞争力。联盟的成立将率先在“汽车电子＋科技创新”、智能制造、金融支撑等方面开展探索，以实现从“中国制造”到“中国智造”的跨越。

【2017中国(上海)智慧城市创新发展峰会】 2017年12月8日，2017中国(上海)智慧城市创新发展峰会在上海国际会议中心举办。峰会以“新时代的智慧城市发展路径”为主题，国内智慧城市领域的专家学者和优秀企业代表参会，探讨上海在新时代智慧城市发展中面临的新机遇和新挑战。

【“微”言大义：视听短内容的新玩法主题论坛】 2017年5月26日，2017年中国移动互联网视听产业“金桥汇”系列活动之一——“微”言大义：视听短内容的新玩法主题论坛在浦东新区举办。论坛由上海市经济和信息化委员会指导，中国（上海）自由贸易试验区管理委员会金桥管理局、上海市数字内容产业促进中心、上海金桥出口加工区开发股份有限公司、上海北郊未来产业园开发运营有限公司、咪咕视讯科技有限公司、安徽出版集团等共同主办。此次论坛聚焦“微”言大义的主题，邀请业内领先企业以及复旦大学等高校，共同探讨视听短内容的创作之道，讨论视听短内容的营销方式，谋划视听短内容的未来。论坛围绕传统广电领域的新媒体转型之路、音视频内容生态圈构建、直播时代的短内容探索等开展主题演讲，围绕短视频及直播IP的创作、新媒体及自媒体营销等话题进行风暴对话，自媒体大咖分享创业心路历程，创业者展示创业作品。

【“智能绿动·车享未来”创新与发展圆桌会议】 2017年11月30日，“智能绿动·车享未来”创新与发展圆桌会议在浦东企业中心召开。此次会议主题围绕“智能绿动·车享未来”，聚焦“人工智能＋智能网联新能源汽车”，就电动车关键技术、人工智能、新能源与智能网联整车应用及示范、电池及管理芯片、电机驱动系统的研发及应用等前沿话题展开讨论，旨在为上海及浦东（特别是金桥开发区）提出创新与发展的对策和建议，助力浦东乃至上海确立汽车产业发展新格局。

八、社会诚信体系建设

【信用基础设施逐步完善】 2017年，浦东新区公共信用信息服务平台以“用”促“征”、以“征”促“评”，不断提升服务能级，实现纵向打通、横向互动，服务政府、市民和社会。平台建立了近30万份市场主体信用记录，同时与上海市公共信用信息服务平台对接，可查询全市138万企业以及2 480多万自然人的信用记录。平台率先推出信息查询、信用核查、信用预警、信用名单等功能应用，向浦东新区各委办局、街镇、园区管委会等200余家单位近2万名用户开通使用权限。浦东新区共有126个单位登录区信用平台（登录量总计45 365次），有55个单位使用浦东信用平台（使用量计5 987次）。

【《浦东新区守信联合激励和失信联合惩戒实施方案》及配套措施清单】 2017年，为了推动跨部门信用联合奖惩机制落地实施，浦东新区在全国范围内率先制定了《浦东新区守信联合激励和失信联合惩戒实施方案》及配套措施清单。其中，惩戒措施清单针对三类严重失信行为，涉及23个部门联动惩戒。

【政务诚信指标体系】 2017年，为打造透明、公平、稳定、可预期的营商环境，提升地区软实力和国际影响力，有效回应民意、增强社会诚信、优化政府服务、创新社会治理，浦东新区以“公开透明、执行有力、廉洁勤政”为目标，探索设计了一套一级地方政府“政务诚信指标体系”。指标体系以“透明度、执行力、廉洁性”三个维度作为评判政务诚信度的基本维度，涵盖 3 个一级指标、6 个二级指标，进一步完善政府工作的社会评价机制。通过第三方测评，及时发现政务诚信建设的短板，倒逼政府部门加快自身改革，推动政务诚信建设。

【企业信用标准体系】 2017 年，浦东新区依托信用大数据为企业诚信度画像，探索制定“浦东新区企业信用评估标准”，形成“采信、评信、用信”全流程企业信用评估体系。浦东企业信用评估系统已上线试运行，对浦东 30 万家市场主体进行“全覆盖”“地毯式”信用画像。

【深化信用分类管理】 2017 年，浦东新区以海关特殊监管区为核心，推动海关、检验检疫、海事监管等部门，实施信用分类监管，体现信用等级从低到高、监管措施从严到宽、放行速度由慢到快的信用管理工作原则，助力贸易监管改革创新。

（蒯晓豪）

第二章　徐汇区信息化建设

概　述

2017年，徐汇区以“互联网＋政务服务”示范区建设为抓手，深化行政审批制度改革、加强事中事后监管，坚持以制度夯实责任；聚焦信息产业集群发展，利用信息化手段巩固徐汇区以现代服务业为主导的产业结构；以市民需求为导向，完善城市信息化建设；加快基础设施建设，构建一体化、泛在的宽带网络，不断提升区域信息基础设施能级。

一、政务领域信息化

【健全领导机制】　2017年，徐汇区建立“互联网＋政务服务”示范区推进工作领导小组，将“互联网＋政务服务”示范区建设作为推进复制上海自贸试验区制度创新、推进政府职能再造、落实“放管服”改革的重要抓手，研究形成《徐汇区关于加快推进“互联网＋政务服务”示范区建设的工作方案》，并经审议通过。

【推进政务公开工作】　2017年，徐汇区为落实国务院办公厅《开展基层政务公开标准化规范化试点工作方案》精神，按照政务透明化、数据开放化、公开标准化、服务规范化的要求，制定《徐汇区开展基层政务公开标准化规范化试点工作实施方案》，建立健全政务公开的机制、规范和标准，加快从“信息的服务”向“服务的信息”转变，推动实现精细管理和精准服务。

【推进网上政务大厅建设】　2017年，徐汇区按照上海市统一要求，全面落实《徐汇区网上政务大厅建设及市级大厅接入实施方案》与《徐汇区网上政务大厅建设与推进工作任务分工及计划安排建议》，建设“网上网下一体化、审批流程标准化、政务信息共享化”的网上政务大厅。一是打造“淘宝式”网上政务服务门户。在加强全区统筹的同时，结合审批服务流程简化优化工作，助推各部门充分履职。已实现事项上网 695 项，其中审批事项 395 项，服务事项 300 项。同时，聚焦企业和市民普遍关心、量大面广的事项，进一步压缩环节、精简材料、优化流程，已实现 107 项事项全程网上办理。二是拓展“交互式”多渠道延伸服务。积极推进政务服务数据的汇聚、共享和利用，构建政府、企业和社会的紧密型合作机制，激发市场活力。如开设徐汇“一站通”网站、微信公众号、APP 和自助服务机等多种延伸服务渠道，通过智能搜索、服务导航、办事图解等栏目，提供个性化服务。与腾讯客户端合作共建“徐汇智慧服务”，市民可在线办理民生事项。利用大数据平台，引入行业内标杆性服务机构，通过企业服务企业的方式，提供专业化服务。三是实现网上网下一体化融合服务。建设区行政服务中心，全面打通网上与网下资源，促进线上办理与线下窗口服务有机融合，在 10 个办事大厅里集聚 26 个入驻部门共 145 个窗口，办理 440 个审批和服务事项。同时，建设统一的标准化受办理系统，将市工商、质监、房管、税务 12 个专网、71 个市区联动业务系统、2 个区自建系统接入数据中心，完善“一口咨询、综合受理、统一发证”等功能，实现“受审分离、即时互动、无缝衔接”的政务服务。

【事中事后综合监管平台建设】 2017 年，徐汇区主动对照上海市目标任务，并结合徐汇区自身特点，加快构建以“综合监管为基础、专业监管为支撑、信息化平台为保障”的事中事后监管体系，为 35 个部门开通 2 769 个执法人员账号，已实现区监管部门和执法人员全覆盖，实现六大功能。一是绘就市场主体的“全息照”。平台归集各类监管数据记录近 60 万条，通过将审批、监管及处罚信息归集到市场主体名下，形成市场主体全景多维画像。已为全区 4.2 万余家企业建立“一户一档”，并将各部门工作中新形成的动态信息，按“一致性、真实性”的标准，补齐基础信息，形成全程“监管闭环”。二是成为服务监管人员的“掌中宝”。依托平台采集和处置的数据，帮助监管人员实时掌控辖区市场主体经营情况，并针对不同程度的监管风险，合理配置监管资源，开展靶向性、针对性监管。三是成为连接信息孤岛的“高速桥”。依托平台实现政府部门间的信息互联和联动监管。四是成为面向公众查询的“一键通”。平台对接企业信用信息公示系统，将日常监管、“双随机”抽查及联合惩戒的信息向社会公示，扩大市场主体信息的透明度，有效解决政府部门、市场主体及社会公众间的信息不对称。五是打造违法失信的“连环锁”。在平台发布 136 个区级部门联合惩戒事项目录，推送企业年报、经营异常目录、严重违法企业名录等相关信息，构建“守信处处受益、失信寸步难行”的良好格局。六是晒出部门履职的“成绩单”。按照“法定职责必须为，法无授权不可为”的理念，结合权力清单、责任清单梳理，在平台发布全区 35 个职能部门事中事后监管的三张清单，其中审批事项 443 项、处罚事项 4 281 项、监管事项 321 项，明确了部门工作职责及执法依据。同时，监督部门可以通过在线统计分析，对各部门履职情况进行考核问效，从而实现“来源可查、去向可追、监管留痕、责任可究”的工作机制。

【推进政府系统协同办公平台建设】 2017 年，徐汇区按照上海市整体框架部署，开展协同办公平台建设和应用推进工作，以“规范、共享、协同”为导向，全区统一规划，突出顶层设计、注重底层实施。一是全面升级党政机关办公自动化系统。大力推动“文、会、报”无纸化传输和各领域电子化应用，推广网上日程安排。二是开展目标管理工作网上督查。将区重点工作、重大项目、民生实事项目进展情况和区领导相关批示全部上网，建立全过程、无缝隙的跟踪、问责流程，实现“数据电子化、流程标准化、操作便捷化”，完善督查机制、提高督办效率。三是推动掌上办公应用。依托现有协同办公门户，选择可靠的安全解决方案，开发移动办公APP，以“一个平台＋N个应用”模式，实现公文阅件、机关简报、电子邮件、会议通知、日程安排、通讯录等非密业务处理移动化，且电脑端与手机移动端可自动同步数据，成为口袋里的“工作平台”。

（胡　喆）

【党建工作信息化】　2017年，徐汇区通过搭建“徐汇党建”平台等方式取得推进党建信息化初步成果，通过打破壁垒、创新机制，深化实现跨领域、跨区域、跨层级数据的互通，特别是实现市、区两级以及区域、区属单位数据平台、工作平台的共建共享；网上网下、协同推进党建信息化在体制机制上不断完善；改变惯性、加强指导，不断加强理念上的引领和方法上的指导，转变传统思维惯性，形成新常态。

【基层工作信息化】　2017年，徐汇区通过推动“邻里汇”建设，进一步创新社会治理；通过提升住宅小区软治理能力，进一步加强基层建设。并且，通过引导街道深入开展居委会规范化建设、推进社区治理社会化参与、探索推广“社区治理云”信息化平台、不断提升居委会社区工作者专业化水平等方式，提升基层工作效率。

二、社会领域信息化

【医疗工作信息化】　2017年，徐汇区依托上海市精神卫生信息管理系统、区级康复服务和心理服务信息化系统、移动APP等，从线下到线上，实现医院治疗与社区管理无缝衔接。由医生、护士、心理师、社工师参与的跨学科服务团队，保证服务的连续性和综合性，打破专科医院重治轻防、社区卫生服务机构重防轻治的局面，逐步实现“以疾病为中心”向“以患者为中心”的转变。

【医疗服务信息化】　2017年，徐汇区推出“互联网＋医疗”改革创新模式，以智能技术为手段，将实体医院的整体功能搬迁至云端，线下医院服务与线上同步无缝对接，为患者提供便捷、经济、规范、安全的医疗健康服务。

【医联体建设】　2017年，上海市第八人民医院通过医联体建设，完善合理分级诊疗模式；充分利用网络信息化手段，促进优质医疗资源纵向流动，提高医疗服务体系的整体运行效率；构建分级医疗、急慢分治、双向转诊的诊疗模式，形成以优化医疗资源配置为基础，合理布局、服务能力相对均衡的新型医疗服务网络，为群众提供分级、连续、节约、高效的医疗服务。

【法律服务信息化】 2017 年，徐汇区司法局利用数据平台，定期收集整理全区律所、司法所、公证处等法律服务机构数据；依托远程视频技术，与各街镇、居委的公共法律服务中心和服务站点实现远程互动、资源共享。同时，徐汇区制定并下发《徐汇区基层公共法律服务体系建设标准化指导意见》，进一步借助信息化手段，开展律师坐堂咨询、线上预约、网络视频连线、公证巡回咨询等工作，真正从市民满意度、获得感出发，为市民提供管理统一规范、服务简便高效、功能实用齐全的公共法律服务。

【司法工作信息化】 2017 年，在徐汇区司法局和华泾镇政府及华泾司法所的指导、帮助下，印象旭辉社区法律服务站成立，提供法律咨询、诉调对接、人民调解、公证咨询等各类法律服务，并开通网上视频连线，实现人民调解的信息化、规范化、多元化。

【食品安全监管信息化】 2017 年，徐汇区针对食品安全实施全过程监管，通过食品安全追溯制度、质量标准制度，真正实现食品来源可查、去向可追、责任可究、真伪可辨。探索智慧监管，建立信息化监管平台、数据平台、执法人员移动执法终端等一系列监管举措，增强监管的针对性和时效性。建立信用监管，整合检验监测资源，建立信用档案，依法发布许可备案、抽查检验、违法行为查处情况等信息，提高监管震慑力。

【食品安全监控信息化】 2017 年，徐汇区针对食品安全推广实施信息化监管，全区 237 所幼儿园和中小学食堂均安装使用视频监控系统，所有投产的食品生产企业、292 家食品流通企业、976 家大中型餐饮单位使用食品安全溯源系统，3 家废弃油脂收运单位、1 457 家餐厨废弃油脂产生单位纳入餐厨废弃油脂信息管理平台。

【家庭服务信息化】 2017 年，徐汇区启动“健康宝贝”家庭计划服务项目，项目持续两年时间。通过运用测评系统 APP 手机端，开展有针对性、专业性的咨询指导服务；通过线下早期综合发育测试一对一指导、线上家庭养育测评 APP 软件支持的信息化模式，开展综合发育测试及指导。

【诉讼服务事务社会化管理中心】 2017 年，徐汇区人民法院探索综合配套各项举措，成立诉讼服务事务社会化管理中心，引入社会力量分解审判辅助事务，切实提升信息化辅助办案的智能化水平。

【数字档案馆】 2017 年，徐汇区档案信息基础设施、信息资源、应用系统等各方面取得长足发展，信息开发利用水平稳步提升。作为上海首家“全国示范数字档案馆”，徐汇区数字档案馆不仅硬件方面对标建设要求，还在系统功能、档案资源、保障体系和服务绩效等方面予以突破。徐汇区数字档案馆已深入档案工作“收、管、存、用”各个方面，成为徐汇区档案工作发展的重要平台，助力社会服务。

【斜土街道】 2017年，徐汇区斜土街道整合盘活社区公共空间资源，根据15分钟生活圈模式，加强规划布点，打造更多的邻里共享“客厅”。同时，积极推进“互联网＋社区服务”信息化综合体打造，加强资源联动，提升服务效能。江南新村“邻里汇”就是其中的一个缩影。“邻里汇”不仅整合各类社区服务资源为百姓服务，有效填补当前社区服务短板，使社区服务更加贴近群众，更重要的是社区中的自治共治有了更多触角。

【田林街道】 2017年，徐汇区田林街道与专业组织、高校合作，对居民区社工分层次开展培训，推进专业化建设。同时，加强居委信息化建设，进一步推进居务公开。充分利用“志愿云”系统，用信息化手段发布、管理志愿服务，定期开展系统使用培训。通过“志愿云”系统发布的志愿服务项目已有400多个，志愿服务工作更便捷高效。

【上海百事通信息技术股份有限公司】 2017年，上海百事通信息技术股份有限公司与三大电信运营商密切合作，运用现代高科技信息化手段搭建、运营法律服务信息平台，联合全国两千多家律所与三万多名律师，为企业、家庭及个人提供“专业、全面、便捷、超值”的法律服务。让用户随时随地都能通过手机、电话和互联网等多媒体手段及时向专业律师进行咨询。同时，协助徐汇区打造“96116”群团服务热线，服务全区职工；承接6个省(自治区、直辖市)的“12348”法律服务热线，惠及群众2.5亿人。

三、经济领域信息化

【智慧商圈】 2017年，徐家汇商城集团借助打造“智慧商圈”，推出高端网络白货商城，实现B2B、O2O等多种运营模式相结合。用户进入商圈即能享受“一键登录，商圈通用”的WiFi智能化服务，借助手机APP即可做到无线选购、无线支付、无线反馈；商家也可通过智能化数据后台，进行精准信息推送与后期销售战略调整；商圈通过实体业务的串联，不断为商圈引流、带动人气，增加用户黏度。

四、城市建设管理领域信息化

【智慧公安】 2017年，为提高安全防范能级，保护居民人身财产安全，徐汇公安分局通过对居民小区公共部位监控设施补点，以及升级高清视频监控系统等方式，将视频监控设施覆盖至全区各个居民小区的重点部位，进一步提升公安工作信息化、智能化、现代化水平。

【智慧城管】 2017年，徐汇区坚持不断探索"互联网＋城管"模式，推出集网上勤务、网上督查、网上办案和网上考核四位一体的"徐汇城管"APP，探索完善与执法全过程记录、市民服务热线、事中事后监管系统的无缝衔接，努力实现与市、区各条线执法部门间的跨层级、跨部门信息共享和快速传递，减少执法管理层级，快速处置违法案件，既实现执法处置的"短、平、快"，又促进常态长效管理。通过确保一线队员深入社区、服务基层，让居民能看得到人影、找得到帮手，真正打通服务群众"最后一公里"。

【徐汇区城市网格化综合管理中心】 2017年，上海市徐汇区城市网格化综合管理中心以改革创新为引领，运用"互联网+"模式，不断优化工作流程，积极推动政府公共服务窗口化、城区综合管理平台化，让数据多跑腿、群众少跑路，让服务更便捷，让管理更公正。管理中心以深化"放管服"一体化为主线，以标准化、信息化为支撑，不断深化行政审批制度改革；逐步建立以综合监管为基础、专业监管为支撑、信息化平台为保障的事中事后监管体系框架，实现监管信息来源可查、去向可追、监管留痕、责任可究；不断完善城区网格化综合管理体系，聚焦各类顽症和管理短板，建立健全长效机制，提升综合管理效能。

【治安管理信息化】 2017年，围绕打造"平安徐汇"升级版，以不断提升市民安全感和满意度为目标，徐汇区进一步健全立体化治安防控体系，提升治安巡逻防控网、武装应急处突网、群防群治守护网能级；加强社会动员，深化"平安马甲"志愿者品牌建设；构建"平安徐汇"三级综治信息平台，实现各类数据汇集、信息分析研判、风险预测预警，提升精细化管理水平，提高动态、复杂形势下驾驭公共安全工作的能力；建立区、街镇综治工作中心，理顺综治中心与网格中心关系，实现"网格化＋综治平安"运作模式；加强社会治安重点地区排查整治，聚焦"盗抢骗""黄赌毒"等治安突出问题，开展专项整治行动，净化社会治安环境。

五、信息产业发展

【聚焦产业集群】 2017年，徐汇区信息产业保持快速增长，实现总产出650亿元，年均增长10.7%。徐汇区人工智能行业在国家和上海市的大力扶持下增长迅速，进入发展快车道；移动支付的快速普及带动区内互联网支付企业快速发展；大数据行业的爆炸式发展促进区内数据分析类软件企业快速增长。

六、社会诚信体系建设

【诚信信息化建设】 2017年,徐汇区诚信信息化建设持续推进,在区文明办和区商务委的大力支持下,徐汇诚信网一方面增加信用数据录入量,另一方面加大诚信平台的社会宣传力度。同时,通过制作宣传品,以及通过报纸、电视、网络、电子屏、宣传栏等各类媒体平台进行宣传介绍。在向社会公布信用"红黑榜"的同时,信用信息子平台还进一步与徐汇区政务平台系统、市信用平台完成无缝关联,在区行政服务中心设置信用查询窗口,推动诚信建设制度化,助力政府信息化建设。

(吴　昊)

第三章　长宁区信息化建设

概　述

2017年,长宁区围绕上海科创中心建设,发挥"互联网+生活性服务业"创新试验区示范效应,扎实推进区域信息化建设。落实科创政策、聚焦重点产业创新创业发展;深化社会信用体系建设,加强信用应用推进;强化信息化基础设施建设,提升智慧政务、智慧服务发展水平;全区834个小区全部完成千兆端口割接,成为上海市首个千兆接入能力全覆盖的行政区。

一、政务领域信息化

【电子公文应用系统二期】 2017年,根据《长宁区"十三五"信息化建设与应用顶层设计》要求,长宁区科学技术委员会(以下简称"区科委")在原有公务人员管理工作平台推进应用基础上,结合二期试点开发建设电子公文应用系统二期,并于11月20日正式启用。新系统将原有公文管理、日程管理、目标管理、会议管理、督察督办等功能模块予以替换,使用范围将扩展到区各部委办局、街镇及下属二级单位、居委会的所有人员,实现全区公文在线完全流转以及网上留痕全过程动态管理,实现一个平台满足全区机关、事业单位网上办公。新系统正式运行以来,整体稳定,提升了工作效率。

二、社会领域信息化

【长宁智能服务平台】 2017年，为增强市民对长宁区智慧高地建设的感受度，拓展“互联网＋政务服务”的服务形式，区科委聚焦人工智能语音技术，整合各委办局和街镇的政务知识、法律知识、社区服务等多种信息流，正式对外发布“能听会说，能理解会思考”的“长宁智能服务平台”，并在长宁区行政服务中心、北新泾街道事务受理中心和元丰居委会投放智能机器人和一体机，让市民切实感受到长宁区推进国际精品城区取得的成果。

三、信息产业发展

【争取市级政策对成长型科技企业的支持】 2017年，长宁区成长型科技企业继续保持良好的发展势头。经企业网上申报、各区推荐、专家评审，上海南洋万邦软件技术有限公司的智能化云运营管理平台等三个项目入选软件和信息服务业领域的产业发展类项目；芯颖科技有限公司的两个项目入选集成电路和电子信息制造领域的一般项目，每个项目将获得不超过项目总投资的30%的资助。对上述入选企业，长宁区科创政策还将给予1∶1配套扶持。

四、信息基础设施建设

【重大信息化基础建设及软件开发项目启动会】 2017年11月16日，长宁区召开重大信息化基础建设及软件开发项目启动会。会上，各项目承接公司针对方案设计、进度安排进行详细汇报。长宁区领导对项目的前期工作予以高度肯定，并对下一步工作提出明确要求：一是确立项目班子，固定人员力量。由区科委牵头，各公司安排具体实施、研发人员，成立固定的项目工作班子，保障项目有序、稳定推进；二是协同配合，保质保量完成进度。由区科委协调统筹，各公司明确工作界面和职责，积极沟通配合，提高工作效率，保证交付质量；三是深入理解需求，满足基层应用。由各业务指导部门深化需求，各公司研发人员深入学习思考，确保交付系统的易用实用、界面友好，切实满足基层使用需求；四是深化方案设计，完善制度建设。建议邀请相关领域的专家对各项目的方案进行论证，进一步完善深化设计，并确立相关的管理、运维制度。

【率先完成千兆小区覆盖】 2017年，长宁区科委高度重视千兆小区工作，积极对接上海电信，对覆盖工作进行统筹安排。截至2017年年底，全区834个小区(以电信宽带接入划分)已全部完成千兆端口割接，100%具备提供千兆宽带能力，推进高速光纤网络在长宁区的深度覆盖，成为上海市首个千兆接入能力全覆盖的行政区。

五、信息化环境建设

【信息化工作会议】 2017年6月27日，长宁区召开全区信息化工作会议，以顶层设计理念开启长宁区新一轮信息化建设篇章。长宁区新一轮信息化建设将紧贴社会治理与民生服务需求，充分运用云计算、大数据、物联网、人工智能等新一代信息技术，推进基础设施集约化、政府治理精准化、民生服务普惠化、公共服务便捷化、功能区发展智慧化，全面深化长宁区智慧高地建设，有力支撑长宁区创新驱动、时尚活力、绿色宜居的国际精品城区建设。

【2017“创业在上海”国际创新创业大赛】 2017年7月11日至13日，第六届中国创新创业大赛(上海赛区)暨2017“创业在上海”国际创新创业大赛国赛选拔赛盛大举行。此次大赛以“创业在上海”为主题，整合创新创业要素，搭建起为科技型中小企业服务的平台，引导更广泛的社会资源支持创新创业。重点支持电子信息、互联网和移动互联网、生物医药、先进制造、新材料、新能源与节能环保等领域。长宁区13家企业参与此次大赛的激烈角逐。

【应对网络病毒“毕加”威胁】 2017年6月30日，长宁区科委接到《关于做好“毕加”勒索软件防范应对工作的通知》，迅速启动网络安全应急预案，第一时间对全区各部门下发应急处置工作通知，进一步重申和明确防范“毕加”病毒的具体要求；积极开展网络封控工作，根据病毒爆发的特征，连夜完成全区网络的访问控制调整，确保病毒无法进行跨网段攻击；加强网络运行监控、积极了解情况，并督促指导工作开展，顺利完成应急处置任务。

六、社会诚信体系建设

【“诚信走进园区”“诚信走进企业”“诚信走进商圈”活动】 2017年5月23日，为宣传普及信用知识，传播诚信文化，加强诚信宣传，增强信用主体诚信意识，营造诚信的社会氛围。长宁区科委和上海市公共信用信息服务中心联手组织开展“诚信走进园区”“诚信走进企业”“诚信走进商圈”专题宣传活动，进行信用知识宣传普及。活动现场向企业、员工、市民发放了宣传折页，并就公共信用信息内容、应用形式、查询方式、诚信“红黑榜”等内容进行介绍和答疑。

（谢 佼）

第四章　普陀区信息化建设

概　述

2017年是落实“十三五”规划，建设“科创驱动转型实践区、宜居宜创宜业生态区”的关键之年。普陀区紧紧围绕区委、区政府中心工作，主动对接上海自贸试验区改革、科创中心建设两大国家战略，找准科技创新在普陀区经济转型、社会转型、城区转型中的切入点、着力点和发力点，聚焦“一轴两翼”“科创中心建设”等重点，着力提升科技创新对经济发展质量和效益的贡献度。普陀区信息化工作在市经济信息化委的指导下，在区委、区政府的领导下，遵循《普陀区智慧城市建设“十三五”规划》路径，围绕《上海市智慧城市发展水平评估指标体系》中的各项工作任务，以点带线，以线促面，有序推进区域信息化建设，取得显著成效。

一、政务领域信息化

【基础数据库二期上线试运行】 2017年，普陀区全面推进区基础数据库二期项目建设，围绕整体架构优化、交换体系完善、数据数量提升、数据质量管控、展现方式丰富和数据应用拓展六方面内容进一步深化。同时与第三方进行信用数据合作，已归集数据388万条，多渠道整合形成政务数据资源池。编制发布《普陀区政务资源目录清单(2016版)》和《区基础数据库数据对接技术规范》。普陀区基础数据库支撑全区数据共享应用，与16个区级应用系统完成数据对接，提供数据项364项，数据501 222条，各系统提供数据项525项，数据2 232 819条。优化调整区政务数据填报渠道，扩大区级“一数一源”数据归集范围。探索以数据驱动“互联网＋政务服务”，向普陀区行政服务中心等部门共享法人数据，提升政务服务水平；向区居村电子台账共享人口数据，助力基层社区管理服务。

【普陀市民云】 2017 年，普陀区以应用为导向创新市民服务方式，开发建设“普陀市民云”轻应用平台，对接“上海市市民云”，融合多个区级应用，以“共享一朵云”服务的方式，注重“场景化、生活化、精准化”的服务体验，提升智慧惠民感受度和获得感。项目采用“1＋10＋N”模式，以 1 个区级市民云平台为资源载体，覆盖 10 个街镇，主动推送 N 个区级应用。已为 128 万普陀居民提供 55 类 1 800 多项信息查询服务、16 项普陀特色服务，实现 243 项事项在线预约、79 项事项在线办理；提供“我要查、我要约、我要办”等特色服务功能，以及普陀文化云、普陀体育、智慧长征等特色应用；在 7 个街道(镇)完成 7 场百人培训。

【行政服务中心信息化项目建设】 2017 年，普陀区完成区行政服务中心综合服务平台、数据机房、弱电工程、智能化平台共四大类 32 个子系统建设，并于 4 月 18 日正式开通运行。项目构建实体中心和网上政务大厅双厅联动，实现网上咨询、预约、在线申报、在线预审等功能，打造政务 O2O 线上线下融合模式；实时对中心服务办理过程和结果进行大数据展示和分析，推进办事质量控制和满意度评估；建成普陀区“企业云”平台，实现从企业“出生”、办事，到监管、处罚、服务全生命周期管理。

【事中事后综合监管平台一期】 2017 年，普陀区事中事后综合监管平台以应用为工作重心，一手抓历史应用数据整合归集，一手抓功能模块开发使用，稳步推进平台建设。平台坚持把信息互联共享放在建设的突出位置，将普陀区法人库的行政许可、行政处罚等信用信息导入事中事后监管平台，实现网上政务大厅行政审批数据充分共享，监管中产生的信息不再分散在各部门，全部记于企业名下，形成企业生命周期图，全方位展现企业信息。2017 年，平台共归集来自各部门的行政许可信息 65 808 条，归集来自区市场监管局、区环保局、区城管执法局、区卫计委等部门的行政处罚信息 4 716 条。

【信息化项目评审】 2017 年，普陀区根据区信息化项目管理办法要求，组织开展区信息化项目评审，召开区信息化项目申报工作交流会，与区财政局、区发改委及各申报单位进行交流，明确项目评审流程和时间节点。第二季度和第三季度根据财政中期预算调整安排，完成 2017 年第三批信息化项目评审工作，共 8 家单位 11 个项目。7 月下旬起根据区财政局 2018 年预算编制时间安排，开展 2018 年信息化项目评审，第一批 15 家单位 23 个项目，第二批 5 家单位 7 个项目。

【社区事务受理服务中心区级平台建设】 2017 年，普陀区根据上海市社区事务受理服务中心标准化建设联席会议办公室关于统一开展社区事务受理信息系统新老切换演练的工作要求，普陀区 10 个受理中心于 1 月至 2 月分三次开展新旧信息操作系统切换演练。演练期间，整体切换较为平稳，受理量稳步上升。4 月 15 日起，全区受理中心正式实施系统新老切换。新系统实现“前台一口受理，后台协同办理，结果一口反馈”的模式，解决了困扰区级和街镇已久的“两次登录、两次录入，数据不落地，服务无支撑”的问题，全年累计办件503 074宗。通过建设全市统一部署在各区的社区事务受理信息系统，使社区居民享受到均等、标准、规范的服务，使窗口工作人员工作更统一、简便、高效，并且为市、区两级政府科学决策提供数据支撑。

【推进区重点关键信息基础设施自查工作】 2017年，普陀区在全面排摸梳理区属各单位信息系统的基础上，依据关键信息基础设施确定指南的认定条件，结合各单位实际情况，形成普陀区关键信息基础设施清单(共计40个系统)。根据《2017年普陀区关键信息基础设施网络安全检查的实施方案》安排部署，于6月至7月中旬针对区关键信息基础设施开展自查阶段工作，从普陀区关键信息基础设施清单中选出10个关键信息系统作为此次技术检查对象。通过自查，发现被查的10个信息系统中总体风险危急的7个，总体风险高危的2个，处于安全运行状态的1个。各单位按要求完成漏洞整改后，经过复测发现高危漏洞均已被整改，确保整改工作有效落实。

二、社会领域信息化

【居委会电子台账系统及社区治理云平台】 居委会电子台账系统及社区治理云平台是居委会“减负、增能、强基”的重要体现，不仅是政策支撑和信息发布的资源平台，也是集管理、服务功能于一体的工作平台，既能减轻居委会工作负担，提高工作效能，又能充分与居民互动，方便居民办事。2017年，普陀区民政局先后5次召开街镇和居委会两个层面的座谈会，听取意见和建议，并对系统进行完善，加入政策指引、关键字搜索等功能模块。组织开展10个场次、共计478名居委会联络员参加电子台账信息系统实操培训，并在全区范围内推广使用。同时，协调软件公司开展跟踪服务，及时解决操作过程中的技术难题。

【综合为老服务平台】 普陀区综合为老服务平台共八大板块:门户网站及维护网站的管理系统;衔接长护险的统一需求评估系统;养老机构管理系统;数据分析管理系统;平台数据池;普陀区综合为老服务平台APP;普陀区综合为老服务平台微信公众号;普陀区综合为老服务热线平台CRM(Customer Relationship Management，客户关系管理)。平台由政府搭台，采取市场化形式运营管理。通过“互联网+”手段，整合区内所有涉老为老资源，为市民提供一个信息共享的为老服务大平台。在平台上，不仅可以轻松、便捷地查询到各种为老服务资源，还可快速申请各类为老服务，并对服务质量进行评价反馈。平台利用高科技手段，为政府托底服务提供全方位保障，并引入市场机制，使为老服务得到有效竞争。

【市场价格预警监测机制】 2017年，普陀区认真做好每日57种主副食品价格监测上报，依托“上海发布”平台，每周三次公布主副食品价格信息；按上海市成本调查队要求认真组织每月一次超市商品价格晒价工作，并依托“周到”APP平台进行信息发布；编制普陀区物价简报6期，并通过政府网站对外公布；按要求按时完成每旬、每月家庭日用消费品、家庭耐用消费品、小农产品、房地产和劳动力市场价格数据的监测和上报。

【教学质量监控分析系统一期工程】 2017年，为了深入教育改革发展、提升基础教育质量，普陀区教育局以教育教学质量监测为抓手，以智能语音、人工智能、大数据分析处理等技术为手段，建立区域教育质量监控平台。工程采取“整体建设，分步推进”模式建设，已形成对曹杨二中等14所区域内第一期试点建设学校的学生学业水平质量数据的汇聚和分析，并通过科学评估指标体系，在后台对学习过程进行统计、监控、指导，将数据痕迹留在平台上，为区域教研提供依据，为学校、教师、学生和家长提供直接、客观、准确的教育评价结果。至2017年年底，平台二期建设开始在区内29所学校试点，通过区域联考数据的汇总与分析，力争与智慧教育中的教、学、考、管等系统进行联动融合，为全区提供一体化、个性化、优质化的教育管理服务，推动智慧教育建设达到更高的水平。

【明厨亮灶工程】 2017年，为加强学校食堂食品安全管理工作，完善食品安全管理制度，普陀区教育局在全区各教育单位的食品加工制作过程关键部位及重要环节安装摄像头，通过视频传输技术进行实地展示，实现阳光操作和透明化管理。已对全区185家教育单位及办学点完成监控系统的购买与安装，每个办学点均在不同区域安装7个以上摄像头，布防区域涵盖烹饪区、食品仓库、留样冰箱等，并开展移动端视频监控软件平台建设，确保2017年年底全面开展区级监控。

【长风生态商务区停车诱导系统】 2017年6月，在长风生态商务区内的泸定路桥长宁往普陀方向、同普路往普陀区行政服务中心方向的人行道边，新增两块停车诱导系统指示牌，指示牌上分别显示儿童医院、区行政服务中心、大悦城等字样，并显示停车场空位数量，以及停车场方向和行驶距离。长风生态商务区停车诱导系统启用后，覆盖7个停车场(库)、2 000多个泊位，可实时提供停车场(库)的位置、车位数、空满状态等信息，引导驾驶员合理停车。

【保障“最后一公里”饮水安全】 2017年5月15—21日是上海市第六个饮用水卫生宣传周。为增强市民饮用水卫生安全意识，5月15日，2017饮用水卫生宣传周开幕式暨“白玉兰行动”二次供水卫生监督专项启动仪式在普陀区举行。作为二次供水信息化建设的探路者和尝试者之一，普陀区卫生监督所将信息技术手段引入饮水卫生监督领域，首次提出为二次供水设施设备进行身份编码建档，在万里街道所有居民区进行二次供水“二维码”管理模式试点。居民只需用手机扫一扫“水箱”上的二维码，就能了解小区水箱卫生状况。为便于业主进行第三方清洗消毒监督，电子标签记录二次供水设施每一次的清洗消毒过程，使居民饮水得到有效保障。

【“普陀统计”微信公众号上线】 2017年11月1日，普陀区统计局开通“普陀统计”微信公众号，主要功能分为统计数据发布与检索、统计咨询推广与宣传、统计业务交流与互动。公众号定期发布普陀区主要经济社会指标、重要产业及行业发展情况,全社会固定资产投资情况;按年度发布区统计公报;实现历年主要经济社会指标的查询检索;定期发布针对普陀区重要产业、行业及社会、人口发展情况的统计分析和调研报告;开展统计法制宣传,发布统计政策法规,介绍统计法制案例;发布各项统计普查、调查及业务培训的通知提示;实现与统计调查对象在线交流;开展移动端统计调查工作;等等。

三、经济领域信息化

【上海科技金融产业园】 2017 年 12 月 9 日,在 2017 长风科技金融论坛暨“深化金融创新,服务实体经济”论坛上,普陀区宣布成立上海科技金融产业园,以长风生态商务区为核心,重塑其外延与内涵。上海科技金融产业园发展目标是发挥科技金融产业园的综合功能,推进科技与金融互动、区域互动、政府与企业互动。以信息技术为核心,打造云计算、大数据、人工智能、区块链等科技金融服务业态。有效聚集科技、金融、投资、中介等机构,形成先进信息技术产业、高效金融资本流动、产融结合服务三者有机统一和互动发展,撬动更大产业,成为上海重要经济增长极和金融科技服务中心,服务上海和长三角地区,并辐射国内各大经济区域乃至亚太经济圈。

【上海环球港智慧商圈建设项目】 2017 年,由普陀区科学技术委员会(以下简称“区科委”)、区商务委共同推荐的上海环球港智慧商圈建设项目经专家现场勘察和评审,从 17 家申报单位中脱颖而出,成为五家“上海市第二批智慧商圈试点单位”之一,成为继中环商贸区之后,普陀区第二个上海市智慧商圈创建试点单位。上海环球港作为中心城区规模最大的城市综合体,集购物、餐饮、文化、娱乐等多种业态于一体,是沪上商业地标之一,也是普陀区体验式商业标杆。

四、城市建设管理领域信息化

【曹杨新村街道网格管理机制】 2017 年,曹杨新村街道以网格化管理为抓手,全面推进“创全固卫”工作。一是廓清边界,无缝衔接。按照地域相邻原则将 20 个居民区划分为五个网格责任区,以道路中线作为网格分界线,按照小区、企业、商户、公共设施、道路等全面“入网”要求,廓清网格边界、实现无缝衔接。二是配齐队伍,健全机制。建立网格责任区工作小组,由党政领导作为责任领导,街道中层干部担任组长,每个责任区配备公安、市场监管所、城管中队、房管办、物业公司等机构的人员，健全例会、联勤、联动等工作机制，保证资源整合、力量融合到位。三是任务下沉，责任包干。根据街道“创城固卫”实施方案，细化具体目标任务，按照网格责任区进行梳理汇总并下沉。明确网格责任领导负责统筹领导，责任区组长负责实施推进，工作小组成员负责具体落实，实现责任到网、责任到组、责任到人。四是在线反映，及时整改。依托创建微信群，将区、街道巡查到的相关问题第一时间进行在线上传，各责任区第一时间进行认领并落实整改。同时，加大各网格责任区对共性问题的认识、对个性问题的防范，提高重视程度、提升整体环境。

【科技执法设备进行高楼取证】 长期以来，建筑物楼顶的违法搭建隐蔽性强、安全隐患突出、市民反响强烈，但执法部门难以进入现场调查取证，给拆违工作的推进带来较大难度。2017 年，长寿城管中队添置了无人机等高科技执法装备，解决执法模式单一的问题，开辟执法新方法与新思路；万里街道城管中队首次使用无人机对芙蓉花苑小区顶楼的违建点进行航拍取证。经多次实地勘察，不仅多角度拍摄到违建点的照片，还对违建点拍摄一段录像。无人机的使用为城管队员的执法带来便利，尤其是对楼顶和无法进入的区域，能够实现准确全面、多角度的取证拍摄。

【安全生产综合监管信息平台】 2017 年，根据《中共中央国务院关于推进安全生产领域改革发展的意见》的有关要求，普陀区通过使用安全生产综合监管信息平台，提高区安监系统业务信息化处理能力。平台包括企业信息、执法检查、重点督办、应急处置、专家队伍、教育培训等多个功能模块。在建立健全全区企业安全生产数据库的基础上，切实提升安全生产应急预判及综合处理能力，有重点、有层次、有针对性地加强对生产过程的安全监控，实施安全生产精细化管理。

五、信息产业发展

【提升软件和信息服务业企业创新能力】 2017 年，普陀区出台《普陀区科委关于支持科技创新若干政策实施细则总则(试行)》等“1＋5”科技政策实施细则，从载体、平台、企业、项目、专利等各个方面对区域内包括软件和信息服务业企业在内的科技企业给予政策支持。出台《普陀区关于加快推进机器人产业技术创新的扶持办法(试行)》，依托机器人专项政策支持智能制造及机器人产业快速发展、形成集聚，支持企业快速做大做强、支持重点领域核心关键技术取得重大突破、支持引进和培育产业链关键环节重点企业和重大项目等。首次启动普陀区“互联网+”企业发展扶持工作，对 17 家快速成长的“互联网+”企业给予每家 10 万元至 20 万元的资金支持。积极对接市经济信息化委软件和集成电路产业发展专项、设计人员和核心人员奖励等政策，对获得上海市软件和集成电路产业发展专项资金的项目给予 1∶0.5 的区级资金匹配，对获得“上海市软件四名”称号的企业以及获得相关软件类资质的企业给予资金奖励。

【深化载体平台建设】 普陀区70%的软件和信息服务业企业集聚在四个市级信息服务产业基地中。其中,天地软件园形成以网游产业、软件和信息服务业为特色的产业集群;国家可信嵌入式软件工程技术研究中心落户华师大科技园,使园区在教育信息产业方面形成集聚;谈家28产业园形成“新媒体、电子商务、软件开发、手机游戏”四个板块产业领域的集聚;武宁科技园则依托园区优势企业,以智能电工及相关技术领域科技研发与创新发展为特色。在构筑上海科创中心建设“四梁八柱”的上海市首批18家研发与转化功能性平台中,普陀区“工控安全创新功能性平台”和“机器人研发与转化平台”占据两席。上海智能制造及机器人产业园建设有序推进,园区签约入驻相关领域企业48家,实现上海电器科学研究所(集团)有限公司、上海机器人产业园和区政府相关部门等联合推进、深度合作与产业招商的模式。

【科技产业保持平稳较快发展】 2017年,普陀区科委从科技服务业发展、科技园区建设、平台及科创项目扶持等方面持续推进区域科技产业平稳较快发展,科技服务业总体保持快速增长。科技服务业实现区级收入7.83亿元,同比增长37.81%,超额完成全年增长11%的目标任务。科技园区经济运行情况良好,张江普陀园实现营业收入676.42亿元,同比增长30.44%,净利润57.22亿元,同比增长60.85%,实缴税费42.96亿元(除长风生态商务区外),同比增长5.48%,平台建设及成果转化工作成效显著。全年受理市、区各类科技专项300余项,获得市级支持资金约1.6亿元。“创业在上海”创新创业大赛获全市优秀赛区组织奖,3家企业获优秀奖。

【软件和信息服务业营收】 2017年,普陀区软件和信息服务产业整体保持稳步增长态势,产业规模持续增长。全区参加统计的软件和信息服务业相关企业共202家,实现营业收入182.5亿元,较上年同期增长20.23%;企业共拥有软件著作权1 311件,较上年同期增长11.57%。其中,37家软件信息服务业企业营业收入过亿元、8家超10亿元,分别比上年增加4家、2家。企业实力不断增强,作为区域游戏产业的龙头企业,上海波克城市网络科技股份有限公司、世熠网络科技(上海)有限公司在2017年保持强劲增长势头,两家企业营业收入分别突破10亿元和20亿元;“饿了么”网络订餐平台开始规模化收取服务费,营业收入突破30亿元;上海天擎信息技术有限公司、上海钱智金融信息服务有限公司等亿元规模企业增速均超40%;上海云蟾数码科技有限公司、上海创至计算机科技有限公司等中小规模“互联网+”企业也呈现快速扩张势头。产业集聚度日趋显著,营业收入在3 000万元以上的软件和信息服务业企业达81家,合计营业收入占全区软件和信息服务产业总量的90%,且集中分布在天地软件园、武宁科技园、谈家28、华东师大科技园区4家市级信息服务产业基地内。同时,作为区域软件信息服务业核心集聚地的天地软件园经济贡献显著,园区总税收首次突破10亿元,较上年同比增长79.6%。

六、信息基础设施建设

【推进市政拆迁类临时基站建设】 根据市经济信息化委关于推进市政拆迁类临时基站建设相关工作要求,普陀区涉及5块拆迁区域。为确保拆迁地块周边通信质量,结合拆迁地块实际情况,普陀区充分协调资源,通过下发建设方案、召开专题会议的方式,成立由区相关委办局、街镇和运营商分管领导为成员的专项工作小组,明确各单位分工,由普陀区科委协调各单位配合、落实临时基站建设。2017年,新建5个物理基站,15个站址在对接建设中。

【普陀区基站站址规划编制工作】 2017年,通过项目启动会、专家评审会等方式征求意见,形成普陀区基站站址规划终稿,并向市经济信息化委报批。按规划,普陀区计划新增物理站址112处,至2020年规划期末,区域内平均站址密度将由原先的每平方公里5.72个提高到7.7个,可满足未来3年的通信基站建设需求,实现基站集约化利用和共建共享,进一步完善普陀区移动通信基站的选址和布局。

【开展弱覆盖居民小区优化建设】 2017年,普陀区对照任务清单,召集区房管局、区建交委、各街镇、部分居委会及上海移动,开展普陀区弱覆盖居民小区优化建设工作会。针对实际情况制定了塔式小区、板式小区、多层小区等不同类型小区解决方案,初步建立起上海移动与各街镇的对接。针对部分居民区物业阻挠、居民反对等“落地难”情况,区科委协同上海移动上门与长风新村街道、真如镇街道、曹杨街道、区房管局等单位沟通,探索在优化意愿较强的居民区结合楼道整理、老旧小区改造等工作建立样板小区,以此推动各弱覆盖区域的建设。2017年,在34个弱覆盖区域中,已完成28个区域的优化建设,完成率82%。

【无线城市建设】 2017年,普陀区对区政府公共场所内50个热点进行WLAN网络改造,通过新增宽带及设备升级等方式,将热点改造成免认证方式,提供更加便捷快速的上网体验;开展全区73个星级居委会的i-Shanghai建设试点工作,在万里街道15个居委会先期试点的基础上,开展其余街道58个居委会建设试点。同时,普陀区教育系统校园无线网络系统建设于2017年全面完成,并通过验收正式启用。该网络通过主流先进的组网技术和安全可靠的管理方案,建立跨校接入一站式身份认证机制,覆盖全区75所中小学,10多个教育中心、教育学院等教育单位的约110个校舍,实现“一次登录,全区通行”,满足全区教师在各类应用场景中对无线网络的应用。

【青少年无线电科普工作表现突出集体】 2017年1月16日,上海市无线电管理局(以下简称“市无管局”)召开2016年度区无线电管理暨公用移动通信基站管理工作总结会,会上对各区无线电管理工作进行表扬。普陀区无线电管理办公室获“青少年无线电科普工作表现突出集体”,区科委2人获“无线电管理工作表现突出个人”。普陀区无线电管理办公室不断完善无线电管理模式、持续推动基站精细化管理、全力保障无线电通信安全、积极创新无线电管理宣传,较好发挥无线电管理办公室的管理职能。

【无线电管理工作】 2017年,普陀区无线电管理办公室积极配合市无管局,协助做好普陀区基站设置计划初审、站址认定审查,推进室内、室外基站共建共享,做好区域内重要业务台站的保护工作。协助市无管局做好基站年计划预审2批次,共计166个,审批通过166个;基站站址认定预审9批次74个,审批通过74个。做好沟通、协调工作,确保基站按布局规划有序落地。全面落实普陀区内移动通信基站“一站一档”建设,做好基站审批的事中、事后监督检查工作。

【保障无线电通信安全】 2017年,普陀区积极协调运营商保障普陀区“两会”、第十四届上海苏州河城市龙舟国际邀请赛、上海国际10公里精英赛等重大会议、活动和赛事的无线电通信,在场所主要区域进行重点网络部署和优化,同时督促各运营商派出通信保障车辆和专业人员为活动现场通讯信号提供有力支撑。

【创新无线电管理宣传】 2017年,普陀区结合上海无线电管理宣传月和弱覆盖工作,开展形式多样、内容丰富的活动,内容覆盖从国家法律法规到市民科普教育,活动形式包括讲座教学和互动体验,形成多维度、多层次、全方位的宣传格局。在无线电宣传月期间,分别在晋元高级中学附属学校、曹杨村史馆、甘泉街道文化活动中心、宜川街道文化活动中心开展无线电专场线下活动,并在“普陀科技”微信公众号发布科普文章,向广大市民科普无线电知识,线上线下联动的方式取得良好的宣传效果。

七、信息化环境建设

【第十五届上海软件贸易发展论坛】 2017年10月19日,第十五届上海软件贸易发展论坛在普陀区开幕。此次论坛由上海市人民政府主办,市商务委、市经济信息化委、普陀区人民政府承办。商务部驻上海特派员向欣出席开幕仪式并致辞,市商务委副主任申卫华主持论坛,市经济信息化委副主任傅新华,普陀区委常委、副区长顾军为获得“2017上海软件和信息技术服务出口重点企业”的16家单位授牌。同时,专场活动“移动时代的VR产业发展新趋势”论坛举行,邀请相关行业协会及VR(Virtual Reality,虚拟现实)产业界资深专家及业内人士,就行业发展趋势、最新VR技术研讨等开展专题演讲,围绕虚拟现实底层技术、显示技术、输出设备、行业应用等进行圆桌沙龙。逾200名代表参会。

【桃浦智创城】 根据普陀区委、区政府的决策部署,“桃浦科技智慧城”更名为“桃浦智创城”。“智创城”意为智慧创新之城,“智”体现在“智慧、智能、智力”的集聚融合,“创”体现在理念创新、科技创新、管理创新、制度创新的系统集成。桃浦智创城立足“科创、智能、智造一体化”的目标定位,力争成为上海老工业基地转型升级的标杆。为与开发建设的区域名称保持一致,推进桃浦智创城开发建设,“上海桃浦科技智慧城开发建设有限公司”更名为“上海桃浦智创城开发建设有限公司”。

【第三届全球零售电商中国峰会】 2017 年 11 月 29 日,第三届全球零售电商中国峰会在中环商贸区举行。围绕“科创驱动转型实践区、宜居宜创宜业生态区”建设目标和“一轴两翼”功能布局,普陀区商贸业加速转型发展,并取得一系列成效:中环商贸区成为国家电子商务示范基地,在全市 12 家智慧商圈试点区域中,普陀占得两席。并且,先后涌现 1 家国家级电子商务示范企业与 4 家上海市电子商务示范企业。重点龙头企业的崛起,带动并吸引一大批“互联网+”企业入驻普陀,其范围涵盖线上零售、传统商业 O2O、第三方消费平台、专业技术支持等各个领域。此次论坛的成功召开,在提升全球电商对于以“互联网+”为代表的普陀商贸业认可的同时,也为普陀区正在构筑中的外向型经济结构增添新兴力量和强大动力。

【科技与金融对接交流会】 为搭建科技与金融对接的平台,深化银行与园区、企业合作,发挥科技金融助推科创中心建设的作用,2017 年 3 月 24 日,2017 年普陀区科技与金融对接交流会召开,工商银行、建设银行、浦发银行等 8 家银行,谈家 28、天地软件园、华师大科技园等 5 家科技园区,上海碧虎网络科技有限公司、上海华闵环境科技发展有限公司等多家企业的负责人参加。这场科技金融对接交流会搭建政府、银行、园区、企业交流与合作的平台,拓宽企业融资渠道。会上,普陀区科委介绍了区科技产业发展的基本情况,介绍“科创+”平台、科技金融手册等相关事宜;中国银行、建设银行等分别介绍在加大对科技项目、科技型企业的信贷支持方面采取的最新举措,并就“科技履约贷”“创投信用贷”“房产贷”以及投贷联动等贷通系列融资产品和政策做了详细解释。园区和企业还就各自发展过程中面临的问题做了交流。

【张江普陀园与青浦园互动合作】 2017 年 4 月,张江普陀园与青浦园就推进企业专利联盟建设展开交流,以此进一步搭建两个园区间的合作交流平台,深化两个园区、专利联盟、园区内企业的合作交流,更好地发挥知识产权在科技创新中的助推作用。交流会上,双方听取了中国电子科技集团公司在各业务领域及创新平台方面的工作进展,以及张江普陀园企业专利联盟承担单位——上海电机系统节能工程技术研究中心有限公司在专利联盟建设上的汇报。张江普陀园及青浦园还就园区建设、园区内企业专利保有情况等问题进行交流。普陀区科委表示,普陀区十分珍视青浦区在科技园区建设及知识产权工作上的先进经验,将进一步发挥媒介作用,搭建好同周边区域的对接平台,通过走访调研、交流座谈等形式学习外区优秀做法,让企业间合作与互访成为常态。

【签署共同推进智慧城区建设合作协议】 2017 年 5 月 3 日,普陀区政府与上海电信举行共同推进普陀区智慧城区建设合作签约仪式。普陀区政府与上海电信以此次签约为新起点，对接上海市智慧城市建设“十三五”规划内容，全面提升智慧城市建设对普陀区经济社会发展的重要作用。通过双方合作，将掀开普陀区智慧城区建设新篇章，为建设“科创驱动转型实践区、宜居宜创宜业生态区”作出贡献。

【2017 全国科技活动周普陀区主题活动】 2017 年 5 月 23 日，2017 全国科技活动周普陀区主题活动暨区青少年科技节启动。启动仪式上，市、区领导为 2016 年上海市科普示范社区、2016 年上海市科普示范街道、“第十五届普陀区明日之星”获奖者、2016 学年普陀区少年科学院少年院士、2016 学年普陀区少年科学院优秀指导教师颁奖。是日，普陀区 20 余家科技特色学校、科技企业、科普教育基地以及科普创意工作室在现场摆摊，开展数十项科技创新展示互动活动。活动周期间，上海环球港还举办“如何复活一只恐龙”展、第二届普陀区社区创新屋创意制作大赛、普陀区“百万市民科普行”等科普活动，为市民打造一场互动体验式的科普嘉年华，使市民深度了解“科技强国、创新圆梦”的活动内涵。

【“2017 上海智慧城市进万家”系列宣传活动启动仪式】 2017 年 7 月 8 日，“2017 上海智慧城市进万家”系列宣传活动启动仪式暨上海智慧应用体验定向赛普陀站活动在普陀区举行。此次活动召集 21 家智慧城市领域的企业，分为智慧生活、互动体验、共享经济、物联网、互联网五个展区，让市民亲身体验智慧生活服务，提升对智慧城市的感知度。智慧应用体验定向赛涉及普陀区 16 个智慧应用体验点，涵盖通信、医疗、智能家居、社区管理等多个主题。活动提升广大市民对智慧城市的感知度，发挥企业在智慧城市建设中的重要推动作用，为新一轮智慧城市建设营造良好的舆论氛围，也为普陀区进一步提升智慧城市建设水平打下坚实的基础。

【2017 中国(上海)国际嵌入式大会】 2017 年 9 月 11 日，2017 中国(上海)国际嵌入式大会在普陀区举办。大会由国家可信嵌入式软件工程技术研究中心等单位主办，普陀区科委联合主办。中国科学院院士何积丰担任大会主席，菲尼克斯(中国)、海尔数字科技(上海)有限公司、上海电器科学研究院等行业知名专家及负责人现场交流和演讲，制造业、自动化、信息化等领域近 300 名代表参会。同期举行的中国(上海)国际传感器技术与应用展览会，是全国首个基于传感器与嵌入式技术、以应用解决方案为主题的专业展览会，吸引约 300 名专业观众，有 200 余家企业参展。

【“中国制造 2025”国际合作论坛·智能制造论坛】 2017 年 11 月 8 日，“中国制造 2025”国际合作论坛·智能制造论坛在跨国采购会展中心举行。作为第十九届中国国际工业博览会期间举办的“中国制造 2025”国际合作论坛组成部分，此次智能制造论坛由工信部国际经济技术合作中心、市经济信息化委、普陀区政府等共同承办，旨在推动“中国制造 2025”国家战略深入实施，拓展新的开放领域和空间，提升国际合作的水平和层次。

【普陀市民云“快展”宣传月】 2017 年 12 月 8 日，“2017 普陀市民云‘快展’宣传月”在万里社区文化活动中心启动。市经济信息化委信息化推进处、普陀区相关部门和街镇以及 100 名居民代表参加活动。上海市民信箱信息服务有限公司通过演示市级市民云以及普陀市民云应用场景，生动展示个人使用市民云各项服务的快捷和便利。作为“上海智慧城市体验周”的主题活动之一，普陀市民云“快展”宣传月以“智慧 · 应用 · 惠民”为主题，主要包含五部分内容：一是开展民生服务快展体验，二是深入十个街镇巡展宣传，三是开展两场市民云百人培训，四是在移动电视巡播普陀市民云特辑，五是在出租车投放普陀市民云宣传图片。通过一个月的集中宣传，提升市民对智慧城市的体验度、感受度和满意度，营造“智慧普陀”的良好氛围。

八、社会诚信体系建设

【落实“三清单”编制工作】 普陀区 2017 版公共信用信息“三清单”在 2016 版基础上进行更新，覆盖全区 27 个部门(市级直接归集除外)的行政许可、行政处罚事项，其中“数据清单”3 656 项、“行为清单”241 项、“应用清单”149 项，奠定信用信息归集共享的数据及应用基础。截至 2017 年 11 月 15 日，普陀区共向市公共信用信息服务平台报送公共信用信息 12 856 条，其中“双公示”行政许可 7 625 条、行政处罚 3 473 条、其他公共信用信息1 758条，各单位通过区公共信用信息服务子平台开展应用查询 5 000余次，做到对 149 项应用事项的全覆盖。

【开展联合奖惩典型应用案例归集】 2017 年，普陀区信用联席会议办公室组织召开区信用联合奖惩培训会，下发《关于落实“国务院关于建立完善守信联合激励和失信联合惩戒制度　加快推进社会诚信建设的指导意见”相关工作的通知》，加强典型应用案例归集。截至 2017 年 10 月，全区共向市公共信用信息中心报送信用联合奖惩典型应用案例 90 篇，其中 3 篇案例入围 2017 年上海优秀信用案例评选。

【发布普陀区“诚信红黑榜”】 2017 年，普陀区研究出台《普陀区诚信红黑榜发布制度(试行)》，推动形成常态化、规范化的工作机制。自 3 月 1 日首次发布，至 10 月，共发布“诚信红黑榜”9 期，其中红榜数据 500 余条、黑榜数据 2 000 余条，在线上和线下均进行了发布。

【市领导调研信用工作】 2017 年 7 月 6 日，上海市委常委、常务副市长周波带领市发改委、市商务委、市文明办等单位负责人至普陀区真西新村第一居民区实地调研社区信用工作。周波副市长调研普陀区信用工作，主要围绕以下五项内容实地查看：一是“1550 弄诚信商贸街”，二是“摩拜单车”信用管理，三是“海豚寻物”应用项目，四是真西一村“社区居民诚信榜单”，五是普陀区“诚信红黑榜”。此次调研充分体现市领导对普陀区信用工作的肯定和关心。

【“SODA＋社会信用”大数据开放应用大赛】 2017 年，普陀区对接上海市 SODA 平台开展“SODA＋社会信用”普陀区社会信用人工智能(Artificial Intelligence, AI)应用评优选新大赛,围绕"守信、用信"等热点、难点问题,发掘、孵化一批信用大数据领域企业,建成一批信用大数据创新示范应用,构建区域信用数据创新生态,做实做强产业服务基地。12 月 18 日,在 2017 上海"诚信活动周"主题活动上,普陀区"SODA+社会信用"赛事成果正式发布,并由普陀区政府进行颁奖。

【**2017 年上海"诚信活动周"主题活动**】 2017 年 12 月 18 日,2017 年上海"诚信活动周"主题活动——优秀信用案例评选暨信用街道(镇)示范创建在普陀区举办。此次活动评选出 2017 年政府信用十大优秀案例、十大行业优秀信用案例、十大市场优秀信用案例、案例报送十佳单位以及 8 家信用街道(镇)示范创建单位,并进行颁奖。随着上海市信用服务产业基地落地普陀,普陀区将紧密围绕区委、区政府"科创驱动转型实践区、宜居宜创宜业生态区"战略目标,以信用联合奖惩为抓手,以信用产业特色为创新,充分应用"互联网+信用"新模式,切实提升社会信用价值获得感,为建设"诚信普陀"不懈努力。

(秦　晔)

第五章　虹口区信息化建设

概　述

2017年，以《虹口区智慧城区"十三五"规划(2016—2020)》为指引，虹口区深入推进信息基础设施建设。同时，以统筹、共享、集约为原则，将智慧生活、智慧经济、智慧政务、智慧产业列为发展重点，扎实推进网上政务大厅、事中事后监管平台等重大项目建设，全区各领域信息化水平进一步提升。

一、政务领域信息化

【事中事后综合监管平台】 2017年，虹口区完善综合监管机制，把部门监管事项全部接入综合监管平台，强化跨部门、跨区域执法联动和数据共享，加快实现违法线索互联、监管标准互通、处理结果互认；完善专业监管机制，深化落实分行业监管方案，全面建立监管对象追溯体系；完善监管方式，深化"双随机一公开"原则，强化信息归集和联合惩戒，加强诚信监管、智能监管、分类监管、风险监管，推进线上线下监管一体化。

【精准化企业服务体系】 2017年，上海市企业服务云及虹口门户网站开设"虹口企业服务云"版块，针对全区企业开展全规模、全所有制、全生命周期的企业服务；集聚市、区两级政府政策，实现一站式政策服务，形成一网式政务服务；集聚公共服务及社会机构专业服务资源，形成一门式专业服务；构建虹口区统一企业诉求受理平台。

【移动电子政务应用】 2017年，政务服务移动端应用建设是虹口区"一网通办"及智慧政府建设的重要阵地。虹口区充分发挥移动互联技术在远程数据采集、远程信息交互、远程决策管理等方面的先天优势，加快推进区移动办公、移动办事、移动采集、移动监测、移动城管、移动执法等工作，从而为政府、企业、居民等提供“全天候、零距离”的高效政务服务。

【虹口政务云平台建设】 2017年10月，虹口区启动政务云平台的规划建设工作，采取向云服务提供商购买服务的方式，构建符合全区统一技术标准的私有云平台，为各部门提供按需分配、动态扩展的基础设施保障。各部门原则上不再单独建设云平台，统一纳入全区一体化的政务云服务体系。迁移上云的工作安排包括前期调研、规范制定、部署培训、实施迁移(共计43个部门的67个系统)，计划于2018年第四季度完成阶段性验收。

二、社会领域信息化

【智慧社区建设】 2017年，围绕让生活更便捷、更安全、更和谐的目标，虹口区推进智慧社区建设，促进社区服务集成化、社区管理智能化、居民生活现代化。积极应用新技术和新模式，促进社区管理和服务方式转变，为居民提供更安全、便捷、健康、高效、绿色的智慧化生活环境。根据《上海市智慧社区建设指南(试行)》，虹口区围绕公共服务、公共安全和公共管理，深入开展智慧社区试点建设，为市民提供社会保障、医疗健康、交通出行、气象信息、智慧物业、文化娱乐、公用事业、智能安防等各类服务。

【综合管理执法指挥处置信息平台】 2017年，为提高社区治理智能化水平，虹口区在广中街道的实践基础上，结合虹口区实际，研究建设“系统集成、数据共享、管理协同”的综合管理执法指挥处置信息平台。通过物联网技术感知、智能视频巡查等手段，对辖区内所有人、单位、房、点、物、网、路七大类43小类数据进行排摸和梳理，将发现的各类问题整合至一个统一的信息数据平台，通过系统判定与人工核实相结合的方式进行综合分析派遣，实现变“被动接收”为“综合发现”，促进综合管理在“公共安全、公共管理、公共服务”三大领域的全面落地，进一步降低管理难度、提升管理效率，为社区综合管理执法工作得到有效实施提供保障。

【智慧养老】 2017年，基于虹口区深度老龄化的现实情况，区民政局积极推进养老服务信息化建设，搭建线上线下服务供给平台，为老年人提供各类养老服务信息，保障养老服务供给。已引入89家服务供应商，累计服务103 614次；为孤老、低保和90岁以上独居老人配置智慧终端，为2 500余名特殊群体老年人提供紧急救助、信息咨询等服务，满足了老年人的个性化需求。

【智慧生活服务】 2017年，为顺应社区治理精细化、智能化的发展趋势，区民政局积极打造居委会“全岗通2.0”版本，在开展全区居民需求调研的基础上，分析全年居民办事数据，积极对接市民云，建立全区统一的居民网上办事服务平台，形成61项"不见面办事"清单与41项"零距离服务"清单，让居民通过移动终端在线查询、办理事项，让居民办事"最多跑一次"。针对41项居民需求较为集中的生活类服务事项，开发"服务零距离"信息平台，实现社区生活服务在线查询和派送。全区共采集了约330家服务机构，设立了服务机构准入机制，各居委会与服务单位签订诚信公约书。

【智慧文化】 2017年，为加强区域内各类博物馆、图书馆、文化馆的数字化建设，虹口区文化局借助"三网融合"工程打造数字展厅，把展厅搬到"云"上，使展览在虚拟空间中延伸，让更多人观展并参与线上活动，有效利用活动资源；依托公共文化大数据平台打造"政府配送、百姓点单、社会主体提供服务"的公共文化配送新模式，不断提高服务配送和群众需求的匹配度，让更多群众喜闻乐见的公共文化服务走进社区，走近群众；与市级文化云对接，实现市、区联动、无缝对接；通过一站式点单实现资源共享，并且通过点评模式，了解老百姓对热门场馆的满意度指数。

【智慧体育】 2017年，为加快信息化发展步伐、推进智慧城市建设，虹口区体育局通过建设智慧球场满足市民日益增长的体育健身锻炼需求，并让市民在健身过程中感受技术给生活带来的变化和便利。区体育局对四川北路社区篮球场(四川北路虬江路)、水木年华社区篮球场(粤秀路351号)、汶水东路社区篮球场(汶水东路水电路口)三片运动场进行了智慧球场改建工作，已对社会开放。并且，通过对原有市民球场安装监控等设施，完善球场功能，保障健身市民的权益。

【智慧健康】 2017年，为体现"惠民、惠医、惠业、惠政"的建设实效，虹口区卫计委统筹推进医疗服务、公共卫生、医疗保障、药品管理、计划生育与综合管理等信息系统建设，完善区域卫生信息平台上的资源共享和服务协同，提高各级医疗卫生机构的管理效能和服务水平。依托上海电信裸光纤及区政务外网，推进联通全区医疗卫生机构和市级平台的区域健康信息网和卫生综合管理信息平台建设，已形成连接全区2所市级三甲医院，17家区属医疗卫生机构，4家部队、企业或社会创办的医疗机构的区卫生专网，辖区内公立医疗机构已实现网络接入全覆盖。继续推进区域卫生数据中心建设，完善统一标准的居民电子健康档案库、电子病历资源库和区域人口库建设，实现居民核心电子健康档案的区级统一管理，各社区卫生服务中心与区级平台的健康档案数据同步，区级平台共管理保存有效健康档案730 217份。强化区级卫生信息化平台建设，完善社区卫生服务中心综合管理信息平台，推进区属医院、社区卫生服务中心和公共卫生专业机构实现信息化联动应用。在全市卫计系统数据质量排名中，虹口区位列全市第二，在市级社区卫生服务综合改革试点评价中，虹口区位列中心城区第三。

【智慧教育】 2017年，虹口区教育局充分发挥信息技术对教育现代化的支撑作用，创新教学手段和模式。教育系统信息化专网覆盖全区21个教育机构及124个基层学校节点，共计接入约2万台终端设备。全区62所公办学校中，29所学校已实现无线网络全覆盖，占46.77%；28所学校的普通教室已建成互动多媒体教室，占45.16%。虹口区是上海市智慧校园建设试点区，为提高教育管理效率，复兴高级中学建设了“智慧校园”项目，利用大数据技术支持教学决策。项目包含学生成长、多媒体课程、图书馆管理等多种应用，将教学、管理和校园生活充分融合，满足学生个性化发展。

【智慧旅游】 2017 年，结合区内特色和“商旅文体会”融汇发展要求，虹口区进一步完善区内都市旅游产品，完成“乐活虹口”官方微信公众平台改造升级，积极宣传北外滩滨江商旅资源和活动讯息，为北外滩滨江集聚人气。同时，指导区内景区景点开展智慧旅游建设，游客可在上海鲁迅纪念馆、上海犹太难民纪念馆、老上海露天码头博物馆等微信公众平台上获得自助导览、自助讲解等服务。

三、经济领域信息化

【智慧商圈】 2017 年，以四川北路商圈和虹口龙之梦为核心，建成室内智能导航系统，配备导航机器人 10 台，年均服务顾客约 10 万人次；室内电子导购屏增至 24 块，增加租户商品展示和智能导航等功能，部分租户商品已实现在线预约、一键购买、线下取货或配送到家服务，年均服务顾客约 300 万人次；完成核心商业区智能车库升级改造，已引入车牌自动识别系统、中央收费系统及智能充电桩；设置顾客数码体验区，针对年轻顾客群体，打造极致的数码体验。

【智慧园区】 2017 年，按照“总部＋一圈一街一园”(一圈：环同济经济圈；一街：中山北二路、汶水东路邯郸路绿色技术创新大街；一园：上海节能环保产业园)的规划布局，虹口区努力打造绿色技术创新要素集聚示范区，重点推进同济虹口绿色技术产业园、花园坊节能环保产业园等园区建设，积极推动马登仓库等载体的产业升级改造；建设绿色技术转移转化专业化众创空间，搭建公共服务平台，为绿色技术的孵化、集成和产业化提供配套服务。

四、城市建设管理领域信息化

【提高城市精细化综合管理能力】 2017 年，虹口区整合完善“数字城管”综合管理系统，提高城管执法的针对性和有效性。加快社区综合管理执法平台建设，实现街道(社区)对各类执法事件的预测、监控、预警、指挥、决策、处置、善后等综合管理的执法管控。积极推进城市精细化管理技术应用相关项目，创新体制机制，打造服务型、开放型、和谐型的智慧城市管理新模式。

【深化网格化综合管理平台应用】 2017 年，虹口区通过实时感知、智能管理等先进手段,加强全区各部门、各街道城市管理类信息资源向区城市网格化综合管理中心汇聚,进一步强化区城市网格化综合管理中心的中枢作用,逐步形成“数据汇聚-综合分析-智能派单-精准监管”的城市管理新模式,努力实现城市精细化管理全覆盖、全过程、全天候。打造“三级平台,五级网格”的网格化综合管理格局,发挥各级城市网格化管理平台作用。区城市网格化综合管理中心依托城市网格化综合管理信息系统,整合“12345”市民服务热线工作,进一步发挥在城市管理中的协调指挥、监督评价作用,督促各条线部门专业、依法、高效地解决、处置问题;各街道通过城市网格化综合管理信息系统,将城区管理、社区党建、社区服务、平安建设相融合,由街道城市网格化综合管理中心解决百姓身边的“急、难、愁”问题;居委平台扎根基层,通过社区自治与共治,发挥居委会自我管理、民意收集、主动发现的功能,凝聚社区力量,推动社区建设。

【智慧公安】 2017年,虹口区将大数据、云计算、物联网、人工智能等先进技术集成创新地应用于公安工作。开展街面、社区、单位(楼宇)智能安防设施和传输网络建设;推进智能消防感知系统建设;完成智能图像识别系统、智能语音识别系统、智能交通安全管理系统、智能危化品管理系统等重点项目建设;有序推进感知泛在、研判多维、指挥扁平、处置高效的精准警务改革,探索“自助自救、互助互救、公助公救”梯次递进处置模式,为市民提供更充分、更均衡的公共安全产品。同时,虹口区公安分局积极推进高清图像监控系统建设,全区监控探头密度提升80.5%,覆盖率达每平方公里148个,共计安装“电子警察”设备650套;为落实智慧滨江建设要求,提升滨江贯通区域管理和服务水平、积极推进北外滩综合示范区建设,重点项目滨江智能融合杆建设项目整体完工,主体工程基本建成高清球机107个,全景相机2个。

【远程监管打造明厨亮灶】 2017年,为打造“透明厨房”,让市民吃得放心,虹口区创新市场监管方式,将企业自律、社会监督与政府监管相结合,大力推进以“现场视频显示、远程网络监管”为特征的“明厨亮灶”工程,将操作间、凉菜间等关键部位和重点环节,通过直观形式或视频方式予以展示,使“后厨”可视、可感、可知,加强食品安全保障。食品安全远程监控室覆盖虹口区8个街道,500余家餐饮单位签约安装“明厨亮灶”视频系统,200余家已完成安装,凯德龙之梦、月亮湾、瑞虹新城等重点区域大中型餐饮企业实现100%全覆盖。

【建设地下管线信息系统】 2017年,虹口区建管委根据市政管线管理工作要求,完成地下管线资源梳理采集及地下管线信息系统建设,为市政和水务管理工作提供业务支撑。同时,建立健全地下管线数据更新长效机制,做好维护管理工作。

【智慧环保】 2017年,虹口区为提升环境监管的效能和水平,做到“全区域覆盖、全过程跟踪、全方位监管”,动态监管环境管理数据。区环保局建立环保大数据监控平台,整合扬尘与噪声在线监测、移动执法、环境信访等18个环保业务平台的环保大数据,并与地理信息进行有效整合,实现“一点一档”实时管理。

【智慧停车】 2017年,作为上海首批试点区域,虹口区道路智慧停车项目建设启动。虹口区建管委选择在北外滩河口地区武昌路(黄浦路至大名路段)建设首个道路智慧停车体验段。只要车辆进入示范段停车,埋在车位地下的地磁检测器就会提醒收费员该车位有车驶入,收费员通过手持机拍照识别车牌后,即完成了车牌抄录。在车辆离开停车位时,地磁检测器会计算时间,收费系统会自动从绑定车牌并开通了免密支付的车主支付宝账户中“秒扣”停车费,从而实现“无感支付”,同时收费信息会同步给收费员。此外,户外停车诱导屏会实时更新、发布空闲车位信息。

五、信息产业发展

【信息化产业结构不断优化】 2017年,虹口区信息服务业共实现三级税收98 977万元,较2016年同比增长29.1%;区级税收28 696万元,同比增长30.1%;销售收入1 763 668万元,同比增长12.7%。从企业结构和数量上来看,信息服务业企业共计2 491家,较2016年增加336家,增长15.6%。随着软件产业服务化趋势加快,互联网信息服务、软件开发服务等子行业增长迅猛,销售收入较2016年同比分别增长189.7%、62.3%。

六、信息基础设施建设

【虹口区NGB-W网络】 2017年,上海东方明珠广播电视研究发展有限公司(以下简称“东方明珠”)完成上海市虹口区NGB-W网络和室分站点建设工作,对整网进行网络优化和系统加强。双向站建设方面,完成30个站点建设,包括承载网在内的信号开通、测试及验收。虹口室内分布系统完成122个站点建设,基本覆盖虹口区政府机关、政务大厅、重点商圈、酒店、医院、商务楼、高校、园区等各类公共和商业场所,达到室外覆盖95%的目标。物联网方面,虹口全区范围完成29个物联基站建设。

【规划建设极速北外滩综合示范区】 2017年,在市经济信息化委支持下,虹口区成为上海新型无线城市试点区。9月,虹口区获批建设极速北外滩综合示范区。虹口区科学技术委员会按照物联、数联、智联三位一体总体思路,编制完成《极速北外滩综合示范区规划实施方案》,明确三大行动计划,即普适连接提升行动计划、数据创造分享行动计划和社会治理智能服务行动计划,力争在2020年年底复制推广“极速北外滩综合示范区”模式,基本完成虹口北、中、南三个片区的全面布局。

【建成五大网络体系】 2017年，经过一年新型无线城市试点工作，北外滩区域信息基础设施能级得到进一步提升，已基本建成较为完善的五大网络体系。一是公益WLAN网络服务体系基本建成，已在全区公共场所建成超过600处公益WiFi覆盖点，基本完成全区公共场所全覆盖；在北外滩滨江区域率先建成网速最快的公益WiFi，在上海市移动通信用户感知度测试报告中排名第一。二是在北外滩实现下一代无线广播电视网络精细覆盖，已完成31个站点的室外覆盖工程，室外主要道路及公共场所覆盖率达到95%以上，重点区域的覆盖率达到98%。三是千兆万兆接入宽带网络体系初具规模，已覆盖全区26.5万户，100%接入社区；万兆进楼宇（园区）工程启动，北外滩区域已实现电信楼宇万兆接入能力全覆盖。四是无线宽带网络体系进一步优化，三大运营商均已明确在北外滩开展5G试点。五是竞合有序的新型物联专网体系基本建成，三大运营商基于NB-IOT的物联专网已完成区内全覆盖，基于超长距低功耗数据传输技术（LoRa）的虹口物联专网也已基本建成，覆盖范围95%以上，北外滩地区的覆盖率达到98%。

七、信息化环境建设

【关键信息基础设施网络安全检查动员会】 2017年5月5日，虹口区召开关键信息基础设施网络安全检查动员会，总结2016年关键信息基础设施网络安全检查工作，动员部署2017年检查工作，并开展“从网络安全法看关键信息基础设施保护”主题授课，区委办局分管领导及网络信息安全具体负责人、区重点企业安全负责人180余人参加了会议。

【组织开展社区居民无线电科普活动】 为做好无线电科普及宣传工作，2017年10月31日，虹口区无线电管理办公室在凉城街道中虹花园组织开展了无线电科普宣传活动，市无管局监督稽查处处长孙佳以“无线电技术应用和管理以及我们身边的电磁辐射”为主题进行了讲座。现场还对手机、微波炉、电视机、电吹风等各类辐射源进行电磁辐射水平对比测试，让居民了解到基站越是密集，通信信号会更好，手机不用“努力”发射信号，使用手机的人所受的辐射反而更小，逐步消除市民对基站辐射的疑惑。

【完善金融科技产业集聚区环境】 2017年，虹口区构建优良的金融生态体系，加速金融产业集聚，进一步提升虹口区财富管理高地建设能级。通过“全国双创活动周”虹口专场、北外滩“双创节”暨虹口区“全国科普日”等活动，营造虹口区“双创”环境和氛围，加快推动国内乃至国际人才、技术、资本等创新创业要素集聚，推动金融产业资本助力实体经济，促进虹口区金融科技产业的发展与跨越，激发区内创新创业活力，营造创新创业的良好氛围。

八、社会诚信体系建设

【推进社会信用体系建设】 2016年,虹口区按照公共信用信息统一归集导向,在市信用平台“1+16+N”总体架构下,建成上海市公共信用信息平台虹口区子平台,为信用信息的归集上报和查询使用提供了有力支撑。2017年,新增主动公开政府信息共计3 776条,同比增长2%,主动公开率达82.6%。虹口区公共信用信息数据清单共计488个事项,行为清单共计254个事项,应用清单共计109个事项,进一步夯实数据归集共享的基础。区发改委积极推进区信用子平台二期建设项目,拟从数据归集、查询开放、应用支撑、联合奖惩等各方面,进一步完善和提升平台功能,进一步深化数据归集及共享工作。

【深化推动政府领域信用应用】 2017年,虹口区发挥信用支撑“互联网+政务服务”作用,深化信用信息应用,根据办事主体信用状况,推动各部门实施事前差异化服务、事中信用监测预警和事后联动奖惩措施,开展网上政务服务全过程信用管理。实施信用证明“N证合一”专项行动,切实降低群众和企业办事成本,努力提高行政效能。依托市信用联动惩戒系统,构建“一处失信、处处受限”的信用惩戒格局。推进政务诚信建设,开展网上政务服务诚信评价,将群众满意度评价、政务信息公开、行政事务办理效率、差异化服务、信用监测预警、联合奖惩落实等情况纳入政务诚信考核。

(薛凌怡)

第六章　杨浦区信息化建设

概　述

2017年，杨浦区按照上海市信息化发展的战略要求和总体部署，扎实推进信息化建设。利用物联网、云计算、移动互联网、大数据等技术，提高政府办公、监管、服务和决策的智能化水平。同时，不断创新管理方式、提升服务质量，助力服务型政府转型，推动区域信息基础设施和信息产业发展，完善信息化环境建设。

一、政务领域信息化

【推进信息化平台建设】 2017年，杨浦区完成信息化基础业务及灾备平台项目建设工作。事中事后综合监管系统、社区事务受理系统、安全生产监督管理系统、杨浦区党校信息系统、杨浦区环保信息化综合监管系统等平稳上线运行。

二、经济领域信息化

【“互联网+”科技服务创新实践区】 2017年1月24日，市商务委与杨浦区政府关于上海“互联网+”科技服务创新实践区建设合作协议签约仪式举行，标志着上海“互联网+”科技服务创新实践区正式落户杨浦区。这是杨浦区深入践行国家“互联网+”战略，深化贯彻上海市“互联网+”行动迈出的关键一步。双方将大力推进知识密集型现代服务业和战略性新兴产业发展，通过科技创新推动产品、技术、管理、服务迭代升级，充分发挥科技创新对经济转型升级的推动作用，在“双创”建设、科技商贸、模式创新、科技制造、金融服务、人才培养六大领域以及“引进一批‘互联网+’科技服务主体”“打造一批‘互联网+’科技服务集聚区”“培养一批‘互联网+’科技服务人才”“加速互联网与科技服务深度融合”四个方面加强合作，共同推动杨浦区建成与发展规划和功能定位相匹配的“互联网+”科技服务创新实践区，提升杨浦区综合影响力和辐射带动能力。

三、城市建设管理领域信息化

【控江路街道“社区大脑”项目】 2017年，作为试点示范项目的控江路街道“社区大脑”项目先行开展。项目结合城市网格化管理，融合公共安全、公共管理和公共服务需求，透彻感知社区的运行状态，有力支撑社区精细化治理，为杨浦区整体推进智慧城市建设提供路径，打造具有上海特色的“智慧社区”样板工程。

四、信息产业发展

【信息产业快速增长】 2017年，杨浦区高新技术产业和战略性新兴产业增加值同比增长16.9%；成立新一代人工智能与大数据联盟，推进上海类脑智能研究院、上海精准医学大数据公共服务平台等重点项目建设；完成2016年度上海市软件和信息服务业统计系统年报统计工作，共有243家企业填报统计数据，累计营业收入152.52亿元，其中超亿元企业数达30家；完成2016年度软件和集成电路开发人员专项奖励工作，奖励总额356.2万元；上海优刻得信息科技有限公司面向移动互联网创新运用的云服务平台等5个项目，获得2017年度软件和集成电路专项资金项目立项，获得市级扶持资金2 330万元。

五、信息基础设施建设

【推进基础设施建设】 2017年，杨浦区加大基础设施投入，提升社区治理智能化水平，完成63处区域4G弱覆盖改造，建成全国首个NGB-W（下一代无线智能网）商用网络、广域低功耗物联专网，支持千万级的终端接入；i-Shanghai提速至10 Mbps以上，40余个公共场所实现BesTV-W室内WiFi覆盖，完成453个小区共计28.4万户千兆光网接入改造，基本建成覆盖全区的多元异构的网络和接入体系。

【杨浦区新型无线城市示范区】 2017年1月，市经济信息化委与杨浦区政府签署了战略合作协议，共同打造杨浦区新型无线城市示范区，把利用NGB-W等技术推进城市精细化管理作为重点工作推进。

【建设新型无线城市战略合作签约仪式暨发展高峰论坛】 2017年11月11日，建设新型无线城市战略合作签约仪式暨新型无线城市发展高峰论坛在杨浦区举行。此次论坛由市经济信息化委、杨浦区政府、虹口区政府共同主办。市经济信息化委主任陈鸣波出席签约仪式并致辞，杨浦区区长谢坚钢、虹口区区长曹立强共同见证签约。市经济信息化委副主任邵志清与杨浦区副区长谈兵、虹口区副区长袁泉共同签署协议。会上，市经济信息化委还与杨浦区政府、虹口区政府签署战略合作框架协议。按照协议，杨浦区将致力于建设新型无线城区，服务创新创业；虹口区则着力聚焦建设新型无线城区，深化公共服务。部分建设项目已经在杨浦区和虹口区先行试点布局。

【杨浦控江街道“物联网＋社区精细化管理”示范】 2017年，东方明珠在上海市杨浦区搭建广电首张NGB-W（Next Generation Biology Workbench，下一代地面无线广播电视网络）商用网络和首张广域低功耗物联专网（LPWAN），完成基于NGB-W物联专网的杨浦区控江街道“物联网＋社区精细化治理”示范。该示范结合城市网格化管理，融合公共安全、公共管理、公共服务需求，推进社区精准化治理。示范已完成门磁、烟感报警、微信开门、消防电弧、煤气报警、明厨亮灶、车载监控、电梯监控、移动监控（包含垃圾倾倒监控/街道监控/重点区域监控）、固定监控（小区监控）、无人车棚、独居老人看护、公共卫生间、执法记录仪、人员巡更定位、二次供水、河道治理、社区娱乐、便民信息屏、三表抄收等20多项应用部署，有效提升政府精细管理、服务供给、模式创新和信息处理四种能力。

六、信息化环境建设

【《促进新一代人工智能及大数据产业发展的若干意见》】 2017年，杨浦区制定出台了《促进新一代人工智能及大数据产业发展的若干意见》，明确到2020年，人工智能和大数据对杨浦区创新驱动发展、经济转型升级和社会精细化治理的引领带动效能显著提升；率先基本建成“物联、数联、智联”三位一体的智慧城区，率先建成区级数据汇聚平台，推动公共数据的开放和共享；率先形成基于人工智能和大数据的新型城市管理模式和流程，成为全国领先的综合应用创新示范基地。

【《促进新一代人工智能及大数据产业发展的若干意见》】 2017 年，为落实新一代人工智能及大数据产业相关产业政策，激发市场主体的创新活力，培育创新创业生态，杨浦区出台《促进新一代人工智能及大数据产业发展的若干意见》，立足政府引导、市场主导，培育创新创业生态，充分激发市场主体的创新活力，着力打造各方资源汇聚融合的产业创新生态圈。

【新一代人工智能产业政策与重点项目发布会】 2017 年 11 月 28 日，杨浦区发布了新一代人工智能产业政策与重点项目。杨浦区已有近 240 家新一代人工智能产业链相关企业，其中新增企业 58 家，呈现快速增长态势。但企业分布较为零散，尚未形成集聚效应。发布会披露的产业政策围绕基础支撑、核心技术、应用场景、服务平台等人工智能产业链的各个关键环节，支持力度较大。会上，新一代人工智能与大数据联盟宣布成立。

【2017MMC 智慧出行体验周】 2017MMC 智慧出行体验周于 2017 年 9 月 14—16 日在上海汽车会展中心举行。杨浦区科学技术委员会(以下简称“区科委”)携上海挚达科技发展有限公司、径卫视觉科技(上海)有限公司等 12 家杨浦区智慧交通领域代表企业亮相展会，集中展示杨浦区在车联网与智慧交通领域的创新成果。在此次展会中，杨浦区展团企业所展示的产品和服务涉及软、硬件及平台方案，包括绿色出行生态系统、新型电机、充电桩、智能物联网车位锁、驾驶员主动安全防御系统、智能公交 2.0 和智慧公路解决方案、智慧交通云服务平台等。

【杨浦-MIT“科技创新与技术转移”专题研讨会】 2017 年 7 月 13 日，由杨浦区科委、区知识产权局、上海杨浦科技创新(集团)有限公司主办，国家技术转移东部中心承办的杨浦-MIT“科技创新与技术转移”专题研讨会在国家技术转移东部中心召开。双方就麻省理工学院(Massachusetts Institute of Technology, MIT)的资产政策体系、专利成果收入形式、发明人权益、MIT 年费与股权投资、专利技术保护、技术市场价值及潜力评估，以及中国政府对技术成果转化的政策展开深入探讨。

【2017 麻省理工学院中国年会】 2017 年 10 月 25 日，为期两天的 2017 麻省理工学院中国年会在杨浦区举办。年会由麻省理工学院、杨浦区人民政府主办，MIT 全球产业联盟、杨浦区科委、上海杨浦科技创新(集团)有限公司承办。此次活动旨在通过 MIT 全球产业联盟平台，帮助全球优秀企业对接 MIT 的优秀创新资源，通过国内外互动，加快企业科研能力快速提升，促成项目合作，为世界顶尖创新资源对接提供更多合作契机。

【“合作共赢、窄带物联技术应用”研讨会】 为推进杨浦区物联网技术创新和产业发展，助推杨浦双创示范基地、上海科创中心重要承载区建设，深度探讨窄带物联技术及其巨大的市场空间，由杨浦区科委主办，杨浦区物联网技术创新战略联盟联合上海物联网科技园、铁塔公司共同承办的“合作共赢、窄带物联技术应用”研讨会于 2017 年 5 月 5 日举行。杨浦区十余家物联网企业相关负责人参加研讨会。与会成员单位表示,希望借助杨浦区物联网技术创新战略联盟这个平台,在杨浦区窄带物联网运用上寻求新的合作契机,探索行之有效的合作模式。

【上海城市精细化管理论坛】 2017 年 12 月 7 日,上海城市精细化管理论坛在控江路街道网格中心举行。与会专家聚焦"社区智能化管理",从理论、技术、人文关怀等角度,围绕精细化管理的定义、举措、实施过程等做主题报告。

【"发展智慧基础设施、助力卓越的全球城市建设"主题论坛】 2017 年 12 月 6 日,"发展智慧基础设施、助力卓越的全球城市建设"主题论坛在杨浦区召开。论坛聚焦新一代信息基础设施在上海的发展布局,研究探讨新型数据中心、物联专网等新技术、新业务在上海的部署,助力城市管理,增强对企业、市民的服务,助推智慧城市建设。论坛期间同步举办"新时代下上海智慧城市信息基础设施建设与发展策略"专题研讨会。

【调研"双创"工作推进情况】 2017 年 7 月 6 日,市经信工作党委书记陆晓春到杨浦区实地调研上海国兴农现代农业发展股份有限公司、智能云科信息科技有限公司和长阳创谷创意产业园,与杨浦区有关领导和部门进行了座谈,交流杨浦区创新创业工作推进情况。自 2016 年 5 月杨浦区被国务院命名为全国首批、上海唯一的全国大众创业万众创新区域示范基地以来,"双创"已成为杨浦区经济社会发展的重要推动力。

【2017 上海创客嘉年华】 2017 年 10 月 14 日至 15 日,"2017 上海创客嘉年华"在创智天地广场举行。近万名创客齐聚,通过体验参与、动手制作、创客论坛分享,引发一波科技狂欢的热潮。此届创客嘉年华吸引科技、亲子、环保等多个热门领域的百余家展商参与,还首次引进一批国际科技竞赛。市民不仅可以观看,更可亲身参与,近距离接触国际前沿科技。

【人工智能+教育】 2017 年 12 月 8 日,由复旦创新走廊产学研联盟主办的"走进复旦外文学院"——人工智能与语言教育产学研专题活动暨复旦创新走廊产学研联盟活动举办,联盟成员单位代表和杨浦区互联网教育及大数据企业代表共 30 余人参加此次活动。活动促进联盟成员单位之间的深度交流与合作,也推动了复旦创新走廊的产学研交流与合作。

【"数动未来:大数据下的人工智能"研讨会】 2017 年 3 月 31 日,由复旦创新走廊产学研联盟主办的"数动未来:大数据下的人工智能"研讨会在上海复容投资有限公司召开。杨浦区副区长谈兵携区科委、区人保局等多个部门,以及近 20 家复旦创新走廊产学研联盟单位代表出席会议。

【"走进复旦大数据学院"产学研对接活动】 2017 年 6 月 22 日,杨浦企业"走进复旦大数据学院"产学研对接活动暨复旦创新走廊产学研联盟活动在复旦大学邯郸路校区举办。活动得到联盟成员单位和区内企业的热情参与,区内企业近 40 人参加。

【首届"诺贝尔创新创业大赛"总决赛】 2017 年 12

月6日至8日，由瑞典驻上海总领事馆、上海交通大学与杨浦区人民政府联合举办的2017首届“诺贝尔创新创业大赛”总决赛在杨浦区举行，来自中瑞两国顶尖高校的青年学子参赛。大赛围绕“可持续科技创新”主题，重点聚焦新能源、新材料、人工智能、智能制造、大数据科学、智慧医疗等创新创业前沿领域，结合中国“大众创业、万众创新”战略以及全球化创新发展趋势，进一步驱动中国和瑞典高校青年学子在科技创新创业领域的交流碰撞，助力创新创业教育国际化，共话科技未来发展。

【首届中澳创新创业大赛决赛】 2017年9月19日，2017年首届中澳创新创业大赛决赛在“全国双创周”主会场落下帷幕。除大赛奖金外，获奖团队还获得启迪之星(上海)和中澳火炬创新园(悉尼)两国平台支持及创业辅导等多项扶持政策；澳籍获奖项目及团队可获得杨浦区外籍人士创业政策优惠。同时，大赛组委会还将为优胜项目提供后续的政策帮助、创业辅导、资本对接以及产业对接。12个入围决赛的项目涵盖医疗、高新技术、人工智能、新媒体等不同领域。最终，“八度阳光”“BioSpine”“静芯科技”三个项目摘得桂冠，获此次大赛一等奖。

【全国“双创”活动周主会场活动】 2017年9月15日，2017年全国“双创”活动周主会场活动在杨浦区举办。为确保主会场活动顺利开展，信息化保障先行：对各出入口进行视频监控、铺设安监系统光缆；建设主会场视频导览及应急疏散系统；铺设政务外网，做好保障工作。

七、社会诚信体系建设

【2017上海“诚信活动周”首日活动】 2017年12月11日，2017年上海“诚信活动周”首日活动在杨浦区五角场万达广场举行。当日，“诚信上海”APP3.0正式上线，新版本增加重点行业和重点人群的信用查询功能，引入社会信用服务机构提供的信用分产品，并扩大信用服务范围。依托升级后的“诚信上海”APP，上海市信用惠民联盟正式成立。对具有优良信用记录的个人，联盟成员提供优惠服务。

(邓恢祯)

第七章 黄浦区信息化建设

概 述

2017 年是“十三五”发展的重要一年，黄浦区围绕打造“四个标杆”、实现“四个前列”，深入推进全区信息化建设。2017 年，黄浦区智慧城区建设领导小组成立，出台《黄浦区信息化项目管理办法(试行)》，进一步加强智慧城区建设项目的统筹和协调推进；开展智慧城区顶层设计，编制专题规划，明确未来发展目标、发展路径；进一步加强政企合作，黄浦区政府与多家企业签署战略合作协议，在新一代信息基础设施建设、智能化应用、产业融合发展等方面开展深入合作；推进信息基础设施建设，优化完善 4G 网络，启动 5G 网络布局，基本实现全区光纤到户、百兆家庭宽带接入全覆盖，基本建成覆盖全区的物联专网；黄浦区内 i-Shanghai覆盖率、城市网格化综合管理水平、创新应用指数、生活服务指数等数项指标名列全市前茅；建成一批智慧民生、智慧治理、智慧政务等领域信息化项目，利用专项资金扶持一批信息产业创新项目；加快社会诚信体系建设，加强公共信用信息在政府管理等领域的共享使用。2017 年，黄浦区被国家信息中心授予“中国杰出智慧城区影响力奖”，在上海市智慧城市建设发展水平评估中，黄浦区继续位列前三名。

(周康平)

一、政务领域信息化

【网上政务大厅建设】 2017 年，黄浦区 328 项可上网审批事项和 160 项服务事项在网上政务大厅单一窗口集中公开，实现网上政务大厅同社区事务受理中心及行政服务中心预约服务平台无缝衔接。入驻区行政服务中心的 228 项审批事项和入驻社区事务受理中心的 137 项服务事项 100%实现“线上预约，线下先办”，形成区、街道线上线下一体化联动的预约服务模式。328 项可上网审批事项全部实现三级网上预审，其中 163 项实现一级全程网上办理，75 项实现二级网上受理。探索集成打包各类政务服务，以行业分类和经营范围为索引，初步建成企业网上“一条龙”服务和绿色通道。

（洪　达）

【政务外网云完成招投标】 2017 年 11 月，黄浦区科学技术委员会(以下简称“区科委”)与上海电信签订合同，采用政府购买服务的形式，向其采购政务外网云服务。

（顾树钧）

【无纸化办公系统】 2017 年 4 月，黄浦区升级区文档管理系统，实现黄浦区府办内收发公文流转功能，及区政府领导、区府办内部的网上阅示、批文和电子签章应用；区府办、区发改委、区商务委、区科委、区财政局 5 个部门率先实现网上跨部门公文交换和电子签章的应用。

【机关干部日志管理系统】 2017 年 8 月，黄浦区机关干部工作日志信息系统完成建设，实现个人日志、部门日志、专题日志、部门周安排、领导周安排、查询统计等功能，区府办、区商务委、区科委、老西门街道、瑞金二路街道率先开展干部日志系统试点应用。截至 2017 年 12 月，试点单位近 600 名用户使用了系统，共录入工作日志信息 2.2 万余条。

【办公协同平台完成升级改造】 2017 年 6 月，新版黄浦区协同办公平台 2.0 完成改版工作，新设日志、文件、会议、通讯、信息、应用系统、资源共享、技术支撑八大应用版块，对区协同办公平台的底层架构和邮件收发、会议管理等相关功能进行了优化完善。

【政务资源共享管理平台】 2017 年 4 月，黄浦区政务资源共享管理平台正式启用，优化完善资源申请、审核、统计分析等功能，完成全区 21 家部门 938 个资源目录编制，向区府办、区发改委、区市场监管局等 18 个部门和街道提供人口和地理信息资源共享服务。

（傅　纲）

【事中事后综合监管平台】 黄浦区推进事中事后综合监管平台数据归集和系统应用，截至 2017 年年底，共归集许可、处罚监管等各类数据 8 万余条，较年初增长 120%；推送“双告知”数据近 6 000 条，较年初增长 100%。

（洪　达）

【行政服务中心信息化(二期)】 2017 年,黄浦区行政服务中心信息化(二期)完成建设,实现企业营业执照办理及变更“一窗受理”、企业名称核准全程网上办理,审批时间进一步缩短,营商环境持续改善。

(杨　杰)

【正版软件情况自查培训】 为进一步规范区政府机关使用正版软件行为,完善工作机制、开展操作培训,编制《黄浦区 2017 年推进正版软件工作计划》,完成全区 55 个部门 4 000 余台计算机的正版软件安装自查等工作。

(钱志红)

二、社会领域信息化

【黄浦市民云平台框架初步建成】 2017 年,黄浦市民云公共服务云平台框架初步建成。通过黄浦市民云,可统一查询个人养老金、医保金、公积金、健康档案、交通违章、水电煤账单和信用报告等 100 余项市级公共服务,享受黄浦新闻、黄浦公交、医疗机构、体质检测站等区级特色服务。该平台进一步完善黄浦区“互联网＋公共服务”生态,有效提升市民对“智慧黄浦”建设的感知度和获得感。

(王海峰)

【卫生信息化建设】 2017 年,根据新版上海市卫生统计制度要求,黄浦区完成医疗卫生数据采集接口标准更新,以及黄浦区平台采集接口、各医疗机构的医院端接口改造。完善区健康档案平台建设,为社区绩效评价中健康档案建档率和使用率提供了数据支持。完成“综改 1＋1＋1”移动签约系统的安装、培训、上线等工作。截至 2017 年 12 月,打浦桥社区、五里桥社区、淮海中路社区、外滩社区、半淞园社区、豫园社区、老西门社区已完成移动签约系统的上线工作。

(何安勇)

【教育信息化建设深入推进】 2017 年,上海市黄浦区教育数据中心系统平台项目建设进入三期建设阶段,主要建设内容包括黄浦区教育督导综合管理平台、黄浦区终身教育服务平台、人事薪资管理系统升级等。三期建设进一步提升教育管理信息化水平,拓展了教育数据的采集和使用范围,为后续数据深度开发应用提供了基础。启动黄浦区“校校通”无线网覆盖二期建设,推进 39 个教学点的无线覆盖。二期项目将完成区内中小学无线网络覆盖,全面推广黄浦教育“统一登陆”账号的使用,实现无线跨校漫游,使教师可随时获取网络资源,为校内、校际开展教学、科研和管理提供便利。

(陆　敏)

【文化上海云平台黄浦区子平台续建】 2017 年,黄浦文化云二期子平台与上海市文化云全面对接，通过标准接口向文化上海云平台上传黄浦公共文化资源。黄浦文化云二期项目新增电脑端门户网站，建设取票验票系统，实现线上线下联动。在电脑端门户网站开设文化服务功能，提供文化活动、场馆预定、数字阅读、非遗展示、文化地图等服务，满足用户多元化的文化需求。

（叶　伟）

【企业开办服务 APP 试运行】 2017 年，黄浦区企业开办服务 APP 试运行，实现企业开办各环节的“一指导办”，为申请人提供办事须知、网上办事平台链接、联系方式等服务，进一步提高企业和办事群众的体验度和获得感。

（徐　妍）

三、经济领域信息化

【豫园商城大数据平台获创新应用奖】 2017 年，豫园商城大数据平台(一期)完成建设，通过对海量消费数据的分析，为商家提供精准客流预测和个性化推送服务，提高消费转化率和商业运营效率，该项目在“智慧场景　连接共赢”2017 上海智慧社区商圈融合创新高峰论坛上获“十大智慧社区商圈创新应用奖”。

（贾晓薇）

四、城市建设管理领域信息化

【公安分局信息化基础设施持续完善】 2017 年，黄浦公安分局完成中山路指挥中心改造、派出所综合指挥室信息化改建。5 月 26 日，新指挥中心正式投入使用，满足了公安对实战指挥、警情监测、应急处置、辅助决策等方面的业务需求；拓展公安 4G 无线传输系统建设和平台建设，实现指挥车、单兵的移动监控前端图像能实时在任意地点回传，为移动警务提供了基础环境。

【电子警察系统建设】 2017 年，黄浦区开展“电子警察”智能取证前端和系统的建设，装备违法停车电子警察设备 1 455 套，有效辅助交通违法行为整治工作，节约警力资源。

【开展智能视频监控系统试点】 2017 年，黄浦区完成 105 个人脸识别监控点位、15 个高空动态侦测智能视频监控设备的安装，实现人脸抓拍、自动识别和秒级比对。高空动态侦测系统可实时分析大楼立面情况，动态侦测开窗行为，抓拍图片和录像，实时输出提示，有效节约警力资源。

【开展警务微信试点】 2017 年 9 月，黄浦公安分局开通警务微信系统，并全员使用。在国庆安保工作中，有效实现扁平化指挥。分局试用基于腾讯 LBS(Location Based Service，基于位置服务)的客流监测系统，将腾讯客流监测系统与分局原先建设的客流统计系统进行比对应用，微信客流系统条块化显示各个区域的客流情况，数据趋势与原系统一致，且更为精确。

【开展智慧住宅楼宇试点】 2017 年，黄浦公安分局在半淞园街道黄浦新苑、耀江花园等 4 个社区，率先试点开展“智慧住宅楼宇”管理新模式。在智慧门禁系统搭载相关技术，配合人脸识别、原有门禁升级等手段，实时掌握人员流动信息，并接入社区警务室，实现前端数据采集、后台分析研判、及时预警防控、快速稳妥处置，有效助推社区治安管理实战化应用。

(马　力)

【油烟在线监控系统升级】 2017 年，黄浦区环保局完成油烟在线监控系统升级，新建“黄浦智慧环保”APP。截至 2017 年年底，共监控餐饮油烟净化器 1 171 台，监控相关餐饮企业近 1 000 家。

(沙悦韬)

【车载指挥调度与监控全覆盖系统】 2017 年 8 月，黄浦区绿化市容局车载指挥调度与监控全覆盖系统通过验收。该项目在市容指挥车、环卫作业车上安装 3G/4G 无线一体化车载终端，实现视频监控、车辆定位、本地视频存储、双向语音对话等功能，并与装备信息管理子系统数据关联，对 250 辆环卫作业车进行作业监管。

(童家祥)

【食品安全管理】 2017 年，黄浦区推进食品远程视频监控系统建设，建成区市场监管网格中心以及南东所、打浦所、市场三所 3 处控制中心，549 户食品生产经营单位完成设备安装，提高防控和及时处置食品安全风险的能力，确保群众餐桌安全。

(尹　明)

【外滩街道非封闭管理小区视频监控应用平台】 2017 年 7 月，外滩街道非封闭管理小区视频监控应用平台建成，完成 17 个居委内 300 个视频监控点及居委会、网格工作站的联机建设，初步实现人脸识别、电子围栏、越界报警等功能，视频信息同步传输至街道网格中心监控室大屏，提升对非封闭小区实时监控的能力。

【外滩街道社区综合管理信息化平台】 2017 年 9 月，外滩街道社区综合管理信息化平台建设完成，实现对辖区内各种设施、设备、管理对象以及网格案件等 3 个大类、20 个小类数据的管理，并定期导入网格案件进行数据撒点。

(张永伟)

【淮海中路街道综治工作信息化管理系统】 2017 年，淮海中路街道综治工作中心信息化管理系统(一期)建成，完成与人口、GIS、网格平台数据库对接，具备“辖区情况、综治中心、人员管理、社区走访、安全检查及平安楼宇”六大功能。

(沈南林)

【瑞金二路街道社区治理大数据应用平台获最佳案例奖】 2017年，瑞金社区治理大数据平台应用深化拓展，对接人口信息库等区业务平台，围绕“生活工作在社区的人、反映社区治理的事、保障社区安全有序运转的物”，累计形成114个子数据库，数据量超过109万条。该项目在第四届全国基层党建创新案例评选中获最佳案例。

（费征峰）

【淮海路商圈启动慢行导视系统建设】 2017年，黄浦区在淮海路商圈启动慢行导视系统建设，通过在淮海路部署智能导向终端机，为游客和市民提供交通、购物、景点、便民服务信息显示和查询服务，并结合语音互动和公共WiFi热点等功能，提升旅游消费体验。

（叶一帆）

五、信息产业发展

【软件和集成电路产业】 2017年，黄浦区组织做好上海市软件和集成电路产业发展专项资金申报，黄浦区上海瀚银信息技术有限公司的“基于大数据和人工智能的金融风控系统”、上海市信息服务外包发展中心的“上海市软件和信息服务业‘一带一路’业务对接平台”获得年度专项资金项目支持。

【软件和集成电路企业设计人员获专项奖励】 2017年，黄浦区组织做好软件和集成电路企业设计人员专项奖励申报。上海先锋商泰电子技术有限公司、上海点融信息科技有限责任公司和上海东软载波微电子有限公司等6家企业91人次获2016年度软件和集成电路企业设计人员专项奖励。

（谭　军）

【孵化基地特色产业发展】 2017年，黄浦区进一步加大制造局路孵化基地、集成电路设计孵化基地、“梦想嘉”创业苗圃和“医创客”众创空间的招商力度，推进孵化基地业态调整，重点引进互联网、大健康等产业链企业。区孵化基地共注册企业526家，其中，制造局路、思南路基地注册企业236家；集成电路设计基地注册企业290家。进一步拓宽企业融资渠道，新增金融服务机构2家，为4家企业实现1 200万元银行信贷及增资服务。“医创客”众创空间自运营以来入驻项目13项，举办各类创新创业活动17场，590人次参加。

（张鹏生）

六、信息基础设施建设

【信息基础设施建设不断优化】 2017年，黄浦区与三大运营商签署战略合作协议，共同推进黄浦区信息化基础设施优化完善。截至2017年年底，全区4G宏基站总数达781个，4G室内站点总数达1 561个，信号覆盖优良率提升至95%以上。基本实现全区光纤到户、百兆家庭宽带接入全覆盖。光纤覆盖总量达46万户，家庭宽带用户平均接入带宽超过50M；具备千兆接入能力小区达100个，万兆接入能力楼宇超过300栋。

（周康平）

【i-Shanghai提速升级】 2017年，黄浦区启动i-Shanghai带宽升级改造工程，截至2017年12月，黄浦区提供i-Shanghai公益服务的公共场所达159个，覆盖公共区域超过700处，完成59个场所提速改造，下行速度由2 Mb/s提升至10 Mb/s，上行速度由512 Kb/s提升至1 Mb/s，用户使用体验进一步改善。

【NB-IoT物联网络实现全覆盖】 2017年，三大运营商加强黄浦区物联网基站改造，实现全域覆盖。其中，上海移动完成515个2G基站NB-IoT改造，上海电信完成73个3G基站NB-IoT改造，上海联通完成54个NB-IoT网络基站改造。

（郭晓磊）

七、信息化环境建设

【开展“智慧黄浦”顶层设计】 2017年，黄浦区完成全区信息化建设现状和需求调研，完成关于现状调研、总体规划、政务网络、云数据中心、大数据平台、政务服务、智慧商圈等8篇顶层设计报告征求意见稿，形成黄浦区新型智慧城区建设总体框架、评价指标体系、阶段性目标及2018—2020年重点建议项目。

【黄浦区政府与上海联通签署战略合作框架协议】 2017年2月28日，黄浦区政府与上海联通签署共同推进黄浦区智慧城区建设战略合作框架协议。根据协议，上海联通在“十三五”期间将大力推动黄浦区新一代信息基础设施建设，启动移动网络和宽带接入“双G”计划，加大无线城市和城市光网建设力度，持续推动宽带大幅提速。双方还将围绕智慧应用推广、产业融合升级等领域展开合作。

【黄浦区政府与华为签署战略合作框架协议】 2017年3月3日，黄浦区政府与华为技术有限公司签署共同推进黄浦区智慧城区建设战略合作框架协议。根据协议,华为技术有限公司将协助黄浦区完善智慧城区顶层设计,提升下一代信息基础设施能级,加强“互联网+政务服务”整体设计,建立常态化工作机制。双方还将在物联网、云计算、大数据等领域展开交流培训,拓展黄浦区智慧城区建设的广度和深度。

(周康平)

【黄浦区政府与上海电信签署战略合作框架协议】 2017 年 3 月 24 日,黄浦区政府与上海电信签署共同推进黄浦区智慧城区建设战略合作框架协议。根据协议,上海电信在“十三五”期间将大力推动黄浦区新一代信息基础设施建设,完善黄浦区政务信息专用网络,加大无线城市和城市光网建设力度。双方还将围绕产业融合升级、精细化管理平台建设、社会民生领域智慧应用推广等领域展开合作。

(郭晓磊)

【黄浦区政府与上海移动签署战略合作框架协议】 2017 年 4 月 7 日,黄浦区政府与上海移动签署共同推进黄浦区智慧城区建设战略合作框架协议。根据协议,上海移动在“十三五”期间将大力推动黄浦区新一代信息基础设施建设,实现新建楼宇、新建居民小区 100%移动光纤覆盖,并率先在黄浦区开展 5G 网络规模试验或试商用。双方还将围绕电子政务、城区治理、民生服务领域展开合作,深化创新应用,助推新兴产业集聚。

(李　莉)

【智慧城区建设领导小组工作会议暨新型智慧城区建设研讨会】 2017 年 6 月 12 日,黄浦区召开智慧城区建设领导小组工作会议。会上,黄浦区科委汇报黄浦区推进智慧城区建设情况,“上海市信息化专家委员会黄浦区工作站”同时揭牌。会后,召开新型智慧城区建设研讨会,与会专家分别以智慧交通和智慧城市的运营管理为主题作主旨演讲。

(周康平)

【黄浦区智慧城区建设三年行动计划】 2017 年 5 月,《黄浦区推进智慧城区建设三年行动计划(2017—2019)》正式出台,围绕打造“生活更加便捷、管理更加精细、政务服务更加高效透明、产业布局更加优化”的智慧城区总目标,明确智慧城区建设重点工作和责任分工。

(郭晓磊)

【黄浦区信息化项目管理办法】 2017 年,《黄浦区信息化项目管理办法(试行)》制定出台。进一步规范财政投资信息化项目申报、受理、审核、验收及后评估等环节,规定完成申报材料的时间节点,确保 2018 年信息化项目申报规范有序开展。

【2018 年信息化项目申报培训会】 2017 年 6 月 28 日,黄浦区科委、区府办、区财政局牵头召开 2018 年信息化项目申报培训会,对 2018 年区信息化项目的申报时间、申报范围、受理流程、审核要素和验收注意事项等作出解读。区府办介绍电子政务项目必要性审核的内容。区财政局强调信息

化项目预算申报时间、依据、实施、拆分等方面的注意事项，确保2018年信息化项目申报规范有序开展。

【智慧社区宣传体验系列活动】 2017年12月，黄浦区智慧社区宣传体验活动在小东门街道、半淞园街道、打浦桥街道和五里桥街道举行。活动邀请市民云、上海移动、上海联通、上海电信、上海科大讯飞信息科技有限公司等多家企业参与，现场展示智慧生活、智慧养老、智慧教育等领域的智能化产品，为近100名居民带来丰富、生动的讲解和体验活动。

【“市民云”培训】 2017年12月，黄浦区在小东门街道、半淞园街道、打浦桥街道和五里桥街道开展“市民云”培训。通过“市民云”平台，可以在线查询市民个人的医保金、公积金、养老金、车辆违章等信息。

（王海峰）

【黄浦区科委与科大讯飞签署战略合作框架协议】 2017年9月25日，黄浦区科委与上海科大讯飞信息科技有限公司签署共同推进黄浦区智慧城区建设战略合作框架协议。根据协议，双方将在智慧城区框架设计、“互联网＋政务服务”、智慧社区建设、“商旅文”联动、合作交流五个方面加强合作。

【黄浦区获“中国杰出智慧城区影响力奖”】 2017年11月，由国家信息中心和国际数据集团联合主办的2017亚太智慧城市发展高峰论坛在深圳召开。会上，黄浦区被授予“中国杰出智慧城区影响力奖”。

（周康平）

【政务网络与信息安全培训演练】 2017年，黄浦区科委开展区关键信息基础设施安全检查，完成信息统计、初审、汇总，形成黄浦区63个单位69个关键基础设施清单，并上报市网信办。组织召开区关键信息基础设施应急预案编制及演练培训，开展“上海黄浦”门户网站、政务外网网络、综合应用平台和区实有人口等重要信息系统安全应急演练四次，完成区综合应用平台和上海门户网站三级等保测评。

（钱志红）

八、社会诚信体系建设

【区级信用子平台二期建设】 2017年，上海市公共信用信息服务平台黄浦区信用子平台二期建设完成，实现以下功能：数据联动、数据上报和交互、企业和个人信用报告查询服务、食品安全监管特色应用。同时发挥子平台应用支撑作用，为区级成员单位开通113个账户，提供信用查询和应用服务。

【黄浦诚信“红黑榜”】 2017 年,《黄浦区诚信“红黑榜”发布制度(试行)》完成,在黄浦区科委官网通过守信红榜、失信黑榜公开 2017 年度区级 12 家单位约 10 000 条“红黑榜”信息。

【归集“双公示”信用数据】 2017 年,黄浦区共归集行政许可、行政处罚“双公示”信用数据 13 878 条,完成“上海黄浦”网站“双公示”专栏建设。

【2017 版“三个清单”编制专题培训】 2017 年1 月 11 日,黄浦区召开区社会信用体系建设联席会议部分成员单位联络员会议,对市公共信用信息服务平台的 2017 版“三个清单”编制工作做专题培训。完成《2017 版黄浦区信用数据清单、行为清单、应用清单目录》,共计梳理信用数据清单目录 462 项、行为清单目录 139 项、应用清单目录 90 项。完成《黄浦区联合奖惩和激励工作指导建议目录》,共梳理建议目录 213 项。

【社会信用体系建设联席会议】 2017 年 9 月 8 日,黄浦区政府召开 2017 年社会信用体系建设联席会议。黄浦区联席会议召集人、区委常委、副区长陈卓夫要求:充分认识加强信用体系建设的重要意义,着力推进重点领域信用体系建设,抓好工作落实。区社会信用体系建设联席会议办公室主任戈珺通报黄浦区社会信用体系建设工作推进情况,部署下阶段工作重点。

【黄浦诚信活动周】 2017 年 11 月,“上海黄浦”微信公众号上以《上海市社会信用条例》为主题,举行有奖问答活动,约 10 000 人次参与活动,最终 1 200人获得手机流量奖品。活动加强信用条例宣传力度,促进市信用服务平台的普及应用。

【上海优秀信用案例评选活动】 2017 年,在上海优秀信用案例评选活动中,黄浦区内企业谐家信息技术(上海)有限公司“家政服务行业商务诚信体系建设优秀案例”获得“2017 上海十大市场优秀信用案例”奖项。

【“诚信共治”“3·15”消费者权益保护日实践活动】 2017 年,黄浦区开展以“诚信共治”为主题的“3·15”消费者权益保护日活动,现场提供咨询服务,举行“关爱儿童消费安全、提升儿童消费品质”——企业公开承诺仪式,16 家商业企业现场签字做出诚信经营承诺。

【“守信超市”创建工作取得阶段性成果】 2017 年,黄浦区扎实推进“守信超市”“放心肉菜示范超市”创建工作。截至 2017 年年底,全区已有 174 家超市申报参评“守信超市”,占应申报单位数量的 30.69%。其中,166 家小型超市申报参评“守信便利店”,8 家中型超市申报参评“守信标准超市”,1 家超市申报参评“放心肉菜示范超市”,取得阶段性成果。

【“无假酒诚信示范区”建设工作】 2017 年 5 月 21 日,南京路商业街西段“无假酒诚信示范区”建设试点工作正式启动。通过试点,一方面使酒类经营企业提供的酒品和服务质量全面提升,诚信经营意识不断增强，营造出规范有序的经营环境。另一方面使酒类管理的行政监管理念不断更新，管理水平有所提升，形成诚信式企业和服务型政府的和谐互动。

【培育信用服务机构】 2017 年，黄浦区内上海资信征信有限公司、上海中誉企业信用咨询有限公司、外滩海纳互联网金融服务（上海）有限公司、上海博衡企业征信有限公司和上海华夏邓白氏商业信息咨询有限公司黄浦分公司 5 家企业获得央行企业征信机构备案资格（全市共 35 家）。上海资信征信有限公司“商业信用征信系统建设项目”获 2017 年上海市社会信用体系建设专项资金支持。

（谭　军）

第八章　静安区信息化建设

概　述

2017年是静安区推动经济社会发展的关键年、实施“十三五”规划的推进落实年、“补短板”的决战攻坚年、改革创新的深化突破年和政府工作的作风建设年。静安区按照成为“中心城区新标杆、上海发展新亮点”的总体要求，紧紧围绕上海“创建面向未来的智慧城市”的目标，以及静安区委、区政府加快实施“一轴三带”的发展战略，全力推进智慧政务、智慧社务和智慧商务建设，确保智慧城区各项工作稳步推进。

一、政务领域信息化

【电子政务云建设】　2017年，静安区按照市府办关于全市电子政务云建设的有关要求和时间进度，积极有序推进电子政务云建设。完成政务云机房与政务网、互联网的联通；完成政务网光纤链路接入，互联网线路出口从50兆增加到150兆；完善安全区域划分；完成机房网络信息系统等级保护三级安全测评。根据《静安区电子政务云工作方案》，遵循“先增量后存量、先易后难、能上尽上”原则，对各单位现有信息系统情况进行调研排摸。经过对区内应用系统“三上三下”的调研和确认，确认静安区内在用和开发的信息系统近120个(不含涉密系统和公、检、法、卫生、教育等部门的专网应用)，计划分两年全部“上云”，在完成行政服务中心新建应用系统“上云”部署、区社区事务受理信息系统迁移“上云”的试点基础上，制定信息系统迁移(新建部署)“上云”方案模板，梳理并完善系统“上云”流程。2017年年底，已完成63个信息系统“上云”迁移、部署工作。同时，起草政务云管理办法及应用系统部署迁移指南、政务云日常运行规范、政务云中心应急处置方案等，逐步形成政务云“1＋N”规范体系。

【综合协同办公管理平台】 2017 年，静安区综合协同办公管理平台基本建成，并进入试运行阶段，实现市、区、街镇三级办公规范化、标准化、网络化，全区目标管理项目实现“红绿灯”管理机制，提高政府整体办公效率。

【无纸化会议系统】 2017 年，静安区公共信息平台共计发送简报 607 篇、公文 444 份、通知 22 975 份，累计发送短信约 43.7 万条，累计召开各类无纸化会议 121 次。

【网上政务大厅建设】 2017 年，静安区全区 29 个委办局、共计 360 个行政审批事项办事指南全部上网，其中市级系统 273 项事项数据落地，87 项原无业务系统事项配置上网，审批事项实现 100%上网。积极推进实体大厅与网上大厅一体联动，已实现网上预约办理审批事项 202 项。此外，服务大厅通过 LED 大屏集成显示、智能辅助填表、自助查询终端、自助服务终端等智能化系统运行，有效缩短企业客户办事等待时间，大厅排队等候时间较以往减少近五成，企业表单填写差错率明显下降。

【决策支持平台(二期)建设】 2017 年，静安区继续推进区决策支持平台(二期)建设，深化数据挖掘，聚焦部门应用，引入社会化数据，提高跨部门数据信息整合及协同应用能力，提高统计数据对区域经济运行监测分析的能力。

【权力清单动态管理平台建设】 2017 年，静安区全面清理政府部门职责，在确认权力事项、责任事项及服务事项的基础上，建立权力责任动态管理机制，规范政府管理。

【公务员管理系统建设】 2017 年，静安区根据“撤二建一”后公务员管理“精简高效”的要求，围绕公务员日常管理工作，优化公务员管理业务流程，建立长期绩效电子档案，强化考核结果运用，提升考核评价效果，提升公务员管理工作的效率。

【政府采购中心业务管理信息系统建设】 2017 年，静安区建成集业务管理、管采交互、廉政风险防控、采购服务、电子归档于一体的政府采购管理系统。

【法院(信息、执行、警务)指挥管理中心建设】 2017 年，静安区建设集审判执行信息、司法公开信息、审判管理信息、司法辅助信息于一体的司法资源数据库，并实现在指挥决策调度中心的统一处理和展示。

【公务网建设】 2017 年，静安区完成对区公务网 370 号进行分级保护测评工作。根据上海市公务网管理中心最新要求，完成 370 号点位信息网上备案，并根据情况定期进行更新，屏蔽机房通过国家保密局屏蔽效果测评。同时，研讨两区合并后公务网分级保护方案的制定流程，确定下一阶段职责分工和工作步骤。

二、社会领域信息化

【社区事务受理综合管理服务系统】 2017年，静安区按照“互联网+政务服务”理念，吸收临汾路街镇等服务创新经验，通过在受理系统上叠加绩效管理、网上预审、办理、查询和自助服务等功能，逐步构建网上服务大厅和线下受理中心的联动体系，打通“最后一公里”，让居民少跑腿、好办事、不添堵，让基层资源配置更合理、效率更高、服务更有成效，受理系统叠加功能试点工作得到市民政局的认可。

【深化医改1+X项目】 2017年，静安区以区域为单位统筹考虑建设深化医改1+X项目，第一批申请评审的6家社区卫生服务中心全部达到EHR(Electronic Health Record，电子健康记录)五级标准，平均分位居全市第一。第二批8家参评社区卫生服务中心的EHR评级相关系统部署和实施工作已开始推进，力争实现全区14家社区医院都达到EHR应用水平等级五级以上(含五级)的目标。

【打造“健康静安”信息惠民系列应用】 “健康静安”系列应用包含针对区内居民的健康门户、微信平台、支付宝服务窗以及针对全科医生的“移动家庭医生”APP，覆盖诊前、诊中、诊后整个就医流程，不仅让居民得到实惠，而且让医生走出医院，也可以查看辖区内居民的各项健康档案数据，并现场进行“1+1+1”签约、慢病随访等业务操作，实现对社区居民健康管理零距离服务。已有53 509位居民注册“健康静安”应用、14个社区卫生服务中心400多位家庭医生使用“移动家庭医生”APP，满足居民对便捷服务的诉求和医生的工作需要，真正做到信息惠民。

【市北医院电子病历应用水平(五级)升级改造】 2017年，静安区市北医院以电子病历应用等级五级为医院信息化工程建设标准，建设和完善基于结构化电子病历的医院信息系统，加强医院内、外信息共享和业务协同，提升医院管理和医疗服务水平。

【公惠医院信息化改造】 2017年，静安区公惠医院以电子病历应用功能(四级)评审标准和机房安全等级保护(三级)评审标准为目标，建立一套信息完整、描述规范的医院信息管理系统，进一步提升医院管理和医疗服务水平。

【区卫生数据中心升级改造】 2017年，静安区根据区域医疗卫生信息化建设的总体规划，将静安南片区域医疗卫生信息系统统一迁入静安北片区域医疗卫生数据中心，实现区域卫生信息平台与辖区内医疗卫生机构各类应用系统的互联互通，满足区域卫生信息平台现有业务的发展升级，以及开展新业务的工作需要。

【智慧社区平台应用】 2017年，静安区依托“市民云”建设，不断深化智慧社区平台应用，14个街镇、

36 家服务机构开通预约服务，可办理事项达 134 项，形成"云"+"端"的一体化服务模式，提升政府整体公共服务能力。年内，新增和完善平台功能点 13 处，新增和改善服务事项 30 余项，更新和发布最新消息、公告等 7 604 条，处理预约订单 110 条，进社区开展宣传 2 场。

【综合为老服务平台】 2017 年，静安区统筹区域养老服务相关数据，初步实现为老综合服务信息的发布，以及对供应商及老人信息的基本管理，提升为老公共服务管理水平。

【社会救助帮困业务管理系统升级改造】 2017 年，在静安南片救助帮困系统的基础上，整合原两区民政救助及相关部门救助帮困业务数据，并依据新出台的社会帮困救助业务政策，进一步梳理业务流程，并引入新型综合评估和救助模式，提高救助评估的公正性和帮扶的准确性，实现全区救助帮困"一口上下"。

【企业服务综合平台】 2017 年，静安区建设面向全区企业，尤其是中小企业的综合服务平台，响应全区服务企业切实需求，从而规范服务企业工作管理体制，提高企业服务工作效率，降低企业服务成本。

【食品安全智能监管系统】 2017 年，静安区建设覆盖区公共饮食环境的食品安全监督管理和厨房视频监控系统，通过采集和管理食品生产场所和服务环节的视频信息资源，实现全产业链的动态、远程监管，促进食品生产和服务安全管理规范化。

三、经济领域信息化

【推进智慧商圈建设】 2017 年，根据高端商业集聚带设想，围绕传统商业能力提升和模式创新，静安区继续推进南京西路智慧商圈试点工作。针对商圈所面临的问题与挑战，建设以"数圈"为核心的智慧商圈，即通过大数据技术驱动重新构建南京西路商圈中消费者、业主、商场及政府等不同主体间的联系，有效调整业态分布，提升商场商业价值，通过数据洞察商圈运营状况，加强商圈综合竞争力。成立由区智慧商圈主管部门、智慧商圈实施单位和商城单位等联合组成的推进智慧商圈建设工作组。在保障 WLAN 全面覆盖的基础上，建成商圈业态变化自动发现和监控技术平台，建立商圈跨数据源的数据打通，克服单一数据来源观察商圈的局限性，初步实现商圈观察体系，为实时观察、监控商圈的趋势变化提供基础理论。加强商圈客流分析系统建设，建立商圈公共区域客流分析系统、面向商圈范围内大客流的安全管理系统、面向商圈的智慧营销服务系统、商圈公共区域线下互动体验系统等。打造移动支付示范区，以白领午餐项目为切入点，推出“静安白领卡”系列营销活动，在静安嘉里中心、恒隆广场、梅龙镇广场、1788广场、久光百货、吴江路步行街等区域打造移动支付示范区域。

四、城市建设管理领域信息化

【政府投资基础建设和土地储备项目信息化管理平台建设】 2017年，静安区实现政府投资建设项目在预算、执行、核算和决算全生命周期的分类管理，确保财政信息系统的数据安全。

【智慧市政管理系统(二期)】 2017年，静安区北片市政工程和配套管理中心智慧市政管理系统完成建设，实现市政工程前端视频监控系统和道路巡查系统应用在静安北片的应用，提升区市政工程管理处置效率。

【社区安全管理信息系统】 2017年，静安区以两个实有数据库为基础，实现社区安全管理信息系统工作数据可检索、工作痕迹可追溯、工作绩效可评估、风险警示可呈现，并为消防、安监等专业管理部门提供数据依据，为社区安全工作科学决策、科学防范、科学治理提供支撑。

五、信息产业发展

【完善产业政策支撑体系】 2017年，在“撤二建一”后，静安区针对区域产业环境变化情况，先后研究制定《关于促进大数据产业发展的实施办法(试行)》《促进软件和信息服务业发展的实施办法(试行)》等支撑政策，紧扣产业发展关键环节，前瞻导向产业发展布局，旨在突破产业发展瓶颈，聚焦企业创新主体，健全组织领导保障体系，从而给予软件和信息服务业企业和项目全面的政策支持。

【推进产业基地做强做大】 2017年，推动上海市市北高新技术服务业园区发展，力争将其打造成为新静安的重要经济增长极、上海中心城区园区的“领头羊”、全国产业转型的示范基地，成为静安区软件信息服务业产业集聚高地。以“深度转型、内涵发展”为主线，以“园区基地化、基地项目化”为导向，以打造国家级云计算产业基地、大数据产业基地为重点建设目标，助推市北高新在长三角乃至全国的布局，扩大品牌影响力。

【产业功能平台建设】 2017年，静安区整合多方资源，聚焦物联网、云计算、大数据、移动互联网、文化创意等产业领域的重大科技创新。加快上海浪潮云计算服务有限公司云服务总部建设，发起成立大数据产业基金，充分利用大数据联盟开展大数据企业评估。力争创建市级以上的工程技术中心，打造国产基础软件综合实验室。借助国家工程实验室之一的大数据应用创新研究中心，推动校企合作、开展前沿技术和应用研究，大力促进研究成果有效转化。

【拓展产业应用示范项目】 2017 年，静安区率先示范，积极推进以电子政务云、智慧商圈为代表的一批云计算、大数据应用示范工程，将软件和信息服务业产业发展导向和政府行政审批制度改革、智慧城区建设和社会信用体系建设等有机结合。自启动静安政务云建设以来，已完成政府网站群、网上政务大厅、行政服务中心等区内超过半数的应用系统“上云”，全面实现政务基础数据共享。试点开展大数据技术在南京西路智慧商圈的应用，利用数据湖、ID 图谱等大数据技术，为智能化、精细化、预测化治理、运营商圈和商圈业态结构优化提供技术支撑。通过推进大数据应用示范工程，推动传统领域商贸流通的转型发展，也为大数据技术应用提供实践场景和运行环境。

【大数据企业集聚发展】 2017 年，静安区结合大数据产业政策推进情况，组织上海大数据联盟行业机构启动静安区大数据企业评估工作，对首批 46 家企业开展评估。同时，积极筹建静安区政府投资基金，主要投资领域包括支持创新创业发展和产业转型升级，重点支持包括信息服务业在内的五大产业，大数据产业作为信息服务业的重要组成部分包含其中。投资基金管理办法已形成，管委会已成立，子基金项目在调研中，将重点引进和培育优质大数据企业。市北园区已重点引进 35 家大数据企业及其他信息科技类企业 76 家。园区内，上海浪潮云计算服务有限公司、上海晶赞科技发展有限公司在 2017 年再次入选“中国大数据企业 50 强”。由市北园区控股投资并在园区内成长起来的上海数据港有限公司，于 2017 年在上海证券交易所主板上市。

【大数据功能型平台建设】 2017 年，静安区围绕“产业技术研发、成果转移转化、重点行业应用、创新创业服务”，打造大数据综合性、资源整合型公共服务平台。由静安区大数据龙头企业上海数据交易中心牵头，联合复旦大学、中国互联网络信息中心等单位承担建设的大数据流通与交易技术国家工程实验室挂牌成立，这是国内唯一一个大数据流通与交易领域的国家工程实验室；同时挂牌成立的还有上海大数据应用展示中心，展示大数据与城市生态环境综合治理、大数据与交通治理、大数据与美丽城区、大数据与智慧商圈等智慧城市管理案例；与全球最大的云服务提供商亚马逊签署上海-亚马逊 AWS 联合创新中心项目合作备忘录，合作共建上海-亚马逊 AWS 联合创新中心、智慧城市创新实践展示体验中心，并将培养 AWS 认证的云计算人才以及打造国际联动的创新孵化器等；上海大数据联盟静安服务中心正式运营，借助上海大数据联盟的行业影响力，打造大数据企业创新孵化加速器平台，通过整合联盟资源，为基地建设提供专家咨询、项目路演、战略规划等服务，吸引一批大数据企业入驻。

【软件集成电路项目】 2017 年，静安区组织 28 家企业申报 2017 年度上海市软件和集成电路产业发展专项项目，最终 8 家企业项目获软件类立项，1 家企业项目获集成电路类立项。同时还组织 17 家企业 295 名科技人员申报 2017 年度上海市软件和集成电路企业设计人员专项奖励工作。在工信部 2017 年中国软件业务收入前百佳企业中，卡斯柯信号有限公司位列其中。

六、信息基础设施建设

【政务网络优化】 2017 年，静安区优化调整大统路 480 号辅楼网络结构，由原有的串形调整为星形结构，大大提高网络可靠性。按各单位搬迁调整后的现状，整理南片网络汇聚设备访问策略，删除重复规则，从原有的 5 886 条缩减至 2 603 条，缩减 56%。清理 96 个多余的接口配置，通过优化，极大降低南片政务网络延迟，并解决丢包问题。北片政务网络梳理业务 VLAN(Virtual Local Area Network，虚拟局域网)133 个，减少 8 个不用 VLAN，梳理路由 35 条，删除 16 条无用路由，修改 2 条不合理路由，梳理编写核心交换机割接文件 227 个。制定静安北片核心设备和街镇网络更换升级方案，核心交换升级到万兆，新核心由原来的二层改为直接三层路由，减少二层透传，提升网络安全可控，并将 29 个与 480 号机房光缆相连单位光电转换器全部升级为光模块，提高网络运行的稳定性。同时对南北片区互联网出口的防火墙进行更新。

【基础设施建设课题研究】 2017 年，静安区全面梳理全区现有的网络、机房及应用现状，根据“撤二建一”后全区各部门地理位置的新格局，重新规划全区机房及基础网络建设，不断增强信息基础设施的资源汇集、网络服务能力，从而优化用户体验。组织完成静安区政府信息化基础设施建设课题研究的项目招标、部门调研、会议汇报、部门再调研、内容完善等一系列工作。组织召开静安区政府信息化基础设施建设课题研究项目验收会，与会专家组一致认为：课题组系统梳理了静安区政府信息化基础设施发展现状，结合静安区南片和北区各相关政府机构对政府信息化基础设施的发展要求，提出静安区政府信息化基础设施中光缆网络、IP 数据网络及核心机房的目标架构及发展策略建议。课题报告思路清晰，成果丰富，方案合理，为静安区政府信息化基础设施的规划发展提供较好参考依据，达到课题预期目标，课题组提交的文档资料规范齐全，符合验收要求。

【图像监控系统(光网五期)建设】 2017 年，静安区进一步提升区内安防监控覆盖率，实现对北站、天目西路等 11 个派出所辖区内的大型商场、社会单位、公交站点及其他重点目标、重点场所的视频监管，达到全区视频图像监控基本全覆盖。

【2016 年度静安区居民信息化指标调查】 2017 年，静安区与零点研究咨询集团合作，制定一批能反映时代特征和贴近居民需求的调查统计指标，在全区 14 个街镇开展 2016 年度静安区居民信息化指标调查，并完成《2016 年静安区居民信息化水平调查报告》的编写。

七、信息化环境建设

【优化产业生态氛围】 2017 年,在市经济信息化委和静安区政府支持下,上海静安国际大数据论坛、上海市"四新"经济沙龙(大数据专场)、SODR 大赛决赛、上海 BOT 大数据应用大赛、创业在上海国际创业大赛、市北高新美国科技创新论坛等多场具有行业影响力的活动相继举办。同时,上海大数据应用创新工程项目——大数据与城市管理(静安区)获批国家发改委重大工程支持项目,静安区获市经济信息化委颁发的"上海市大数据促进城市管理与社会治理试验区"称号。

【上海静安国际大数据论坛】 2017 年 7 月,静安区组织举办 2017 年上海静安国际大数据论坛,以"大数据与城市管理"为主题,政府领导、行业专家、企业代表、媒体记者等 500 余名嘉宾及1 500名 VR 直播观众参加。论坛将大数据和云计算产业作为新静安软件和信息服务业的名片亮相,有效提升静安区产业发展集聚区的品牌效应,影响力从全市扩大至全国。

【第三届上海 SODA 大赛】 2017 年,由市经济信息化委主办,静安区上海市大数据产业基地、上海数据交易中心协办的第三届上海 SODA 大赛圆满完成。参赛作品涉及"食品安全治理""单车管理""公共交通优化""消费者权益保护"等主题的数据产品和服务。

【网络和信息安全保障工作】 2017 年,静安区加强设备排查和网络流量分析,对强电、消防、空调进行安全隐患排查,对互联网出口流量进行数据分析和安全监控,及时发现问题,并快速处置;完成公共信息平台和政务云机房三级等级保护复测;开展网络应急演练,制定应急演练计划,演练验证政务云机房与大统路和西康路机房双向网络链路互联的有效性;做好全区网络和信息系统的资产信息统计工作,开展关键信息基础设施安全检查工作,制定静安区服务保障党的十九大网络安全工作方案;围绕"网络安全周"主题,积极开展"网络安全进园区""网络安全进社区"活动,加强全民网络安全意识,营造安全健康文明的网络环境。

【静安智慧城市体验周】 2017 年 12 月,随着以"智慧城市,让生活更温暖"为主题的 2017 上海智慧城市体验周开幕,"2017 静安智慧城市体验周——静安市民云进企业、进社区"活动也拉开序幕。静安"市民云"通过走进企业、贴近社区,以图文、视频、示范操作、互动体验等多种形式,宣传、展示建设成果,旨在使企业人员、社区居民充分了解静安"市民云"提供的便捷服务,提高对静安智慧城市建设的认知度和感受度。活动期间,为静安区市民提供各类民生服务的平台——静安智慧社区综合平台受到市民的欢迎。该平台整合街道、各委办局和社会公共服务资源,打造静安智慧社区生态圈,为生活和工作在静安的市民提供便利,为静安和谐城区发展提供支撑。

【网络安全暨诚信宣传活动】 2017年，静安网络安全暨诚信宣传活动走进商场、深入园区、贴近社区，分析不同对象的不同需求，进行不同内容的宣讲。11月28日，举行主题为“商业网络安全暨诚信宣传”的第一场活动，对新形态商业环境下的网络安全和诚信经营做了专题宣讲。第二场活动聚焦“企业网络安全暨诚信宣传”，让园区企业充分了解网络安全对企业，特别是科技型企业自身发展的重要性，并通过诚信典型案例宣讲提高市民信用意识。同时，针对通信诈骗案件不断翻新并时有发生的情况，又专门为社区居民，特别是社区中老年群体组织宣传活动，以此提高社区老人的反诈骗意识，从而切实维护自身合法权益。

【与上海移动签署合作框架协议】 2017年4月21日，静安区人民政府与上海移动举行关于共同推进静安区“互联网+”信息化建设合作框架协议签约仪式。静安区多个委办局及上海移动相关负责人参加签约仪式。

【与上海联通签署合作框架协议】 2017年6月19日，静安区人民政府与上海联通举行关于推进“智慧静安、美丽家园”战略合作框架协议签约仪式。静安区多个委办局及上海联通相关负责人参加签约仪式。

【2017年“创全复评”工作】 2017年，根据静安区文明办的统一部署，积极组织协调三大运营商的各营业网点参与和支持静安区“创全复评”工作。根据静安区“创全复评”第五届全国文明城区窗口服务组的统一安排，召集区内基础运营商代表开会，深入动员，要求运营商让各营业网点所有工作人员知晓此项工作，并按照“创全复评”工作要求进行自查，发现问题及时整改，如为障碍人士提供所需服务等。并且，各基础运营商排摸在静安区活动8小时及以上的用户，用信息送达手机的方式告知静安区正在开展“创全复评”工作，请市民予以理解和配合。

八、社会诚信体系建设

【全面部署】 2017年，静安区组织召开推进智慧城区和社会信用体系建设工作会议，全面部署2017年度社会信用体系建设推进的各项任务，编制《2017年静安区社会信用体系建设工作要点》并印发联席会议各成员单位予以实施。

【目录编制】 静安区组织召开2017年度公共信用信息三清单目录编制培训会议，指导各相关部门编写本部门公共信用信息三清单，全区47个相关部门参加培训。第一季度完成静安区2017年版公共信用信息“三清单”目录的编制工作。数据清单共汇编15个单位233项目录，其中法人事项

160 项,自然人事项 73 项;行为清单共汇编 9 个单位 94 项目录,其中法人正面行为事项 11 项,法人负面行为事项 74 项,自然人正面行为事项 5 项,自然人负面行为事项 4 项;应用清单共汇编 15 个单位 71 项目录,其中法人事项 51 项,自然人事项 20 项。

【查信用信】 2017 年,静安区近 10 个部门提出用信需求,涉及项目申报、奖励表彰、评优推荐、行政处罚等,共查询企业 6 000 余家,查询自然人 200 余人。

【平台更新】 2017 年,静安区更新区信用子平台数据内容,收集 14 个职能部门资质类、表彰类、处罚类信用信息,逐条整理并叠加或替换原有数据。积极推进与区事中事后平台对接,梳理报送“双公示”数据 21 000 余条,其中许可类 16 000 余条,处罚类 5 000 余条。

【诚信宣传】 2017 年,静安区“创全复评”第五届全国文明城区材料中社会信用体系建设和诚信奖惩制度的材料编写完成,加大社会诚信宣传力度,在全区范围内张贴万余张静安诚信宣传海报;充分利用“上海静安”APP、“静安科技”APP、《静安报》、“静安有线”等各种媒体渠道和途径,进一步扩大信用信息宣传的覆盖范围;在静安区行政服务中心综合窗口增设信用查询业务,方便企业或自然人查信用信;根据市征信办要求,结合静安区政府部门的查信用信需求,向市信用中心报送 24 期静安区信用典型应用案例;举办 2017 静安诚信宣传周活动,分别组织开展社区居民防范电信诈骗宣传、企业诚信管理宣讲、商业诚信经营等活动,对社区居民和企业经营者进行讲信、守信、用信的宣讲培训,大力打造“诚信受益,失信惩戒”的环境氛围。

(王述之)

第九章　宝山区信息化建设

概　述

2017 年,宝山区进一步贯彻落实《国务院关于加快推进"互联网+政务服务"工作的指导意见》,根据上海市新型智慧城市建设要求,以实现社会治理体系和治理能力现代化为目标,将互联网创新成果深度融合于经济、社会的各个领域,使政府服务更聪明,让企业和群众办事更方便、快捷、高效。

在完善工作机制,统筹建设智慧城市信息化项目方面,修订完善《宝山区信息化项目管理办法》,推动信息化项目集约建设、整合实施与资源共享,抓好项目审批,加强建设监管;全面实施宝山区智慧城市信息化项目实施计划,有效推进信息技术在各个领域的深化应用;提高服务水平,建立一体化的智慧政务体系,打造智慧行政服务中心,深化区级事中事后综合监管平台应用,实现区协同办公系统与市平台的对接。

在聚焦市民生活、营造良好的智慧生活环境方面,推出党建引领社会治理网上平台"社区通",持续推进社区综合管理信息系统应用,完成市政府实事项目一站式"互联网+"公共服务平台的推广应用,智慧健康工程取得积极进展,推进智慧养老新模式。

在城市精细化管理方面,建设宝山区公共安全视频监控共享平台,稳步推进"雪亮工程"建设,形成城市综合管理监督指挥体系,建立食品安全综合监管体系,积极打造智慧城市区域示范。

在加快转型升级,推进产业发展"互联网+"进程方面,优化提升区域产业布局,持续推进中国产业互联网创新实践区建设,打造功能性服务平台,建设产业发展区域统筹管理平台,建成区产业扶持专项资金信息管理系统。

在加强信息基础设施建设、强化网络与信息安全保障工作方面,推进信息基础设施集约化建设,优化公用移动信号弱覆盖,积极开展无线电管理工作。

在加强社会信用体系建设方面,加强信用体制机制建设。制定发布《2017 年宝山区社会信用体系建设工作要点》《宝山区公共信用信息"三清单"(2017版)》,积极推动"双公示"工作,加强信用信息归集与推送,推动信用信息查询应用,获"2017年上海社会信用体系建设优秀案例报送十佳单位"。

一、政务领域信息化

【宝山区网上政务大厅(一期)项目】 2017年2月23日,宝山区网上政务大厅(一期)项目通过专家验收。该项目于2016年12月完成开发、测试并投入试运行。项目主要包括以下建设内容:完成审批事项100%上网,共有481个审批事项、158个服务事项及相关办事指南;重建网上政务大厅框架,完成项目内规定的各类应用系统开发建设;版面风格与市网上大厅基本保持一致,突出审批事项、服务事项、事中事后监管和特色宝山等核心栏目,提供预约先办、查询反馈、评价分享、互动问答等功能;集中公开政务服务事项信息,公共信息查询等服务内容;区行政服务中心办事系统与区网上大厅深度对接,实现事项办事指南的单点维护、同步更新,为审批事项网上预约、窗口优先办理服务,提供便捷、规范的"一站式"服务;拓展网上大厅移动门户访问,在"上海宝山"微信同步开通网上大厅办事服务,初步实现手机终端事项查询反馈,线上预约、线下优先办理服务;对系统进行第三方软件测评和安全评估,确保网站信息安全;推进区网上大厅建设应用,推动审批事项和服务事项在标准化管理平台的应用,449项审批事项实现网上三级及以上办理深度,422项审批事项实现网上预约、线下优先办理。宝山区16个委办局、13个街镇社区事务受理服务中心已开展服务事项及办事指南的内容维护。区网上大厅逐步接入无系统行政审批事项,对接市网上大厅下放的审批事项151项,事项办件数据10多万条;对接区行政服务中心系统310项,实现事项网上申报、统一查询反馈。区无业务系统审批事项共20项,通过标准业务系统实现网上申报;重点项目跟踪管理协同推进。依托区行政服务中心,港口经营许可(除理货业务)、集体合同审查(含企业工资集体协议审查备案)、建设工程合同信息报送和船舶检验证书签发等10个事项实现全程办理。总体上,系统功能和可操作性基本满足部门业务需求,对于部门反馈的合理建议已进行及时整改落实。

【党建引领社会治理网上平台"社区通"】 2017年2月,宝山区推出党建引领社会治理网上平台"社区通"。基于移动互联网打造的"社区通"平台涵盖党建园地、社区服务、物业之窗、警民直通车等10多项功能,在全区所有居村实现全覆盖。超过42万名居村民实名加入,覆盖32万户家庭,4万余名党员在网上亮身份、受监督、起作用,439名社区民警全部上线提供服务。"社区通"设置"i宝山"、社区公告、党建园地、办事指南、议事厅、身边事、互助、闲置物品、邻里交流、社区服务、警民直通车、物业之窗、家庭医生等版块,每个小区设置独立二维码,居村民通过微信扫码,经实名认证,即可注册成为用户。区网格化中心与"社区通"实现对接。启动后,“社区通”累计发布信息15万余条,信息传递给1.3亿人次,居村民之间、居村民与居村党组织之间的互动交流达1 110万次,解决群众关心关切的问题3.2万余个,成为宝山区信息传递的窗口、思想教育的阵地、为民服务的平台、自治共治的家园。

【宝山区政府网站集约化建设项目】 2017年5月23日,宝山区政府网站集约化建设项目通过专家验收。此项目基本完成政府门户网站改版,首页和主要栏目实现无障碍浏览,重建政府信息公开服务子系统、网上信访子系统和部分软硬件采购功能;提升政府门户网站信息系统应用水平,提高软件使用效率,版面布局更合理,信息传送更通畅,栏目信息整合更合理,实现本网站与区内“三个中心”网络应用系统的用户中心对接;完善宝山政务微博管理系统,实现一站式报送和一站式发布,管理员可以及时了解信息报送工作情况,提高全区政务微博工作效率,增加日常管理的便捷度;完成区残联网、区机关党建网、区社院网、区党校网站、区民族宗教网站和区建设交通网站的集约化建设,方便用户单位开展工作,提升信息发布准确性。截至2017年年底,门户网站首页和主要栏目无障碍浏览功能有效,正文语音朗读清晰稳定。区各部门通过政府信息公开服务子系统发布本单位部门预算、三公经费等公开信息。

【宝山区产业扶持专项资金信息管理系统】 2017年11月10日,宝山区产业扶持专项资金信息管理系统通过专家验收。该系统主要实现以下功能:一是建立专项资金管理平台。整合来自各委办局的数据资源,实现对各部门信息的集中存储,为后续高效利用数据打好基础。统一录入企业信息,保证企业信息的唯一性和准确性,实现企业信息的共享。二是建立透明化的审批流程。在审批各种专项资金的流程中,坚持“公平对待、公开评审”原则,同时加强对专项资金使用的监督。三是建立记录追溯系统。通过历史记录查询增加审批结果信服力。审批人员可以根据历史记录中的相关信息做出对应的判断,当企业对审批结果存在异议时,能够明确给出相应的理由,让企业能够信服。四是实现项目预警机制。通过对接工商、税务、诚信等平台,当申报企业存在不诚信记录或欠税等记录时,系统发出警告,帮助审批人员直观了解相关情况后做出决策。五是建立统计分析板块,自动生成报表。通过对申报种类、申报时间、申报企业等各方面数据进行分析,帮助领导快速掌握宝山区专项资金申报的现状,并为领导决策及确定工作重点提供必要的数据支持。六是对接诚信、工商、短信等平台。实现各个平台数据直接连通。同时预留第三方接口,为以后对接网上政务大厅预留接口,提高系统的可扩展性。截至2017年年底,系统已录入扶持项目信息5 912条。

【宝山区政府门户网站改版项目】 2017年12月14日,宝山区政府门户网站改版项目通过专家验收。此次项目完成政府网站整体改版及应用开发;区人大代表履职平台建设;宝山区互联网政务信息挖掘系统建设;网站群发布检索软件升级;存储服务器采购;安全设备采购等工作。从而实现政府门户网站与区“三个中心”等部门网络应用系统有效对接,提升政府门户网站服务功能,推进区网站群集约化建设管理,提升网站信息管理和技术防护功能。网站改版与应用系统开发实现响应式网站和手机微门户，满足常规显示器较好的浏览效果；政府信息公开实现网站政府信息公开与政务外网OA公文备案系统的对接，减少部门业务上的重复操作；政务信息报送和政务微博信息报送整合，为部门街镇报送信息提供便捷，区人大代表履职平台实现区人大网站信息发布管理功能，以及短信、邮件系统的对接功能。宝山区人大代表履职平台于2017年8月上线试运行，截至年底，代表库已录入291位代表基础信息，已创建所需管理账号305个；宝山区互联网政务信息挖掘系统于2016年7月完成系统部署和升级优化，实现宝山政务信息的实时监测、移动端和电脑端信息的实时同步；网站群发布检索软件升级以解决前期版本较低，分类检索不够清晰的问题；网站群检索系统信息检索相对稳定，增加检索分类和热词等功能，提升用户体验；通过政府采购完成存储、服务器、网站防篡改系统、运维管理审计系统、安全入侵审计系统、防火墙，Web应用防火墙等安全设备采购，弥补等级保护中发现的安全问题；网站安全管理进入常态化，委托专业公司运维，每月出一份网络安全简报，全面提升网络安全防护能力。

【宝山区青年信息服务平台】 2017年12月，宝山区青年信息服务平台建设完成，并通过上海计算机软件技术开发中心测试。平台共有三个主要功能，一是完成区内团员的信息库、工作资料库等基础信息数据库建设，完善以团员数据采集、综合查询、统计分析为主的功能模块。二是完成宝山青年信息服务平台微信版框架搭建和服务事项加入。三是完成项目基础设施和配套设施建设，保障项目开发应用顺利进行，提高对青年工作的现代化运营水平。该服务平台的建立有利于加快共青团信息化建设，有助于扩大共青团的社会影响力，开拓共青团工作新领域。

【初步建成区电子政务云平台】 根据2017年上海市电子政务云建设要求，并结合宝山区实际，宝山区经济和信息化委员会(以下简称“区经信委”)于2017年启动区电子政务云平台建设，完成区电子政务云构架设计，形成区电子政务云平台性能、安全等核心运行指标，核定计算、存储等基础设施总量。11月，初步建成宝山区电子政务云平台，搭建起云平台基础设施资源池，构建云平台应用管理服务平台。至2017年年底，已完成区协同办公系统、区公务员门户等30个信息系统的“上云”迁移，并同步开展区电子政务云平台的试运行工作。

【区协同办公系统与市平台对接工作】 根据《上海市政府系统办公协同平台架构设计方案》中对各区协同办公系统的相关要求，宝山区编制《关于实现与“上海市政府系统办公协同平台”对接的工作方案》，于2017年第一季度完成区目标管理系统、区信息公开系统等系统与市平台的对接工作。并且，根据国家基于SM2算法的数字证书认证体系和上海市最新的数字证书接口要求，实施区公务人员统一身份认证系统的升级改造，该改造项目被市密码管理局选中，纳入全市试点项目。同时，针对区各单位协同办公应用水平参差不齐的情况，组织开展上机操作培训，共计100人次参与，切实提高协同办公平台应用的深度和广度。

【政府机关软件正版化工作】 2017年，宝山区积极落实打击侵权假冒工作和政府机关使用正版软件工作的有关要求，进一步健全完善区政府部门使用正版软件工作的长效管理机制，制定发布《2017 年宝山区推进使用正版软件工作方案》，并于 6 月、10 月两次召开全区软件正版化工作大会，明确各政府部门关于软件正版化工作的相关任务，对全区软件正版化情况开展排查，并结合信息安全检查对全区各部门的软件正版化工作进行实地抽查。另外，宝山区通过制定发布政府采购目录和采购限额的标准，要求政府各部门采购预装正版操作系统的计算机；通过制定发布宝山区区级部门预算执行情况审计工作方案，将政府部门软件采购资金管理使用和软件资产管理情况作为重要审计内容。经过市打假办和市版权局的两次检查考核，宝山区政府机关软件正版化工作完成情况良好。

二、社会领域信息化

【酒类网格化移动巡查手持端(酒业诚信通)上线】 2017 年，“酒业诚信通”系统正式投入运行。“酒业诚信通”是宝山区商务委酒类专卖局依托区城市网格化综合管理信息平台打造的微系统。该系统利用手机 APP、微信方式，通过行业督导员依据酒类法规所列负面行为清单，对经营商户进行日常巡查，以监管方式创新实现闭环管理。通过该系统 APP 实时查询模块能实时查询违规线索上报及处置完成情况，以及对巡查过的所有案件进行数据归集分析。同时，该系统将行业协会及第三方测评的 170 家酒类放心示范店，通过地图布点的方式在公众号中予以展示，以此通过智能监管引导安全消费。2017 年通过该系统共收到上报信息 197 条，其中未发现违规行为 72 件，占上报总数的 37%；违规案件 125 件，占上报总数的 63%；违规案件中 55%为无证经营酒类商品。该系统客观的数据分析，为职能部门提升监管效能提供研判依据，可开展针对性的执法工作，提高执法效率。2016 年“酒业诚信通”试运行期间，市商务委将该系统列为 2016 年度内贸体制改革成果案例之一。截至 2017 年年底，“酒业诚信通”微信公众号已有关注人数 535 个，达全区酒类零售企业的四分之一；发布各类酒类市场安全和政策法规方面的信息 116 条，阅读量不断提高，监管宣贯作用不断显现。

【社区事务受理系统升级】 2017 年 3 月，宝山区社区事务受理系统升级，对接市级平台，进一步提升线上服务资源整合力度，全面实现服务事项“一口受理”和办理结果“一口反馈”，全面推行“网上预约”与“刷证办事”，对接上海社区公告服务微信平台和网上政务大厅统一预约平台，完成社区事务受理服务中心叫号机升级对接工作，形成市、区、街镇三级一体化的线上线下联动预约服务模式，为民服务效能显著提升。新系统启用后，全区办理业务共 44 万余件。

【上海“文化云”宝山子平台建设(一期)】 2017 年 7 月 6 日，“文化云”宝山子平台正式验收上线。服务平台主要建设文化活动、文化场馆、文化团体、我的空间、文化地图、网上书屋、文化品牌、精彩回眸、积分等软件应用模块，实现全区活动信息一站式发布，市民通过平台可以查询及在线预约预订活动票务，线下凭票参与公共文化活动；可在线预约预订公共文化场馆的活动室，线下使用活动室；可在线浏览学习相关的文化品牌资源，并支持信息的收藏、分享。服务平台上线后，为文化服务部门与广大市民提供文化服务供需对接纽带，解决广大市民“我要知道、我要参与、我要评论”等文化服务的难题，同时有效提升宝山区公共文化服务及管理能力。平台上线后，全区各主要文化场馆共发布 6 447 场活动，5 025 场可预约，17 个场馆、活动中心馆均活动发布量 379 场，全区共开放活动室 81 间，支持在线预约活动室 77 间。

三、经济领域信息化

【上海股权托管交易中心—吴淞口创业园企业挂牌孵化基地】 2017 年 5 月 16 日，由中国宝武集团吴淞创业园与上海股权托管交易中心共同成立、上海尚兆投资管理有限公司运营的上海股权托管交易中心—吴淞口创业园企业挂牌孵化基地正式揭牌启动。当天，三方签订战略合作协议，利用吴淞口创业园的科技企业孵化优势、上海股权托管交易中心的资本交易平台优势、上海尚兆投资管理有限公司的资本发掘和金融服务优势，实现资源共享，优势互补，协同创新，致力于推动吴淞口创业园的中小微企业快速发展。

四、城市建设管理领域信息化

【排水井盖实时监控系统】 2017 年 3 月 24 日，宝山区基于北斗卫星系统的排水井盖实时监控系统通过专家验收。项目成功开发井盖监控终端、井盖数字化实时监控和作业检修设备信息系统，形成一套全面、完善的水务井盖管理系统。系统实现 24 小时远程实时在线对排水井盖进行日常监测，具备安全监控、远程报警、定位跟踪、及时报告处置等功能。尤其在无人实地巡检的情况下，通过远程手段对井盖进行实时监控，有效降低人力巡检成本，全方位保障城市排水设施的安全运营。该项目通过新型技术化手段，在辖区内进行应用试点和推广，覆盖井盖 700 个，为建设“智慧宝山”提供有效科技手段，推升信息化服务水平。

【公共安全视频监控共享平台建设】 作为全国第一批公共安全视频监控建设联网应用示范城区，宝山区全面推进全区城市视频监控资源共享共用。截至 2017 年年底，已完成招投标启动项目建设，项目共计新建 6 781 个数字视频监控点，实现视频监控点密度超过 33 个/平方公里。高清卡口方面，共新建 250 处前端，覆盖 1 019 根车道，实现全景摄像、目标抓拍等功能；升级 216 个断面的高清卡口前端设备，实现新能源号牌识别，补足全景摄像功能，确保经过断面的机动车、非机动车、行人的信息完全采集；升级现有宝山区高清卡口图像系统平台，满足所有卡口图像数据的存储和二次分析；完成 471 根立杆的基础浇筑、91 根立杆架设；升级改造 322 套现有抓拍单元，更换 270 套补光设备，以及 14 个派出所的主干光缆敷设，从而形成宝山区视频监控资源应用与管理体系。

【推进“雪亮工程”建设】 “雪亮工程”项目于 2017 年 3 月完成公开招标，5 月启动施工建设，14 个街镇(园区)分四批滚动推进。截至 2017 年年底，完成 500 个小区 1 500 个路人脸识别高清视频监控“慧眼系统”建设；12 个街镇(园区)、407 个居村综治信息平台建设；5 000 多个视频监控点接入区综治中心信息平台，实现三级联网运行；建成“动态分析、实时指挥、智能部署、数据考评”的综治工作平台。2017 年年底，完成 80%的建设任务，2018 年 6 月全部完成。同时，已完成庙行、顾村、杨行、吴淞 200 个小区 1.2 万个楼道门智能管理“智联门”系统终端的安装调试工作，积极探索“慧眼系统”在治安防控中的实战应用。

【宝山区人房信息动态采集系统】 2017 年 8 月 16 日，宝山区人房信息动态采集系统通过专家验收。系统以“人口信息采集＋大数据”为框架，打通公安内网、政务网、移动互联网之间的数据交换信道；研发宝山人口服务和管理信息平台，为移动终端利用 4G 网络实时采集、查询人房数据提供支撑；充分发挥“移动互联＋APP”的倍增效应，通过配发、运用人口信息采集移动终端，研发设置“来沪人员采集”“人户分离采集”“万用表”“抄告单”“通知推送”等 APP 模块，推进实现人口信息采集的实时比对与采录同步；借助 GPS 定位技术和后台支持系统的分析管理功能，强化对社区协管员的勤务监管和动态指挥，从而着力打造服务宝山社会经济发展的人口资源中心库。系统自 2016 年 9 月上线，全区共通过采集移动终端，新增来沪人员 484 539 人，注销 574 140 人，项目变更及移入 439 100 人；完成新增人户分离 216 002 人，注销 135 527 人；抄告社会管理事项 11 654 条。

五、信息产业发展

【工信部领导调研城市工业园区石墨烯平台】 2017 年 2 月 16 日，工信部规划司副巡视员周虎、工信部规划司新兴产业处、赛迪研究院、中国中信集团等领导和专家一行到上海石墨烯产业技术功能型平台调研，现场考察平台研发中试的石墨烯导热硅脂、石墨烯防腐涂料、石墨烯导电剂浆料、石墨烯润滑油和石墨烯 3D 打印材料等产品，并开展座谈交流。市经济信息化委产业投资处、宝山区经信委、宝山城市工业园区、石墨烯平台负责人及产业技术委员会专家等参加调研。

【上海物联网联合开放实验室】 2017年5月17日,上海临港经济发展集团资产管理有限公司与上海市物联网行业协会合作签约暨上海市物联网联合开放实验室揭牌仪式在高境镇临港·新业坊举办。上海市物联网联合开放实验室、上海市职业教育和职业培训教师企业实践基地、上海物联网职业技能鉴定所在宝山区揭牌成立。

六、信息基础设施建设

【市政拆迁类临时基站建设协调会】 2017年6月26日,为进一步保障宝山区通信服务质量,提升宝山区动拆迁、拆违地块及附近区域的通信网络信号强度,宝山区经信委针对涉及动拆迁的68处通信基站及后续将列入动拆迁范围的基站,牵头召开宝山区市政拆迁类临时基站建设协调会,市经济信息化委、区建交委、区规土局、区绿化市容局、区住房保障房屋管理局、区城管执法局、南大指挥部、部分相关街镇及铁塔公司出席会议。与会单位就如何做好动迁、拆违地块内通信基站的存续搬建问题进行讨论,并就有效建立信息沟通机制、协同推进基站建设和落实基站规划衔接等方面达成一致意见。

【宝山区城市工业园、顾村工业园和杨行工业园信息基础设施专项规划】 2017年8月23日,宝山区城市工业园、顾村工业园和杨行工业园的信息基础设施专项规划通过专家评审会评审。该专项规划的编制,根据“统一规划、集约建设、资源共享、规范管理”原则,合理规划布局三个工业园区域内的移动通信基站、通信机房及通信管道,并同时对各通信运营商基站建设流程进行规范性指导,为促进三个工业园产业发展和能级提升奠定基础。

【信息基础设施建设稳步提升】 2017年,宝山区新建通信管线88沟公里,新建和共建共享移动通信物理基站100个;累计建成通信管线3 275沟公里,移动通信基站2 726个;累计接入宽带用户56.4万户;无线覆盖热点533个,无线AP(Wireless Access-Point,无线访问接入点)数4 911个,在104个公共场所开通公共WiFi免费上网服务。移动通信应用更加普及,移动电话用户240.1万户;固定电话用户45.9万户。IPTV用户数达16.9万户,增加2.9万户;数字电视用户数达71.2万户,增加9.2万户。

七、信息化环境建设

【2017中国产业互联网高峰论坛】 2017年12月19日,2017(第四届)中国产业互联网高峰论

坛开幕。作为引领产业互联网发展的高端论坛，论坛以“互联网制造·供应链”为主题，汇聚来自政、产、学、研的多位领导以及智能制造、互联网、供应链和各行业的众多资深专家，共同围绕互联网制造、制造业和互联网深度融合、供应链技术未来发展趋势与应用等主题进行探讨交流与经验分享。论坛上，参会领导共同为中国产业互联网创新实践区重点园区和产业互联网创新示范企业授牌。

【魔都1001位CEO峰会】 2017年5月18日，由上海市信息服务业行业协会、上海市宝山区月浦镇人民政府、马上办公（上海斟石信息技术有限公司）、骑士会（上海猎学信息科技有限公司）共同主办的“魔都1001位CEO峰会”在上海国际会议中心举办。峰会上，月浦镇与马上办公达成战略合作协议。宝山区经信委参加此次论坛，并与马上办公和骑士会CEO进行洽谈，在与月浦镇合作的基础上，共同就在宝山区层面进一步加强合作，拓展合作领域达成初步共识。

八、社会诚信体系建设

【机动车维修行业环保专项整治暨诚信体系建设专题培训】 2017年3月13日，宝山区建交委、区环保局联合开展宝山区机动车维修行业环保专项整治暨诚信体系建设专题培训，全区200多家汽修企业参加培训。会上对汽修行业专项整治工作进行宣传发动，区环保局详细解读相关法律法规、标准，布置整治工作要求；区建交委布置汽车维修安全生产及诚信体系建设工作要求，同时邀请易绿网对全国性危废服务平台运行服务功能进行介绍。会议要求各汽修企业通过集中整治，规范行业挥发性有机物废气治理、危险废物处置、截污纳管等工作，进一步强化守法经营，树立汽修企业良好社会形象。

【“3·15”保护金融消费者合法权益宣传服务活动】 2017年3月15日，宝山区发展改革委、宝山区金融联合会携手淞南镇举办“3·15”保护金融消费者合法权益宣传服务活动。宝山区金融联合会中银行类、证券类、保险类会员单位派出70余名专业人员进行咨询服务，活动吸引近200名居民参与，为金融消费者维护合法权益提供有力保护和支持。

【2017年宝山区社会信用体系建设工作要点】 根据上海市社会信用体系建设工作相关要求，并结合宝山区实际，《2017年社会信用体系建设工作要点》（以下简称“《工作要点》”）制定并发布。《工作要点》主要涵盖了四个方面，一是加强信用体制机制建设；二是深化公共信用信息归集和平台建设；三是推进公共信用应用试点示范；四是营造良好社会信用环境。《工作要点》明确2017年社会信用体系建设的重点工作，并将28项年度目标任务分解到区社会信用体系建设联席会议49家成员单位，要求各相关单位按照计划稳步推进，并做好工作协调、信息互通共享工作，确保完成宝山区2017年社会信用体系建设目标。

【守信联合激励和失信联合惩戒相关工作】 2017年,积极推动宝山区发改委、区酒类专卖局、区人力资源社会保障局、区妇联、区市场监管局等单位,探索开展守信联合激励和失信联合惩戒工作,为相关单位进行信用核查1 100余次。

【宝山区社会信用体系建设广场宣传活动】 2017年12月12日,宝山区社会信用体系建设联席会议相关单位联合举办以"信用法治"为主题的社会信用体系建设广场宣传活动,活动在宝山区文化馆广场举行。该活动紧紧围绕民生,面向社会公众,接受市民对信用服务、劳动保障、民生计量、真假酒类鉴别、企业诚信、消费维权、价格诚信、统计诚信、文明旅游等的相关政策咨询,并通过发放各类宣传知识手册、摆放宣传展板等方式进行同步宣传,现场共计发放宣传资料、手册等1 500余册,接受市民咨询50余次。

【企业信用管理专题培训】 2017年12月13日,宝山区社会信用体系建设联席会议办公室在上海市"诚信活动周"期间,组织区100家制造业重点企业,举办2017年度企业信用培训。此次培训重点围绕企业信用管理通识和实务开展专题培训,在增强企业信用意识、提升企业信用管理水平、营造区域商务诚信环境等方面起到积极作用。

【获评"上海市2017年度优秀案例报送十佳单位"】 2017年,宝山区在区公共信用信息服务平台建成后,依托平台信用信息,推进信用信息的归集和广泛应用,形成跨部门信用信息共享应用的机制。区发改委、区文明办、区劳动保障局等部门,积极报送"守信联合激励、失信联合惩戒"相关案例20余个。在12月18日开展的2017年上海"诚信活动周"主题活动——优秀信用案例评选暨信用街道(镇)示范创建活动中,宝山区被评为"优秀案例报送十佳单位"。

(张婷婷)

第十章　闵行区信息化建设

概　述

2017 年，在闵行区委、区政府的领导下，在市经济信息化委的指导帮助下，闵行区信息化工作围绕全面实施“互联网+”及“大数据”战略，按照“创新驱动、转型发展”的总体要求，将智慧闵行建设作为落实信息化领先发展和带动战略的抓手，以贴近民众需求和服务改革发展为导向，以深化智慧应用、信息整合服务为主线，有序开展智慧生活、创新社会治理、助力产业升级等智能化应用，稳步推动“智慧闵行”建设进程。

一、政务领域信息化

【“闵行特色”网上政务大厅建设】　2017 年，闵行区完成接入市级审批事项 272 个，区级审批事项 133 个；市级服务事项 47 个，区级服务事项 123 个；区级自建审批系统事项全部可接受网上预约预审和办理；与市级平台的数据同步和报批工作 405 项；网上大厅系统总受理量为 134 504 件，同比增长近 204%，已办结 63 547 件，同比增长近 435%；网上办件 7 710 件，网上受理 6 502 件，网上受理率 84%；网上办结 4 283 件，网上办结率 55%；其中区级自建系统办理量 181 件，已办结 103 件，网上办结率 56.9%。闵行区科学技术委员会(以下简称“区科委”)完成区级网上政务大厅平台、区政府各部门网上办事平台、区事中事后综合监管平台建设以及与市级网上政务大厅的系统对接工作。按照集约化原则，结合“上海闵行”APP 开发，进一步整合区政府门户网站信息发布、“智慧闵行”APP 便民服务、网上政务大厅行政审批、区政务移动办公平台四块内容，形成统一的政府服务移动平台，并同步在各大安卓软件市场和苹果应用商店发布，用户数量近 15 000 人。

【区政务一体化办公平台建设】 2017 年，闵行区持续深化无纸化应用，增加会务通管理系统模块，统一管理区人代会、区人大常委会、区人大主任会议等四套班子会议；优化资料审批、公文交换系统等功能，使用公文流转系统的单位扩大至 71 家，实现流转公文 6 万余件，较上年增长 150%；请示件模块累计流转 4 196 件；开展政务一体化办公平台推广，政务平台访问量 93 000 人次/月；短信平台发送量 60 万条/月；日程安排模块使用单位 68 家；会议室管理模块使用单位 33 家，累计申请达 4 万次；在督查平台模块，各委办局共上报 5 665 件；用车申请模块共提交申请 2 653 件；请假单模块累计流转 2 348 件；政务平台邮件系统收件量 51 万件/月，是上年同期的 5 倍，发件量 102 万件/月，是上年同期的 2 倍；移动办公用户数量近 1 547 人，是上年同期的 3.8 倍。

【深化数据中心建设】 2017 年，闵行区科委完成区基础数据资源梳理对接，完成区法人库、区人口库数据梳理及相关数据建模，实现市法人库落地数据、市人口库落地数据与区大数据平台对接。

【闵行区智慧城市发展水平评估】 2017 年，为全面了解各区信息化发展水平评估工作的要求，闵行区科委组织召开闵行区信息化发展水平评估培训会。会议对上海市 2016 年智慧城市发展水平评估报告做出解读，对 2017 年智慧城市发展水平评估指标做出详细分析。会后督促相关部门反馈信息化建设进展，梳理 2016 年智慧闵行建设情况，形成 2017 年闵行区智慧城市发展水平评估报告。

【“市民云”实事项目】 2017 年，为贯彻落实市政府实事项目要求，闵行区科委结合闵行实际，制定闵行区“互联网+”公共服务平台市实事项目方案，建设一个汇聚全区政府公共服务的闵行频道。召开实事项目培训部署会议，协调各委办局建设便民特色服务项目，指导各街镇、莘庄工业区在各项便民业务中完成至少 14 项在线预约特色便民服务。在 14 个街镇、莘庄工业区召开百人以上培训会。推进居民进行市民云认证，至 2017 年 11 月 15 日完成认证人数达 77 105 个，完成率 121.6%。

【智慧社区信息化项目绩效评估】 为全面了解闵行区智慧社区专项资金项目的应用情况，推进专项资金的规范管理及项目归口管理，实现信息化项目全生命周期闭环式规范管理，闵行区科委针对 2014 年和 2016 年街镇专项项目，选取已正式验收一年及以上的智慧社区项目，委托第三方机构开展绩效评估。此次评估于 2017 年 9 月开始，11 月中下旬对参评的 6 个项目形成综合评议，12 月形成《闵行区智慧社区信息化项目绩效评估报告》。

【深化“智慧闵行”手机 APP 和微信公众号建设】 2017 年，闵行区科委进一步整合区政府门户网站的信息发布、“智慧闵行”APP 的便民服务、网上政务大厅的行政审批、区政务移动办公平台四块内容，建成统一的“上海闵行”政务 APP，面向社区居民、政府工作人员提供在线服务。持续推进社区养老、事务办理等应用建设，推进区民政数据资源中心的招标及建设工作，为区民政及相关单位提供综合数据支撑；完成综合为老服务平台、“社区事务受理服务”APP、“闵民发布”微信公众号等应用系统建设，满足公众对社区服务便捷性、可靠性的需求。

【规范政务外网使用和管理】 为更好地维护全区范围内网络和信息安全环境，闵行区网安办进一步规范政务外网的使用和管理。根据《闵行区政务外网使用和信息安全管理规定》，继续做好政务网接入资格审核、政务网网络搬迁审核和协调等工作。2017 年共处理审核全区各委办局及街镇约 143 份政务网接入资格申请，处理 97 份政务网用户访问互联网审核表。

二、社会领域信息化

【数字化课程环境建设和学习方式变革（电子书包）项目】 2017 年，闵行区“电子书包”项目率先在全市实现规模化应用，完成所有实验班级及 20 所学校的无线网络全覆盖。截至 2017 年年底已覆盖 95 所中小学，占区域学校总量的五分之四左右，参与项目实验的教师约 2 500 人、学生 25 000 多人。

【完善教育数据中心建设】 2017 年，闵行区教育局数据中心汇聚了丰富的数据源，成功对接 16 所学校的自助图书借阅数据，为 2017 学年学校办学绩效评价工作提供数据来源；为区内多家单位和业务部门提供数据服务，发挥数据中心效益最大化；完成 2016 年部分模块数据汇聚统计及 KPI 计算；完成 2017 学年全区中小学、直属单位的机构编码规范，与市学籍系统进行初步学籍信息交换。

【推进学生电子成长档案项目建设】 2017 年，闵行区教育局继续推进学生电子成长档案项目建设，优化和完善学生电子成长档案部分模块开发。学生电子成长档案覆盖全区公办小学四年级学生，现有学生互动数据 121 万条、教师操作数据 143 万条、1.5 万名家长绑定微信。

【优化数字校园环境】 2017 年，闵行区教育局在 13 个学校（校区）开展校园网有线无线改造，将教育网出口带宽增至 2.5G，在 14 个学校（校区）开展无线改造；推进校园数字化学习中心建设，新建 8 所校园学生电视台，完成 5 所 DT 创新数字化体验馆基础环境建设，以及 20 所学校图书馆数字化管理系统建设。

【升级区域卫生平台软硬件系统和网络设施】 2017 年，闵行区建成联通全区所有公立医疗卫生机构的信息网络，向上连接市卫计委、市疾控中心、市妇幼保健中心，区内联通区政府、区医保局、区民政局、区公安分局等部门，向下直达社区卫生服务站、村卫生室等。初步建成区域卫生数据中心信息平台，有序开展各项业务。

【推进医院电子病历建设】 2017年，闵行区完成吴泾医院国家电子病历等级五级评审，完成13家社区卫生服务中心标准化、规范化业务信息系统建设，构建医防结合的社区综合管理系统。

【区域卫生协同服务及业务领域信息化应用】 2017年，闵行区卫计委初步实现区域内电子健康档案与临床信息系统、公共卫生信息系统的整合。完成高血压、糖尿病、肿瘤、结核、死亡、脑卒中、计划免疫、健康教育、传染病管理和实验室管理等信息系统建设；完成妇女保健管理信息系统、儿童保健管理系统、肿瘤早发现管理系统、院前一体化急救管理系统建设。

【探索文化体育智慧服务模式】 2017年，闵行区文广局完成闵行区公共文化资源配送信息系统项目立项工作，推进市区镇村四级文化资源配送数字化运作。区体育局完成体质监测网络与电子健康平台互联互通，与区卫计委合作，推动“1＋6”区镇两级体质监测网络与卫生电子健康档案平台的互联互通，探索开展体医结合体质监测慢性病运动干预试点；并建设公共体育资源配送网络服务平台，实现体育配送资源的在线管理和预订；推进社区公共体育设施信息化管理，将闵行区14个街镇的1 532个社区健身苑点的基本信息全部录入上海市社区体育设施管理服务平台。

三、城市建设管理领域信息化

【推进水网远程监测、监控、泵管河闸的联动应用】 2017年，闵行区水务局推进水务基础设施远程监控改造，完成水闸远程升级改造3处、远程监控泵站6处、自建水质远程在线监测点位1处、建立水质在线监测点位4处；完善水务综合事务管理应用，完成闵行区地表水环境监测与评估、取水监测管理、闵行区河道巡检、许可证批后监管系统(一期)等系统建设。

【建设情报分析平台】 2017年，闵行公安分局完成情报平台二期项目建设，开通分局民警用户权限，实现对线索采集、任务领取、绩效填报、奖励评定等情报工作各环节的信息化支撑。

【城管执法与服务平台建设】 2017年，闵行区城管执法局建设执法单兵管理系统，实现对各街镇日常勤务情况管理，并与移动APP、信访投诉平台数据进行对接；建设组织人事子系统，为全区城管队员管理考核提供规范化、数字化支撑；建设城管知识库、城管业务咨询平台、城管执法智能助理系统，探索智慧城管应用。

【社会治理联动创新应用】 2017年，闵行区网格化中心建设“闵行大联动”微信公众号，发动市民群众参与城市管理，初步实现线上治理，完成13 944件“创全”巡查案件上报、记录和监管。初步建成决策分析平台，综合利用大数据、地理信息系统可视化展示等技术，配合全区“五违四必”整治、“创全”“前端自治共治”等重点工作，共制作各类统计报表60张、专题分析2个。

【智慧交通应用】 2017年，闵行区交通委完成闵行区陆上公共交通信息化管理系统升级改造项目，完成中心机房设备升级改造、数据库系统部署及迁移、公交枢纽站信息化设备升级改造及综合视频管理平台建设，实现与市主管部门公交监管平台的对接及与区各公交企业的互联互通；推进闵行区公交智能化应用项目二期建设工作，完成工程可行性研究报告编制，并通过区科委审核。完成全区公共停车场(库)电子收费系统联网改造，建设完成全区公共停车场(库)电子收费系统，数据上传准确率提升至82%；推广道路停车手持智能POS机收费，85条道路手持POS收费系统全部建成。

四、信息基础设施建设

【推进宽带接入优化升级工程】 2017年，闵行区继续推进光纤宽带网络深度覆盖，截至2017年12月，光纤宽带接入户已达105万户，IPTV用户25万户，互联网平均接入带宽达到60 Mbps，有线电视NGB网络优化整改完成86.7万户，高清用户达36万户。

【加快无线网络覆盖接入】 截至2017年12月，闵行区4G通信基站总量已达2 286座，无线局域网覆盖场所达1 585处，其中免费场所101处。

【优化完善政务基础设施】 2017年，闵行区科委建设完善区政务基础设施私有云平台，按需为各委办局信息化应用提供计算、存储、备份等基础服务，完成152个应用系统迁移“上云”。完成电子政务灾难备份中心一期建设，将30个系统纳入平台，实现统一灾备。升级更新政务网网络设备，实现机房核心交换十万兆能级、汇聚区域万兆能级、接入区域千兆能级，提升各单位网络访问速度；重新规划和部署各单位政务网访问IP地址，增强各单位网络信息安全和应用访问安全。增强政务网络安全防护能力，加强政务网的互联网出口管理，扩容互联网出口带宽至1 400兆；升级更新网络出口流量管理、网络边界防护、网络VPN管理设备，增加互联网出口网管、网络攻击行为预警等应用。

五、信息化环境建设

【“智慧闵行”建设计划】 为加快“智慧闵行”建设，有效落实《闵行区智慧闵行建设“十三五”规划》，按照《关于编制区级专项规划滚动计划 切实抓好区“十三五”规划体系落实的通知》相关精神，制定“智慧闵行”三年滚动(2017—2019)计划。通过编制滚动计划,进一步明确三年行动目标,并与五年中期目标相衔接,增强“智慧闵行”“十三五”规划实施的连续性和科学性。计划综合全区 11 个部门的 35 项重点工作,明确计划目标及重点任务,并依照滚动计划,督促指导各部门进行信息化项目建设。

【开展街镇信息化专项资金管理工作】 2017 年,闵行区科委以街镇信息化专项资金为抓手,注重顶层设计、注重解决实际问题、注重便民应用。专项资金设立 4 年来,累计支持街镇信息化建设资金达 2 200万余元,支持近 60 个信息化项目建设,一批优秀的基层信息化应用项目取得良好成效。如华漕镇集体资产监督管理平台初步实现镇、村集体资产综合查询、资产管理、预警监控,利用信息化手段填补村级集体资产管理的漏洞,得到区委主要领导及市农委领导的肯定,并作为案例在其他乡镇进行推广;梅陇镇微信 YI 平台项目以“线上表决+线下投票”相结合的方式,利用信息化手段加强小区管理与服务,提高群众自治的热情,起到很好的示范效果。

【突发事件应急处置】 2017 年 5 月 12 日,闵行区网安办针对比特币勒索病毒爆发事件,在区委、区政府的领导下及时响应,进行应急处置,取得良好成效。一是通过政务平台首页公告、政务邮件、短信通知等多种方式,向全区政务网用户发送紧急通告,将防护现状和政务网终端的防护措施告知政务网所有用户。二是确保通知到所有区政务网用户,在上班首日先断网、再开机,由专业人员安装补丁。由于处置措施得当,全区政务网所有终端无一台受此勒索病毒影响。

【2017 年智慧城市体验周活动】 为进一步加大智慧城市建设的宣传力度,深化应用体验,2017 年上海智慧城市体验周活动于 12 月 1—10 日举行。闵行区科委在智慧城市体验周期间开展各项宣传体验活动。全区共计 13 个街镇参与,活动形式多样、内容丰富,包括莘庄镇“智慧城市,走进美好生活”,七宝镇“创新智慧生活,科技走进军营”、“市民云”走进明谷科技园、“智慧城市,知惠你我”,古美街道“智慧生活　和谐古美”和“智慧创新古美,科技服务企业”交流会等各种活动。通过举办体验周活动,让市民全方位互动与参与,体会到智慧城市带来的便利与好处。

六、社会诚信体系建设

【营造社会诚信氛围】 2017 年,闵行区诚信办利用多种宣传平台和形式,大力倡导全社会诚信、守信观念。以诚信宣传周、消费者权益保护日、科普日等大型活动为契机,积极开展诚信宣传活动。一是“诚信进商圈”,邀请区市场监管局、区消保委等单位在百联南方商城对“失信联合惩戒”进行宣传,增强市民的诚信意识。二是“诚信进企业”,组织区内 100 多家企业开展“守合同、重信用”管理培训,强化企业对信用工作的重视。三是“诚信进社区”,依托各镇、街道“道德讲堂”宣讲活动,邀请市相关领域专家、律师进各镇、街道社区居委讲解社会信用体系相关知识，引导居民积极查询和关注自身信用状况，营造社会诚信氛围，举办30余场“诚信进社区”讲座，听众达3 000余人。

【信用信息共享平台建设】 2017年，闵行区诚信办对闵行区信用平台的数据清单进行调整，将全区12个部门的45项非行政处罚和许可信息事项纳入数据清单，新增数据26 000余条，将环境保护、安全生产、文化执法等法人及自然人失信行为纳入行为清单，将环保评优、科技项目审核、公务员录用、人才发展资金扶持、文化执法等7个部门15个事项纳入应用清单；开展公开公示行政许可和行政处罚等信用信息工作，梳理并形成闵行区行政许可和行政处罚事项目录2 261项，归集全区行政许可和行政处罚信用信息，2017年新增行政处罚和行政许可信息7 000余条，并在“信用中国”“上海诚信网”以及各单位部门网站进行公示；在区门户网站设立闵行区公共信用信息专栏，设置“信用荣誉”“信用警示”等栏目，发布可公开的企业守信和失信信息。同时加强诚信“红黑名单”宣传；加强信用信息平台应用，在区证照中心、南部江川分中心和东部浦江分中心分别设立信用信息查询服务窗口，为企业和市民提供信用信息查询服务。

【创建诚信示范街】 2017年，闵行区诚信办联合区文明办、区市场监督管理局等单位推进区诚信行业、诚信示范街(店)建设。如在江川路街道金平路步行街开展创建“诚信示范街”活动，向模范经营户发出诚信经营倡议，发挥模范经营户引领和带动作用，创建诚信、友善、有序的消费环境。

(肖　越)

第十一章　嘉定区信息化建设

概　述

嘉定区是上海建设全球科技创新中心的重要承载区。在“互联网+”大潮中，嘉定区借助信息化手段，致力打造全新智慧城市，推动产业精准转型、城市精美成长、民生精细服务。2017 年，嘉定区智慧城市建设在市经济信息化委等部门的支持下，在区委、区政府的领导下，在全区各部门的密切配合、协同推进下，围绕科技创新重要承载区建设、优化“一核四区”功能布局的总体目标要求，按照国家、上海的总体规划和统一部署，以智慧政务管理体系、智慧民生服务体系建设为核心抓手，进一步强化体制机制建设，推进信息资源共享共用，提升信息基础设施能级，促进民生服务能力，强化城市精细化管理，推动智慧产业创新发展，全面提升区域信息化水平。在各相关部门合力推进下，智慧城市总体布局逐渐清晰、区域特色日趋明显、市民感受明显增强，在各领域都取得较为优秀的成绩。

一、政务领域信息化

【智慧政务建设】　2017 年，嘉定区智慧政务建设持续深化，不断推进智慧政务平台应用，各系统进一步调整优化，用户体验得到极大提升。区、镇、村三级光纤网络覆盖进一步完善。截至 2017 年年底，智慧政务网络接入单元已达 1 580 个，其中包括行政村 154 家、居委会 62 家、社区 192 家、镇企业 137 家，各条线机关、事业单位、职能部门 1 035家；政务网接入用户达 19 170 名，日均在线人数8 475名，移动政务用户数达 6 299 名，日均访问2 284人次。智慧政务应用不断深入推进，各政务应用系统进一步调整优化，用户体验得到明显提升。自建立以来，嘉定区智慧政务办公平台累计发布工作纪实548.42万条、政务短信7 216.24万条、专送件237.97万件、通知5.52万条、政务信息2.45万条。智慧政务基础设施建设方面，建成智慧政务云计算中心机房，承载网络设备1 561台、服务器246台、安全设备84台、存储系统5套、虚拟机366个，全区运行的业务系统共计148个，系统共承载全区业务系统129个；政务光纤网络引入运营商竞争机制，互联网出口实现全区统一安全管理，探索购买服务的运维方式，有效降低政府部门运维压力，有效控制相关财政压力。

【首个税务智能机器人投入使用】 2017年5月，上海首个税务系统智能服务机器人——“税宝”机器人在嘉定区南翔镇办税服务厅正式上线服务。“税宝”机器人由嘉定区税务局联合上海智臻网络科技有限公司研发，专用于税务服务，是嘉定税务局落实“互联网＋税务”行动计划、实现电子化办税的成果之一。“税宝”可通过人机互动对话接受政策咨询、业务查询，还可提供带路式现场导税服务。“税宝”采用云服务器端，提供网络和微信两个业务咨询通道，纳税人可在嘉定区税务局网站界面以及“嘉定税务”微信公众号对话栏，通过文字或语音录入，享受实时问答服务。其数据库已录入400多个类别、涵盖260多项细分涉税政策事项，能够回答纳税人9 000至10 000个常规办税问题。同时，“税宝”后台数据库还具备自我更新升级的能力，能对纳税人的提问进行智能分析、汇总和提炼，使数据库的内容与纳税人的问题更加精准契合。

二、社会领域信息化

【智能立体车库】 2017年7月，嘉定区首个智能立体车库在南翔智地产业园启动试运营。该智能立体车库设有停车位75个，其中小轿车车位60个、SUV车位15个，由上海布咔停车场管理有限公司负责总体运营，车库为全程自动化管理，车辆只需驶入车厅，便会被自动传送至车位停妥。取车时，车主通过手机完成缴费，车辆会被传输至面前，且车头方向已自动调好，单次进出时间小于两分钟。同时，自动停车系统还配备红外线识别装置，在确认车内无人时才会启动停车系统，大大提升车辆及车辆驾驶员的安全性。

【联影—嘉定区域影像中心入围“上海医改十大创新举措”】 2017年11月，首届“上海医改十大创新举措”结果出炉，嘉定区于2013年起建立的区域性医学影像信息平台——联影—嘉定区域影像中心获评“上海医改十大创新举措”。联影—嘉定区域影像中心2014年4月正式投入使用，集医学影像设备应用、服务、教学、科研、培训等方面为一体，覆盖全区所有医疗机构，紧紧围绕远程诊断、远程教育、远程会诊、远程服务四大核心平台，通过“互联网＋医疗”方式，实现区域内医学影像无障碍传输和诊断，解决政府投入中遇到的专业技术人才队伍、设备管理、重复建设、使用效率等问题。影像中心通过网络技术和医疗技术的互联互通,放大优质资源对基层的辐射作用,形成1(瑞金医院北院)+7(区级医院)+18(基层医疗机构)+2(云南德钦、青海久治)的远程诊疗与对口支援一体化的三级诊疗体系。

【医联体建设】 2017年,嘉定区通过进一步完善统一、高速、稳定的卫生计生信息专网,发挥优质资源辐射功效,依托联影—嘉定影像中心、病理会诊中心、心电诊断中心、医学检验中心、超声诊断中心等集约化医疗服务中心,推动四大医联体全覆盖。年内仅医学检验中心接收标本55万件,完成检测209万项次。基于智慧城市建设,嘉定区创建市郊首家区级胸痛中心,以嘉定区中心医院为主体,联通120救护中心、3家区级医院和12家社区卫生服务中心,全年救治各类急性胸痛患者4 344例,其中389例为急性心梗患者。为进一步提高家庭医生水平,赋予家庭医生资源,嘉定区在全市率先应用"上海嘉医在线"APP,利用互联网结合实训提升家庭医生整体素质。区级医院同时建立"社区联络办公室",打通"1+1+1"签约服务从家庭医生转诊到二、三级医院的绿色通道,满足患者就医需求。2017年,签约居民门诊组合内就诊率为80.91%,社区就诊率为66.94%。开具延伸处方5.24万张,慢性病长处方13.43万张,签约居民就医获得感、依从性大幅提升。

【"智能代客泊车"项目】 2017年11月28日,上海国际汽车城、汽车·创新港、智能网联汽车产业技术联合创新中心(UIC)、中国汽车创新孵化器联盟(CMIA)共同发布鼓励汽车领域创新创业的"星辰计划"。发布会揭晓首批入围计划的候选项目,公开展示由联盟所属企业共同完成的第一个联合研发成果——中国首个"智能代客泊车"项目,并进行首次公开路测。项目由汽车·创新港发起并负责总体协调,与6个团队进行共同研发和示范运营,汇集整车厂、科技创业公司和高校等国内多方领先技术力量,共同就智能驾驶的第一个商业化应用场景开展深入而有效的探索。通过"智能代客泊车"系统,车主只需在手机APP上按下停车指令,车辆就可自动从下车区经过地面道路,驶进地下停车场并自行找到空余车位,完成停车。当车主需要取车时,再次从APP上发出指令,并支付停车费后,车辆会自动回到上车区,整个过程无需驾驶员参与,可成为典型的限定范围内低速无人驾驶应用场景。

【新城智慧管家】 2017年6月23日,坐落于嘉定新城胜辛路的TEEC上海中心举行开园揭牌仪式,标志着TEEC上海中心正式启航运营。揭牌仪式上,以TEEC上海中心为首个试点楼宇的智慧移动服务运营平台"新城智慧管家"上线试运行。作为TEEC上海中心大厦管理、企业服务的核心平台,"新城智慧管家"平台涵盖四大版块:基础运营平台、智能管理平台、企业办公平台、电商运营平台。版块与版块之间相互连接,平台统一运营管理,同时整合第三方优质产业资源,助力TEEC上海中心形成线上线下、优势互补、资源共享的生态圈。

【京东"亚洲一号"】 2017年10月,京东商城官方宣布,在位于嘉定的"亚洲一号"建成全球首个全流程无人仓,从入库、存储,到包装、分拣等环节实现全流程、全系统的智能化和无人化,再次向业界展示其在智慧物流领域处于全球领先水平。全流程无人仓坐落于“亚洲一号”第三期仓储楼群,建筑面积达 40 000 平方米,物流中心主体由收货、存储、订单拣选、包装四个作业系统组成,可同时存储 6 万箱商品;在货物入库、打包等环节,无人仓配备 3 种不同型号的六轴机械臂,应用于入库装箱、拣货、混合码垛、分拣机器人供包 4 个场景下。在分拣场内,引进 3 种不同型号的智能搬运机器人执行任务,并分别使用 2D 视觉识别、3D 视觉识别,以及由视觉技术与红外测距组成的 2.5D 视觉技术,实现机器与环境的主动交互,日处理订单能力预计超过 20 万单。

三、经济领域信息化

【区域统筹管理平台】 2017 年 3 月,嘉定区产业促进服务中心正式揭牌,嘉定区区域统筹管理平台正式上线启用,标志着嘉定区在招商、土地、厂房、项目资源方面实现统一调配,全面践行“全区一盘棋”模式。嘉定区产业促进服务中心由嘉定区产业发展指导中心和嘉定区中小企业服务中心整合而来,是区级层面承担产业发展区域统筹工作的职能部门。嘉定区区域统筹管理平台建设完成,意味着形成集嘉定全区“招商项目库”“招商资源库”和“重点企业库”于一体的软件系统。通过该平台运营,可实现招商资源与项目精准匹配,实现精准招商、品质招商。

【嘉定大数据产融合作服务平台】 2017 年 11 月 22 日,在 2017 上海嘉定产融合作要素对接大会上,嘉定区大数据产融合作服务平台正式上线启动。该平台是一个辐射嘉定区金融机构及融资企业的信息互通平台,可供企业发布融资需求、金融机构提供金融产品信息,并能运用大数据技术补充并评价企业社会信用状况,帮助金融机构完成初审对接工作。通过平台,将驱动企业主动提供经营信息并展示自身信用状态,解决企业与金融机构信息不对称的问题,撮合金融机构和融资企业完成融资交易,低成本、高效率地提供金融及信用管理服务,使企业融资需求和金融有效供给实现“无缝对接”。

四、城市建设管理领域信息化

【智能分拣及资源化处置生产线】 2017 年,为解决建筑垃圾周转率低,造成环境二次污染等问题,嘉定区安亭镇成立建筑垃圾资源再生利用中心,与市场化专业团队合作打造建筑垃圾处置生产线,建成上海第一条装修垃圾智能分拣及资源化处置生产线。该生产线实现建筑垃圾智能分拣处理,将混凝土块、砖头、沙石经过处理,进入再生骨料生产线进行资源化利用;塑料、纸张、木材等轻质物体则通过筛选，进行再减量化回收利用；剩余轻物质碎屑、垃圾残渣则运往无害化处置点。利用该装修垃圾智能分拣及资源化处置系统，安亭建筑资源再利用中心已实现生产各种规格的再生骨料、再生环保砖和再生燃料棒等系列资源化再生产品，被广泛用于市政、园林、水务等各种工程。如嘉定区安亭镇拆违项目在数十公里围墙中，便采用再生环保砖、再生骨料等材料，京沪高铁安亭段8公里绿色廊道也采用再生骨料做垫层，实现对建筑、装修垃圾的高效处置利用。

【应用人脸识别技术加强城市管理】 2017年，嘉定区对标“雪亮工程”要求，着力开展图像监控建设，加强城市精细化管理。全区累计新增数字高清探头243个，部署人脸识别系统42套，完成高速公路沿线及部分重点区域共计29个制高点监控建设；完成重要水域沿线51个图像监控建设任务。利用现有高清视频监控系统，嘉定公安分局采用新一代人脸识别技术，服务于治安管理实战应用，先后在嘉定长途客运站、嘉北郊野公园、道口检查站、区信访办、看守所，以及嘉城、真新、江桥、马陆、娄塘的重点区域安装42套人脸抓拍设备，实现人脸抓拍查询、以脸搜脸、静态库身份确认、黑名单库比对报警、人脸相似度比对等功能。截至2017年年底，该系统已采集人脸照片62.6万余张，成功比对并抓获6名网上在逃人员，并摸索出一系列新的工作技战法。同时，为进一步完善相应的图像监控系统，加快视频图像资源的联网整合，更好地服务于城市精细化管理，嘉定公安分局深入推进图像监控联网，完成视频图像信息综合应用系统建设，将所有高清治安卡口、街面图像监控、社会资源复接监控整合至统一系统，已完成11 000路视频监控的整合工作。

【建成事中事后综合监管平台】 2017年，嘉定区建成事中事后综合监管平台，积极落实事中事后监管要求，全面开展各个业务领域“双随机”工作，共开展“双随机”抽查26批次，内容涉及特种设备、食品生产、医疗器械等10大领域，检查主体5 306家。同时积极运用“联合惩戒”“信息归集”“监管预警”等平台功能模块，做好区级层面联合惩戒目录梳理，共归集行政许可信息10 370条、行政处罚信息37 015条，为跨部门联合惩戒打下基础。同时，嘉定区积极探索基于“互联网+”监管手段，将“食品安全电子地图”作为事中事后监管“X自选部分”重点特色工作，推进食品药品电子监管地图二期建设，在一期的基础上，深化和完善GIS平台的应用范围和业务功能，完成药品、保健品和化妆品监管数据接入，完善食品的监管、处罚、许可数据，完成46家重点单位的视频嵌入。通过平台可实时调阅辖区内食品生产、流通、餐饮服务企业的监管数据，以及部分重点生产经营企业的现场视频监控图像，提高监管效能，防控安全风险。

五、信息产业发展

【8英寸“超越摩尔”研发中试线正式运营】 2017年9月10日，在2017中国(上海)国际传感器技术

与应用展览会暨2017全球传感器与物联网产业峰会上，上海微技术工业研究院“超越摩尔”研发中试线正式启动，标志着国内首条、全球领先、兼容互补金属氧化物半导体的8英寸研发中试线正式投入运营。相比业界普遍使用的6英寸产线，8英寸产线是公认的领先技术。8英寸“超越摩尔”研发中试线将专注于传感器产品技术开发，可全面开展表面和3D微纳加工，以及新工艺、新器件、新系统的研发。同时，能够承担产品研发、小批量生产、技术培训、设备验证等服务，有助于提升研发的成功率，将助力实现“超越摩尔”产品和技术从研发到量产的无缝衔接。

六、信息基础设施建设

【推进无线电管理工作】 2017年，嘉定区围绕建设科技创新中心重要承载区总体目标，聚焦智慧城市建设，以完善信息基础设施、提升移动通信网络深度覆盖为抓手，以建设“宽带、泛在、融合、安全”的移动通信网络、创新发展无线电管理工作新模式为目标，积极开展无线电管理工作。年内完成移动通信宏基站年计划预审1批次，站址数共计902个；完成移动通信宏基站站址认定预审9批次，站址数共计313个；全区累计开展包括社区、学校、街道在内的宣传活动5次，印制发放宣传材料手册、宣传页共计500余份，受众达500人次。同时，为进一步满足城市移动通信发展需求，根据铁塔公司上报的基站建设年计划，嘉定区以区智慧城市建设推进领导小组办公室名义，发布《关于做好2017年移动通信基站选址工作的通知》，加强各部门、各街镇的协同配合，共同做好127处重要站址选址落地工作，营造基站建设良好环境。同时，推动城市建设、规划部门加强配合，在符合相关法律法规、满足城市发展规划的基础上，为移动通信基站选址提供必要的支持及协助，保障移动通信基站及时落地。

【信息基础设施建设情况】 2017年，嘉定区信息基础设施建设不断完善，累计建成信息化管线长度达12 530.1孔公里，全区家庭宽带覆盖用户总数达78.82万户，覆盖率100%，家庭光网用户宽带最高速率达1 000 Mbps，实际在网用户总数达33.71万户，同比增长10.9%。全区“光纤到户”覆盖家庭用户总数达74.78万户，实际在网用户数达43.31万户，家庭光纤最高宽带速率达1 000 Mbps；全区累计建成并开通4G移动通信宏基站物理站址1 568处，逻辑站点总数达2 401个，累计建成移动通信室内分布系统1 635处，极大提升移动通信网络深度覆盖能力；在网手机用户达240.59万户，同比增长5.06%，其中4G手机用户数达164.66万户，同比增长14.32%。截至2017年年底，已完成56.77万用户NGB网络改造，改造覆盖率达96.21%，IPTV实际在网用户总数达21.3万户，占嘉定区电信家庭宽带用户总数的58.7%。

【嘉定区移动通信基础设施总体规划】 2017年，结合上海新型无线城市建设工作要求，在市无管局指导支持下，嘉定区委托第三方专业机构，开展信息基础设施精细化管理项目，针对嘉定区部分信号弱覆盖小区、楼宇开展现场勘查和深入分析，制定信号深度覆盖优化方案，并持续跟进实施，开展优化后评估检测。同时进一步结合移动通信技术发展趋势，以推进5G网络建设为基本思路，提出未来5年的移动通信网络建设及发展规划，为下一代移动通信基础设施建设提出宝贵建议。在此基础上，嘉定区完成《嘉定区移动通信基础设施总体规划》规划编制及修编工作，在《上海市公用移动通信基站站址布局专项规划(2010—2020)》所规划的嘉定区范围内902个室外宏基站站址基础上，新增411个站址，从而更好地满足移动通信设施建设的迫切需求，服务移动通信业务的持续健康发展。10月，《嘉定区移动通信基础设施总体规划》通过专家验收，并正式上报市经济信息化委，纳入《上海市公用移动通信基站站址布局专项规划(2010—2020)》。

【应急通信保障分队】 2017年，在嘉定区科学技术委员会(以下简称“区科委”)、铁塔公司、三家电信运营商共同参与下，嘉定区成立应急通信保障分队，提高应对突发事件的组织指挥能力和应急处置能力，确保十九大期间各项通信任务顺利有序开展。为支持队伍建设，多方共同抽调人员，组成顾问小组，并派出专业部门骨干员工组建四支应急小分队，对全区实行网格化区域管理。应急保障分队多方联动、紧密配合，切实承担并圆满完成通信保障任务，并在之后继续为嘉定区域内各项应急保障任务服务。

七、信息化环境建设

【嘉定区智慧城市建设重点工作推进会】 2017年4月28日，嘉定区智慧城市建设推进领导小组组织召开2017年智慧城市建设工作推进会，总结2016年嘉定区智慧城市建设总体情况，对2017年重点工作进行部署。会上，下发《2017年嘉定区智慧城市建设重点工作安排》《嘉定区政务信息资源目录》以及《政务信息资源标准化指南》等多份文件。嘉定区政府分别与上海电信、上海移动、上海联通和铁塔公司签署“互联网+”合作框架协议，并为白银社区、希望社区、东方慧谷等6家智慧社区、智慧园区试点单位授牌。

【互联网企业团建联盟】 2017年5月11日，以“花 Young 青春、盟动你我”为主题的嘉定区互联网企业团建工作推进会在京东商城华东区域分公司召开。会上，嘉定区成立互联网企业团建联盟，首批成员单位涵盖电子商务、互联网服务、互联网金融、广告文创、孵化器、新媒体等众多领域，纳入京东、百度等知名互联网企业。联盟成立后，互联网企业团组织间将进一步形成优势互补、资源互享、行内互动的团建生态。

【上海市区共建国家智能网联汽车试点示范区】 2017年5月24日，市经济信息化委与嘉定区政府关于市区深化共建国家智能网联汽车(上海)试点示范区签约仪式暨国家智能网联汽车(上海)试点示范区合作项目签约活动在汽车·创新港举行。仪式上,市经济信息化委主任陈鸣波和嘉定区区长章曦为“上海市制造业创新中心(智能网联汽车)”揭牌,市经济信息化委副主任黄瓯与嘉定区副区长陆祖芳签订《关于市区深化共建国家智能网联汽车(上海)试点示范区合作协议》。此协议的签订标志着上海将进一步加强市、区联动,加快推动汽车、电子、软件、通讯和交通等行业融合创新,加快构建智能网联汽车产业自主创新体系,加快完善智能网联汽车产业与服务创新生态圈,努力将上海打造成为具有全球影响力的智能网联汽车产业创新中心和产业集聚高地、示范应用高地、人才高地。

【嘉定菊园新区科技资源大数据平台】 2017 年 6 月 9 日,在 2017 菊园新区科技节上,菊园新区科技资源大数据平台正式上线。菊园新区为解决小微科技企业在资源、渠道、政策、信息等方面缺乏的问题,主动与上海科技资源创新服务大数据中心对接,建设菊园新区科技资源大数据平台,整合科技政策、科研专家、科学仪器、科研机构以及知识产权五大数据库,结合菊园“创业+”科技服务联盟和创新券服务,多维度为创新创业主体提供科技资源信息免费服务。通过平台建设,菊园新区已整合 4 500 多名科研专家、6 900 多台科学仪器、2 500 多家科研机构信息,企业可按照需求查询、联系,甚至下单,享受各级科技创新券和补贴,帮助企业整合信息、丰富资源、拓宽渠道,从而提升自主创新能力,降低创新创业成本。

【2017 嘉定跨境电商高峰论坛】 2017 年 8 月 18 日,主题为“跨进嘉定,产业融合”的 2017 嘉定跨境电商高峰论坛在上海举行。此次论坛由上海嘉定出口加工区主办,众多跨境电商企业代表出席。论坛旨在促进跨境电商企业在嘉定出口加工区更好地落地发展,促进更多跨境电商行业优秀企业进驻嘉定出口加工区。

【2017 年嘉定区智慧城市体验周】 为进一步营造智慧城市环境,增强公众感知度,2017 年 9 月,结合上海市“智慧城市进万家”活动契机,嘉定区组织举办 2017 年嘉定区智慧城市体验周宣传活动,开展“智慧城市+新能源汽车体验定向赛”活动,采取创新、绿色、共享的出行新理念,组织市民以 EVCARD 分时租赁汽车为交通工具,体验位于嘉定区各处的 16 个智慧应用体验点,涵盖人工智能、智慧社区、智慧家居、智慧园区等多个主题,使参与的市民全方位体会嘉定区智慧城市建设的成果和魅力,感受智慧城市为社会生活带来的改变。10 月,为进一步体现嘉定智慧城市形象,嘉定区开展“智慧嘉定随手拍”活动,在近两个月的活动时间内,百余位热心市民拍摄并上传身边智慧生活的案例照片,分享照片中的故事和心得感悟。12 月,嘉定区于大融城城市生活广场开展“智行嘉定、慧享生活”智慧应用体验专题活动,3 500 多名市民参与,提升了市民对智慧城市的体验度和感知度。

【2017MMC 智慧出行体验周】 2017 年 9 月 14 日,2017MMC 智慧出行体验周在嘉定区安亭镇上海汽车会展中心举办。此次活动为嘉宾、展商、媒体、观众提供动态演示、体验互动等参与内容,

MMC展商在智能网联测试园进行无人驾驶测试；在智能汽车和车联网板块，新老整车厂展示各自在智能汽车、新能源车领域的最新技术进展。此外，体验周活动也展示创新的公共交通出行方式，如各具特色的汽车分时租赁业务、基于大数据的公交巴士运营方案及位置服务等。

【2017中国(上海)国际物联网大会】 2017年4月25—26日，2017中国(上海)国际物联网大会在嘉定召开，业内专家、学者、企业家等齐聚一堂，共议物联网发展路径。大会以“开启智能物联新时代”为主题，举办一系列形式多样的交流活动，除主论坛外，还举办物联网操作系统应用、人工智能与智能硬件、低功耗广域网络、一物一码工业互联网创新应用、智慧制造及工业4.0、智能汽车与车联网、“传感器上的物联网”技术与应用、雾计算八个专题分论坛。举行上百场主题演讲、一场物联网组织工作会、一场企业家交流会，以及高端访谈和展览。大会在国家部委、地方政府、两院院士、知名专家、高校、科研院所、骨干企业、投融资机构、行业协会、国际组织等多方力量共同聚焦下，围绕物联网领域的前沿理论与应用技术，畅谈物联网产业最新的市场格局和产业孵化经验，共话合作与发展。

【2017中国智能与新能源汽车峰会】 2017年4月18日，2017中国(上海)智能与新能源汽车峰会在同济大学上海嘉定校区举行。作为2017年第十七届上海国际汽车工业展览会开幕前的一次重要会议，清华大学、吉林大学、同济大学、北京理工大学、武汉理工大学等国内五所汽车类骨干院校参与协办此次会议。会上，相关专家及企业代表各抒己见，纷纷就企业如何更快地适应新、旧政策变化，怎样围绕新政策组织新能源汽车的研发和生产，新能源汽车如何保证持续健康发展等问题献计献策。

【浦江创新论坛智能网联汽车分论坛】 2017年9月22日，浦江创新论坛智能网联汽车分论坛在嘉定区举行。论坛以相关科研示范成果与信息安全为主要讨论内容，聚焦具有前瞻性的智能网联汽车相关技术研究成果，共同探讨智能网联汽车发展趋势。会上，上海国际汽车城(集团)有限公司与DEKRA集团签署战略合作协议，双方将在车辆智能化/网联化测试体系与方法、新兴技术对接等前瞻性研究领域展开战略合作。此外，双方还将基于UIC联合创新中心等平台，实施实验室对接，探索更多新兴技术的落地。论坛上，智能网联汽车信息安全测试实验室揭牌，并发布示范区在智能网联汽车测试与安全建设领域的三大阶段性结果。

【人工智能产业发展论坛】 2017年9月，作为全国“大众创业、万众创新”活动周嘉定分会场活动之一，嘉定区举办了2017人工智能产业发展论坛，中国科学院自动化研究所、上海科技大学、中科智谷人工智能工业研究院等院所、企业、机构的专家出席。活动中，美国卡内基梅隆大学校友创业基地和哈尔滨工业大学校友产业基地相继揭牌，标志着下一阶段，嘉定区将进一步与人工智能领域排名世界第一的卡内基梅隆大学、机器人领域全国领先的哈尔滨工业大学开展深入合作，吸引更多优质人工智能项目落地上海、引进嘉定，共同推动人工智能产业创新升级。

【新能源和智能网联汽车产业发展调研】 2017年11月1日，市经信工作党委书记陆晓春、市经济信息化委副主任黄瓯一行赴嘉定区，调研新能源与智能网联汽车发展。嘉定区委副书记、区长章曦，嘉定区委常委、副区长沈华棣陪同调研或参加座谈。陆晓春一行参观国家智能网联汽车(上海)试点示范区封闭测试区，分别试乘图森未来科技的无人驾驶集卡、自主V2X网联汽车以及无人驾驶小巴，参观上海市新能源汽车数据采集与监测研究中心，并与嘉定区就新能源和智能网联汽车发展进行主题座谈交流。会上，陆晓春听取嘉定区和上海国际汽车城(集团)有限公司对嘉定区汽车产业发展和国家智能网联汽车(上海)试点示范区建设进展、运营状态的详细介绍，对嘉定区汽车产业的发展给予充分肯定，并希望嘉定区紧紧抓住汽车产业发展机遇，加强新能源和智能网联汽车产业链布局，集聚一批掌握核心技术的优势企业，加快汽车产业转型升级。市经信工作党委办公室、市经济信息化委装备产业处、综合规划处、技术进步处相关负责人员参加调研。

【2017世界智能网联汽车大会】 2017年11月6日至7日，世界智能网联汽车大会在嘉定上海国际汽车城举行。大会主题为“联接世界，智创未来”，旨在打造智能网联汽车领域权威国际交流合作平台，展示世界智能网联汽车最新研究成果和商业模式，研讨智能网联汽车最新政策法规和标准规范。大会聚集全球各国政府部门、研究机构和知名企业的高管、学者及行业领袖。会上，发布《2017世界智能网联汽车大会上海宣言》，就共同致力于建设“零排放、零伤亡、零障碍”的智慧、低碳、高效、舒适、便捷的智能网联出行体系，加大智能网联汽车前瞻和共性关键技术的创新，加强建设智能网联汽车法规和标准体系建设，共同探索大数据的采集、整理、分析和共享，搭建国际化、多样化的跨领域交流和开放合作平台等方面形成正式文件，努力将上海打造成为具有全球影响力的智能网联汽车产业创新中心和产业集聚高地、示范应用高地、人才高地。

【5GAA联盟首次亚洲会议】 2017年11月16日，5GAA联盟第二次圆桌会议在上海国际汽车城举行。会议主题为C-V2X技术在中国的发展，是5GAA联盟在亚洲地区进行的首场会议，旨在促进全球出行动生态系统的发展，并深化5GAA联盟与中国汽车和电信行业的合作。

八、社会诚信体系建设

【加强信用联动奖惩力度】 2017年，嘉定区在行政审批、政府资金扶持、政府采购等重点领域通过信用信息查询，推广使用信用产品，加强联动奖惩力度。全区多次组织社会信用体系建设联席会议成员单位会议和联络员会议，传达各类政策要求和会议精神，并组织多次社会信用方面专题培训，将相关要求落实于全区经济社会建设工作中。在政府采购领域，加强政府采购宣传和指导，依法依规处理质疑和投诉,全年共处理 2 个政府采购项目投诉,加强对采购人员在项目履约验收环节信用情况的监督,对 60 个批次采购项目进行检查,提高政府采购活动透明度。在地方政府债务领域,加强地方政府债务政务诚信建设,促进政府举债依法依规、规模适度、风险可控和程序透明,出台《嘉定区政府性债务管理暂行办法》。在公务员诚信领域,加强对公务员诚信体系建设,提升公务员队伍整体职业道德水平,进一步提升公务员诚信档案记录的电子化水平,全面推行嘉定区机关事业单位绩效管理与考核系统,举办新任公务员社会信用专题培训,为深化公务员诚信体系建设工作迈出关键一步。

【推进重点领域信用建设】 2017 年,嘉定区切实推进各部门在安全生产、劳动保障、社会诚信、科技奖励等领域的信用体系建设,探索开展联合激励活动、创新设计联合激励服务产品,积极探索建立嘉定区联合惩戒目录,有力有序、规范透明地推进联合奖惩。在市场监管和社会诚信领域,探索建立嘉定区联合惩戒目录,转变政府监管模式,由单一部门监管向两个或多个部门联合监管推进,实现"一处违法,处处受限"的信用环境,形成加强事中事后监管的完整闭环;创新推出诚信"红黑榜",其中第一期纳入"红榜"的诚信企业、单位 51 家,纳入"黑榜"的失信企业 13 家、个人 40 人。在安全生产领域,推进安全生产诚信体系建设,制定《嘉定区生产经营单位安全生产不良记录"黑名单"管理制度》,通过建立健全"黑名单"制度,督促企业诚信守法、落实安全生产主体责任;年内共对 51 家企业开具安全生产无违规证明,为守法诚信企业办理相关事项提供便利。在劳动保障领域,推进劳动保障诚信体系建设,努力构建劳动用工法治环境,在嘉定区政府网站共发布行政处罚案件 34 件;实施区内用人单位 ABC 分类管理,对违法行为严重和屡次违法违规的 273 户 A 类企业实施重点监管;对 B 类近 7 000 户轻微违法的用人单位,采取指导、教育的措施;对于 C 类的 3 000 户用人单位,采取样板、示范措施;及时送报涉嫌欠薪入罪案件 11 件。

【提升信息归集共享服务】 2017 年,嘉定区围绕信用信息记录、公开、共享和应用,开展各项重点社会信用管理。完善上海市公共信用信息服务平台嘉定区子平台建设,拓展子平台功能建设;积极开展"三清单"在全区各部门间的应用,在嘉定区政府质量奖、区农业科技型企业、区科学技术奖、区科技项目等评选过程中,通过嘉定区信用子平台查询企业单位信用信息,对《2017 年度嘉定区四大产业企业名单》中的 1 669 家企业进行信用查询;推动政府业务系统对接,深化政务领域信息服务,推动区公共信用信息服务平台与区事中事后监管平台业务系统的对接;发挥区联席会议办公室在信用体系建设中的支撑作用,为各部门提供专业服务;积极推进行政许可和行政处罚"双公示"工作,向"信用中国"网站、市信用信息服务平台推送"双公示"信息 40 159 项,报送"双公示"行政许可目录 8 项,行政处罚目录 9 580 项;继续推进上海市公共信用信息服务平台嘉定区查询窗口工作,面向市民和企业提供信用信息查询服务,年内共查询法人信息 100 人次,自然人信息 42 人次,异议处理 1 项。

【挖掘信用建设创新亮点】 2017 年,嘉定区创新推进具有嘉定特色的社会信用体系建设示范城市(城区)创建工作。发布《嘉定区创建全国文明城区攻坚年200天"登高"计划诚信工作指标专项工作方案》,为嘉定区成功创建全国文明城区奠定信用机制基础。大力培育信用服务市场,在区科学技术奖励评选中引入信用产品使用,采用政府购买服务方式对所有入围科技进步奖和发明创造专利奖的单位开展信用评估。在企业信用报告、区金融机构大数据监管平台建设过程中,大力推进和培育第三方社会信用服务机构。全力打造信用社区,探索建立"信用示范社区",初步摸索社区诚信体系建设新模式,在安亭镇新源社区进行试点,发布"社区红黑榜",对被授予光荣称号的社区居民进行"红榜"公示,对有违法违规现象的楼宇楼层进行"黑榜"公示,并后续跟踪整改。推荐试点社区所在街镇——安亭镇申报市社会信用体系建设示范街道(镇),同时推荐三项优秀案例申报2017年市优秀信用案例评选。

【营造持续良好诚信氛围】 2017年,嘉定区充分运用区广播电视台、《嘉定报》、嘉定区门户网站等宣传渠道,强化社会信用体系建设宣传教育工作。如为配合《上海市社会信用条例》正式施行,制作5 000份信用条例解读小册子,向群众宣传普及条例;公布嘉定区诚信"红黑榜"第一期名单,在科普阵地等宣传载体上发布信用宣传海报;嘉定区人社局邀请市信用管理处领导在区新任处级干部培训班上就诚信建设做专题报告,举行道德讲堂,引导干部职工积极营造诚信氛围。

(金　戈)

第十二章　松江区信息化建设

概　述

2017年，松江区稳步推进信息化工作，扎实做好电子政务、基础设施、信息化环境、信息产业、社会诚信等各方面建设工作。

一、政务领域信息化

【政务数据中心建设】　2017年，松江区以数据归集为重点，在第一批7家试点单位数据归集的基础上，有序推进第二批5家试点单位的资源目录编制和数据归集工作，已编制10家单位165条目录，汇聚数据近418万条；以数据服务为导向，提供常态化数据支撑服务，为区社治办、区卫计委、区民政局等部门提供数据查询服务，共计检索数据800余万条；基本建成松江区视频图像资源共享平台，实现松江区科学技术委员会(以下简称“区科委”)、区市场监督管理局、区交通委、区城管局、区民防办、区教育局、区绿化市容局、区建管局、区房管局、区网格中心10家政务外网单位视频图像资源共享。

【信息化项目申报工作】　2017年6月22日，松江区科委召开2017年度松江区部门、街道信息化项目申报启动会，对2017年度部门、街道信息化项目申报工作进行了部署，并对信息化项目管理系统进行了申报操作培训，就部分信息主管提出的问题进行了现场解答。

二、经济领域信息化

【来伊份启动两化融合管理体系贯标工作】 为贯彻国家工信部两化融合贯标管理要求，上海来伊份股份有限公司于 2016 年入选两化贯标试点。经过前期评估筹备，2017 年 7 月 6 日，两化融合管理体系贯标启动会召开。会上，市经济信息化委信息化推进处通报了上海市两化融合管理体系贯标的开展情况；松江区科委介绍了扶持两化融合管理体系贯标企业的相关政策；上海信息投资咨询有限公司汇报了来伊份两化融合管理体系贯标的工作方案。

三、信息产业发展

【优秀软集企业促进信息技术发展】 2017 年，松江区共受理 8 家企业申报上海市软件和集成电路产业发展专项资金，并向市级重点推荐 2 家企业；受理 3 家企业共计 23 人申报市软件集成电路企业设计人员专项奖励，申报金额 24.3 万元。

四、信息基础设施建设

【信息基础设施能级不断提升】 2017 年，松江区新建、改建移动基站 659 个，较 2016 年增加 46%，其中新建 178 个；i-Shanghai 公益 WLAN 累计覆盖 49 个公共场点，“云间无线”松江公用 WLAN 覆盖 8 个试点街镇 16 个公共场点；光纤到户覆盖总量达 42 万户，光纤覆盖率达 81%；新建互联网数据中心 3 个。

五、信息化环境建设

【2016 年松江区部门、街道信息主管培训班】 为进一步开阔视野，拓宽工作思路，提升工作水平，建设一支综合素质高的信息化主管队伍，2017 年 11 月 30 日至 12 月 1 日，松江区组织召开 2017 年度信息主管培训会，共有委办局、街道 54 位信息主管参加此次培训。培训班邀请上海联通、金山办公软件公司、微软中国大数据中心对智慧城市、信息安全及正版软件的应用、人工智能技术发展

与应用实践进行了专题授课。同时，现场安排混合现实设备供大家互动体验。通过培训，信息主管进一步掌握了松江区信息化发展的现状，对当前新一代信息技术发展前沿有了基本了解，对信息化项目管理有关要求有了深刻理解。

【组织参观松江移动智慧城市体验馆】 为进一步推动信息化与松江社会、经济发展的融合，提升松江居民对智慧城市的满意度和获得感，2017 年 5 月 17 日，松江区科委组织全区 17 个街镇的信息主管参观松江移动智慧城市体验馆。松江移动智慧城市体验馆是松江区首个综合性智慧城市展示体验中心，面积近 300 平方米，主要展示上海移动在物联网、大数据、“互联网+”行业和智能家居领域的实践，以及这些成果在日常生产和生活中的应用。参观体验过程中，各街镇信息主管结合自身街镇智慧社区建设情况和发展目标，围绕智慧政务、智慧医疗、智慧交通等内容，与松江移动技术人员进行了充分的交流。

【无线电宣传进校园】 为响应市无线电管理局科普宣传工作要求，松江区主动制定宣传计划，于 2017 年 9 月 6 日组织“无线电宣传进校园”活动。本次活动以区级无线电特色学校松江四中为主要宣传阵地，聚焦无线电在生活中的应用，通过面向全体师生的无线电科普知识讲座和科普知识巡展，使师生们“走进”无线电，体验无线电带来的智慧生活。

六、社会诚信体系建设

【开展诚信现场宣传活动】 2017 年 6 月和 9 月，松江区科委参与区环保局在辰山植物园举办的世界环境日主题宣传活动和区市场监管局在松江新理想广场开展的“质量:改善供给引领未来”主题活动，通过发放宣传资料、与市民互动交流等方式，向广大市民宣传了上海公共信用报告查询的途径流程、“红黑名单”制度、相关诚信政策法规，以及保持良好个人信用的重要性，引导市民规范信用行为，促进社会信用体系建设。

【召开“信用法治”主题培训会】 为进一步推进松江区社会诚信体系建设工作，2017 年 9 月 8 日，松江区社会诚信体系建设联席会议办公室(区科委)组织全体成员单位召开“信用法治”主题培训会，邀请上海市信用研究会会长、上海立信会计金融学院教授洪玫前来授课。区科委副主任许雁出席会议并讲话，指出各成员单位要提高重视、加快落实，梳理联合奖惩的工作措施和案例，并结合松江“创全”工作，进一步加强诚信宣传，共同营造良好的社会诚信氛围。

(何月丽)

第十三章　金山区信息化建设

概　述

2017年，金山区信息化建设紧紧围绕加快打造“三区”“五地”，全面建设“三个金山”的总体战略目标，结合国家新型城镇化综合试点和上海市新型工业化专项改革试点，立足区域特色，聚焦智慧城市建设和两化深度融合两个重点领域开展具体工作。

一、政务领域信息化

【启动“一网一平台”建设】 2017年，金山区为进一步创新社会治理体制，优化城市综合管理机制，提升基层治理能力，实现高效、快捷、精准的城市综合管理，金山区网格化中心制定《金山区“一网一平台”建设实施方案（试行）》。该项目于2017年3月启动，预计2018年7月建成。届时区城市网格化综合管理平台将完成硬件设施改造和大屏建设，升级成符合更多功能需求的综合管理运行平台（不含紧急类平台）。同时，平台将整合区内30个行业信息系统，完成“今日金山”“城市管理”“指挥调度”“公共服务”“产业经济”“社会治理”和“基层党建”七大版面的建设。

【网上政务大厅建设】 2017年，金山区行政服务中心持续推进网上政务大厅建设，不断拓展网上大厅办理深度，加强和完善平台功能，进一步优化线上线下大厅联动，为申请人提供高效、便捷的政务服务。5月，网上政务大厅二期方案通过评审，功能进一步拓展。7月，为进一步完善办事指南要素，在网上政务大厅内容报送系统中，补充完善12项新增审批事项办事指南要素。同月，实现线上线下网上政务大厅一体化联动，入驻区行政服务中心的193项审批事项实现网上预约与中心大厅办理情况的实时对接，并启动实体大厅预约叫号功能。同时，为不断拓展事项办理深度，88个审批事项实现全程网上办理，并于10月开通材料快递递送服务，进一步便捷群众办事，实现“零上门”突破。11月，开展平台自查整改，参照《全国互联网政务服务平台检查指标》，对平台上存在的要素不规范、表格下载缺失等问题进行全面整改，进一步使对外公开的办事指南信息规范化。

【建成区数据仓库并投入使用】 2017年，金山区统计局围绕“新旧平台衔接转换、细颗粒化数据存储、多维度检索应用”等核心问题，以及数据库如何在运营管理方面进行制度建设等环节，在与专家、同行进行深入探讨交流的基础上，按照“深入探索，分步实施，先易后难，专业突破”的建设思路，积极稳妥推进项目建设。11月，系统通过上海市计算机软件评测重点实验室的验收测评及区项目验收小组的现场验收。项目的建成和投入使用，为加快金山区统计数据资源管理的信息化建设奠定坚实的基础，实现统计数据资源管理的流程化、标准化、制度化，满足统计部门对数据处理的新需求，并初步实现对金山区法人企业全生命周期的立体描绘，使统计部门对决策支持需求的响应更及时、准确。年内数据仓库汇总统计数据716 835条。

【村居台账管理信息系统】 2017年，基于金山区村居台账管理信息系统一期建设成果，金山区民政局按照上海市统一标准，采用数据挖掘、大数据预处理、大数据分析、系统集成等技术手段，调整和完善现有台账目录及台账表格。通过对接法人库，减少数据重复采集，提高企业信息共享和运用效率；扩充平台村居自治管理范围，实现选举、管理、决策和监督的全过程把控，进一步提升村居电子台账工作的效率和质量。

【事业单位人事信息管理系统】 2017年，金山区事业单位人事信息管理系统投入使用，各项功能均正常运行。该系统具备事业单位信息管理、人员信息管理、岗位设置方案维护、人员新进、聘用管理、人员交流、解聘管理等功能，无缝对接金山区人社局，并可与实名制系统比对，形成两级审核机制。同时，金山区人社局可以通过该系统对全区范围事业单位的岗位设置情况、实际聘用情况进行实时统计、分析。该系统的成功运行有效提高审批效率，较大程度方便事业单位人事工作的开展。

【“三库”精细化审计管理平台】 2017年，金山区审计局建立部门预算执行审计滚动库、经济责任审计轮审库和政府投资项目储备库三个数据库。通过运用“三库”的档案查询和结果运用功能，集中输出被审计单位的全部项目文档资料和其他文书，合并列示审计问题和整改情况；通过各单位政府投资项目储备库上报的项目资料，可有重点地对纳入储备库滚动管理的政府投资项目开展审前调查；通过“三库”精细化管理平台，分类确定了审计重点和审计频次，实现中长期审计项目规划与年度审计计划的有效衔接，以及项目库之间有效联动。

【事中事后平台建设】 2017年，金山区事中事后综合监管平台基本架构和主体功能建设完成，金山区初步形成事中事后综合监管制度。平台已对接区网上政务大厅许可信息 107 条;通过区法人库对接区公共信用信息服务平台许可信息 1 688 条、处罚信息 974 条。通过该平台,业务部门不仅可以实现对检查结果线上记录,而且可根据不同的业务需求,灵活定制监管表单,提高业务便捷度和效率。区市场监管局率先应用区事中事后综合监管平台开展了“双随机、一公开”工作,已启动内部双随机抽查工作 25 批次,涉及市场主体 9 983 户,推送双告知信息 16 313 条。

【司法局门户网站改版】 2017 年,金山区司法局积极推进局门户网站改版升级。改版围绕“促进法治宣传、提高服务效能、方便办事群众”等建设目标,设立“要咨询”“寻法援”“找律师”“办公证”“想调解”等栏目模块,配备“调查征集”“互动访谈”“建言献策”“局长信箱”等在线互动功能。同时,改版网站实现与“i 法治金山”微信公众号之间的信息互动,群众在微信公众号上提出的咨询问题,能够直接流转至网站后台办理,让群众的建议和诉求得到及时回应和解决。经过近 3 个月的建设,整合了原金山区司法局门户网站各栏目功能,导入原门户网站和法律服务平台信息数据,实现了网站管理与微信内容管理的合二为一,使内容发布审核、申请信息流转、咨询信息提示等均实现互联互通。

【政务网网络管理】 2017 年,金山区完成供销社、国资委下属资本公司、公路署等单位的政务网接入和搬迁工作;完成国家政务外网接入工作;完成区视频信访系统对接市信访视频系统的网络接入和保障工作。同时部署网络监控管理软件,实时监控网络情况和服务器状况,及时发现和解决问题,减少安全隐患。在勒索病毒爆发期间及时提醒安装补丁,成功抵御病毒侵袭,保障政务网网络安全。

【公务网管理与建设】 2017 年,金山区组织对公务网所有终端进行复测前的自查和加固,对存在问题的终端重新部署汉邦审计软件,对部分终端线路缺少干扰器、红黑电源等问题进行整改。同时加固电子政务内网安全建设,针对分级保护测评发现的问题进行整改,采购防火墙、入侵检测等设备,细化安全策略,加强终端管理。

【实施环境监控一体化建设】 2017 年,金山区建立中心机房及街镇机房的环境及安防监控系统,主要监控对象包括:普通空调、不间断电源、温湿度监测、漏水检测、闭路高清数字监控、消防监测等,实现 7×24 的全面集中监控和管理,保障机房环境及设备安全高效运行,提高机房安全管理水平。

二、社会领域信息化

【文化金山云平台】 2017 年 3 月 26 日,“文化金山云”平台正式上线运行。平台以全区市民对公共文化服务的需求为导向,汇聚各种数字文化资源,丰富公共文化服务内容,实现资源互通互联、线上线下融合互动。平台包含网页端、移动端、微信端等多渠道、多入口,市民群众可方便、及时地获取金山区相关文化资源。在"文化金山云"上,场地预订、活动订票、艺术培训、演出查询等信息一目了然,市民足不出户,便可轻松了解、掌握相关文化设施和活动。"文化金山云"取票终端机也在金山区文化馆、图书馆安装上线,市民如预订文艺活动,可在取票终端机自助领取兑换票券,并在工作人员处验证入场。年内平台共发布 6 475 条文化活动信息,馆均活动发布量 219 场,可预约活动量 105 场。

【应用在线教育教研网】 2017 年,金山区教育学院开展"教研转型三年行动计划",以适应新高考改革后的课程教学研究。在教师分布地域广、分班走班课时安排复杂的情况下,围绕课堂教学微环节开展教学切片研究非常困难,因此金山区教育信息和发展研究中心适时提出在线教研的思路。根据教研需求,定制开发金山区在线教研系统——金山教育教研网。金山教育教研网的开发应用实现教研理念、教研方式、教研资源的根本转型。其基于课堂教学微环节的数据化分析系统,具有高度定制性,为科学教研、有效教研开辟新路,在上海市处于领先地位。9 月,教研网建成应用推进暨教研转型行动启动大会召开,金山教育教研网投入应用。截至 12 月,教研网已有教研主题(不含测试)80 多条,不少教研主题都配有丰富的教学视频和教学案例资源;新建各类数据量表单 30 多个,教研员和教师的互动频繁。

【网上课堂系统】 2017 年 9 月,金山教育网上课堂及教学录播系统建成。该系统集成课堂教学即时录播和教学视频管理的软硬件设备,是制作与管理教学实录资源的定制化系统(基于中小学课程框架的定制)。其特色主要体现在便捷的录播及管理方式——在装备有特殊设备的固定教室授课录播,在手持式移动终端上即时采集和视频直播,在 PC 端进行预约直播或管理等,为随时看课、听课、用课提供一体化的解决方案。这是教育系统教学资源在线共建共享的重要平台和窗口,可对教学观摩研究、主题教育的资源推广等发挥较大作用。截至 2017 年年底,该系统已经生成视频资源 240 多则,开展直播活动 80 多场;观摩人数 3 000余人次,下载数百次。

【配备教学移动终端】 根据教育城乡一体化建设的"五项标准"要求,为充分利用网络和移动平台实现课堂互动,推送、共享备课和训练的资源,金山教育系统为义务教育阶段的教师和学生采购足够数量的平板电脑。2017 年,该项目的采购和装备满足了教师每人一台平板电脑(共计 4 400 台),学生每校装备两个班级(总数 4 300 台)的需求。此项目部署的规模和进度均居上海前列。该项目的另一特点是其定制的操作系统和绑定的智慧课堂软件(金山教育学习中心),为上海市数字教材的推进和教学资源大数据应用打下良好的基础。

【金山医院与平湖市医保实现联网结算】 2017 年 5 月,为顺应沪、嘉对接工作,促进金山与平湖两地联动发展,金山、平湖人社局就医保点对点联网结算工作达成合作意向。经过双方多次沟通、协调,历经 4 个多月的努力,复旦大学附属金山医院与平湖市医保联网结算系统顺利开发,经过多轮测试调试,9 月正式上线运行。该系统支持平湖市参保人员在金山医院就医(包括职工医保门诊、住院及城乡居民医保住院)持卡实时结算,享受平湖市内医保定点医院同等就医服务。10 月 16 日,金山医院与平湖市医保点对点联网结算签约仪式举行,标志着两地医保合作正式开始。自此,平湖市参保人员到金山医院就医,不再需要到平湖市医保经办机构办理转诊、备案等繁琐的手续,也不需要自己事先垫付大额的医药费用。这项工作是金山平湖联动发展战略的一个重要实践,更是造福两地市民的一件大事、好事。10—12 月,平湖市参保人员在金山医院就医持卡实时结算 11 709 人次,平湖医保基金支付 292 万元。

【社区矫正管控系统】 2017 年,金山区司法局积极运用金山区社区矫正管控系统,进一步加强对社区服刑人员的监控力度,提高社区矫正信息化监管水平,促进社区矫正工作规范化建设。该系统 2016 年 6 月建设,主要结合司法矫正过程,以矫正纳管、矫正管理、执法管理、计分考评、解除矫正五个方面,实现数据集中化、环节流程化、执法便捷化。通过该系统,对社区服刑人员以人物、时间、地点、事件进行信息化动态管控。同时,配备移动执法仪,有效保障外调取证数据采集的及时性和执法人员工作的高效率,实现对每名社区服刑人员的精细化管理和全盘化掌控。通过计分管理、处遇管理及指纹考勤,对每名社区服刑人员每月应尽的义务做了系统约定,有效防止社区服刑人员脱管、漏管发生,规避执法人员的工作遗漏风险,实现社区矫正监管工作从"人防"向"技防"的重大转变。

【推广便民医疗信息服务】 2017 年,金山区卫计委在全区 11 家社区卫生服务中心(含分中心)部署自助挂号机、自助报告机共 66 台,持续完善网络预约挂号服务。7 月,开通"金山健康"微信服务号,与区内 4 家综合医院、11 家社区卫生服务中心信息系统实现实时连接。该服务号提供预约挂号、报告和影像查询、排队信息查询、健康档案查询等服务,至 12 月共有 4 000 多人次通过该服务号预约就诊。

【医疗卫生机构信息化建设】 2017 年,金山区卫计委持续推进医疗卫生机构信息化建设。在以电子病历(EMR)应用水平建设为核心推动综合性医院信息化建设方面:截至 2017 年 12 月,上海市第六人民医院金山分院 EMR5 项目新建和改造 20 个系统,整体进度达到 70%;金山医院 EMR4 项目完成全部 28 个模块的开发及测试,在全院推广应用;8 月,亭林医院 EMR5 项目可行性研究报告通过专家论证;10 月,中西医结合医院 EMR4 项目可行性研究报告通过专家论证。在以电子健康档案(EHR)应用水平测评为抓手推动社区卫生服务中心信息化建设方面:2017 年,金山卫、张堰、朱泾 3 家社区卫生服务中心通过上海市 EHR4 级测评;其余 8 家社区启动系统整改。在以达到上海市条线标准为目标完善公共卫生信息化建设方面:按照上海市孕产妇保健系统(二期)功能规范要求,完成区自建系统功能改造并投入正式使用;按照上海市妇幼保健系统市区两级平台数据交换规范要求,实现区级平台和市级平台数据双向交换,截至 12 月,数据上传率达 93%;按照上海市疾病预防控制平台数据质量要求上传区内疾控系统数据,截至 12 月,数据质量累计得分 333 分,在全市排名第五。

【推进充电桩建设】 2017 年,上海市电力公司金山供电公司共完成新建城市公共快充站项目共计 15 个。每个项目标配高功率快速充电桩 8 个,630 KVA箱式变压器一台以及其他附属的配套设施若干。其中 13 个项目为普通快充站,充电桩功率为 60 千瓦;2 个项目为扩建项目,主要在金山体育馆、金山城市规划展览馆两个场点将充电桩功率提高至 120 千瓦,以满足充电客户较多及流动较快的需求。

【非即办事项限时办结监控提醒系统】 为进一步缩短办税时间、降低办税成本,提升纳税人满意度,实现全局涉税审批进度信息化管理,金山区税务局于 2017 年开发非即办事项限时办结提醒系统。限时办结提醒系统依托金山区局影像化审批系统建立,可按照分管科室、部门领导和税收管理员三个层面,对涉税审批即将超期的项目进行分类提示,确保各类事项严格按照要求完成审批。作为在全市税务系统率先开发的限时办结监控提醒系统,金山区税务局已在 7 月首批上线 10 项非即办涉税事项,当月涉税事项单个环节办理时间过长的现象较上月下降 72.2%,涉税事项审批时间远低于规定时限。下阶段,限时办结监控提醒系统将全面扩展到 171 项办税事项流程,开发统计功能模块,可实时抽取某业务部门、某事项、某岗位的具体情况,监控各流程的平均办理时长和主要堵点,进一步提升简政放权,促进税务部门由管理者向服务者的转变,构筑持续优化营商环境的新高地。

【景区数据向上对接】 2017 年,按照《国家旅游局办公室关于加快国家旅游产业运行监测与应急指挥平台 4A 级景区数据对接工作的通知》有关要求,金山区旅游局积极推进枫泾古镇、城市沙滩、东林寺 3 家 4A 级景区的数据对接工作,并于年内全部完成视频数据和客流数据与市级信息平台的对接,进一步提升景区信息化、智能化水平,强化景区公共服务能力、综合监管能力和应急处置能力。

【拓展旅游资讯宣传推广渠道】 2017 年,区旅游局积极拓展新媒体宣传推广渠道,及时传递金山旅游资讯。与"今日头条"微信公众号开展合作,每周一次推送金山旅游资讯,全年共推送 48 期,总阅读量 541 万人次。其中《给你最美的新年祝福 日出金山,惊艳你一年》的阅读量达到 63 万人次,6 篇文章阅读量超过 20 万人次。同时,通过"金山旅游"微信公众号,及时发布各类旅游相关资讯,为游客提供更便捷的服务。年内共推送 172 期、860 条内容,有 469 452 人阅读,阅读次数863 418次。2017 年,金山区旅游局被市旅游局评为"2017 年旅游政务新媒体信息报送先进单位"。

【审判管理信息化大数据分析平台】 2017 年,为顺应国家大数据战略的实施、进一步提升上海法院现代化能力与水平,上海提出建设"数据法院""智慧法院"的工作目标。金山区人民法院自主研发审判管理大数据分析平台,及时总结审判特点,助力研判社会治理中存在的问题。该平台依托上海高院开发的各项应用平台,通过全面抓取案件信息并加以整合,形成"大而全"的数据应用平台。平台共关联上海市高院开发应用的数十个应用系统,涵盖法院审判管理全流程。具体内容涉及审判、执行、司法公开、司法改革等,给予用户"一站式”体验。对数据使用者而言，可避免多头登录带来的困扰。平台立足于基层法院，注重在审判实务中的具体应用。同时，信息源于各办案应用系统，因此其数据具有高度实时性。平台的开发建设，秉持“跳出金山看金山，跳出法院看法院”的理念，将法院案件信息的大数据分析与服务区域经济社会发展相结合，开设“区域态势分析模块”，为人民法院案件信息的深度利用进行先行性尝试。

【建成使用劳动争议大数据智能辅助办案系统】 2017年，金山区人民法院开发了劳动争议大数据分析平台项目。平台秉承简便、快捷、灵活的原则，辅助司法审判，确立立案速裁机制，快速及时化解矛盾纠纷，为区域纠纷提供分析和预判，并通过一系列技术手段，缩短了从立案审查到裁判阶段的进程。通过智能办案模块，为法官提供类案推送、智能计算、智能文书、智能分案等辅助功能，降低司法人员工作量、简化劳动争议类案件流程，助力实现司法公正；通过审判管理模块，为司法管理提供全方位、多角度的分析，同时为区域性经济社会发展提供科学性、权威性的参考数据；通过社会治理模块，时刻掌握各镇及企业的涉案量，提供诉讼服务助手，降低诉讼成本，提高诉讼效益，有效配置审判资源。

【大诉讼服务平台】 2017年，金山区人民法院坚持“让数据多跑路、让群众少跑路”的工作理念，通过加强数据的深度共享推动智慧法院建设，全力打造新时代的大诉讼服务平台。平台包括线上和线下两部分：线上部分运用新媒体、新技术在微信公众号中建立网上诉讼服务大厅，使市民能够足不出户地享受到阳光司法、便民司法。通过网上诉讼服务大厅的建立，全程跟踪司法进度，快速简洁地实现立案、审判、缴费、材料递交、庭审服务、司法服务等众多功能。线下部分是利用全新信息通信技术，全力打造诉讼服务中心和诉调对接中心。一方面，改变原有诉讼服务大厅功能单一的现状，拓宽诉讼服务提供渠道，构建包含12368诉讼服务智能平台、诉讼服务中心查询岛、诉讼服务中心导航系统、诉讼服务一体化服务、网上立案、自助立案、自助材料收转等多平台在内的多元化信息服务渠道。另一方面，构建全新诉调对接中心，建立更加温馨、高科技的特色调解室，配以自助排期、远程调解等辅助信息化手段，全方位服务群众。

【“执检通”系统平台】 2017年，金山区人民检察院针对各项对外检察业务，研发“执检通”系统平台，开创“让信息多跑路，让百姓少跑腿”的检察工作新模式。“执检通”集羁押必要性审查申请、法律援助申请、免费法律咨询、检察官以案说法、投诉控告、法律法规等功能模块于一体，将刑事执行的职能网络化、刑事执行的窗口社会化。该系统平台的建立不仅实现专业法律文书平民化，有效拓展羁押必要性审查案件的案源，还方便市民进入平台办理事务，有效避免“司法黄牛”利用信息不对称欺骗市民，损害司法权威。系统自6月运行以来，浏览量超过5 000人次，受理提交羁押必要性审查有效申请140个，其中申请建议变更强制措施36人，采纳35人。

三、经济领域信息化

【推进支付电子化改革工作】 作为支付电子化的首批试点区，金山区财政局于2017年10月启动覆盖区镇两级的财政国库集中支付电子化管理改革工作。坚持安全为本、效率优先、统筹规划、分步实施的原则，截至2017年年底实现预算单位的财政端业务和专用存款账户切换上线工作。根据试点实际，积极解决问题，不断完善系统，将在2018年第一季度完成零余额授权支付、公务卡、直接支付、工资等业务上线工作，实现预算单位、财政、代理银行等全方位、全业务流程的电子化管理，逐步形成安全高效的电子化支付体系。通过数字证书和电子印章技术，实现电子凭证应用覆盖所有资金拨付环节，整合再造一个完整的管理链条，实现资金支付“环环相扣、互相牵制、有始有终”，增强资金安全保障，提高资金运行效率，提升财政服务水平。

【互联网＋金山现代农业大数据平台】 2017年，依托市科技兴农“互联网＋金山现代农业大数据平台”，金山区农委用“互联网+”的理念对全区农业资源、生产过程、农产品安全溯源等环节进行梳理和整体规划设计，整合在一个大数据平台中。年内完成农机综合管理平台建设，以及上海蟠桃研究所和金山葡萄研发中心两个物联网基地建设；初步完成金山区农业大数据平台建设，将金山区农业物联网示范点、涉农补贴资金、蔬菜农事管理、蔬菜大棚档案追溯、农机管理、道口数据分析管理、农用地数据分析管理等整合在一个平台上。

【完善农业“GIS一张图”】 2017年，金山区农委进一步完善区农业“GIS一张图”，实现农用地准确定位、准确分析，用图形化方式展现和管理；完成休闲农业展示、地块标注、报表分析、可视化分析等功能；新增角色权限管理和查询模块，可快速查到全区124个村的3 000个组，共计39万亩50多万地块农用地基本信息情况，包括该农田的位置、编码、生产面积、用地类型、种养户分类、种植者姓名等经营户基本信息。此外，平台设置不同功能目录，农委业务部门以及农户都可根据自己需要进行查阅，实现“一张地图看懂农业”，把金山农业打造成精细、精品、精准的都市现代农业。

【信息进村入户试点工程】 金山区作为上海市信息进村入户试点区，2017年在整区推进农村信息化建设，在124个行政村建设标准型的益农信息社，在农业企业、农民专业合作社建设20个专业型的益农信息社。益农信息社建设按照农业部“六有”要求，做到“有场所、有人员、有设备、有宽带、有网页、有可持续运营能力”，以满足农民生产生活信息需求为落脚点，用现代信息技术服务农业，服务周边百姓，带动农民就业，提升农民信息获取能力及致富增收能力，为加快推进农业现代化和城乡发展一体化提供支撑。廊下镇中华村益农信息社入选农业部信息进村入户工程“益农信息社百佳案例”。

【启动动物检疫移动监管平台】 2017年，为加强金山区动物疫病防控及畜禽产品质量安全监管，提升畜牧业管理信息化水平，推动畜牧业转型升级，金山区农委组织建成动物检疫移动监管平台——金山动检通。该平台是全国首创的一个智能化、痕迹化、便捷化的移动动物检疫监管系统，是畜牧业管理综合性服务平台，具有功能全、覆盖面广、涵盖畜禽品种多等诸多优势。该平台以动物检疫环节为切入点，打通动物检疫申报、养殖信息记录统计、防疫工作、病死畜禽收集等工作环节，通过一部智能手机，就可实现养殖档案规范化、动物检疫痕迹化、统计数据分析自动化、服务监管实时化。

【两化融合示范试点企业评选】 2017年，金山区完善两化融合各镇工业区联络员制度，落实两化融合调研工作，会同金山区信息协会，通过实地调研各镇、工业区35家企业，以及座谈会等形式，确定高端智能装备制造、生物医药产业内的上海富朗特动物保健股份有限公司、上海同昌生物医药科技有限公司等18家企业作为2017年两化融合示范、试点企业。

【两化融合培训与培育工作】 2017年，金山区集中调研高端智能制造、生物医药两个产业集群中不同规模和应用水平的特色企业，采集企业两化融合基础信息，了解产业现状、发展趋势、企业两化融合基础水平。提炼推广产业内示范试点企业优秀做法，以“上门辅导＋集中培训”相结合、“引领示范＋具体指导”相结合、“专家指导＋资源支持”相结合的方式，着力帮助产业内信息化建设薄弱企业统筹思考两化融合目标、重点与分期实施计划，帮助企业获得学习产业标杆、交流建设经验、资源对接的机会，降低建设成本，少走弯路，迅速提高产业两化融合整体水平。

四、城市建设管理领域信息化

【重大工程管理信息系统】 2017年，金山区重大工程管理信息系统建成，为区内重大工程推进提供数据支撑和参考依据。该平台对项目的方案阶段、手续阶段、实施阶段出现的各类问题进行及时协调，不定时对项目进行督查，完整记录整个动态管理过程，为重大工程的每一步建设夯实基础。进一步落实区重大工程和实事项目建设责任，加强督查和考核，规范项目责任单位工作，不断提高项目建设管理水平，确保圆满完成重大工程和实事项目年度计划，充分发挥重大工程和实事项目对金山区经济社会发展的支撑拉动作用。年内完成57个重大工程和实事项目全记录。

【餐饮油烟气在线监控管理】 2017年，金山区环保局开发完成基于物联网技术的餐饮油烟气在线监控管理信息系统，包括油烟浓度探测器、工况传感器、油烟监控主机和城市油烟在线监测系统软件平台。通过在餐饮油烟排放口安装检测设备，采用物联网数据采集回传技术，实现油烟排放量、颗粒物浓度等数据信息的实时传送，结合监控平台系统有效加强油烟排放监管。该项目已在40多家餐饮食堂进行试点应用，将进一步推广至金山区大部分餐饮企业，助力改善金山区空气质量。

【危险化学品流动流向监控平台】 2017年，按照金山区政府与上海电信签订的《推进智慧城市战略合作框架协议》，金山区安监局启动危化品流动流向平台2.0项目。项目以第二工业区封闭式管理为契机，在原试点基础之上，推广流动流向监控平台应用。纳入监控平台的园区企业由原21家增加至72家，同比增长243%，切实提升上海金山第二工业区一体化安全能级。截至2017年12月，全区累计危险化学品企业108家，交易笔数16 068笔，运输14 200笔(其中上海本地车辆6 894车次，外地车辆7 306车次)，涉及环氧乙烷等危险化学品200多个品种54.3万吨，处理各类告警31 006条。危险化学品经营企业在两个平台注册会员累计601家。切实完善"源头管理、过程控制、全程监管、结果运用"安全管理模式。

【重大危险源管理系统建设】 2017年，结合《关于开展危险化学品重大危险源在线监控及事故预警系统建设试点工作的通知》精神，金山区指导协调上海金山第二工业区委托中国安全生产科学研究院开展重大危险源管理系统项目建设工作。已完成整体平台建设，并在8家企业布点实施，实时监测企业重大危险源温度、压力、液位等关键报警信息，逐步实现重大危险源信息互联互通、监测预警和应急联动，为平时管理、应急指挥、事后评估提供技术支撑。

【建立特征污染因子自动监测站】 2017年，上海金山第二工业区建立两个大气特征污染自动监测站：东北园区站(亚南化工站)和南部园区站(抚佳化工站)，利用信息化技术和专业检测设备对园区特征污染物实时监测，完善监督管理体系，有效控制企业污染物排放，改善环境空气质量。由站点得到的监测数据能够客观、准确、及时地掌握区域环境空气质量状况，为提升大气环境监测技术能力及全面评估区域大气特征污染、传输规律及其危害提供重要的科学依据。

【地表水水质自动监测】 2017年，上海金山第二工业区建立地表水水质自动监测站，采用水质在线自动监测系统。该系统是一套以在线自动分析仪器为核心，运用现代传感器技术、自动测量技术、自动控制技术、计算机应用技术以及相关的专用分析软件和通信网络所组成的综合性在线自动监测系统，可统计、处理监测数据。系统可实现水质实时连续监测和远程监控，达到及时掌握主要流域重点断面水体的水质状况、预警预报重大或流域性水质污染事故、解决跨行政区域的水污染事故纠纷、监督总量控制制度落实情况、排放达标情况等目的。

【公共安全视频监控建设】 2017年，为加快金山区立体化社会治安防控体系建设，提升预防和打击暴力恐怖犯罪能力，维护社会安全与稳定，金山区有序推进公共安全视频监控建设联网应用项目建设工作。项目主要开展金山区区级共享平台建设、公安联网平台建设以及金山区综治平台建设工作，金山公安分局主要负责公安联网平台的建设工作。9月6日，金山区政法委召开公共安全视频监控建设联网推进会，确定项目总体建设推进计划，标志着金山区公共安全视频监控建设联网应用项目正式启动。11月3日，完成公安联网平台部分采购项目采购方案编制工作。12月25日,推进公安联网平台网络架构、视频联网平台设备的安装与调试工作。12月底,完成区级共享平台建设。全区统一推进视频联网工作,整合公安、交通、城管、教育、网格化等部门视频资源,实现横向互联。并且,进一步推进综治分平台和公安分平台的建设,全面提升社会治安防控能力和城市管理水平。

【交通违法智能抓拍系统二期】 根据金山区重大工程和实事项目建设任务安排,金山公安分局在交通违法智能抓拍系统一期点位的基础上新建170套交通违法智能抓拍设备(电子警察),涉及镇区、街道、高速等16个电子警察覆盖区域,抓拍类型包括闯红灯、超速、违法停车、逆向行驶、闯禁、滞留路口等多种违法行为,进一步增加金山区交通违法抓拍设备的覆盖密度。通过前端摄像机完成交通违法类行为的智能抓拍工作,同时将违法抓拍照片及数据通过4G无线网络回传至中心平台。2017年8月17日,完成点位选址与建设方案的编制工作,明确项目建设目标、进度安排、实施原则等。12月25日,项目完成前端抓拍摄像机的安装、后端系统联网工作,通过试运行后投入正常使用。系统对机动车违法停放、闯禁等各种交通违法行为摄录取证,对交通违法行为起到震慑作用,在预防因交通违法行为引发交通事故、拥堵等方面发挥积极的作用。

【智能交通信号灯控制系统二期】 根据2017年金山区重大工程和实事项目建设任务安排,金山公安分局在一期项目基础上再新建41个路口的智能信号设备,完成了智能交通信号灯控制系统的联网建设工作。通过交通信号机绿信比设置,实现了对交通流的实时配置和控制,有效提高车辆行驶速度和交通安全水平,减少道路拥堵的发生。2017年8月21日,完成现场踏勘设计与建设方案的编制工作。12月30日,项目完成前端智能交通信号机、信号灯的安装,以及后端平台接入测试,通过试运行后投入正常使用。通过交通信号机自适应调节实现对交通流的实时优化配置和控制,有效提高车辆行驶速度和交通安全水平,减少道路拥堵发生。

【既有幕墙建筑信息管理平台】 2017年,金山区推进既有玻璃幕墙建筑信息数据库及管理平台建设,为既有玻璃幕墙的使用和管理提供基础信息,实现既有幕墙数据信息化、线上线下监管一体化、监管档案数字化,并通过统计分析功能进行幕墙影响性分析,加强既有幕墙安全防范工作,确保幕墙使用安全。该项目制定幕墙建筑信息化实施方案,确定管理平台信息交流、统计分析、信息发布三大主要功能,完成基础信息采集、平台搭建、技术开发工作,已进入运行测试阶段。

【市政路网监控中心】 2017年,金山区建成区市政路网中心监控平台,整合区网格化中心、上海电信、铁路道口等信息资源,集市政、交通设施管理、路政管理、市政项目管理、日常养护管理、应急事件处置管理、投诉管理和GIS地图七大功能于一体,实现了设施监控全覆盖、及时发现问题、快速解决问题、工作绩效量化、道路安全保障的目的。监控中心硬件包括中心城区69个道路视频摄像仪、6个下立交视频摄像仪、桥梁超载称重传感器等。监控中心采取 24 小时值班制,确保监控平台全天候正常运行。年内发现问题 178 起,基本做到在规定时间节点内完成修复,处置率 100%。

【推进科普型植物二维码铭牌工作】 2017 年,在前期开展科普型植物二维码铭牌试点建设的基础上,金山区绿化市容局局属单位金山区园林所继续推进该项工作布点建设。科普型植物二维码铭牌已在前京大道(板桥西路以南)绿地、滨海公园和荟萃园等游览人次多、地理位置好的公共绿地挂牌,共计安装植物二维码铭牌 320 块。通过扫描二维码并连接资源平台,市民可以直观了解植物形态特征、生长习性、栽培技术、繁殖方法、重点品种以及植物文化等详细的知识内容,进一步提升绿化科普水平。

【海域动态监视监测管理系统】 2017 年 2 月,金山区水务局进一步推进县级海域动态监视监测管理系统的建设工作,在前期布置卫星遥感、航空遥感、远程视频和现场监测等技术手段的基础上,成立国家级海域动态监管中心,并落实两名专业技术人员负责系统运行管理。7 月,金山区全面完成海域动态监视监测系统、硬件设施的调试建设工作,进入试运行阶段。

【河长制管理平台】 2017 年,金山区完成金山区河长制管理平台——中小河道综合整治项目管理平台,及其配套的软硬件建设,实现金山区九镇一工业区 185 条段河道整治进度的实时上报审核和汇总分析,形象显示各河道整治项目的进度、对比照片等信息。同时利用 GIS 技术标识各河道的具体位置,最终实现多部门协同合作,共同推进,有效监督,高效完成整治任务。

【升级改造水资源管理信息系统】 2017 年,金山区给水管理所投资 19 万元对金山区水资源管理信息系统进行升级改造。该系统是在政务内网条件下对金山区计划用水户用水信息进行管理的一个平台。通过升级,不但新增个人工作平台、数据快照功能,还开发"金山区水资源巡查管理"手机 APP。金山区给水管理所计划用水人员可以在现场通过外网在该 APP 上查询用水户基本信息和用水历史信息,也可现场输入、保存与用水户相关的备注信息(可为照片、文字),方便计划用水工作人员现场办公,为金山区计划用水和节约用水管理提供便利。

【规土基础数据库平台建设】 2017 年,金山区规土局利用 GIS 技术建立覆盖整个金山区规划和土地管理的基础数据库,为规划的编制和实施、土地的审批和管理提供基础信息支撑。基础数据库涉及全区规划类数据 139 项、土地类数据 2 954 项、项目建设审批数据 4 222 项。项目完成业务数据的汇总、分析、测试等前期工作,已进入管理平台软件开发及数据库建库阶段,并根据工作计划安排全力推进。

【城管指挥中心】 2017 年,金山区城管执法局指挥中心建设完成,实现金山区各镇、街道城管中队监控图像、车载监控图像、主要道路街面监控图像接入。指挥中心使用集中管理平台软件对接入的所有前端视频监控设备进行统一管理调度,采用数字矩阵方式配合高清液晶显示器(Liquid Crystal Display, LCD)拼接屏进行高清显示,后端存储设备磁盘阵列采用IPSAN方式接入集中管理平台,用于监控视频的录像存储及回放。城管中队监控使用数字高清图像,通过政务网络进行传输,对城管中队办公区域进行监控管理,做到办案过程全监控。车载监控通过4G网络进行传输,对执法办案现场进行全面监控,做到执法过程全记录。道路街面图像监控使用公安部门授权的共享视频图像,对日常街面及车辆监控进行管理调度,及时发现城市管理中的问题,并在大型整治活动中起到指挥调度的作用。城管指挥中心的建成和使用,进一步提升城市管理信息化、精细化、智能化水平。

【行业影响预报预警业务平台建设】 2017年,根据《金山区气象事业发展第十三个五年规划》文件精神,从城市运行安全、防灾减灾和民生服务等领域中天气影响和用户服务需求出发,区气象局开发金山区行业影响预报预警业务平台,对已有的各种基础气象服务资源进行整合与梳理,完善行业预报预警气象服务指标,包括在农业方面开展水稻全生命周期指标预报,海事方面开展能见度、风向风速格点阈值预警等。年内项目已完成基础信息采集、平台开发工作,2018年将进入试运行阶段,扩大用户试点的覆盖率,开辟"点对点"的服务通道,实现信息互通。

【智慧园区建设】 2017年,推进金山工业区全市首家第三方综合能效管控平台建设,探索管理和服务模式创新。通过能效管理服务平台,实现企业能耗数据的统一采集、统一分析、统一处理,并向企业及时准确地提供各类能耗变化情况、分析结果等,不仅为企业节能提供数据依据,同时也激发企业改造生产工艺、流程的动力,进一步推动企业转型升级。通过两年多的建设推广,金山工业区能效管控平台已接入企业89家,涉及装备制造、新材料、生物医药等行业领域,监测用电量3.5亿千瓦时,用水量100.2万吨,用热量30.5万吨。

五、信息产业发展

【区级信息化发展专项资金项目申报】 2017年,金山区共有51家企业参与信息化发展专项资金申报,经过实地调研、专家评审,确定32个项目为2017年度金山区信息化发展专项资金扶持项目,支持资金950万元,撬动企业信息化投入6 800万元。其中围绕高端智能制造、生物医药两个重点产业,各有5家两化融合示范、试点企业项目立项。

【市级信息化项目申报】 2017年,金山区组织区内企业积极申报工信部两化融合管理体系贯标试点、市软件和集成电路发展专项资金、信息化发展专项资金、工业互联网创新发展专项资金等项目。中国核工业第五建设有限公司、上海众力投资发展有限公司、上海西门子线路保护系统有限公司3家企业首次入围工信部2017年两化融合管理体系贯标试点企业名单,实现零突破;5家企业获得市级资金总计 2 403 万元支持,其中上海赢秀多媒体科技有限公司获得市软件和集成电路发展专项资金 185 万元支持;上海金山东方有线网络有限公司、上海汇纳信息科技股份有限公司分别获得市信息化发展专项资金 150 万元和 175 万元支持;中国核工业第五建设有限公司、上海化工区管廊公司各获得市工业互联网创新发展专项资金 1 533万元和 360 万元支持。

【软件和信息服务业】 2017 年,金山区软件和信息服务业发展稳中有升,形势良好。据不完全统计,2017 年共有企业 34 家,实现经营收入 31.1 亿元,较上年增长 29.6%,占全区属地生产总值(707.5 亿元)的 4.39%,较上年增加 0.82 个百分点。金山区软件和信息服务业以注册型企业为主,统计的 34 家企业中,注册型 28 家,占比 82%,营业收入 22.7 亿元,占 73%;实地型企业 6 家,占 18%,营业收入 8.4 亿元,占 27%;营业收入超亿元的企业 10 家,比上年增加 1 家,这 10 家企业合计营收 26.6 亿元,占比高达 86%,除上海与德通讯技术有限公司、上海虎巴网络科技股份有限公司营收有所下降外,上海汇纳信息科技股份有限公司、上海众达信息有限公司等企业普遍增长率在 20%以上,上海网化化工科技有限公司更是增长 57.46%,一跃成为超亿元企业。

六、信息基础设施建设

【信息基础设施专项规划】 2017 年,金山区编制完成《金山区信息基础设施专项规划》。规划综合分析金山区未来的土地规划、区域人口组成特点、发展模式及功能定位对信息基础设施的需求,结合各大运营商现有网络及下一代网络技术的发展要求,对金山区信息基础设施进行系统规划。通过本规划,进一步贯彻落实信息基础设施“统一规划、集约建设、资源共享、规范管理”的原则,合理规划布局新建信息基础设施,规范各通信运营商建设流程,为打造宽带、泛在、融合、安全的信息通信网络打下良好基础。

【信息基础设施承载能力持续提升】 2017 年,在宽带网络建设方面:金山城镇和农村地区已实现光网全覆盖,城镇地区的家庭光纤用户平均接入带宽达到 70 M;全区已累计建设通信光缆 30 429 皮长公里,其中 2017 年新增 2 076 皮长公里;重点推进千兆小区建设,完成 4 782 个 10G-EPON 端口安装建设,覆盖约 60%的宽带用户。在无线网络建设方面:新建基站 53 座,存量改造基站 89 座,完成 800 多个 4G 基站需求,全区基站数量累计达到 1 094 个,城镇地区实现 4G 信号高质量全覆盖;通过新建和存量基站改造,有效完成 19 个市级部门划定的移动信号弱覆盖区域的优化建设工作;推进窄带物联网建设,共完成 811 个基站的设备替换,为水务、消防、家居等领域提供物联网支撑;新建红星国际广场二期等 6 个室内分布系统,2 个室内分布系统在建中。

【4G 网络深度覆盖】 2017 年,上海移动金山分公

司加强全区 4G 网络深度覆盖工作，助力智慧城市建设。截至 2017 年年底，客户已达 53.6 万户，其中 4G 客户突破 35.8 万户，优化金山嘴渔村、金山医院等重点区域 4G 网络覆盖。移动宽带网络已覆盖区内各镇区和工业区，实现了政企和个人业务的就近接入。

【网格化监控建设】 2017 年，上海金山东方有线网络有限公司立足下一代广播电视网基础资源、信息资源优势，参与朱泾镇、金山卫镇、亭林镇、山阳镇、石化街道等网格化综合管理中心建设，在路口、公交站等人流量较大区域根据要求进行监控点位建设，实时监控图像统一传送至村委及镇综治办。

七、信息化环境建设

【吕巷镇智慧村镇试点】 2017 年，金山区积极对接市经济信息化委，协调推荐吕巷镇申报市级智慧村镇试点，获 150 万元市信息化发展专项支持。试点通过智慧社区、智慧警务、智慧旅游、智慧养老等项目，进一步提升吕巷在村务管理、民生服务和农业旅游等方面的管理水平和效率。项目开发"看金山"APP，实现智能手机终端与智能电视终端间的亲情通话、电视终端一键报警、智能手机终端电视直播及电视回看功能；实现吕巷农户 WiFi 信号覆盖和旅游景区人流监控；建设以蓝滨嘉苑、吕巷绿地名苑等小区为试点的人脸识别智能门禁系统。

【推进金山嘴渔村智慧商圈试点】 2017 年，金山区正式启动金山嘴渔村智慧商圈平台建设，通过信息化基础建设、微信平台搭建及其他辅助配套设施建设，将景区管理与营销、商户运营和导流、游客体验与互动等多层次需求与互联网智能解决方案相结合，实现移动互联线上线下一体化商圈。项目已完成一期工程，内容主要包括智慧商圈微信平台开发建设，游客可通过微信服务号平台了解渔村美图美文、历史故事、老街商户、民宿和饭店推荐，提前做好游玩攻略；平台配套蓝牙硬件，游客可通过手机蓝牙获取景点内展馆的语音讲解；建设部署公众 WiFi，游客可使用短信认证、微信认证等多种方式获得上网权限。下一阶段，金山嘴渔村智慧商圈建设计划进一步完善微信平台，丰富平台信息，增加智能停车系统，加强移动网络信号覆盖，让金山嘴老街商圈成为上海首个智慧景区。金山嘴渔村智慧商圈获"上海市十大智慧社区商圈创新应用奖"。

八、社会诚信体系建设

【加强信用信息归集】 2017 年，金山区重点围绕环境综合整治、安全生产、市场监管、城市管理、法律援助、交通整治、项目审批等领域归集信用信息数据。组织 29 家单位参与编制完成“2017 版三清单”目录，共有数据清单 1 080 条、行为清单 286 条、应用清单 92 条。各单位累计上传数据 11 076 条。推动信用信息在酒类商品市场稽查、建设工程创优评优管理、社会组织年度检查、城市建筑垃圾(包括工程渣土)处置(分批排放、回填)的申报核准、建设项目配套绿化的竣工验收、区级技改项目资助、高新企业技术认定、上海市著名商标申请、表彰评优等领域的查询应用，应用信用产品 4 736次。

【信用信息交换和共享】 2017 年，金山区协调推进区信用平台与区城管执法平台对接，实现数据交换。同时，推进与事中事后综合监管平台、一网一平台的对接工作。并配合市场监管局起草《区信用平台对接网上政务大厅(事中事后平台)实施方案》、金山区卫计委制定《无偿献血评价体系》。

【重点领域信用制度建设】 2017 年，金山区安监局建立“危化品黑名单”制度和信用梯度管理制度建设；金山区建管委建立“建筑行业企业黑名单”发布机制，首批 5 家黑名单企业已录入区信用信息服务平台；挖掘并向市征信办报送金山区信用优秀案例，在 2017 年上海优秀信用案例评选活动中，金山区人民政府荣获“优秀案例报送十佳单位”；建立“双公示”平台，与金山区公共信用平台对接，并在“上海金山”开设专栏向社会发布。

【抓好创建工作】 2017 年，推动“创全国文明城区中诚信体系专项行动”的各项工作进展，做好材料收集整理上报工作。广泛开展诚信创建活动及主题宣传活动，启动 2017 年诚信活动周，举办诚信书法作品展、公益徒步行、查询个人信用状况、诚信寄语、宣讲进社区等活动。《新民晚报》报道金山区诚信活动周的系列活动。

【健全信用工作机制】 根据金山区委、区政府对镇(街道)、工业区领导班子考核评价要求，结合 2017 年重点工作，制定信用考核细则，细化考核内容并下发细则。组织召开信用体系建设联席会议，研究部署信用体系建设工作。发布 5 期《金山区信用工作简报》，通报信用工作情况。

(李　俊)

第十四章　奉贤区信息化建设

概　述

2017年,奉贤区稳步推进信息资源开发和利用,完成信息资源云服务平台二期项目建设;基本建成以法人和人口核心关键数据库、宏观经济运行库、基础地理信息库、遥感影像数据库、三维景观库等为核心的统一、完整、有效的基础数据库群,完成奉贤区资源目录建设;形成包括服务门户网站、数据管理子系统、元数据和数据目录管理子系统、信息服务发布与服务管理子系统、二三维一体化景观系统、运维管理子系统在内的“一门户、五系统”的平台软件体系,并初步完成平台管理、接口规范、数据标准等各项服务规范的梳理。

2017年,奉贤区重视新型智慧城市建设,加强智慧城市调研和顶层设计,制定《奉贤区推进智慧城市建设三年行动纲要(2017—2019年)》,确定奉贤区智慧城市建设涉及民生的十大重点项目,并组织开展项目建设。奉贤区无线电管理办公室在重大活动保障上表现出色,获评“上海市区无线电管理工作突出集体”。

一、政务领域信息化

【电子政务一体化】　2017年,奉贤区以行政审批制度改革为突破口,完成网上政务大厅升级扩展项目、奉贤区电子政务平台服务能力提升建设项目、奉贤区政务网安全服务项目,提升电子政务服务能级、增强安全防护能力,充分发挥行政服务中心作用。完善奉贤区企业经济信息管理系统三期项目、中小企业信息网络平台三期工程,推进管理联动、信息互通和资源共享。

【加强多部门电子政务水平】　2017年,奉贤区完成多部门的电子政务系统建设。运用信息化手段和跨部门信息共享提高各部门的工作效率及管理水平，从而全面掌握企业信息，促进信息记录归集，实现信用信息查询比对、信用预警等功能，便于各行业部门进行查询与监管，满足企业信用信息的使用需求。重大项目包括奉贤区镇社区治理信息化平台二期、区事中事后综合监管平台。其他项目包括奉贤区财政局 VPN 设备更新、奉贤区民政局网络基础设备更新、财务集中系统升级改造、区采购平台升级改造、政府投资项目信息管理电子监察软件系统建设、区重大工程项目建设管理和推进信息系统建设等。

（金　麟　尤　杰）

【奉贤区信息资源目录框架建设】　2017 年，奉贤区累计建设信息资源目录 29 个，接入部门 32 家（部委办 21 家、街镇 11 家）；完成部分资源数据对接（平台接入部门 19 家，平台公布的部门资源数据 158 种，企业资源数据 2 种）。

【9 个系统与云平台实时对接】　2017 年，奉贤区依托信息资源云服务平台，推进奉贤区税务电子地图、奉贤区公用移动通信基站管理平台、奉贤区镇综合治理系统二期、奉贤区事中事后监管平台、奉贤区网上政务大厅二期等项目的建设，实现了与市级系统（如市法人库、市人口库等）以及区内平台（如上海市诚信平台奉贤子平台、奉贤区企业经济信息管理平台）的数据实时对接。

【推进信息资源数据共享工作】　2017 年，奉贤区基本完成区信息资源云服务平台的搭建，建成以法人核心关键数据库、人口核心关键数据库、基础地理信息库、遥感影像数据库、三维景观库等为核心的统一、完整、有效的基础数据库群，包括：法人库（记录数 14.8 万条）、实有人口库（记录数 118 万条）、实有房屋库（记录数 81.2 万条）、经济运行库、应用专题库（资源平台含有 9 种专题分类，包含基础数据、机关团体、城市建设、道路交通、便民服务、金融保险、资源环境、教育科技、医疗卫生、能源通讯、文化娱乐、社会发展等内容）、基础地理库（含 2007 年、2009 年、2011 年、2013 年、2014 年、2015 年、2016 年数据）、遥感影像库（含 2005 年、2008 年、2010 年、2012 年、2013 年、2014 年、2015 年、2016 年数据）、三维景观库（南桥新城核心区域 12.5 平方公里三维建模）、地名地址库（含镇、社区、开发区 12 个、道路街巷 2 000 个、村居小区 2 300个、经济生活工业类园区 160 个，地名地址数据共计 7.6 万条）。

【提升电子政务网络升级】　2017 年，奉贤区智慧城市电子政务网络实现全区统一，形成“统一出口、统一认证、统一机房管理、统一维护”的模式；区政务网采用“万兆核心、万兆到镇、百兆到村”的网络架构，一级接入单位 85 家，二级接入单位 392 家，网内各类终端超过 15 000 台；区政务外网、政务内网、互联网整体运行平稳，有效支撑全区、镇用户电子政务工作的开展和应用；区政务网计算平台采用虚拟化技术，拥有各类虚拟主机 92 台，CPU 核心 906 个，内存 3 136G。除核心电子政务办公平台、信息资源云服务平台外，还为区内 32 家单位的 60 多个应用系统提供服务。

【推进无纸化办公工作】　2017 年，奉贤区统一电子政务协同办公平台，平台内有 118 个独立部门，用户 11 406 个。办公邮件记录总数 48 017 636 封、简报数量 25 683 份、公文收发总数 310 640 份、信息报送稿件 16 368 件，其中 2017 年办公邮件记录数 4 772 782封、简报数量 772 份、公文收发数 28 582 份、信息报送稿件 3 825 件。年内启用的区委、区政府督查管理中，各类事项共计 2 148 项。

【奉贤区政务网安全服务项目】 2017 年，奉贤区完善政务网安全服务保障体系，为各部门托管应用提供“技术检测＋管理”双重服务；完善政务网安全运维管理体系，提高整体安全运维水平；保障政务网安全设备正常运行与维护保障，协助完成政务内网中的三核心（核心网络设备、核心链路、核心服务设备）运维，年内实现三核心设备零故障。

（魏善禹）

二、社会领域信息化

【智慧健康】 2017 年，为进一步深化基于市民电子健康档案的卫生信息化服务，奉贤区完善公共卫生信息平台安全保障水平和信息系统支撑水平。基于电子病历等级评审的奉贤区公立医院信息化升级改造项目，成为奉贤区公共卫生信息系统的基础工程和开展“智慧健康”建设的重点。

【智慧就业】 2017 年，奉贤区通过完成区争议预防调解和监察信息平台、区事业单位人事管理系统三期建设，完善事业单位人力资源和社会保障相关信息资源建设和开发，实现三级事业单位管理信息共享和综合利用，从而实现政府就业监管和预防调解机制的创新。

（金　麟　尤　杰）

【社保卡申领及补换】 2017 年，奉贤区社会保障卡工作方面，完成广覆盖采集 5 551 人，累计采集 494 310 人；发放社会保障卡 5 585 张，累计发放 492 603 张；补(换)社会保障卡 21 188 张。

（董亚楠）

三、城市建设管理领域信息化

【智慧交通】 2017 年，奉贤区把公交终端设备全覆盖项目作为“智慧交通”建设的试点方向，推进公交客流实时信息采集、智能集群调度和公交电子站牌建设；建设公共停车信息平台，采集实时停车泊位信息，发布停车诱导动态信息，推进停车收费电子化和监管智能化。

【公共安全防控信息化建设】 2017 年，奉贤区建设完成并投入使用的重大项目有区卡口信息识别系统升级改造、阳光警务应用拓展、重点部位公共无线上网管控系统二期、区公共场所无线上网安全管控系统二期、互联网节点侦控数据中心二期等。

（金 麟 尤 杰）

四、信息产业发展

【软件和信息服务业】 2017 年，奉贤区软件和信息服务业保持良好的增长势头，企业营业收入和利润都有较大幅度增长。45 家主要企业 2017 年营业收入共计 48.50 亿元，较上年同期增长 120.66%。利润总额 4.77 亿元，较上年增长 57.21%。研发经费支出 1.98 亿元，较上年同期增长 59.33%。营业收入过亿元的企业有 10 家，较上年增加 3 家。重点企业营收情况较好，导致整体营收大幅上升，其余中小企业营收均稳健上升。

【电子信息制造业】 2017 年，奉贤区共有工业规模以上电子信息制造业企业 14 家，数量较上年无变化。受重点企业战略转移、生产外迁等因素影响，各项经济指标下滑明显。2017 年，完成工业产值 34.43 亿元，同比下降 31.8%；完成出口交货值20.08 亿元，同比下降 31.4%，完成主营业务收入 44.20 亿元，同比下降 17.7%；完成利润 2.49 亿元，同比增长 23.7%；完成税收 1.42 亿元，同比下降 13.2%。

（卫 明 董亚楠）

五、信息基础设施建设

【提升信息基础设施建设水平】 2017 年，奉贤区加快移动通信基站共建共享工作，共有 1 368 个移动通信宏基站向区内三家运营商共享，其中 590 个宏基站有 2 家以上运营商共享。奉贤区共有移动通信 2G 基站 1 526 个、3G/LTE 基站 1 377个、4G 基站 3 044 个；移动通信用户共计 1 430 000户，其中 3G 和 4G 用户占 81.5%；无线局域网热点累计 595 个，AP7 689 个，并且积极推进 i-Shanghai 无线覆盖。

【推进三网融合】 2017 年，奉贤区努力推进三网融合，基本完成全区城市光网全覆盖工作，百兆接入率达 100%，积极推进千兆小区建设，已有 200 多个小区具备千兆宽带接入能力，光缆资源总计 2 774 660.68

芯公里;宽带覆盖 1 229 300 户居民,光纤到户用户数共计 357 257 户;共有模拟电视用户 51 890 户,数字电视用户 300 238 户,有线电视用户 127 581 户。

(魏善禹)

【信息管线基础设施集约化管理】 2017 年,奉贤区依据信息基础设施规划,协调各运营商,完成全区信息基础设施规划管理工作。实现青村镇、西渡街道管线综合规划,大叶公路和沪杭公路改扩建搬迁工程等二十多项市政道路所涉及信息管线基础设施集约化共建的管理工作。

(金　麟　尤　杰)

六、信息化环境建设

【"智慧城市"民生项目建设】 2017 年,奉贤区制定《奉贤区推进智慧城市建设三年行动纲要(2017—2019)》,确定新三年智慧城市建设中十个重点民生项目,分别是智慧居家养老系统、医疗健康信息查询系统、智慧停车系统、市民云便民服务一站通、政务办理自助服务终端、河长制管理查询发布系统、食品追溯管理和公众查询系统、互联网+环境监测与管理平台、智慧社区建设、"i 奉贤"无线热点覆盖统一接入平台,计划用三年时间完成。

【智慧社区和村庄试点单位】 2017 年,奉贤区通过各社区居委会的申报,经过多轮交流和评审,认定 18 家区级智慧社区、智慧村庄试点单位。

【智慧村庄建设】 2017 年,奉贤区按照美丽乡村建设的总体要求,以信息基础设施高速泛在、农村公共服务便利化、村庄治理信息化为重点,完成区农民一点通服务终端平台的更新,提升为农综合信息服务平台信息化建设。

(金　麟　尤　杰)

【提升网络安全工作水平】 2017 年,奉贤区完成年度信息安全检查、重要信息系统等保测评、应急演练、关键基础设施网络安全检查等任务;完成政务内网相关安全保障;完成重大活动或会议期间的信息安全保障;完成政务网防病毒服务项目;积极应对"永恒之蓝"勒索病毒网络安全威胁,政务网内无服务器、终端受到病毒入侵;启动 2017 年度政务网安全服务项目,为区内各单位托管在区政务机房的应用提供安全服务。

(魏善禹)

七、社会诚信体系建设

【"双公示"服务系统】 2017年,完成奉贤区公共信用信息服务平台"双公示"服务系统建设,完成与市公共信用信息服务平台的对接,实现数据信息在线实时传送。组织开展行政许可、行政处罚信息"双公示"工作。截至11月30日,上报"双公示"信息6 255条,其中行政处罚信息1 728条。

【信用信息查询使用工作】 2017年,通过上海市公共信用信息服务平台奉贤区查询服务窗口,向社会提供信用信息查询服务,共66人次(家次)查询;在表彰评优、资金安排、扶持奖励、政府采购等事项中,推动信用信息查询使用,经奉贤区诚信办由子平台向市公共信用信息平台查询相关法人单位和自然人信用信息,共查询9个批次、596人次(家次)。

(卫　明　董亚楠)

第十五章　青浦区信息化建设

概　述

2017 年是实施“十三五”规划、深化供给侧结构性改革的重要一年。青浦区信息化工作在区委、区政府的领导下，在市经济信息化委的指导下，大力实施《青浦国民经济和社会信息化“十三五”规划（2016—2020）》，聚焦政务领域、社会领域、经济领域、城市建设管理领域，推动信息产业、信息基础设施发展，优化信息化环境，在各方面取得新成效、新突破。

广泛推动信息化、工业化深度融合，深化信息技术在各领域的集成应用，加快推动电子商务应用，引领智慧城市建设；推进信息化应用惠民工程，在智慧健康、智慧养老、智能交通、智慧教育等领域开展信息化惠民项目；做好重点区域信息基础设施规划编制，增强无线城市服务，推进 4G 网络建设；深化多媒体信息发布应用，把握网上舆论引导方向，提升网站信息发布实时化、政务信息新闻化、重大信息专题化、信息服务互动化、传播形式多样化的能力和水平；强化重要信息系统安全管理，完善信息化应急管理机制，推进信息安全战略规划布局，保障信息安全；强化无线电安全保障，做好重要节点、重大活动无线电安全保障任务，维护经济社会稳定发展；完善工作推进机制，推进信用信息记录与公开，加强信用产品使用，推进“诚信青浦”建设。

一、政务领域信息化

【提升政府网站服务能级】　“上海青浦”政府网站群首页访问量 1 118.65 万次、页面总访问量 2.72 亿页（次）、总点击量 6.13 亿次。门户网站发布政务新闻、便民服务信息等各类动态信息 9 618

篇(条),有力保障了门户网站信息发布更新的及时性、准确性和有效性。“上海青浦”政府门户网站获“2016 年度中国政务网优秀奖”称号。

【推动行政审批领域信息化】 2017 年,青浦区推进区行政审批平台建设,发挥基于云基础架构的青浦区网上行政审批与电子监察平台作用,构建区级平台和条线业务系统之间的数据交换和信息共享机制,实现市、区两级审批业务联动。依托“上海青浦”门户网站及各单位网站,公开本部门《行政审批事项目录(2017 年版)》及行政审批信息。开展行政权力清单制度试点工作,并明确要求各试点单位公布行政权力清单。

【健全电子政务安全体系】 2017 年,青浦区进一步增强电子政务云计算平台的安全防范能力,从技术和管理层面入手,有序落实整改措施,完善多层次、立体式、一体化的电子政务云安全防护体系。继续扎实推进两个三级信息系统(青浦区政务公共信息平台、“上海青浦”政府网站系统)安全等级保护整改工作,确保其稳定高效运行。完成全区共 605 家区级部门、镇(街道)下属单位(百兆接入单位)的政务外网接入设备统一升级工作,全面实现一体化网络配备管理。积极应对勒索病毒事件,制定针对性的立体式核心网络安全综合防范方案,并迅速落实一系列防护措施,有力保障了全区核心网络与信息系统平稳运行。

【优化电子政务应急预案】 2017 年,青浦区充分考虑各种可能的突发事件,补充并优化相应处理措施,持续改进《青浦区政务外网系统应急预案》及《青浦区政府网站系统应急预案》,进一步明确全区各部门突发事件应对职责,规范应对流程,建立健全应急机制,积极构建多重防护结构,逐步完善区电子政务网络与信息安全防御体系,保障基础信息网络和重要信息系统的运行安全。

二、社会领域信息化

【民政领域信息化】 2017 年,青浦区继续推进“智慧社区”“智慧村庄”建设。完善实名制社区一卡通服务,集聚社区公共服务资源、商业资源,向社区居民提供便利的智慧服务。继续开展智慧村庄试点建设应用,从村庄自治管理、公共服务、公共安全、旅游服务等各方面实行智慧试点应用。年内全区共制发各类社保卡 14 384 张,补换社保卡 25 404 张。完善“青浦区社会保障卡服务中心”微信公众号服务功能,通过微信公众号发布信息 108 条。

【深化农村信息化工作】 2017 年,青浦区完善村民信息化活动室监管平台,加强对活动室硬件设施、使用情况的监管;推进农村信息化信息服务平台建设;建设青浦区村民信息化服务平台,为村民提供信息知识、信息安全、农业信息等服务;优化村民信息化服务点建设方案,开展村民信息化服务点申报、立项评审工作;朱家角镇周家港村等五个村的村民信息化活动室被命名为“2017年青浦区村民信息化服务点”；开展移动互联网应用宣传培训，采用“统一组织、统一教材、统一培训点认定、统一考核、统一发证”的方式，向全区居民开展移动互联网应用培训和宣传普及，共培训700人次，宣传规模达7 000人次。

三、城市建设管理领域信息化

【青浦公安智能化建设信息化项目前期咨询工作】 2017年，青浦区完成青浦公安智能化建设信息化项目前期咨询工作并编制项目工程可行性研究报告，并开展项目工程设计招标工作。

四、信息产业发展

【软件和信息服务业】 2017年，青浦区软件和信息服务业持续快速发展。全区软件和信息服务业销售额262.3亿元，同比增长22.1%，税收收入17.2亿元，同比增长49.8%；完成上海市西软件信息园规划编制工作，至年底，市西软件信息园正式落户青浦；开展轨道交通17号线沿线商业综合体业态评估，明确将17号沿线打造成为青浦乃至全市软件和信息服务业的产业走廊和创新走廊。

【扶持软件信息服务业发展】 2017年，青浦区积极落实市、区两级对软件和信息服务业的扶持政策(创建众创空间、智慧园区，以及市级基地、孵化器等)，不断优化政策效果，支持企业以应用信息技术提升核心力。完成2016年度软件信息服务业七大类38个项目的验收及绩效评估工作，推荐11家企业申报2017年度上海市软件和集成电路产业发展专项资金项目。开展软件和信息服务业运行监测分析，每月将软件和信息服务业产值形成统计报表，从而可及时掌握全区产业发展情况，做好运行分析工作。

五、信息基础设施建设

【夯实智慧城市建设基础】 2017年，青浦区推进“互联网+”战略合作框架协议，打造智能化高速网络，夯实无线城市和移动互联网业务应用的网络基础。完成区内30个公共场所无线网络的覆盖建设并开通使用。全区固定电话达 23.4 万户，4G 手机用户 90.1 万个，城市光网接入用户 25.8 万户，数字整体转换用户 22.5 万户，共发出 130 条道路的管线建设征询单。

【协调推进重大工程和市政道路通信设施集约化建设】 2017 年，青浦区配合轨道交通 17 号线、西虹桥国家会展中心项目等重大工程和市政建设，推进通信设施集约化建设，积极协调通信运营商做好通信基础设施搬迁和新建工作，对盲点区域进行无线信号提升。配合中小河道整治及区内重要道路建设，积极协调通信运营商做好轨交沿线的通信基础设施搬迁和新建工作，并完成部分搬迁项目。配合全区大社区建设，积极推进基础设施的集约化建设，切实保证社区信息基础设施建设的进度和质量。

【加强无线电项目管理工作】 2017 年，青浦区探索无线电管理工作模式，利用门户网站、电视台、电梯广告及发放宣传册等形式，开展无线电知识进社区、进学校宣传活动，宣传有关无线电管理法律法规知识；组织"社区居民无线电科普"主题教育活动，增强社区居民对无线电频谱资源和无线电管理工作的认知度、认可度；积极联系市无线电监测站对全区的高考考场进行电磁环境监测，在高考前夕对各考场听力考试的收听频率进行考前测试和收听指导。

六、信息化环境建设

【加强信息安全宣传】 2017 年，青浦区开展以"网络安全为人民，网络安全靠人民"为主题的 2017 年青浦区信息安全活动周活动。期间，举办信息安全专题培训、信息安全知识竞赛、市民信息安全宣传、信息安全应急演练等系列活动，增强全民信息安全防范意识。并且，以信息化专管员队伍为抓手，开展专题集中培训，提高全区信息化安全技术水平。

七、社会诚信体系建设

【完善工作推进机制】 2017 年，青浦区健全区社会诚信体系建设联席会议工作制度，明确各成员单位职责分工，充分发挥联席会议协调推进作用，激发各成员单位在社会信用体系建设中的积极性和创造性。加强信用体系规划与制度建设，推进实施《青浦区社会信用体系建设"十三五"规划》《2017 年青浦区社会信用体系建设工作要点》和《青浦区社会信用体系建设资金管理办法》，完善信用信息记录和披露、信用产品使用、信用分类管理和信用联动奖惩等制度安排。

【推进信用信息记录与公开】 2017年，青浦区进一步加强信用信息记录和归集，着力提高数据归集的有效性、规范性和及时性，编制完成青浦区2017年版“三清单”（信用信息数据清单、行为清单、应用清单）。年内“双公示”信用信息（行政许可、行政处罚信息）共计录入信息5 993条。注重信用信息和信用产品在市场监管、社会管理、公共服务等领域内的示范效应，推动政府部门和单位在行政审批、公共财政资金使用等方面率先使用信息产品。青浦区通过市信用信息平台共查询15项应用事项，查询400余次。

【加强信用产品使用】 2017年，青浦区完善市信用平台青浦区服务窗口服务功能，面向市民和企业提供信用信息查询服务。深化公共信用信息归集和信用平台建设。进一步完善数据清单、应用清单、行为清单，加强信用信息记录和归集，提高数据归集有效性、规范性和及时性。积极落实《上海市公共信用信息归集和使用管理办法》，开展2017年度青浦区信用管理试点培育企业评审工作，8家企业被列为2017年青浦区信用管理试点培育企业。

【开展诚信宣传创建活动】 2017年，青浦区编制信用知识问答、信用条例等宣传材料；开展2017年诚信活动周，围绕“信用法制”主题，举办青浦区社会信用体系建设专题培训、“信用知识进园区、进企业、进校园”活动、诚信知识网上竞赛活动、广场集中宣传活动，以及参观体验活动等；开展各类诚信创建活动，在食品药品、农副产品、旅游、房产、建筑、商业、交通运输等行业开展各类符合各自行业特点的诚信创建活动；加强信用教育与培训，组织开展“三清单”工作专题培训；联动开展“3·15”国际消费者权益保护日、“质量月”“安全生产月”、食品药品安全宣传周、宪法宣传周等活动，突出诚信主题，营造诚信和谐的社会氛围；完成青浦诚信网升级改版，加强宣传载体建设。

（张　峰）

第十六章　崇明区信息化建设

概　述

2017年，崇明区信息化工作围绕崇明世界级生态岛建设总目标，落实智慧崇明建设目标任务，在市经济信息化委指导下，在区委、区政府的领导下，聚焦自然生态、绿色产业、人居生活等崇明智慧城市应用重点，以打造与上海全球城市地位和功能相匹配的世界级智慧生态岛为目标，积极谋划崇明智慧城市建设工作，各项工作均有序开展。

一、政务领域信息化

【崇明世界级生态岛智能管理平台规划】 2017年，为提升崇明区信息化整体应用效能，崇明区科学技术委员会(以下简称“区科委”)围绕资源利用、生态环境、经济社会发展、人居品质四大主题，成立由高校、科研院所、企业等单位相关领域专家组成的项目研究课题组，研究大数据、物联网、卫星遥感等新型信息化技术对崇明区生态监测、农业发展、城镇规划等领域的支撑形式，明确智能管理平台的数据采集与交换、信息汇集融合展示等问题，进一步优化智能管理平台的顶层设计。

二、社会领域信息化

【“村医云”信息化平台】 2017年6月，崇明区218家村卫生室完成网络硬件改造，正式启用医疗服务信息化平台——“村医云”。该项目将全区218个村卫生室与18家社区卫生服务中心联网，实现区域内镇、村两级门诊处方信息、住院医嘱信息的数据共享，各级病历共享和检查结果互认。该项目启动后，村卫生室实现诊疗业务、药品、健康档案、慢病档案等多项功能的信息化管理，进一步增强崇明村卫生室卫生信息化建设水平。此外，医生还可通过该平台对高血压、糖尿病、重度精神障碍病等慢性病患者进行健康管理，及时在网上记录病情，有效开展跟踪随访服务，为家庭医生深入基层开展签约服务和“1＋1＋1”组合签约提供技术支持，让农村居民体验高效、便捷的医疗卫生服务。

【智能跑道】 2017年5月14日，上海首条智能跑道在崇明明珠湖公园正式投入使用，近千名跑步爱好者在这条道路上开跑。这条全长8公里的跑道最大亮点在于智能化，具备人脸识别、检录签到、成绩记录、心率测试等一系列功能，让跑步运动爱好者有新奇的体验。明珠湖公园近年来一直在探索体育、旅游结合发展的思路，打造体育休闲旅游公园。

三、城市建设管理领域信息化

【“美丽三星智慧水务”】 2017年，崇明区三星镇政府与中国中车山东公司和崇明电信局签订三方战略合作协议，明确提出以农村生活污水治理为切入点，依托中国中车的产品技术优势、品牌资源和投融资能力，在三星镇水域环境治理、人居环境提升、智慧城镇建设及产业发展等方面开展全方位合作。借助“物联网＋”技术，对三星镇域内河流进行智能化水质断面监测，对全水域流量和水质情况进行可视化控制，实现水环境智能化监测，打造“美丽三星智慧水务”。

【智慧水务建设工作专题会】 2017年8月10日，崇明区水务局组织召开智慧水务建设工作专题会，提前谋划探讨崇明智慧水务建设的新目标、新举措。会议听取崇明智慧水务平台建设设想的汇报，对各条线信息化建设现状及不足进行全面分析，并提出相关对策建议。会议指出，当前崇明智慧水务建设是实现水务行业科学管理、高效率运行的强有力支撑，要进一步提高水平、加快信息化进程，以需求为导向，着眼全局，在更高层次上做好前期准备，及时推进相关工作。一是加强顶层设计，以实现“水率先”为目标，做好信息规划，明确建设标准，避免重复浪费；二是加强数据、信息等资源整合，以智慧水务平台建设为核心，广泛开展多层次调查研究，强化协同管理，实现综合运用；三是加强精细化管理应用，通过建设水务业务模型、大数据应用、分层分类等方式实现提前预知、科学决策、精准管控、主动服务等智慧管理功能，为崇明水环境、水安全、水资源一体化管理提供有力保障。

四、信息产业发展

【信息产业发展状况】 2017 年,崇明区参加网上直报的软件和信息服务类企业共计 24 家。其中,经认定的软件企业 16 家,非认定企业 8 家。24 家企业共计实现营业收入 21.72 亿元,同比(33.78 亿元)减少 35.69%,利润总额 3.38 亿元,同比(2.0 亿元)增长 69.27%,增加明显;营业税金及附加 902.7 万元,同比(1 223.9 万元)减少 26.24%。崇明区主要软件业务收入 15.91 亿元,同比(22.71 亿元)减少 30.58%。其中,软件产品收入 4.24 亿元,同比(3.67 亿元)增长 15.57%;信息系统集成收入 11.67 亿元,同比(19.21 亿元)减少 39.26%。崇明区软件和信息服务业的企业的从业人员人数为 2 523 人,同比(2 752人)减少 8.32%,说明企业的人员结构在不断调整。崇明区软件和信息服务业的企业的科技研发投入支出为 1.37 亿元,同比(2.69 亿元)减少 49.01%。

【企业资产规模不断壮大】 2017 年,崇明区软件和信息服务业资产总额达 50.41 亿元,同比增长 39.05%。资产总计超亿元的企业 5 家,其中,上海中彦信息科技有限公司是国内购物积分行业市场规模最大、用户活跃度最高的第三方返利导购平台之一,拥有千万级注册会员,保持千万元级月度返利,累积返利超过 2.5 亿元,吸引包括天猫、1 号店、苏宁易购等在内的 400 多家主流电商入驻。上海欣能信息科技发展有限公司是上海地区电力系统的信息集成商,主要开展电力系统应用数据库、电力调度、分布式微电力信息开发等高端信息开发工作。

五、信息基础设施建设

【上海崇明岛首期 NB-IoT 智慧路灯正式商用】 2017 年,智慧生态崇明项目正式启动,首期 200 盏 NB-IoT 智慧太阳能路灯在崇明港沿镇惠军村正式投入使用,这是 NB-IoT 路灯在上海首次规模商用。NB-IoT 是一种新的窄带蜂窝通信低功耗广域网技术,具备广覆盖、大连接等特性,拥有丰富的应用场景,安装太阳能路灯后,管理人员能够远程操控布置在崇明地区的路灯,实时监控路灯的运行状况,也可以根据需要对路灯进行单灯控制或集中控制,不仅为居民夜间出行提供便利,在一定程度上还能提升治安水平,受到村民的欢迎。

【加快崇明公益 WiFi 布局规划】 由于崇明区地域、人口、经济等因素,崇明公益 WiFi 建设严重滞后于上海其他区。2017 年,为提升市民对崇明智慧城市建设的感受度,探索研究无线局域网应用与旅游、文化、公共服务融合发展,崇明区科委实地考察上海其他区的部分商圈、楼宇公共无线局域网建设模式和投资规模，调研崇明区相关景区、公共交通、公共场馆等 WiFi 覆盖需求，并对全区重点区域无线局域网建设项目投资进行初步估算，最终完成崇明重点地区无线局域网全覆盖服务项目实施方案，并经区委、区政府研究确定实施，启动项目实施工作。

六、信息化环境建设

【调研“智慧崇明”建设】 2017 年 2 月 22 日，市经济信息化委信息化推进处副处长裘薇一行至崇明调研“智慧崇明”建设工作，区科委副主任范伟峰及相关科室人员陪同调研。调研中，裘薇一行参观崇明区规划展示馆、上海市崇明绿色食品产销联合会、崇明区卫生信息中心的信息化展示平台，听取崇明区在信息惠民、信息助业、信息强政等领域的信息化应用情况介绍，并与区科委围绕《智慧崇明行动方案》编制进行座谈交流。双方研究认为，《智慧崇明行动方案》编制工作必须紧扣崇明区生态发展功能定位，聚焦自然生态、休闲人居、绿色产业、精细治理等领域的发展需求，充分运用云计算、大数据、物联网等信息技术推进重点信息化项目建设，切实发挥信息化助推崇明世界级生态岛的建设功能。

【网络安全讲座】 2017 年 7 月 13 日，为贯彻落实《中华人民共和国网络安全法》，提升崇明区关键信息基础设施运营者和相关人员的网络安全意识，崇明区科委邀请上海市委网络安全和信息化领导小组办公室总工程师杨海军举办专题讲座。讲座通过分析近期发生的多起网络安全事件，对《中华人民共和国网络安全法》进行详细解读，就做好网络安全工作提出具体意见和建议。通过学习使参会人员对网络安全有了总体认识和领会，170 多位相关人员参加专题讲座。

【与上海电信签署战略合作框架协议】 2017 年 11 月 13 日，崇明区人民政府与上海电信签署战略合作框架协议。根据协议，双方将秉持创新、协调、绿色、开放、共享的发展理念，共同致力于提升崇明区信息基础设施能级、推广信息化应用，打造领先的信息化标杆城区，不断推进崇明世界级生态岛建设。区政府将支持上海电信实施“互联网+”专项行动、关键平台与示范工程建设，上海电信将承担社会责任，全面深入推进崇明区信息化建设。

【“市民云”宣传培训活动】 2017 年，崇明区开展多场“市民云”普及培训百人活动，带来一场精彩纷呈的“互联网＋政务服务”头脑风暴，让市民了解“市民云”的基础功能和特色服务。区科委通过“崇明科普”微信公众号和“崇明科技”门户网站等宣传媒介推送培训公告和使用指南，吸引市民参与“市民云”的普及应用培训，让更多市民享受智慧城市带来的获得感，并对照“面向市民的一站式‘互联网+’公共服务平台”政府实事项目的工作要求，完成该实事项目在区内的普及培训任务。

【上海智慧岛数据产业园孵化器项目招商发布会】 2017年5月13日,上海智慧岛数据产业园孵化器项目招商发布会暨上海硅西江浙沪企业家联谊会在上海举行。企业家代表实地考察上海园区及孵化器基地,对崇明岛的地理位置、生态环境及优惠政策等感到满意。上海智慧岛数据产业园孵化器占地面积4万平方米,园区围绕大局,密切配合、简化手续、优化服务、全力打造“设施比较先进、税费相对较低、服务配套周到”的投资发展环境,为项目入驻创造良好的条件,为科技成果产业的技术创新活动提供全流程服务,降低创业者的创业成本和风险,帮助“小而美”的创新型企业加速发展。

七、社会诚信体系建设

【实施公民和企业诚信“红黑榜”行动】 2017年,崇明区社会信用体系建设联席办公室(以下简称“区信用联席办”)组织成员单位开展一系列诚信宣传活动,在全区营造“守信光荣、失信可耻”的良好诚信氛围,为全国文明城区创建、世界级生态岛建设提供有力的信用支撑。崇明区信用联席办在《崇明报》、“上海崇明”公众微信号、区行政服务中心电子屏每月发布诚信“红黑榜”,共发布23批426个“红榜”、376个“黑榜”,阅读量超20万人次。

【《上海社会信用条例》宣传】 2017年11月15日,崇明区信用联席办在《崇明报》上刊登《上海市社会信用条例》专版,在“上海崇明”公众微信号推送《上海市社会信用条例》,在“崇明科普”公众微信号上举行《上海市社会信用条例》知识竞赛,15 000人次参与。邀请立法专家黄钰就《上海市社会信用条例》对成员单位进行深入解析,普及信用条例知识。各乡、镇向居民发放《上海市社会信用条例》,召开专题讲座,倡导广大市民诚实守信。

【开展诚信主题日宣传活动】 2017年,崇明区市场监管局开展“3·15”国际消费者权益日活动,围绕“网络诚信、消费无忧”主题,广泛传递“诚信放心”的消费理念和知识。组织开展“放心消费”启动仪式,现场发起诚信倡议,企业代表签署诚信承诺书;通过电子显示屏、横幅、宣传展板、宣传资料等宣传形式普及消费维权知识。同时,18个市场监督管理所也在各自乡镇主要商业街和村(居)、学校、景点等消费维权联络点开展形式多样的消费维权宣传咨询活动。此次活动共接受消费者咨询800余人次,现场受理消费者投诉55件,发放宣传资料43 000余份。

【开展诚信创建活动】 2017年,城桥镇、陈家镇通过创建“放心食堂/放心餐厅”“农村食品安全放心店”“守信超市、守信便利店”等活动,开展有关法律法规、安全知识的集中培训,以及“讲诚信、守公德、守法经营”的道德诚信教育宣传,进一步强化诚信经营、文明服务意识,发挥放心店/食堂/餐厅的引导作用,推动崇明区食品安全工作进一步深入开展,维护食品经营者和广大消费者的合法权益。

【开展农村生态信用试点工作宣传】 2017年,崇明区在横沙乡开展农村生态信用试点工作,针对农村居民文化素质有限的特点,重点围绕基本概念、信息征用评价、生态惠民奖励政策等,专门制作和印刷图文和图表直观的《生态文明、诚实守信》宣传资料。通过发放宣传手册,在村委会、老年活动室、睦邻点张贴宣传页、设置宣传展板,采用专人宣讲、逐一介绍、公众微信号推送相关信息等多种形式、多种渠道宣传农村生态信用试点情况,做到家喻户晓、人人参与。

(施　华)

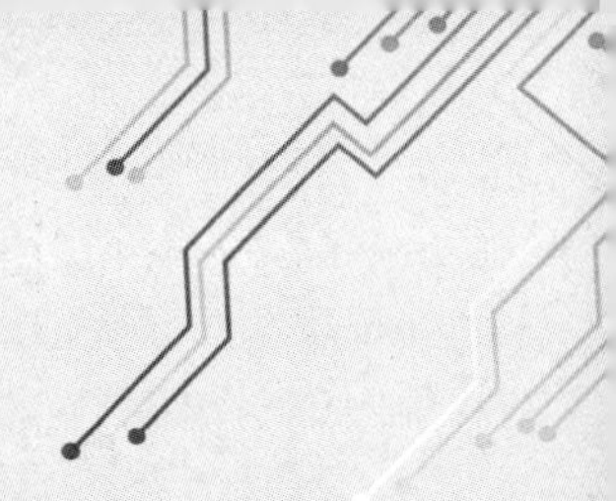

SHANGHAI INFORMATIZATION

附录

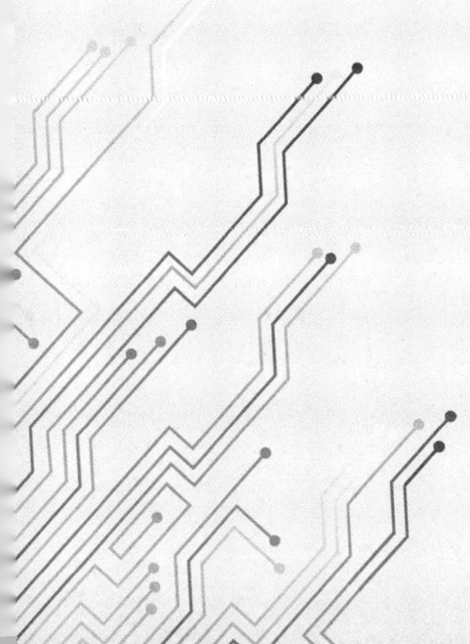

2017年上海信息化建设大事记

1月

1月9日，上海市经济和信息化委员会（以下简称"市经济信息化委"）、上海市国防科技工业办公室（以下简称"市国防科工办"）组织中国科学院上海高等研究院、上海微小卫星工程中心、上海碳数据与碳评估研究中心等相关单位人员，专题研究推进高光谱卫星应用示范建设课题，紧密依托高端技术载体和智能制造平台，积极推动上海科创中心建设和军民融合产业化发展。市国防科工办副主任伍继宏出席研讨会，中科院上海高等研究院党委副书记王茂华进行专题汇报。

1月11日，建设新型无线城市战略合作签约仪式暨新型无线城市发展高峰论坛举行。论坛由市经济信息化委、杨浦区政府、虹口区政府共同主办。市经济信息化委主任陈鸣波出席签约仪式并致辞。市经济信息化委副主任邵志清与杨浦区副区长谈兵、虹口区副区长袁泉共同签署协议。

1月12日，在工业和信息化部（以下简称"工信部"）支持下，市经济信息化委与中国信息通信研究院携手合作，举办2017上海区块链和大数据技术发展论坛。市经济信息化委副主任、市国防科工办主任吴磊出席会议并致辞。工信部信息通信发展司、中国（上海）自由贸易试验区（以下简称"上海自贸试验区"）金桥管理局相关负责人出席会议。

2月

2月13日，工业互联网功能型平台专家论证会召开，市经济信息化委副主任邵志清出席会议。上海市发展和改革委员会（以下简称"市发改委"）、上海市科学技术委员会（以下简称"市科委"）、上海市财政局（以下简称"市财政局"）等相关单位出席会议，与各方专家就工业互联网功能型平台的建设方案展开深入讨论。

2月14日，上海市经济和信息化工作党委（以下简称"市经信工作党委"）、市经济信息化委召开2017年上海市经济和信息化系统工作会议，总结2016年工作、部署2017年重点任务。市委常委、常务副市长周波出席会议并讲话，市政府副秘书长金兴明主持会议。市经信工作党委书记陆晓春做党委工作报告，市经信工作党委副书记、市经济信息化委主任陈鸣波做产业和信息化工作报告。

2月15日，市发改委、市经济信息化委赴中芯国际集成电路制造有限公司和上海华虹(集团)有限公司开展联合调研工作。市发改委主任沈晓初、市经济信息化委主任陈鸣波出席调研活动，并现场察看华力一期12英寸生产线的运行情况。中芯国际、华虹集团董事长汇报行业未来发展前景、公司总体发展战略、新建项目进展等情况。

2月15日，为落实市政府2017年“建成网络与信息安全应急基础平台”工作目标，市经济信息化委召开平台建设工作推进会议，市经济信息化委副主任邵志清出席会议。19家机构代表共同发起“上海市网络与信息安全监测预警共建 威胁信息共享战略协作倡议”，会上就上海市网络与信息安全工作情况，以及落实监测预警共建共享机制等内容进行交流。

2月16日，市经济信息化委主任陈鸣波现场调研上海市公用移动通信基站建设工作。上海移动总经理陈力、副总经理王华等参加调研。

2月17日，市经济信息化委在上海信息安全测评认证中心组织召开“新技术新应用安全测评能力建设”项目建议书咨询评审会。来自高校、金融机构和国家信息安全机构的多位专家，从云计算、大数据、移动互联网、城市基础设施控制系统和智能卡安全检测等方面，对完善项目方案提出意见和建议。

2月20日，上海市集成电路重点设计企业——上海富瀚微电子股份有限公司在深圳交易所创业板上市。公司募集资金用于投资新一代模拟高清摄像机ISP芯片、全高清网络摄像机SoC芯片等多个项目，以及补充与主营业务相关的营运资金。

2月20日至21日，由工信部指导，中国信息通信研究院和工业互联网产业联盟联合主办的2017工业互联网峰会在京召开。市经济信息化委副主任、市国防科工办主任吴磊出席会议，并代表上海做《大力推动工业互联网创新发展 积极促进上海产业转型升级》的主题演讲。

2月22日，市经济信息化委副主任黄瓯赴松江区调研智能制造和高端装备产业发展情况，松江区副区长陈小锋出席调研座谈会。黄瓯一行实地察看正泰电气股份有限公司制造车间，听取公司关于智能制造发展情况的汇报；调研伟本智能机电(上海)股份有限公司，听取公司智能制造系统集成业务发展情况介绍；参观G60上海松江科创走廊规划展示馆。

2月27日至3月2日，2017世界移动通信大会在巴塞罗那召开，市经济信息化委副主任邵志清等一行应大会主办方GSMA(全球移动通信协会)邀请出席相关活动，并在国际智慧城市高峰论坛上做主题发言。

2月28日，市经济信息化委和闵行区联合召开产业政策宣传培训会。市经济信息化委宣讲上海市产业转型升级发展专项资金(重点技术改造)、进口设备免税、全市产业项目信息库平台、上海市产业投资项目备案等相关政策；闵行区经委重点介绍《闵行区关于加快推进先进制造业发展的若干政策意见》。

3 月

3 月 1 日，上海市软件和信息服务业 2017 年工作会议召开，市经济信息化委副主任傅新华出席会议。

3 月 2 日，市经济信息化委召开 2017 年重大产业项目领导小组第一次工作会议。市经济信息化委主任陈鸣波，市经济信息化委副主任、市国防科工办主任吴磊，市经济信息化委副主任徐子瑛、黄瓯，市经济信息化委秘书长戎之勤，市国防科工办副主任张华芳、伍继宏，市经济信息化委巡视员陈跃华等出席会议。

3 月 11 日，由国家发改委正式批复的"大数据流通与交易技术国家工程实验室"成立大会暨第一次研究中心主任联席会议召开。国家发改委、中央网信办、工信部以及上海市政府相关单位负责人出席成立仪式。市经济信息化委副主任邵志清出席会议并致辞。

3 月 14 日，第十四届上海国际信息化博览会在上海新国际博览中心开幕。国务院参事、中国电子商会会长曲维枝宣布上海国际信息化博览会开幕。市经济信息化委主任陈鸣波出席开幕式并致辞，开幕式由市经济信息化委秘书长戎之勤主持。

3 月 15 日，市经济信息化委主任陈鸣波、副主任徐子瑛一行赴嘉定区调研上海联影医疗科技有限公司，现场查看磁共振等生产线及相关产品，听取企业负责人对公司产品、创新发展历程以及未来规划的情况汇报。

3 月 15 日，"3・15 上海金融信息安全论坛"召开。市经济信息化委副主任傅新华出席会议并致辞。论坛由市经济信息化委指导、黄浦区金融办支持，上海金融信息行业协会主办，上海前隆金融信息服务有限公司、Maxent 猛犸反欺诈、360 企业安全集团协办。

3 月 18 日，工信部副部长徐乐江，市委常委、常务副市长周波出席上海市推进《"中国制造 2025"上海行动纲要》工作领导小组第一次会议并讲话，会议由市政府副秘书长金兴明主持。市经济信息化委主任陈鸣波出席会议，做 2016 年工作总结，并通报 2017 年上海振兴实体经济、推进制造业转型升级的工作安排。

3 月 21 日，2017 年度上海信息化专家委员会大数据专业委员会第一次全体会议召开。原教育部副部长、国家自然科学基金委管理科学部主任、上海市信息化专家委员会主任吴启迪，市经济信息化委副主任邵志清等出席会议。

4 月

4 月 12 日，主题为"发展关键在创新，创新关键在人才"的 2017 年度上海市软件行业协会工作年会暨七届二次会员代表大会召开。市经济信息化委副主任傅新华出席会议并致辞。

4 月 23 日至 25 日，工信部副部长刘利华一行至上海调研集成电路产业发展情况。在调研过程中，刘利华一行深入企业生产一线，同企业负责人座谈交流，了解企业生产发展情况。

5月

5 月 4 日,上海韦尔半导体股份有限公司在上海证券交易所挂牌上市。公司于 2007 年 5 月成立,主营业务为半导体分立器件和电源管理 IC 等半导体产品的研发设计,以及被动件、结构器件、分立器件和 IC 等半导体产品的分销业务。

5 月 24 日,市经济信息化委与嘉定区政府关于市区深化共建国家智能网联汽车(上海)试点示范区签约仪式暨国家智能网联汽车(上海)试点示范区合作项目签约活动,在汽车・创新港举行。市经济信息化委主任陈鸣波和嘉定区区长章曦为"上海市制造业创新中心(智能网联汽车)"揭牌。市经济信息化委副主任黄瓯与嘉定区副区长陆祖芳签订《关于市区深化共建国家智能网联汽车(上海)试点示范区合作协议》。

5 月 26 日,为进一步贯彻落实国家关于"提速降费"的总体要求,帮助中小微企业降低通信和信息化应用成本,提高信息化应用水平,在市经济信息化委指导下,市促进中小企业发展协调办公室、市中小企业发展服务中心与上海移动签订"New Power 信息化新动力"战略合作框架协议,共同发布"New Power 信息化新动力"计划。市经济信息化委副主任傅新华、上海移动副总经理黄刚等出席签约仪式并致辞。

5 月 26 日,由市经济信息化委指导,上海生产性服务业促进会、上海电子商务"双推"企业联盟、上海生产性服务业功能区联盟共同主办的 2017 上海电子商务"双推"工程启动暨走进上海生产性服务业功能区对接交流会,在市北生产性服务业功能区举行。

6月

6 月 7 日,国家智能网联汽车(上海)试点示范区成立一周年活动举行。市经济信息化委副主任黄瓯、嘉定区副区长陆祖芳等出席相关活动。

6 月 16 日,上海市再制造产业发展联盟成立。该产业联盟旨在推进上海市先进制造业拓展"高端再制造、智能再制造"新领域,加强循环经济,从而促进工业转型升级、绿色发展。

6 月 19 日,上海集成电路研发中心、荷兰 ASML 公司在上海市集成电路研发中心举行"合作共建光刻人才全球培训中心"签约仪式。市经信工作党委书记陆晓春,市经济信息化委副主任傅新华,上海市集成电路行业协会会长、华虹集团董事长张素心,上海集成电路研发中心董事长赵宇航,ASML 公司总裁兼首席执行官 Peter Wennink 等出席签约仪式。

6 月 20 日,市经济信息化委副主任黄瓯赴临港松江科技城和上海 3D 打印科创园调研增材制造产业发展情况,实地考察上海极臻三维设计有限公司、上海联泰科技股份有限公司等多家企业,并与上海市增材制造协会就 3D 打印产业创新工程开展座谈交流。

6 月 22 日,市经济信息化委组织召开软件和信息服务业发展工作会议,进一步部署落实上海软件和信息服务业"十三五"发展目标,谋划各区产业定位和发展路径。市经济信息化委副主任傅新华出席会议,各区软件和信息服务业主管部门负责人参加会议。

6月27日，ARM人工智能生态联盟发起仪式在上海举行。市经济信息化委主任陈鸣波、徐汇区区长方世忠、上海仪电集团总裁蔡小庆、ARM全球执行副总裁兼大中华区总裁吴雄昂、上海国际汽车城发展有限公司执行总经理徐健等出席仪式。

6月28日，2017上海国际信息消费节拉开帷幕。此届信息消费节以“数字经济，无限未来”为主题，向大众全面展示上海在“互联网+”时代的信息经济建设成果。中国移动董事长尚冰、市经济信息化委副主任傅新华、市民政局副局长蒋蕊、GSMA董事会成员、知名企业家代表等300余人出席开幕式。

7月

7月10日，市经济信息化委主任陈鸣波一行实地调研智能云科信息科技有限公司和安吉汽车物流有限公司，参观企业数字化运营中心，听取两家公司对运营情况的介绍，与企业有关负责人进行座谈，并就上海市工业互联网工作推进情况进行交流讨论。

7月11日，市经济信息化委主任陈鸣波、副主任傅新华一行调研上海奔影网络科技有限公司和科大智能科技股份有限公司，听取两家公司运营情况汇报，与企业有关负责人进行座谈，并就上海市人工智能产业发展情况进行交流讨论。徐汇区副区长陈石燕参加调研。

7月11日，市经济信息化委副主任邵志清赴上海研究院出席“人工智能与知识管理”信息化专家委系列沙龙活动，共商行业趋势热点。上海大学副校长、上海研究院常务副院长文学国出席会议。

7月12日，市经济信息化委主任陈鸣波一行调研腾讯优图实验室，听取腾讯公司在云计算、人工智能等领域的产业布局和应用情况介绍，与企业有关负责人进行座谈，并就上海市人工智能产业发展情况进行交流讨论。徐汇区区长方世忠、副区长陈石燕参加调研。

7月27日，由市经济信息化委和徐汇区共同主办的软件和信息服务产业政策宣讲会，在漕河泾开发区举行。

7月28日，市经济信息化委副主任傅新华赴中芯国际新建12英寸芯片生产线项目建设工地进行调研、慰问和安全生产检查，中芯国际执行副总裁李智参加调研，市经济信息化委经济运行处、电子信息产业处参加调研。

7月31日，市经济信息化委副主任黄瓯一行实地调研上海拓璞数控科技股份有限公司，听取公司研制的高端智能装备和智能制造产线在航空航天领域的应用情况介绍，与企业负责人就上海市航空产业链布局情况进行交流。

8月

8月2日，市经济信息化委主任陈鸣波一行实地调研上海敬众科技股份有限公司和星环信息科技(上海)有限公司，听取企业在大数据创新应用、大数据关键技术研发等领域的情况介绍，与企业负责人进行座谈,并就上海市大数据产业发展情况进行交流讨论。

8 月 10 日,上海市交通电子行业协会第三届第二次会员大会召开。市经济信息化委副主任傅新华出席会议。

8 月 10 日,市经济信息化委开展工业行业《网络安全法》专题培训,邀请国家安监总局工业生产过程控制技术创新中心、国家工业信息安全发展研究中心等有关机构专家,就相关法律法规和标准规范进行专题辅导培训。

8 月 11 日,市经济信息化委组织召开智能云科信息科技有限公司和资本企业的对接会,市经济信息化委副主任黄瓯出席会议。会议听取智能云科商业计划的介绍,与会的资本企业与智能云科负责人就项目投资价值进行交流。

8 月 17 日,上海新时达机器人有限公司年产 10 000 台套工业机器人新工厂开工仪式在嘉定区举行。

8 月 17 日,为进一步优化完善中小微企业融资环境,加强政银企间的信息沟通与互惠合作,上海市中小企业发展服务中心联合松江区中小企业发展服务中心、上海松江启迪漕河泾(中山)科技园举办中小企业融资交流会,约 30 家企业参加活动。

8 月 21 日,市经信工作党委、市经济信息化委、市总工会联合召开新闻通气会,宣布主题为“智城 · 匠心”的 2017 上海智慧城市建设“智慧工匠”选树、“领军先锋”评选活动拉开帷幕。市经信工作党委副书记马列坚,市总工会党组成员、巡视员何惠娟出席会议。

8 月 28 日,上海和辉光电第 6 代 AMOLED 显示项目主厂房钢结构屋架吊装仪式在和辉光电二期工地现场举行。市经济信息化委副主任傅新华,金山区委常委、副区长张权权等出席仪式。

8 月 30 日,由工信部、科技部、国家发展改革委指导,市经济信息化委、市科委、市发展改革委、徐汇区政府、中国人工智能产业发展联盟共同主办的 2017 全球(上海)人工智能创新峰会在上海徐汇西岸艺术中心举行。市委常委、常务副市长周波出席峰会并致辞,会议由市经济信息化委副主任黄瓯主持。

9 月

9 月 6 日,第五届全球云计算大会暨国际网络通信展览会 · 中国站开幕式在上海世博展览馆举行,市经济信息化委副主任傅新华出席会议。

9 月 13 日,市经济信息化委副主任黄瓯带队赴上海大学调研机器人、智能制造等领域发展情况,参观智能制造及机器人重点实验室,重点考察下肢康复机器人、建筑基准线绘制移动机器人、柔性机械手臂、“精海”系列无人艇、生物 3D 打印等领域的研究进展情况。

9 月 16 日,2017 国家网络安全宣传周活动在上海启动。此次国家网络安全宣传周主题为“网络安全为人民,网络安全靠人民”,于 9 月 16 日至 24 日在全国范围举行。

9 月 18 日,作为“全国双创周”的重要组成部分之一,“阿里巴巴诸神之战全球创客大赛”上海赛区决赛在长阳创谷举行。市经济信息化委副主任傅新华出席活动并致辞，杨浦区副区长谈兵、阿里巴巴集团战略发展部华东大区总经理仝腾、上海市国际股权投资基金协会副理事长卓福民等出席活动。易弹信息科技（上海）有限公司、上海极清慧视科技有限公司、上海捻幅智能科技有限公司获得前三甲，代表上海出战“诸神之战”全球总决赛。

9 月 19 日，国家网络安全宣传周期间，网络安全技术高峰论坛“关键信息基础设施安全”分论坛在国家会展中心（上海）举行。市经济信息化委副主任吴金城、市网信办总工程师杨海军参加分论坛并致辞。

9 月 20 日，作为 2017 年国家网络安全宣传周的重要组成部分，网络安全技术高峰论坛“大数据安全与个人信息保护”分论坛在国家会展中心（上海）举行。中国信息安全认证中心主任魏昊、市经济信息化委副主任戎之勤出席分论坛并致辞。论坛由市经济信息化委主办，中国信息安全认证中心、上海市信息安全行业协会承办，上海大数据联盟、上海数据交易中心有限公司协办。

10 月

10 月 12 日，市经济信息化委主任陈鸣波一行实地调研上海 ABB 工程有限公司，听取公司运营情况介绍，与企业高层负责人进行座谈，并就上海市机器人产业发展情况进行交流讨论，浦东新区副区长王靖参加调研和座谈。

10 月 26 日，中央党校、工信部调研组在华东师范大学校调研。调研组一行到该校计算机科学与软件工程学院参观考察，并就“工业互联网与网络信息安全”专题，与上汽集团、中国商飞、华谊集团、智能云科、三零卫士等企业的代表座谈交流。市经济信息化委信息化推进处、信息安全处分别就上海市推进工业互联网和工控安全的整体推进情况进行汇报。

11 月

11 月 7 日，由联合国经济与社会事务部、联合国开发计划署、联合国工业发展组织、国际电信联盟、联合国训练研究所、工信部、商务部、中国科学院及上海市政府主办，市经济信息化委、上海社会科学院共同承办的 2017 全球城市信息化论坛全体大会在上海举行。

11 月 14 日，市经济信息化委主任陈鸣波出席市政府新闻发布会并介绍新出台的《关于本市推动新一代人工智能发展的实施意见》主要内容。市科委副主任马兴发、市经济信息化委总工程师张英、市发改委副巡视员裘文进出席发布会。

11 月 16 日，市经信工作党委书记陆晓春、市经济信息化委总工程师张英一行调研上海寒武纪信息科技有限公司、上海科大讯飞信息科技有限公司。浦东新区区委常委、临港管委会党组书记、常务副主任陈杰等参加调研。

11 月 23 日，2017 年第二届全球室内位置服务产业峰会召开。峰会由全球室内位置服务产业峰会组委会和中国位置服务产业联盟(筹)主办,以“共享智慧　定位未来”为主题,旨在促进室内外位置服务全产业链的企业交流,推动建立产业生态协作圈,加强国内外技术交流,加快上海新兴产业聚集发展和智慧城市建设进程。工信部代表、中国工程院院士龚惠兴和市国防科工办副主任伍继宏出席论坛并致辞。

11 月 27 日,上海市政府与商汤集团签署战略合作框架协议。市委副书记、市长应勇,商汤集团创始人、董事长汤晓鸥出席签约仪式。市委常委、常务副市长周波与商汤集团副董事长张文代表双方签署协议。市政府秘书长肖贵玉,市经济信息化委主任陈鸣波,市经济信息化委副主任、市国防科工办主任吴磊,市发展改革委,徐汇区等负责人出席签约仪式。签约仪式由市政府副秘书长金兴明主持。

11 月 28 日,为贯彻落实国务院关于《深化“互联网+先进制造业”发展工业互联网的指导意见》,工信部信息化和软件服务业司副司长安筱鹏一行赴上海振华重工(集团)股份有限公司和中国电信制造应用基地调研工业互联网平台相关情况。上海振华重工总裁黄庆丰、副总裁张健、副总工程师朱建国,中国电信产业互联网创新发展中心主任张东等参加调研。

11 月 29 日,国家工业信息安全发展研究中心受工信部信息化和软件服务业司委托,在上海举办《工业电子商务发展三年行动计划》宣贯会。工信部信息化和软件服务业司副司长安筱鹏出席会议并解读行动计划。市经济信息化委副主任傅新华出席并致辞,市经济信息化委生产性服务业处在会上交流上海工业电子商务发展及工作情况。

11 月 29 日,为贯彻落实《中国制造 2025》战略部署,加快推进智能制造在汽车行业的示范和推广,促进试点项目经验交流,工信部装备工业司组织的 2017 年汽车行业智能制造试点示范现场经验交流会议在上海嘉定国际汽车城召开,工信部装备工业司副司长瞿国春出席会议。

12 月

12 月 1 日,上海市政府与工信部在上海签署关于共同推进工业互联网创新发展促进制造业转型升级的战略合作框架协议。工信部副部长陈肇雄,上海市委常委、常务副市长周波代表双方签约,并为工业互联网创新中心揭牌。市经济信息化委主任陈鸣波、副主任吴磊等出席签约和揭牌仪式。工信部信息通信管理局、信息化和软件服务业司、中国信息通信研究院、市发展改革委、市科委、临港管委会及部分重点企业相关负责人参加会议。

12 月 4 日,工信部副部长罗文赴上海考察调研制造业创新中心建设工作。工信部科技司、电子司、装备司相关人员参加调研。市经济信息化委副主任黄瓯,总工程师张英以及嘉定区区长章曦、副区长沈华棣,中科院上海高等研究院院长王曦,复旦大学校长许宁生等相关单位负责人出席座谈会。

12 月 5 日,2017 上海智慧城市建设“智慧工匠”选树、“领军先锋”评选颁奖暨 2017 上海智慧城市体验周启动仪式举行。市经信工作党委书记陆晓春,市总工会副主席、党组副书记姜海涛,市总工会巡视员何惠娟,市经信工作党委副书记马列坚,市经济信息化委副主任、市国防科工办主任吴磊,中国工程院院士、同济大学副校长吴志强,市经济信息化委总工程师张英,市经信工作党委副巡视员陆琪等出席仪式。

12 月 6 日，第十届 TC 汽车互联网大会召开，会议由中国汽车工程学会主办、上海车联网与车载信息服务产业联盟等承办。工信部信息化和软件服务业司司长谢少锋、市经济信息化委副主任黄瓯、中国汽车工程学会理事长付于武等出席大会并致辞。

12 月 12 日，上海市人民政府与中国电子信息产业集团有限公司签署战略合作框架协议。上海市委副书记、市长应勇，中国电子董事长、党组书记芮晓武出席并见证签约仪式。签约仪式由市政府副秘书长金兴明主持。市委常委、常务副市长周波，中国电子副总经理、党组成员陈旭代表双方签署战略合作协议。市政府秘书长肖贵玉、中国电子科学技术委员会副主任滕刚，市经济信息化委主任陈鸣波、副主任傅新华等出席签约仪式。市发展改革委、临港管委会、临港集团等有关单位负责人出席仪式。

12 月 12 日，中国商用飞机有限责任公司数据管理中心成立，市经济信息化委副主任黄瓯出席揭牌仪式并致辞。

12 月 13 日，2017 中国智能汽车大赛(CIVC)在上海 F1 国际赛车场和国家智能网联汽车(上海)试点示范区封闭测试区举行。大赛由市经济信息化委、嘉定区政府指导，中国汽车技术研究中心、中国生产力促进中心协会、上海国际汽车城(集团)有限公司共同主办。市经济信息化委副主任傅新华出席开幕式并宣布大赛开幕。

12 月 19 日，市经信工作党委书记陆晓春一行实地调研深兰科技(上海)有限公司和上海西井信息科技有限公司，听取两家公司运营情况介绍，并与企业有关负责人进行座谈交流。长宁区委副书记、区长顾洪辉参加调研。

12 月 19 日，人工智能助力上海科创中心建设高峰论坛举行。市经济信息化委总工程师张英出席会议并致辞。徐汇区副区长陈石燕、工信部科技司高新技术处处长赵策、中国信息通信研究院副总工程师续合元等出席会议。

12 月 19 日，2017(第四届)中国产业互联网高峰论坛在宝山区开幕。市经济信息化委副主任傅新华出席并致辞。

12 月 21 日，市经济信息化委副主任傅新华一行实地调研上海泛微网络科技股份有限公司，董事长韦利东围绕企业情况、发展态势以及发展规划进行介绍，双方对软件产业面临的挑战和需求进行深入沟通。

12 月 27 日，市经济信息化委副主任戎之勤带队调研江苏省政务服务中心，参观政务服务大厅，围绕政务服务网等内容与对方进行深入座谈。江苏省政务服务管理办公室副主任胥家鸣出席会议并介绍江苏省的经验做法。

12 月 27 日，为加快推进解决上海市“四新”经济企业发展面临的瓶颈问题，充分发挥“2＋X＋16”(市经济信息化委、市发展改革委牵头，16 个区政府和相关职能部门共同参与)工作机制的作用，召开现场专题会议，就“四新”企业近期提出的瓶颈问题，予以现场面对面解答和指导。

12 月 27 日，上海市西软件信息园授牌仪式在青浦区举行。市政府副秘书长金兴明出席仪式并将“市西软件信息园”铜牌正式授予青浦区政府。市经济信息化委主任陈鸣波出席仪式并宣读批复。青浦区委书记赵惠琴，青浦区委副书记、区长夏科家，上海临港经济发展(集团)有限公司总裁袁国华，青浦区委常委、副区长陈庆江，青浦区副区长倪向军和相关委办负责同志出席授牌仪式。授牌仪式由市经济信息化委副主任傅新华主持。

12 月 28 日，由上海兆芯集成电路有限公司举办的“先进安全自主可控 CPU 发展论坛暨兆芯开先 KX-5000 系列新品发布会”举行。市经济信息化委副主任傅新华出席并致辞。

12 月 28 日，以“百川汇海扬帆起航”为主题的新松临港机器人产业基地启用仪式举行。新松机器人自动化股份有限公司总裁、中国机器人产业联盟理事长曲道奎，中国工程院院士王天然，浦东新区区委常委、临港管委会党组书记、临港管委会常务副主任陈杰等出席。

2017年上海市智慧城市发展水平评估报告

上海市经济和信息化发展研究中心
上海市智慧城市建设促进中心

一、评估体系与方法

（一）评估体系概述

1. 评估体系框架

上海市智慧城市发展水平评估指标体系，包括构成总指数的3个一级指标，即网络就绪度指数、智慧应用指数与发展环境指数，以及作为总指数值修正系数的信息安全状况系数。其中，网络就绪度指数、智慧应用指数与发展环境指数3个一级指标的权重按20%∶50%∶30%的比例分布；在3个一级指标以下，共有10个二级指标，具体包括基础能力指数、生活服务指数、绿色发展指数、创新应用指数等；三级指标共有39个，作为形成各级指数值的评估指标，具体包括固定宽带用户感知速率、公共信息资源社会开放度、规划计划等(详见附录评价指标介绍)。信息安全状况系数本身没有权重，在对各区的总指数值进行修正后，形成各区的智慧城市发展水平指数。各区修正后智慧城市发展水平指数的平均值即为上海市智慧城市发展水平指数。

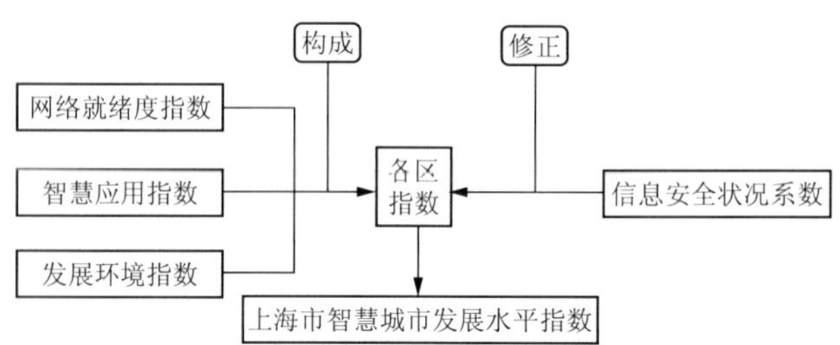

图1　上海市智慧城市发展水平评估体系框架

2. 评估指标构成

网络就绪度指数、智慧应用指数以及信息安全状况系数的评估信息来自市级各相关政府部门、企事业单位；发展环境指数的评估信息由各区信息化工作主管部门提供。

表 1　上海市智慧城市发展水平评估指标体系

一级指标	二级指标	序号	三 级 指 标
网络就绪度指数	基础能力指数	1	i-Shanghai 覆盖率
		2	家庭光纤入户率
	应用感知指数	3	固定宽带用户感知速率
		4	移动通信网络用户感知度
智慧应用指数	生活服务指数	5	智慧社区(村庄)覆盖率
		6	公交电子站牌覆盖率
		7	公共停车场(库)系统联网率
		8	上海健康信息网联网率
		9	中心图书馆“一卡通”读者证普及率
		10	电子学生证应用场点普及率
		11	12345 市民服务热线综合服务水平
	产业融合指数	12	智慧园区(商圈)全市占比
		13	两化融合管理体系贯标试点企业全市占比
		14	单位地区生产总值发明专利申请量
		15	单位地区生产总值发明专利授权量
		16	单位地区生产总值软件及相关信息服务业收入
	城市治理指数	17	电子警察监控点覆盖率
		18	城市网格化综合管理水平
		19	信用信息归集共享及查询应用水平
	绿色发展指数	20	公共事业电子账单普及率
		21	家庭能源自动化采集覆盖率
		22	环境质量监测点覆盖率
		23	道路扬尘监测点覆盖率
		24	建筑用能分项计量应用水平
		25	气象自动监测站覆盖率

续表

一级指标	二级指标	序号	三　级　指　标
智慧应用指数	政务服务指数	26	政府门户网站服务水平
		27	公共信息资源社会开放度
		28	数据资源共享度
发展环境指数	机制保障指数	29	领导小组
		30	规划计划
		31	专项资金
		32	人才保障
	创新应用指数	33	生活服务
		34	产业融合
		35	城市治理
		36	绿色发展
		37	政务服务
	试点示范指数	38	工作试点
		39	宣传体验

(二) 评估测算方法

1. 指标测算标准

对于具体指标,即三级指标测算方法,为了消除各指标单位不同的问题,首先对数据进行无量纲化处理,计算出无量纲化后的相对值。处理方法为,对于每个具体量化指标的数值,记 16 个区的中位值为 $\bar{X}_i$(i = 指标),各评估指标原始值记为 X_i,无量纲化后值记为 Z_i。其公式如下:

$$Z_i = \left[\mathrm{Log}_2\left(1+\frac{X_i}{\bar{X}_i}\right)\right]\times 100$$

2. 分级测算方法

三级指标以上的各级指标指数值测算采用线性加权方法,公式如下:

$$II = \sum_{i=1}^{n} w_i p_i$$

其中,II 为智慧城市发展水平总指数值,n 为构成总指数的指标个数,p_i 为第 i 个指标的指数值,w_i 为 p_i 的权重。

考虑到实际存在的多级指标,因此具体的计算分为多步,以两步计算为例,第一步公式为:

$$Q_i = \sum_{j=1}^{m} w_{ij} p_{ij}$$

其中,Q_i 为第 i 个一级指标(分指数)的指数值,m 为构成该一级指标的二级指标个数,p_{ij} 为第 i 个一级指标中的第 j 个二级指标的指数值,w_{ij} 为第 i 个一级指标中的第 j 个二级指标的权重。

第二步公式为:

$$II = \sum_{i=1}^{n} w_i Q_i$$

其中,II 为发展水平总指数的指数值,n 为一级指标(分指数)个数,Q_i 为第 i 个一级指标值,w_i 为 Q_i 的权重。

3. 指数的修正形成

对于每个区,使用信息安全状况指数乘以该区的总指数值即为该区的智慧城市发展水平指数。各区修正后的智慧城市发展水平指数的平均值即为上海市智慧城市发展水平指数,而市级有关各级分指数与指标的指数值,则分别对应各区相关分指数与指标的平均值。

4. 关于区域划分

参考上海市的有关行政区域划分标准,在评估分析中将 16 个区分为中心城区与郊区等两类区域。其中,浦东、黄浦、静安、徐汇、长宁、普陀、虹口、杨浦为中心城区;宝山、闵行、嘉定、金山、松江、青浦、奉贤、崇明为郊区。

表 2 中心城区—郊区区域划分

区	区域划分	区	区域划分
浦东	中心城区	宝山	郊区
黄浦	中心城区	闵行	郊区
静安	中心城区	嘉定	郊区
徐汇	中心城区	金山	郊区
长宁	中心城区	松江	郊区
普陀	中心城区	青浦	郊区
虹口	中心城区	奉贤	郊区
杨浦	中心城区	崇明	郊区

二、评估总体情况

(一)智慧城市发展水平指数

评估结果显示,2017年上海市智慧城市发展水平指数为99.53,相比上一年度提高1.88。按各区所属区域划分,中心城区智慧城市发展水平指数为109.5,郊区智慧城市发展水平指数为89.56。

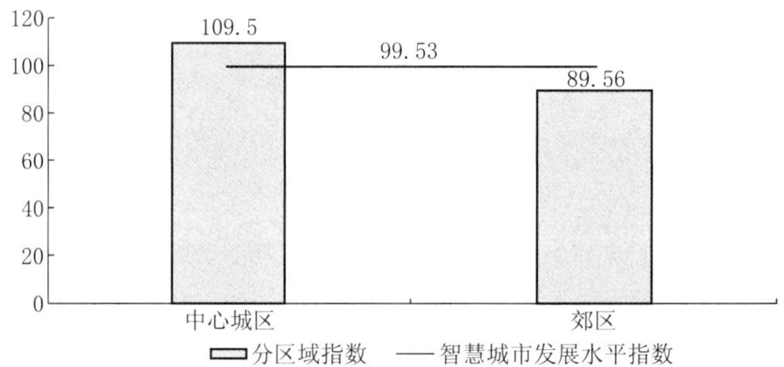

图2 上海市智慧城市发展水平指数

按一级指标划分,网络就绪度指数为99.03,智慧应用指数为105.74,发展环境指数为95.3;较上一年度分别提高6.13、0.04和6.87。在家庭光纤入户率、固定宽带用户感知速率、公共停车场(库)系统联网率、上海健康信息网联网率等指标方面有明显或较快提升。尤其是,在信息安全方面,三年以来首次实现重大安全事件零发生。

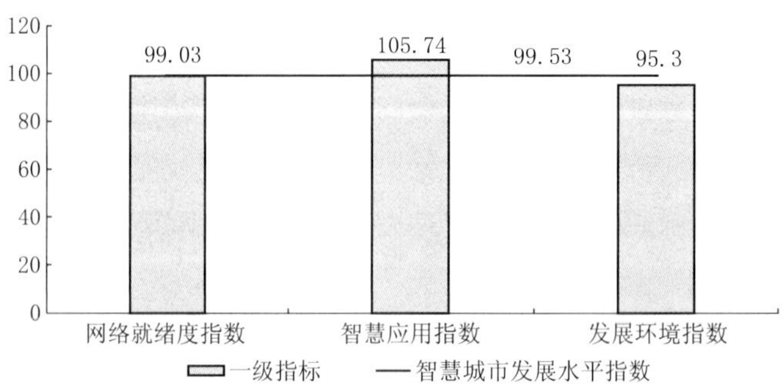

图3 上海市智慧城市发展水平指数一级指标

(二) 网络就绪度指数

1. 总体情况

上海市网络就绪度指数为99.03,按各区所属区域划分,中心城区网络就绪度指数为100.82,郊区网络就绪度指数为97.25。

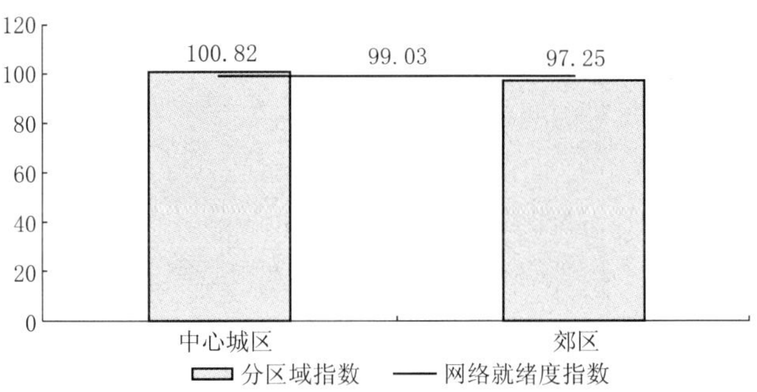

图4 上海市网络就绪度指数

2. 二级指标

其中,网络就绪度指数相关二级指标指数值如下:

表3 上海市网络就绪度指数二级指标

二级指标	指数值
基础能力指数	98.89
应用感知指数	99.05

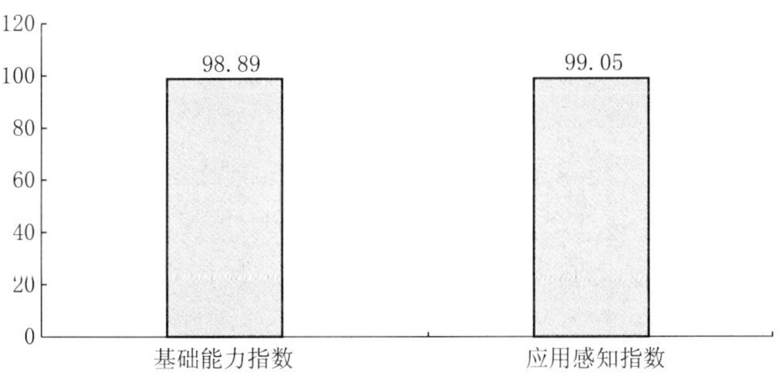

图5 上海市网络就绪度指数二级指标

3. 三级指标

(1) 基础能力指数

其中,基础能力指数相关三级指标(各在网络就绪度指数中占5%的权重)指数值如下:

表 4　上海市网络就绪度指数——基础能力指数

三级指标	指数值
i-Shanghai 覆盖率	99.64
家庭光纤入户率	98.14

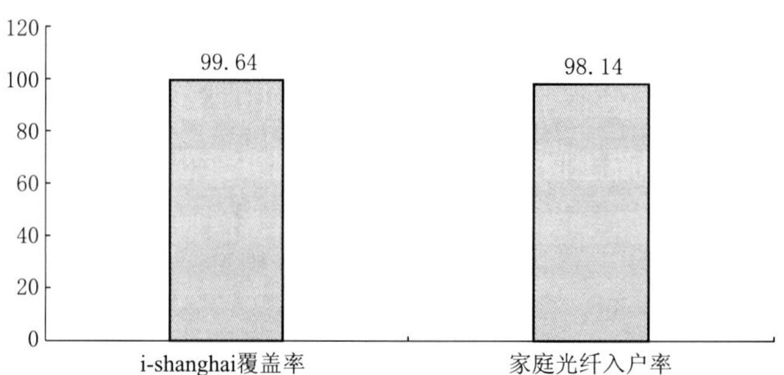

图 6　上海市网络就绪度指数——基础能力指数

(2) 应用感知指数

其中,应用感知指数相关三级指标(各在网络就绪度指数中占 45%的权重)指数值如下:

表 5　上海市网络就绪度指数——应用感知指数

三级指标	指数值
固定宽带用户感知速率	98.13
移动通信网络用户感知度	99.97

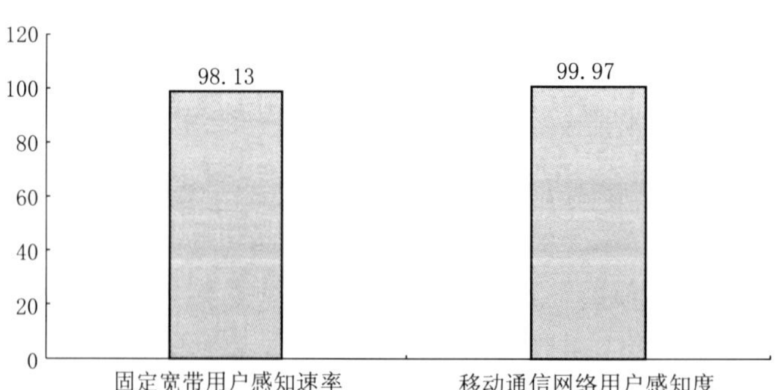

图 7　上海市网络就绪度指数——应用感知指数

(三) 智慧应用指数

1. 总体情况

上海市智慧应用指数为 105.74,按各区所属区域划分,中心城区智慧应用指数为 122.61,郊区智慧应用指数为88.86。

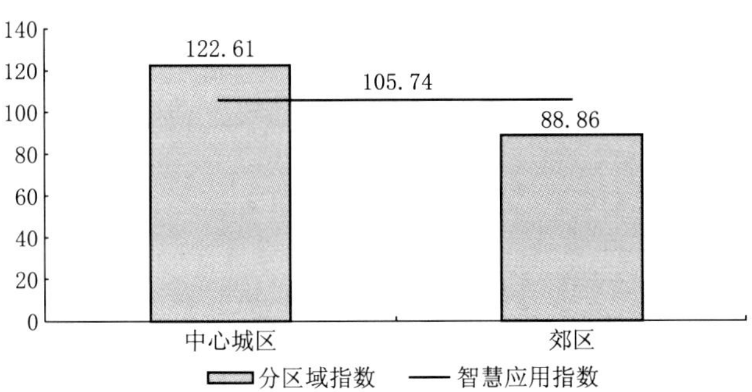

图8　上海市智慧应用指数

2. 二级指标

其中,有关二级指标指数值如下:

表6　上海市智慧应用指数二级指标

二级指标	指数值	二级指标	指数值
生活服务指数	99.12	绿色发展指数	111.94
产业融合指数	110.44	政务服务指数	99.07
城市治理指数	107.60		

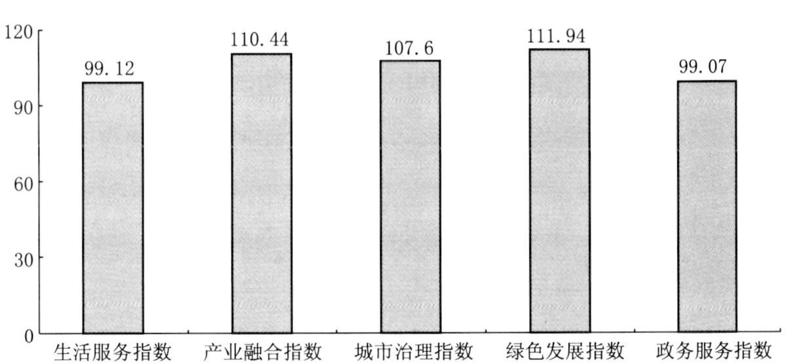

图9　上海市智慧应用指数二级指标

3. 三级指标

(1) 生活服务指数

其中,生活服务指数相关三级指标指数值如下:

表 7　上海市智慧应用指数——生活服务指数

三　级　指　标	指数值
智慧社区(村庄)覆盖率	97.00
公交电子站牌覆盖率	83.29
公共停车场(库)系统联网率	98.24
上海健康信息网联网率	97.49
中心图书馆“一卡通”读者证普及率	98.82
电子学生证应用场点普及率	118.95
12345 市民服务热线综合服务水平	100.02

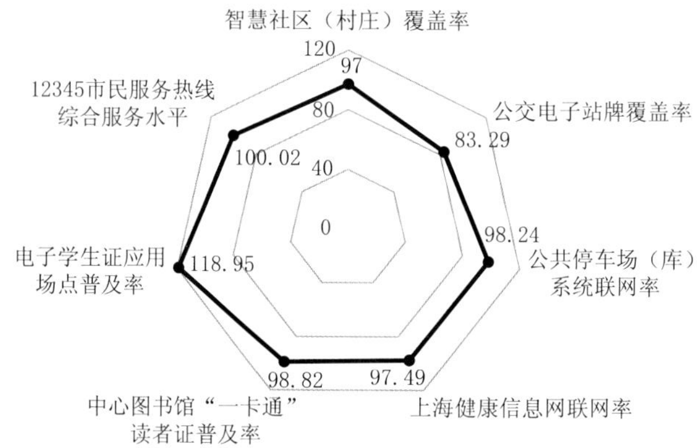

图 10　上海市智慧应用指数——生活服务指数

(2) 产业融合指数

其中,产业融合指数相关三级指标指数值如下:

表 8　上海市智慧应用指数——产业融合指数

三　级　指　标	指数值
智慧园区(商圈)全市占比	102.32
两化融合管理体系贯标试点企业全市占比	114.89
单位地区生产总值发明专利申请量	107.81
单位地区生产总值发明专利授权量	116.68
单位地区生产总值软件及相关信息服务业收入	110.52

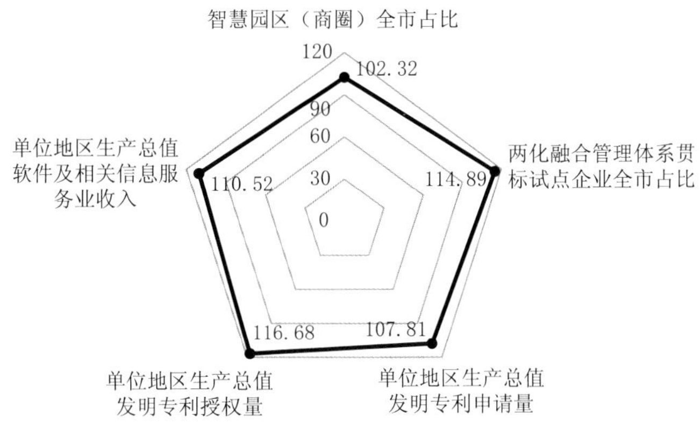

图 11 上海市智慧应用指数——产业融合指数

(3) 城市治理指数

其中,城市治理指数相关三级指标指数值如下:

表 9 上海市智慧应用指数——城市治理指数

三级指标	指数值	三级指标	指数值
电子警察监控点覆盖率	121.69	信用信息归集共享及查询应用水平	100.68
城市网格化综合管理水平	100.43		

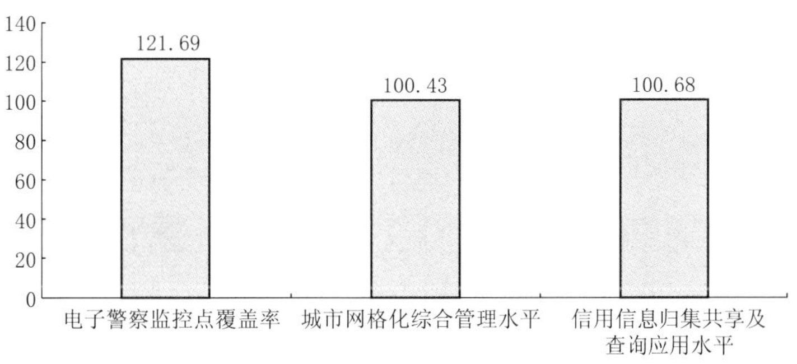

图 12 上海市智慧应用指数——城市治理指数

(4) 绿色发展指数

其中,绿色发展指数相关三级指标指数值如下:

表 10 上海市智慧应用指数——绿色发展指数

三级指标	指数值	三级指标	指数值
公共事业电子账单普及率	97.86	道路扬尘监测点覆盖率	107.93
家庭能源自动化采集覆盖率	92.37	建筑用能分项计量应用水平	91.56
环境质量监测点覆盖率	177.05	气象自动监测站覆盖率	104.89

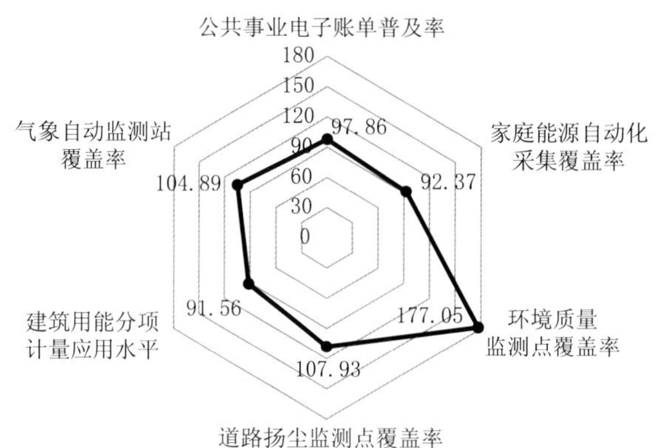

图 13　上海市智慧应用指数——绿色发展指数

(5) 政务服务指数

其中,政务服务指数相关三级指标指数值如下:

表 11　上海市智慧应用指数——政务服务指数

三级指标	指数值	三级指标	指数值
政府门户网站服务水平	92.67	数据资源共享度	103.44
公共信息资源社会开放度	101.10		

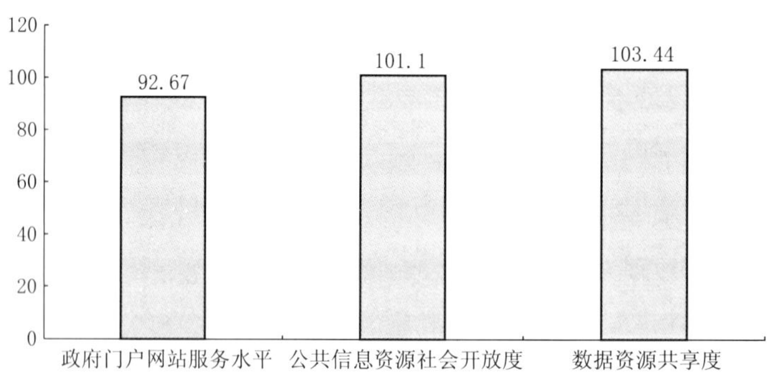

图 14　上海市智慧应用指数——政务服务指数

(四) 发展环境指数

1. 总体情况

上海市发展环境指数为 95.3,按各区所属区域划分,中心城区发展环境指数为 98.91,郊区发展环境指数为 91.7。

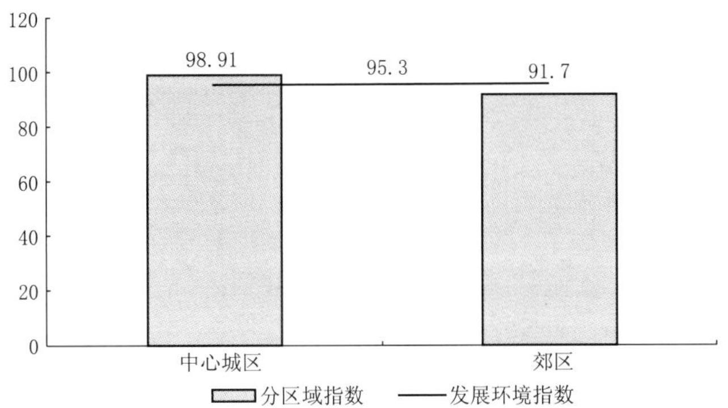

图 15 上海市发展环境指数

2. 二级指标

其中,上海市发展环境指数相关二级指标指数值如下:

表 12 上海市发展环境指数二级指标

二级指标	指数值	二级指标	指数值
机制保障指数	95.29	试点示范指数	94.40
创新应用指数	95.67		

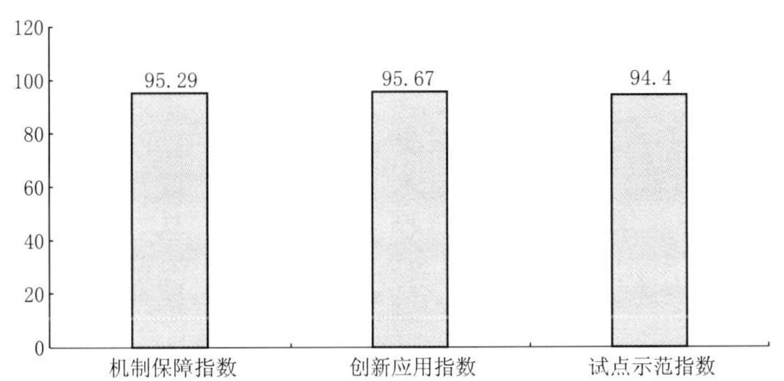

图 16 上海市发展环境指数二级指标

3. 三级指标

(1) 机制保障指数

其中,机制保障指数相关三级指标指数值如下:

表 13 上海市发展环境指数——机制保障指数

三级指标	指数值	三级指标	指数值
领导小组	92.87	专项资金	101.91
规划计划	88.79	人才保障	97.59

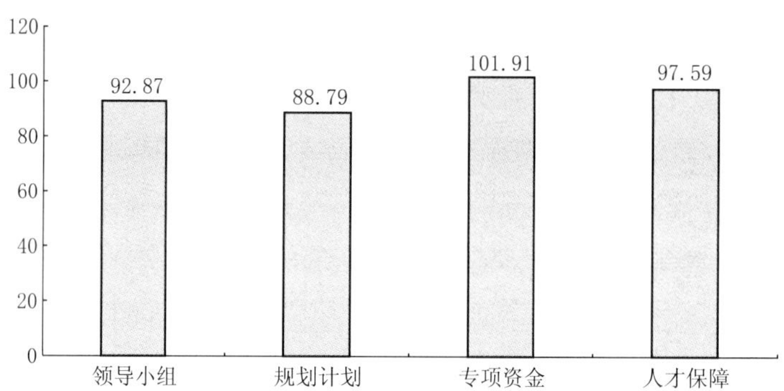

图 17 上海市发展环境指数——机制保障指数

(2) 创新应用指数

其中,创新应用指数相关三级指标指数值如下:

表 14 上海市发展环境指数——创新应用指数

三级指标	指数值	三级指标	指数值
生活服务	95.00	绿色发展	94.81
产业融合	98.73	政务服务	96.20
城市治理	93.61		

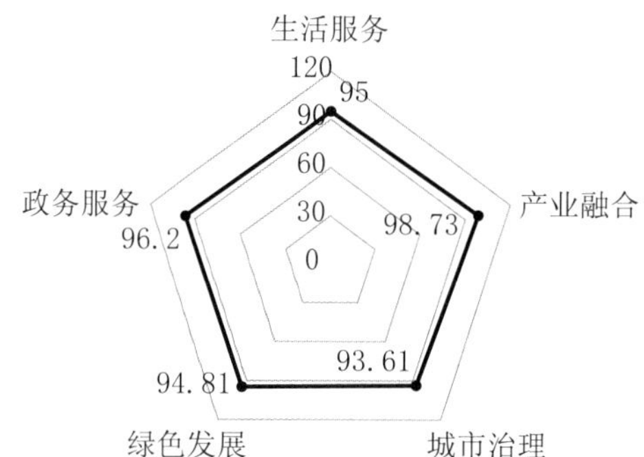

图 18 上海市发展环境指数——创新应用指数

(3) 试点示范指数

其中,试点示范指数相关三级指标指数值如下:

表 15 上海市发展环境指数——试点示范指数

三级指标	指数值
工作试点	86.98
宣传体验	101.81

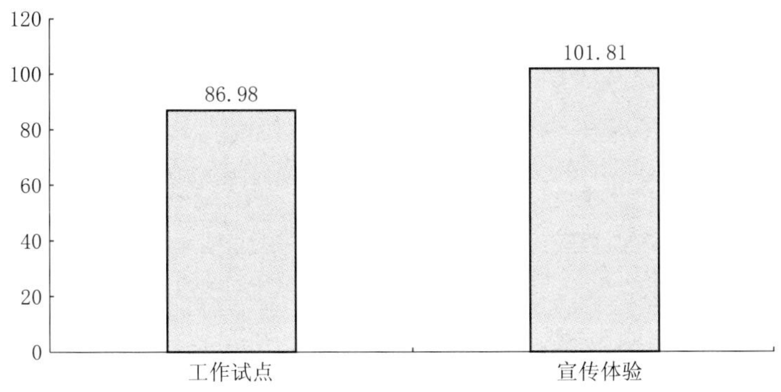

图19　上海市发展环境指数——试点示范指数

三、各区评估结果

(一) 智慧城市发展水平指数

按智慧城市发展水平指数从高到低依次排名，静安、徐汇、黄浦依次为各区智慧城市发展水平总指数的前三名，指数值分别为117.81、116.57和111.67。其中，指数值相同的虹口与杨浦两区，由小数点后第三位数字大小关系决定次序。网络就绪度指数排名前三位的区分别是浦东、虹口和长宁，指数值分别为101.72、101.29和101.16。智慧应用指数排名前三的区分别是静安、徐汇和黄浦，指数值分别为133.24、130.54和127.91。发展环境指数排名前三的区分别是浦东、徐汇和静安、宝山(两区并列)，指数值分别为105.71、104.24和103.76。在信息安全方面，静安与徐汇的信息安全状况系数均为100%。

表16　各区智慧城市发展水平指数

序号	区	智慧城市发展水平指数	网络就绪度指数	智慧应用指数	发展环境指数	信息安全状况系数
1	静安	117.81	100.31	133.24	103.76	100%
2	徐汇	116.57	100.13	130.54	104.24	100%
3	黄浦	111.67	100.88	127.91	99.41	98%
4	长宁	110.20	101.16	127.64	94.65	98%
5	浦东	105.57	101.72	111.34	105.71	98%
6	虹口	104.93	101.29	113.77	99.76	98%
7	杨浦	104.93	100.11	122.15	86.57	98%
8	普陀	104.35	100.93	114.30	97.13	98%

续表

序号	区	智慧城市发展水平指数	网络就绪度指数	智慧应用指数	发展环境指数	信息安全状况系数
9	宝山	101.26	100.81	104.08	103.76	98%
10	闵行	100.60	99.35	105.68	99.81	98%
11	嘉定	95.47	99.85	97.36	95.88	98%
12	松江	92.55	95.48	93.52	95.29	98%
13	金山	88.32	98.09	86.10	91.52	98%
14	奉贤	85.41	96.45	83.19	87.56	98%
15	青浦	81.97	97.23	77.98	84.02	98%
16	崇明	70.93	90.76	62.99	75.77	98%

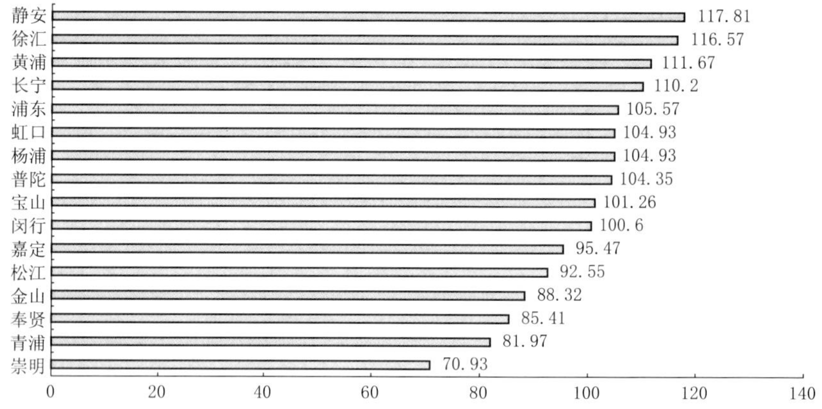

图20 各区智慧城市发展水平指数

按各区所属区域划分，智慧城市发展水平指数从高到低依次排名分别如下：

表17 中心城区各区智慧城市发展水平指数

序号	区	智慧城市发展水平指数	网络就绪度指数	智慧应用指数	发展环境指数	信息安全状况系数
1	静安	117.81	100.31	133.24	103.76	100%
2	徐汇	116.57	100.13	130.54	104.24	100%
3	黄浦	111.67	100.88	127.91	99.41	98%
4	长宁	110.20	101.16	127.64	94.65	98%
5	浦东	105.57	101.72	111.34	105.71	98%
6	虹口	104.93	101.29	113.77	99.76	98%
7	杨浦	104.93	100.11	122.15	86.57	98%
8	普陀	104.35	100.93	114.30	97.13	98%

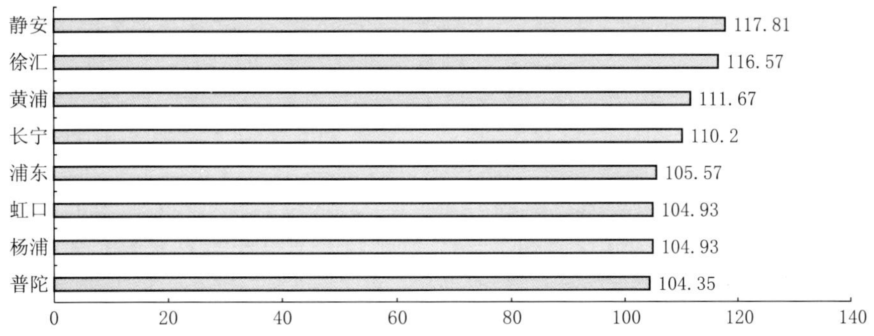

图 21　中心城区各区智慧城市发展水平指数

表 18　郊区各区智慧城市发展水平指数

序号	区	智慧城市发展水平指数	网络就绪度指数	智慧应用指数	发展环境指数	信息安全状况系数
1	宝山	101.26	100.81	104.08	103.76	98%
2	闵行	100.60	99.35	105.68	99.81	98%
3	嘉定	95.47	99.85	97.36	95.88	98%
4	松江	92.55	95.48	93.52	95.29	98%
5	金山	88.32	98.09	86.10	91.52	98%
6	奉贤	85.41	96.45	83.19	87.56	98%
7	青浦	81.97	97.23	77.98	84.02	98%
8	崇明	70.93	90.76	62.99	75.77	98%

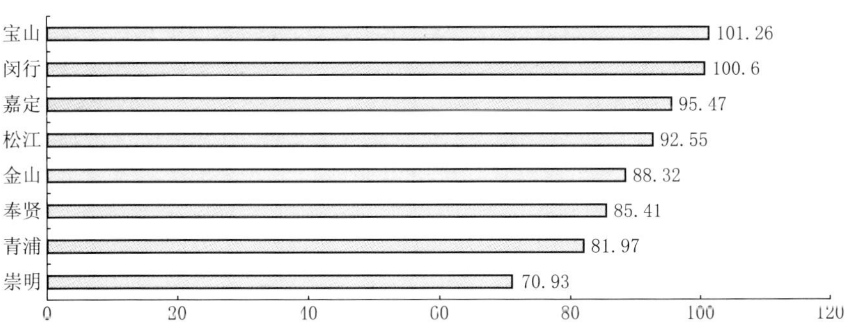

图 22　郊区各区智慧城市发展水平指数

(二) 网络就绪度指数

网络就绪度指数高于上海市网络就绪度指数的区有浦东、虹口、长宁、普陀、黄浦、宝山、静安、徐汇、杨浦、嘉定和闵行。其中,基础能力指数排名前三位的区分别为长宁、徐汇和杨浦;应用感知指数排名前三位的区分别为浦东、虹口和宝山。

表 19　各区网络就绪度指数

序号	区	指数值	序号	区	指数值
1	浦东	101.72	9	杨浦	100.11
2	虹口	101.29	10	嘉定	99.85
3	长宁	101.16	11	闵行	99.35
4	普陀	100.93	12	金山	98.09
5	黄浦	100.88	13	青浦	97.23
6	宝山	100.81	14	奉贤	96.45
7	静安	100.31	15	松江	95.48
8	徐汇	100.13	16	崇明	90.76

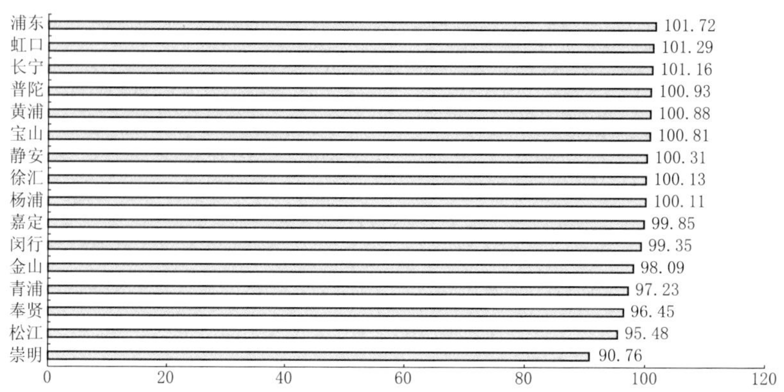

图 23　各区网络就绪度指数

按各区所属区域划分，网络就绪度指数从高到低依次排名分别如下：

表 20　中心城区各区网络就绪度指数

序号	区	指数值	序号	区	指数值
1	浦东	101.72	5	黄浦	100.88
2	虹口	101.29	6	静安	100.31
3	长宁	101.16	7	徐汇	100.13
4	普陀	100.93	8	杨浦	100.11

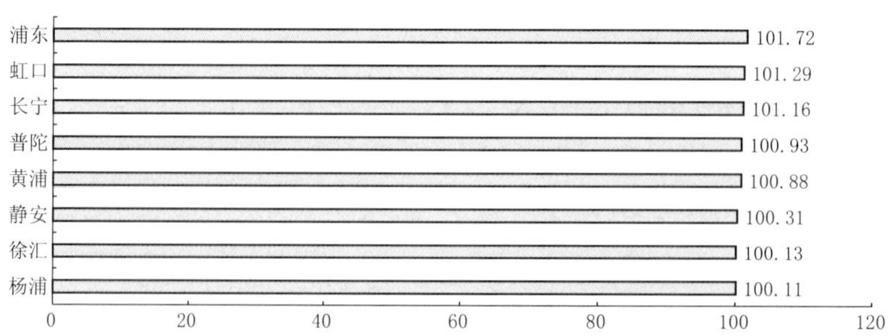

图 24　中心城区各区网络就绪度指数

表 21 郊区各区网络就绪度指数

序号	区	指数值	序号	区	指数值
1	宝山	100.81	5	青浦	97.23
2	嘉定	99.85	6	奉贤	96.45
3	闵行	99.35	7	松江	95.48
4	金山	98.09	8	崇明	90.76

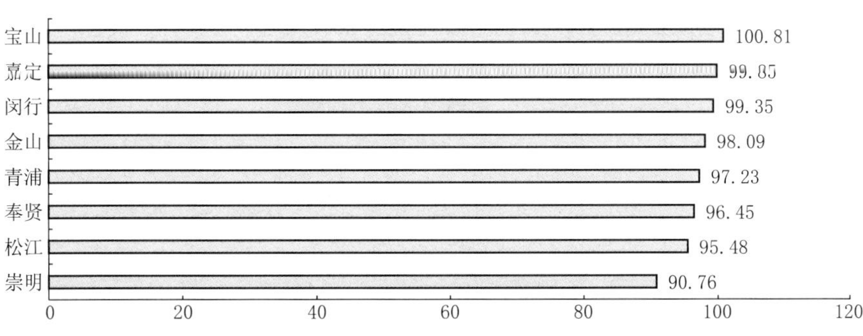

图 25 郊区各区网络就绪度指数

1. 基础能力指数

基础能力指数高于上海市基础能力指数的区有长宁、徐汇、杨浦、黄浦、普陀、静安和金山。其中，i-Shanghai覆盖率排名前三的区分别为黄浦、静安和徐汇；家庭光纤入户率排名前三的区分别为长宁、杨浦、徐汇。

表 22 各区基础能力指数

序号	区	指数值	序号	区	指数值
1	长宁	118.96	9	闵行	98.05
2	徐汇	110.32	10	虹口	97.91
3	杨浦	106.18	11	浦东	97.83
4	黄浦	104.43	12	宝山	97.33
5	普陀	104.30	13	松江	87.69
6	静安	104.20	14	奉贤	87.36
7	金山	100.66	15	青浦	84.49
8	嘉定	98.51	16	崇明	84.05

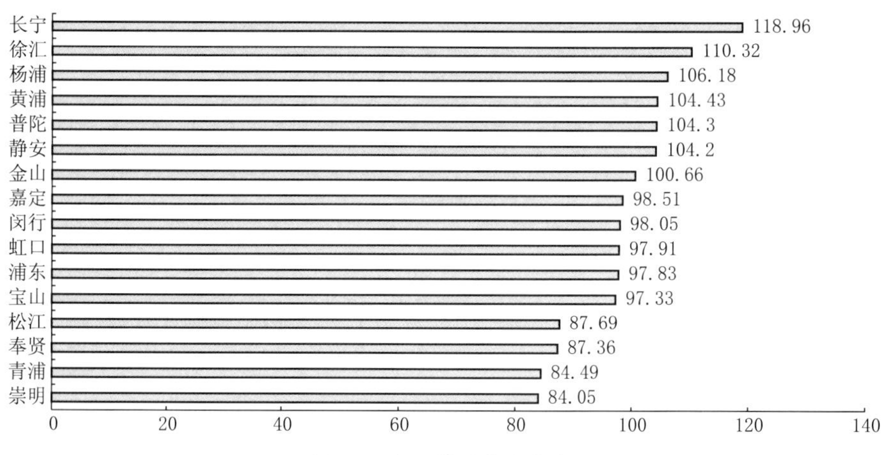

图 26　各区基础能力指数

按各区所属区域划分，基础能力指数从高到低依次排名分别如下：

表 23　中心城区各区基础能力指数

序号	区	指数值	序号	区	指数值
1	长宁	118.96	5	普陀	104.30
2	徐汇	110.32	6	静安	104.20
3	杨浦	106.18	7	虹口	97.91
4	黄浦	104.43	8	浦东	97.83

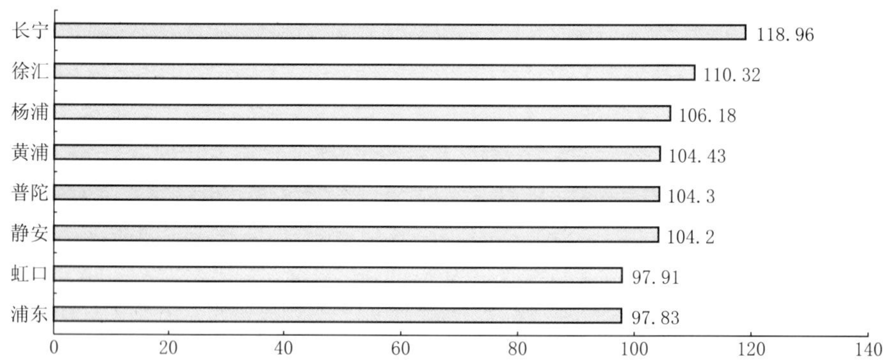

图 27　中心城区各区基础能力指数

表 24　郊区各区基础能力指数

序号	区	指数值	序号	区	指数值
1	金山	100.66	5	松江	87.69
2	嘉定	98.51	6	奉贤	87.36
3	闵行	98.05	7	青浦	84.49
4	宝山	97.33	8	崇明	84.05

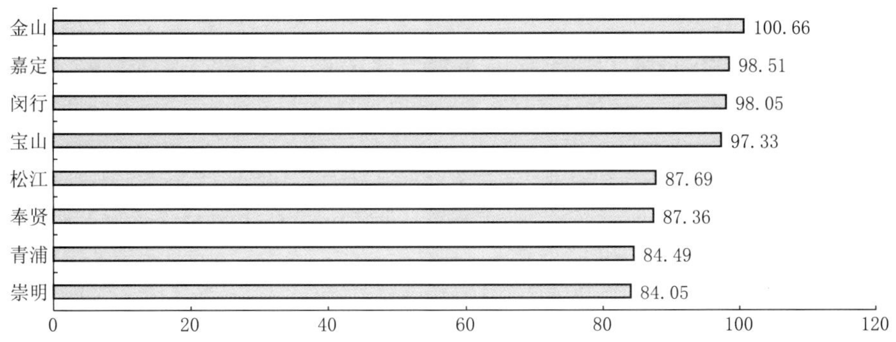

图 28 郊区各区基础能力指数

(1) i-Shanghai 覆盖率

2016 年,上海市进一步推进 i-Shanghai 服务优化升级建设,公共场所服务场点累计开通 1 400 余处,同比上年末增加近 600 处。

表 25 各区 i-Shanghai 覆盖率

序号	区	指数值	序号	区	指数值
1	黄浦	115.75	9	普陀	98.73
2	静安	111.70	10	嘉定	96.56
3	徐汇	110.69	11	杨浦	94.05
4	虹口	108.58	12	宝山	91.94
5	长宁	107.57	13	奉贤	90.79
6	金山	104.05	14	崇明	90.60
7	浦东	101.09	15	松江	89.65
8	闵行	98.87	16	青浦	83.56

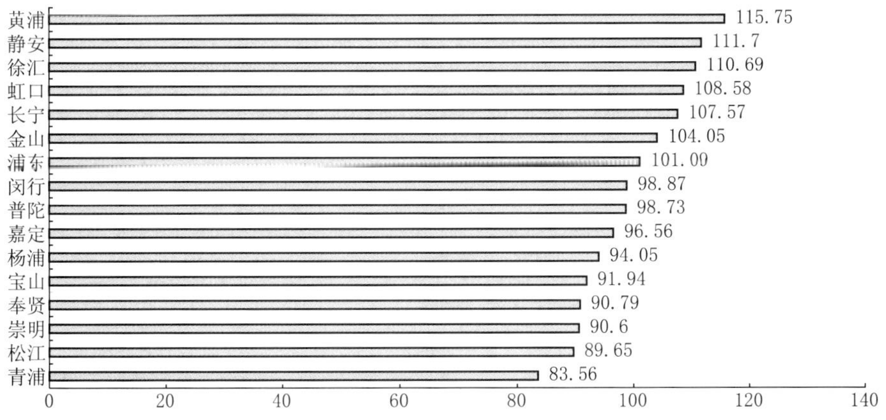

图 29 各区 i-Shanghai 覆盖率

(2) 家庭光纤入户率

截至2016年年底,全市光纤到户覆盖总量达941万户,比上年末增加31万户,实际使用用户数达到515.74万户,比上年末增加54.62万户。

表26　各区家庭光纤入户率

序号	区	指数值	序号	区	指数值
1	长宁	130.34	9	静安	96.70
2	杨浦	118.30	10	浦东	94.57
3	徐汇	109.95	11	黄浦	93.10
4	普陀	109.87	12	虹口	87.24
5	宝山	102.72	13	松江	85.73
6	嘉定	100.46	14	青浦	85.41
7	金山	97.27	15	奉贤	83.93
8	闵行	97.23	16	崇明	77.50

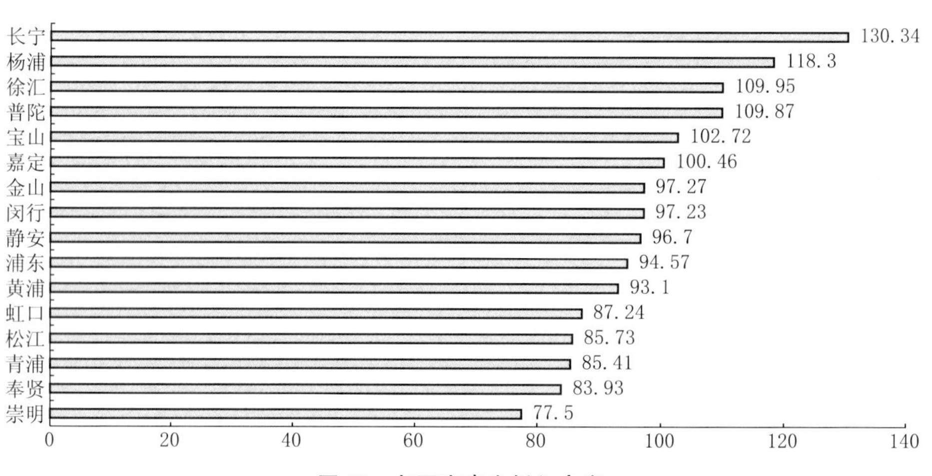

图30　各区家庭光纤入户率

2. 应用感知指数

应用感知指数高于上海市应用感知指数的区有浦东、虹口、宝山、普陀、黄浦、嘉定、静安、闵行、杨浦和长宁。其中,宝山、黄浦和虹口排名全市固定宽带应用感知速率前三位;浦东、青浦和虹口排名全市移动通信网络应用感知度前三位。

表 27 各区应用感知指数

序号	区	指数值	序号	区	指数值
1	浦东	102.15	9	杨浦	99.43
2	虹口	101.67	10	长宁	99.18
3	宝山	101.20	11	徐汇	99.00
4	普陀	100.55	12	青浦	98.64
5	黄浦	100.49	13	金山	97.80
6	嘉定	100.00	14	奉贤	97.46
7	静安	99.88	15	松江	96.34
8	闵行	99.49	16	崇明	91.50

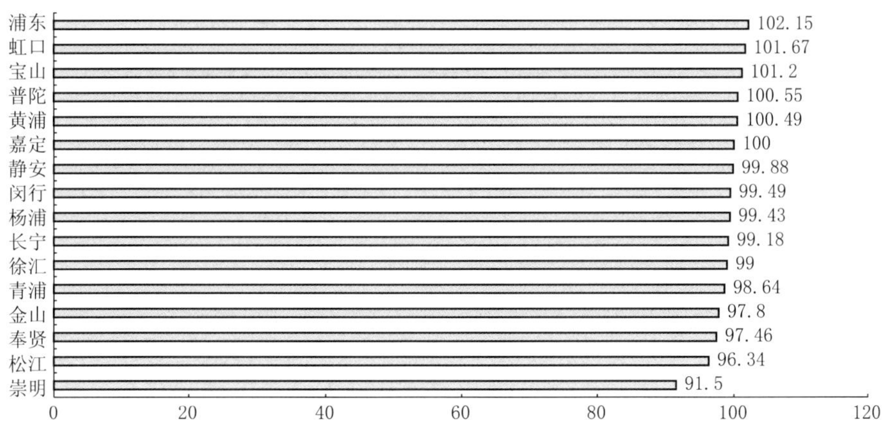

图 31 各区应用感知指数

按各区所属区域划分,应用感知指数从高到低依次排名分别如下:

表 28 中心城区各区应用感知指数

序号	区	指数值	序号	区	指数值
1	浦东	102.15	5	静安	99.88
2	虹口	101.67	6	杨浦	99.43
3	普陀	100.55	7	长宁	99.18
4	黄浦	100.49	8	徐汇	99.00

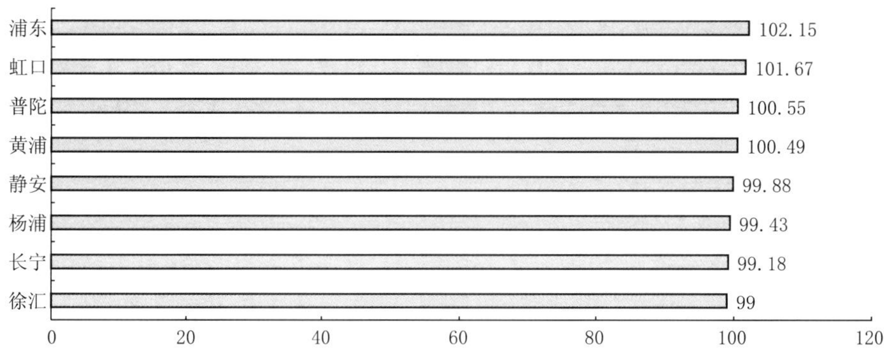

图 32　中心城区各区应用感知指数

表 29　郊区各区应用感知指数

序号	区	指数值	序号	区	指数值
1	宝 山	101.20	5	金 山	97.80
2	嘉 定	100.00	6	奉 贤	97.46
3	闵 行	99.49	7	松 江	96.34
4	青 浦	98.64	8	崇 明	91.50

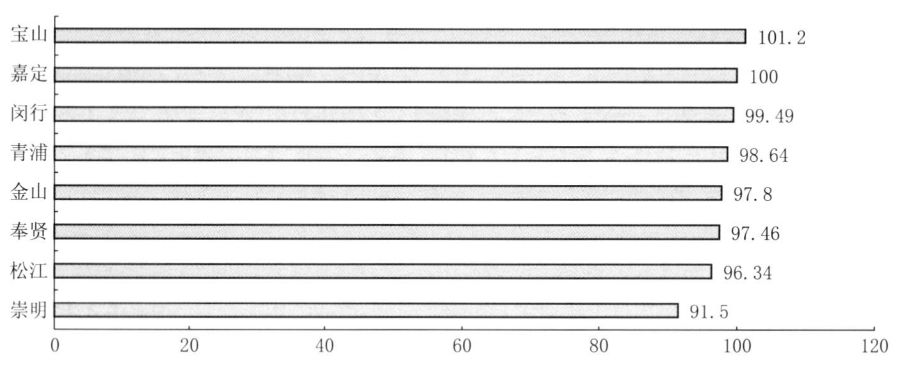

图 33　郊区各区应用感知指数

(3) 固定宽带用户感知速率

依据《宽带测速方法用户上网体验》(YDB 118-2012,中国通信标准化协会标准),由市经济信息化委委托第三方专业机构每半年一次对上海市及各区的固定宽带用户感知速率进行测试。2016 年下半年测试结果显示,上海市固定宽带用户网络下载感知速率为 13.69 Mb/s,与上年同期相比提高近 20%,继续保持全国省级最快水平。

表 30　各区固定宽带用户感知速率

序号	区	指数值	序号	区	指数值
1	宝山	102.90	9	嘉定	99.97
2	黄浦	102.12	10	静安	99.55
3	虹口	101.60	11	长宁	98.38
4	普陀	100.66	12	奉贤	97.26
5	浦东	100.50	13	松江	95.26
6	杨浦	100.29	14	青浦	94.33
7	徐汇	100.08	15	金山	94.22
8	闵行	100.03	16	崇明	82.87

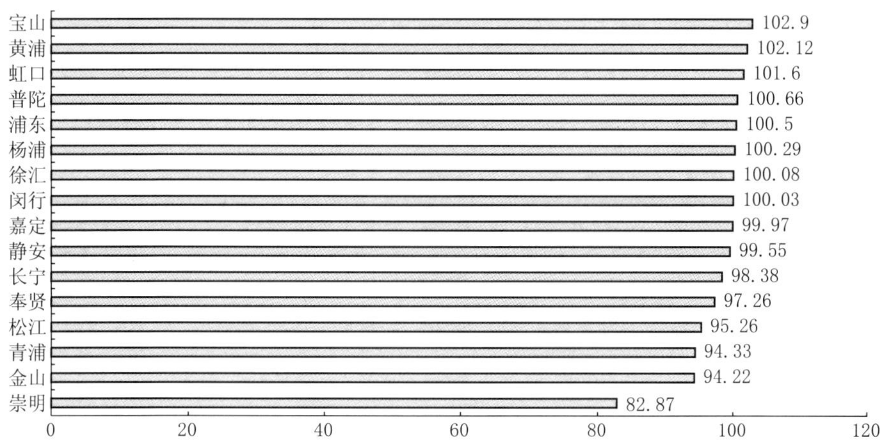

图 34　各区固定宽带用户感知速率

（4）移动通信网络用户感知度

由市经济信息化委与中国社会科学院、上海市人民政府上海研究院合作，委托电信科学技术第一研究所对全市 16 个区内包括国际酒店、行政中心、大型公园和著名商圈四大类行业选点进行移动通信用户感知度测评。

表 31　各区移动通信网络用户感知度

序号	区	指数值	序号	区	指数值
1	浦东	103.79	9	长宁	99.98
2	青浦	102.95	10	宝山	99.50
3	虹口	101.73	11	闵行	98.94
4	金山	101.38	12	黄浦	98.86
5	普陀	100.44	13	杨浦	98.56
6	静安	100.21	14	徐汇	97.91
7	崇明	100.13	15	奉贤	97.66
8	嘉定	100.02	16	松江	97.41

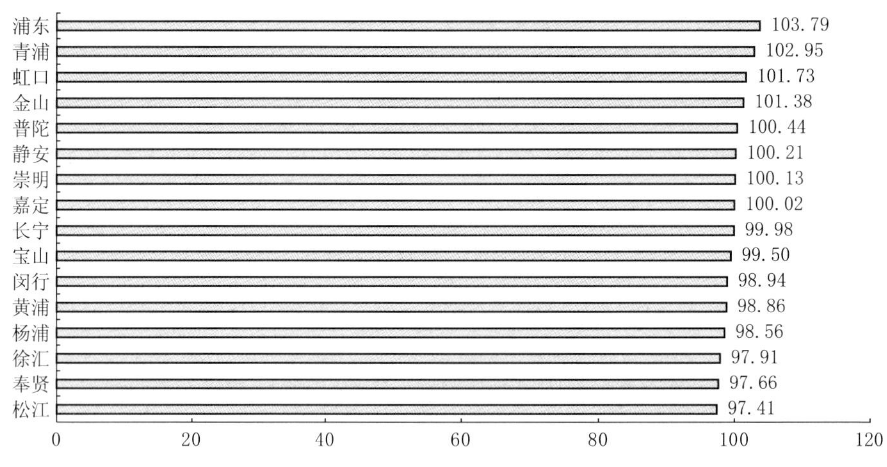

图 35　各区移动通信网络用户感知度

(三) 智慧应用指数

智慧应用指数高于上海市智慧应用指数的区有静安、徐汇、黄浦、长宁、杨浦、普陀、虹口、浦东。其中,生活服务指数排名前三位的区分别是静安、黄浦、徐汇;产业融合指数排名前三的区分别是浦东、闵行、徐汇;城市治理指数排名前三的区分别是杨浦、黄浦、长宁;绿色发展指数排名前三位的区分别是黄浦、静安、虹口;政务服务指数排名前三位的区分别是浦东、闵行和静安。

表 32　各区智慧应用指数

序号	区	指数值	序号	区	指数值
1	静安	133.24	9	闵行	105.68
2	徐汇	130.54	10	宝山	104.08
3	黄浦	127.91	11	嘉定	97.36
4	长宁	127.64	12	松江	93.52
5	杨浦	122.15	13	金山	86.10
6	普陀	114.30	14	奉贤	83.19
7	虹口	113.77	15	青浦	77.98
8	浦东	111.34	16	崇明	62.99

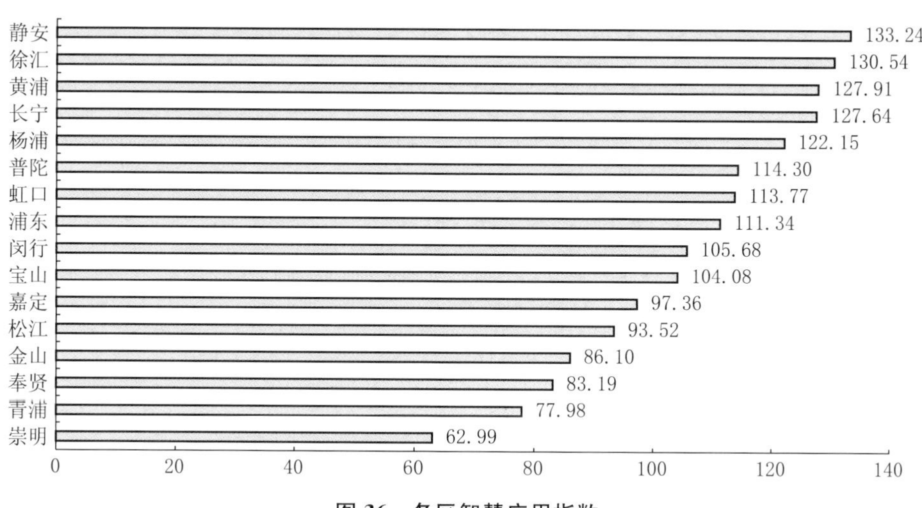

图 36　各区智慧应用指数

按各区所属区域划分,智慧应用指数从高到低依次排名分别如下:

表 33　中心城区各区智慧应用指数

序号	区	指数值	序号	区	指数值
1	静安	133.24	5	杨浦	122.15
2	徐汇	130.54	6	普陀	114.30
3	黄浦	127.91	7	虹口	113.77
4	长宁	127.64	8	浦东	111.34

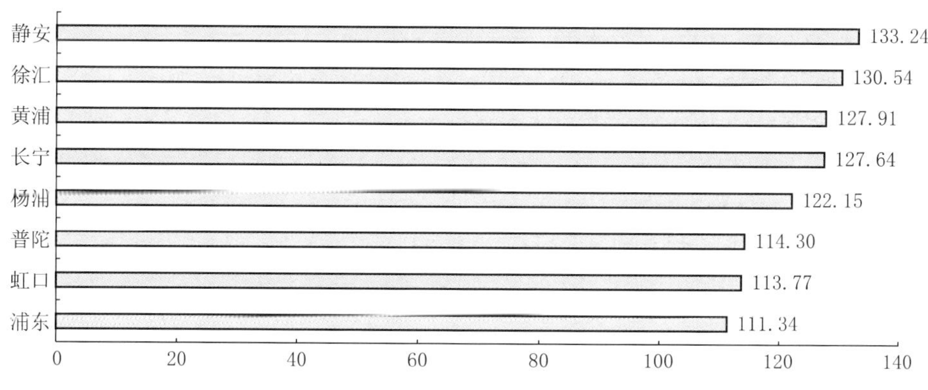

图 37　中心城区各区智慧应用指数

表 34　郊区各区智慧应用指数

序号	区	指数值	序号	区	指数值
1	闵行	105.68	5	金山	86.10
2	宝山	104.08	6	奉贤	83.19
3	嘉定	97.36	7	青浦	77.98
4	松江	93.52	8	崇明	62.99

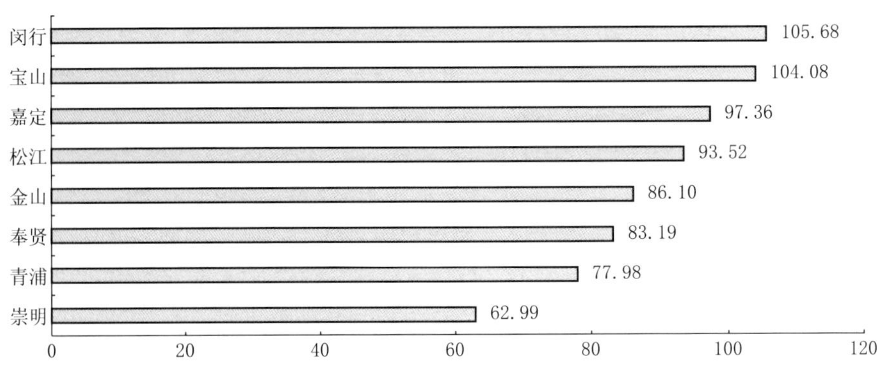

图 38　郊区各区智慧应用指数

1. 生活服务指数

生活服务指数高于上海市生活服务指数的区有静安、黄浦、徐汇、长宁、嘉定、虹口、普陀和杨浦。其中，智慧社区(村庄)覆盖率排名前三的区分别是闵行、金山、奉贤(三区指数值相同)；公交电子站牌覆盖率排名前三的区分别是静安、黄浦、长宁；公共停车场(库)系统联网率排名前三的区分别为黄浦、普陀、杨浦；包括浦东、徐汇、长宁在内的多个区在上海健康信息网联网率上并列第一；中心图书馆“一卡通”读者证普及率排名前三的区分别是嘉定、虹口和徐汇；12345 市民服务热线综合服务水平排名前三的区分别是金山、黄浦和徐汇。

表 35　各区生活服务指数

序号	区	指数值	序号	区	指数值
1	静安	137.04	9	金山	98.55
2	黄浦	122.14	10	宝山	89.88
3	徐汇	118.93	11	奉贤	89.06
4	长宁	112.83	12	浦东	87.04
5	嘉定	109.38	13	闵行	81.41
6	虹口	106.66	14	松江	80.79
7	普陀	104.46	15	青浦	75.03
8	杨浦	104.06	16	崇明	68.55

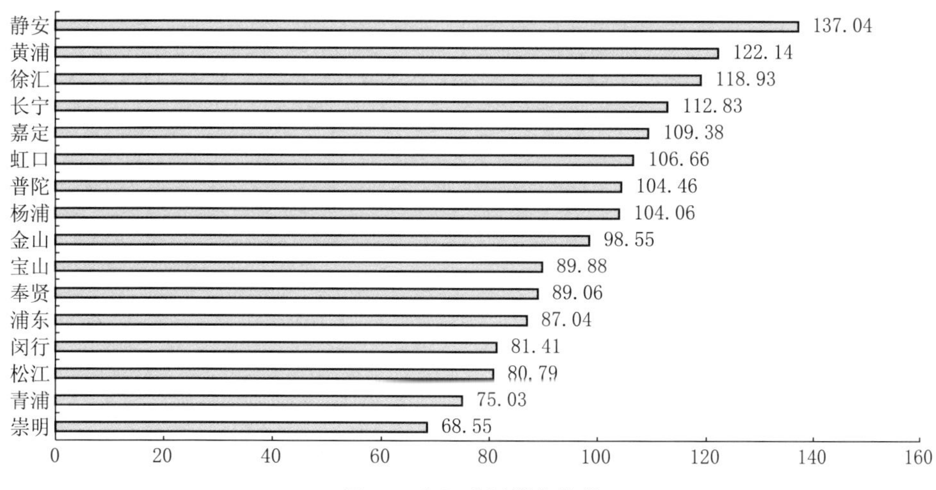

图 39　各区生活服务指数

按各区所属区域划分,生活服务指数从高到低依次排名分别如下:

表 36　中心城区各区生活服务指数

序号	区	指数值	序号	区	指数值
1	静安	137.04	5	虹口	106.66
2	黄浦	122.14	6	普陀	104.46
3	徐汇	118.93	7	杨浦	104.06
4	长宁	112.83	8	浦东	87.04

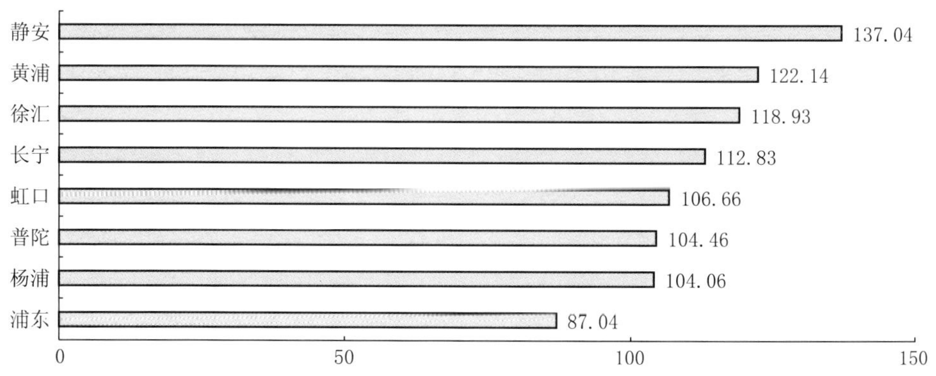

图 40　中心城区各区生活服务指数

表 37　郊区各区生活服务指数

序号	区	指数值	序号	区	指数值
1	嘉定	109.38	5	闵行	81.41
2	金山	98.55	6	松江	80.79
3	宝山	89.88	7	青浦	75.03
4	奉贤	89.06	8	崇明	68.55

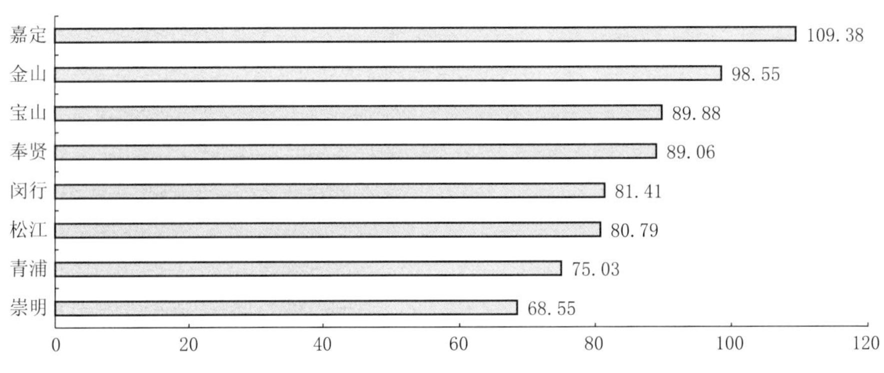

图 41　郊区各区生活服务指数

(5) 智慧社区(村庄)覆盖率

上海市已认定 50 个智慧社区试点单位,其中,示范性智慧社区 5 个。智慧村庄方面,推动涵盖公用事业缴费、三甲医院预约挂号等功能的新版"农民一点通"部署。已完成郊区 7 个区、32 个行政村的设备安装和试点应用,通过制定智慧村镇建设指南,指导推进七宝九星村、顾村星星村、绿化绿港村、竖新仙桥村、金山卫八字村等试点。

表 38　各区智慧社区(村庄)覆盖率

序号	区	指数值	序号	区	指数值
1	闵行	139.54	9	浦东	99.75
1	金山	139.54	10	杨浦	86.02
1	奉贤	139.54	10	崇明	86.02
4	静安	126.17	12	松江	72.44
5	宝山	123.81	13	青浦	67.17
6	长宁	120.45	14	虹口	49.33
6	嘉定	120.45	15	黄浦	40.72
8	徐汇	100.25	15	普陀	40.72

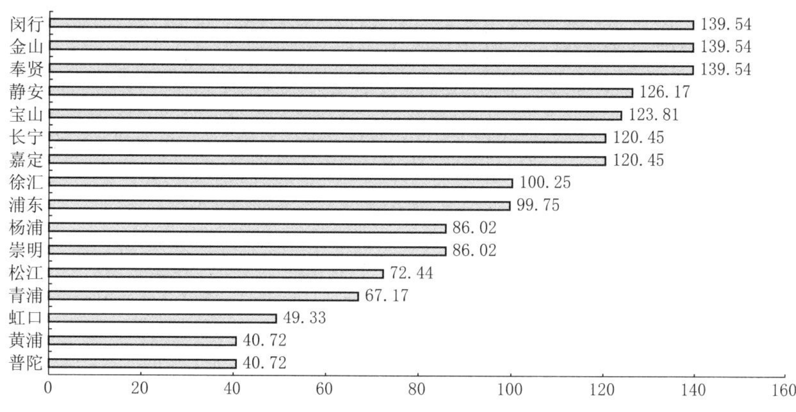

图 42　各区智慧社区(村庄)覆盖率

(6) 公交电子站牌覆盖率

以公交到站信息预报等为主要应用目标,上海市以各种电子化手段覆盖公交站点数超过 7 000 个。其中,市中心城区实现形式主要以安装电子屏为主,另有太阳能 LED 电子站杆作为补充,郊区主要以在站台(杆)上设置二维码的形式实现。

表 39　各区公交电子站牌覆盖率

序号	区	指数值	序号	区	指数值
1	静安	159.63	9	浦东	72.87
2	黄浦	159.14	10	奉贤	23.58
3	长宁	155.92	11	松江	23.52
4	徐汇	146.32	12	嘉定	20.45
5	杨浦	143.80	13	青浦	18.31
6	虹口	140.35	14	闵行	11.38
7	普陀	134.58	15	金山	0.00
8	宝山	122.83	15	崇明	0.00

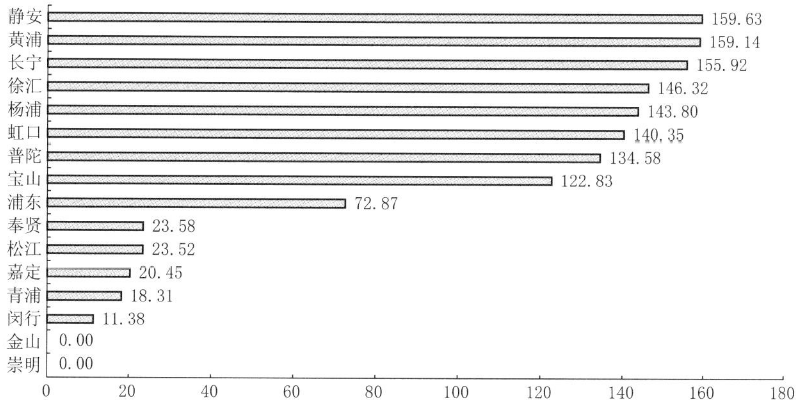

图 43　各区公交电子站牌覆盖率

(7) 公共停车场(库)系统联网率

截至2016年年底,全市共实现767个公共停车场(库)的系统联网,相比上年增加200个公共停车场(库)以上。其中,黄浦、普陀、杨浦、松江和嘉定等区的联网率已超过40%。

表40 各区公共停车场(库)系统联网率

序号	区	指数值	序号	区	指数值
1	黄浦	124.94	9	长宁	98.74
2	普陀	122.30	10	徐汇	95.66
3	杨浦	120.70	11	金山	93.66
4	松江	116.14	12	浦东	89.81
5	嘉定	114.28	13	闵行	87.76
6	静安	102.66	14	奉贤	85.61
7	虹口	101.73	15	青浦	76.60
8	宝山	101.24	16	崇明	39.96

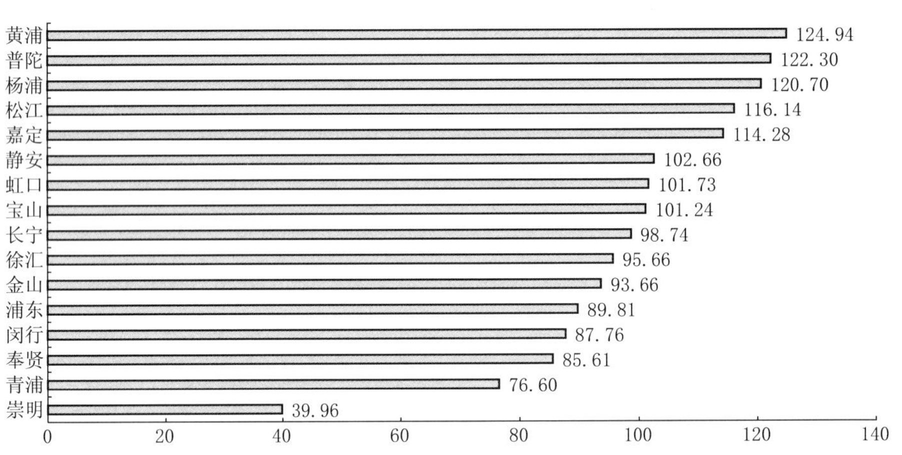

图44 各区公共停车场(库)系统联网率

(8) 上海健康信息网联网率

截至2016年年底,上海市在各区共实现超过120家公立医院(卫生行政部门设置)与240家社区卫生服务中心接入"上海健康信息网"。其中,浦东、徐汇、长宁、普陀、虹口、嘉定、金山、青浦、奉贤、崇明等区已实现两者联网率均达到100%;黄浦、静安、杨浦、闵行、松江等区已实现社区卫生服务中心100%接入。

表 41 各区上海健康信息网联网率

序号	区	指数值	序号	区	指数值
1	浦东	100.00	1	奉贤	100.00
1	徐汇	100.00	1	崇明	100.00
1	长宁	100.00	11	黄浦	96.67
1	普陀	100.00	12	杨浦	94.44
1	虹口	100.00	13	闵行	93.75
1	嘉定	100.00	14	静安	91.67
1	金山	100.00	14	宝山	91.67
1	青浦	100.00	14	松江	91.67

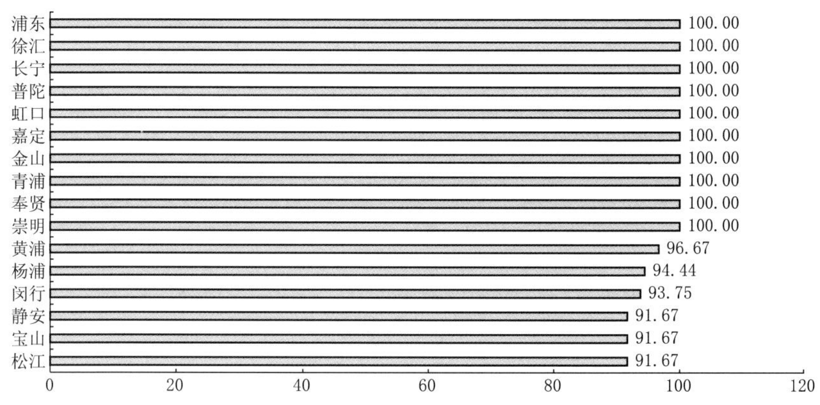

图 45 各区上海健康信息网联网率

(9) 中心图书馆“一卡通”读者证普及率

截至 2016 年年底，上海市中心图书馆“一卡通”有效读者证数量超过 300 万张。其中，由各区办理并在有效期内的“一卡通”读者证超过 140 万张，相比上一年度增长超过 15%。

表 42 各区中心图书馆“一卡通”读者证普及率

序号	区	指数值	序号	区	指数值
1	嘉定	155.15	9	闵行	99.40
2	虹口	124.99	10	青浦	97.67
3	徐汇	116.74	11	浦东	96.06
4	长宁	115.94	12	金山	90.60
5	黄浦	105.38	13	杨浦	88.69
6	普陀	105.32	14	松江	88.28
7	静安	101.65	15	崇明	66.00
8	奉贤	100.60	16	宝山	28.61

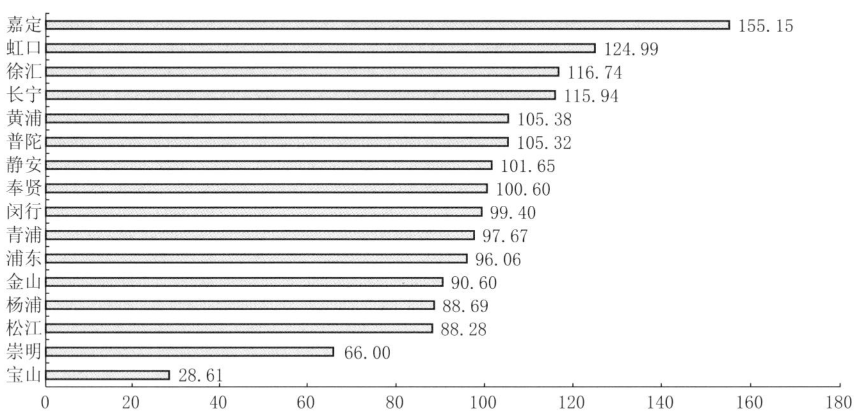

图 46　各区中心图书馆"一卡通"读者证普及率

(10) 电子学生证应用场点普及率

截至 2016 年年底，上海市电子学生证应用场点数已超过 520 家，覆盖少年宫、博物馆、纪念馆、剧院、体育馆等多种场馆类型。

表 43　各区电子学生证应用场点普及率

序号	区	指数值	序号	区	指数值
1	静安	276.84	9	杨浦	98.16
2	黄浦	225.08	10	崇明	88.55
3	徐汇	171.79	11	松江	73.22
4	金山	162.89	12	奉贤	72.85
5	嘉定	153.57	13	青浦	66.91
6	虹口	130.74	14	宝山	59.62
7	普陀	130.38	15	浦东	52.41
8	长宁	101.82	16	闵行	38.32

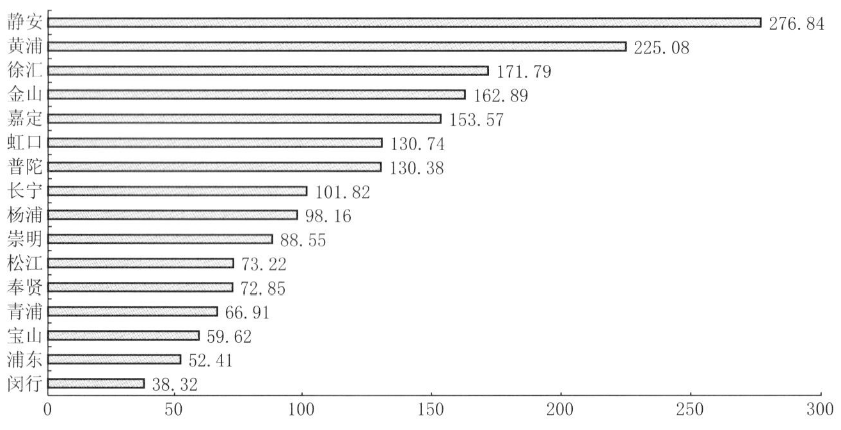

图 47　各区电子学生证应用场点普及率

(11) 12345 市民服务热线综合服务水平

市监察局、市热线办、市政府督查室对 2016 年度“12345”市民服务热线进行考核评价，纳入考核范围的主体包括上海市 16 个区、37 个部门(按执法管理、城建管理、经济社会等领域分类)和 16 个企事业单位。考核内容包括 5 项指标：受理数量、先行联系情况、按时办结情况、诉求解决情况、市民满意情况。

表 44　各区 12345 市民服务热线综合服务水平

序号	区	指数值	序号	区	指数值
1	金山	103.16	9	闵行	99.75
2	黄浦	103.06	10	虹口	99.50
3	徐汇	101.77	11	崇明	99.32
4	嘉定	101.74	12	青浦	98.58
5	宝山	101.40	13	浦东	98.38
6	奉贤	101.25	14	普陀	97.95
7	静安	100.63	15	长宁	96.94
8	松江	100.25	16	杨浦	96.62

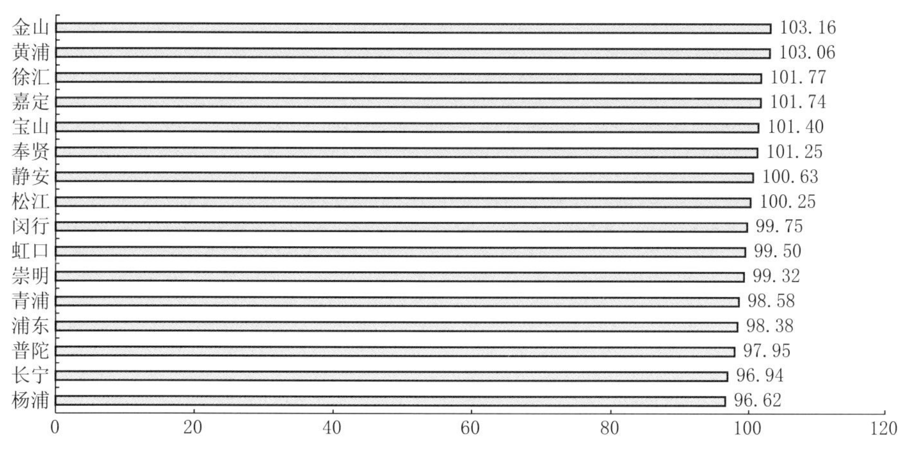

图 48　各区 12345 市民服务热线综合服务水平

2. 产业融合指数

产业融合指数高于上海市产业融合指数的区有浦东、闵行、徐汇、宝山、长宁、松江、杨浦、静安。其中，智慧园区(商圈)全市占比排名前三的区分别是浦东、徐汇、静安；两化融合管理体系贯标试点企业全市占比排名前三的区分别为浦东、闵行、松江；单位地区生产总值发明专利申请量排名前三的区分别是松江、闵行、宝山；单位地区生产总值发明专利授权量排名前三的区分别是闵行、宝山、杨浦；单位地区生产总值软件及相关信息服务业收入排名前三的区分别是长宁、浦东、徐汇。

表 45　各区产业融合指数

序号	区	指数值	序号	区	指数值
1	浦东	179.78	9	普陀	109.90
2	闵行	151.02	10	嘉定	97.04
3	徐汇	139.43	11	黄浦	93.26
4	宝山	133.42	12	青浦	90.22
5	长宁	130.87	13	虹口	86.80
6	松江	129.86	14	奉贤	76.58
7	杨浦	117.03	15	金山	74.18
8	静安	116.08	16	崇明	41.60

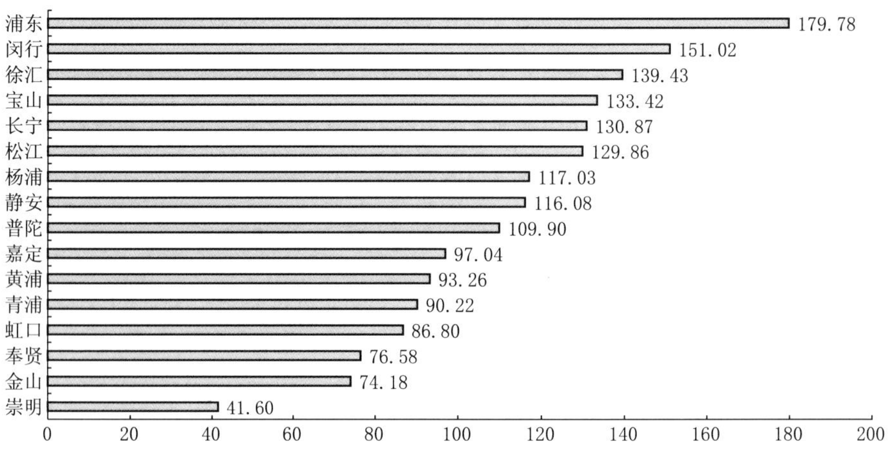

图 49　各区产业融合指数

按各区所属区域划分，产业融合指数从高到低依次排名分别如下：

表 46　中心城区各区产业融合指数

序号	区	指数值	序号	区	指数值
1	浦东	179.78	5	静安	116.08
2	徐汇	139.43	6	普陀	109.90
3	长宁	130.87	7	黄浦	93.26
4	杨浦	117.03	8	虹口	86.80

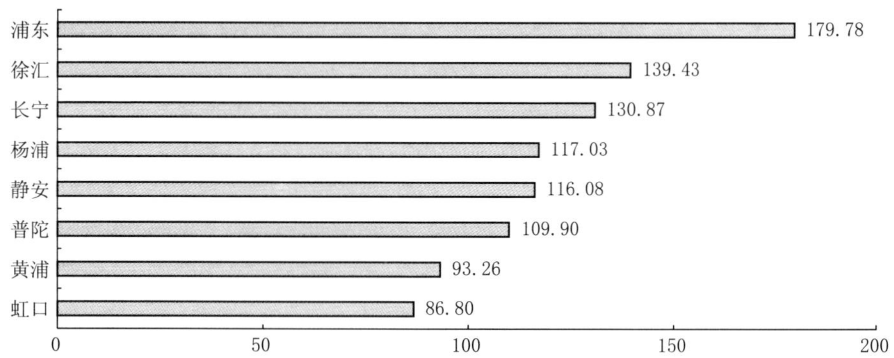

图 50 中心城区各区产业融合指数

表 47 郊区各区产业融合指数

序号	区	指数值	序号	区	指数值
1	闵行	151.02	5	青浦	90.22
2	宝山	133.42	6	奉贤	76.58
3	松江	129.86	7	金山	74.18
4	嘉定	97.04	8	崇明	41.60

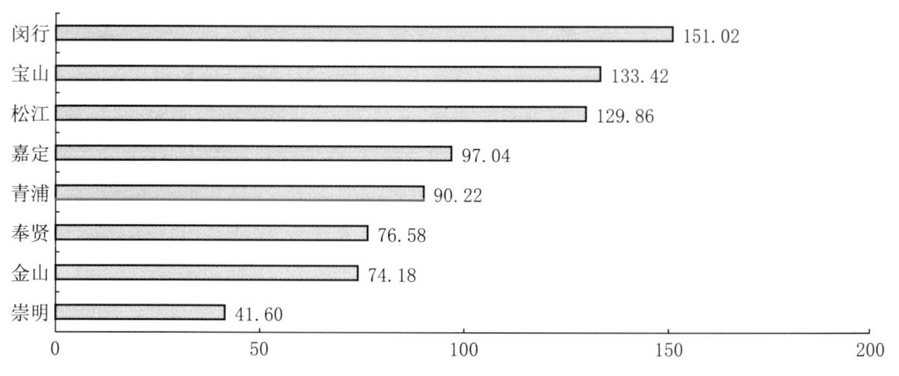

图 51 郊区各区产业融合指数

(12) 智慧园区(商圈)全市占比

为加快产业园区高端化、智慧化、生态化转型发展,加快推动"互联网+"大背景下新经济形态与新经济模式发展,截至 2016 年年底,全市共确认智慧园区试点 30 家,智慧商圈试点 7 家。其中,智慧园区试点覆盖综合园区、工业园区、高新技术园区、商务园区等多种园区类型;智慧商圈已包括淮海中路、南京西路、徐家汇等多个上海市重点知名商圈。

表 48　各区智慧园区(商圈)全市占比

序号	区	指数值	序号	区	指数值
1	浦东	216.99	7	杨浦	100.00
2	徐汇	170.04	7	宝山	100.00
3	静安	158.50	7	金山	100.00
4	黄浦	116.99	12	闵行	70.04
5	长宁	108.75	12	嘉定	70.04
5	青浦	108.75	14	松江	58.50
7	普陀	100.00	14	奉贤	58.50
7	虹口	100.00	16	崇明	0.00

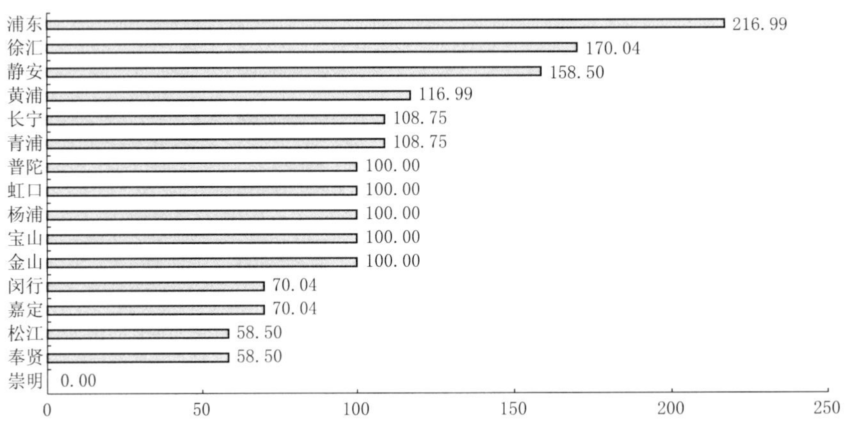

图 52　各区智慧园区(商圈)全市占比

(13) 两化融合管理体系贯标试点企业全市占比

上海市积极对接国家工业和信息化部在全国范围内常态化开展企业两化融合评估诊断和对标引导重点工作,截至 2016 年年底,全市开展贯标试点企业(含完成达标评定企业)已达到 63 家。行业类型涵盖汽车、造船、建筑、电子信息、软件、装备制造、航空航天等多个重点领域。

表 49　各区两化融合管理体系贯标试点企业全市占比

序号	区	指数值	序号	区	指数值
1	浦东	288.75	9	长宁	84.80
2	闵行	220.16	9	杨浦	84.80
3	松江	192.60	9	嘉定	84.80
4	静安	176.55	9	奉贤	84.80
5	黄浦	158.50	13	徐汇	48.54
6	宝山	137.85	13	金山	48.54
7	普陀	113.75	15	虹口	0.00
7	青浦	113.75	15	崇明	0.00

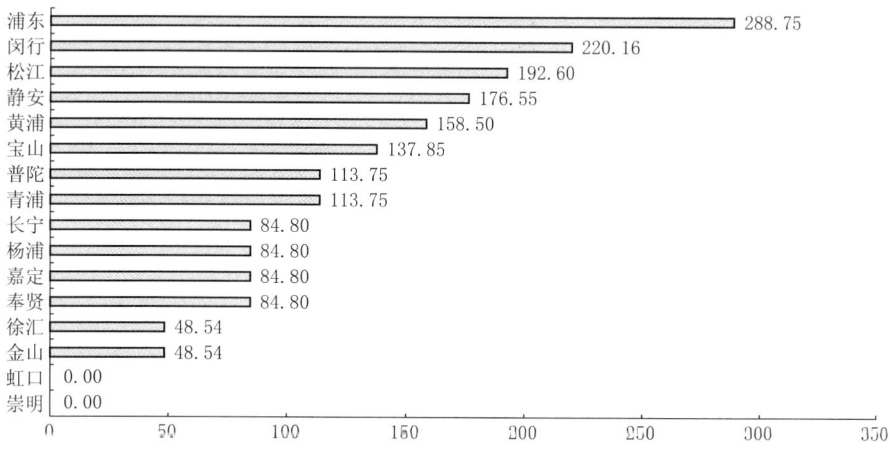

图 53　各区两化融合管理体系贯标试点企业全市占比

(14) 单位地区生产总值发明专利申请量

截至2016年年底,全市当年发明专利申请量超过54 000个,同比上一年度增长约17%。

表 50　各区单位地区生产总值发明专利申请量

序号	区	指数值	序号	区	指数值
1	松江	183.76	9	浦东	97.37
2	闵行	172.44	10	虹口	92.43
3	宝山	151.14	11	普陀	88.98
4	杨浦	148.10	12	青浦	86.38
5	徐汇	140.89	13	长宁	80.77
6	嘉定	114.59	14	崇明	55.40
7	金山	105.17	15	黄浦	54.18
8	奉贤	102.58	16	静安	50.82

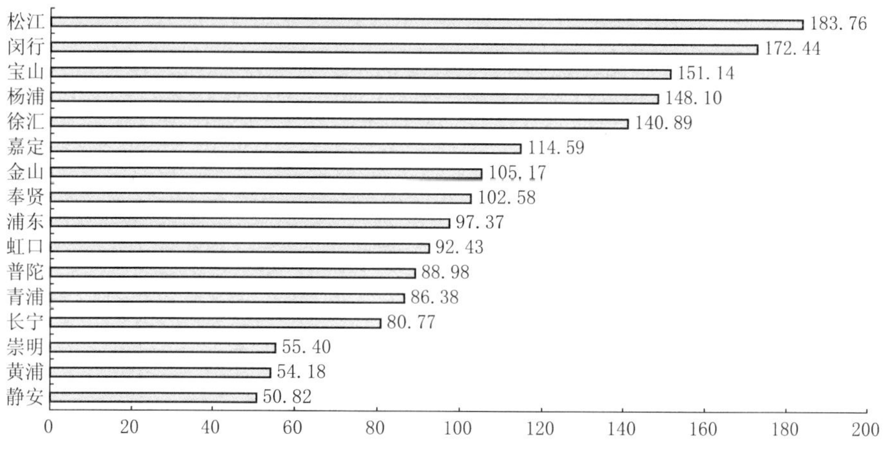

图 54　各区单位地区生产总值发明专利申请量

(15) 单位地区生产总值发明专利授权量

截至2016年年底,全市当年发明专利授权量超过19 000个,同比上一年度增长约19%。

表51　各区单位地区生产总值发明专利授权量

序号	区	指数值	序号	区	指数值
1	闵行	202.82	9	长宁	98.46
2	宝山	178.35	10	青浦	97.41
3	杨浦	177.22	11	普陀	95.95
4	松江	174.89	12	虹口	86.59
5	徐汇	170.80	13	金山	84.63
6	浦东	127.41	14	静安	66.21
7	嘉定	104.67	15	崇明	52.35
8	奉贤	101.52	16	黄浦	47.55

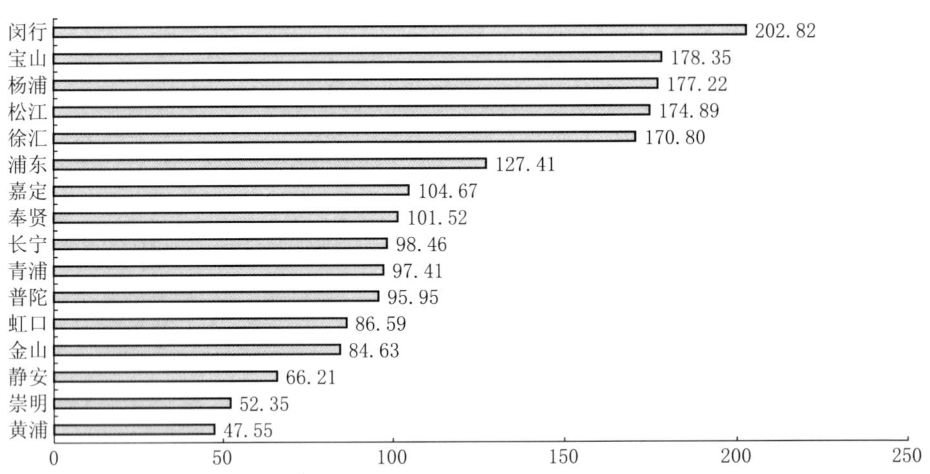

图55　各区单位地区生产总值发明专利授权量

(16) 单位地区生产总值软件及相关信息服务业经营收入

2016年,上海软件和信息服务业实现营业收入6 904.35亿元,比上年同期增长14.1%。实现增加值1 963.79亿元,增长11.9%,占第三产业比重的达到10.1%,占全市国内生产总值的比重达到7.1%。

表 52 各区单位地区生产总值软件及相关信息服务业收入

序号	区	指数值	序号	区	指数值
1	长宁	281.58	9	宝山	99.76
2	浦东	168.40	10	闵行	89.64
3	徐汇	166.87	11	黄浦	89.09
4	虹口	154.99	12	杨浦	75.04
5	普陀	150.81	13	青浦	44.79
6	静安	128.31	14	松江	39.55
7	嘉定	111.10	15	奉贤	35.52
8	崇明	100.24	16	金山	32.55

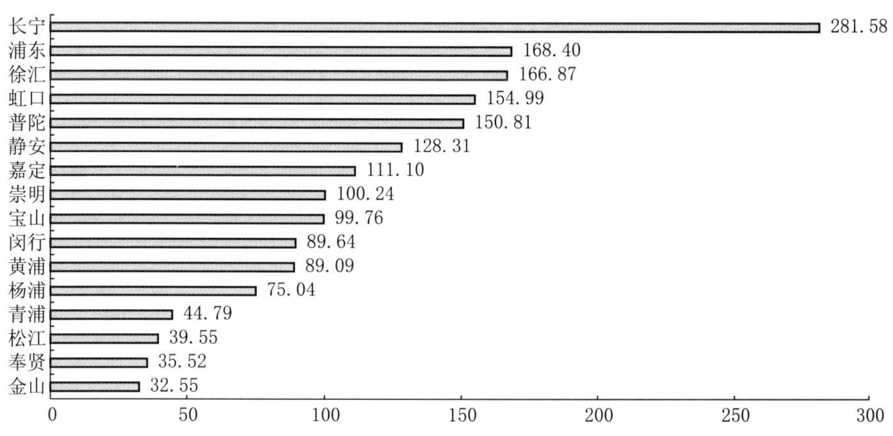

图 56 各区单位地区生产总值软件及相关信息服务业收入

3. 城市治理指数

城市治理指数高于上海市城市治理指数的区有杨浦、黄浦、长宁、徐汇、静安、闵行。其中,电子警察监控点覆盖率排名前三位的区分别是杨浦、黄浦、长宁;城市网格化综合管理水平排名前三位的区分别是黄浦、虹口、宝山;信用信息归集共享及查询应用水平排名前三位的区分别是普陀、宝山、金山。

表 53 各区城市治理指数

序号	区	指数值	序号	区	指数值
1	杨浦	168.54	9	普陀	102.05
2	黄浦	147.08	10	浦东	99.73
3	长宁	133.35	11	嘉定	93.28
4	徐汇	130.19	12	金山	84.12
5	静安	121.25	13	松江	82.18
6	闵行	111.28	14	青浦	81.46
7	宝山	106.23	15	奉贤	79.93
8	虹口	103.64	16	崇明	77.30

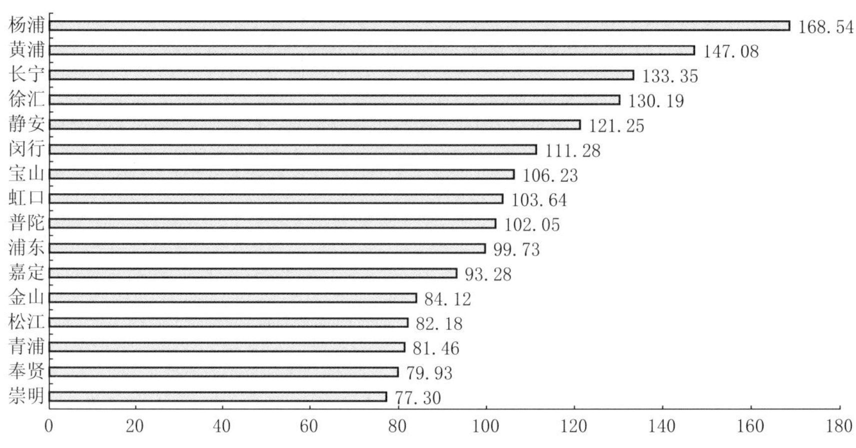

图 57　各区城市治理指数

按各区所属区域划分,城市治理指数从高到低依次排名分别如下:

表 54　中心城区各区城市治理指数

序号	区	指数值	序号	区	指数值
1	杨浦	168.54	5	静安	121.25
2	黄浦	147.08	6	虹口	103.64
3	长宁	133.35	7	普陀	102.05
4	徐汇	130.19	8	浦东	99.73

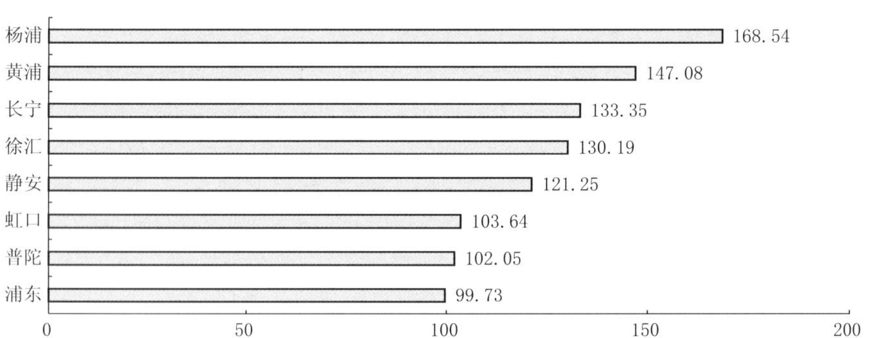

图 58　中心城区各区城市治理指数

表 55　郊区各区城市治理指数

序号	区	指数值	序号	区	指数值
1	闵行	111.28	5	松江	82.18
2	宝山	106.23	6	青浦	81.46
3	嘉定	93.28	7	奉贤	79.93
4	金山	84.12	8	崇明	77.30

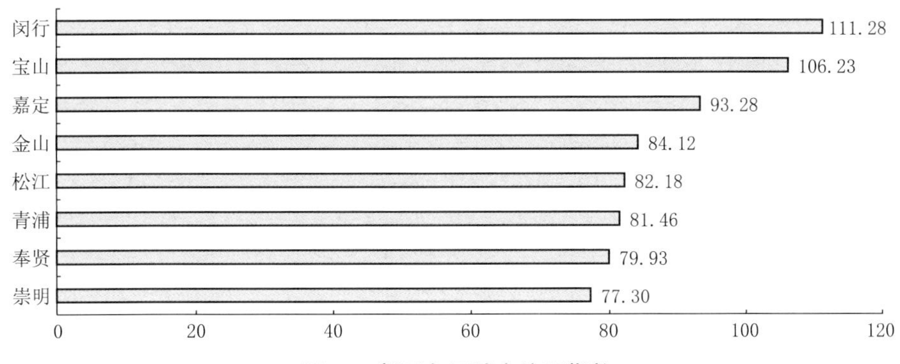

图 59　郊区各区城市治理指数

(17) 电子警察监控点覆盖率

根据上海市交通安全综合服务管理平台公示的相关信息,截至 2016 年年底,上海市分布在各区的电子警察监控点(交通技术监控设备)超过 9 000 套。

表 56　各区电子警察监控点覆盖率

序号	区	指数值	序号	区	指数值
1	杨浦	310.32	9	浦东	97.15
2	黄浦	240.28	10	普陀	97.01
3	长宁	198.84	11	嘉定	87.87
4	徐汇	187.14	12	青浦	52.98
5	静安	166.37	13	松江	52.72
6	闵行	131.06	14	奉贤	49.63
7	虹口	104.30	15	金山	42.02
8	宝山	102.80	16	崇明	26.60

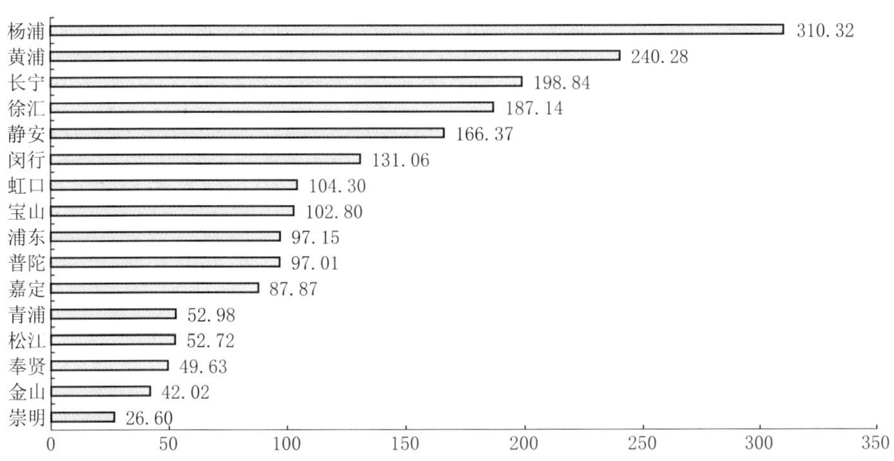

图 60　各区电子警察监控点覆盖率

(18) 城市网格化综合管理水平

根据上海市委相关工作要求,开展的推进城市网格化综合管理工作情况专题检查评估,从监督发现实效、指挥协调实效、实效综合监督、机制及专项工作实效等方面评估上海市各区城市网格化综合管理水平。

表 57　各区城市网格化综合管理水平

序号	区	指数值	序号	区	指数值
1	黄浦	107.45	9	浦东	98.66
2	虹口	106.21	10	杨浦	97.89
3	宝山	106.17	11	静安	97.79
4	松江	105.85	12	奉贤	96.73
5	徐汇	104.13	13	嘉定	96.26
6	崇明	103.31	14	闵行	95.39
7	金山	101.61	15	普陀	94.57
8	青浦	101.32	16	长宁	93.50

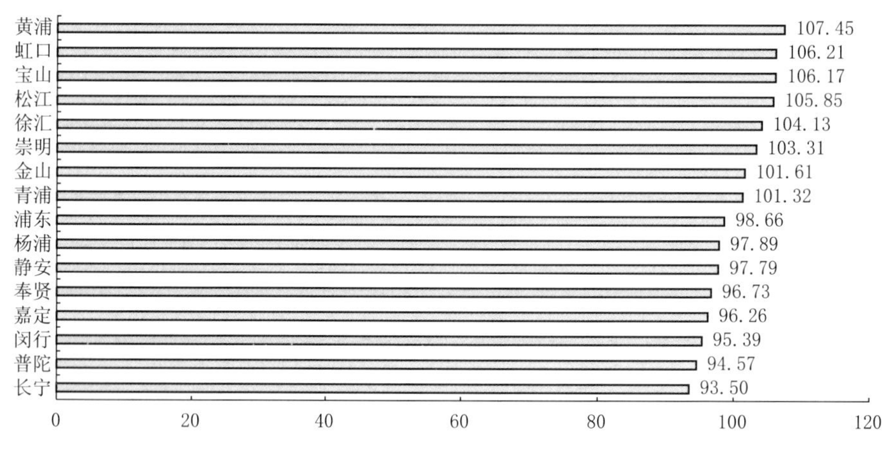

图 61　各区城市网格化综合管理水平

(19) 信用信息归集共享及查询应用水平

2016 年,上海市进一步推动信用服务平台功能优化升级。通过完善市信用平台"1+16+N"总体架构,加强市、区联动。截至目前,已建 21 个子平台,在建子平台 1 个。坚持查询服务窗口统一建立导向,除市信用平台服务大厅外,已设立 13 家服务窗口,在建服务窗口 1 个。根据《上海市公共信用信息目录(2016 版)》,97 家单位向市信用平台提供 5 198 项信息事项。其中,涉及法人信息事项 4 072 项,涉及自然人信息事项 1 126 项;平台可查询数据约 3.13 亿条,法人数据约 1 049 万条,自然人数据约 3.03 亿条。

截至2016年年底，上海市累计对外提供信用查询约2 224万人次。其中，法人信用信息被查询约713万次；自然人信用信息被查询约1 511万次。

表58 各区信用信息归集共享及查询应用水平

序号	区	指数值	序号	区	指数值
1	普陀	114.57	9	静安	99.59
2	宝山	109.71	10	徐汇	99.29
3	金山	108.74	11	杨浦	97.41
4	长宁	107.70	12	嘉定	95.72
5	闵行	107.40	13	黄浦	93.52
6	浦东	103.39	14	奉贤	93.43
7	崇明	102.00	15	青浦	90.09
8	虹口	100.41	16	松江	87.96

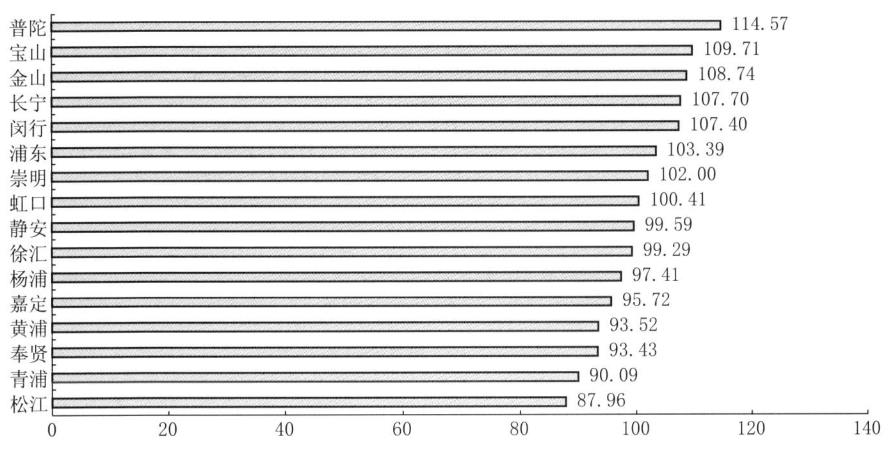

图62 各区信用信息归集共享及查询应用水平

4. 绿色发展指数

绿色发展指数高于上海市绿色发展指数的区有黄浦、静安、虹口、长宁、徐汇、普陀、杨浦。其中，公共事业电子账单普及率排名前三的区分别是长宁、普陀、虹口；家庭能源自动化采集覆盖率排名前三的区分别是嘉定、松江、徐汇；环境质量监测点覆盖率排名前三的区分别为黄浦、静安、虹口；道路扬尘监测点覆盖率排名前三的区分别为徐汇、静安、普陀；浦东、黄浦、长宁等多个区在建筑用能分项计量应用覆盖率上并列第一；气象自动监测站覆盖率排名前三的区分别为黄浦、静安、虹口。

表 59　各区绿色发展指数

序号	区	指数值	序号	区	指数值
1	黄浦	166.78	9	闵行	88.77
2	静安	162.78	10	嘉定	88.69
3	虹口	158.58	11	浦东	85.97
4	长宁	155.88	12	松江	83.34
5	徐汇	151.19	13	金山	77.72
6	普陀	143.08	14	奉贤	74.73
7	杨浦	133.28	15	青浦	66.30
8	宝山	101.43	16	崇明	52.56

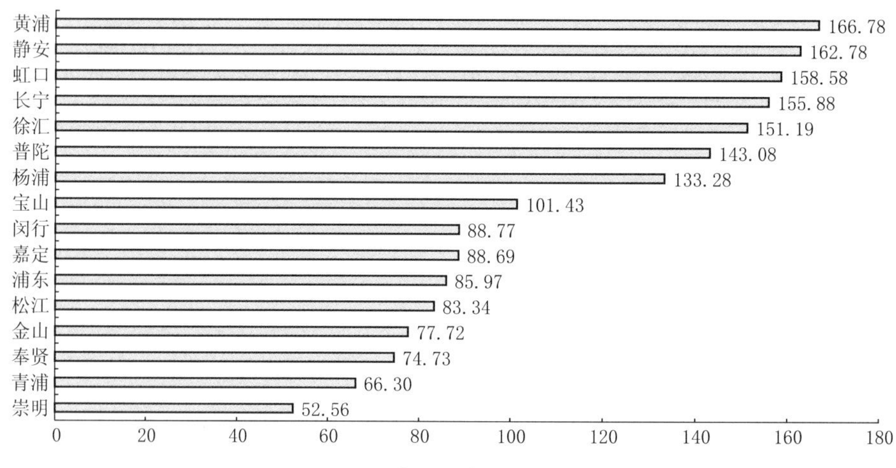

图 63　各区绿色发展指数

按各区所属区域划分，绿色发展指数从高到低依次排名分别如下：

表 60　中心城区各区绿色发展指数

序号	区	指数值	序号	区	指数值
1	黄浦	166.78	5	徐汇	151.19
2	静安	162.78	6	普陀	143.08
3	虹口	158.58	7	杨浦	133.28
4	长宁	155.88	8	浦东	85.97

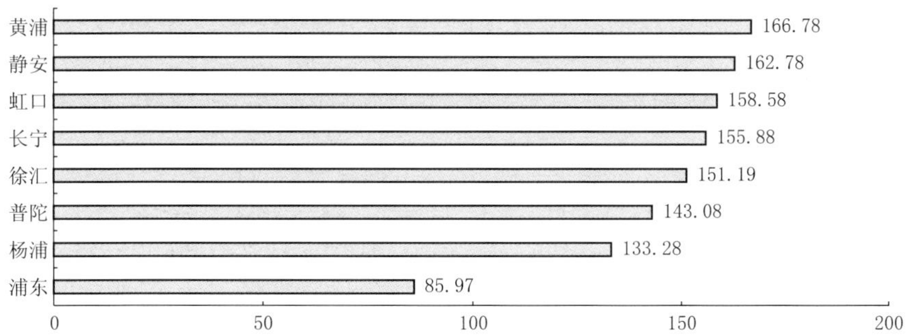

图 64　中心城区各区绿色发展指数

表 61　郊区各区绿色发展指数

序号	区	指数值	序号	区	指数值
1	宝山	101.43	5	金山	77.72
2	闵行	88.77	6	奉贤	74.73
3	嘉定	88.69	7	青浦	66.30
4	松江	83.34	8	崇明	52.56

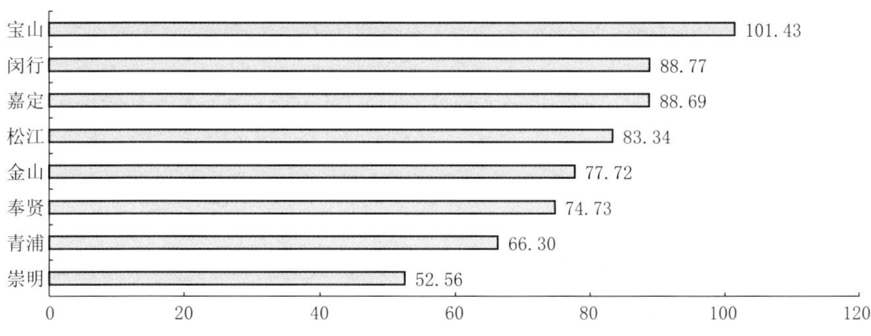

图 65　郊区各区绿色发展指数

(20) 公共事业电子账单普及率

截至 2016 年年底,上海市通过付费通平台申请电费账单的用户超过 52 万户。

表 62　各区公共事业电子账单普及率

序号	区	指数值	序号	区	指数值
1	长宁	153.06	9	金山	95.54
2	普陀	126.09	10	奉贤	94.05
3	虹口	119.54	11	黄浦	90.67
4	徐汇	117.13	12	杨浦	82.34
5	闵行	115.17	13	宝山	82.24
6	松江	112.80	14	嘉定	78.13
7	静安	111.04	15	青浦	53.97
8	浦东	104.32	16	崇明	29.60

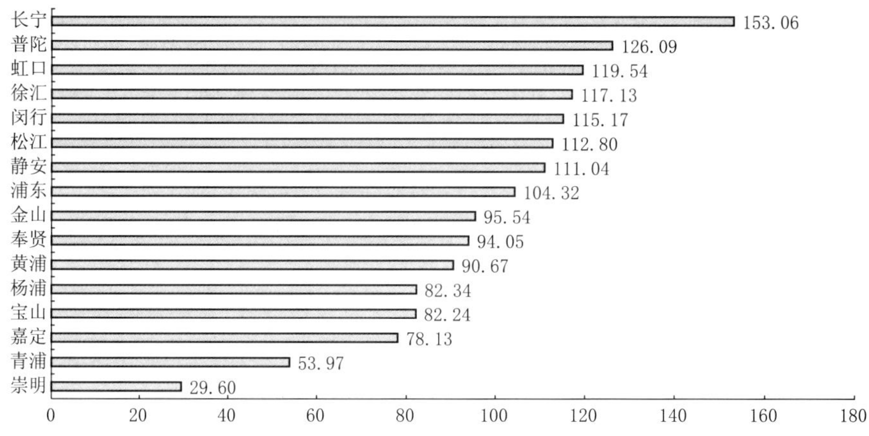

图 66　各区公共事业电子账单普及率

(21) 家庭能源自动化采集覆盖率

截至2016年年底,上海市已安装智能燃气表近300万个,对相关家庭用户的燃气使用情况进行远程与智能化监控。

表 63　各区家庭能源自动化采集覆盖率

序号	区	指数值	序号	区	指数值
1	嘉定	157.49	9	长宁	98.72
2	松江	126.98	10	普陀	84.97
3	徐汇	121.12	11	杨浦	79.17
4	金山	114.73	12	青浦	68.40
5	宝山	114.48	13	崇明	65.14
6	奉贤	110.22	14	静安	58.17
7	浦东	103.47	15	闵行	54.38
8	虹口	101.27	16	黄浦	19.14

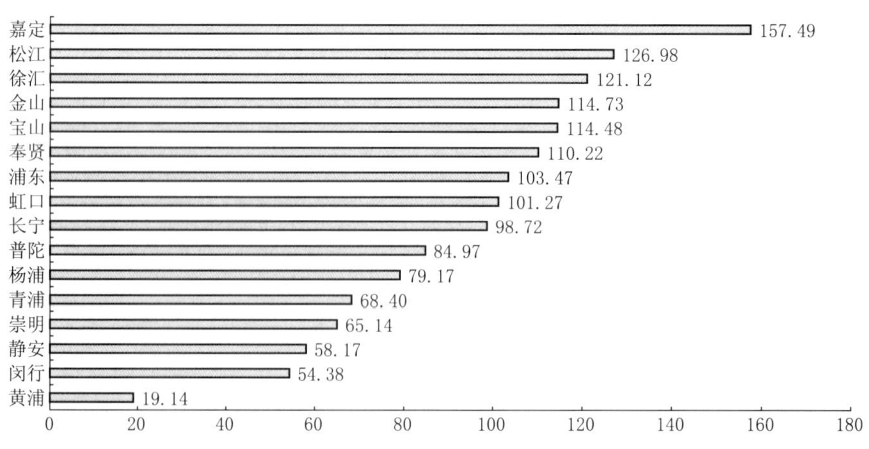

图 67　各区家庭能源自动化采集覆盖率

(22) 环境质量监测点覆盖率

截至2016年年底,上海市共建有空气环境质量国控监测点超过10个、市控监测点逾40个。

表64 各区环境质量监测点覆盖率

序号	区	指数值	序号	区	指数值
1	黄浦	402.71	9	闵行	88.33
2	静安	362.30	10	金山	77.60
3	虹口	330.60	11	嘉定	74.38
4	长宁	319.78	12	青浦	69.87
5	徐汇	274.80	13	奉贤	68.47
6	杨浦	262.20	14	松江	60.12
7	普陀	226.52	15	崇明	52.63
8	宝山	110.80	16	浦东	51.72

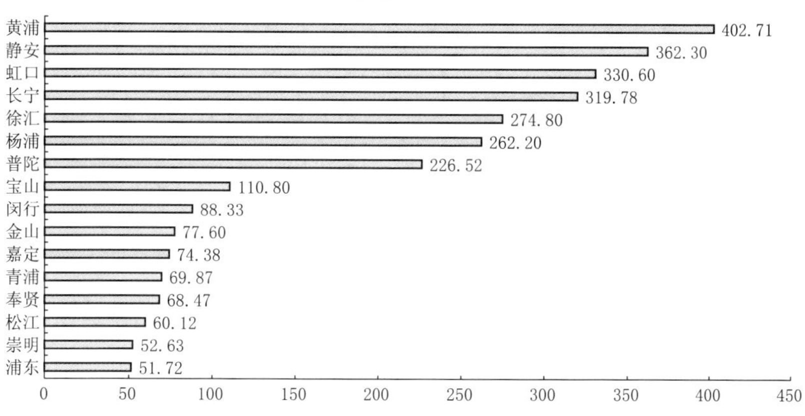

图68 各区环境质量监测点覆盖率

(23) 道路扬尘监测点覆盖率

截至2016年年底,上海市共建有道路扬尘监测点超过1 400个。覆盖道路、建筑工地、搅拌站、堆场与码头等重点区域。

表65 各区道路扬尘监测点覆盖率

序号	区	指数值	序号	区	指数值
1	徐汇	194.13	9	闵行	91.77
2	静安	184.45	10	浦东	86.25
3	普陀	182.82	11	奉贤	49.58
4	黄浦	173.16	12	青浦	47.17
5	杨浦	164.97	13	嘉定	47.12
6	虹口	145.36	14	金山	47.09
7	长宁	138.73	15	松江	45.60
8	宝山	107.78	16	崇明	20.94

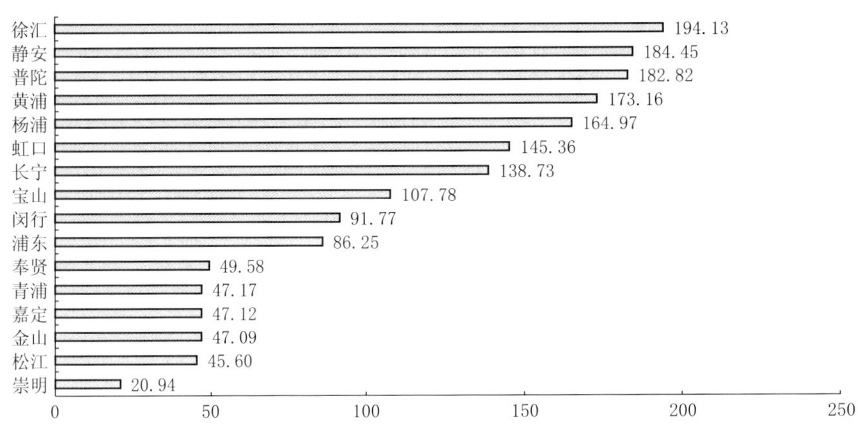

图 69　各区道路扬尘监测点覆盖率

(24) 建筑用能分项计量应用覆盖率

在应安装及联网用能分项计量装置的建筑安装情况绩效考评结果中，浦东、黄浦、长宁、普陀、杨浦、宝山、嘉定、青浦、崇明等区被评为优秀。

表 66　各区建筑用能分项计量应用覆盖率

序号	区	指数值	序号	区	指数值
1	浦东	100.00	1	崇明	100.00
1	黄浦	100.00	10	静安	84.80
1	长宁	100.00	10	虹口	84.80
1	普陀	100.00	12	徐汇	80.74
1	杨浦	100.00	12	金山	80.74
1	宝山	100.00	12	松江	80.74
1	嘉定	100.00	15	闵行	76.55
1	青浦	100.00	15	奉贤	76.55

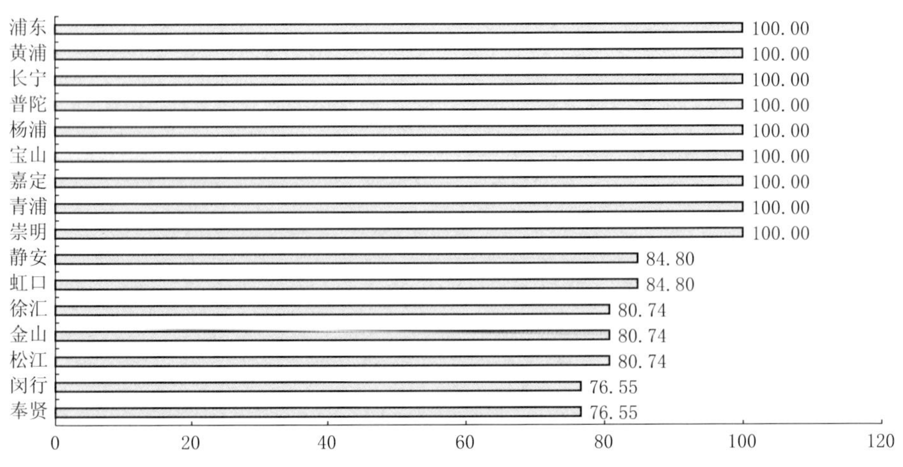

图 70　各区建筑用能分项计量应用覆盖率

(25) 气象自动监测站覆盖率

截至2016年年底,上海市共建有气象自动监测站超过220个。

表67 各区气象自动监测站覆盖率

序号	区	指数值	序号	区	指数值
1	黄浦	215.02	9	宝山	93.26
2	静安	175.91	10	嘉定	75.03
3	虹口	169.93	11	松江	73.81
4	普陀	138.08	12	浦东	70.04
5	长宁	124.96	13	青浦	58.37
6	徐汇	119.21	14	金山	50.61
7	杨浦	111.01	15	奉贤	49.51
8	闵行	106.44	16	崇明	47.07

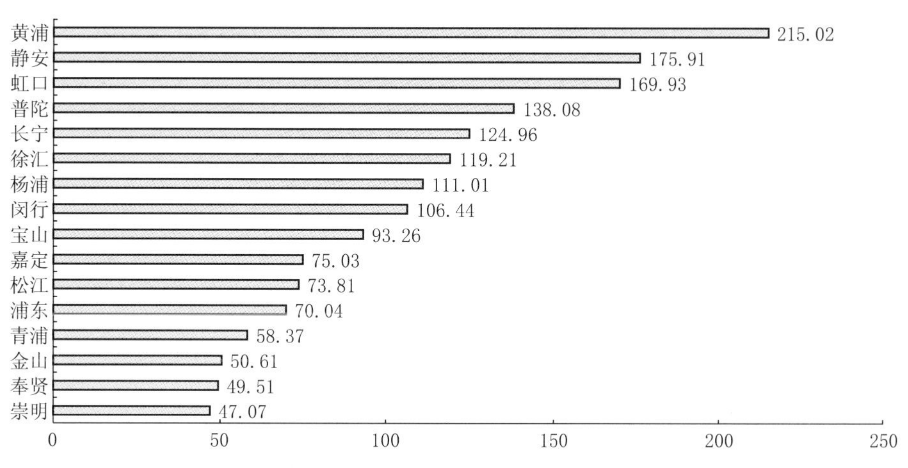

图71 各区气象自动监测站覆盖率

5. 政务服务指数

政务服务指数高于上海市政务服务指数的区有浦东、闵行、静安、杨浦、黄浦、徐汇、奉贤、普陀。其中,浦东、黄浦、静安、徐汇等多个区在政府门户网站服务水平上并列第一位;浦东、徐汇、闵行在公共信息资源社会开放度上排名前三位(后两者并列);闵行、浦东、静安在数据资源共享度上排名前三位。

表 68　各区政务服务指数

序号	区	指数值	序号	区	指数值
1	浦东	116.33	9	虹口	95.82
2	闵行	114.96	10	金山	95.62
3	静安	105.86	11	长宁	94.64
4	杨浦	104.26	12	松江	94.39
5	黄浦	102.20	13	崇明	92.18
6	徐汇	101.83	14	宝山	91.44
7	奉贤	100.68	15	嘉定	91.28
8	普陀	99.25	16	青浦	84.37

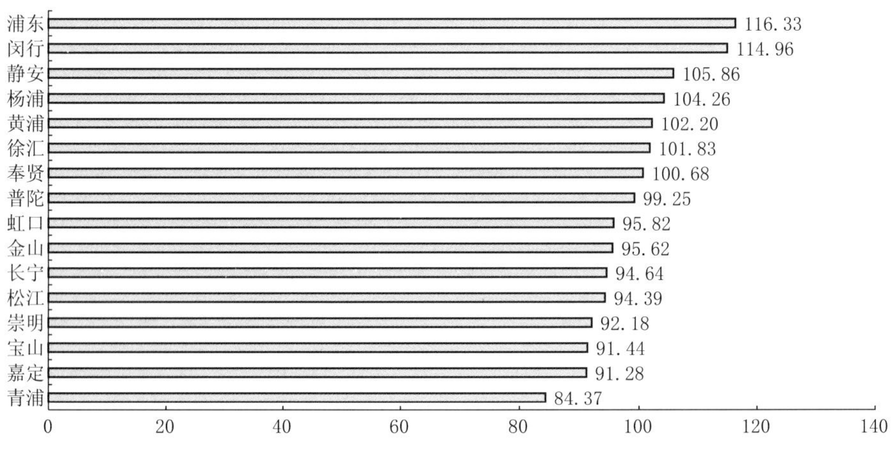

图 72　各区政务服务指数

按各区所属区域划分，政务服务指数从高到低依次排名分别如下：

表 69　中心城区各区政务服务指数

序号	区	指数值	序号	区	指数值
1	浦东	116.33	5	徐汇	101.83
2	静安	105.86	6	普陀	99.25
3	杨浦	104.26	7	虹口	95.82
4	黄浦	102.20	8	长宁	94.64

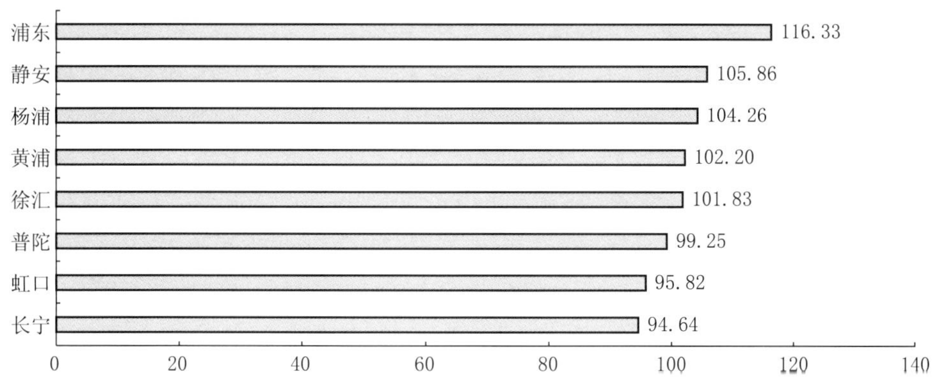

图 73 中心城区各区政务服务指数

表 70 郊区各区政务服务指数

序号	区	指数值	序号	区	指数值
1	闵行	114.96	5	崇明	92.18
2	奉贤	100.68	6	宝山	91.44
3	金山	95.62	7	嘉定	91.28
4	松江	94.39	8	青浦	84.37

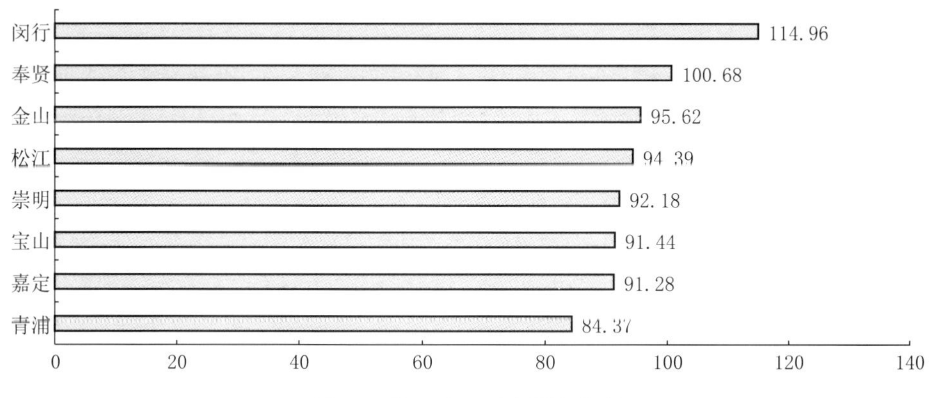

图 74 郊区各区政务服务指数

(26) 政府门户网站服务水平

根据《上海市人民政府办公厅关于 2016 年度本市政府网站测评情况的通报》的测评结果,浦东、黄浦、静安等 11 个区被评为优秀。

表 71 各区政府门户网站服务水平

序号	区	指数值	序号	区	指数值
1	浦东	100.00	1	金山	100.00
1	黄浦	100.00	1	奉贤	100.00
1	静安	100.00	1	崇明	100.00
1	徐汇	100.00	12	长宁	76.55
1	普陀	100.00	12	宝山	76.55
1	虹口	100.00	12	嘉定	76.55
1	杨浦	100.00	12	松江	76.55
1	闵行	100.00	12	青浦	76.55

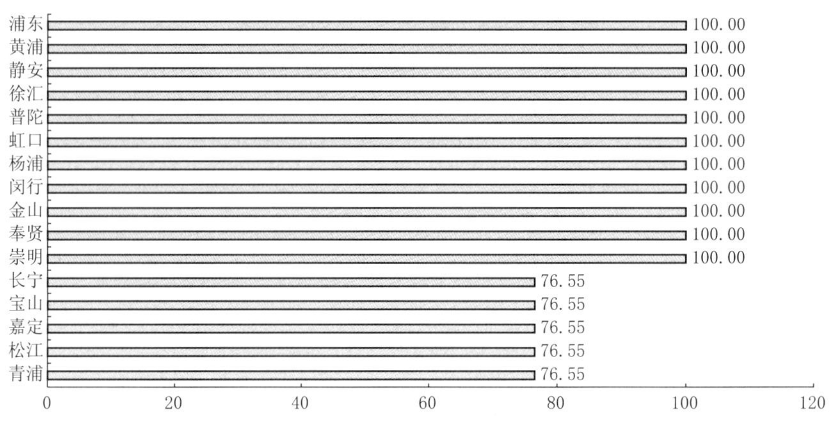

图 75 各区政府门户网站服务水平

(27) 公共信息资源社会开放度

各区结合区域信息化建设情况和区域特点，参照市级政务数据资源开放工作模式，围绕平台建设、数据资源编目、数据开放、配套制度等方面开展大量工作，积极探索构建市、区两级联动模式，基本形成区域数据资源开放工作格局。

表 72 各区公共信息资源社会开放度

序号	区	指数值	序号	区	指数值
1	浦东	122.24	8	杨浦	100.00
2	徐汇	113.75	8	嘉定	100.00
2	闵行	113.75	11	普陀	95.11
4	黄浦	109.31	11	宝山	95.11
4	松江	109.31	11	金山	95.11
6	长宁	104.73	14	虹口	84.80
6	奉贤	104.73	14	青浦	84.80
8	静安	100.00	14	崇明	84.80

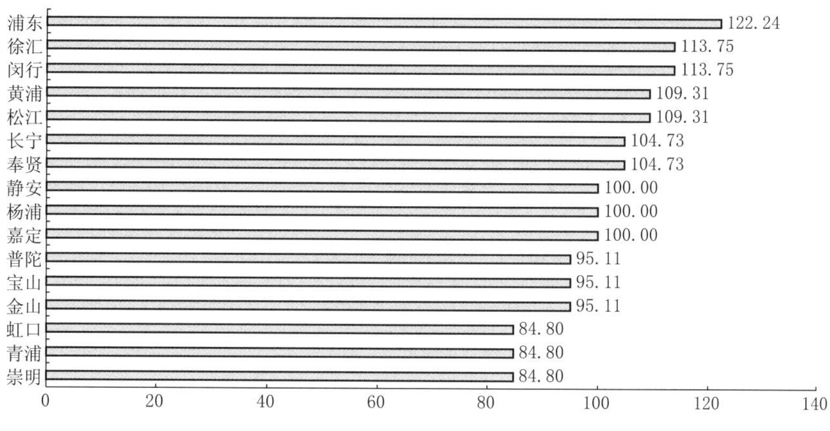

图 76 各区公共信息资源社会开放度

(28) 数据资源共享度

多数区深入结合已有工作基础与自身特色条件,在跨部门、跨条线的政务数据资源共享方面已形成诸多成果。有代表性的工作开展包括:包括法人、人口等内容在内的基础数据库建设;围绕区域电子政务云等项目工作,建设政务信息资源共享交换体系与服务平台;以税务、统计、工商、环保等关键数据为重点予以加快落实。

表 73 各区数据资源共享度

序号	区	指数值	序号	区	指数值
1	闵行	131.12	9	黄浦	97.30
2	浦东	126.75	9	嘉定	97.30
3	静安	117.58	9	松江	97.30
4	杨浦	112.78	9	奉贤	97.30
5	长宁	102.65	13	徐汇	91.75
5	普陀	102.65	13	金山	91.75
5	虹口	102.65	13	青浦	91.75
5	宝山	102.65	13	崇明	91.75

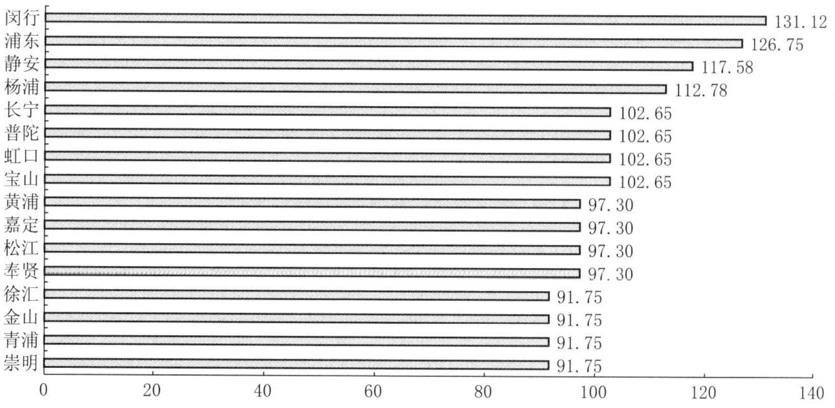

图 77 各区数据资源共享度

(四)发展环境指数

发展环境指数高于上海市发展环境指数的区有浦东、徐汇、静安、宝山、闵行、虹口、黄浦、普陀、嘉定。其中,浦东、普陀、嘉定等区在机制保障指数上排名前三位(后两者并列);黄浦、静安、徐汇、宝山四个区在创新应用指数上并列第一位;浦东、普陀、金山等区在试点示范指数上排名前三位(后两者并列)。

表74 各区发展环境指数

序号	区	指数值	序号	区	指数值
1	浦东	105.71	9	嘉定	95.88
2	徐汇	104.24	10	松江	95.29
3	静安	103.76	11	长宁	94.65
3	宝山	103.76	12	金山	91.52
5	闵行	99.81	13	奉贤	87.56
6	虹口	99.76	14	杨浦	86.57
7	黄浦	99.41	15	青浦	84.02
8	普陀	97.13	16	崇明	75.77

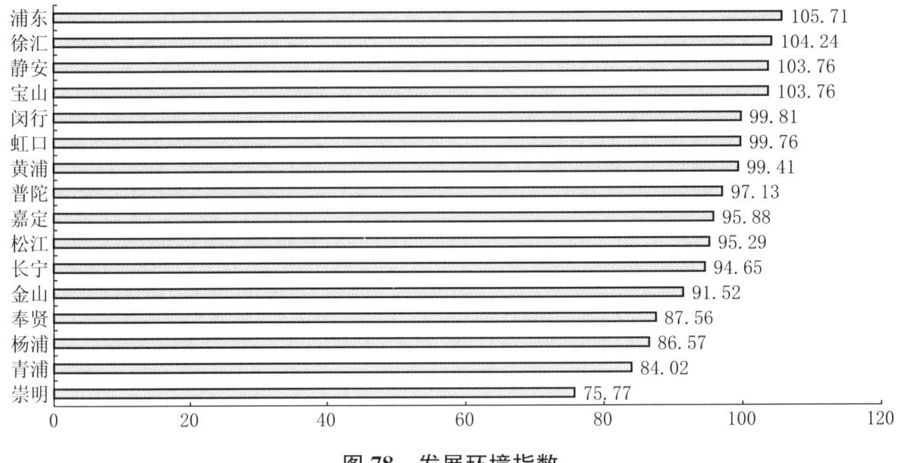

图78 发展环境指数

按各区所属区域划分,发展环境指数从高到低依次排名分别如下:

表75 中心城区各区发展环境指数

序号	区	指数值	序号	区	指数值
1	浦东	105.71	5	黄浦	99.41
2	徐汇	104.24	6	普陀	97.13
3	静安	103.76	7	长宁	94.65
4	虹口	99.76	8	杨浦	86.57

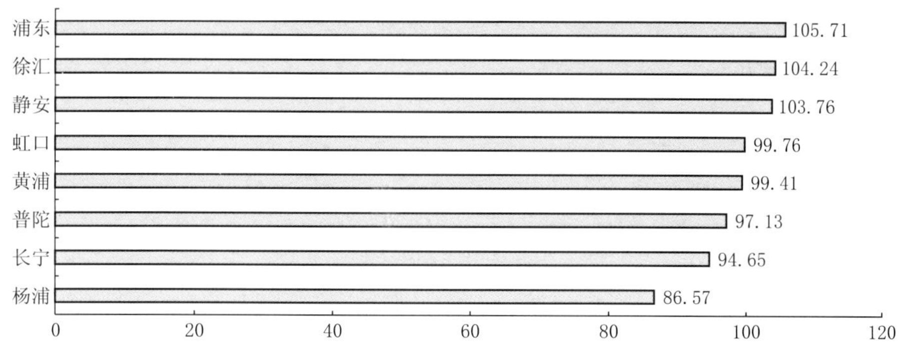

图 79 中心城区各区发展环境指数

表 76 郊区各区发展环境指数

序号	区	指数值	序号	区	指数值
1	宝山	103.76	5	金山	91.52
2	闵行	99.81	6	奉贤	87.56
3	嘉定	95.88	7	青浦	84.02
4	松江	95.29	8	崇明	75.77

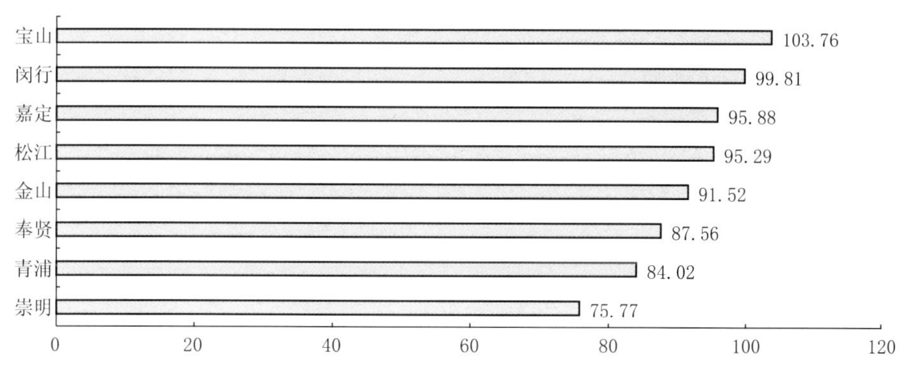

图 80 郊区各区发展环境指数

1. 机制保障指数

机制保障指数高于上海市机制保障指数的区有浦东、普陀、嘉定、闵行、虹口、静安、徐汇、宝山、松江、长宁、黄浦。其中，浦东、静安、徐汇、长宁等区在领导小组上并列第一；浦东、黄浦、静安、徐汇等区在规划计划上并列第一；浦东、普陀、嘉定、青浦四个区在专项资金上并列第一；浦东、虹口与闵行等三个区在人才保障上并列第一。

表 77 各区机制保障指数

序号	区	指数值	序号	区	指数值
1	浦东	111.12	6	松江	100.00
2	普陀	105.56	10	长宁	96.37
2	嘉定	105.56	11	黄浦	96.20
4	闵行	101.93	12	杨浦	87.14
5	虹口	101.76	13	青浦	86.12
6	静安	100.00	14	奉贤	82.04
6	徐汇	100.00	15	金山	76.47
6	宝山	100.00	16	崇明	74.44

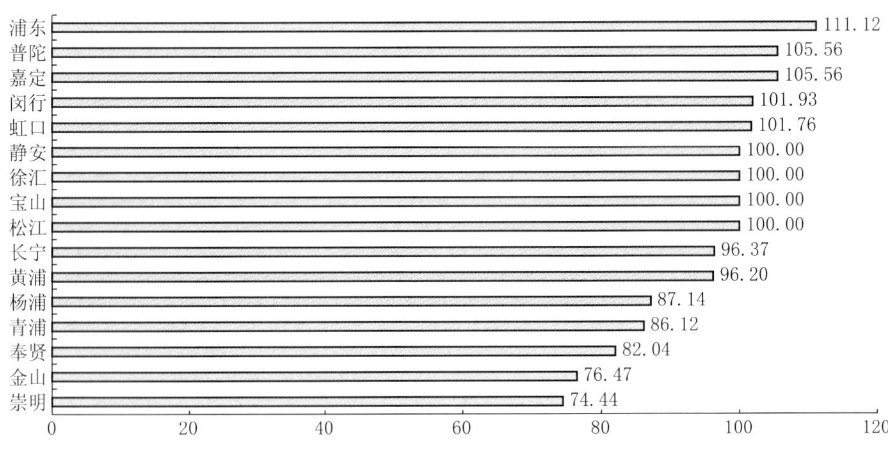

图 81 各区机制保障指数

按各区所属区域划分，机制保障指数从高到低依次排名分别如下：

表 78 中心城区各区机制保障指数

序号	区	指数值	序号	区	指数值
1	浦东	111.12	4	徐汇	100.00
2	普陀	105.56	6	长宁	96.37
3	虹口	101.76	7	黄浦	96.20
4	静安	100.00	8	杨浦	87.14

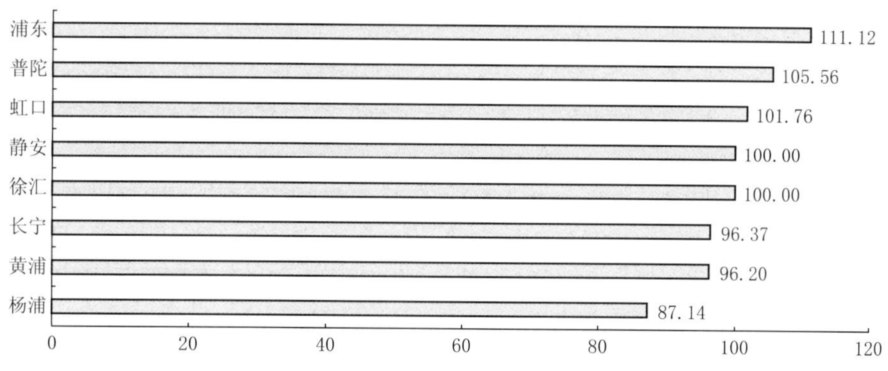

图 82　中心城区各区机制保障指数

表 79　郊区各区机制保障指数

序号	区	指数值	序号	区	指数值
1	嘉定	105.56	5	青浦	86.12
2	闵行	101.93	6	奉贤	82.04
3	宝山	100.00	7	金山	76.47
4	松江	100.00	8	崇明	74.44

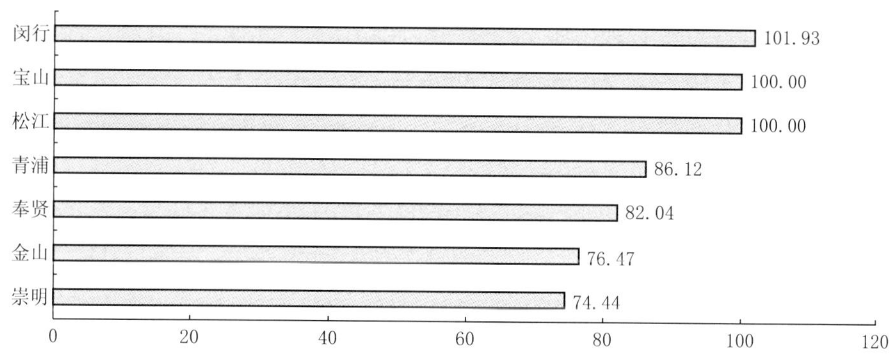

图 83　郊区各区机制保障指数

(29) 领导小组

截至 2016 年年底，上海市已有 14 个区成立区域智慧城市(智慧城区)建设领导小组，其他两个区确定由国民经济和社会信息化工作领导小组领导区域智慧城市建设工作。其中，有 6 个区明确由区委书记担任领导小组组长；有 5 个区明确由区长担任组长；其他各区由区委、区政府相关主要领导担任组长。已有半数区明确建立起区域智慧城市工作联席会议制度，其他各区也已不同程度形成多部门、多层次协同推进智慧城市建设的相关工作制度。典型代表包括在各街道、园区成立工作小组，实施街道(镇)信息化主管培训机制，开展智慧城市工作绩效考核评估等。

表 80　各区领导小组

序号	区	指数值	序号	区	指数值
1	浦东	100.00	1	金山	100.00
1	静安	100.00	1	松江	100.00
1	徐汇	100.00	1	奉贤	100.00
1	长宁	100.00	12	黄浦	84.80
1	普陀	100.00	12	虹口	84.80
1	宝山	100.00	14	崇明	80.74
1	闵行	100.00	15	杨浦	67.81
1	嘉定	100.00	15	青浦	67.81

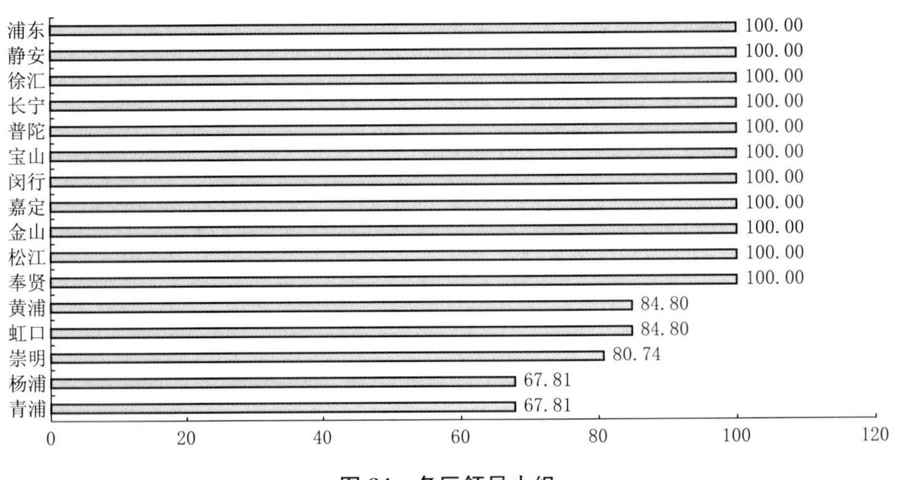

图 84　各区领导小组

(30) 规划计划

截至 2016 年年底，已有 10 个区制定完成了“十三五”期间区域“智慧城市”建设发展规划，另有 4 个区制定完成了国民经济与社会信息化规划，其中明确包括智慧城市建设顶层设计相关内容；至少有 4 个区制定了专门的“十三五”期间滚动推进的智慧城市三年规划。已有至少 14 个区制定了面向智慧城市各领域的专项规划。其中，最为集中的是信息基础设施类规划，有 10 个区已制定；信息产业、高新技术产业类规划其次，有 7 个区已形成相关规划，涉及内容包括互联网+、新一代信息技术产业、软件与信息服务业、机器人产业等。

表 81 各区规划计划

序号	区	指数值	序号	区	指数值
1	浦东	100.00	1	松江	100.00
1	黄浦	100.00	10	长宁	80.74
1	静安	100.00	10	杨浦	80.74
1	徐汇	100.00	10	闵行	80.74
1	普陀	100.00	10	青浦	80.74
1	虹口	100.00	10	奉贤	80.74
1	宝山	100.00	15	金山	58.50
1	嘉定	100.00	15	崇明	58.50

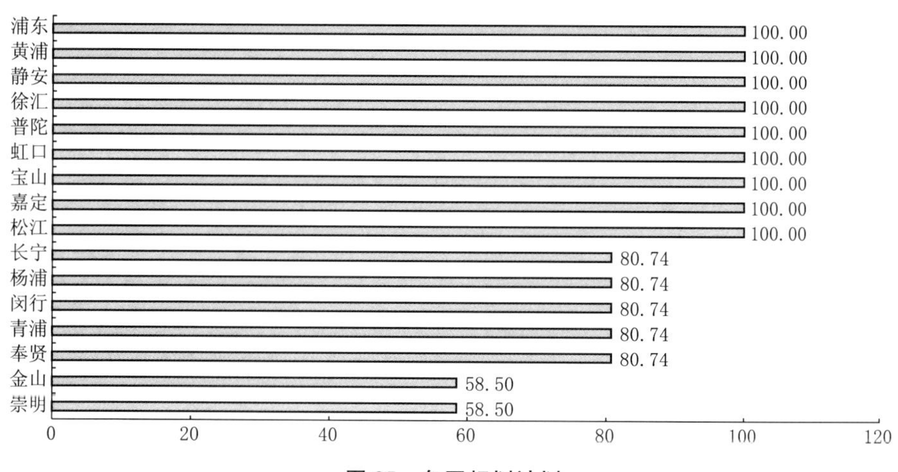

图 85 各区规划计划

(31) 专项资金

截至 2016 年年底,已有 7 个区明确设立区域智慧城市专项资金,其中有 3 个区已形成了专门的智慧城市专项资金管理办法。其他各区均通过区财政信息化建设专项经费来保障区域智慧城市项目建设。相关专项资金支持智慧城市项目,重点领域包括“互联网+政务服务”、信息产业(尤其是云计算、物联网、大数据等产业)、数字惠民、信息基础设施、信息资源整合利用、区域基础数据库升级优化、企业服务平台建设等。

表 82　各区专项资金

序号	区	指数值	序号	区	指数值
1	浦东	122.24	7	徐汇	100.00
1	普陀	122.24	7	虹口	100.00
1	嘉定	122.24	7	杨浦	100.00
1	青浦	122.24	7	宝山	100.00
5	长宁	104.73	7	松江	100.00
5	闵行	104.73	14	崇明	84.80
7	黄浦	100.00	15	金山	73.70
7	静安	100.00	15	奉贤	73.70

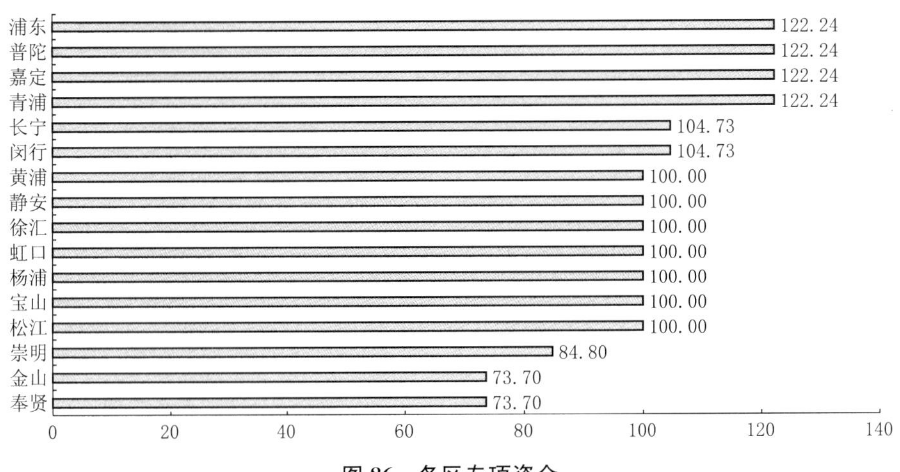

图 86　各区专项资金

(32) 人才保障

大部分区已形成或初步形成了具有自身特色与智慧城市相关的人才保障体系。主要内容包括面向区域内国企、政府部门,涉及战略决策层、管理执行层、议事咨询层的CIO制度建立与推广;智慧城市相关培训交流活动,涉及“信息共享”、“信息化与促进政府治理水平现代化”等重点主题,以及大数据(Hadoop)、数据挖掘等热点技术;推动多方合作、多元化的人才队伍建设体系形成,鼓励高新技术企业加强研发投入与人才培养力度,支持企业和高校联合共建实训基地等;与智慧城市有关人才引进、激励政策制定与服务支撑,包括对“大数据”等前沿领域人才的引进集聚,对高端人才服务体系与平台建设等。

表 83 各区人才保障

序号	区	指数值	序号	区	指数值
1	浦东	122.24	4	杨浦	100.00
1	虹口	122.24	4	宝山	100.00
1	闵行	122.24	4	嘉定	100.00
4	黄浦	100.00	4	松江	100.00
4	静安	100.00	13	金山	73.70
4	徐汇	100.00	13	青浦	73.70
4	长宁	100.00	13	奉贤	73.70
4	普陀	100.00	13	崇明	73.70

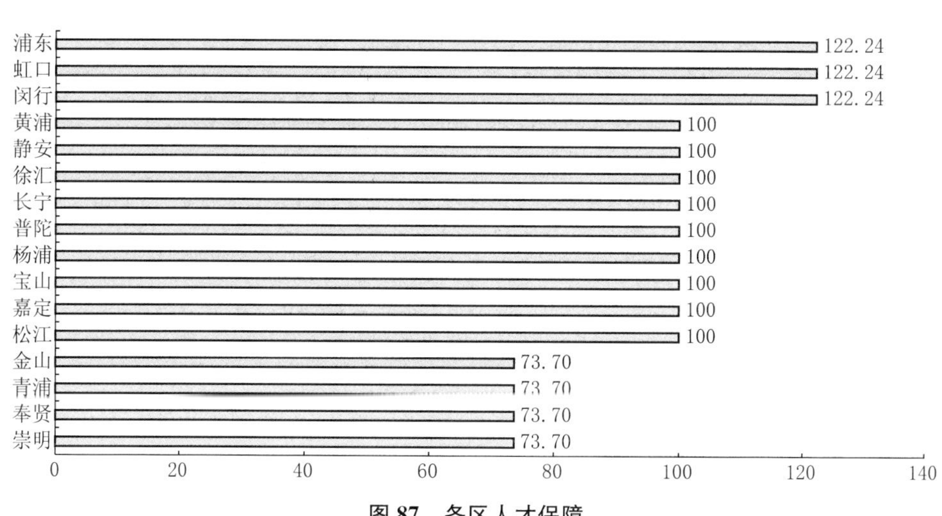

图 87 各区人才保障

2. 创新应用指数

区创新应用指数高于上海市创新应用指数的有黄浦、静安、徐汇、宝山、虹口、闵行、松江、浦东等。其中,浦东、黄浦、静安、徐汇等区在生活服务上并列第一;黄浦、静安、徐汇、宝山、松江在产业融合上并列第一;黄浦、静安、徐汇、虹口等区在城市治理上并列第一;浦东、黄浦、静安、徐汇等区在绿色发展上并列第一;浦东、黄浦、静安、徐汇在政务服务指数上并列第一。

表 84　各区创新应用指数

序号	区	指数值	序号	区	指数值
1	黄浦	106.44	9	金山	94.01
1	静安	106.44	10	长宁	92.60
1	徐汇	106.44	11	嘉定	89.56
1	宝山	106.44	12	奉贤	89.19
5	虹口	101.99	13	杨浦	88.43
5	闵行	101.99	14	普陀	87.78
7	松江	98.14	15	青浦	83.93
8	浦东	97.86	16	崇明	79.48

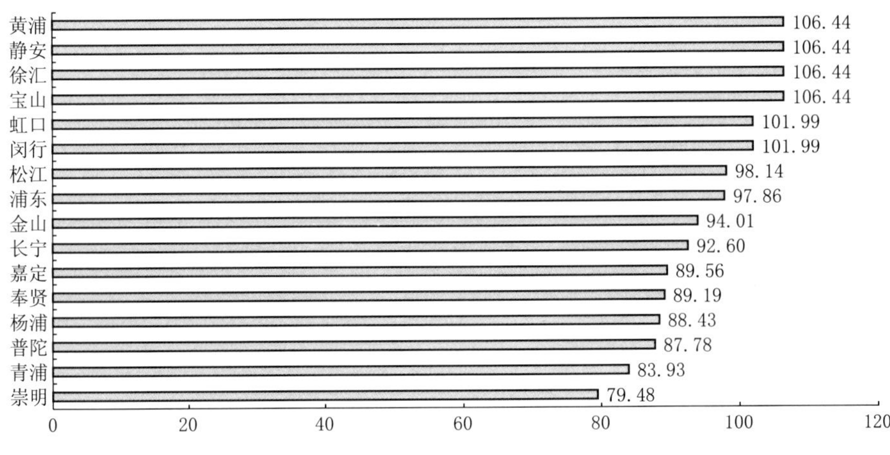

图 88　各区创新应用指数

按各区所属区域划分，创新应用指数从高到低依次排名分别如下：

表 85　中心城区各区创新应用指数

序号	区	指数值	序号	区	指数值
1	黄浦	106.44	5	浦东	97.86
1	静安	106.44	6	长宁	92.60
1	徐汇	106.44	7	杨浦	88.43
4	虹口	101.99	8	普陀	87.78

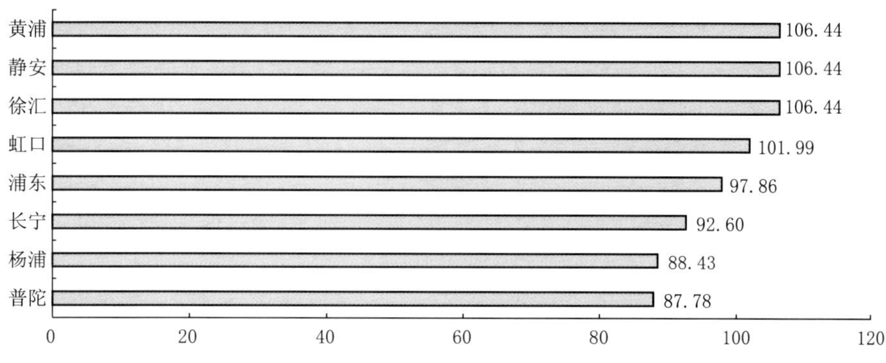

图 89 中心城区各区创新应用指数

表 86 郊区各区创新应用指数

序号	区	指数值	序号	区	指数值
1	宝山	106.44	5	嘉定	89.56
2	闵行	101.99	6	奉贤	89.19
3	松江	98.14	7	青浦	83.93
4	金山	94.01	8	崇明	79.48

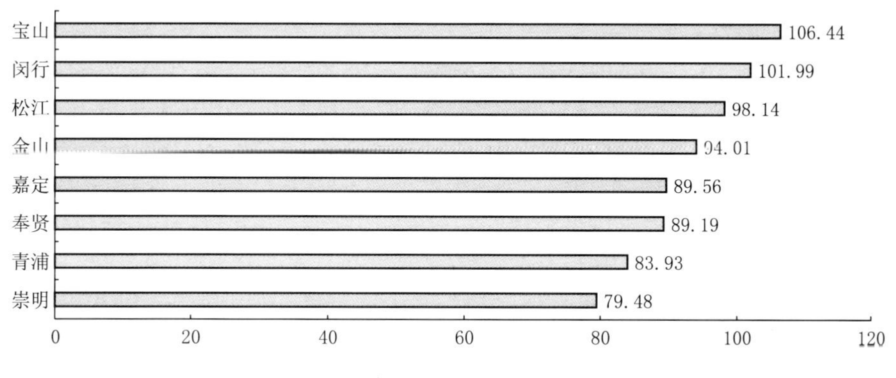

图 90 郊区各区创新应用指数

(33) 生活服务

各区在智慧医疗(健康)、智慧教育、智慧文化、智慧养老、智慧旅游、智慧交通等多个领域因地制宜地开展了大量的项目建设与服务支撑。典型内容包括综合民生服务平台、医疗救助“一站式”服务平台、卫生综合服务管理平台、养老管理服务系统、文化服务云平台、旅游综合服务云平台等。

表 87　各区生活服务

序号	区	指数值	序号	区	指数值
1	浦东	100.00	1	闵行	100.00
1	黄浦	100.00	1	嘉定	100.00
1	静安	100.00	1	金山	100.00
1	徐汇	100.00	1	松江	100.00
1	长宁	100.00	1	崇明	100.00
1	普陀	100.00	14	青浦	80.74
1	虹口	100.00	14	奉贤	80.74
1	宝山	100.00	16	杨浦	58.50

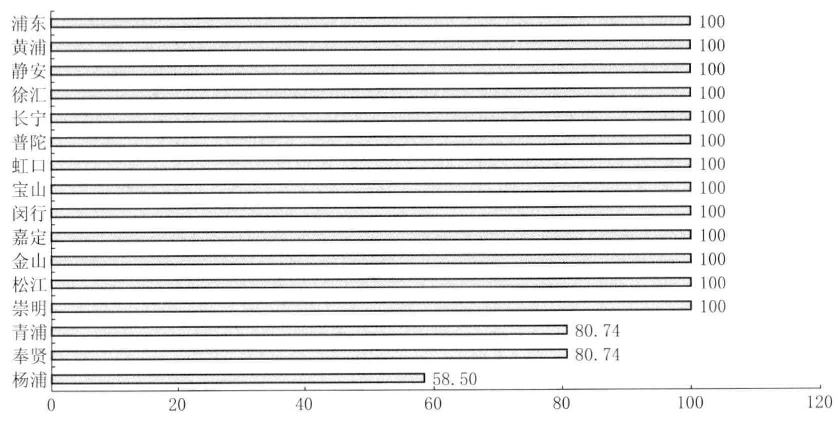

图 91　各区生活服务

(34) 产业融合

各区在智能产业发展、传统产业转型升级、淘汰落后产能等方面,结合区域各自特色,开展了诸多卓有成效的工作。典型工作(项目)涉及对机器人、智能制造、互联网金融、电子商务、云计算、大数据等高新技术产业、互联网产业的规划、培育与发展;交易与金融服务平台、企业服务平台、产业服务管理平台建设等。

表 88　各区产业融合

序号	区	指数值	序号	区	指数值
1	黄浦	122.24	6	嘉定	100.00
1	静安	122.24	6	金山	100.00
1	徐汇	122.24	6	奉贤	100.00
1	宝山	122.24	12	长宁	73.70
1	松江	122.24	12	普陀	73.70
6	浦东	100.00	12	杨浦	73.70
6	虹口	100.00	12	青浦	73.70
6	闵行	100.00	12	崇明	73.70

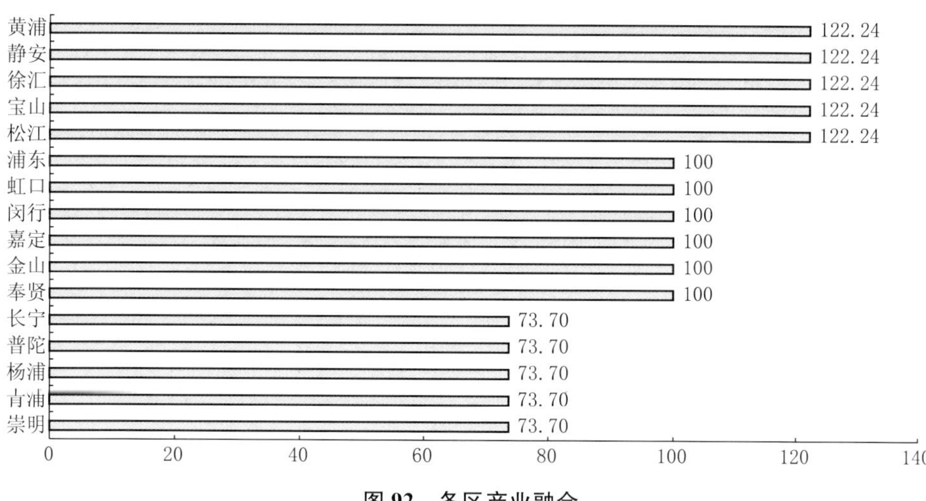

图 92 各区产业融合

(35) 城市治理

各区在区域公共管理(治理)等方面,借助信息化、智慧化手段,积极开展试点创新,对现有工作进行优化升级、开拓新的服务方式与内容。有代表性的建设与服务内容包括城市综合管理(12345 热线服务、综合管理与执法平台、BIM 技术应用推广等)、食品安全、公共安全管理,以及智能公共基础设施建设(智能电网、智能水网、智能照明等)。

表 89 各区城市治理

序号	区	指数值	序号	区	指数值
1	黄浦	109.95	9	浦东	89.31
1	静安	109.95	9	长宁	89.31
1	徐汇	109.95	9	嘉定	89.31
1	虹口	109.95	9	金山	89.31
1	杨浦	109.95	13	普陀	65.21
1	宝山	109.95	13	青浦	65.21
1	闵行	109.95	13	奉贤	65.21
1	松江	109.95	13	崇明	65.21

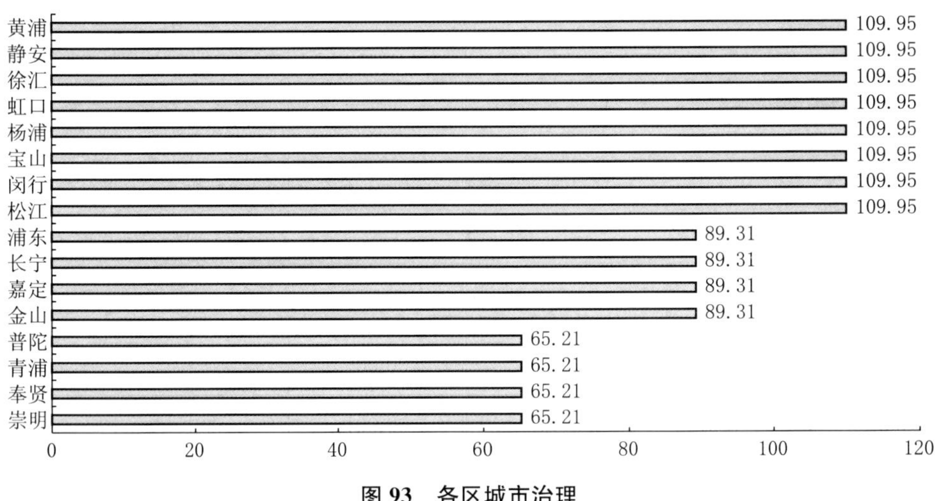

图 93　各区城市治理

(36) 绿色发展

多数区都在区域节能环保、降耗减排等可持续发展方面,与智慧城市建设相关理念技术进行了有效的融合尝试,涉及环境质量智能化监测、预警与数据实时共享;包括大气、水体、河道、土壤等污染源传感设备布控等在内的环境污染监管;固废申报、收费征费、生活垃圾物流管理、运输车辆监管、生活垃圾分类管理等五类业务的信息化管理;建筑能耗在线监测与节能管理、公众环境信息服务、气象信息服务等。

表 90　各区绿色发展

序号	区	指数值	序号	区	指数值
1	浦东	100.00	1	宝山	100.00
1	黄浦	100.00	1	闵行	100.00
1	静安	100.00	1	嘉定	100.00
1	徐汇	100.00	1	金山	100.00
1	长宁	100.00	1	青浦	100.00
1	普陀	100.00	1	奉贤	100.00
1	虹口	100.00	15	松江	58.50
1	杨浦	100.00	15	崇明	58.50

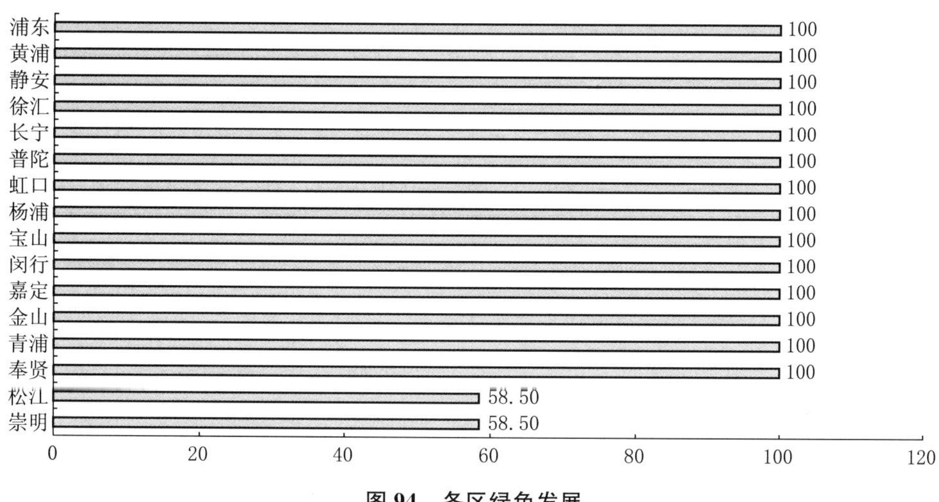

图 94　各区绿色发展

(37) 政务服务

各区都在智慧政务方面开展相关工作创新,涉及全市统一布置的重点工作(项目)包括政务一体化(电子政务云)、社区服务一口式受理等。具体建设内容与项目,包括一体化政务云数据中心、政务信息共享交换枢纽平台、行业政务平台;移动政务办公平台、无纸化办公平台;(区级)政府网站集群建设、事中事后监管平台等。

表 91　各区政务服务

序号	区	指数值	序号	区	指数值
1	浦东	100.00	1	宝山	100.00
1	黄浦	100.00	1	闵行	100.00
1	静安	100.00	1	松江	100.00
1	徐汇	100.00	1	青浦	100.00
1	长宁	100.00	1	奉贤	100.00
1	普陀	100.00	1	崇明	100.00
1	虹口	100.00	15	金山	80.74
1	杨浦	100.00	16	嘉定	58.50

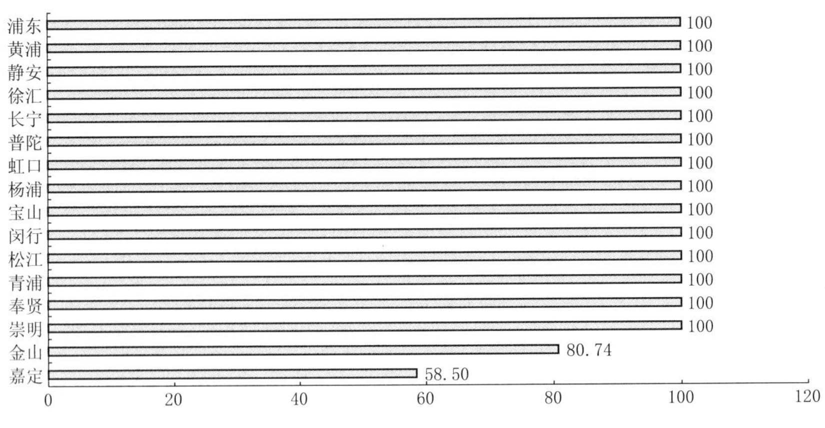

图 95　各区政务服务

3. 试点示范指数

试点示范指数高于上海市试点示范指数的区有浦东、普陀、金山、徐汇、静安、宝山、长宁、嘉定。其中,浦东、静安、徐汇等区在工作试点方面并列第一;浦东、徐汇、普陀、金山、奉贤等区在宣传体验方面排名前三位(后三者并列)。

表 92　各区试点示范指数

序号	区	指数值	序号	区	指数值
1	浦东	117.20	9	奉贤	91.78
2	普陀	107.88	10	虹口	91.16
2	金山	107.88	10	闵行	91.16
4	徐汇	105.09	12	黄浦	86.63
5	静安	102.72	13	杨浦	81.08
5	宝山	102.72	13	松江	81.08
7	长宁	97.17	13	青浦	81.08
7	嘉定	97.17	16	崇明	68.50

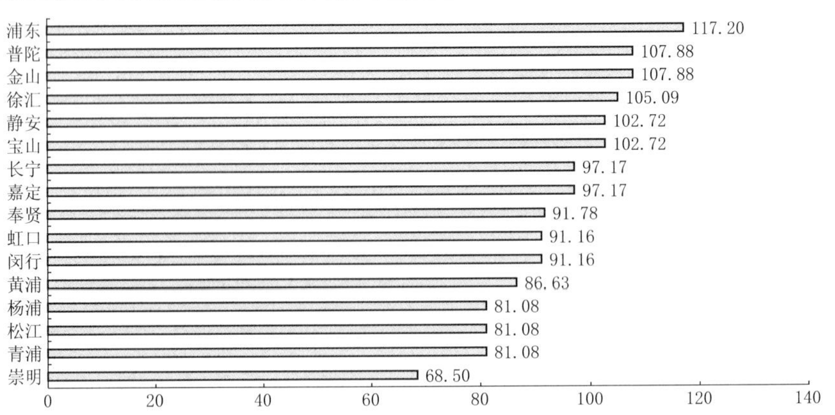

图 96　各区试点示范指数

按各区所属区域划分，试点示范指数从高到低依次排名分别如下：

表 93　中心城区各区试点示范指数

序号	区	指数值	序号	区	指数值
1	浦东	117.20	5	长宁	97.17
2	普陀	107.88	6	虹口	91.16
3	徐汇	105.09	7	黄浦	86.63
4	静安	102.72	8	杨浦	81.08

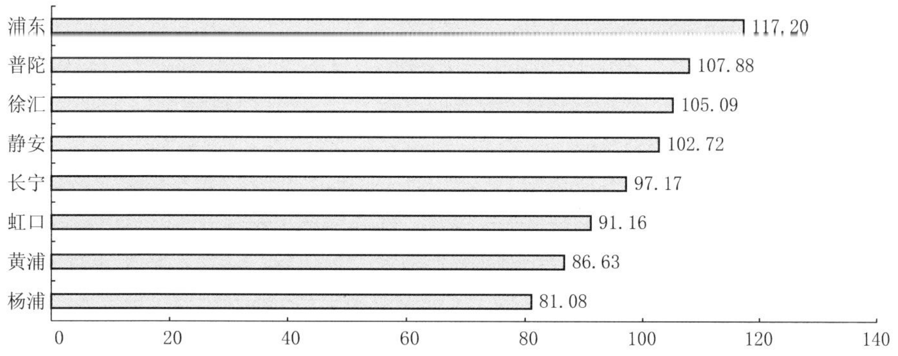

图 97　中心城区各区试点示范指数

表 94　郊区各区试点示范指数

序号	区	指数值	序号	区	指数值
1	金山	107.88	5	闵行	91.16
2	宝山	102.72	6	松江	81.08
3	嘉定	97.17	6	青浦	81.08
4	奉贤	91.78	8	崇明	68.50

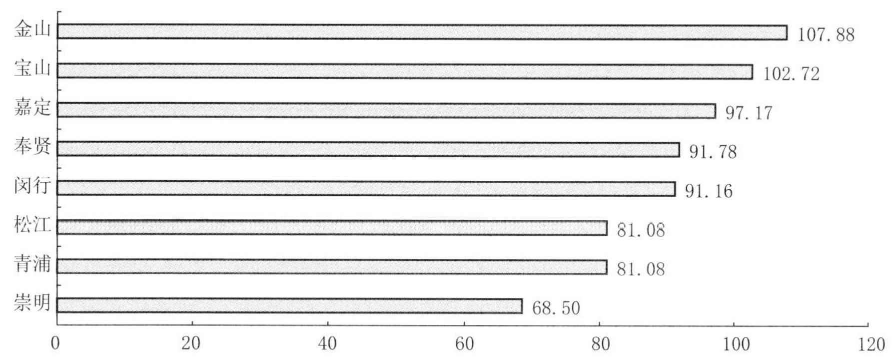

图 98　郊区各区试点示范指数

(38) 工作试点

目前,大部分区都承担了多项国家(部委)或上海市的智慧城市及信息化方面的试点工作。其中,国家(部委)层面试点包括"工信部中欧绿色智慧城市试点""国家电子商务综合创新实践区""国家工业电子商务试点""国家信息消费试点城区""国家信用示范城区""国家软件名城示范区"等;上海市的相关试点主要由智慧社区、智慧村庄、智慧园区、智慧商圈与智慧新城等构成。

表 95　各区工作试点

序号	区	指数值	序号	区	指数值
1	浦东	100.00	1	金山	100.00
1	静安	100.00	10	徐汇	84.80
1	长宁	100.00	11	黄浦	67.81
1	普陀	100.00	11	杨浦	67.81
1	虹口	100.00	11	松江	67.81
1	宝山	100.00	11	青浦	67.81
1	闵行	100.00	11	奉贤	67.81
1	嘉定	100.00	11	崇明	67.81

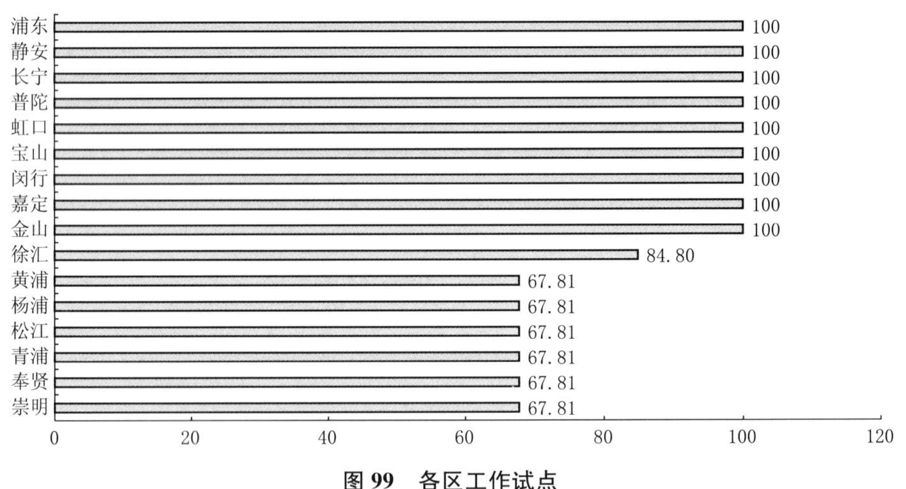

图 99　各区工作试点

(39) 宣传体验

所有区在2016年均不同程度积极对接、参与各类智慧城市宣传、评比、推广活动,主要包括"智慧城市进万家""智慧城市体验周""智慧城市领军先锋"和"智慧工匠"评选活动、"无线电管理宣传日""诚信宣传周"等。此外,许多区根据自身经济与产业条件,因地制宜,开展了诸多交流宣传活动,涉及领域包括智慧城市、大数据等。

表 96　各区宣传体验

序号	区	指数值	序号	区	指数值
1	浦东	134.40	9	长宁	94.34
2	徐汇	125.38	9	杨浦	94.34
3	普陀	115.75	9	嘉定	94.34
3	金山	115.75	9	松江	94.34
3	奉贤	115.75	9	青浦	94.34
6	黄浦	105.44	14	虹口	82.31
6	静安	105.44	14	闵行	82.31
6	宝山	105.44	16	崇明	69.19

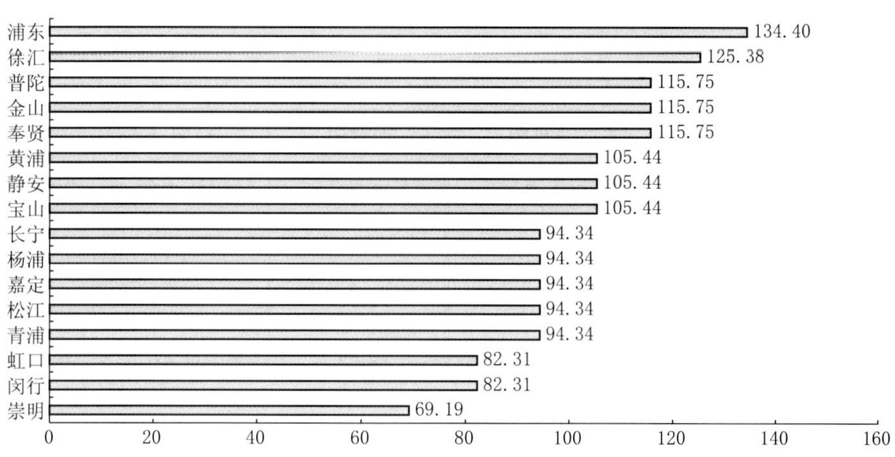

图 100　各区宣传体验

(五) 信息安全状况系数

各区信息安全状况系数值如下所示:

表 97　信息安全状况系数值

序号	区	指数值	序号	区	指数值
1	静安	100.00%	9	宝山	98.00%
2	徐汇	100.00%	10	闵行	98.00%
3	浦东	98.00%	11	嘉定	98.00%
4	黄浦	98.00%	12	金山	98.00%
5	长宁	98.00%	13	松江	98.00%
6	普陀	98.00%	14	青浦	98.00%
7	虹口	98.00%	15	奉贤	98.00%
8	杨浦	98.00%	16	崇明	98.00%

附录　评估指标介绍

（一）网络就绪度指数

表98　网络就绪度指数指标组成

一级指标	二级指标	序号	三级指标
网络就绪度指数	基础能力指数	1	i-Shanghai覆盖率
		2	家庭光纤入户率
	应用感知指数	3	固定宽带用户感知速率
		4	移动通信网络用户感知度

1. 基础能力指数

（1）i-Shanghai覆盖率（单位：无量纲）

指标说明：该指标反映区域i-Shanghai接入点（AP）建设覆盖情况。

评估口径：根据i-Shanghai接入点（AP）建设情况评价结果。

数据来源：上海市经济和信息化委员会。

（2）家庭光纤入户率（单位：%）

指标说明：该指标反映区域家庭光纤宽带普及情况。

评估口径：区域光纤入户用户数/区域常住人口户数。

数据来源：中国电信上海公司、中国铁通上海公司、中国联通上海市分公司、东方有线网络公司。

2. 应用感知指数

（3）固定宽带用户感知速率（单位：Mbit/s）

指标说明：该指标反映区域固定网络用户感知速率情况。

评估口径：区域固定宽带用户网络下载及网络视频下载感知速率统计值。本次评估主要采用忙闲时加权平均可用下载速率。

数据来源：宽带发展联盟。

（4）移动通信网络用户感知度（单位：无量纲）

指标说明：该指标反映区域移动通信网络用户感知情况。

评估口径：根据对区域内包括国际酒店、行政中心、大型公园和著名商圈等四大类行业选点进行移动通信用户感知度测评结果。测评内容包括：语音业务、短信业务、数据业务、信息安全，根据不同侧重点要求，对四大类行业设置不同权重，对区域进行评分。

数据来源：电信科学技术第一研究所。

(二) 智慧应用指数

表 99　智慧应用指数指标组成

一级指标	二级指标	序号	三　级　指　标
智慧应用指数	生活服务指数	5	智慧社区(村庄)覆盖率
		6	公交电子站牌覆盖率
		7	公共停车场(库)系统联网率
		8	上海健康信息网联网率
		9	中心图书馆"一卡通"读者证普及率
		10	电子学生证应用场点普及率
		11	12345 市民服务热线综合服务水平
	产业融合指数	12	智慧园区(商圈)全市占比
		13	两化融合管理体系贯标试点企业全市占比
		14	单位地区生产总值发明专利申请量
		15	单位地区生产总值发明专利授权量
		16	单位地区生产总值软件及相关信息服务业收入
	城市治理指数	17	电子警察监控点覆盖率
		18	城市网格化综合管理水平
		19	信用信息归集共享及查询应用水平
	绿色发展指数	20	公共事业电子账单普及率
		21	家庭能源自动化采集覆盖率
		22	环境质量监测点覆盖率
		23	道路扬尘监测点覆盖率
		24	建筑用能分项计量应用水平
		25	气象自动监测站覆盖率
	政务服务指数	26	政府门户网站服务水平
		27	公共信息资源社会开放度
		28	数据资源共享度

1. 生活服务指数

(5) 智慧社区(村庄)覆盖率(单位:%)

指标说明:该指标反映区域试点智慧社区(村庄)建设情况。

评估口径:区域拥有市级试点智慧社区(村庄)的街道(镇)数量/区域街道(镇)总数。

数据来源:上海市经济和信息化委员会。

(6) 公交电子站牌覆盖率(单位:%)

指标说明:该指标反映区域公交站牌电子化建设覆盖情况。

评估口径:区域拥有通过信息屏、LED站牌以及二维码形式实现公交车到站信息实时发送的“电子站牌”综合计数/区域公交站点数。

数据来源:上海市交通委员会信息中心、上海市数字化城市管理中心。

(7) 公共停车场(库)系统联网率(单位:%)

指标说明:该指标反映区域公共停车场(库)系统联网情况。

评估口径:区域电子收费系统联网的公共停车场(库)/区域公共停车场(库)数。

数据来源:上海市路政局。

(8) 上海健康信息网联网率(单位:%)

指标说明:该指标反映区域医疗机构信息共享联网情况。

评估口径:区域联网医疗机构数/区域医疗机构总数。其中,区域医疗机构包括卫生行政部门设置的公立医院和社区卫生服务中心。

数据来源:上海市卫生和计划生育委员会信息中心。

(9) 中心图书馆“一卡通”读者证普及率(单位:张/万人)

指标说明:该指标反映区域居民中心图书馆“一卡通”读者证办理普及情况。

评估口径:区域居民办理上海市中心图书馆“一卡通”电子读者证数/(区域常住人口数/10 000)。

数据来源:上海市图书馆。

(10) 电子学生证应用场点普及率(单位:所/万人)

指标说明:该指标反映区域实体文体服务场所开放服务与信息技术的融合及应用普及情况。

评估口径:区域可使用电子学生证社会场馆数/(区域在校中小学生人数/10 000)。

数据来源:上海市电子学生证应用系统平台。

(11) 12345市民服务热线综合服务水平(单位:无量纲)

指标说明:该指标反映区域12345市民服务热线综合服务情况。

评估口径:根据对于区域12345市民服务热线综合服务水平的绩效考核结果。

数据来源:上海市监察局、上海市人民政府督查室、上海市市民服务热线管理办公室。

2. 产业融合指数

(12) 智慧园区(商圈)全市占比(单位:%)

指标说明:该指标反映区域智慧园区(商圈)建设情况。

评估口径:区域拥有(由市级层面统一确定试点)智慧园区(商圈)数/全市智慧园区(商圈)数。

数据来源:上海市经济和信息化委员会。

(13) 两化融合管理体系贯标试点企业全市占比(单位:%)

指标说明:该指标反映区域“两化融合”贯标实施推进情况。

评估口径:区域拥有的两化融合管理体系贯标试点企业数/全市试点企业数。

数据来源:上海市经济和信息化委员会。

(14) 单位地区生产总值发明专利申请量(单位:个/亿元)

指标说明:该指标反映区域发明专利申请情况。

评估口径:区域当年国内发明专利申请量/区域 GDP。

数据来源:上海市知识产权局。

(15) 单位地区生产总值发明专利授权量(单位:个/亿元)

指标说明:该指标反映区域发明专利授权情况。

评估口径:区域当年国内发明专利授权量/区域 GDP。

数据来源:上海市知识产权局。

(16) 单位地区生产总值软件及相关信息服务业收入(单位:无量纲)

指标说明:该指标从收入角度反映区域软件及相关信息服务业产业发展情况。

评估口径:区域当年软件和信息服务业收入/区域 GDP。数据口径为各区软件产业收入和互联网信息服务业收入,不包括电信传输收入等信息服务业收入。

数据来源:上海市经济和信息化委员会。

3. 城市治理指数

(17) 电子警察监控点覆盖率(单位:个/公里)

指标说明:该指标反映区域交通电子监控能力建设情况。

评估口径:区域电子警察固定监控点数/区域道路长度,其中,道路包含国道、市道、主要道路、次要道路、一般道路。本次数据主要包括市交警总队网上公开公布的监控点。

数据来源:上海市交通安全综合服务管理平台、上海市城乡建设和交通发展研究院。

(18) 城市网格化综合管理水平(单位:无量纲)

指标说明:该指标反映区域城市网格化综合管理情况。

评估口径:根据上海市城市网格化综合管理评价结果。

数据来源:上海市数字化城市管理中心。

(19) 信用信息归集共享及查询应用水平(单位:无量纲)

指标说明:该指标反映区域信用信息数据共享、数据质量、信用信息查询应用情况。

评估口径:根据对区域公共信用信息数据清单编制情况、信用信息应用清单编制情况、查询市公共信用信息服务平台信息情况、申请开展市信用平台子平台建设试点情况的综合绩效考核结果。

数据来源:上海市征信管理办公室。

4. 绿色发展指数

(20) 公共事业电子账单普及率(单位:%)

指标说明:该指标反映区域居民公共事业支付电子化普及情况。

评估口径:区域居民申请公共事业费电子账单户数/区域用户总数。本次评估主要采集通过付费通平台申请电费账单方面的数据。

数据来源:上海付费通信息服务有限公司。

(21) 家庭能源自动化采集覆盖率(单位:%)

指标说明:该指标反映家庭电力、燃气、水等能源监控智能化建设情况。

评估口径:区域远传能源智能监控表数量/区域用户总数。本次评估暂用远传煤气表口径。

数据来源:上海市燃气管理处。

(22) 环境质量监测点覆盖率(单位:个/平方公里)

指标说明:该指标反映空气、水体、噪音、固体废物等环境质量信息化监测情况。

评估口径:区域环境质量监测点数/区域面积。本次评估暂用空气质量监测点数据。

数据来源:上海市环境监测中心。

(23) 道路扬尘监测点覆盖率(单位:个/公里)

指标说明:该指标反映区域道路扬尘监测情况。

评估口径:区域道路扬尘监测点数/区域道路长度。

数据来源:上海市环境监测中心。

(24) 建筑用能分项计量应用水平(单位:无量纲)

指标说明:该指标反映重点用能建筑(单体建筑面积在1万平方米以上的国家机关办公建筑和2万平方米以上的公共建筑)的节能管理数字化覆盖情况。

评估口径:根据区域应安装及联网分项计量装置的建筑安装情况的绩效考评结果。

数据来源:上海市国家机关办公建筑和大型公共建筑能耗监测中心。

(25) 气象自动监测站覆盖率(单位:个/平方公里)

指标说明:该指标反映区域气象自动监测能力建设情况。

评估口径:区域气象监测点数/区域面积。

数据来源:上海市气象局。

5. 政务服务指数

(26) 政府门户网站服务水平(单位:无量纲)

指标说明:该指标反映区域政府门户网站建设与应用情况。

评估口径:根据《上海市人民政府办公厅关于2016年度本市政府网站测评情况的通报》的测评结果。

数据来源:“中国上海”门户网站。

(27) 公共信息资源社会开放度(单位:无量纲)

指标说明:该指标反映区域公共信息资源向社会开放情况。

评估口径:根据对区域公共信息资源向社会开放的绩效考核结果。

数据来源:上海市经济和信息化委员会。

(28) 数据资源共享度(单位:无量纲)

指标说明:该指标反映区域数据资源跨部门、跨区域共享应用情况。

评估口径:根据对区域数据资源跨部门(区域内)、跨区域共享应用水平的绩效考核结果。

数据来源:上海市经济和信息化委员会。

(三) 发展环境指数

表 100 发展环境指数指标构成

一级指标	二级指标	序号	三级指标
发展环境指数	机制保障指数	29	领导小组
		30	规划计划
		31	专项资金
		32	人才保障
	创新应用指数	33	生活服务
		34	产业融合
		35	城市治理
		36	绿色发展
		37	政务服务
	试点示范指数	38	工作试点
		39	宣传体验

1. 机制保障指数

(29) 领导小组(单位:无量纲)

指标说明:该指标反映区域对于智慧城市建设相关组织领导机构设置情况,以及有关工作机制建设与运行情况。

评估口径:区域是否成立区域智慧城市建设工作领导小组;是否由区委区政府主要领导担任领导小组领导;每年是否定期召开智慧城市工作会议;是否建立联席工作会议制度,或者其他相应的工作制度。

数据来源:各区信息化工作主管部门。

(30) 规划计划(单位:无量纲)

指标说明:该指标反映区域智慧城市顶层设计及相关领域专项规划制定工作的开展情况。

评估口径:区域是否制定并已颁布区域智慧城市建设顶层规划设计(在有效期内);是否制定并已颁布与智慧城市建设有关的分领域、分区域的专项规划(在有效期内)。

数据来源:各区信息化工作主管部门。

(31) 专项资金(单位:无量纲)

指标说明:该指标反映区域在资金保障方面对于智慧城市以及信息化建设的重视程度。

评估口径:区域是否设立了区域智慧城市建设专项资金,或明确由财政专项资金支持区域智慧城市建设;是否由区域财政资金支撑有关重点重大项目;是否形成了专项(财政)资金引导,多渠道资金参与的智慧城市建设多元化投资局面。

数据来源:各区信息化工作主管部门。

(32) 人才保障(单位:无量纲)

指标说明:该指标反映区域对于智慧城市建设的相关人才培训、交流、引进、激励等机制设置、政策制定及其他相关工作开展情况。

评估口径:区域与智慧城市有关的培训、培养、资质认定推广等工作开展情况,尤其是区域国企、政府部门CIO制度的建立等。区域是否有与智慧城市有关人才引进、激励的政策措施、办法机制等。其他与人才建设有关的组织、交流等工作的开展。

数据来源:各区信息化工作主管部门。

2. 创新应用指数

(33) 生活服务(单位:无量纲)

指标说明:该指标反映区域智慧城市建设过程中在生活服务领域开展的特色创新工作及取得典型成果等方面情况。

评估口径:区域在与居民生活相关的便民项目建设、服务提供、应用推广等方面所开展的工作与创新。包括但不限于智慧交通、智慧健康、智慧教育、智慧养老、智慧文化、智慧旅游、智慧就业、智慧气象等内容。

数据来源:各区信息化工作主管部门。

(34) 产业融合(单位:无量纲)

指标说明:该指标反映区域智慧城市建设过程中在产业优化发展、经济结构转型升级等领域开展的特色创新工作及取得典型成果等方面情况。

评估口径:区域在智能产业发展、传统产业转型升级、淘汰落后产能方面开展的与信息化、智敏化有关的工作与创新。包括但不限于智能制造、智慧企业(两化融合)、智慧航运、智慧商务(电子商务等)、互联网产业(包括互联网金融)、新一代信息技术产业等。

数据来源:各区信息化工作主管部门。

(35) 城市治理(单位:无量纲)

指标说明:该指标反映区域智慧城市建设过程中在公共社会治理与服务等领域开展的特色创新工作

及取得典型成果等方面情况。

评估口径:区域在公共管理(治理)等方面,借助信息化、智慧化手段开展的工作创新,以及对现有工作的优化升级等。包括但不限于城市综合管理(12345 热线服务、综合管理与执法平台、BIM 技术应用等)、食品安全、公共安全、智能公共基础设施(智能电网、智能水网、智能照明等)。

数据来源:各区信息化工作主管部门。

(36) 绿色发展(单位:无量纲)

指标说明:该指标反映区域智慧城市建设过程中在节能减排、环境保护与优化等可持续发展领域开展的特色创新工作及取得典型成果等方面情况。

评估口径:区域在节能环保、降耗减排等可持续发展领域开展的与智慧城市建设相关的工作。包括但不限于环境质量监测、预警与数据实时共享、环境污染监管、公众环境与气象信息服务等。

数据来源:各区信息化工作主管部门。

(37) 政务服务(单位:无量纲)

指标说明:该指标反映区域智慧城市建设过程中在政府管理、政府服务等领域开展的特色创新工作及取得典型成果等方面情况。

评估口径:区域在智慧政务方面开展的有关工作创新,包括但不限于政务一体化(电子政务云)、社区服务一口式等。

数据来源:各区信息化工作主管部门。

3. 试点示范指数

(38) 工作试点(单位:无量纲)

指标说明:该指标反映区域所承担的国家或市级信息化项目试点工作情况。

评估口径:区域承担国家级(含国家各部委)及市级智慧城市(信息化)项目、工作试点(及获奖)的有关情况。

数据来源:各区信息化工作主管部门。

(39) 宣传体验(单位:无量纲)

指标说明:该指标反映区域承担、配合开展国家及市级智慧城市相关宣传、体验活动的情况。

评估口径:区域承担、支撑国家级(含国家各部委)及市级智慧城市(信息化)宣传、体验、推广活动的情况。

数据来源:各区信息化工作主管部门。

(四) 信息安全状况系数

指标说明:该系数反映各区域被各级职能部门通报的高危漏洞和安全事件数量。

评估口径:通报存在高危漏洞数量≥1 个,则系数为 98%(总分 * 0.98);通报存在安全事件数量≥1 个,则系数为 90%(总分 * 0.90);既存在高危漏洞数量≥1 个,也存在安全事件数量≥1 个,则系数为 98% * 90%(总分 * 0.98 * 0.90)。

数据来源:上海市网络与信息安全应急管理事务中心。

关于本市推动新一代人工智能发展的实施意见

新一代人工智能正在深刻改变经济社会发展模式，呈现深度学习、跨界融合、人机协同、群智开放、自主操作的新特征。加快发展新一代人工智能，是顺应全球新一轮科技革命和产业变革趋势、赢得发展主动权的优先战略选择，是服务国家创新驱动发展战略、建设全球科技创新中心的优先布局方向。为贯彻落实国家《新一代人工智能发展规划》（国发〔2017〕35号），现就本市推动新一代人工智能发展提出以下实施意见：

一、明确总体要求

（一）指导思想

全面贯彻党的十八大和十八届三中、四中、五中、六中全会精神，落实创新、协调、绿色、开放、共享的发展理念，发挥上海数据资源丰富、应用领域广泛、产业门类齐全的优势，立足国际视野、加强系统布局，全面实施"智能上海（AI@SH）"行动，形成应用驱动、科技引领、产业协同、生态培育、人才集聚的新一代人工智能发展体系，推动人工智能成为上海建设"四个中心"和具有全球影响力的科技创新中心的新引擎，为上海建设卓越的全球城市注入新动能。

（二）发展目标

到2020年，人工智能对上海创新驱动发展、经济转型升级和社会精细化治理的引领带动效能显著提升，基本建成国家人工智能发展高地，成为全国领先的人工智能创新策源地、应用示范地、产业集聚地和人才高地，局部领域达到全球先进水平。

——基本形成与超大型城市运行相适应的人工智能深度应用（Application）格局。人工智能应用内涵不断深化，打造6个左右人工智能创新应用示范区，形成60个左右人工智能深度应用场景，建设100个以上人工智能应用示范项目。

——基本形成达到国际主流水平的人工智能科技创新(Innovation)能力。前沿理论和关键技术研发能力显著提升,在部分关键领域达到全球先进水平,建设10个左右人工智能创新平台。

——基本形成具有国际竞争力的人工智能重点产业(Superior Industry)集群。人工智能新产业、新业态、新模式加速涌现,建成5个左右人工智能特色产业集聚区,培育10家左右人工智能创新标杆企业,人工智能重点产业规模超过1 000亿元。

——基本形成创新活跃、开放协同的人工智能融合生态(Harmonious Ecosystem)。基本形成人工智能人才高地,人工智能引领创新创业活力迸发,数据资源汇集流通能力达到国际先进水平,智能设施能级显著提升,形成"东西互动、多点联动"的空间布局。

到2030年,人工智能总体发展水平进入国际先进行列,初步建成具有全球影响力的人工智能发展高地,为迈向卓越的全球城市奠定坚实基础。

二、拓展人工智能融合应用场景

围绕智慧城市建设和上海超大型城市有序治理需求,加快人工智能在经济发展、城市治理和公共服务重点领域的深度应用,提升全员劳动生产率、公共服务能力和市民获得感。

(一) 强化人机协作推动制造业转型升级

推动人工智能在研发设计、生产运营、远程运维服务、供应链管理等方面的应用,提升智能制造能级和水平。加强网络协同研发、个性化定制设计、虚拟仿真等在产品研发设计中的应用,形成开放协同的研发模式。推动智能机器人、智能传感与控制、智能检测与装配等智能装备的应用,实现生产装备的预测性维护,推动建设"无人工厂",形成智能柔性生产方式。加快大数据、机器学习等技术在供应链管理中的应用,形成动态优化的管理流程。

(二) 强化数据分析驱动金融商贸创新

加强大数据智能分析在金融监管、商贸服务领域应用,提升风险防范和服务创新能力。提升金融数据处理和分析效率,实现对金融机构、产品、行为的实时监测和早期预警,创新智能投顾、智能客服等金融产品和服务,提升金融风险智能预警和服务能级。鼓励跨媒体分析与推理、知识计算引擎与知识服务等在商务领域应用,拓展商贸大数据采集和智能化分析应用,提高大宗商品交易、跨境贸易的效率,推进精准营销、智慧商圈、智能配送等新型商贸服务,发展"无人售货商店",促进商贸流通服务智能化转型。

(三) 强化智能感知优化城市综合运行

完善智能感知和数据采集机制,提高城市安防、环境、基础设施等管理能力。推动图像识别、生物特征识别等技术在社会综合治理、大人流监测预警等领域深度应用,增强城市智能防控能力。推动动态感知网络在公共安全监控、自然灾害预测、环境监测、河道监管、食品安全追溯等领域的应用,提高城市综合环境智能化管理水平。推动物联传感、智能预测在电力、给排水、燃气等管网,建筑能耗监控和安全运行监测，交通基础设施运行维护等领域的应用，保障城市基础设施智能有序运行。

（四）强化决策辅助促进公共服务提质增效

建设人工智能为辅助的公共服务支持平台，改善政府决策与服务质量。推动多维度数据分析、感情识别等在公共需求预测、社会舆情分析中的应用，支撑政府科学化决策。推动自然语言处理、服务机器人在政府热线、门户网站、服务窗口的应用，提升政府公共服务效能。推动司法业务智能化记录、核查、评价，推动执法管理智能化联动，促进智慧法庭建设。推动智能交互学习、数字文化展演等应用，提高教育文化服务体验感。

（五）聚焦智能识别提升交通航运效率

利用图像识别和机器学习技术，提升城市交通综合管理和航运服务效率。推动实时数据分析、计算机视觉等在城市交通规划、路网客流监控疏导、驾驶行为监测等领域应用，发展智能化停车场，探索建设无人驾驶汽车应用、城市交通非现场执法等场景，提升交通智能化组织和管理能力。加强航运监管、交易仲裁等数据动态分析，推动口岸监管、海事管理、港口物流等业务流程智能化，发展智能化海空枢纽港，提升港口运行效率和监管水平。

（六）聚焦认知计算推进医疗健康精准普惠

利用认知计算和深度学习技术，提升诊疗辅助、健康管理和养老照护等服务能力。加强自主智能医疗机器人和医疗设备等在辅助病症诊断、影像分析、手术诊疗、精准医疗中的推广应用，促进医疗服务精准化。基于大数据挖掘和分析，加强流行病预测与防控、体质监测、慢病管理和疾病筛查，增强公共卫生普惠性。推动智能陪护机器人、智能健康设备等广泛应用，提升养老服务感受度。

三、加强人工智能科研前瞻布局

推进产学研用深度合作，加强前沿基础研究、关键共性技术攻关、功能型平台建设，抢占关键领域人工智能技术制高点。

（一）强化前沿基础研究

聚焦支持强人工智能和超人工智能研究，增强科技创新基础能力。推动脑智能理论取得突破，构建大脑功能图谱，解析神经元、神经环路及脑网络，模拟脑功能网络作用机制；持续开展类脑智能研究，推进类脑智能软硬件技术融合研发，大幅提升类脑系统和控制器的准确性能。加强人机混合增强智能研究，推进跨学科协作开展脑机接口技术研究，突破人机混合学习理论和组织方法。建立新型智能算法库，开展并行分布式智能计算范式研究，构建神经形态模拟、自学习智能计算模型。

（二）加强关键共性技术攻关

着力提升感知识别、知识计算、认知推理、运动执行能力，形成开放兼容的技术体系。集中攻克智能感知技术，提高计算机视觉与听觉准确性、力量与触觉感知灵敏度，开发多模态生物特征识别系统。突破理解认知技术瓶颈，优化文本/图像/视频等多模数据理解、数据深度搜索和知识深度学习等核心算法。强化计算处理技术研发，集中攻关存储器、处理器异质集成和可重构计算技术，开发类神经网络分布计算、异构及可重构计算等处理器芯片，研发神经元芯片、类脑芯片等。加强智能执行技术联合攻关，重点推进智能决策控制、实时精准定位、复杂环境适航、新型人机交互等面向自主无人系统的智能技术研发。

（三）推进功能型平台建设

围绕国家战略和产业需求，重点建设若干重大创新平台。强化布局基础创新平台，加大资源要素投入，推进上海类脑智能科学研究基地建设。着力建设通用创新平台，建设关键技术专利数据库，筹建上海类脑芯片和片上智能系统研发与转化功能型平台。加快部署应用创新平台，在智能制造、智能汽车、智能医疗、机器人、北斗导航、工业物联网、工业控制安全等重点领域，建设一批瞄准应用需求、主体多元和市场化运作的功能型平台。

四、推动人工智能产业集聚发展

坚持人工智能装备、产品与核心部件、系统协同发展，积极培育以智能驾驶、智能机器人、智能硬件为重点的人工智能新兴产业，着力提高以智能传感器、智能芯片、智能软件为重点的产业核心基础能力。

（一）跨界发展智能驾驶产业

大力推进汽车、轨道交通等领域跨界交叉创新，加强智能驾驶系统研发，推动智能驾驶工具产业化。重点推进智能网联汽车产业创新，加快汽车智能辅助驾驶技术产业化，推动主动避障、自主泊车、高速公路编队行驶等高级自动驾驶产品研发及应用，重点支持满足智能驾驶要求的毫米波雷达、激光雷达、中央域控制器、人机交互系统、线控制动及转向系统等核心部件研发及产业化，加快从部分自动驾驶向完全自动驾驶演进。培育国家智能网联汽车产业计量测试中心。自主突破轨道交通无人驾驶系统，推动城市轨道交通智能决策控制系统开发，实现自动唤醒、自动驾驶、自动停站、应急响应等功能。到2020年，智能驾驶产业规模达300亿元。

（二）融合发展智能机器人产业

积极推动人工智能技术与机器人技术深度融合，重点支持人机共融特性的机器人研发及产业化。抢占智能服务机器人发展制高点，以智能感知、模式识别、智能分析和智能决策为重点，大力推进教育娱乐、医疗康复、养老陪护、安防救援等特定应用场景的智能服务机器人研发及产业化。推进工业机器人智能化升级，以机器视觉、自主决策为突破方向，积极开发焊接、装配、喷涂、搬运、检测等智能工业机器人，实现高柔性、高洁净度、高危险等特定生产场景的快速响应，全面提升工业机器人传感、控制、协作和决策性能。到 2020 年,智能机器人产业规模达 200 亿元。

(三) 集成发展智能硬件产业

加快智能硬件技术集成创新和商业模式创新,大力发展智能感知、识别和交互的智能硬件产品。丰富移动智能、增强现实、虚拟现实、可穿戴等领域智能终端产品供给,加快实现智慧娱乐、生活健康等领域智能家居产品产业化,积极开发智能监控摄像头、服务器等智能安防产品,大力发展全数字放大器、平板探测器等智能医疗模块,加快推进电网巡检、空域侦测、物流配送等领域智能无人系统研发及产业化,推进智能视觉设备、光学检测系统等智能传感控制设备研发及应用。到 2020 年,智能硬件产业规模达 200 亿元。

(四) 协同发展人工智能软件产业

大力支持面向人工智能应用的软件创新升级,为人工智能发展提供软件解决方案,促进软硬协同发展。加快建设软件计算平台,加速与人工智能深度耦合的新型云计算架构发展,提高平台识别感知、智能分析服务能力。突破发展智能操作系统,自主开发具备大规模并行分析、分布式内存计算、轻量级容器管理等功能的服务器级操作系统,着力建设智能装备和产品所需的智能终端操作系统。提升发展通用软件系统,利用人工智能技术提升发展办公软件、设计软件和行业软件。到 2020 年,智能软件产业规模达到 200 亿元。

(五) 引领发展人工智能芯片产业

发挥核心芯片对人工智能产业的引领带动作用,重点发展面向云端服务和行业终端应用的人工智能芯片。推进高端通用处理器芯片自主开发,大力推进满足高性能计算需求的中央处理器(CPU)、图像处理器(GPU)、可编程逻辑门阵列(FPGA)、神经网络处理器(NPU)、异构/可重构处理器等芯片研发及产业化。加快发展人工智能应用芯片,重点突破面向无人系统、视频监控、医疗设备、语音语义理解等终端和系统应用厂商的应用芯片。支持核心 IP 研发及产业化应用,重点发展面向人工智能应用的处理器架构和指令集的关键 IP,培育基于核心 IP 的新型产业生态。到 2020 年,智能核心芯片产业规模达到 200 亿元。

(六) 突破发展智能传感器产业

突破智能传感器关键核心技术,重点发展高精度、高可靠性和集成化的智能传感器。重点发展新型智能工业传感器,着力推进面向智能制造、无人系统等新兴领域的视觉、触觉、测距、位置等智能传感器研发及转化应用。积极发展高端智能消费电子传感器,加强面向智能终端的生物特征识别、三维扫描、图像感知等传感器技术攻关,实现规模化生产。加强传感器材料、制造工艺和终端应用的产业链协同,提升智能传感器设计、加工制造、集成封装、计量检测等配套能力。到 2020 年,应用于工业和消费电子的高端智能传感器实现产业化突破,填补国内空白。

五、营造人工智能多元创新生态

大力培育开放、包容、多元的创新创业生态，充分激发市场主体的创新活力，着力打造各方资源汇聚融合的人工智能创新生态圈，促进人工智能持续健康发展。

（一）加快数据资源共享开放

分类推动重点领域数据开放，为人工智能发展提供丰富的数据资源和应用场景。率先推进政务数据资源有序开放，聚焦教育、交通、环境、医疗、商业等重点领域，完善政务数据资源共享开放政策，研究开放数据重点领域负面清单制度，出台政务数据依申请公开使用细则。鼓励引导公共服务机构数据开放，围绕气象、电力、燃气、通信等领域，构建涵盖多类型数据的开放性行业大数据训练库，形成人工智能创新应用多场景验证环境。建立数据共享交换监管制度，在保障数据安全的前提下加快数据交换。建立上海大数据应用创新中心，促进社会数据资源的共享交换和交易流通。

（二）加大政府引导支持力度

加强政府应用示范和专项支持，创造人工智能发展的市场和政策环境。推动各级政府部门率先运用人工智能提升业务效率和管理服务水平，依托政务云引入和开发人工智能应用模块。完善政府支持人工智能发展的专项扶持政策，统筹使用产业转型升级、信息化建设、战略性新兴产业发展、重点科研计划等专项资金，支持人工智能发展，引导企业加大人工智能投入和应用项目建设；组织论证人工智能市级重大科技专项，支持人工智能基础前沿及关键共性技术攻关；发挥现有政府投资基金作用，引导多元社会资本支持人工智能产业发展。

（三）建设人工智能人才高地

实施人工智能人才高峰建设行动，着力引进国际顶尖人才及团队，集聚一大批海内外高层次人才。针对人工智能领域高峰人才，探索制定个性化政策，开通落户绿色通道。加强创新人才培养选拔，构建多层次、高质量的人才梯队。注重利用重大专项、重大创新平台培养使用人才，推动有条件的高校设立人工智能学院和专业，支持高校、科研院所、产业联盟和骨干企业合作建设面向重点行业应用的人工智能人才实训基地，组织开展人工智能创新创业和技能竞赛。设立上海人工智能战略专家咨询组，组织开展战略问题研究和重大决策咨询。

（四）激发市场主体创新活力

充分发挥人工智能对创新创业的引领带动作用，助推人工智能企业做大做强。支持人工智能企业在沪设立创新机构，推动全球人工智能龙头企业在沪建立区域总部、创新中心、孵化基地和“双创”平台。培育人工智能创新标杆企业，支持创新型企业通过上市、并购等方式加快发展，支持设立海外人工智能研发机构，打造一批人工智能细分领域“隐形冠军”。降低人工智能企业创新创业成本，提高超级计算、智能云服务的公共供给水平，提供研发工具、检验测评、系统安全等专业化的创新创业公共服务。搭建人工智能企业创新交流平台，组建人工智能创新联盟，举办全球人工智能高端会议。

(五)加强产业空间布局统筹

优化产业布局,构建"东西互动、多点联动"的空间格局,促进高端产业特色化集聚。打造"徐汇滨江—漕河泾—闵行紫竹"人工智能创新带,加强徐汇滨江、漕河泾、闵行紫竹区域产业联动,建设国家级人工智能产业集聚区,推动华泾北杨等地区建设人工智能特色小镇。打造"张江—临港"人工智能创新承载区,发挥张江科学城科技创新和成果产业化的示范带动作用,以及临港智能制造中心建设优势,打造人工智能科研高地和产业化核心基地。布局人工智能特色产业集群,支持各区基于大数据、云计算、车联网、机器人等产业基础和特色优势,建设一批人工智能特色示范园区。

(六)完善基础服务支撑体系

增加适应人工智能发展的基础服务供给,夯实人工智能发展基础。加强标准制定及测试认证,支持企业参与人工智能综合标准、基础共性技术标准制定,建立公共领域人工智能应用安全测试与认证制度。加强知识产权运用和保护,加大对人工智能新技术、新业态和新模式的知识产权保护力度,支持有条件的企业申请国内外专利,开展知识产权评议和专利导航。建设智能计算设施,布局超级计算、分布式计算、云计算相结合的高性能计算应用环境,部署空天地一体化的网络,加快下一代移动通信、物联传感、北斗通信等网络基础设施建设。建立健全人工智能相关制度规范。加强人工智能伦理道德、法制保障和社会问题研究,建立保障人工智能健康发展的制度规范和伦理道德框架。

推动新一代人工智能发展是本市立足新一轮科技发展,抢占创新制高点的重要举措,各部门、各区要高度重视,加强统筹协调。建立由市经济信息化委、市科委、市发展改革委牵头,相关部门、单位参与的协同推进机制,统筹推进人工智能发展的各项工作。各区结合区位优势和资源特点,加强市区联动,做好人工智能应用推广、产业发展、科技研发重大项目的落地实施。

2017年度上海软件行业创优争先“四名”竞赛活动企业公示名单

1	上海泛微网络科技股份有限公司	27	华平信息技术股份有限公司
2	中国银联股份有限公司	28	上海新炬网络技术有限公司
3	上海龙旗科技股份有限公司	29	乐线软件开发(上海)有限公司
4	网宿科技股份有限公司	30	上海起凡数字技术有限公司
5	卡斯柯信号有限公司	31	上海南天电脑系统有限公司
6	东方财富信息股份有限公司	32	上海米哈游网络科技股份有限公司
7	上海市南电力(集团)有限公司	33	上海百事通信息技术股份有限公司
8	万达信息股份有限公司	34	打零工(上海)互联网科技有限公司
9	上海宝信软件股份有限公司	35	上海格尔软件股份有限公司
10	上海理想信息产业(集团)有限公司	36	上海天游软件有限公司
11	上海中软华腾软件系统有限公司	37	上海海勃物流软件有限公司
12	上海大汉三通无线通信有限公司	38	上海冈三华大计算机系统有限公司
13	卫宁健康科技集团股份有限公司	39	上海益盟软件技术股份有限公司
14	华勤通讯技术有限公司	40	上海维宏电子科技股份有限公司
15	上海新致软件股份有限公司	41	上海彩亿信息技术有限公司
16	上海中兴软件有限责任公司	42	上海蜂虎铭创软件技术有限公司
17	上海数讯信息技术有限公司	43	中电科华云信息技术有限公司
18	上海澳润信息科技有限公司	44	上海点掌文化传媒股份有限公司
19	中汇信息技术(上海)有限公司	45	上海网波软件股份有限公司
20	上海金融期货信息技术有限公司	46	上海海高通信股份有限公司
21	上海花千树信息科技有限公司	47	上海钱智金融信息服务有限公司
22	上海天玑科技股份有限公司	48	上海宁和环境科技发展有限公司
23	上海期货信息技术有限公司	49	上海英方软件股份有限公司
24	上海迪爱斯通信设备有限公司	50	上海观安信息技术股份有限公司
25	上海博辕信息技术服务有限公司	51	上海第一太平洋科技(集团)有限公司
26	易保网络技术(上海)有限公司	52	上海博科资讯股份有限公司

续表

53	上海屹通信息科技发展有限公司	71	上海新炬网络信息技术股份有限公司
54	上海互联网软件集团有限公司	72	上海埃帕信息科技有限公司
55	上海新浩艺软件有限公司	73	上海哈诚电子科技有限公司
56	上海文思海辉信息技术有限公司	74	上海科视数码频道制作有限公司
57	上海复高计算机科技有限公司	75	上海牛掌网络技术有限公司
58	上海众人网络安全技术有限公司	76	上海望海大数据信息有限公司
59	上海普华科技发展股份有限公司	77	上海齐屹信息科技有限公司
60	上海蓝灯数据科技股份有限公司	78	上海市数字证书认证中心有限公司
61	上海现代商友软件有限公司	79	上海长城电子信息网络有限公司
62	上海玖道信息科技股份有限公司	80	润桐信息科技(上海)有限公司
63	上海文华财经资讯股份有限公司	81	上海硕恩网络科技股份有限公司
64	博彦科技(上海)有限公司	82	上海四卜格网络科技有限公司
65	上海东欣软件工程有限公司	83	上海复旦光华信息科技股份有限公司
66	上海指旺信息科技有限公司	84	上海兴安得力软件有限公司
67	上海元方科技股份有限公司	85	上海大智慧财汇数据科技有限公司
68	上海蜂虎信息科技有限公司	86	上海益悸动软件技术有限公司
69	上海泽众软件科技有限公司	87	上海景格科技股份有限公司
70	上海派拉软件股份有限公司		

2017年度上海软件行业创优争先“四名”竞赛活动产品公示名单

1	上海互联网软件集团有限公司	必优必达 BIM 工程数字化管理平台软件 V1.0
2	上海泛微网络科技股份有限公司	泛微协同商务软件(简称:e-cology) V8.0
3	米哈游科技(上海)有限公司	米哈游崩坏3游戏软件(简称:崩坏3)V1.1.0
4	上海格尔软件股份有限公司	格尔 SSL 安全认证网关软件 V6.0
5	卡斯柯信号有限公司	卡斯柯调车监控车载主机软件 V1.0
6	上海市数字证书认证中心有限公司	UniTrust CA 中心软件 V3.0
7	上海元方科技股份有限公司	元方部门绩效管理信息考评软件 V3.0
8	上海天玑科技股份有限公司	PBData 数据库云平台

续表

9	上海派拉软件股份有限公司	派拉统一身份管理与安全认证软件(简称:ESC) V4.0
10	上海普华科技发展股份有限公司	普华工程项目管理集成软件(简称:PowerOn) V6.0
11	上海哈诚电子科技有限公司	哈诚 HCH-RFC 系统 IC 卡读写器软件 V1.0
12	网宿科技股份有限公司	移动互联网加速服务平台软件
13	上海益悸动软件技术有限公司	益盟操盘手线里乾坤投顾服务平台软件 V1.0
14	上海彩亿信息技术有限公司	惠刷卡安卓客户端软件 V2.0
15	上海博科资讯股份有限公司	博科 Yigo 语言开发平台软件 V2.0
16	上海屹通信息科技发展有限公司	屹通 CRM+客户关系管理平台软件 V1.0
17	上海大汉三通无线通信有限公司	大汉流量银行(企业版)平台软件 V1.0
18	卫宁健康科技集团股份有限公司	区域信息平台数据质量监管系统(简称:数据质量监管系统)V5.0
19	上海景格信息科技有限公司	景格汽车教学软件 V3.0
20	中汇信息技术(上海)有限公司	中汇通用基础框架平台软件
21	盘石软件(上海)有限公司	盘石手机取证分析软件 V4.0
22	上海点掌文化传媒股份有限公司	点掌牛金视频软件 V1.0
23	上海蜂虎铭创软件技术有限公司	铭创证券机构经纪投资管理软件 V2.0
24	上海牛掌网络技术有限公司	牛掌牛客组合投资软件 V1.0
25	上海众恒信息产业股份有限公司	众恒公共信用信息服务平台软件 V1.0
26	上海硕恩网络科技股份有限公司	硕恩网络异常主动监控及安全信息软件
27	中电科华云信息技术有限公司	电科华云基础设施管理云平台软件 V1.0
28	上海东欣软件工程有限公司	东欣船舶产品设计软件(简称 SPD) V4.0
29	上海英方软件股份有限公司	英方一体机灾备管理系统软件 V5.0
30	上海合合信息科技发展有限公司	名片全能王企业版 CamCard Business 软件 V1.5.0
31	上海景格科技股份有限公司	景格汽车故障诊断虚拟实训软件 V1.0
32	上海迪爱斯通信设备有限公司	DS 数字化消防车系统应用软件 V1.0
33	微创(上海)网络技术有限公司	微创 wise 电商软件
34	华平信息技术股份有限公司	AVCON 城市安全应急侦查救援指挥平台软件 V2.0
35	上海新致软件股份有限公司	新致保险云渠道综合管理软件 V1.0
36	上海炫踪网络股份有限公司	炫踪荣耀英雄游戏软件 V1.0
37	上海第一太平洋科技(集团)有限公司	第一太平洋信息 FirstBPM 业务流程整合平台软件 V6.0
38	上海市南电力(集团)有限公司	基于移动互联的可视化电力抢修作业管理平台

续表

39	上海观安信息技术股份有限公司	观安大数据分析软件 V2.0(先知之眼)
40	上海启明软件股份有限公司	启明粮油食品安全服务平台软件 V1.0
41	上海复高计算机科技有限公司	复高临床数据中心平台软件 V5.1(简称:CDR)
42	上海华理自动化系统工程有限公司	裂解炉系统模拟软件
43	上海米哈游网络科技股份有限公司	米哈游崩坏学园 2 游戏软件(简称:崩坏学园 2)V1.0
44	上海天泰网络技术有限公司	天泰应用安全综合防护平台软件(简称:应用保障平台 AAP) V1.0
45	上海海鼎信息工程股份有限公司	海鼎数据通软件(简称:HDDC) V1
46	上海南天电脑系统有限公司	南天第三方支付平台软件 V1.0
47	上海文华财经资讯股份有限公司	文华 WH4 乐期指标量化软件
48	万达信息股份有限公司	万达企业综合监管平台应用软件 V2.0
49	上海恒为云驰信息技术有限公司	恒为云驰 GNA 协议分析软件 V1.0
50	上海网波软件股份有限公司	网波水务网格化管理平台软件 V1.0
51	上海埃帕信息科技有限公司	埃帕 Cooling 互联网流量统计分析软件 V1.0
52	乐线软件开发(上海)有限公司	乐线智能手机综合应用平台软件 V1.0
53	尤旎柯(上海)网络科技有限公司	有我护驾智能驾培管理后台系统
54	上海佳克计算机软件股份有限公司	佳克多平台实物资产管理软件 V9.5
55	上海泽众软件科技有限公司	泽众 PerformanceRunner 性能测试软件(简称:PerformanceRunner) V1.0
56	上海理想信息产业(集团)有限公司	理想互联网智能联络中心应用软件 V3.0
57	易保网络技术(上海)有限公司	基于云计算的互联网车险创新服务平台
58	上海望海大数据信息有限公司	近海安全综合管控平台系统应用软件
59	上海金融期货信息技术有限公司	金融期货金融易联平台软件 V2.01.01
60	上海蜂虎信息科技有限公司	蜂虎金融资管与风险管理软件 V3.0
61	奕通信息科技(上海)股份有限公司	奕通室外嗅探软件
62	中标软件有限公司	中标麒麟高级服务器操作系统软件 V6.0
63	上海大智慧财汇数据科技有限公司	大智慧财汇数据库应用软件 V4.0

2017年度上海软件行业创优争先“四名”竞赛活动人物公示名单

1	上海格尔软件股份有限公司	杨文山
2	上海龙旗科技股份有限公司	杜军红
3	上海市南电力(集团)有限公司	姚时忆
4	卫宁健康科技集团股份有限公司	王涛
5	上海迪爱斯通信设备有限公司	陈春东
6	上海花千树信息科技有限公司	王琳光
7	上海新炬网络技术有限公司	李灏江
8	上海新华控制技术集团科技有限公司	栾广富
9	打零工(上海)互联网科技有限公司	赵腾达
10	上海海勃物流软件有限公司	黄桁

2017年度上海软件行业创优争先“四名”竞赛活动园区公示名单

1	上海浦东软件园	6	上海天地软件园
2	上海市漕河泾新兴技术开发区	7	临港软件园
3	上海普大信息产业园	8	湾谷科技园
4	上海多媒体产业园	9	龙软信息服务外包园
5	上海创智天地园区	10	上海(国家)现代服务业软件产业化基地

2018年度上海市网络与信息安全服务单位推荐名单

（排名不分先后）

上海市数字证书认证中心有限公司
上海三零卫士信息安全有限公司
蓝盾信息安全技术有限公司
上海观安信息技术股份有限公司
上海计算机软件技术开发中心
上海中信信息发展股份有限公司
深信服科技股份有限公司
上海天融信网络安全技术有限公司
中远海运科技股份有限公司
上海理想信息产业(集团)有限公司
上海市信息安全测评认证中心
上海金融期货信息技术有限公司
上海络安信息技术有限公司
万达信息股份有限公司
上海上讯信息技术股份有限公司
上海宝信软件股份有限公司
上海众人网络安全技术有限公司
上海格尔软件股份有限公司
上海启明星辰信息技术有限公司
上海辰锐信息科技公司
上海万雍科技股份有限公司
上海互联网软件集团有限公司
上海斗象信息科技有限公司
上海鹏越惊虹信息技术发展有限公司
北京神州绿盟科技有限公司
上海天泰网络技术有限公司
北京威努特技术有限公司
沈阳东软系统集成工程有限公司
杭州安恒信息技术有限公司
上海卫道信息技术有限公司
北京网御星云信息技术有限公司
上海安言信息技术有限公司
上海博弋信息科技有限公司
亚信科技(成都)有限公司
上海嘉韦思信息技术有限公司
上海鼎赛信息科技有限公司
上海北信源信息技术有限公司
电信科学技术第一研究所
上海易念信息科技有限公司
上海创旗天下科技股份有限公司

特别鸣谢

《2018 上海信息化年鉴》组稿与撰稿单位

中共上海市委组织部
中共上海市委宣传部
上海市人民政府办公厅
上海市人民代表大会常务委员会办公室
上海市经济和信息化委员会
上海市水务局(上海市海洋局)
上海市绿化和市容管理局
上海市交通委员会
上海市国有资产监督管理委员会
上海市规划和国土资源管理局
上海市发展和改革委员会
上海市公安局
上海市监狱管理局
上海市国家保密局
上海市人民检察院
上海市高级人民法院
上海市司法局
上海市财政局
上海市统计局
上海市审计局
上海市工商行政管理局
上海市科学技术委员会
上海市通信管理局
上海市农业委员会
上海市环境保护局
上海市文化广播影视管理局
上海市知识产权局
上海市民政局
上海市体育局
上海市旅游局
上海市国家税务局
上海市地方税务局
上海市质量技术监督局
上海市无线电管理局

上海市新闻出版局
上海市人口和计划生育委员会
上海市民防办公室
上海市公务员局
上海市社会团体管理局
上海市食品药品监督管理局
上海市商务委员会
上海市住房和城乡建设管理委员会
中国保险监督管理委员会上海监管局
中国证券监督管理委员会上海监管局
上海市人民政府发展研究中心
上海邮政公司
“中国上海”门户网站
中国人民银行上海分行
上海市社会保障卡服务中心
上海超级计算中心
上海市社区服务中心
上海市计算机病毒防范服务中心
上海市网络与信息安全应急管理事务中心
上海市数字证书认证中心有限公司(上海CA中心)
上海市信息服务外包发展中心
上海市社会保障卡服务中心
上海市文广影视集团
上海博物馆
上海科技馆
上海市图书馆上海科学技术情报研究所
复旦大学
上海交通大学
上海华东师范大学
上海师范大学
上海海事大学
上海第二工业大学
上海体育学院
上海应用技术大学
上海工艺美术职业学院
上海健康医学院
上海开放大学
浦东新区科技和经济委员会
徐汇区科学技术委员会(信息化委员会)
长宁区科学技术委员会(信息化委员会)
普陀区科学技术委员会(信息化委员会)
虹口区科学技术委员会(信息化委员会)
杨浦区科学技术委员会(信息化委员会)
黄浦区科学技术委员会(信息化委员会)
静安区科学技术委员会(信息化委员会)
宝山区经济和信息化委员会
闵行区科学技术委员会(信息化委员会)
嘉定区科学技术委员会(信息化委员会)
松江区科学技术委员会(信息化委员会)
金山区科学技术委员会(信息化委员会)
奉贤区科学技术委员会(信息化委员会)
青浦区科学技术委员会(信息化委员会)
崇明区科学技术委员会(信息化委员会)
上海市集成电路行业协会
上海市软件行业协会
上海市通信制造业行业协会
上海市信息家电行业协会
上海市光电子行业协会
上海市信息安全行业协会
上海市交通电子行业协会

上海信息化发展研究协会
上海市信用服务行业协会
上海市物联网行业协会
上海市计算机行业协会
上海市电子商务行业协会
上海市无线电协会
上海市业余无线电协会
上海市信息投资股份有限公司
上海市信息管线有限公司
中国电信股份有限公司上海分公司
中国移动通信集团上海有限公司
中国联通(集团)有限公司上海市分公司
中国宝武钢铁集团有限公司
中国石化上海石油化工股份有限公司

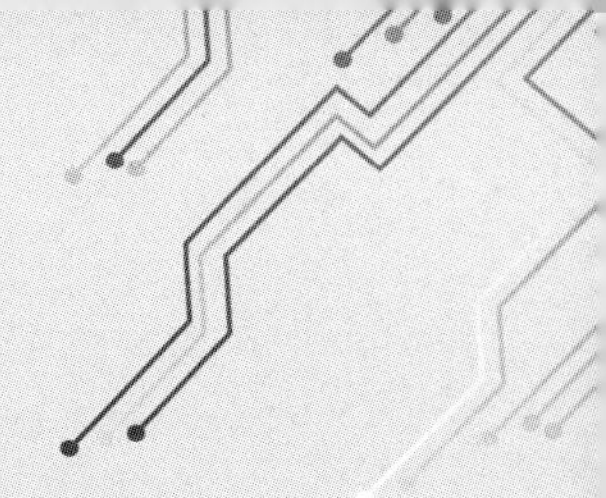

SHANGHAI INFORMATIZATION

索引

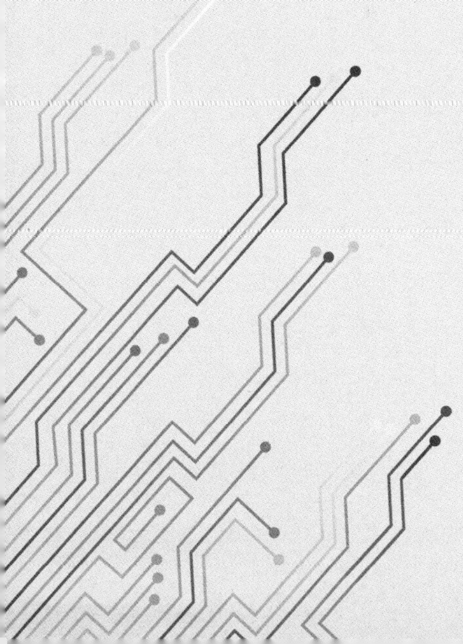

G

H

M

Q

R

S

X

Y

Z

图书在版编目(CIP)数据

2018上海信息化年鉴/《上海信息化年鉴》编纂委员会编.—上海:上海人民出版社,2018
ISBN 978-7-208-15405-6

Ⅰ.①2… Ⅱ.①上… Ⅲ.①信息工作-上海-2018-年鉴 Ⅳ.①G202-54

中国版本图书馆CIP数据核字(2018)第204529号

责任编辑 罗　俊
封面设计 零创意文化

2018上海信息化年鉴
《上海信息化年鉴》编纂委员会 编

出　版 上海人民出版社
(200001 上海福建中路193号)
发　行 上海人民出版社发行中心
印　刷 上海盛通时代印刷有限公司
开　本 787×1092 1/16
印　张 41
插　页 44
字　数 1,007,000
版　次 2018年10月第1版
印　次 2018年10月第1次印刷
ISBN 978-7-208-15405-6/Z·209
定　价 360.00元

极速北外滩　智慧新虹口

2017年以来，作为上海新型无线城市首批试点区之一，虹口获批建设极速北外滩综合示范区。全力打造五大网络体系，下一代无线广播电视网络（NGB-W）体系基本建成，室外覆盖率达95%以上，重点区域覆盖率98%以上；公益WLAN网络服务体系基本建成，“超·爱上海”信息亭首度部署北外滩滨江区域，实现最快的公益WiFi服务；千兆、万兆宽带网络体系基本建成，率先完成千兆光纤进小区，在全市率先启动万兆进楼宇（园区），实现北外滩区域万兆接入能力全覆盖；无线宽带网络体系基本建成，率先在北外滩完成5G试商用应用场景外场测试；竞合有序的物联专网体系基本建成。基于物联专网的智能应用示范在广中、凉城两街道开展，试点基于公共安全、公共服务、公共管理的应用场景三十余个，城市精细化管理应用取得积极成效。

超·爱上海”信息亭在
外滩滨江区域建成开通

上海市经信委与虹口区政府签署建设新型无线城市战略合作协议

搭载5G通信网络技术模组的无人机在北外滩滨江成功试飞

上海市民政局信息研究中心

上海市民政局信息研究中心是隶属于上海市民政局的事业单位。

主要职责

- 负责制定上海民政信息化建设的各类技术标准和规范，指导各区民政局、局直属单位开展信息化建设工作。
- 负责三级民政信息网络平台的建设、管理和日常维护工作。
- 负责上海民政系统信息安全保密工作。
- 承担民政应用系统建设的用户需求分析、技术方案制定、项目管理和日常维护工作。
- 负责开展民政信息研究，跟踪国内外民政事业及其相关领域理论和实践发展的最新动态，整合民政信息资源，开展数据统计分析工作。
- 承担上海市民政局内、外两个网站编辑部的日常工作。

信息化建设项目（2015年至2017年）

- 上海市民政业务数据海
- 上海市老年综合津贴发放管理信息系统
- 上海市社区事务受理信息系统
- 上海市困难残疾人生活补贴和重度残疾人护理补贴发放业务管理信息系统

地址：上海市江浦路2100号A楼4层　电话：021-63212247　邮编：200093

上海市第一中级人民法院

法院简介

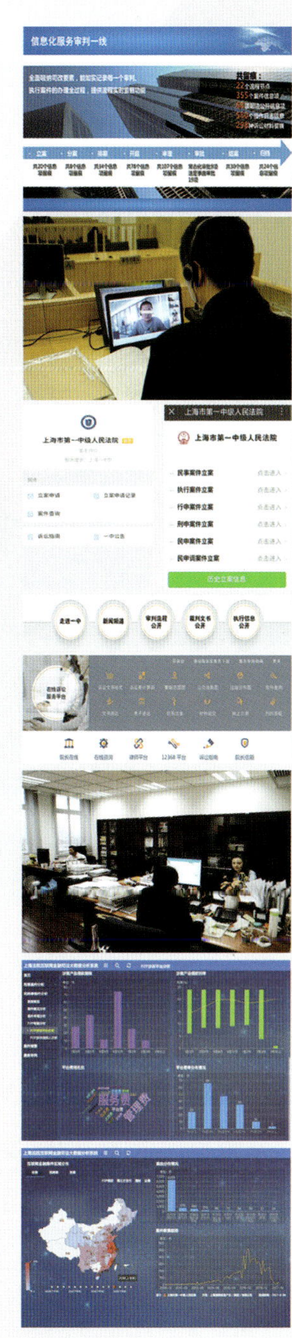

近年来，上海市第一中级人民法院在上海高院的指导下，积极推进“智慧法院”建设工作，在服务审判执行、服务群众诉讼、服务司法改革和服务社会治理四个方面取得了一定成绩。

服务审判执行实现智能辅助

对审判执行管理系统进行升级改造，实现自动提醒、案例推送、案件智能分析、文书辅助制作与纠错回写等较为实用的智能辅助办案功能。通过互联网开展网上庭审工作，既方便了当事人参与诉讼，更提升了法院办案效率。

服务群众诉讼广辟平台渠道

紧密贴合人民群众实际需求，推出网上导诉台、网上自助立案、网上电子送达、网上视频接访、网上远程开庭、微信缴纳诉讼费等20项“互联网+”诉讼服务项目，为社会公众提供了丰富的便捷诉讼途径。

服务司法改革注重技术支撑

积极利用人工智能技术，在全国率先使用合议庭评议音字转换系统，已历经三次升级优化，实现记录事半功倍、评议全程留痕。另外，还运用庭审语音智能系统，实现笔录自动生成，客观全面记录庭审过程，减少记录工作强度，提升工作效率。

服务社会治理贡献专项成果

连续两年承担最高法院司法大数据专题协作分析任务，开发上线“金融诈骗类犯罪司法大数据分析系统”和“互联网金融司法大数据分析系统”，通过将大数据技术与法官审判经验相结合，总结案件特点和规律，分析问题及其成因，并提出有的放矢的对策建议，为人民群众增强防患意识和国家加强社会治理提供支持。

控江路街道

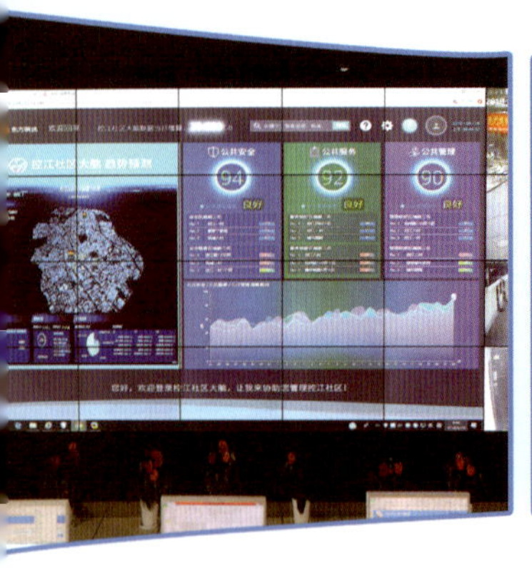

用好智能化这根“绣花针” 支撑社区精细化管理

2017年以来，控江路街道在全国率先开展基于广电NGB-W物联专网的应用落地，承担了市经济信息化委智慧社区建设、市公安局智能安防社区建设两项基本试点任务，实施了神经元、社区大脑和流程再造三个工程，形成了以智能化手段支撑精细化管理的工作模式。

结合街道网格化管理，融合公共安全、公共管理和公共服务的需求，控江路街道已经在街道范围内形成了一些标准化配置，形成了一些固定配置模式。在居民封闭小区形成进出小区“四件套”、进出楼道“三件套”、进入家庭“3+套”、非机动车车棚“七件套”和消防安全“三件套”。同时，在公共电梯、餐饮场所、公共厕所还布设了一批感应器、无线探头和电子鼻等。目前，共开展44项应用，安装19000余个传感器。

网格中心作为“社区大脑”，通过东方明珠和阿里等公司运用大数据、人工智能技术，建立“控江社区大脑”平台，实现会监测、会派单、会思考的功能。大脑平台对网关与传感器的实时状态进行监测，发现数据异常后及时报警；与公安等执法单位数据库进行数据对接，不断升级、提升智能化。

智能化为精细化管理提供了可能，通过流程再造，实现了社区治理模式的新变化。控江路街道按照发现广、处置快、协调合、考核准的要求，把信息感知和工作模式进行逐项整合，使精细化的理念逐步变成精细化的工作机制。实现综合指挥、有效联动的工作体系，落实就近处置、精准考核的工作责任，形成市场运作、政府推动的长效建管机制。

上海化学工业经济技术开发区

Shanghai Chemical Industry—The National Economical and Technological Development Zone

上海化学工业区地处杭州湾北岸，横跨金山、奉贤两区，规划面积29.4平方公里，管理范围36.1平方公里。2017年实现销售收入1319.79亿元，同比增长29.3%；完成工业总产值1270.71亿元，增长31.0%，首次双双突破千亿大关。实现利润总额260.85亿元，同比增长142.3%；累计上缴税金125.54亿元，同比增长53.8%。战略性新兴产业总产值占园区工业总产值约40%，超过全市平均水平近10个百分点，规上工业总产值对全市化工行业的贡献率达93.7%，拉动全市化工行业增长两个百分点，成为全市化工行业的排头兵。

自1996年8月批准设立以来，上海化工区学习借鉴国际先进园区，创造性地践行“产品项目、公用辅助、物流传输、生态保护、管理服务”五个一体化的开发理念，经过20年的发展，已成为基础设施完备、公用配套齐全、管理服务便捷的现代化石化基地，成为集聚国际知名跨国化工企业最多、开放度最大、融入经济全球化程度最高的国家级经济技术开发区之一，是国家首批新型工业化示范基地、国家生态工业示范园区、全国循环经济先进单位。

目前，德国巴斯夫、德国科思创、德国德固赛、美国亨斯迈等世界著名跨国化工公司，荷兰孚宝、法国液化空气集团、苏伊士集团、美国普莱克斯等世界著名公用工程公司和中石化、上海石化、高桥石化、华谊集团等国内大型骨干企业成为上海化工区的投资主体。

“十三五”期间，上海化工区将坚持“立足上海、放眼全球”的战略定位，按照最安全、最环保、最绿色、最智能、最高效、最和谐的发展要求，将园区初步建成产品技术高端、安全环保先进、智能高效显著，具有国际竞争力的世界级石化产业基地和循环经济示范基地，努力成为环境友好的排头兵、绿色发展的先行者。

上海市金山区人民法院

Shanghai JinShan District People's Court

“审判管理信息化大数据分析平台”建成使用

为顺应国家大数据战略和市高院“数据法院”“智慧法院”的建设目标，金山区人民法院（以下简称“山法院”）自主研发审判管理大数据分析平台，助力研判社会治理中存在的问题。该平台立足基层法院特色，注重在审判实务中的具体应用，通过全面抓取案件信息，加以整合，形成“大而全”的数据应用平台。具体内涉及审判、执行、司法公开等，给予用户“一站式”体验，避免多头登录带来的困扰。同时，开设“区域态势分析模块”，将大数据分析与服务区域经济社会发展相结合，为案件信息的深度利用做了先行性尝试。此平台荣获了2016年度上海法院信息化科技创新奖。

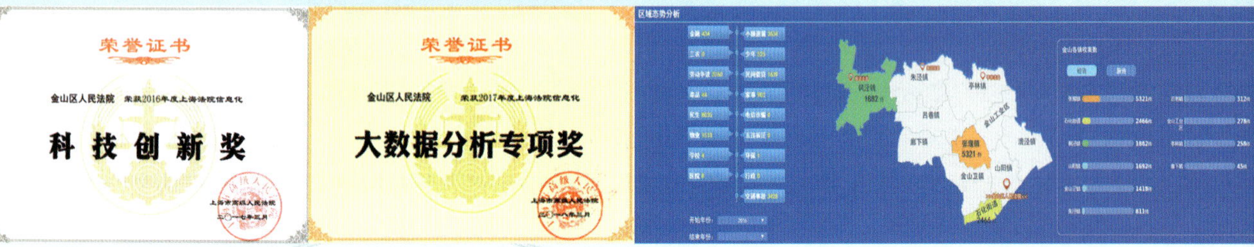

“劳动争议大数据智能辅助办案系统”建成使用

为了更好地运用司法大数据为法官办案、法院管理和社会治理服务，金山法院开发了“劳动争议大数据分析平台”。该平台秉承灵活快捷原则，辅助司法审判，及时化解矛盾纠纷，并通过一系列技术手段缩短了从立案审查到裁判阶段的进程。通过智能办案模块，为法官提供类案推送、智能计算、智能分案等功能，降低司法人员工作量、简化劳动争议类案件流程；通过社会治理模块，时刻掌握各镇及企业的涉案量，提供诉讼服务助手，减少当事人的诉累，提升诉讼效益。此系统荣获了2017年度上海法院信息化大数据分析专项奖。

“大诉讼服务平台”建成使用

2017年，金山法院推动司法公开与“互联网+”“人工智能+”的深度融合，全力打造“大诉讼服务平台”。该平台包括线下、线上两部分：线下通过构建诉讼服务一体化服务、自助立案、自助材料收转等平台，打造升级版诉讼服务中心。同时建立全新诉调对接中心，以自助排期、远程调解等信息化手段构建特色调解室，全方位服务群众。线上运用新媒体技术在微信公众号中建立网上诉讼服务大厅，使人民群众足不出户即可享受到便民司法，快速实现立案、审判、缴费、材料递交、庭审服务等众多功能。

金山法院信息管理中心

诉讼服务中心导诉台

诉讼服务中心自主立案区

上海海事大学商船学院

电子海图船舶动态监控与导航保障大数据技术开发与应用

电子海图与AIS（船舶自动识别系统）技术相结合的船舶动态监控技术已在航运和海工领域广泛使用，但由于我国沿海和近海部分海域存在AIS监控盲区、远海航区卫星AIS信号不连续以及沿海许多小船未配备AIS设备等原因，监控效果常常不能令人满意；有船舶利用海事卫星宽带或者VSAT对船舶进行动态监控，但价格昂贵；此外，船舶动态监控系统的智能性和主动性还有待提高。另一方面，电子海图导航技术已在大中型船舶上普及应用，但目前选图环节尚不能按照船舶类型和大小推荐航线，导致选图工作过于繁琐。最后，我国沿海很多小型船舶因费用和人员素质问题，还未能使用电子海图。

异常事件监控是大数据技术主要应用领域之一，而大数据中蕴含的知识也可以应用于业务决策。基于此，本项目开发了基于大数据技术的电子海图船舶智能监控和导航保障技术，取得了如下创新性成果：

利用定向天线原理研制了高增益AIS天线，将AIS天线的信号接收距离提高2～4倍，解决了海底输油管道等离岸较远水域附近船舶AIS数据采集问题；提出了AIS信号接收覆盖率网格化评估模型，解决了AIS信号覆盖质量评估问题；研制了可根据航行环境和船舶状况远程控制船位回传时间间隔的船舶动态数据采集终端，可降低海事卫星宽带流量约80%。

提出了基于键值对模型的船舶动态和交通大数据云存储模型，解决了船舶动态和交通大数据的可靠存储和快速存取问题；提出了基于关系演算模型的船舶异常行为在线提取算法，解决了船舶动态大数据中船舶超速、偏航、走锚以及输油管路附近疑似抛锚等紧急场景的自动识别问题。

提出了可按照比例尺大小筛选显示图层的电子海图瓦片图生成方法，解决了中小比例尺电子海图上信息显示过于繁杂的问题；提出船舶轨迹动态压缩算法，解决中小比例尺电子海图上船舶轨迹信息显示过于繁杂的问题。利用电子海图瓦片图开发了简单易用的船舶导航APP，实现了沿海小型船舶的电子海图导航和监控。

提出了船舶动态大数据、全球船舶档案和全球港口数据的融合方法，以及从融合数据中分类提取习惯航线的方法，建立了全球港口航线数据库，开发了基于该航线库的电子海图选图系统，可为船舶驾驶员推荐相同类型、相似吨位的习惯航线，简化了选图工作。

本项目共发表论文30多篇，其中SCI/EI检索8篇；授权发明专利4项、实用新型专利2项。成果已在中海油50多个海上钻井平台和200多条海底输油管路的船舶监控系统以及中远海运集团800多艘船舶的监控和调度系统中使用；电子海图选图系统已被全球700多艘远洋商船安装使用；船舶导航公益APP“海e行”下载量超过5万次。不但提高了船舶和海工设施应急指挥能力，也提升了船舶导航技术水平，对保护海上财产、减少海上污染事故、降本增效和减轻船员工作强度起到了重要作用。新增产值8450万元，节支40万美元。

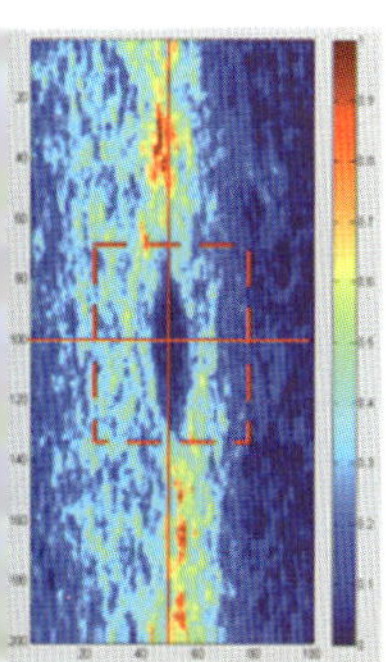

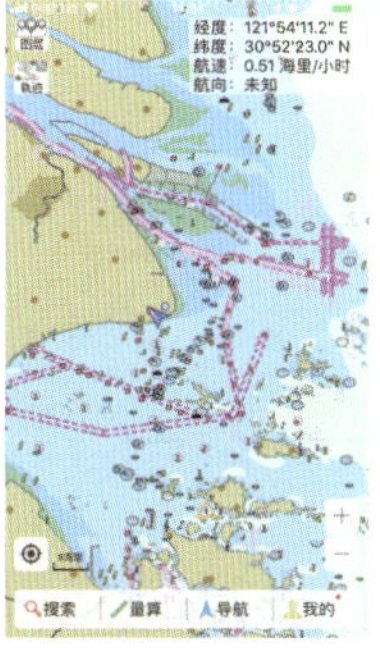

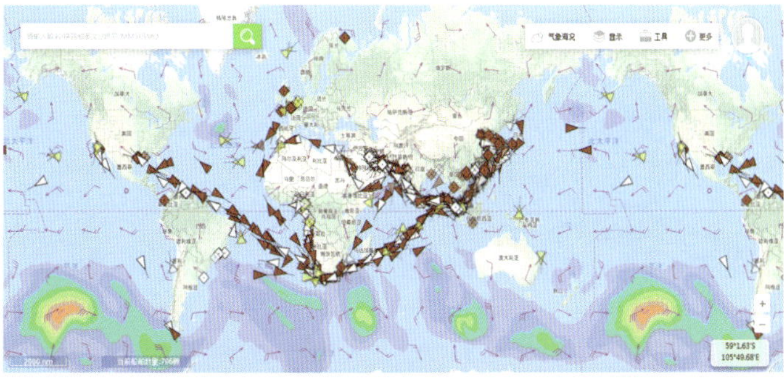

上海电子废弃物资源化协同创新中心

上海第二工业大学电子废弃物研究中心

上海电子废弃物资源化协同创新中心（以下简称“中心”）是由上海第二工业大学承建的国内以“电子废弃物资源化”为研究领域的上海市2011协同创新平台，致力于电子废弃物回收体系构建、资源化技术、环保设备、污染防治及全生命周期管理方面的研发和咨询，对接国家及地方再生资源行业、电子废物回收处理产业和静脉产业等。中心建有“环境工程”专业硕士点；发起组建了“电子废物回收处理产业技术创新战略联盟”和“废弃电器电子产品资源化联合创新平台”2个行业创新平台；拥有“固体废弃物资源化国家工程研究中心电子废弃物资源化分中心”和“第一批国家环境保护培训基地”2个国家级基地；中心现有专属研发大楼2500平方米，仪器设备总值2000余万元。中心已发表论文333篇、授权专利59项、专著与教材12部、获省部级奖6项。

地 址：上海市浦东新区金海路2360号　　电 话：021-50211076
邮 箱：weee@sspu.edu.cn

上海学前教育网

“一网三通”信息化应用

上海学前教育网——“园园通”管理平台自开通运行以来，不断对功能进行提升优化，已逐步形成了由“一网三通”组成的应用集群。

“一网”上海学前教育网是传递上海学前教育政策、教学与活动的窗口。“家门口的好幼儿园”“06国际资讯”“科学育儿”等精品内容和活动逐步成为特色名片，百度收索、ALEXA排名在国内同类网站中排位领先。

“直报通”包含数据采集、信息传送等多项管理功能，数据“伴随”教师和托幼机构的日常业务工作而产生，为上海市小学入学报名登记提供了基础数据。

“课程通”通过资源、备课、教研三大模块，实现全市学前教育课程资源的共建共享，支持教师的教育教学与专业成长，目前平台内已有覆盖全市幼儿园学习、生活、游戏、运动四大板块课程的3000余件优质资源，并荣获2014年上海市基础教育教学成果一等奖。

“家园通”为园所和家庭提供了主页、论坛等家园共育的平台，并逐步向移动互动平台发展。

“一网三通”是上海学前教育信息化的建设成果。在上海市教委领导下，上海学前教育信息部将继续携手各区县园所、教师共同努力，让园所更优质、让育儿者更专业、让儿童更快乐，创新突破，建设信息化应用良好环境，促进学前教育转型。

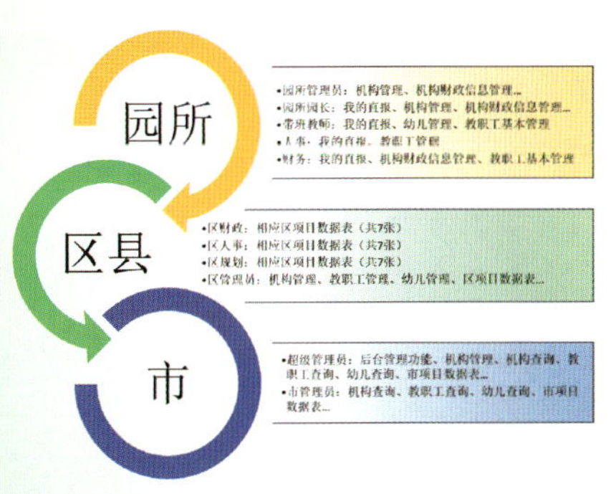

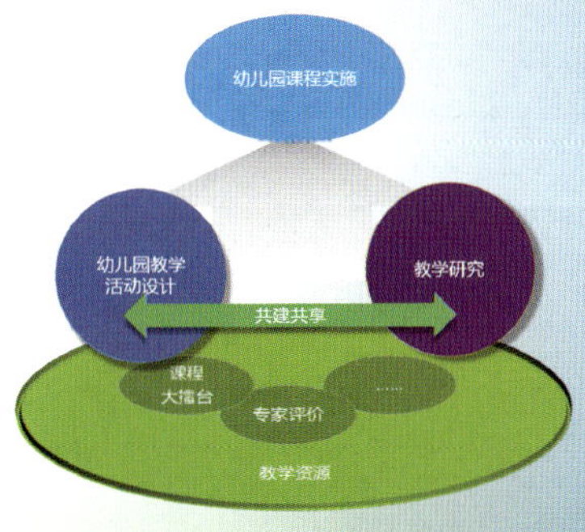

上海市教委信息中心学前教育信息部　黄浦区皋兰路24号（200020）　33080099-211

上海市行政管理学校

SHANGHAI ADMINISTRATION SCHOOL

学校简介

上海市行政管理学校是上海市教育委员会直属的一所国家级重点中等专业学校和上海市招收西藏学生的完全民族中学。学校位于上海桥商务功能拓展区，与轨道交通13号线金运路站毗邻。校区占地近100亩，建筑面积40000多平方米，交通便捷、环境优美、设施先进、功能齐全。

学校坚持“就业、升学双导向，改革、创新双驱动，以服务发展为宗旨，以核心素养为本位，以信息化、国际化为手段，以全面高教育教学质量为目标”的办学指导思想，以“为学生终身发展奠基，为教师专业进步辟路，强技博文，务实求真”为办学宗旨，以“藏同校，普职渗透，人文见长，多态发展”为办学方略，以培养“身心健康、自信阳光、品德高尚、学业优良”的优秀毕业生为育人目标，以“四教（教学、教研、教辅、教管）联动、五育（德育、智育、体育、技育、美育）并重”为育人策略，不断改革、创新，取得了硕的办学成果。学校先后获得了“全国民族团结进步模范集体”“全国学校对口支援先进单位”“国家级重点中等职业学校”“上海文明单位”“上海市中等职业教育改革发展特色示范学校”“上海市职业教育先进单位”“上海市民族教育先进集体”“上海市中学行为规范示范校”“上海市安全文明校园”“上海市艺术教育特色学校”“上海市民族团结进步先进集体”“上海市对口支援与合交流工作先进集体”“西藏自治区民族团结学校”等荣誉称号。

学校信息化建设

依据教育信息化发展趋势，按照“找准定位、凸显特色，加强管理、提高质量”的要求，学校提出信息化“765”目标和“123工程”。

“765”目标即实现“7网（互联网、广播网、电视网、电话网、一卡通网、技防监控网、教室集控网）”合一、“6化（数字化、媒体化、网络化、移动化、智能化、个性化）”推进、“5A（Anyone, Anytime, Anywhere, Anyway, Anything，即任何人、任何时间、任何地点、用任何方式做授权他的任何事）”功能。

“123工程”即架构“1”个基础网络；实现教职工信息化应用能力和学生信息化素养“2”个提升；建设校园管理、教育资源、学服务“3”个中心。

打造环境智能化、管理智能化、教学智能化、产学研智能化、学习智能化、生活智能化的智慧校园，实现教职工和学生的管理、学、科研、学习、生活等主要活动的一站式服务，提高对师生服务的水平，提高对社会的服务能力，推动学校的可持续发展。

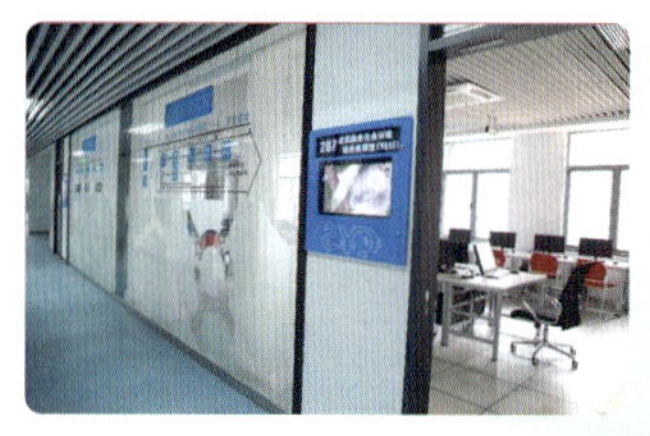

上海市民防指挥信息保障中心

上海市民防指挥信息保障中心隶属于上海市民防办公室，于1983年8月建立，原名“上海市人民防空通信站”，2009年8月更名为“上海市民防指挥信息保障中心”。中心具体负责上海市民防指挥通信、防空警报、电子政务等信息化保障工作。

近年来，中心圆满完成各项重要信息保障工作和信息化项目建设。在每年全民国防教育日组织全市范围内的防空警报试鸣中做好技术保障工作，完成上海市地下空间网格化管理系统，完成车载系留气球监测系统的运维及后续应用工作，完成上海民防网站升级改造并完成市政府网上政务大厅接入工作，完成民防行政审批系统改造并与各市级平台进行了数据对接，做好市民防各网络、电子政务系统和网站的日常运行维护管理工作。

中心已连续四届荣获“上海市文明单位”称号，承担的科研项目也多次获得军队科技进步奖和上海市科技进步奖，上海民防网站连续三年荣获上海市优秀政府网站称号。

地址：复兴中路593号29楼　　邮编：200020　　电话：021-24028888　　传真：021-64729256

上海市農業科學院

上海数字农业工程技术研究中心
上海市农业技术信息专业技术服务平台

ABOUT US

上海数字农业工程技术研究中心和上海农业技术信息专业技术服务平台（以下简称“两个平台”依托上海市农业科学院集聚人才和技术优势，对“三农”信息化和数字化发展中的重大关键性、基础性公益性技术问题，开展系统化、配套化和工程化研究开发，不断推出符合上海农业需求的技术和产品

目前两个平台主要围绕物联网、遥感、数据分析等技术在农业中的应用开展技术创新和应用服务研究开发了基于物联网的农业环境信息采集技术、农业生产管理智能决策技术、农业自动控制技术及相关智能硬件和产品，在光明集团上海农场、上海市农业科学院庄行试验站等基地的大田作物生产管理、设施果蔬栽培管理中开展应用；开展了基于无人机遥感的农业精准管理技术研究开发，在农作物养分和病虫害监测、农业灾害评估、农作物种植面积提取等领域取得进展；与国家农业展望技术团队紧密合作，开展了基于大数据技术的蔬菜价格分析、预测和预警工作，通过农产品市场展望为上海农业生产布局决策提供支持。

上海市农业科学院依托两个平台开展技术创新与服务，力争成为区域农业数字化技术、产品研发的重要力量，国际国内农业数字化成果展示和转化的重要基地。

地址：上海市金齐路1000号　邮编：201403　网址：www.sh-ita.cn　电话：021-62200281

上海市商业学校

科学规划 整体推进 打造商校特色智慧校园环境

上海市商业学校创办于1960年，是首批国家级重点中专、国家中等职业教育改革发展示范校、上海市中本贯通、中高职贯通学校。在上海市经济和信息化委员会、上海市教育委员会领导下，学校围绕“教学网络化、学习数字化、管理智能化”目标，大力开展具有商校特色的“智慧校园”体系建设，在基础设施、业务平台、数据聚合取得了显著成效，为人才培养、专业建设、创新服务等提供了有力保障。

统筹规划，构建教育信息化规范体系。多年来，学校秉承“统筹规划、分步实施、注重实效、融合创新”的工作思路，开展信息化工作顶层设计，制订了详细的信息化发展战略。“十二五”规划以网络、硬件、管理平台、建立数据规范为基础，构建信息化标准体系；“十三五”规划在夯实基础外，持续推进信息系统整合共享，逐步形成精细化服务体系，实现信息技术与教学的深度融合、优质资源共享与应用、教育教学创新发展的目标。信息化建设管理体制、机制和队伍建设保障已初步建成。

深度融合，助力学校实现教书育人全过程。通过私有云、虚拟化，新建改建85间多媒体教室、28间多媒体机房，建造综合智慧教室、TI数理、VBSE仿真模拟、影视后期制作等实训室。改造图书馆阅读环境，购置电子图书9.1万册，电子期刊3794.2万册。100%青年骨干教师通过虚拟云桌面、教学互动平台、微课制作等，实现专业数字资源和教学过程整合，近3年，约60名教师参加市级、国际级比赛获奖。2017年学校在第七届星光计划企业经营模拟沙盘项目中取得上海团体第一名、全国二等奖。

开拓创新，展现商校特色“智慧”管理、服务模式。将网络出口带宽扩容至1G，实现万兆主干，千兆到桌面。实现校园无线网络100%覆盖。构建基于虚拟化技术的信息系统运行环境，构建“绿色、可控”的数据中心，完善关键应用与数据的容灾、备份，实现了信息系统实时运行监控与预测。利用校园开放平台项目实现了数据、服务层面集中与共享。搭建了“i商校”移动智慧校园环境，提供个性化轻应用服务。方便师生教学服务业务办理与查询，实现了“家校”齐抓共管。充分利用虚拟云桌面、网络直播平台，实现了阳光体育开幕式网络直播、社团文艺汇演移动直播。通过多平台的协同运用，实现了“信息化建设以应用为导向”的目标，放大了单独系统的应用价值，挖掘校园信息化潜能。

未来学校将按照“十三五”规划，继续发挥数据开放平台优势，整合数据、资源、应用，大胆尝试和利用云计算、物联网等科技手段，持续发挥信息化在教育管理、教学应用上的支撑力，助力教育教学改革 。全力助推学校品牌化发展，力争将学校建成现代化、国际化、有特色的国家级示范性品牌职业学校。

图1：2017年学校在第七届星光计划企业经营模拟沙盘项目中取得上海团体第一名，并代表上海参加全国企业经营模拟沙盘项目比赛，获得第二名，实现了上海地区该项目零的突破

图2：通过举办以创新创业为主题的商贸节，让学生体验线上线下融合的新零售模式　　图3～5：校图书馆

图6：影视后期制作实训室　　图7～8：各类实训室

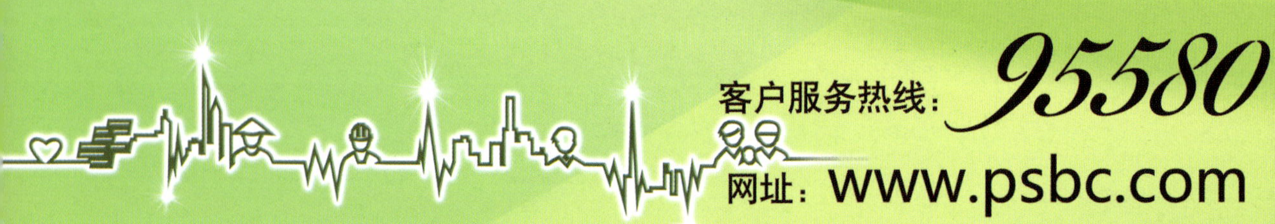

浦发银行
小微金融业务

小微企业是国民经济的生力军，在支持经济增长、缓解就业压力、改善经济结构上发挥着重要的作用。早在建行之初，浦发银行就高度重视小微金融服务，将支持小微企业发展定位成一项长期的战略性事业。

2005年6月，浦发银行设立中小客户部专司中小微金融业务；2009年9月，经过中国银监会批准，浦发银行“中小企业业务经营中心”挂牌成立，该机构是上海市场上最早设立的中小企业专营机构之一，实现了浦发银行中小企业业务管理的专业化和独立化；2012年12月，浦发银行再次明确将中小微业务作为全行五大重点战略突破领域之一；2014年2月，浦发银行在战略上更加专注于小微金融服务，建立小企业金融服务中心，明确以小微企业和个人经营者为浦发银行小微金融的重点服务对象，体现了支持小微、真正服务实体经济的决心和力度。

金融服务创新方面，秉承“笃守诚信、创造卓越”的经营理念，浦发银行积极探索金融创新，以专营机构为载体，以解决中小企业融资难问题为宗旨，积极打造“科技金融”品牌，奠定了浦发银行在科技型中小企业领域的领先地位；2012年年初，浦发银行再推创举，针对小微企业推出“五宝一厂”体系，包括“投贷宝”“银元宝”“银通宝”“银链宝”“微小宝”五大专属系列产品及信贷工厂专门业务系统；2014年，机构整合后，浦发银行在原有开发模式的基础上，进一步创新升级，结合电商金融、互联网融资的发展趋势，全新推出了“银商宝”“银链宝”“银元宝”三类实体批量开发方案，以及“电商通”和“网贷通”两类线上批量平台，形成了具有浦发小微特色的“三宝两通”批量开发模式。在搭建批量模式的基础上，浦发银行小微特色产品持续丰富：对于高成长型小微客户，建立“千人千户”培育计划，提供定制化金融服务；对于一般小微客户，则通过“4+1”小微金融特色产品体系提供标准化金融服务，更贴合小微企业以及企业主的经营特点和实际需求。

2013年10月，为应对小企业持有小额票据难以贴现的困境，在上海市促进中小企业发展协调办公室的牵头指导下，浦发银行与中小办合作设立“上海市小额票据贴现中心”，并形成了“贴现金额全受理、承兑银行全覆盖、服务网点全配套、金融服务全流程”的“四全”模式。其中尤为突出的两点：“承兑银行全覆盖”，指小票贴现可受理的承兑银行覆盖了全国所有银行；“金融服务全流程”，指浦发银行对于申请贴现的小微企业，配套浦发银行特有的“千人千户”小微成长客户培育计划，为企业及企业主个人提供包括贷款融资、往来结算、资金理财、增值服务等全面全程的一揽子金融服务。

浦发银行小微金融一贯秉持“积小善而臻大成”的经营理念，积极探索小微金融创新。未来，浦发银行将结合移动金融的领先优势和互联网融资的发展趋势，继续保持对小微金融的全心投入，时刻活跃在服务小微实体经济的第一线。

中国商飞上海飞机设计研究院
COMAC ShangHai Aircraft Design and Research Institute

上海飞机设计研究院（以下简称“上飞院”）是中国商飞机有限责任公司的设计研发中心，是国内重要大中型民飞机设计研究院所，负责自主知识产权的ARJ21飞机、19大型客机项目、中俄联合研制远程宽体客机项目等的计研发、试验、预研及关键技术攻关。

数字化助力创新设计

从飞机概念论证到交付运营，上飞院已实现先进的数字境保障贯穿于飞机全生命周期研制流程，形成贯穿概念设、并行产品定义、工艺工装设计、集成测试与验证的数字计链，包含几何数字样机、全机精细化有限元模型分析、机压力云图，构建模拟真实飞机环境的铁鸟试验台，实现字模型的连续传递、逐层演进和迭代优化。

工业互联网

上飞院以工业互联网作为支撑，建立大型客机全三维化同设计平台，搭建包含总体气动、结构强度、航电、飞控、压环控、电气、动力燃油、飞行试验等各专业协同设计环，建立设计研发与总装制造、设计与部件系统供应商的协研制环境，将基于模型的系统工程覆盖到民机产品研发全命周期。

2017年制造业与互联网融合发展试点示范

围绕高效、精益民机研发体系建设，上飞院积极探索云计算、工业互联网、大数据等新一代信息技术在研发领域的创新应用，试点建设新一代民机研发数字平台，并建成我国大型客机制造业与互联网融合试点示范基地。

地　址：上海市张江金科路5188号
邮　编：201210
信　箱：上海市232-003
总　机：86-21-31225555
传　真：86-21-20860000

上海申康医院发展中心
Hospital Development Center

大力推进急诊信息系统建设　整体提升市级医院急救临床服务能力

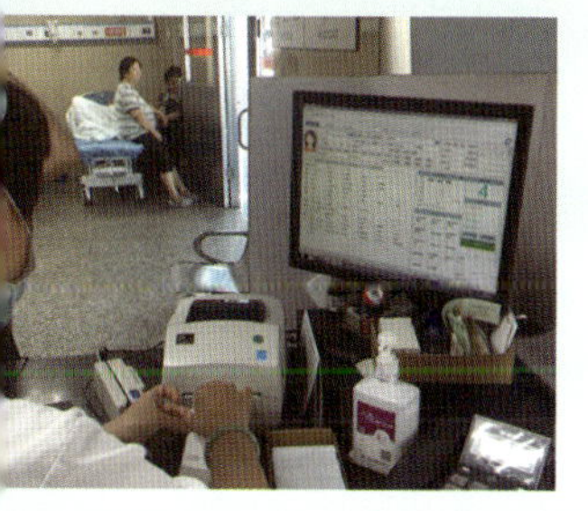

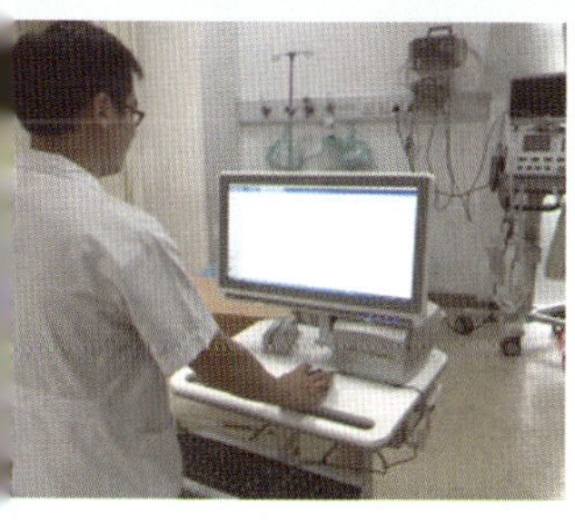

根据《上海市卫生计生改革和发展“十三五”规划》《市级医院“十三五”发展规划》和《上海市急救医疗服务条例》的总体规划与要求，在市经济信息化委及市财政局的大力支持下，上海申康医院发展中心（以下简称“申康中心”）启动市级医院急诊急救信息化项目建设，重点开展院内急诊急救临床服务、急诊综合管理和EICU一体化管理等医院急诊信息化建设。

项目通过统一规划、统一部署，集中建设了22家市级医院的急诊医疗信息系统，基本建成四级预检分诊、急诊专科电子病历、急救EICU管理等院内急诊信息系统，在医联平台层面也实现了急诊资源实时数据的汇聚与分析。一是通过信息化建设提升市级医院管理效能和服务能级，让百姓看病更高效、更便捷，提升百姓急诊就医满意度和获得感。二是将急诊急救信息化建设标准纳入已有医院信息化标准中统一考虑，从而实现市级医院急诊信息业务集约化建设。三是建立急诊急救医疗协同服务平台，统一设计急救医疗服务体系，促使院前和院内急救形成联动机制，保证急救患者获得更好更快的救治。

下一步申康中心将进一步加强急诊急救医疗服务协同平台建设，包括急诊急救便民应用、急诊急救业务协同、突发事件急诊急救、三医联动等建设内容，持续提高上海市级医院急诊和EICU综合抢救能力，推广急诊和EICU一体化综合救治模式，提升急诊患者就医满意度，整体加强市级医院

纳百川　追求卓越　开明睿智　大气谦和

上海淞泓智能汽车科技有限公司

上海淞泓智能汽车科技有限公司成立于2017年6月，依托国家智能网联汽车（上海）试点示范区，作为上海市智能网联汽车制造业创新中心的重要承载体，服务于智能网联汽车的技术研发与产业转化。

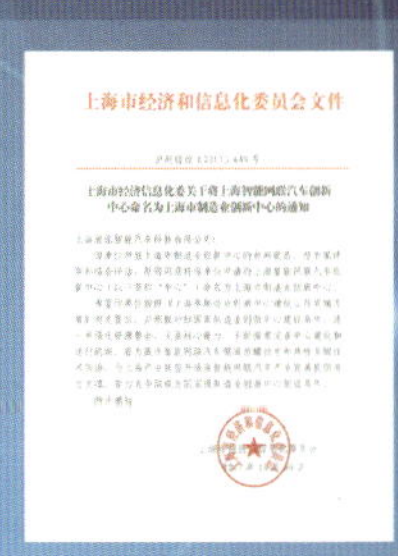

上海市经济和信息化委员会文件

2017世界智能网联汽车大会期间，工信部部长苗圩参观封闭测试区

封闭测试区——打造全球领先的智能网联汽车测试服务能力

2016年6月7日，国家智能网联汽车（上海）试点示范区封闭测试区在嘉定投入运营，累计为上汽、福特、蔚来、宝马、德尔福等企业及高校、研究机构等提供了400余天次的测试服务。

开放道路测试——加快推动智能网联汽车从研发测试向示范应用和商业化推广转变

2018年3月1日，在市政府新闻发布会上，《上海市智能网联汽车道路测试管理办法（试行）》正式发布，同时，全国首批智能网联汽车开放道路测试号牌在沪发放，上海汽车集团股份有限公司和上海蔚来汽车有限公司获得第一批智能网联汽车测试道路资格。上海市智能网联汽车制造业创新中心作为第三方机构，受理智能网联汽车道路测试主体提出的测试申请。

会员单位招募——智能网联汽车产业技术联合创新中心

智能网联汽车产业技术联合创新中心（UIC）致力于建立产业的开放创新体系，做智能网联汽车和智慧交通领域的创新枢纽、众享平台、逐梦高地。2017年，中心成员单位从70家发展到155家，联合开展了近百项前瞻共性技术研究，并成功策划并参与组织了由上海市人民政府、工信部共同主办的首届世界智能网联汽车大会，及中国智能汽车大赛等智能网联汽车会展赛事活动。

地址：上海市嘉定区安拓路56号19号楼5楼　电话：021-80287600　传真：021-69581061　网址：www.shintelligent.com

嘉定联社（嘉加集团）办公大楼

上海嘉加（集团）有限公司（以下简称“嘉加集团”）于1999年挂牌成立，是上海市嘉定区城镇集体工业联合社（成立于1956年1月）的绝对控股企业，是嘉定区区管法人单位。经营业务涉及先进制造业、物业资产经营、驾校培训、产业投资基金、产业园区开发建设、金融服务等行业。拥有上海马陆机动车驾驶员培训有限公司、上海佳冷冷弯科技股份有限公司、上海天灵开关厂有限公司等全资、参股企业27家。近年来，嘉加集团年均完成归属母公司净利润3417万元，净资产收益率保持在7.35%以上，是服务和支持区域经济发展的重要力量。截至2017年年底，嘉加集团总资产为10.82亿元，净资产为5.52亿元。

未来，嘉加集团将围绕培育、发展和服务实体经济，重点按照“产业园区+产业投资”双轮驱动战略，协同推进四大板块稳步发展，形成以智能制造等新兴产业为支撑、园区运营为依托、科技投资为引领、专业服务为特色，具有较强竞争力、区域影响力和可持续发展能力的竞争型实业集团公司，成为嘉定区国资系统新兴产业的主要建设者和引领转型发展的成功标杆。

嘉定联社赴上海联影医疗学习调研

嘉定联社参与区内产业资本项目对接会

庆祝嘉定联社60周年

嘉定联社企业上海天灵、佳冷冷弯荣获“2015年度中国轻工行业百强企业”荣誉

方案 产品 供应商 专利 园区 标准 政策

智造万‘千’，‘寻’其本源

信息 机床 机器人 航空航天

www.1000found.com

关于我们 联系方式 隐私声明 数据来源 友情链接

千寻云是上海智能制造系统创新中心有限公司（以下简称“上海智造中心”）为业界提供的智能制造领域搜索引擎和信息入口、未来的信息处理和知识自动化服务平台，将为各类客户提供智能制造基础数据服务，以及在此基础上的情报咨询和决策辅助等知识服务。其庞大并实时更新的数据库，包括技术（产品、方案、专利、标准、专家等）、经济（产值、利润、招标、投资、并购等）、生态（政府、政策、企业、园区、其他单位、舆情等），将有力支撑行业人士的各种层次的信息和知识需求，并可以实现实时更新和任务融合，是承接智能制造信息导入、知识形成和普及，以及系统集成商的市场对接等平台服务的重要工具。

客户可以通过网页搜索、消息订制、专项咨询等方式，获得在线查询、信息推送和智能化分析等服务，在海量的资讯中精准找到自己所需的行业信息、先进技术、产品描述、解决方案和企业数据等。千寻云典型目标用户包括制造企业、系统集成商、装备企业、政府部门、产业园区、技术提供者、投资企业、行业协会等。业已上线的千寻云一期以产业技术链和生态链数据采集、聚合、呈现和分析为主，可以帮助用户快速找到所需的信息和知识。

服务对象与服务内容：

装备供应商：提供产品链的高效搜索和技术对标，便于技术、市场对接以及供应链管理

系统集成商：提供技术和市场的精准匹配和高效对接，支撑其销售市场拓展和供应链管理

制造企业：提供产品、方案和系统集成商的快速、低成本、搜索和跟踪服务，便于及时掌握市场供给能力，建立并管理供应链

技术供应商：提供智能制造方案、产品、技术、标准、专利等技术链条快速搜索，深度分析和供需匹配，便于学习、研发和转化

行业用户：建立行业数据库和知识库；输出行业报告；普及知识、规范和标准

地方用户：建立本地入口，促进资源导入，进行政策匹配，帮助中小企业转型

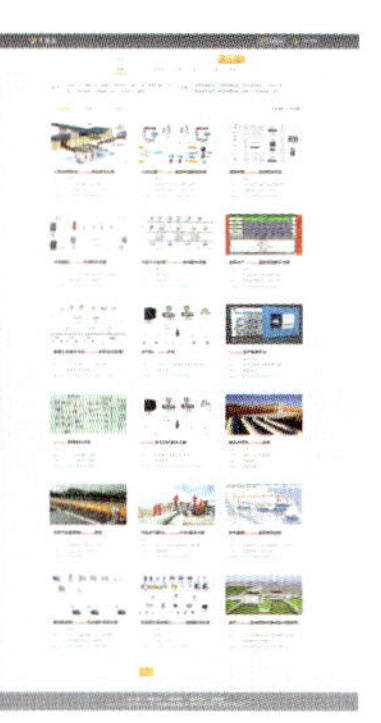

方案搜索

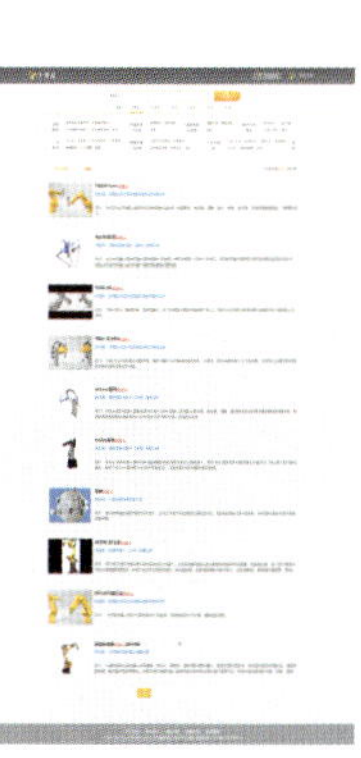

产品搜索

供应商搜索

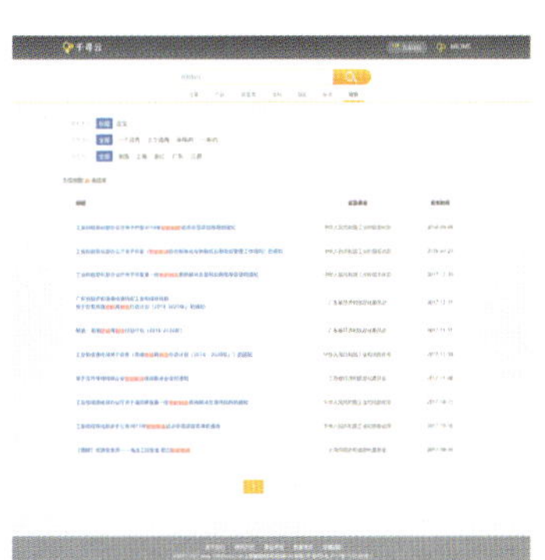

政策搜索

扫描千寻云小程序码，一键搜索有关智造的一切！

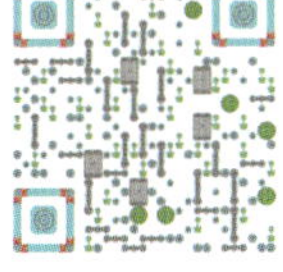

扫码关注上海智造中心

上海星谷信息科技有限公司

上海星谷信息科技有限公司2010年年初成立于上海，是上海市高新技术认证企业，2017年、2018年上海电子商务“双推”项目服务企业，在无锡、苏州等地拥有分支机构。作为中国B2B企业海外网络营销自动化的坚定推动者，为1000+外贸企业提供SaaS级外贸大数据智能营销服务，覆盖英、西、葡、阿、法、俄等30多种语言市场。

“星谷S云”是星谷借助大数据、人工智能等技术，专为中国外贸企业打造的SaaS级社交化大数据智能营销云平台，包含S云标准版、S云智能云站、S云智能云社交等，致力于为每一家出口企业建立专属的外贸智能营销大数据体系，助力中国制造更好地走出去。

上海市闵行区华坪小学

Huaping Primary School of Shanghai Minghang Area

——春晖廊

闵行区华坪小学位于江川街道，毗邻黄浦江，1958年建校。2011年始，学校发展为南北两个校区，校园环境建设彰显“和乐绿色”的科技人文特色，深受学生、家长和社区百姓的喜爱和好评。2016年7月，闵行区教育局将闵行区昆阳路小学委托给华坪小学进行“一体化管理”，实行优势互补，共生发展。

2018年完工的春晖廊是横跨华坪路，连接南北校区的空中连廊，连廊全长56米，内部宽4.4米，离地净高8.5米。春晖廊使得南北校园连为一个整体，师生可以通过连廊安全地来回于南北校园之间。连廊被设计为具有“桥文化”和“消防安全”等附属功能的教育场所。在该空间内，学生可以通过视频、展板、触摸屏、桥梁搭建材料等了解桥梁的各种知识；还可通过各种消防模拟场景来学习并掌握报警、逃生与自救的技能。

学校：上海市闵行区华坪小学

地址：上海市闵行区沪闵路158弄54号

电话：021-64356401　　邮编：200240

扫一扫 华坪小学公共微信号